国家社科基金
GUOJIA SHEKE JIJIN HOUQI ZIZHU XIANGMU
后期资助项目

清代鄂西南山区的社会
经济与环境变迁

The Socioeconomic and Environmental Changes
in the Mountainous Region of Southwest Hubei
Province in the Qing Dynasty

陈新立 著

中华书局
ZHONGHUA BOOK COMPANY

图书在版编目(CIP)数据

清代鄂西南山区的社会经济与环境变迁/陈新立著. —北京：
中华书局,2018.1
　(国家社科基金后期资助项目)
　ISBN 978-7-101-12219-0

　Ⅰ.清…　Ⅱ.陈…　Ⅲ.①山区经济-经济史-研究-湖北-清
代②山区-生态环境-变迁-研究-湖北-清代　Ⅳ.①F129.49②
X321.263

中国版本图书馆 CIP 数据核字(2016)第 251325 号

书　　　名	清代鄂西南山区的社会经济与环境变迁	
著　　　者	陈新立	
丛 书 名	国家社科基金后期资助项目	
责任编辑	吴爱兰	
出版发行	中华书局	
	(北京市丰台区太平桥西里 38 号　100073)	
	http://www.zhbc.com.cn	
	E-mail:zhbc@zhbc.com.cn	
印　　　刷	北京市白帆印务有限公司	
版　　　次	2018 年 1 月北京第 1 版	
	2018 年 1 月北京第 1 次印刷	
规　　　格	开本/710×1000 毫米　1/16	
	印张 27¾　插页 2　字数 440 千字	
印　　　数	1—1500 册	
国际书号	ISBN 978-7-101-12219-0	
定　　　价	98.00 元	

国家社科基金后期资助项目出版说明

  后期资助项目是国家社科基金设立的一类重要项目,旨在鼓励广大社科研究者潜心治学,支持基础研究多出优秀成果。它是经过严格评审,从接近完成的科研成果中遴选立项的。为扩大后期资助项目的影响,更好地推动学术发展,促进成果转化,全国哲学社会科学规划办公室按照"统一设计、统一标识、统一版式、形成系列"的总体要求,组织出版国家社科基金后期资助项目成果。

全国哲学社会科学规划办公室

序

随着人类对自然资源开发利用程度的不断加深,人类活动与自然环境的相互影响愈益显著,人类活动与环境关系问题逐渐引起国内外学术界的高度关注。中国幅员辽阔,各地区的自然环境、社会、经济、文化的发展变迁均存在不同程度的差异,人地关系各具特点,其中基于不同地貌的区域之间,如山区与平原湖区差异尤其显著。因此,与社会经济史研究一样,历史上人类活动与环境演变的关系亦须分区域进行深入研究。

中国是一个多山的国家,山地面积占国土总面积的 74.8%。中国历史上山区资源开发、经济增长与社会文化变迁,深刻地影响着中国社会、经济、文化发展的整体面貌。而山区特殊的地理环境、资源、技术诸条件,制约着山区经济开发的进程、资源利用水平、人口分布与结构、社会结构与控制体系、文化形态及其特点。陈新立新著《清代鄂西南山区的社会经济与环境变迁》,即是基于上述基本认识展开的历史上人类活动与环境关系的区域研究的阶段性成果。鄂西南山区无论地形、气候诸自然要素,还是社会文化等社会条件,大多具有过渡性、边缘性的特点。从地理分区上看,处于地形第二级阶梯向第三级阶梯过渡的区域。从区位上看,处于南北交汇、东西过渡地带。从流域上看,处于长江上游与中游交界的地区。从行政区划上看,处于湖北、湖南、重庆三省市交界的边缘地带。从文化分野上看,处于荆楚文化与巴蜀文化、湖湘文化交叉融合的地区。明清时期是长江中游地区经济开发和社会发展的重要阶段,鄂西南是湖北省经济开发最晚的地区,换言之,鄂西南山区之全面开发成为这一重要阶段的重要内容。作者分"明末清初"(崇祯至雍正时期)、"改土归流以后"(乾、嘉、道时期)、"清后期"(道、咸、同、光、宣朝)三个阶段,较为系统地考察了鄂西南山区的社会变迁、经济发展、文化嬗变与环境演变之间直接或间接的互动关系,并从人口运动、资源利用、交通建设、经济发展、社会变迁、文化传播与变迁等方面深入探讨了鄂西南山区人地关系互动的独特模式。其间,自清雍正十三年(1735 年)改土归流始,鄂西南民族地区的社会经济和生态环境发生了深刻变化，人口集中、垦殖扩张所引发的环境压力问题初步显现。晚清中国近代化转型，对鄂西南的生态环境亦产生了一定程度的影响。

山区环境史研究，是把山区作为一个相对独立完整的、不同于其他地貌区域的自然和社会综合体进行考察。因此，研究要有明确的"山区意识"，充分借鉴地理科学、环境科学与经济学领域关于山区研究的理论与方法，结合山区不同于其他地貌区域的特性及诸环境要素在生态系统中的地位，分析山区资源开发利用、经济增长、社会变迁、文化累积与环境演变的互动历程，揭示以垂直地带性为核心的山地自然与人文社会结构的基本特性，探讨山区社会经济发展与环境变迁的独特性。藉此达到理清中国历史上山区经济开发与社会文化的基本脉络，并对山区开发与发展的历史进程形成总体性认识。

在针对山地社会经济发展与环境变迁问题的研究过程中，以下问题值得高度关注。一定数量的人口和相当速度的增殖是地区经济得以开发与发展的基础，而山区人口有相当一部分来自山外移民，所以，山区经济开发，不仅要从人口数量及其增长入手，还要注意考察山区人口的来源及其属性，分析移民与山区开发之间的动态关系。山区资源的开发利用，应以农田垦辟、粮食作物种植为主线索。但是，山林、矿产资源的开发利用也一直是山区开发的重要方面，在很多山区，采集渔猎、山林矿产资源的综合利用与多种经营形成山民生计的主要模式。山区资源开发多元化与经济部门的多样性及其与山外经济结构的差异，是山区内部及其与外部物资流通、商品经济发展的基础。山区社会经济融入到一个更广阔的国内市场经济体系之中，使山区的资源开发与经济增长具备了全国性的意义。山区过渡性、边缘性的特点，使中央政府对山区的政治控制相对较弱。山地环境的这种特点，促使山区政治控制方式趋向多元化。山区文化虽然显示出强烈的多元性乃至异端色彩，山区民众的生存状态与生计方式以及由此而形成的文化形态，将有助于全面、深刻地认识山区民众的文化观念与追求。

陈新立本有志于社会经济史研究，进入博士阶段的学习后，确定以清代鄂西南山区社会经济与环境问题作为研究对象，在既有研究成果的基础上，寻找新的切入点，并多次赴恩施、咸丰、巴东等地进行田野调查，获得了一批弥足珍贵的契约文书、族谱等民间原始资料，力求推进以山区为本位的社会经济史、环境史研究。经过三年的努力学习和钻研，取得了初步的成果,通过对清代鄂西南山区的社会经济发展、文化嬗变与环境变迁等问题的思考,他提出了一些有益的看法,深化了山区人类活动与环境变迁关系的认识。他的博士学位论文得到了答辩委员会专家的一致好评,而在此基础上完成的这部著作,又被列入国家社会科学基金后期资助项目,应是对其研究工作的肯定和鼓励,望陈新立以此为新的起点,不懈努力,为山区社会经济史与环境史研究作出更大贡献!

张建民

2016 年 5 月 4 日于珞珈山

目 录

附图表目录

第一章　绪　论

一、选题意义

鄂西南山区地处湖北、湖南、重庆三省市交界,远离王朝统治中心,历史上曾是土家族等少数民族活动的地区,形成独特的自然条件和社会、经济、文化风貌。虽然山区自然资源十分丰富,但却是湖北省经济开发最晚的地区。清代是鄂西南山区经济、社会、文化、环境急剧变动的重要发展阶段。清雍正十三年(1735年),清廷对施州诸土司实行改土归流,鄂西南民族地区的经济、社会、文化和环境发生了深刻演变。改土后,各地流民涌入鄂西南山区,改变了山区经济、社会、文化结构,流民的生产和生活活动对山区生态环境产生了巨大影响。清后期中国近代化转型,对鄂西南的经济、社会、文化、生态环境产生了第二波较大的冲击。研究清代鄂西南民族地区两次重要的社会转型过程中的人地关系演变历程,第一,有助于认识山区地理环境和资源的特点,了解山区经济发展的有利条件和困难,探讨山区资源开发利用的正确方式;第二,有助于认识山区与平原不同的经济发展模式和不同的发展路径选择、山区经济结构的复合性;第三,有助于我们认识山区与平原不同的社会结构和社会发展道路,了解山区社会边缘性和社会控制方式的多样性;第四,认识山区文化形态的边缘性和民族文化、移民文化的多元性,可以了解不同社会力量在社会变迁和环境演化中所起的作用;此外,还可考察区域社会政治、经济、文化对区域生态环境的能动作用。上述探讨不仅具有学术研究价值,还可以为当今鄂西南少数民族地区的经济开发提供历史借鉴,具有一定的现实意义。

环境是人类社会赖以生存和发展的客观条件,环境史研究不仅可以通过反省人类过去的失误,了解当代环境问题的来龙去脉,而且可以从历史上人类合理保护和利用生态资源的行动中,汲取构建生态和谐社会的宝贵经验。对鄂西南区域环境史的研究,可以推动长江中游环境史研究逐步走向深入,深化对长江中游社会历史变迁脉络的理解。

二、研究现状

(一)鄂西南区域史研究概况

鄂西南山区的历史研究,肇始于民族学领域。新中国成立后,中央政府为落实民族政策,在 20 世纪 50 年代初开展民族调查。为了推动中南地区民族研究,1951 年 11 月在武汉建立了中央民族学院中南分院,随即成立以民族学家岑家梧为首的民族研究室,展开民族调查工作。潘光旦教授为调查土家族状况,曾于 1956 年深入鄂西南进行广泛调研,为鄂西南土家族确认和研究工作打下基础。20 世纪 60 年代至 70 年代的政治波动,导致鄂西南土家族研究工作一度处于停滞状态。

20 世纪 70 年代末至 80 年代末,是鄂西南民族史研究的恢复阶段。民族院校的恢复和建立,1980 年中南民族学院重新恢复,民族学家吴泽霖、吴永章、刘孝瑜等成为 80 年代鄂西南民族史研究的领军人物。1984年,鹤峰县和五峰县史志办合编《容美土司资料汇编》一册,搜集了大量档案、方志、碑刻、家谱、文集中有关容美土司的史料。1984 年以来,鄂西州政协文史资料编委会开始组织编写《鄂西文史资料》,各县政协亦陆续组织编写本县文史资料,但囿于经费和人力不足,工作时断时续。1986 年,鄂西土家族苗族自治州民族事务委员会编写了《鄂西少数民族史料辑录》,不仅整理汇编了档案、方志、文集、家谱资料,还保存了一部分田野调查资料。

20 世纪 80 年代末至 21 世纪初是鄂西南民族史研究的成熟阶段。

首先,鄂西南民族史研究的队伍不断壮大,已经有一批专业研究学者,如吴永章、刘孝瑜、彭英明、段超、田敏、王承尧、雷翔、刘伦文、彭官章、邓辉、王晓宁、祝光强、向国平、王平等,从事鄂西南历史研究和资料整理工作。

其次,鄂西南民族史资料的整理和研究成果日趋丰富。

20 世纪 90 年代以来,鄂西南民族史资料不断被整理出版。《湖北文史资料·鄂西南少数民族史料专辑》《容美土司资料续编》《卯峒土司志校注》《容美纪游〉评注》《恩施自治州碑刻大观》相继整理出版,为鄂西南民族史研究提供了丰富资料。2001－2006 年,湖北省民族宗教委员会参与国家民委组织编写的《中国少数民族古籍总目提要·土家族卷》（湖北部分），对鄂西南的民族古籍进行了梳理。

20世纪80年代末至90年代的鄂西南民族研究专著不多，主要集中于民族史研究：其中吴永章的民族史研究成果斐然，主要有《中国土司制度渊源与发展史》（四川民族出版社1988年版）、《湖北民族史》（华中理工大学出版社1990年版）、《中国南方民族文化源流史》（广西教育出版社1991年版）、《中南民族关系史》（民族出版社1992年版）。此外，李幹、周祉征、李倩合著的《土家族经济史》（陕西人民教育出版社1996年出版）第一次系统考察了土家族经济发展史。

21世纪世初，中南民族大学、湖北民族学院、湖北省民族宗教委员会、恩施州民族宗教委员会等机构组织大批学者整理民族文献、开展专题研究，推出了大量鄂西南民族史资料汇编和研究专著，其中与民族史有关的包括陈湘锋的《〈田氏一家言〉诗评注》、邓辉的《土家族区域经济发展史》、萧洪恩的《土家族仪典文化哲学研究》、曹毅的《土家族民间文化散论》、苏晓云等合著的《土家族音乐概论》、胡济民和胡源合著的《土家族革命斗争史略》、周兴茂的《土家族区域可持续发展研究》等；2004年又推出《土家族语言文化研究丛书》，由贵州民族出版社出版。2000－2003年中南民族大学和湖北省民族宗教事务委员会联合推出《土家族问题研究丛书》一套共9册，涉及民族史的有：段超的《土家族文化史》、彭英明的《土家族文化通志新编》、田敏的《土家族土司兴亡史》、邓红蕾的《道教与土家族文化》、黄仕清的《土家族地区教育问题研究》等。2000年贵州民族出版社组织编写了《五溪文化丛书》5册，与民族史有关的主要是：石亚洲的《土家族军事史研究》。2001年湖北省民族宗教事务委员会组织编写《湖北民族文化系列丛书》一套共6册，包括《土家人和土家语》《卯峒土司志校注》等。2001－2006年恩施州民族宗教委员会组织编写《恩施州民族研究丛书》五套35册，包括向国成、王平的《恩施州民族志（重修本）》，祝光强、向国平的《容美土司概观》，高润身、高敬菊的《〈容美纪游〉评注》，王晓宁的《恩施自治州碑刻大观》等。此外，2003年长阳县编辑出版了《巴土文化丛书》10册，包括《长阳方言》《长阳竹枝词》《土家俗谚》《考古发现与早期巴人揭秘》等；2006年，来凤县编辑出版了《来凤县民族文化丛书》6册，包括《来凤民间歌谣》《来凤民间故事》《来凤民间歌曲》《来凤民间谚语与歇后语》等。

除了研究专著以外，这一阶段还涌现出大量研究论文，这些论文由最初采用民族学、民俗学、语言学、民俗学方法，研究鄂西南民族的语言、政治、经济、军事、文化研究，发展到采用社会学、人类学、文化学等方法，研究鄂西南社会各方面的变迁及其原因。虽然目前鄂西历史研究的领域已日益广泛，但研究的深度不够，研究水平参差不齐。而鄂西南环境史研究，则尚处于萌芽状态，研究成果不多。

鄂西南民族史研究的重点主要在土家族政治、经济、文化三方面，而涉及环境史的研究成果尚处于起步阶段。

1.政治方面

早在20世纪80年代，邓相云、鲜文新对鄂西南容美土司社会性质进行了初步探讨，21世纪初，邓辉根据土司时代土家族地区的政治制度和经济制度，判定土司社会性质当属封建农奴制[①]。

吴永章早在20世纪80年代，对鄂西南的土司制度和政治变迁问题进行了开创性研究，研究成果斐然可观[②]。90年代以后，学者们尝试从不同角度，探讨鄂西南土司制度的运作机制：赵平略、杨绪容、田敏剖析了明清时期土司与中央之间的关系；成臻铭深入考察了鄂西南土司的文化政策和自署官职问题；田晶对明代土司制度和普通行政制度进行了比较研究[③]。

除土司制度以外，明清鄂西南的卫所制度亦引起了学者关注，20世纪80年代末90年代初，范植清在这个问题上用力颇深，探讨了明代鄂西南

---

① 邓相云、鲜文新：《容美土司社会形态刍议》，《中南民族学院学报（哲学社会科学版）》1988年第5期，第17—26页。邓辉：《土家族区域土司时代社会性质初论》，《湖北民族学院学报（哲学社会科学版）》2004年第3期，第36—41页。

② 吴永章：《明代鄂西土司制度》，《江汉论坛》1986年第1期，第73—78页。吴永章：《元代对鄂西民族地区的治理》，《中南民族学院学报（社会科学版）》1987年第1期，第30—35页。

③ 赵平略、杨绪容：《明清易代之际容美土司的图存方针及其启示》，《湖北民族学院学报（哲学社会科学版）》1998年第1期，第48—51页。田敏：《论明代中后期鄂西土司的反抗与明朝控制策略的调整》，《湖北民族学院学报（哲学社会科学版）》1999年第4期，第22—24页。田敏：《论明初土家族土司的归附与朱元璋"以原官授之"》，《贵州民族研究》2000年第3期，第141—146页。成臻铭：《明清时期湖广土司自署职官初探》，《吉首大学学报（社会科学版）》2002年第4期，第90—93页。成臻铭：《清代湖广土司自署职官系统运行状态初探——主要以容美土司康熙42年事为基础》，《湖北民族学院学报（哲学社会科学版）》2002年第6期，第11—15页。田晶：《明代普通行政制度与土司行政制度比较研究》，《民族论坛》2006年第6期，第14—15页。

施州卫的设置、军制、功能及其对民族关系的影响①；20 世纪初，田敏进一步探讨了明初土司地区卫所设置的历程②。

清初改土归流，是鄂西南区域社会政治方面的重大转折事件。早在 20 世纪 80 年代，吴永章就已从民族史角度对鄂西南改土归流及其影响进行了探讨③。20 世纪初，学者开始尝试从社会史、人类学等角度，研究改土归流对鄂西南社会、经济、文化的影响。刘伦文、吴雪梅从国家与地方社会的角度，研究改土归流以后鄂西南土家族社会与文化变迁的两方面动力——国家行政力量和民间社会力量④。吴雪梅、谢亚平、李春莲等采用历史人类学方法，分析了建始县景阳河社区在改土归流后，国家权力对土民社会的影响⑤。刘文俊研究了改土归流以后汉族宗法制度对土家族在婚姻缔结原则、婚姻形态和婚姻缔结程序的影响⑥。段超研究了改土归流后汉文化在鄂西南土家族地区的传播和影响⑦。苏晓云、马廷中、李秀梅系统地分析了改土归流的原因、特点，从积极的方面肯定了改土归流的作用⑧。

① 杨昌沅、范植清：《略述明代军屯制度在鄂西山地的实施》，《史学月刊》1989 年第 6 期，第 46—50 页。范植清：《试析明代施州卫所世袭建制及其制约机制之演变》，《中南民族学院学报（哲学社会科学版）》1990 年第 3 期，第 19—24 页。范植清：《施州卫建置屯戍考》，《中南民族学院学报（哲学社会科学版）》1991 年第 5 期，第 90—94 页。范植清：《明代施州卫的设立与汉族、土家族的融合》，《华中师范大学学报（哲学社会科学版）》1991 年第 5 期，第 87—92 页。

② 田敏：《明初土家族地区卫所设置考》，《吉首大学学报（社会科学版）》2004 年第 4 期，第 116—119 页。

③ 吴永章：《论清代鄂西的改土归流》，《中央民族学院学报》1987 年第 5 期，第 10—12 页。

④ 刘伦文：《国家行政力量与民间社会力量的互动》，《湖北民族学院学报（哲学社会科学版）》2004 年第 4 期，第 13—17 页。吴雪梅：《国家与地方势力：清代鄂西南土家族地区乡村社会权力结构的演变》，《云南社会科学》2008 年第 2 期，第 31—35 页。

⑤ 雷翔、陈正慧：《民间视角：清代土家族社会的演变——景阳河社区个案研究》，何星亮、欧光明主编：《中国民族学会第七届全国学术研讨会论文集》，2004 年 6 月 30 日，第 214—229 页。吴雪梅：《乡村记忆与清初土民社会转型》，《江汉论坛》2005 年第 9 期，第 102—104 页。谢亚平、李春莲：《土家族民间故事中的小人物——以景阳河社区为个案调查》，《湖北民族学院学报（哲学社会科学版）》2006 年第 2 期，第 7—11 页。

⑥ 刘文俊：《改土归流后土家族婚俗中的宗法性因素》，《广西师范学院学报（哲学社会科学版）》2005 年第 4 期，第 1—7 页。

⑦ 段超：《改土归流后汉文化在土家族地区的传播及其影响》，《中南民族学院学报（人文社会科学版）》2004 年第 6 期，第 43—47 页。

⑧ 苏晓云：《土家族地区"改土归流"之我见》，《中央民族大学学报（哲学社会科学版）》1997 年第 4 期，第 23—28 页。马廷中、李秀梅：《从人民生活状况的改善看改土归流的进步性》，《西南民族大学学报（人文社科版）》2006 年第 3 期，第 70—73 页。

　　萧洪恩运用近代化理论，研究鄂西南近代社会中神兵运动从传统农民运动形式转型为现代性形式的发展历程[①]。

　　孙秋云、钟年、崔榕等学者利用族谱结合田野调查，从社会学和人类学角度，来研究鄂西南地方宗族的发展变迁，以及宗族组织对区域民间社会生活和基层组织建设的影响[②]。黎小龙、曹学群利用土家族族谱资料，探讨了土家族大姓的历史渊源和社会变迁[③]。瞿州莲、莫代山从宗族功能的角度，探讨了土家族宗族的社会功能和文化功能[④]。

　　鄂西南的民族关系是20世纪80年代学者们关注的一个重点，刘孝瑜、吴永章、彭英明等是民族关系史研究的领军人物，贡献最著[⑤]。20世纪初，学者们从新的角度分析民族的起源和民族关系问题。陈正慧、黄柏权、朱圣钟等对土家族的形成、民族分布演变进行了系统研究[⑥]。王平采取族群研究的方法，探讨历史上鄂西南族群流动及其对区域社会的历史影

　　① 萧洪恩：《20世纪上半叶鄂西南神兵运动的现代转型》，《湖北民族学院学报（哲学社会科学版）》2006年第6期，第8—14页。

　　② 邓和平：《松滋土家族姓氏风俗考》，《中南民族学院学报（哲学社会科学版）》1992年第5期，第62—66页。孙秋云、钟年：《从新旧谱牒的比较看鄂西土家族地区宗族组织的变迁》，《贵州民族研究》1999年第3期，第114—120页。孙秋云、崔榕：《鄂西土家地区宗族组织的历史变迁》，《中南民族学院学报（人文社会科学版）》2001年第2期，第54—57页。孙秋云、钟年、张彤：《长阳土家族的宗族组织及其变迁》，《民族研究》1998年第5期，第69—78页。

　　③ 黎小龙：《土家族族谱与土家大姓土著渊源》，《西南师范大学学报（人文社会科学版）》2000年第6期，第154—160页。曹学群：《土家族的姓名演变及其相关问题研究》，《贵州民族研究》2002年第4期，第75—82页。

　　④ 瞿州莲：《浅论土家族宗族村社制在生态维护中的价值》，《中南民族大学学报（人文社会科学版）》2005年第3期，第20—22页。莫代山：《浅论土家族宗族的文化功能及其当代调适》，《贵州民族研究》2006年第1期，第37—40页。

　　⑤ 刘孝瑜：《古代鄂西土家族与汉族的关系述略》，《中南民族学院学报（哲学社会科学版）》1982年第1期，第21—29页。彭英明：《试论湘鄂土家族"同源异支"——廪君蛮的起源及其发展述略》，《中南民族学院学报（哲学社会科学版）》1984年第3期，第12—20页。吴永章：《宋代鄂西民族问题散论》，《中南民族学院学报（哲学社会科学版）》1988年第2期，第40—46页。

　　⑥ 曹毅：《土家族族源再探》，《湖北民族学院学报（哲学社会科学版）》1991年第4期，第34—38页。颜勇：《土家族族源论析》，《贵州民族研究》1993年第3期，第133—137页。朱圣钟：《明清鄂西南土家族地区民族的分布与变迁》，《湖北民族学院学报（哲学社会科学版）》2001年第3期，第51—55页。陈正慧：《土家族族体形成问题研究综述》，《贵州民族研究》2003年第1期，第169—176页。黄柏权：《关于土家族形成时间问题的讨论》，《湖北民族学院学报（哲学社会科学版）》2002年第2期，第20—25页。彭英明：《试论土家族形成和稳定的历史过程》，《广西民族学院学报（哲学社会科学版）》2004年第4期，第129—133页。

响①。于玲和段超从文化的角度,研究鄂西南土家族和汉族的文化交流②。

2.经济方面

20 世纪 80 年代后期以来,黄仕清、邓辉、杨国安、段超等人针对清初鄂西南经济开发问题的研究逐步深入:黄仕清早在 20 世纪 80 年代撰文从政治、经济、文化三方面简略论述了改土归流后鄂西土家族地区的开发;90 年代初邓辉继梳理了宋代鄂西南土家族地区农业开发的状况;20 世纪 90 年代末至 21 世纪初,杨国安从人口史的角度深入探讨了明清移民对鄂西南的农业垦殖的影响,段超则探讨了改土归流后经济开发的历程及对鄂西南正反两方面的影响③。

20 世纪 90 年代末以后,学界进一步关注历史上鄂西南山区社会经济结构的变迁和山区经济开发的阶段性特点。吴旭探讨了清代鄂西土家族食物获取方式的变化,并从文化、经济、人口三方面分析了发生变迁的原因;田敏通过解读清初顾彩的《容美纪游》,考察了清初容美土司辖地的社会结构和经济结构;朱圣钟探讨了宋元、明清土司时期、清改土归流以后三个阶段,鄂西南农业结构的变化,并分析了自然条件、国家政策、移民等对农业结构变动的影响④。雷翔考察了山区土家族游耕制度的兴废与土司政权存亡的关系⑤。

---

① 王平:《鄂西南族群流动研究》,《中南民族大学学报(人文社会科学版)》2004 年第 1 期,第 57—62 页。

② 于玲:《古代鄂西土家族和汉族文化交流的特点》,《中南民族学院学报(哲学社会科学版)》1996 年第 6 期,第 65—69 页。段超:《元至清初汉族与土家族文化互动探析》,《民族研究》2004 年第 6 期,第 92—110页。

③ 黄仕清:《略论清代前期土家族地区的开发》,《中南民族学院学报(哲学社会科学版)》1986 年第 1 期,第 59—61 页。邓辉:《宋代土家族地区农业经济发展初探》,《中南民族学院学报(哲学社会科学版)》1990 年第 2 期,第 56—60 页。杨国安:《明清鄂西山区的移民与土地垦殖》,《中国农史》1999 年第 1 期,第 16—28 页。段超:《清代改土归流后土家族地区的农业经济开发》,《中国农史》1998 年第 3 期,第 56—63 页。段超:《试论改土归流后土家族地区的开发》,《民族研究》2001 年第 4 期,第 95—103 页。

④ 吴旭:《论清代鄂西土家族食物获取方式的变迁》,《湖北民族学院学报(社会科学版)》1997 年第 2 期,第 33—35 页。田敏:《从〈容美纪游〉看容美土司的社会经济结构》,《民族论坛》1997 年第 3 期,第 69—75 页。朱圣钟:《鄂西南民族地区农业结构的演变》,《中国农史》2000 年第 4 期,第 27—33 页。朱圣钟:《历史时期土家族地区农业结构的演变》,《湖北民族学院学报(哲学社会科学版)》2004 年第 2 期,第 38—43 页。

⑤ 雷翔:《游耕制度:土家族古代的生产方式》,《贵州民族研究》2005 年第 2 期,第 82—87 页。

关于鄂西南的工商业状况和城镇经济的发展,邓辉采取历史文献和考古发现相结合的方法,深入探讨了鄂西南经济发展与货币使用的状况,认为鄂西南某些市镇可能早在两宋已经形成①。柏贵喜分析了清代鄂西南地区商品经济发展的状况、特征及商品化对区域经济的影响②。黄柏权、游红波考察了土家族织锦业的发展历程③。廖桂华探讨了清后期以来不同时期内,恩施桐油贸易在区域社会经济发展中的作用④。潘洪钢从财政史角度,考察了清代鄂西南的赋税政策⑤。刘孝瑜、柏贵喜从城市史的角度考察了鄂西南城镇的类型、经济结构及发展历程,而邓辉则通过实地考察古代商业街建筑特征,探讨鄂西南集镇商业的发展历程⑥。杨华、屈定富根据长江三峡南岸入蜀古道上遗留下的遗址、墓葬、窖藏、桥梁、碑刻等,考察了入蜀古道的历史沿革⑦。

3.文化方面

段超、柏贵喜、张应斌、田发刚、黄柏权等从宏观角度探讨了鄂西南区域文化的内涵、特点、生成机制,段超分析了影响土家族文化生成和发展的地理环境因素、经济因素、社会变迁因素;张应斌探讨了清江古文化的生态背景、人文源流和文化特征;田发刚、谭笑考察了鄂西土家族文化类型及内涵,并分析了鄂西土家族文化与川湘黔等地文化的区别;黄柏权、吴茜分析了鄂西土家族文化的山地特性与多元性特征;柏贵喜还研究了土家族文化

①　邓辉:《鄂西南土家族地区古代经济发展与货币情况研究》,《湖北民族学院学报(社会科学版)》1996年第1期,第36—39页。邓辉:《两宋时期鄂西南土家族地区的经济与货币》,《湖北民族学院学报(社会科学版)》1998年第4期,第31—34页。

②　柏贵喜:《清代土家族地区商品经济的发展及其影响》,《贵州民族研究》1997年第4期,第143—148页。

③　黄柏权、游红波:《土家族织锦的发展演变及其现代启示》,《湖北民族学院学报(哲学社会科学版)》2005年第2期,第8—13页。

④　廖桂华:《近代以来恩施桐油的生产及贸易》,《边疆经济与文化》2006年第3期,第18—19页。

⑤　潘洪钢:《清代中南少数民族地区赋税政策概说》,《中南民族学院学报(哲学社会科学版)》1990年第2期,第61—65页。

⑥　刘孝瑜、柏贵喜:《鄂西土家族地区城镇的兴起和发展趋势》,《中南民族学院学报(哲学社会科学版)》1991年第3期,第38—45页。邓辉:《从宣恩庆阳古街道看土家族区域明清商业活动》,《湖北民族学院学报(哲学社会科学版)》2005年第3期,第6—9页。

⑦　杨华、屈定富:《长江三峡南岸入蜀古道考证》,《三峡大学学报(人文社会科学版)》2006年第4期,第5—11页。

的现代变迁及其变迁的机制①。鄂西南最大土司是容美土司,容美土司的文化生活及文化特色引起一些学者关注:赵平略从心态史的角度,分析了容美土司诗人对外来汉文化的向往情结及这种心态在诗歌创作中正反两方面的效应;赵琳考察了明清以来容美土司的文化生活,并分析了其对土司社会演变的影响;陈楠、杨薇解读《容美纪游》,剖析了清初容美土司独特地理环境和政治经济形态影响下的文化特色②。鄂西南文化研究分为物质文化、制度文化、民间风俗、民间信仰、文学艺术等方面,其中民间风俗、民间信仰、民族艺术等方面研究成果丰硕,而制度文化等方面研究相对薄弱。

关于鄂西南历史上的文化制度、文化政策、民族习惯法等制度文化方面,研究成果相对较少,主要有:段超、李振探讨了清代湖广土司的文化政策、社会条件、文化成就及社会效果;沈永胜考察了土家族的习惯法观念、规范、行为及特征,并初步分析了习惯法的社会功能③。

关于鄂西南衣、食、住、行等物质文明的研究成果比较丰硕,主要有:黄柏权、张惠朗、陈纲伦等学者从生产工具、衣食住行等生活用具方面,探讨了鄂西南土家族物质文明的内涵和发展变迁;其中,黄柏权从宏观的角度考察了土家族传统的生产工具、生活工具等物质文明,并探讨了传统器物与民族精神的关系④。张惠朗、彭林绪等研究了鄂西土家族服饰和建筑及

①　段超:《土家族文化的土壤及其发展轨迹简论》,《中南民族学院学报(哲学社会科学版)》1992年第6期,第59—63页。柏贵喜:《土家族传统文化的当代变迁》,《中南民族学院学报(哲学社会科学版)》1992年第6期,第64—68页。张应斌:《清江古文化论》,《湖北民族学院学报(社会科学版)》1995年第3期,第11—16页。田发刚、谭笑:《鄂西土家族传统文化》,《湖北民族学院学报(哲学社会科学版)》1998年第5期,第36—38页。黄柏权、吴茜:《土家族传统文化的特质》,《中南民族大学学报(人文社会科学版)》2002年第4期,第70—73页。黄柏权:《清江流域民族文化生成机制及其特征》,《湖北民族学院学报(哲学社会科学版)》2006年第4期,第38—43页。

②　赵平略:《土家族容美土司诗人的外向情结——田九龄、田宗文诗歌创作的文化心态》,《湖北民族学院学报(哲学社会科学版)》1999年第3期,第41—45页。赵琳:《容美土司的文化生活及其影响》,《理论月刊》2002年第8期,第53—54页。陈楠、杨薇:《从〈容美纪游〉看清初鹤峰土家文化》,《湖北大学学报(哲学社会科学版)》2006年第1期,第79—81页。

③　段超、李振:《略论湖广土司的文化政策》,《中南民族学院学报(哲学社会科学版)》1990年第4期,第9—15页。沈永胜:《土家族习惯法文化探析》,《贵州民族研究》2005年第4期,第117—120页。

④　黄柏权:《土家族传统器物的分类及其文化内涵》,《中南民族大学学报(人文社会科学版)》2002年第2期,第53—56页。

饮食文化的历史变迁①。陈纲伦、姚雅琼、朱世学等则进一步探讨了鄂西土家族建筑的特征、美学功能、社会功能与文化内涵,并研究保护民族古建筑路径②。

　　鄂西南土家族民间信仰十分复杂,清代在汉族文化影响下,民间信仰曾发生了嬗变。宋仕平和杨玉荣从宏观角度,研究了鄂西民间信仰的历史变迁和社会功能:宋仕平系统地研究了鄂西土家族民间信仰从自然宗教到人为宗教的历史变迁;杨玉荣从社会控制的角度,研究了鄂西南土家族民间宗教信仰的社会控制功能③。朱祥贵、邓辉、张勤等从微观角度,分别研究了鄂西土家族各类民间信仰的历史起源、发展变迁历程:朱祥贵考察了鄂西傩戏中的还坛神信仰的源流、类型、仪式、特征,并分析了还坛神信仰的文化特征;邓辉从民俗、文献、考古三方面资料中,探寻土家族献头祭的文化起源;丁世忠研究土家族的生产和生活与牛崇拜的关系;张勤通过研究土家族白虎崇拜的起源,探索古羌戎、巴人和土家族之间的族源关系;田清旺从口头文学、风俗、宗教迷信中剖析土家族的灵魂信仰;张伟权考察了土家族梯玛信仰的文化属性、流派、法事仪式,并分析了其社会地位的历史变迁④。冉春桃、

　　① 张惠朗、向元生:《土家族服饰的演变及其特征》,《中南民族学院学报(哲学社会科学版)》1990年第4期,第40—45页。彭林绪:《土家族居住及饮食文化变迁》,《湖北民族学院学报(哲学社会科学版)》2000年第1期,第6—13页。

　　② 陈纲伦、颜利克:《鄂西干栏民居空间形态研究》,《建筑学报》1999年第9期,第46—50页。姚雅琼:《鄂西土家族民居审美研究》,《山西建筑》2004年第13期,第10—11页。朱世学:《论土家族吊脚楼的审美功能和社会功能》,《湖北民族学院学报(哲学社会科学版)》2004年第6期,第1—5页。王炎松、袁铮:《鄂西宣恩县土家族吊脚楼民居特征及其保护研究》,《华中建筑》2005年第7期,第81—84页。商守善:《土家族民居建筑艺术、建房习俗、空间观念及神化现象》,《湖北民族学院学报(哲学社会科学版)》2005年第1期,第10—13页。

　　③ 宋仕平:《鄂西土家族宗教信仰的变迁》,《周口师范学院学报》2004年第6期,第49—51页。宋仕平:《嬗变与衍生:土家族的宗教信仰》,《江汉论坛》2005年第1期,第84—86页。杨玉荣:《鄂西南民族地区宗教信仰及其社会控制功能》,《中南民族大学学报(人文社会科学版)》2002年第1期,第75—78页。

　　④ 朱祥贵:《鄂西傩戏——还坛神述论》,《湖北民族学院学报(哲学社会科学版)》1995年第4期,第38—39页。邓辉:《土家族献头祭祀习俗研究》,《湖北民族学院学报(哲学社会科学版)》1999年第2期,第78—82页。丁世忠:《论土家族的牛崇拜》,《西南民族大学学报(人文社科版)》2004年第6期,第59—62页。张勤:《试论土家族白虎崇拜渊源》,《贵州民族研究》2005年第2期,第95—101页。田清旺:《土家族灵魂观念研究》,《中南民族大学学报(人文社会科学版)》2006年第3期,第68—71页。张伟权:《土家族梯玛研究》,《中南民族大学学报(人文社会科学版)》2006年第4期,第70—73页。

游俊等研究土家族禁忌文化,并分析禁忌的社会功能①。孙国正、袁爱华从土家族天梯神话中,探讨了土家族拓展生存空间的抗争精神和延伸有限生命的超越精神②。张应斌、马天芳、田永红从土家族的女神信仰中,剖析了土家族的古代社会习俗和文化精神③。

　　关于鄂西南土家族的民间风俗,刘孝瑜、董珞和宋仕平对鄂西土家族婚俗的变迁及文化特征等方面进行了深入研究:刘孝瑜从民间文学、土家语、风俗习惯三方面考察了土家族婚俗,揭示了婚俗反映出的社会变迁;朱世学考察了土司时期残留的原始婚姻特征,并剖析了其原始性产生的原因;彭林绪研究了土家族婚姻形态的阶段性变迁,并从自然和社会两方面,分析影响变迁的因素;余霞从土家族哭嫁歌中,分析土家族女性心理;宋仕平从婚俗的历史演变中,剖析影响婚俗演变的制度因素和文化因素④。简兆麟、田万振对土家族丧俗进行了考察,简兆麟根据考古发现和历史文献,探寻鄂西南土家族拾骨葬和绕棺习俗的起源和文化内涵;田万振考察了鄂西土家族跳丧的特征,并与傈僳等其他少数民族跳丧仪式相比较,分析土家族跳丧的文化特性和社会功能;李伟则从人类学的角度,解读跳丧仪式中的狂欢精神⑤。

---

　　① 　冉春桃、蓝寿荣:《论土家族禁忌的社会规范功能》,《湖北民族学院学报(哲学社会科学版)》2003年第1期,第8—11页。游俊:《土家族禁忌文化研究》,《吉首大学学报(社会科学版)》2001年第1期,第56—61页。游俊:《土家族传统禁忌的文化寻绎》,《广西民族学院学报(哲学社会科学版)》2001年第1期,第36—41页。

　　② 　孙正国、袁爱华:《土家族"天梯"神话母题发微》,《中南民族大学学报(人文社会科学版)》2002年第4期,第67—69页。

　　③ 　张应斌:《土家族女神及其文化意蕴》,《民族论坛》1994年第3期,第61—67页。马天芳、徐晓军:《土家族女神崇拜现象探微》,《中南民族大学学报(人文社会科学版)》2001年第4期,第126—132页。田永红:《土家族傩坛中的女性形象》,《土家学林》(湖北民族学院内部刊物)2002年第4期。余霞:《由文化事象深入到女性心理——关于土家族哭嫁歌研究的思考》,《湖北民族学院学报(哲学社会科学版)》2004年第3期,第32—35页。

　　④ 　刘孝瑜:《土家族婚俗初探》,《中南民族学院学报(哲学社会科学版)》1986年第1期,第79—84页。董珞:《土家族风俗建构解析》,《中南民族学院学报(哲学社会科学版)》1992年第6期,第54—58页。朱世学:《土司时期土家族原始婚姻形态残余探微》,《湖北民族学院学报(哲学社会科学版)》1994年第4期,第46—50页。彭林绪:《土家族婚姻习俗的嬗变》,《湖北民族学院学报(哲学社会科学版)》2001年第4期,第42—50页。宋仕平:《鄂西土家族婚姻习俗的变迁》,《青海民族研究》2004年第2期,第26—29页。

　　⑤ 　简兆麟:《鄂西土家族的拾骨葬和绕棺习俗》,《中南民族学院学报(哲学社会科学版)》1986年第1期,第85—87页。田万振:《鄂西土家跳丧特点》,《中南民族学院学报(哲学社会科学版)》1991年第4期,第47—52页。李伟:《论土家族丧葬的狂欢精神——以娱神仪式为例》,《涪陵师范学院学报》2005年第1期,第57—60页。

欧阳梦和陈兴贵亦采取人类学方法,解读土家族上梁仪式和送礼背后的文化内涵和民族精神①。谢亚平、曹毅、雷翔、刘伦文通过对景阳河社区进行的人类学田野调查,分析了民间传说背后的社区文化的内涵和文化变迁的历程②。

土家族独特的民族音乐、舞蹈、戏剧艺术的起源、演变及功能问题,引起众多学者关注:孟宪辉探讨了改土归流后汉族移民带来的风俗、教育,对土家族民歌体裁和题材形式带来的影响;陈伦旺考察了鄂西土家族音乐的来源,认为生产劳动、宗教信仰、民风民俗是鄂西南土家族音乐的主要来源③;刘嵘探讨了土家族民间歌舞耍耍的社会属性及名称的历史变迁,研究耍耍由娱神功能到娱人功能的转变;刘莹考察了长阳巴山舞与土家族跳丧习俗之间的关系,探寻长阳巴山舞的原始文化内涵④。夏国康考察了南戏的特点及源流,探讨了清代容美土司的戏曲活动对南戏艺术形成的影响;田世高探讨了南剧的起源,认为明万历起源说和清初起源说都不准确,起源时间仍有待考证;向华研究了土家族岁时节日习俗对民间小戏的产生、发展及艺术形式和内容等多方面的影响⑤。

4.鄂西南环境史

相对鄂西南政治史、经济史、文化史研究成果丰硕而言,鄂西南区域环境史的研究尚处于起步阶段。较早关注鄂西南环境问题的,是中国地理学

---

① 欧阳梦:《土家族上梁仪式的狂欢精神——以湖北省宣恩县沙道沟镇老岔口为例》,《中南民族大学学报(人文社会科学版)》2006年第S1期,第8—9页。陈兴贵:《土家族人生礼仪中礼物馈赠的文化解读》,《湖北民族学院学报(哲学社会科学版)》2007年第6期,第7—10页。

② 谢亚平、曹毅:《景阳土家族民间传说的文化内涵——以兴隆寺村为个案调查》,《广西师范学院学极(哲学社会科学版)》2004年第2期,第68—71页。雷翔:《"赶毛狗"活动的文化透视——景阳河社区文化调查研究之一》,《湖北民族学院学报(哲学社会科学版)》2003年第1期,第4—7页。刘伦文:《现代化背景下土家族社会文化变迁——景阳河社区调查》,《湖北民族学院学报(哲学社会科学版)》2003年第5期,第56—61页。

③ 孟宪辉:《"改土归流"与土家族民歌》,《黄钟(武汉音乐学院学报)》2000年增刊,第32—33页。陈伦旺:《鄂西土家族音乐来源初探》,《音乐天地》2006年第11期,第35—36页。

④ 刘嵘:《土家族传统民间歌舞耍耍的历史源流与演变》,《湖北民族学院学报(哲学社会科学版)》2005年第2期,第8—13页。刘莹:《土家族传统文化的创造性转换与发展——长阳巴山舞的文化内涵探寻》,《湖北民族学院学报(哲学社会科学版)》2007年第6期,第11—14页。

⑤ 夏国康:《容美土司的戏剧活动与南戏的形成》,《中南民族学院学报(哲学社会科学版)》1991年第3期,第46—49页。田世高:《鄂西土家族南剧起源研究》,《中央民族大学学报(哲学社会科学版)》2003年第2期,第105—107页。向华:《土家族民间小戏与岁时节日习俗》,《中南民族大学学报(人文社会科学版)》2006年第3期,第72—76页。

界和考古学界的学者。1939年,中央研究院地质研究所湖北矿产调查队组织对鄂西南恩施、建始的矿产资源进行了地质勘探调查①。由于在20世纪40年代在湖北利川首次发现活化石水杉,中央大学(重庆)森林学教授郑万钧等,开始研究鄂西南利川地区的森林状况②。20世纪70年代,国外山地研究将"人类活动对山地生态系统影响研究"列入《人与生物圈计划》中的一个重大项目,运用生态学理论方法,研究山地生态环境与人类社会经济发展间的互动关系,并成立国际山地协会,推动世界范围的山地研究。在此影响下,中国的山地研究进入新的发展时期。20世纪80年代以来,一批地理学者和考古学者,利用自然科学方法,对古地层中的孢粉、沉积物等进行分析,研究鄂西南山区史前古植被、古动物分布状况及古气候特征。其中,王开发、孙黎明根据利川南坪地区孢粉化石资料,研究二万年来利川地区气候的冷暖波动和植被演变;刘秉理等对早奥陶世鄂西地区古生物演化和环境变迁进行了研究;黄俊华、胡超涌等采用测同位素、光谱等方法,对山洞中的石笋进行地质探测,研究清江流域古气候变化特征③。胡辉明、牛志军等探讨在地质时代,鄂西建始地区的地质变动对环境的影响④。

关于鄂西南水环境的研究,主要局限于在水文地质方面的研究:王增银、钟润生等研究了史前地质变动对清江及其支流的形成和演化的影响⑤。沈续方、王增银等分析了清江水文环境变迁对岩溶地形的作用⑥。

20世纪80年代以后,张建民最早关注清代经济开发对湘鄂西山区环

①　成安、李捷:《湖北恩施建始等县煤铁硫磁土等矿产报告》,1939年铅印本。

②　郑万钧、曲仲湘:《湖北利川县水杉坝的森林现况》,1948年铅印本。

③　黄俊华、胡超涌、周群峰:《湖北清江和尚洞石笋的高分辨率碳氧同位素及古气候研究》,《地球科学——中国地质大学学报》2000年第5期,第505—509页。胡超涌、黄俊华、方念乔、杨冠青:《湖北清江榨洞石笋双波长反射光谱特征及其古气候意义》,《第四纪研究》2002年第5期,第468—473页。胡超涌、黄俊华、杨冠青、唐璐、方念乔:《湖北清江榨洞石笋中可溶硅的测定及其古气候意义研究》,《地球科学》2002年第4期,第453—455页。

④　胡辉明、吴捷:《鄂西南地区探煤构造体系的演变历史》,《中国地质科学院宜昌地质矿产研究所所刊》1981年第4号,第1—17页。牛志军、段其发、徐安武、傅泰安、曾波夫、朱应华:《论鄂西建始地区大隆组沉积环境》,《华南地质与矿产》1999年第1期,第18—23页。

⑤　王增银、姚长宏、周梓良:《鄂西清江的形成与演化探讨》,《地质科技情报》1999年第3期,第25—29页。钟润生、鄢道平:《湖北清江龙潭河水系变迁》,《华南地质与矿产》2002年第4期,第18—22页。

⑥　沈续方、徐瑞春:《鄂西清江下游古岩溶角砾岩特征及形成环境》,《中国岩溶》1993年第1期,第1—10页。王增银、韩庆之:《清江半峡神女洞形成环境及研究意义》,《中国岩溶》1998年第3期,第227—232页。

境的影响问题,并从山区流民的经营观念、经营方式、经济增长途径等方面深入剖析了山地不合理的开发利用资源是造成环境破坏的根源①。90 年代以后,张建民、邹逸麟、钞晓鸿等,从人口、压力、经济模式、文化等多角度,对明清时期秦巴山区的环境变迁进行拓展研究,其研究理路对鄂西南山区的环境史研究具有较大的借鉴价值②。

20 世纪末以来,随着鄂西南考古工作的进展,该地区史前古人类的生存环境开始受到学者关注:刘武等指出,虽然鄂西三峡地区古人类资源丰富,但对人类化石、文化遗存、环境变迁等问题缺少系统研究;尹检顺将鄂西新石器时代早期文化与洞庭湖区进行了横向比较;程捷等通过考察鄂西龙骨洞古地层中的动物化石和孢粉,研究鄂西建始巨猿生活的动植物种类和气温、降水量等气候状况③。

21 世纪初,朱圣钟、唐迅等对鄂西南聚落环境和村落空间进行了系统研究:朱圣钟、吴宏歧系统分析了在土司时期和改土归流后两个阶段,鄂西南乡村和城市在地理分布、结构、规模等方面的变化,并从多角度探讨聚落分布和发展演变的影响因素;唐迅、姚雅琼研究传统乡村社会中,人类行为与活动场所之间的关系④。鲁西奇对传统中国的两种典型乡村聚落形态——散村和集村在中国北方和南方的发展历史进行了系统梳理,并从军事、政治、经济、自然环境等方面分析了影响乡村聚落集聚化和分散化的各

---

① 张建民:《清代湘鄂西山区的经济开发及其影响》,《中国社会经济史研究》1987 年第 4 期,第 19—28 页。

② 张建民:《清代后期秦巴山区的水环境与水旱灾害》,张建民主编:《10 世纪以来长江中游区域环境、经济与社会变迁》,武汉:武汉大学出版社 2008 年 10 月版,第 17—52 页。张建民:《清代秦巴山区的经济林特产开发与经济发展》,《武汉大学学报(人文科学版)》2002 年第 2 期,第 172—179 页。张建民:《明清长江流域山区资源开发与环境演变——以秦岭—大巴山区为中心》,武汉:武汉大学出版社 2007 年 11 月版。张建民:《明清秦巴山区生态环境变迁论略》,《中国经济史上的天人关系论集》,北京:中国农业出版社 2002 年 12 月版。邹逸麟:《明清流民与川陕鄂豫交界地区的环境问题》,《复旦学报(社会科学版)》1998 年第 4 期,第 62—69 页。钞晓鸿:《清代汉水上游的水资源环境与社会变迁》,《清史研究》2005 年第 2 期,第 1—20 页。

③ 尹检顺:《论鄂西与洞庭湖区新石器时代早期文化序列及相互关系》,《江汉考古》1998 年第 2 期,第 35—49 页。刘武、高星、裴树文、武仙竹、黄万波:《鄂西—三峡地区的古人类资源及相关研究进展》,《第四纪研究》2006 年第 4 期,第 514—521 页。程捷、郑绍华、高振纪、张兆群、冯晓波、王晓宁《鄂西地区早期人类和巨猿生存环境研究》,《地质学报》2006 年第 4 期,第 473—480 页。

④ 朱圣钟、吴宏歧:《明清鄂西南民族地区聚落的发展演变及其影响因素》,《中国历史地理论丛》1999 年第 4 辑,第 173—192 页。唐迅、姚雅琼:《鄂西传统村落公共空间的行为——场所研究》,《四川建筑》2004 年第 5 期,第 26—27 页。

种因素,探寻从散村到集村的乡村聚落发展趋势,剖析了不同乡村聚落形态下乡村社会关系网络与社会控制方式的差异性[①]。罗康隆和周兴茂探讨了区域经济与生态环境的关系:罗康隆分析了民族生计方式与自然环境和社会环境的关系,认为自然环境只能稳定生计方式,社会环境对生计方式更具影响力;周兴茂认为土家族区域经济史对当代的可持续发展具有重要的影响与制约,并探寻可持续发展问题[②]。陈湘锋、康忠慧、冉红芳等从文化生态学的角度,研究了鄂西南土家族生态文化的内涵[③]。

三、研究思路

本书试图从环境史的角度,以清代鄂西南为时空范畴,采用历史学、经济学、环境学等方法综合研究区域经济、社会、文化演进与环境变迁之间的互动关系,从而揭示特定区域人类生存(经济生活、社会生活、文化生活)与区域生态环境之间的互动机制。由于生态环境的变化是人类活动与地质、水文等自然要素长期交叉作用的结果,因此,环境史研究是一种长时段研究。

本书研究的主要内容包括以下几个方面:

第一,清代鄂西南的经济发展与生态环境之间的互动,其中包括:生态环境对人类衣、食、住、行等生存方式的制约作用;农业、手工业、商业、矿业开发与环境的互动关系;在清初改土归流和清后期近代化两次重大转型时期,本区域自然资源及其利用方式与区域产业结构、市场结构的互动关系,本区域社会经济模式与生态环境的互动关系;本区域内生态环境异常变化(自然灾害)与经济开发的互动关系;山区农田水利灌溉技术、耕种技术等技术应用与生态农业的关系;人地冲突与生态环境保护;家庭经济模式、山

① 鲁西奇:《散村与集村:传统中国的乡村聚落形态及其演变》,《华中师范大学学报(人文社会科学版)》2013年第4期,第113—127页。

② 罗康隆:《论民族生计方式与生存环境的关系》,《中央民族大学学报(哲学社会科学版)》2004年第5期,第44—51页。周兴茂:《从土家族区域经济史看当代可持续发展》,《湖北民族学院学报(哲学社会科学版)》2002年第2期,第26—30页。

③ 陈湘锋:《鄂西南地区自然生态的人文关怀——从巴东税家新发现的几块风水古碑说起》,何星亮、欧光明主编:《中国民族学会第七届全国学术研讨会论文集》,2004年6月30日,第72—85页。康忠慧:《苗族传统生态文化述论》,《湖北民族学院学报(哲学社会科学版)》2006年第1期,第9—12页。冉红芳:《土家族生态文化的内涵及其当代调适》,《湖北民族学院学报(哲学社会科学版)》2007年第5期,第7—10页。

民生存智慧与生态环境的互动;生态环境的自我修复机制与经济可持续发展。

第二,清代鄂西南社会变化与生态环境之间的互动,其中包括:本区域内人口结构、人口运动与环境变迁的互动关系;不同社会群体、社会阶层,如土著、客民、绅士、宗族、土司等,因各自的社会地位和立场,在资源竞争中的不同行为,以及在环境决策中表现出的不同作用;清代本区域内的重大政治、军事变动对环境产生的异常波动效应。

第三,清代鄂西南文化演进与生态环境之间的互动,其中包括:山地环境对文化传播的阻断效应;环境变迁在民间风俗中的响应;环境变异与民间社会的地方性知识传承革新的关系等一系列问题。

作为交叉学科,环境史研究必须综合运用历史地理学、生物学、历史学、经济学、社会学、人类学等学科的理论方法,以人地关系为核心,研究在特定时空中,人类社会发展与环境演化的关系,从而为构建人地关系和谐和人类社会的可持续发展提供镜鉴。区域研究,对深入了解中国环境史整体轮廓和突出的特点有莫大助益。鉴于目前史学界的环境史研究在区域研究的方法的不足,而且与平原地区比较,山区的环境史研究相对滞后,本论题试图在吸收既有环境史研究理论和方法的基础上,通过研究清代鄂西南由土司社会的汉化进程、由传统社会又演进为近代化社会的历程中,地域社会与环境之间的相互影响。

本论题研究中拟突破的难关主要有以下几个方面:

第一,区域环境史研究尚未形成一套完整的研究理论或方法,目前只能借鉴经济学、社会史、历史人类学的理论方法,研究本区域人地关系的实际问题。

第二,区域环境史研究,既容易误入追寻"地方性知识"和"地方特性"等细枝末节的歧路,又可能流于中国环境史研究框架的地方性版本的形式。准确权衡国家整体共性与区域社会特性之间的关系,是研究区域环境史诸问题的过程中,必须特别注意的问题。

第三,清代鄂西南的档案资料,因历经战乱散佚殆尽,目前只能利用正史、清宫档案、地方志、文集、家谱碑刻、口述历史等等。在诸多资料的运用前,尚需要仔细甄别、比较、分析。

第四,目前学术界对明清时期长江中游地区的环境史研究,主要是从山区开发、平原湖区开发和长江、汉水等河流水利等角度,研究人类活动带来的环境问题。研究成果大多集中在人类生产活动与自然资源变迁的层面上,而对环境与社会经济诸因素:如与市场和城镇的空间地理分布的关系、与区域农作物和经济作物的推广种植与停产的关系、与土地改良和土地退化的关系等缺乏深层次、综合的研究。其次,对于明清两湖地区环境与社会控制体制体系的变迁关系的研究亦显不足。其三,在研究中过分重视人地关系中的直接关系,未能以环境作为背景,探索环境对社会中人与人的关系,如社会冲突问题、宗族发展较长江下游滞后等问题背后的环境因素。

本书尝试探索的几个问题:

首先,本论题试图采取跨学科的研究方法,综合借鉴历史学、社会学、社会经济学、人类学的理论和方法,以人地关系为核心,摸索区域环境史研究的理论方法。区域环境史研究,既不能仅停留在对区域的生态环境诸因素演变的历程中,也不能仅局限于讨论在区域内的环境问题;而应该采用长时段研究的方法,研究特定时空中,区域社会政治、经济、军事、文化等结构和功能与环境演变之间的互动机制;同时采用个案研究,探讨人地互动机制的特定内在运行方式,以及其中所体现出的地方性传统。

其次,从区域社会转型的角度,探讨在清代鄂西南改土归流和清后期近代化的两次社会转型,与区域环境演化的互动关系。一方面探讨区域特定环境对社会结构转型、经济结构转型、文化结构转型的直接或间接影响,另一方面探讨不同社会阶层及群体对环境变迁的不同态度和不同影响。

第三,从环境意识的角度,探讨清代鄂西南地区,区域社会各种社会力量面临环境问题时,为构建人地关系和谐所采取的措施与环境保护的意识的形成、演变。探讨生态环境变迁与鄂西南地区个人和社会群体的精神生活、生产技术取向、生存观念等的互动作用。

四、研究中核心概念的界定

历史研究十分重视时间脉络,历史发展进程本来是连续的,本不应该人为割裂开来。但不同的学者根据研究的需要,而采取了各种方法来划分时段。如清代就曾被人为地划分为古代和近代,而至今仍为学术界所诟病。虽然在研究清代鄂西南山区人地关系的演变历程时,认识到社会、经济、文化的发展前后相承相因、连绵不绝,但本书为了方便研究,也不得不将研究的时间脉络人为地划分为"明末清初""改土归流以后""清后期"三个时段。

中国有关区域环境史研究的成果日益增加。但关于区域的划分有多种方法:有的以历史形成的行政区域为划分标准,或以江河流域为划分标准,抑或以相同的自然地貌为划分标准。无论学者采取哪种划分方法,或结合哪些划分方法,所划分的区域作为历史研究对象,必须有内在的共性,能在研究中展现出大历史的共性与小区域中的个性。不同学者在历史研究中,所提及的鄂西南地域概念亦有不同,作为本书研究的对象,亦必须厘定。

20 世纪 70 年代环境史在西方诞生,20 世纪 90 年代才在中国真正兴盛起来。随着中国环境史研究的不断发展,中国学者对环境史的概念的认识不断深化,因此有必要对环境史的概念不断进行探讨。

鄂西南山区,多民族杂居,在古代历史文献中,或称"蛮夷",或称"苗夷"。清代改土归流后,始由"夷"变"夏"。中华人民共和国成立后,又在鄂西南山区设立苗族、土家族自治州、自治县,重新进行了民族识别和认定工作。但历史上鄂西南山区的民族分布及演变,亦需要进一步厘清。

(一)"明末清初""改土归流以后""清后期"的划分

历史进程原本是连绵不绝的,但为了方便研究具体问题,在本书中,根据清代鄂西南山区社会变迁的阶段性特征,将研究的时段分为"明末清初""改土归流以后""清后期"三个时段。

本书研究的第一个时段是"明末清初",在本书中,"明末清初"特指天启八年(1628 年)至雍正十三年(1735 年)。在这一阶段,鄂西南山区社会受到来自外界战争的巨大冲击,导致山区出现大范围人口流动和大规模人口流失,数百年间凭险自固的施州卫辖诸土司均被卷入到王朝鼎革的动乱中,甚至鄂西南山区势力最大的容美土司及其属民亦被夔东十三家农民军犁庭扫穴般从峒寨赶出,长期流亡荆宜地区。此后战争的劫波不断,吴三桂等发动的"三藩之乱"、谭宏之叛,使鄂西南山区长期处于战乱之中。战争不仅打破了族群间壁垒森严的人为界线,而且迫使容美等土司为恢复经济而采取了开放的政策。因此,可以说来自外界的战争,打破了鄂西南山区长期封闭自固的局面,土司势力受到沉重的打击,客观上为雍正时期实行改土归流创造了有利的条件。在这一历史时期,战争对人口、资源、环境的冲击,社会变动对人地关系的影响等问题,必须加以深入剖析。在这一历史时期的基本特征是:山区交通环境闭塞,经济发展水平低下、人民生存艰难,生态环境相对原始。

本书研究的第二个时段是"改土归流以后",在本书中,"改土归流以后"特指乾隆元年(1736年)至嘉庆二十五年(1820年)。改土归流政策对鄂西南山区政治、经济、文化的发展影响深远,是本地区大量引进中原先进物质文明和精神文明的一个重要发展阶段,研究的成果累累。但本书集中探讨改土归流后,国家对鄂西南山区政治制度、生产方式、生活方式、思想文化进行改造时,对鄂西南山区环境产生了怎样的影响。这一历史阶段的基本特征是:国家强制干预鄂西南山区的发展进程,国家强化了对鄂西南山区基层社会的控制,鄂西南山区被迫对外开放,地方官积极招徕流民入山垦殖,山区生存状况改善,生态环境出现恶化。

本书研究的第三个时段是"清后期",在本书中,"清后期"特指道光元年(1821年)至宣统三年(1911年)。由于鸦片战争以后,中国国门被西方列强打开,中国近代化进程开始。汉口开埠后,湖北省社会的近代化进程才真正起步。因交通和地理环境的阻隔,洋务运动对鄂西南山区的影响较小。直至光绪朝张之洞督鄂期间,鄂西南山区的近代化进程才开始。这一历史时期的基本特征是:传统山地农业经济获得进一步发展,林特产业、养殖业获得发展,湖北的近代化带动了山区矿业和商业的发展,山区生存条件进一步改善,但生态环境进一步恶化。

(二)"鄂西南"的地域范畴

关于"鄂西南"的地域范畴,学术界提出不同的划分方法。

唐文雅、叶学齐、杨宝亮在《湖北自然地理》一书中,根据省内地质构造和地表形态差异以及农业生产、开发利用方向的不同,将长江三峡谷地及其以南整个清江流域,加上巫山、武陵山一部分,划为"鄂西南"山原区[①]。《湖北农业地理》中所提到的"鄂西南"地区,包括恩施地区的恩施、建始、巴

---

① 唐文雅、叶学齐、杨宝亮编:《湖北自然地理》,武汉:湖北人民出版社1980年7月版。

东、利川、宣恩、咸丰、来凤、鹤峰,宜昌地区的宜昌、宜都、远安、兴山、秭归、长阳、五峰等市县①。朱圣钟、吴宏歧在《明清鄂西南民族地区聚落的发展演变及其影响因素》一文中,认为鄂西南民族地区的范围包括:"湖北省西南部少数民族集中分布的恩施市、建始县、利川市、咸丰县、来凤县、鹤峰县、宣恩县、五峰县、长阳县的全部及巴东、秭归二县长江以南的部分。"孙秋云、崔榕在《鄂西土家族地区宗族组织的历史变迁》一文中,提出鄂西土家族地区主要指今恩施土家族苗族自治州及五峰、长阳两个土家族自治县城内土家族聚居的区域。王平在《鄂西南族群流动研究》一文中,认为鄂西南指今恩施土家族苗族自治州和长阳、五峰两个土家族自治县所在的广大区域。

本书所指鄂西南的地域范围,特指明清时期,湖北省西南部施州卫及辖属诸土司辖地及向巴东县、长阳县、建始县等周边扩张的地区;亦即清代中后期施南府属建始、利川、恩施、宣恩、咸丰、宣恩、来凤六县和宜昌府属鹤峰州、长乐县、长阳县、巴东县南部等地区;大致相当于今天的湖北省恩施市、利川市、建始县、宣恩县、咸丰县、来凤县、鹤峰县、五峰县、长阳县、巴东县江南部分地区。在本区域内,自然环境、政治、经济、文化具有相同的特征,经历了相同的社会变迁和环境演变进程,因此本书选取这一片地域,命名为"鄂西南",作为本书研究的空间范畴。

从行政区划、地理环境、地域文化各方面来分析,鄂西南地区都具有边缘性特征。

从行政区划来看,鄂西南地处长江中游湖北省西南边陲山区,西、北通巴蜀、东北界宜昌府属各县、南接湘西,距离三省的省会中心城市十分遥远。恩施距四川成都 503.791 公里,距离湖南长沙 1401.78 公里,距离武汉 470.76 公里(数据来源于 Google Earth 测距工具)。从川、鄂、湘三省中心城市的角度来看,鄂西南地区都属于三省偏僻的边界地区,历代王朝对鄂西南地区的控制相对薄弱,曾被历代中原王朝视为微外边疆。作为少数民族地区,鄂西南地区在社会历史变迁中的人地关系、国家与地方社会之间的关系等方面,在历史上均体现出独特的民族性和边缘化色彩。

从自然区划来看,鄂西南山区处于云贵高原边缘延伸部,以及武陵山

---

① 《湖北农业地理》编写组编:《湖北农业地理》,武汉:湖北人民出版社 1980 年 3 月版,第159 页。

脉与大巴山脉交界地带。《中国自然区划概要》将鄂西南地区划归贵州高原—鄂西山地区[①]。鄂西南地区界于四川盆地与江汉平原之间的隆起部，北部是巫山余脉、西部是大娄山余脉、中部是武陵山余脉、南部是云贵高原向东延伸的余脉，大多数山地海拔在 1000 多米以上。在地形上亦属于高原、山地余脉交汇的边界地区，且在中国地势第二、第三级阶梯分界之处。崇山峻岭，山深箐密，道路阻塞，加上"汉人不入峒，蛮人不出峒"的民族政策，使鄂西南地区长期保持着政治、经济、文化的相对独立性。鄂西南地区既是湖北省内政治、经济、文化最落后的地区之一，又是生态环境保持得最好的地区之一。

从区域文化角度来看，西邻蜀文化区，东邻楚文化区，南邻武陵文化区，其中，巴文化，楚文化，乌蛮文化，濮、越文化等对鄂西南地区影响最深远。在中国古代，鄂西南地区被历代中原王朝视作华夏文明的边缘地带，历经"华夷之变"。湖北省地当天下腹心，而汉唐以来鄂西南山区长期作为土司苗疆，成为腹里之苗疆，孤悬于天朝宇内。明朝学者王士性在《广志绎》中评说："施州、保靖、永顺正当海内山川土宇之中，反为盘瓠种类盘踞。"[②]

（三）"环境史"的内涵

研究环境史必须首先厘清环境史的定义，才能确定环境史研究的对象和研究的目标。虽然现在不同学科的学者从各自角度研究历史上的环境问题，并称自己从事的是环境史研究，但某些学者似乎仍停留在本学科领域内，并未体现出环境史作为边缘学科的交叉学科特征。当环境史研究在向各个学科领域渗透、借鉴其他科研究方法时，存在着与其他学科研究同质化的危险。因此环境史研究者必须时刻警惕，铭记环境史研究的定义、对象和取向。

环境史是新兴的跨学科领域，因此，美国著名环境史学者唐纳德·沃斯特有句名言："在环境史领域，有多少学者就有多少环境史的定义。"环境史传入中国后，中国学者在吸收 R.纳什、T 泰特、D.沃斯特、W.克罗农等国外学者的环境史定义后，提出各自对环境史内容的理解。包茂宏认为环境

---

① 全国农业区划委员会《中国自然区划概要》编写组编：《中国自然区划概要》，北京：科学出版社 1984 年 5 月版。

② ［明］王士性著，吕景琳点校：《广志绎》卷 4《江南诸省》，北京：中华书局 1981 年 12 月版，第 95 页。

史是以建立在环境科学和生态学基础上,以当代环境主义为指导,利用跨学科的方法研究历史上人与环境之间的互动关系,提倡建立生态中心主义文明观[1]。景爱认为环境史本质上是人类与自然的关系史,环境史研究的对象包括自然环境的初始状态、人类对自然环境的影响、人类开发、利用自然的新途径[2]。赵志军从环境考古学角度,主张通过解读人类文化发展与古代环境变迁之间的关系,来认识古代人类的生活方式,解释人类文化的发展和进程,环境考古学研究的对象是各种环境因素[3]。刘军认为环境史不仅研究人与自然的关系,还应当注意研究人与人的关系,环境史研究与政治史关系密切[4]。徐再荣主张不仅要研究环境变迁对人类的影响,还要研究人类活动对环境的影响,环境史研究应确立人文主义的价值观,研究历史上人类与环境的互动关系[5]。方修琦、葛全胜、郑景云等提出,应重点关注环境演变对中华文明影响的过程与机制研究,应以重大环境演变事件的识别为基础,以环境变化引起的资源变化为切入点,通过研究文明发展对环境演变影响的适应,来深化对文明内涵的理解[6]。

综合以上各家看法,环境史研究历史上人类社会与生态环境之间的互动关系,既要研究环境诸因素变化对人类社会的政治生活、经济生活、文化生活的直接和间接影响,同时也要研究人类社会的政治活动、经济活动、文化意识对生态环境的积极作用和消极作用。通过研究人类社会发展进程与环境演变之间的各种关系,从而为人类社会保持可持续发展提供有价值的经验和教训。由于历史上不同区域在资源条件、环境状况、经济发展水平、社会形态、人口数量和素质、科学技术水平、文化特色等方面各异,因此在进行环境史研究时,必须根据不同区域的特殊性来研究人地之间的复杂的互动关系,才能深入地认识不同地域社会发展历程与环境演变方式互动的特殊性和多样性,然后从不同区域人地关系互动的特殊性和多样性中,

①　包茂宏:《环境史:历史、理论和方法》,《史学理论研究》2000 年第 4 期,第 70－83 页。

②　景爱:《环境史:定义、内容与方法》,《史学月刊》2004 年第 3 期,第 5－7 页;景爱:《环境史续论》,《中国历史地理论丛》2005 年第 4 辑,第 152－158 页。

③　赵志军:《环境考古研究》,《中国社会科学院院报》2003 年 7 月 1 日第 3 版。

④　刘军:《环境史研究也应重视人与人的关系》,《中国社会科学院院报》2005 年 8 月 4 日第 3 版;刘军:《论西方环境史的政治特点》,《史学月刊》2006 年第 3 期,第 15－21 页。

⑤　徐再荣:《环境史研究的人文取向》,《中国社会科学院院报》2006 年 5 月 30 日第 6 版。

⑥　方修琦、葛全胜、郑景云:《环境演变对中华文明影响研究的进展与展望》,《古地理学报》2004 年第 1 期,第 85－94 页。

进一步深刻地理解人类社会发展历程中认识自然与利用自然的多种途径，以及人地互动关系中的普适性原则。台湾学者刘翠溶提出中国环境史研究应重点关注并深入研究以下十个主题：人口与环境、土地利用与环境变迁、水环境的变化、气候变化及其影响、工业发展与环境变迁、疾病与环境、性别族群与环境、利用资源的态度与决策、人类聚落与建筑环境、地理信息系统之运用等十个主题[①]。这十大主题，至今仍有待学者们努力开拓。

---

① 刘翠溶:《中国环境史研究刍议》,《南开学报(哲学社会科学版)》2006 年第 2 期,第 14—21 页。

第二章　清代鄂西南山地
环境与山地政治生态

传统的"环境决定论"认为不同地域的环境因素不仅造成了地域内个人的体格和体格之间的差异,而且决定了社会政治体制的不同。如柏拉图和亚里士多德认为气候差异导致生活在不同气候带的民族选择不同的政体形式。西方现代政治生态学理论从人类生产和消费方式的角度,来研究人类活动带来的生态变化,将人们的生产方式和消费方式的变化,视作推动人类生活方式和社会关系转变的重要力量。美国生态学马克思主义学者詹姆斯·奥康纳亦不得不承认,历史唯物主义依然是分析生态问题的重要方法。特定时空中产生的生态问题,虽然直接体现为人与自然之间的问题,但是基于社会性"人"的背景下,人地关系问题背后隐藏着社会关系问题。一定地域的政治发展模式,必然受制于人类生存的特定生态环境,自然地理条件、生产方式及水平、社会传统、文化习俗、民族构成等政治生态环境因素对地域政治的形成、发展产生影响。同时,地域特定的政治模式及其行为模式,或直接或间接规范、影响着人类活动,进而改变人类赖以生存的生态环境。

第一节　山地环境下的政治生态

一、鄂西南山地环境的特点

(一)鄂西南山地环境的边缘性

鄂西南山区在区划上,具有边缘性特点。从全国范围看,鄂西南山区地接西南诸省,位于鄂、湘、重庆三省市交界处。山地府州县疆域远比平原府州县广阔,远离国家及地方政治、经济、文化中心,如施州按《广志绎》记载:"施州东抵巴东五百里,西抵酉阳九百里,南抵安定硐、北抵石柱司各七百里,依稀闽、浙全省地。"①顾祖禹在《读史方舆纪要》中划定施州卫的四至范围:"东北至荆州府巴东县五百里,西南至四川酉阳宣抚司九百里,西至四川彭水县六百里,西北至四川石砫宣抚司七百五十里,自卫治至布政司一千七百里,至京师四千一百五十里。"施州卫仍被视作偏远蛮荒之地,"外蔽夔峡,内绕溪山,道至险阻,蛮獠错杂"②。改土归流后,改设施南府,下辖恩施、建始、利川、咸丰、宣恩、来凤六县。施南府辖境范围,"东至宜昌府鹤峰州界一百七十里,西至四川石砫厅界四百十八里,南至四川酉阳州界四百十五里,北至四川巫山县界二百四十里,东南至湖南龙山县界二百六十五里,西南至四川黔江县界三百十五里,东北至巫山县界三百四十里,西北至四川万县界三百八里"③。而原容美土司地改设鹤峰州和长乐县,隶属宜昌府。鹤峰州"西距省治一千五百五十里。广一百九十五里,袤三百四十五里"④。巴东县"在楚西蜀东境上,其东为归州,西为四川巫山县,南为长阳县,北为房县,东北到兴山县,东南到归州,西南到建始县,西北到大宁县,东西广二百四十里,南北袤六百五十里""自县至荆州府,由归州夷陵陆路八百里,水路六百七十里,至湖广布政司由荆州水路一千五百六十五里,陆路一千五百四十里。至南京由荆州水路三千四百一十里,陆路二千九百零五里,至北京由荆州水路六千七百二十里,陆路三千一百五十里"⑤。来凤县位于鄂西南、湘西、川东接壤地带,号称"一脚踏三省"⑥。因此,鄂西南山区的区位特点,可以用偏、广、远三字概括。

　　鄂西南山区在地势、地形、地貌上具有边缘性特点。鄂西南山区处于中国地势第二级阶梯,地处长江上游流域云贵高原东延部分,介于武陵山余脉与大巴山之间,山水丛杂。从地貌上,鄂西南山区兼有山地、台地、盆

　　①　[明]王士性著,吕景琳点校:《广志绎》卷4《江南诸省》,北京:中华书局1981年12月版,第95页。

　　②　[清]顾祖禹撰,贺次君、施和金点校:《读史方舆纪要》卷82《湖广八》,北京:中华书局2005年3月版,第3855—3856页。

　　③　[清]湖北舆图局编:《光绪湖北舆地记》卷17《施南府》,湖北舆图局光绪二十四年(1894年)刻本,第5—6页。

　　④　[清]赵尔巽等撰:《清史稿》卷67《志第四二·地理十四》,北京:中华书局1976年7月版,第2184页。

　　⑤　[明]杨培之纂修:嘉靖《巴东县志》卷1《舆地纪·疆域》,《天一阁续修方志丛刊》第62辑,上海:上海书店出版社1990年12月版,第1211—1212页。

　　⑥　湖北省来凤县县志编纂委员会编纂:《来凤县志》第一章《建置》,武汉:湖北人民出版社1990年10月版,第3页。

地、峡谷等各类地貌,呈带状阶梯分布。鄂西南山区雄据荆楚上游,长江带
其前,崇山耸其后。近代地理学者罗汝楠在《中国近世舆地图说》中,描绘
了鄂西南山区地理环境的基本形势:湖北"西南危峰鸟道,谿壑深邃,有百
丈之伏流"①。鄂西南"地势则武陵山脉,北起于此,绵亘而南"②。施南府
"境内之水,以清江为大,夏秋涨而冬春涸,常纳众流,以注于江"③。鄂西
南"入江之水,自西南来者,莫大于施南之清江,东行六百余里,至宜都县北
流入"④。鄂西南山区的地方志亦对本地山地环境特点进行了概括性描
述,如同治《增修施南府志·地舆志》记载:"施郡,古山国也。自改土升府
以来,所辖不下数千里,其山川之绵亘,形胜之清奇,往迹之纷呈,邱垄之传
播,麇不在人耳目。"⑤道光《建始县志·山川志》载:"建邑环境皆山也,水
多伏焉。"⑥恩施县 75% 的地区为山地,素有"七分半山,半分水,两分田"之
说⑦。民国《咸丰县志》称:"咸丰,一磽确不平之区也。其地山多水少,平
原不及十分之四五。"⑧来凤县平均海拔 680 米,海拔 800 米以下的低山平
坝占全县总面积的 78%,且 87% 人口居住在低山平坝区⑨。

(二)鄂西南山地环境的异质性

"环境异质性",在宏观生态学理论中又称为生境特异性,或生境差异
性;在微观生态学理论中,指环境随时空变化而不同,对生物基因的表现性

①　[清]罗汝楠编纂,方新校绘:《中国近世舆地图说》卷 13《湖北·形势》,宣统元年(1909
年)二月广东教忠学堂印行,第 9 页。
②　[清]罗汝楠编纂,方新校绘:《中国近世舆地图说》卷 13《湖北·沿革》,宣统元年(1909
年)二月广东教忠学堂印行,第 17 页。
③　[清]罗汝楠编纂,方新校绘:《中国近世舆地图说》卷 13《湖北·沿革》,宣统元年(1909
年)二月广东教忠学堂印行,第 17 页。
④　[清]罗汝楠编纂,方新校绘:《中国近世舆地图说》卷 13《湖北·河流》,宣统元年(1909
年)二月广东教忠学堂印行,第 3—5 页。
⑤　[清]松林等修,何远鉴等纂:同治《增修施南府志》卷 2《地舆志》,《中国地方志集成·湖北
府县志辑》第 55 辑,南京:江苏古籍出版社 2001 年 9 月版,第 55 页。
⑥　[清]袁景晖纂修:道光《建始县志》卷 1《山川志》,《中国方志丛书·华中地方》第 326 号,
台湾:成文出版社 1975 年版,第 59 页。
⑦　湖北省恩施市地方志编纂委员会编:《恩施市志》卷 1《地理志》,武汉:武汉工业大学出版
社 1996 年 11 月版,第 35 页。
⑧　徐大煜纂修:民国《咸丰县志》卷 1《疆域志·山川》,民国三年(1914 年)劝学所刻本,第 17 页。
⑨　湖北省来凤县县志编纂委员会编:《来凤县志》,武汉:湖北人民出版社 1990 年 10 月
版,第 1 页。

状影响的差异性。

从地壳的地质演化的历程来看,山地是地壳演化的初期,是地表物质、能量最活跃的交换场所。对一个山体空间而言,山地环境的异质性,首先表现为空间缀块性(patchness),具体表现为山地内的生境可分为山岭生态、山坡生态和山谷生态等不同形态。而山谷生态,又可细分为湿地生态、平原生态、台地生态、洪积扇生态等类型。因此,山地环境在地质上具有异质性特点。

山地空间的缀块性,亦表现为山地地貌的差异性。鄂西南山区的地质主要以灰岩、页岩为主,山体易受水流侵蚀,从而形成众多的溶洞、伏流、盲谷、溶蚀洼地等奇特地貌,山间分布陷落盆地①。大部分山地之间交错有山间盆地或坪坝。根据区内地貌差异可进一步分为:恩施、建始形成侵蚀中山与山间盆地地貌小区,利川主要为剥蚀构造山原地貌小区,清江中下游发育为喀斯特化中低山地貌小区②。

在鄂西南山区各县,形成了众多典型的岩溶地貌,主要有恩施的出水洞、利川的落水洞、来凤的卯峒、咸丰的黄金洞、利川的腾龙洞、咸丰的黄金洞、宣恩的双龙洞、建始的石通洞、鹤峰的万全洞等。岩溶地貌的奇异风景,曾引来历代宦游文人创作了大量诗赋来描绘溶洞奇观。如袁景晖在《游乳泉洞》中描写利川岩洞:"岩洞阐幽邃,玲珑石乳垂,淅沥声稠。"吴世琳在《乳泉洞》中写道:"北郭有石洞,洞中豁如堂,石楼布石级,石门通石梁,可倚石为几,可借石作床,可以饮石髓,肺腑清凉。"湖北学政鲍桂星(字觉生)游历建始县龙潭坪西南四十里的石门溶洞后,撰《石门歌(并序)》记载了溶洞奇观:"有三洞,奇奥类鬼工。洞石下垂,如云物,如钟乳,谲诡不可名状。第二洞垂瀑如珠箔,尤可赏悦,再上一洞即石门也,洞口垒石为二门,有一夫当关之险。人马过者皆穿洞出入,望若飞仙,四面峭峰危岫,紫翠斑驳,缥缈天际。平生涉历,南北见奇如此者不多得也。"③

鄂西南地区水系主要属于长江水系及其支系洞庭水系、乌江水系。其中

---

① 《湖北农业地理》编写组编:《湖北农业地理》,武汉:湖北人民出版社 1980 年 3 月版,第 3 页。

② 湖北省地方志编纂委员会编:《湖北省志·地理》卷上,武汉:湖北人民出版社 1997 年 3 月版,第 308－310 页。

③ [清]松林等修,何远鉴等纂:同治《增修施南府志》卷 28《艺文志·诗下》,《中国地方志集成·湖北府县志辑》第 55 辑,南京:江苏古籍出版社 2001 年 9 月版,第 498－503 页。

属长江水系的河流主要有长江、清江、万石河、三坝河、元渡河、罗坪河、平阳河、恩阳水、五木溪、沙镇溪等。属于洞庭水系的河流主要有溇水系、白水河系。属于黔江水系的主要有唐崖河系、龙嘴河系①。清江是鄂西南地区除长江以外的第一大河,西起利川齐岳山脉、福宝山麓清水塘,向东经咸丰、恩施、建始、巴东、长阳,在宜都城北注入长江,全长 425 公里,流域面积达 16700 平方公里,支流有忠建河、龙王河、渔洋河、马水河、野三河、招徕河、丹江等②。

山地环境的空间缀块性,亦表现为山地气候的空间差异,堪称"一山有四季,十里不同天"。如长乐县"处深山穷谷之中,气候与他处颇异。然一邑之中,亦各有不同,其实寒多于热","邑属地势高下不一,寒暖亦不一,喜湿喜燥各有不同"③。建始县因"四山环合","少晴日,风亦时发,无暴烈,独多雨重雾。冬不甚寒,雪鲜盈尺,冰无坚厚。夏亦不大热,伏天扇不停挥,夜裸卧不覆衾,才数日耳,春后虽暖,却有余寒,秋凉较早,气候与外间不同"④。建始县"寒热燥湿,一邑之中,亦彼此各异"⑤。

山地气候的空间缀块性,还表现为在鄂西南山区特殊地形、地貌下形成的局部气候岛效应。由于高山屏障,在鄂西南地区的低山坪坝和峡谷地带如三峡河谷、清江河谷、恩施盆地、来凤盆地,冬季北方冷空气难以侵入,形成局部冬暖区,无霜期长,雨量充足,水热条件好。四季分明,雨热同步,冬少严寒,夏无酷暑,雾多湿重,风速低,地区气候差异大。在鄂西南山区,这种暖地十分适宜发展农业种植。如长乐县上下高峰、长冲等保,气候温暖,一年可种麦、粱套作两季。此外,还可以种植棉花、芝麻等,收成较早。渔洋关小气候更暖,收成比前者更早。长乐县通塔坪也属暖地,可以兼种稻、黍,一年两熟⑥。

---

①　袁济安签:《湖北省第七区年鉴》,恩施雪兰轩纸张文具商店承印,民国二十七年(1938 年)七月版,第 6 页。

②　湖北省地方志编纂委员会编:《湖北省志·地理》卷上,武汉:湖北人民出版社 1997 年 3 月版,第 540—541 页。

③　[清]李焕春原本,郑敦祐再续:光绪《长乐县志》卷 1《分野志·附气候》,《中国地方志集成·湖北府县志辑》第 54 辑,南京:江苏古籍出版社 2001 年 9 月版,第 123—124 页。

④　[清]袁景晖纂修:道光《建始县志》卷 3《风俗志》,《中国方志丛书·华中地方》第 326 号,台湾:成文出版社 1975 年版,第 251 页。

⑤　吕调元等修,张仲炘等纂:民国《湖北通志》卷 21《舆地志·风俗》,宣统三年(1911 年)修,民国十年(1921 年)商务印书馆影印本,第 762 页。

⑥　[清]李焕春原本,郑敦祐再续:光绪《长乐县志》卷 1《分野志·附气候》,《中国地方志集成·湖北府县志辑》第 54 辑,南京:江苏古籍出版社 2001 年 9 月版,第 124—125 页。

其次,山地环境异质性表现为同一山体空间的梯度性。山地气候、植被、土壤、降水量等环境因素随着山地高程的变化,呈现梯变效应,亦体现出山地环境独特的、垂直差异的异质性。

鄂西南山区为云贵高原东部的延伸地带,由大巴山余脉、巫山、七岳山、武陵山等东北、西南走向的山脉组成。按高程分为:海拔在 1200 米以上的高山,海拔在 800—1200 米的二高山,海拔在 800 米以下的低山。鄂西南地区主要山脉分布详见下表:

表 2—1　鄂西南地区主要山脉分布和高度表

山脉系统	主要山名	分布地方	高度 (高出海面公尺)
(一)大巴山脉入鄂正干	长　峰 珍珠岭	巴东西北房县西南 巴东北房县西南	2400 2100
(二)大巴山脉南出小支	仙女山 五宝山	巴东东北与兴山秭归交界地方 巴东北部	1000 700—1000
(三)武陵山脉	仙人山 南木山 大头山 景山 白岩山 五马山 七岳山	来凤西南 来凤南 咸丰西北 咸丰西 利川南 利川西南 利川西	1000—1500 1000—1500 1500—2000 1500—2000 1500—2000 1500—2000 2000—2500
(四)武陵山脉石门支	云霞山 石板顶 鸳鸯顶 石宝山 横壁山 董家荒	利川西南与恩施交界地方 利川西与恩施交界地方 鹤峰西北 鹤峰东北 宣恩东与恩施交界地方 巴东南	1500—2000 1500—2000 1000—1500 1000—1500 700—1000 2000—2500
(五)武陵山脉荆门支	笔架岭 黄鹄山 九龙山 巴　山	恩施西北 建始东北 巴东西南与建始交界地方 巴东南(县治附近)	2000—2500 1000—1500 1000—1500 400—700

资料来源:袁济安签:《湖北省第七区年鉴》,恩施雪兰轩纸张文具商店承印,民国二十七年(1938 年)七月版,第 5 页。

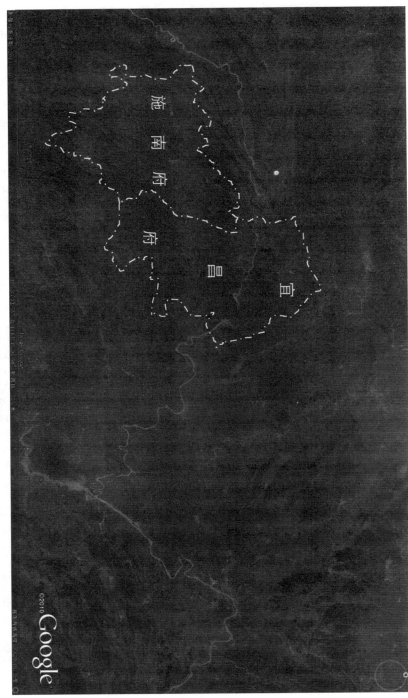

图 2—1　鄂西南山区地形图

　　鄂西南地区在总体上属于亚热带季风性山地湿润气候,但随高度变化呈现垂直差异。海拔 800 米以下低山带四季分明,呈显著的垂直差异。海拔 800－1200 米的二高山地带,春迟秋早,湿润多雨。海拔 1200 米以上的高山地带,气候寒凉,冬长夏短。山地气候与平原地区最大的差异在于具有气候垂直分布差异,自山下至山顶,依次分布着中亚热带、北亚热带、暖温带、中温带。如宣恩县海拔 800 米以下低山平坝地带属中亚热带季风湿润型山地气候,海拔 800－1200 米二高山地带属暖温带、中亚热带季风湿润型山地气候,海拔 1200 以上高山地带属于暖温带季风湿润型山地气候①。《长乐县志》总结了山地气候的垂直差异,"地高气多寒,地下气多暖"②。而且鄂西南地区山脉均呈东北—西南走向,山坡迎向夏季风形成丰沛降雨,年降水量在 1500 毫米以上,降水集中在 4－10 月。山区的无霜期呈垂直变化,随高度的增加而缩短。鄂西南地区年平均温度 13℃－16℃,年日照 1400 小时③。鄂西南地区的光照和太阳辐射能相对全省其他地区最少。山区夏季温度比平原低,即使活动积温相当,有效积温也比平原少,这是山区农作物生育期在季节上比平原晚的原因之一。山地气候的垂直性差异,导致山地集中分布了区系复杂、类型多样的动植物资源,为采集和狩猎活动提供了丰富的经济资源。

　　垂直差异地区对天气的适应性截然相反。施南府各县方志中通常称"高处喜雨,低处喜晴"。因为地高处旱田无法人工灌溉,雨水得时则收成有望,故喜雨。而低处连续降雨形成涝灾,故喜旱。但是《巴东县志》也谈到高山与低山的旱田的情况与前者又相反:高山苦寒,天晴则气暖,种物易生。低山少积水处,地常苦燥,宜小雨润。张轩鹏在竹枝词中戏谑天公:"开荒种地半弓宽,晴雨休同沃壤看,高处喜晴低要雨,巴东倍觉做天难。"④

　　山地环境的异质性,造成山地土壤、水、动植物等资源的丰富而多样。山地环境对山地资源开发利用的技术要求,比平原地区更高、更复杂。山地环境的异质性,直接导致山地人民的生产方式和生活方式的复杂性,并

---

① 《宣恩县志》编纂委员会编:《宣恩县志》,武汉:武汉工业大学出版社 1995 年 12 月版,第 38 页。
② [清]李焕春原本,郑敦祜再续:光绪《长乐县志》卷1《分野志·附气候》,《中国地方志集成·湖北府县志辑》第 54 辑,南京:江苏古籍出版社 2001 年 9 月版,第 123 页。
③ 《恩施州志》编纂委员会编:《恩施州志》,武汉:湖北人民出版社 1998 年 12 月版,第 1 页。
④ [清]廖恩树修,萧佩声纂:同治《巴东县志》卷 15《艺文志》,《故宫珍本丛刊》第 134 册,《中国地方志集成·湖北府县志辑》第 56 辑,南京:江苏古籍出版社 2001 年 9 月版,第 340 页。

间接地影响了山地社会形态的形成与发展路径。

二、华夏视野下的"溪峒诸蛮"

从目前所发现的古人类遗址环境来分析,山地是人类的起源地、繁衍地。旧石器时代的建始人遗址、长阳人遗址,是鄂西南山区最早的古人类遗址。《明史·湖广土司列传》称,西南诸蛮"历代以来,自相君长"。自周武王举行孟津之会,西南诸蛮始参与中原地区的政治活动①。《清史稿·湖广土司列传》称:"西南诸省,水复山重,草木蒙昧,云雾晦冥,人生其间,丛丛虱虱。"②地形、地貌、气候、土壤、动植物等自然资源的多样性,使本地区少数民族文明多源而多元。

在漫长的历史长河中,鄂西南山区曾是南蛮西南夷等多民族活动的舞台。因此,对于鄂西南地区少数民族起源,学者们根据各种历史文献提出"巴人说""乌蛮说""僰人说""濮人说"等不同意见③。历史上西南少数民族没有本民族文字记载的历史记忆,鄂西南山区与华夏文明发祥地黄河中下游远隔千山万水,交通阻隔易导致文明的隔阂,重言九译,使华夏族与西南少数民族的文化交流不畅。历代汉文典籍仅保留了关于西南诸蛮夷的碎片化记忆,历史越久远,历史记忆越模糊,以至语焉不详,使古老少数民族的起源、传承、流变难以详查,显得来去无踪,聚散无定,分合无常。

如范晔所著《后汉书·南蛮西南夷列传》记录了关于土家族始祖廪君的传说:

> 巴郡南郡蛮,本有五姓:巴氏、樊氏、曋氏、相氏、郑氏,皆出于武落钟离山。其山有赤黑二穴,巴氏之子生于赤穴,四姓之子皆生黑穴。未有君长,俱事鬼神,乃共掷剑于石穴,约能中者,奉以为君。巴氏子务相乃独中之,众皆叹。又令各乘土船,约能浮者,当以为君。余姓悉沉,唯务相独浮。因共立之,是为廪君。乃乘土船,从夷水至盐阳。盐

---

① [清]张廷玉等撰:《明史》卷310《列传第一九八·湖广土司》,北京:中华书局1974年4月版,第7981页。

② [清]赵尔巽等撰:《清史稿》卷512《列传第二九九·土司一·湖广》,北京:中华书局1976年7月版,第14203页。

③ 潘光旦在《湘西北的"土家"与古代的巴人》一文中提出"巴人说",颜勇在《土家族族源新探》提出了"濮人说",《中国少数民族》一书提出"乌蛮说",朱文旭在《土家族为"僰人"说》一文中提出"僰人说"。

水有神女,谓廪君曰:"此地广大,鱼盐所出,愿留共居。"廪君不许。盐
神暮辄来取宿,旦即化为虫,与诸虫群飞,掩蔽日光,天地晦冥。积十
余日,廪君伺其便,因射杀之,天乃开明。廪君于是君乎夷城,四姓皆
臣之。①

　　廪君传说虽不可尽信,但仍释放出一些值得注意的历史信息:巴氏等
五姓原本为武落钟离山的山地氏族,后巴氏子务相在五姓氏族首领竞争中
赢得胜利,号为廪君。廪君率五姓种落从武落钟离山沿夷水(即今清江)到
盐阳,征服了盐水当地种落,在夷城建立起统治。田敏根据《左传》中关于
巴子的活动记载,质疑原始社会时期清江为巴人发祥地的观点②。杨华则
根据鄂西各地巴人遗址考古发现,廪君率领巴人部落由清江下游向清江上
游沿线开发,到达今长阳西部渔峡口一带,历史时期可能处于夏代晚期③。
史籍与考古两方面证据均表明廪君部落早期起源于鄂西南山地,后活跃在
清江沿岸。

　　《文献通考》认为无论盘瓠之种还是廪君之裔,"其后种落繁盛,侵扰州
郡,或移徙交错,不可得而详别"④。由于卷入历史上的军事政治斗争,巴
人在楚、蜀、秦之间辗转流徙。春秋时期,鄂西南山区曾一度出现少数民族
的"蛮夷之国"——巴子国。战国时期,随着巴国覆灭,巴氏流散四方。楚
国灭巴,迫使巴氏一支流散至川东北。至秦惠王吞并巴中时,以巴氏为"蛮
夷君长",巴氏是廪君的后裔。汉代,称为巴郡南郡蛮⑤。至三国时期,巴人
可能分化为两个族群巴夷和賨民。《三国志》之《魏志·武帝纪》记载了巴夷、
賨民投附魏国的历史事件,在建安二十年(215 年)"九月,巴七姓夷王朴胡、
賨侯杜濩举巴夷、賨民来附,于是分巴郡。以胡为巴东太守,濩为巴西太守,
皆封列侯"⑥。巴夷与賨民分居巴郡东西两地。《后汉书·南蛮西南夷列

　　①　[宋]范晔撰,[唐]李贤等注:《后汉书》卷86《列传第一六·南蛮西南夷列传》,北京:中华
书局1982年8月版,第2840—2841页。
　　②　田敏:《廪君为巴人始祖质疑》,《民族研究》1996年第1期,第105—108页。
　　③　杨华:《对廪君巴人起源几个问题的分析》,《吉首大学学报(社会科学版)》1998年第2期,
第23—26页。
　　④　[元]马端临撰:《文献通考》卷328《四裔考五》,北京:中华书局1986年9月版,第2577页。
　　⑤　[宋]范晔撰,[唐]李贤等注:《后汉书》卷86《列传第一六·南蛮西南夷列传》,北京:中华
书局1982年8月版,第2840—2841页。
　　⑥　[晋]陈寿撰,[宋]裴松之注:《三国志》卷1《魏书一·武帝纪第一》,北京:中华书局1959
年12月版,第46页。

传》称板楯蛮在秦代为巴郡阆中夷人,汉高祖刘邦征发巴郡夷人征讨三秦之地,战后遣返巴中,"复其渠帅有罗、朴、督、鄂、度、夕七姓"。罗、朴、督、鄂、度、夕七姓巴中夷人,世号"板楯蛮"。《晋书》认为賨人为廩君之后裔,"秦并天下,以为黔中郡,薄赋敛之,口岁出钱四十。巴人呼赋为賨,因谓之賨人焉。及汉高祖为汉王,募賨人平定三秦,既而求还乡里。高祖以其功,复同丰沛,不供赋税,更名其地为巴郡"①。可见,《汉书》中世号"板楯蛮"的巴郡阆中夷人,与《晋书》所谓巴郡"賨人"实际上指的是同一族群,而巴夷与賨民都为七姓种落。清人汤球的《九家旧晋书辑本》也认为賨人是廩君后裔:"賨者,廩君之苗裔。"②《隋书》亦载,自汉高祖入蜀后,征发巴蜀之人,控制了三秦之地,随后"迁巴之渠率七姓,居于商、洛之地,由是风俗不改其壤。其人自巴来者,风俗犹同巴郡"③。由此可见,汉初,汉高祖将原居住于巴郡的巴氏七姓迁徙至陕西商洛一带,异地安置的巴氏七姓仍保留巴人风俗。《宋书》判断南朝刘宋时期的"豫州蛮"可能是廩君的后裔,在种落繁盛时,散布江淮各地,"北接淮汝,南极江汉,地方数千里"④。

宋代,鄂西南山区活动的少数民族称为"施州蛮",因国家政令不达,又被称为"夔路徼外熟夷"。其活动范围"南接牂牁诸蛮,又与顺、富、高、溪四州蛮相错"⑤。天圣四年(1026 年)八月己丑,宋仁宗诏令施州溪峒酋领"三年一至京师",施州蛮与在中原的王朝建立起较稳定的政治联系⑥。

明代湖广土司地区仍因"溪洞深阻,易于寇盗",被视作梗化之地。明代万历《湖广总志》认为湖广土司溪峒诸蛮,虽分别是盘古、廩君的后裔,但其种落均称"苗蛮",种族分解后,其后裔仍与楚国相始终⑦。《湖广总志》从族群角度和政治角度,将"苗"分为两层含义:一是因为以苗为姓,所以称

---

　　① [唐]房玄龄等撰:《晋书》卷 120《载记第二〇·李特》,北京:中华书局 1974 年 11 月版,第 3022 页。

　　② [清]汤球辑:《九家旧晋书辑本·何法盛晋中兴书七卷》,王云五:《丛书集成初编》第五册,上海:商务印书馆 1936 年 6 月版,第 491 页。

　　③ [唐]魏徵、令狐德棻撰:《隋书》卷 30《志第二五·地理中》,北京:中华书局 1973 年 8 月版,第 843 页。

　　④ [梁]沈约撰:《宋书》卷 97《列传第五七·蛮夷》,北京:中华书局 1974 年 10 月版,第 2398 页。

　　⑤ [元]脱脱等撰:《宋史》卷 496《列传第二五五·蛮夷四》,北京:中华书局 1985 年 6 月版,第 14242 页。

　　⑥ [元]脱脱等撰:《宋史》卷 9《本纪第九·仁宗一》,北京:中华书局 1985 年 6 月版,第 182 页。

　　⑦ [明]徐学谟纂修:万历《湖广总志》卷 29《兵防》,《四库全书存目丛书》编纂委员会编:《四库全书存目丛书》史部第 195 辑,济南:齐鲁书社 1996 年 8 月版,第 70 页。

为"苗蛮";一是因为不服中原朝廷统治,屡次反叛。湖广地区的"苗蛮"分为两种:"自武陵而西,历俍山连木,接荆夔裔境,为南郡巴巫诸蛮,出廪君。自武陵而南,历酉阳沅靖寮及郴桂,为武陵五溪诸蛮,出槃瓠。"所以鄂西南地区的"苗蛮",曾被称为"廪君种"①。明末清初著名思想家顾炎武在《天下郡国利病书》中,将施州卫辖属的"溪峒苗蛮"称为"诸苗"②。清人毛奇龄认为"隶官者曰熟苗,否曰生苗"③。

　　清代,西南夷地区的"土人"一词,指"在新添司者,与卫人间通婚姻,渐染汉俗,在施秉者,播入流裔,在邛水者,斗狠轻生"。表明土人是已经接受汉族政权统治、接受汉族文化的"熟苗",也就是部分汉化的少数民族④。而民国《湖北省第七区年鉴》认为,清代施南府县地方志中提到的"土著""土民",或即当时蛮族,所谓"客民""流寓",或即汉族移殖而来者⑤。

　　同治《来凤县志》试图辩解说,虽然在旧志及文移中向视来凤为"苗疆",但只有古代西南夷集中的夜郎、五溪之间才可称为"苗疆"⑥。直至清末光绪年间,湖广总督张之洞仍在奏折中,将鄂西南山区称为"苗疆":"窃照湖北施南府属境地,本系苗疆,界连巴蜀。其宜昌府属鹤峰州,亦苗疆旧地,远接湖南。均属民风乔野,伏莽繁滋,远距省城一千九百八十余里,声息每多阻隔。"⑦"苗"成为与华夏文明不同的文化符号,而不仅仅指某一具体的少数民族或民族群体。

　　综上所述,鄂西南山区,"土"主要指施州卫辖属土司家族人口,而"苗"则泛指与华夏文明不同的西南少数民族文化类型。

---

① ［明］徐学谟纂修:万历《湖广总志》卷31《兵防三苗徵》,《四库全书存目丛书》编纂委员会编:《四库全书存目丛书》史部第195辑,济南:齐鲁书社1996年8月版,第105页。
② ［明］顾炎武撰:《天下郡国利病书》原编第24册《湖广上》,《续修四库全书》编纂委员会编:《续修四库全书》第597卷《史部·地理类》,上海:上海书店出版社2013年5月版,第166页。
③ ［清］毛奇龄撰:《蛮司合志》卷1《湖广》,季羡林名誉主编、徐丽华主编:《中国少数民族古籍集成》(汉文版)第2册,成都:四川民族出版社2002年10月版,第145页。
④ ［清］陆次云撰:《峒谿纤志》上卷,缪文远等编:《西南民族文献》第4卷,兰州:兰州大学出版社2003年8月版,第375页。
⑤ 袁济安签:《湖北省第七区年鉴》,恩施:雪兰轩纸张文具商店承印,民国二十七年(1938年)七月版,第17页。
⑥ ［清］李勷修,何远鉴等纂:同治《来凤县志》卷4《地舆志·形势·关隘附》,《中国地方志集成·湖北府县志辑》第57辑,南京:江苏古籍出版社2001年9月版,第309页。
⑦ ［清］张之洞著,苑书义等主编:《张之洞全集》卷64《奏议六十四·请设施鹤道缺并升鹤峰州为直隶厅折(光绪三十年九月十六日)》,石家庄:河北人民出版社1998年8月版,第1647页。

三、山地环境下的地缘政治

英国人类学家马凌诺夫斯基指出:"任何社会制度都是建筑在一套物质的基础上,包括环境的一部分及种种文化的设备。"[①]马克思的历史唯物主义则明确指出,经济基础决定上层建筑。山地自然环境下,地广人稀,山深林密,山地的土地资源、水资源及动植物资源开发利用所需的技术难度偏高,劳动力资源不足,导致山区经济基础长期落后于江汉平原地区。鄂西南山区郡县行政区划的空间范围,明显比江汉平原广阔稀疏。

吴量恺研究湖北郡县政区沿革时发现,湖北郡县设立的时间顺序呈现先北后南、先东后西扩展。秦汉时期鄂西南山区属于巴郡、南郡的一部分,宋代鄂西南山区隶属施州、归州、峡州辖辖[②]。由于鄂西南山区崇山峻岭,施州蛮言语不通、风俗殊异,明太祖朱元璋鉴于直接控制鄂西南山区的行政成本较高,在明初废州改卫,实行军政合一方式来加强对山区的控制。

其次,鄂西南山区行政区划的发展状态具有异质性特点。吴量恺提出,鄂西南恩施、宜昌地区与襄阳地区在政治、经济上始终是分属的或分立的关系,一是由于恩施、宜昌地区与襄阳地区经济开发的进程不同,经济发展水平不同;二是恩施、宜昌地区与襄阳地区的地理位置不同,襄阳地区界连陕晋豫,恩施、宜昌地区界连川湘[③]。此外,鄂西南山区的异质性,还与少数民族土司政治结构与汉族府县制政治结构的不同有关。苗疆与汉土之间,长期存在着政治经济利益的竞争关系。

山地环境的边缘性,使鄂西南山区难以形成全国性政治中心,亦难以形成稳定的区域性政治中心。从历代史籍来分析,历史上鄂西南山区曾是多民族活动的舞台:在夏商周时期,当中原王朝国力有限时,鄂西南山区曾建立起独立的夔子国、巴子国,形成割据一方、相对独立的政权组织。但从战国时期楚国灭巴子以后,强国环伺的政治形势下,鄂西南山区长期处于各蛮无相统属的政治离散状态。秦汉时期有"巴郡南郡蛮""板楯蛮"等在此活动,唐代有"乌蛮"北迁至此,宋代以降有施州"溪洞蛮"等在此盘踞。虽然在历史长河中,这些古代民族不断发生分解、融合、变异,但众多古代

---

① 　[英]马凌诺斯基著,费孝通译:《文化论》,北京:华夏出版社 2002 年 1 月版,第 20 页。

② 　吴量恺主编:《清代湖北农业经济研究》,武汉:华中理工大学出版社 1995 年 1 月版,第 21 页。

③ 　吴量恺主编:《清代湖北农业经济研究》,武汉:华中理工大学出版社 1995 年 1 月版,第 21 页。

民族均在鄂西南地区留下了文明的印迹。秦汉以后,在历代中央集权统一国家的政治格局下,鄂西南山区少数民族难以维持独立的政治形态,其地方政权不得不受制于中央王朝。鄂西南山区远离中原王朝统治中心,且山岭阻隔,"施州蛮"凭借险要的地理环境"负险自固"。

第二节　山地环境与国家大一统政治

一、历代国家控制苗疆的策略

马克思认为:"各民族之间的相互关系取决于每一个民族的生产力、分工和内部交往的发展程度。""在交往比较发达的情况下,同样的关系也会在各民族间的相互关系中出现。"[①]从先秦时代至雍正十三年(1735 年),鄂西南山区的少数民族与汉族并未处在经济资源竞争者关系的位置上,但二者之间也不存在紧密的社会分工关系。鄂西南山区的生产力水平长期远远落后于中原平原地区,有限的、低水平的经济关系,使山地少数民族与中央王朝之间的政治关系长期处于松散的主从关系。历代以来,溪峒诸蛮向为华夏王朝所"役使",即经济上"额以赋税",军事上"听我驱调"。鄂西南山区出现饥荒、盐荒,经济上供求关系紧张时,山地民族与中央王朝两者之间的经济、政治联系亦会变得紧密起来。

鄂西南山区远离中原王朝统治中心,地跨数省边界,崇山峻岭阻隔交通,"施州蛮"凭借险要的地理环境"负险自固"。清人毛奇龄认为"湖广土司踞湖南巫黔中地,内错辰常,外连川贵,溪峒深冥,往往为寇"[②]。改土归流以前,历代中原王朝无力实施长期有效的直接统治。经过长期的民族冲突、交流与融合,鄂西南山区少数民族与中央王朝之间,形成了政治上臣服中央王朝、军事上承担征调义务、经济上缴纳贡赋的隶属关系。但这种联系不太稳定,有可能随着中原王朝国力与对边疆少数民族地区的控制力的强弱变化而发生改变。

---

① ［德］马克思、恩格斯著:《马克思恩格斯全集》第 3 卷,北京:人民出版社 1960 年 12 月版,第 25 页。

② ［清］毛奇龄撰:《蛮司合志》卷 1《湖广》,季羡林名誉主编、徐丽华主编:《中国少数民族古籍集成》(汉文版)第 2 册,成都:四川民族出版社 2002 年 10 月版,第 144 页。

　　鄂西南山区少数民族在夏商周时期,曾建立夒子国、巴子国,但从战国时期楚灭巴子以后,长期处于各蛮无相统属的离散状态。秦汉中央集权统一国家政治格局,使鄂西南山区少数民族政治形态受制于中央王朝。中原王朝一直试图以"额以赋税,调其征伐"的策略,来控制、利用鄂西南地区的少数民族。秦汉时期,鄂西南地区的"南郡蛮""武陵蛮"与朝廷保持着贡纳额赋的关系。秦惠王吞并巴中时,以巴氏为蛮夷君长。君长每年出赋2016 钱,每 3 年出义赋 1800 钱,巴民每户出幏布八丈二尺,鸡羽三十镞。西汉时,南郡太守沿袭秦朝旧制[1]。

　　公元 221 年,为笼络五溪蛮,对抗吴国孙权,刘备曾派侍中马良至武陵招纳"五溪蛮夷","蛮夷渠帅"都接受了蜀汉的官印及封号[2]。南北朝时,南朝宋政权曾在荆州设置南蛮校尉,以控制荆州境内诸蛮。武陵郡的"五溪蛮"以及宜都郡、天门郡、巴东郡、建平郡等地诸蛮纷纷归附,"蛮民"承担赋税较轻,每户仅输谷数斛,此外别无杂调[3]。

　　唐宋元明清历代中原王朝只能以羁縻州县制、土司制等形式,利用土司"渠帅蛮酋",采取纲举目张方式间接控制鄂西南政治离散地区。唐宋时期中央王朝对鄂西南山区实行了"怀柔远人,义在羁縻"的羁縻州制,实质上是"树其酋长,使自镇抚",在国家无力直接统治偏远的山地少数民族时,利用少数民族首领实行间接统治。

　　鄂西南山区不同区域的民族状况各不相同,中央王朝采取了不同的统治方式。五代、宋时,咸丰、来凤为羁縻州地,宣恩、利川为土司属地。至宋代始,对少数民族采取羁縻政策。为控御"施州蛮",朝廷将邻近"蛮地"的施州子弟团结为忠义胜军,在施州诸砦设置义军指挥使、把截将、砦将,加上土丁总共 1281 人,壮丁 669 人。土丁、壮丁或由州县籍税户充当,或从溪洞归投[4]。在施州清江郡下清江县设置了歌罗、永宁、细沙、宁边、尖木、

　　① [宋]范晔撰,[唐]李贤等注:《后汉书》卷 86《列传第七六·南蛮西南夷传》,北京:中华书局 1982 年 8 月版,第 2841 页。

　　② [晋]陈寿撰,[宋]裴松之注:《三国志》卷 39《蜀书九·董刘马陈董吕传》,北京:中华书局 1959 年 12 月版,第 983 页。

　　③ [梁]沈约撰:《宋书》卷 97《列传第五七·夷、蛮》,北京:中华书局 1974 年 10 月版,第 2396 页。

　　④ [元]脱脱等撰:《宋史》卷 191《志第一四四·兵五》,北京:中华书局 1985 年 6 月版,第 4743 页。

夷平六寨，建始县设连天寨，环伺"施州蛮"①。由此可见，宋代的政治"羁縻"政策，是以"威之以兵"军事阻吓措施为基础的。

宋廷为了防范溪蛮，屯兵施州，兵饷仰赖夔、万诸州转运，峡民甚苦之。宋咸平年间，尚书工部员外郎丁谓与"施州蛮"达成协议，允许施州蛮以粟易盐。此举不仅使施州屯兵免于从四川夔州、万州转运粮食，而且笼络了"施州蛮"，此后"高、溪诸蛮"屡次替朝廷征讨"溪南生蛮"②。淳化元年（990年）夏四月，"五溪蛮"田汉权归附宋朝③。"施州蛮"曾因出现饥荒而以金银倍价作抵押，向施州地方官署典换粟粮，地方官难以阻止。熙宁六年（1073年），朝廷诏令"施州蛮"以金银质米，规定在七年限期内赎回，过期限施州地方官可以变卖金银。这表明在宋熙宁年间，生存于鄂西南山区的"施州蛮"在较长一段时期内粮食难以自足，需从周边汉地各州县购运。至"施州蛮酋"田现等请求内附，"施州蛮"的寇边之警方告平息④。宋朝对"施州诸蛮"实施的怀柔政策，是通过汉蛮之间的物物交易，形成两个族群间的经济共生关系。由于汉蛮两个族群的经济资源相差悬殊，弱势族群开始从经济上依附强势族群，继而不得不在政治上依附强势族群。宋朝通过经济上"啖之以利"，成功地使施州诸蛮内附，使鄂西南山区保持相对稳定和发展，为元代实行土司制度奠定了良好的政治基础。

从元代开始，朝廷对鄂西南地区实行土司制度，"因其故俗而治"。土司制使中央朝廷与土司之间，形成了一种稳定的隶属关系。诸土司酋长纳入国家职官体系，土民不再是化外之民。中央王朝通过政治上示以恩信，利用土司制度节制溪峒土司蛮酋："土司虽如外夷，朝廷不过羁縻之，然受朝廷之节制，完粮赋而不食俸禄，听征调而不用军饷，则世其官，世其地也。"⑤

元代国家军事力量强大，朝廷对"施州诸蛮"的叛乱采取军事镇压。"施

---

①　[元]脱脱等撰：《宋史》卷89《志第四二·地理五》，北京：中华书局1977年11月版，第2227页。

②　[元]脱脱等撰：《宋史》卷283《列传第四二·王钦若、丁谓、夏竦》，北京：中华书局1985年6月版，第9566页。

③　[元]脱脱等撰：《宋史》卷5《本纪第五·太宗二》，北京：中华书局1985年6月版，第85页。

④　[元]脱脱等撰：《宋史》卷496《列传第二五五·蛮夷四》，北京：中华书局1985年6月版，第14242—14243页。

⑤　[清]李焕春原本，郑敦祜再续：光绪《长乐县志》卷4《沿革志》，《中国地方志集成·湖北府县志辑》第54辑，南京：江苏古籍出版社2001年9月版，第166页。

州诸蛮"时叛时降,其中散毛峒叛乱最为频繁。在诸蛮中,"散毛峒蛮"和"容米峒蛮"势力最大。至元十七年(1280 年),散毛诸洞蛮降,散毛两子入觐,元朝赐两子各金、银符一枚,并赐散毛酋长金虎符①。至元二十一年(1284 年),元朝廷派参政曲里吉思、金省巴八、左丞相汪惟正分兵攻打"五溪洞蛮"。诸"蛮酋"纷纷归附,唯散毛洞潭顺走避岩谷,力屈始降②。至元二十五年(1288 年),元世祖设置湖广溪峒蛮獠四总管府,"统州、县、洞百六十"。因所调蒙古官员畏惧山地瘴疠,元世祖只得"以汉人为达鲁花赤,军官为民职,杂土人用之"③。至元三十年(1293 年)夏四月,师壁、散毛洞勾答什王等四人分别被封授蛮夷官,朝廷赐玺书遣回④。至元三十一年(1294 年)五月,四川散毛洞主覃顺等来朝贡方物,升其洞为府⑤。天历三年(1330 年)夏四月,四川师壁、散毛、盘速出三洞蛮野王等 23 人来贡方物⑥。至正六年(1346 年)秋七月,散毛洞蛮酋覃全在叛元后归降。元朝设散毛誓崖等处军民宣抚使,设置官属,赐予敕书、虎符,设立驿铺,加强了对散毛洞的控制⑦。容美洞曾是鄂西南山区兵力较强的洞蛮之一,所以至大元年(1308 年),归州巴东县唐伯圭曾说:"十七洞之众,惟容米洞、罔告洞、抽拦洞有壮土兵一千,余皆不足惧也。"⑧至大三年(1310 年)十一月,容米洞"蛮酋"田墨施什用联合诸蛮攻劫麻寮等寨,四川省绍庆路派千户塔术招降,授予田墨施什用为千户⑨。至正二年(1342 年)二月,四川行省招谕怀德府驴谷什

---

　　① ［明］宋濂等撰:《元史》卷 161《列传第四八·文安传》,北京:中华书局 1976 年 4 月版,第 3785 页。

　　② ［明］宋濂等撰:《元史》卷 162《列传第四九·李忽兰吉传》,北京:中华书局 1976 年 4 月版,第 3795 页。

　　③ ［明］宋濂等撰:《元史》卷 15《本纪第一五·世祖十二》,北京:中华书局 1976 年 4 月版,第 315 页。

　　④ ［明］宋濂等撰:《元史》卷 17《本纪第一七·世祖十四》,北京:中华书局 1976 年 4 月版,第 372 页。

　　⑤ ［明］宋濂等撰:《元史》卷 18《本纪第一八·成宗一》,北京:中华书局 1976 年 4 月版,第 383 页。

　　⑥ ［明］宋濂等撰:《元史》卷 36《本纪第三六·文宗五》,北京:中华书局 1976 年 4 月版,第 802 页。

　　⑦ ［明］宋濂等撰:《元史》卷 41《本纪第四一·顺帝四》,北京:中华书局 1976 年 4 月版,第 875 页。

　　⑧ 何绍忞著:《新元史》卷 248《列传第一四五·云南、湖广、四川等处蛮夷》,北京:中国书店 1988 年 8 月版,第 954 页。

　　⑨ ［明］宋濂等撰:《元史》卷 23《本纪第二三·武宗二》,北京:中华书局 1976 年 4 月版,第 529－530 页。

用等四洞及"生蛮"十二洞内附,将怀德府升为宣抚司①。为了防备"峒蛮"劫掠长阳县,元朝在长阳县设置了梅子八关,分布在江北和江南,在长阳县西南230里长毛司界设立长毛关,在长阳县南与容美司交界处设立了百年关②。元朝国家军事力量强大,对鄂西南"诸蛮"的叛乱进行强有力的军事镇压。但是即使军力强大的元朝中央政府,也难以建立对鄂西南山区的直接统治。只能对归附的"土蛮"分别赐予土司官职,实行土司制度进行管理。在军事上采取守势,在土司边界设置关隘把截防范。

明朝仍沿袭元朝土司制度,对鄂西南地区的施州蛮实行羁縻政策。"洪武初年,凡西南夷来归者,即用原官授之。"③在朱元璋看来:西南各省"溪洞蛮僚杂处,其人不知礼义,顺之则服,逆之则变,未可轻动。惟以兵分守要害以镇服之,俾日渐教化……"④洪武年间,明朝廷根据西南诸"蛮夷"归顺时的劳绩及其势力大小,定尊卑等差。采取文官制度和武官制度两种体制来管理土司地区,即设置府、州、县,以土知府、土知州、土知县等官隶验封布政司管辖;或设置宣慰、招讨等官隶属武选都指挥管辖。在设置府州县地区设置正、副属官,或为土官,或为流官,因俗而治。设宣慰司、宣抚司地区都设儒学教授、训导,以流官担任,采取文武相维、土流间用的政治平衡策略。由于诸土司叛服无常,明初朝廷曾一度废置土司。鉴于直接统治的行政成本远越了经济合理性,且直接统治易遭到土司上层抵制,明永乐初年陆续恢复了土司制。至永乐八年(1410年),明朝在湖广施南宣抚司下设置金峒、忠路、忠孝、东乡五路四安抚司,并设置流官吏目各一员⑤。在"蛮夷"之地设置土官,其用意是"以夷制夷"。在汉化较深的边檄地区兼设流官,以中原汉法治理。

隋唐以来,施州一直实行州郡制。至明初,明太祖朱元璋为了控制十

　　①　[明]宋濂等撰:《元史》卷35《本纪第三五·文宗四》,北京:中华书局1976年4月版,第776页。

　　②　[清]李拔纂修:乾隆《长阳县志》卷2《建设志·关隘》,《故宫珍本丛刊》第143册,海口:海南出版社2001年4月版,第56页。

　　③　[清]毛奇龄撰:《蛮司合志》,季羡林名誉主编、徐丽华主编:《中国少数民族古籍集成》(汉文版)第2册,成都:四川民族出版社2002年10月版,第142—143页。

　　④　[清]张廷玉等撰:《明史》卷317《列传第二〇五·广西土司列传一》,北京:中华书局1974年4月版,第8204—8205页。

　　⑤　《明太宗实录》卷106,永乐八年秋七月辛未条,上海:上海书店出版社1982年10月版,第1368页。

四土司,才改州设卫。明施州卫邹维琏认为明太祖设施州卫的本意,是为了"用夏变夷,新此一方民,民可自外德化"。邹维琏认为明初设卫以卫民,未能实现鄂西南山区政治安定的目标,转而采取借民卫卫,再退而求其次,采取借客兵以卫卫的军政措施,均非良策。明末财政危机下,施州卫"减户籍""停额饷",最终导致土著、客兵无力保护施州卫,国力衰落最终导致鄂西南山区失去有效的政治军事控制[1]。所谓客兵,据《明史》介绍,明初,"太祖沿边设卫,惟土著兵及有罪谪戍者。遇有警,调他卫军往戍,谓之客兵"[2]。由于卫所主兵的员额有常数,而客兵无常数,客兵愈多,坐食愈众,造成山区粮饷供应紧张[3]。明代中后期施州卫粮饷供应不足,动摇了明朝廷对鄂西南山区的控制,最终导致施州卫所军制瘫痪。清人王如琏在《施南府志序》中,认为施南府土、流杂处的状态,唐宋以来中央王朝在山区设置州郡,时有开疆拓土,但鄂西南山区仍未完成汉化。明太祖表明设施州卫,是希望"徐以俟之",耐心等待土司地区逐渐地汉化[4]。

当国家控制力减弱,"朝廷失驭,(土司)则互相侵陵"[5]。鄂西南山区诸土司因相互兼并的战争及朝廷的镇压叛乱,各有消长置废。明代地位上升的土司有:忠建土司、散毛土司、唐崖土司。元代忠建为军民都元帅府,明洪武五年(1372 年)改为长官司,洪武六年(1373 年)升为宣抚司,洪武二十七年(1394 年)改安抚司,后废,永乐四年(1406 年)复置为宣抚司。元朝至元三十年(1293 年)散毛设置为蛮夷官司,至元三十一年(1294 年)升为府,至正六年(1346 年)升为散毛誓崖等处军民宣慰司,明初仍为宣尉司,洪武二十三年(1390 年)废,永乐二年(1404 年)复设散毛长官司,隶属大田军民千户所,永乐四年(1406 年)升为宣抚司,隶属施州卫。唐崖在元代为军民千户所,洪武七年(1374 年)升为长官司。明代地位下降的土司有:下爱茶峒土司、隆奉土司、忠路土司、金峒土司等。如下爱茶峒土司在元代初

---

①　[清]王协梦修,罗德昆纂:道光《施南府志》卷首《施州卫掌故初编序(庞一德)》,道光十七年(1837 年)扬州张有耀斋刻本,第 1 页。

②　[清]张廷玉等撰:《明史》卷 91《志第六七·兵三》,北京:中华书局 1974 年 4 月版,第 2242 页。

③　[清]张廷玉等撰:《明史》卷 82《志第五八·食货六》,北京:中华书局 1974 年 4 月版,第 2005 页。

④　[清]松林等修,何远鉴等纂:同治《增修施南府志》卷首《旧序》,《中国地方志集成·湖北府县志辑》第 55 辑,南京:江苏古籍出版社 2001 年 9 月版,第 8—10 页。

⑤　[清]李勋修,何远鉴等纂:同治《来凤县志》卷 16《武备志·塘汛》,《中国地方志集成·湖北府县志辑》第 57 辑,南京:江苏古籍出版社 2001 年 9 月版,第 384 页。

设为怀德府,隶属四川南道宣慰司,至顺二年(1331 年)升宣抚司,至正年间改为军民宣抚司,后废置。明宣德三年(1428 年),改置下爱茶峒长官司。元代隆奉为宣抚司,明洪武四年(1371 年)改为长官司,宣德五年改为蛮夷官司。元代忠路为宣抚司,至明洪武四年改为忠路安抚司,洪武二十三年(1390 年)废,永乐五年(1407 年)复置。元代金峒为安抚司,至洪武四年(1371 年)改为长官司,永乐五年(1407 年)恢复安抚司,隆庆五年降为峒长。明代新设置的土司有:洪武七年(1374 年)设置椒山玛瑙、五峰石宝、石梁下峒、水尽源通塔平四长官司,宣德三年(1428 年)设置的西坪蛮夷官司、腊壁峒蛮夷官司,成化年间设置的思南长官司,嘉靖初年设置的忠峒安抚司①。

　　鄂西南山区僻处楚蜀边界,山林深险,溪峒阻隔,交通困难,地理环境减弱了中央王朝对山区少数民族的政治影响力。湖广“苗贼”曾有言:“朝廷有千万军马,我有千万山峒。”②由于崇山复岭间散布溪峒苗蛮,施州溪峒间“民则服属诸苗也”明太祖废州置卫,“以镇蛮夷”。但卫所军皆迁自内地,仅驻守卫所城③。明朝以施州卫屯戍防守,循例派荆南兵备道巡查边鄙,但是“顾其豁雾瘴务飘忽蒙密,而箐道险绝,单骑驰阪,犹或难之,故不惟秉宪大臣惮于扪历,鲜有至者,即郡丞时往抚焉,亦多以不习风土,居无何而旋轸矣。籍令武弁屯戍者,或以荒逖自弛,黩利而蔑纪,则诸夷安所系命,不将重启其玩而阶之衅耶。故慎选其人,以分握险要,而宪臣与郡丞岁勤廉察之,兹诚控驭清江之要策也”④,“其人杂夷獠,不可施以汉法,故历代止羁縻之。本朝笼以卫所、土司,有事调之则从征,逮之则不至”⑤。

　　洪武二十三年(1390 年)至永乐五年(1407 年)间,明朝曾尝试在鄂西南土司地区编审里甲,由此可见,在镇压了散毛等“峒蛮”叛乱之后,明王朝

　　①　[清]张廷玉等撰:《明史》卷 44《志第二〇·地理五》,北京:中华书局 1974 年 4 月版,第 7984—7991 页。

　　②　[明]顾炎武撰:《天下郡国利病书》原编第 24 册《湖广上》,《续修四库全书》编纂委员会编:《续修四库全书》第 597 卷《史部·地理类》,上海:上海书店出版社 2013 年 5 月版,第 215 页。

　　③　[明]顾炎武撰:《天下郡国利病书》原编第 24 册《湖广上》,《续修四库全书》编纂委员会编:《续修四库全书》第 597 卷《史部·地理类》,上海:上海书店出版社 2013 年 5 月版,第 166 页。

　　④　[明]徐学谟纂修:万历《湖广总志》卷 6《方舆五·施州卫》,《四库全书存目丛书》编纂委员会编:《四库全书存目丛书》史部第 194 辑,济南:齐鲁书社 1996 年 8 月版,第 445 页。

　　⑤　[明]王士性著,吕景琳点校:《广志绎》卷 4《江南诸省》,北京:中华书局 1981 年 12 月版,第 95 页。

试图强化对"施州诸蛮"的控制。但明朝并未能在土司地区真正成功推行里甲制,所以在明中后期,并未留下施州诸土司辖区编审里甲的记录。明朝早期编审施州卫诸里情况详见下表:

表 2—2　明代施州卫属诸土司编审里数一览表

土司名称	首任土司	编审时间	里数
施南宣抚司	覃大富	永乐四年(1406 年)	3
东乡五路安抚司	覃起喇	宣德五年(1430 年)	1
忠路安抚司	覃世旺	宣德五年	1
金峒安抚司	覃耳毛	宣德五年	3
忠孝安抚司	田墨施	永乐五年(1407 年)	1
散毛宣抚司	覃野旺	洪武七年(1374 年)	1
大旺安抚司	田驴蹄	永乐五年(1407 年)	3
龙潭安抚司	田起刺	洪武二十五年(1392 年)	1
忠建宣抚司	田恩俊	洪武二十三年(1390 年)	3
忠峒安抚司	田蛮王	永乐四年	3
高罗安抚司	田大卓	永乐五年	2
木册长官司	覃起送	永乐四年	3
东流、蜡壁二蛮夷司	田铭、田大旺	——	——

资料来源:1.[清]松林等修,何远鉴等纂:同治《增修施南府志》卷 2《沿革志》,《中国地方志集成·湖北府县志辑》第 55 辑,南京:江苏古籍出版社 2001 年 9 月版,第 65—68页;2.[明]薛刚纂修,吴廷举续修:嘉靖《湖广图经志书》卷 20《施州》,北京:书目文献出版社 1991 年 10 月版,第 1603 页。

明代,朝廷对鄂西南地区的土司实行分化政策,使其势力分裂弱化。施州卫属土司属田覃二姓,宋元以前势力很强,屡成中原王朝边疆之患。明朝永乐时,朝廷将田、覃二姓子弟分别分封为 14 个土司,使覃、田二姓子弟逐渐疏离,土司内部互相争斗,朝廷边患渐少。施州卫指挥童昶对永乐帝的驭夷措施给予高度评价,认为"此与主父偃令诸侯王得以户邑分子弟同意,真制夷长策"①。

————————

①　[清]张梓修,张光杰纂:同治《咸丰县志》卷 19《艺文志·文》,《中国地方志集成·湖北府县志辑》第 57 辑,南京:江苏古籍出版社 2001 年 9 月版,第 126—127 页。

明初土司承袭由吏部管理,洪武三年(1370 年)改由兵部管理。洪武七年(1374 年),朝廷允许土司无子可由弟、侄承袭。永乐十五年(1417年),允许土司子侄离司十年者回司袭职。天顺二年(1458 年),朝廷允许土司承袭者在本司冠带履职。弘治二年(1489 年),朝廷允许年未满十五岁者承袭管事。弘治五年,朝廷命令土官必须在所辖卫所习礼三个月后,回司任职理事[①]。明初洪武年间对土司叛乱惩戒较严,洪武六年(1373年),因"洞蛮"向天富叛乱,各土司均降一级职衔[②]。

鄂西南地区被朝廷视作边徼之地,难于控驭。因此,明初朱元璋并未沿用元朝州县制,而是废州置卫,设立施州卫。明太祖朱元璋对施州卫卫所官员寄寓厚望,希望他们能做到"忠以立身,仁以抚众,智以察微",守御一方[③]。明朝廷在鄂西南边徼之地设置卫所,是为了严夷夏之防,阻止施州卫周边四川、湖广"诸蛮"的越界侵扰。

明初,朱元璋鉴于元代散毛司屡次负固叛乱,导致楚、蜀、湘三省边患不绝,先后派杨璟、汤和、蓝玉等率领大军进剿散毛司,并在湖北施州卫、四川彭水县、黔江县等地,据险设置关隘。征服散毛司后,设大田军民千户所,以控扼施州卫属诸土司的咽喉。明朝调集 1110 名官兵在邻近土司各县边界驻防,并陆续设置大量关隘、寨堡,以堵御诸土司出境要路。朝廷还调集施州卫左所 550 名官兵,分设三十六屯,进行长期屯田驻防。《清史稿》指出,"屯堡为边民聚卫之所",屯堡制式因地制宜,或品字式,或一字式,或梅花式,"其修建之制,关墙则土石兼施,炮台则以石砌而筑土以实中心,哨台亦石砌,环凿枪孔,高峻坚实。"[④]又以大田所为中心,设立屯堡。据民国《咸丰县志》统计,从洪武二十二年(1389 年)设大田所,至崇祯年间,明朝政府在诸土司领地间设立军屯,以资控驭。在大田所城东北三十里清水堡、蒋家坝、八十里马湖屯、一百三十里龙坪堡等处,千户蒋永镇带

　　① ［清］张梓修,张光杰纂:同治《咸丰县志》卷 19《艺文志·文》,《中国地方志集成·湖北府县志辑》第 57 辑,南京:江苏古籍出版社 2001 年 9 月版,第 126—127 页。

　　② ［清］李焕春原本,郑敦祜再续:光绪《长乐县志》卷 4《沿革志》,《中国地方志集成·湖北府县志辑》第 54 辑,南京:江苏古籍出版社 2001 年 9 月版,第 169 页。

　　③ ［清］松林等修,何远鉴等纂:同治《增修施南府志》卷 29《艺文志·太祖颁卫指挥诰》,《中国地方志集成·湖北府县志辑》第 55 辑,南京:江苏古籍出版社 2001 年 9 月版,第 510 页。

　　④ ［清］赵尔巽等撰:《清史稿》卷 137《志第一一二·兵八》,北京:中华书局 1976 年 7 月版,第 4093 页。

兵一百名屯守。大田所城东北一百八十里白沙溪、小关、大岩坝、石虎关、张角铺一带,欧启元带兵屯守。大田所城东十五里土地关前通进水溪直至老鸦关,路通散毛司、木册司直至忠堡屯,由千户梅拱辰带兵一百名屯守。左侧滴水关进通东流司内马官屯,由百户马忠带兵一百名屯守。大所城南三十里独乐关高山堡内有独乐坪、小车沟、万家屯、野猫屯,由百户赵武臣带兵一百名屯守。大田所城西八十里石牙关内蛮王牌,由千户张其绅带兵一百名屯守①。但散毛司、腊璧司等乘机霸占部分屯堡,改为蛮寨。

历代统治办理苗疆,在军事上采取建碉卡屯堡、设关隘扼险要的措施。施州卫指挥童昶曾提出,明初设立关隘,把截甚严,至景泰、天顺年间,尚传"蛮不出境,汉不入峒"之语②。另根据顾炎武统计,明朝在施州卫邻近川、鄂、湘"蛮夷"边地设置了十四关,三巡检:施州卫东连珠山上有五峰关,东南200里东门山上有关,170里石乳山上有关;西北300里七曜山上有梅子关,350里有铜锣关,西边有老鹰关,以上三关奉节县官兵把守;大田有深溪关,施南东百里有小关,散毛有散毛关,忠峒有土地关,大旺有野猫关,忠建东南300里有胜水关、虎城关、野熊关、野牛关;在五寨土司设有阴隆江巡检、杜望巡检、滑石江巡检③。14座关隘和3个巡检,编织成控驭施州诸蛮的罗网,企图切断湖广各土司之间的联系以达到分而化之的目的。为了堵御施州卫属诸土司东南边界,早在元末明初,明朝授归顺的添平土人覃天顺为武德将军正千户,隶属九溪卫,率十隘所土官及1100名土丁,防御容美十八峒"蛮夷"④。

据《湖北通志》考证,早在唐乾符年间,兴国州刺史崔绍曾组织土团军御贼,相当于后来的团练武装。宋、明时期,湖北省团练时兴时废⑤。明初,容美诸峒土司时常由石柱、响洞等关劫掠巴东县。苗疆邻县边民向来

① 徐大煜纂修:民国《咸丰县志》卷10《土司志》,民国三年(1914年)劝学所刻本,第122—123页。

② [清]张梓修,张光杰纂:同治《咸丰县志》卷19《艺文志·文》,《中国地方志集成·湖北府县志辑》第57辑,南京:江苏古籍出版社2001年9月版,第126—127页。

③ [明]顾炎武撰:《天下郡国利病书》原编第24册《湖广上》,《续修四库全书》编纂委员会编:《续修四库全书》第597卷《史部·地理类》,上海:上海书店出版社2013年5月版,第166页。

④ [清]阎镇珩纂修:光绪《石门县志》卷1《形胜志》,《中国地方志集成·湖南府县志辑》第82辑,南京:江苏古籍出版社2002年7月版,第477页。

⑤ 吕调元等修、张仲炘等纂:民国《湖北通志》卷74《武备一二·兵事八》,宣统三年(1911年)修,民国十年(1921年)商务印书馆影印本,第1875页。

有团练自保之风,巴东县土民谭天富,曾屡率民勇击退容美土司的进犯,所以湖广左布政使靳奎奏请在椒山寨、连天关、石柱、响洞、塞家园等处设巡检司,选谭天富等有声望的土民,募集乡丁自保①。而邹维琏在《重修卫志原序》中指出:明初设卫以卫民,后因卫军腐败松懈,只好借民间团练以保卫施州卫。当民间团练也不能保卫施州卫,只好借客兵以保卫施州卫②。明末清初农民军余部占据鄂西南时,利川汪家营乡民曾结团立营以自保③。

　　据明末巴东县后一都里民邓天益所奏呈:洪武年间始,巴东县石柱关、连天关都设有巡检,各率领弓兵百名驻守。按明制,弓兵由巡检统领,卫兵由所隶官统领④。正德年间奉文裁减,只剩下 32 名弓兵,无法控制土司侵扰巴东县境。此后在嘉靖十三年(1534 年)、二十一年(1542 年)间,容美等土司两次侵扰巴东后四里,企图吞并后四里土地和人民。嘉靖十三年,明朝廷从远安附近卫所调派千百户各一员,率 3 百名士兵分别驻守野厢和金溪两地⑤。嘉靖二十六年(1547 年)以前,由于湖北、四川两省农业歉收,饥民涌往巴东县后都召化地谋食,土司乘机屠掠召化地。虽经归州王默斋率军平叛,获治首恶,但巴东县官民仍担心土司再来劫掠。巴东县令许周、教谕涂允宽奏请,在归州辖下巴东县后都设置召化堡,外控施州卫属容美司等诸土司,内卫归州百姓⑥。此前湖北地方官在邻近土司的州县,均利用边民结团自保,共设置了 14 关、3 名巡检,由边民充任弓兵,这就是明朝从所谓以卫卫民的政策,改变为以民卫卫的政策。这种变化,反映了明朝自中期以后,由于政治腐朽,军事不振,对土司控制能力逐渐减弱。为了加强对容美土司田世爵的控制,嘉靖三十三年,湖广巡按御史周如斗,奏请移荆南道分巡施州卫,又调广西清浪等戍军,以实行伍。湖广总督冯岳提出将

　　①　《明太祖实录》卷 159,洪武十七年春正月己酉条,上海:上海书店出版社 1982 年 10 月版,第 2455—2456。

　　②　[清]松林等修,何远鉴等纂:同治《增修施南府志》卷首《旧序》,《中国地方志集成·湖北府县志辑》第 55 辑,南京:江苏古籍出版社 2001 年 9 月版,第 9 页。

　　③　[清]黄世崇纂修:光绪《利川县志》卷 7《户役志·坊市》,《中国地方志集成·湖北府县志辑》第 58 辑,南京:江苏古籍出版社 2001 年 9 月版,第 54 页。

　　④　[清]李焕春原本,郑敦祐再续:光绪《长乐县志》卷 7《武职官表》,《中国地方志集成·湖北府县志辑》第 54 辑,南京:江苏古籍出版社 2001 年 9 月版,第 211 页。

　　⑤　[清]廖恩树修,萧佩声纂:同治《巴东县志》卷 9《兵防》,《中国地方志集成·湖北府县志辑》第 56 辑,南京:江苏古籍出版社 2001 年 9 月版,第 269 页。

　　⑥　[明]张时纂修:嘉靖《归州志》卷 5《新建召化堡记》,《天一阁续修方志》第 62 辑,上海:上海书店出版社 1990 年 12 月版,第 1074 页。

荆罾守备移设施州,调九永守备于九溪,上荆南道备巡历①。嘉靖四十四年(1565 年),上下支罗峒长罗中叛乱平息后,明朝为了加强对该地区的控制,先后设置了上下支罗屯、官渡屯、马桥屯、朱砂屯、孙家屯、木栈屯、九渡屯、忠孝屯、三渡屯、马道屯、松木屯、元里屯、中坝屯、擂鼓屯、大坪屯②。

明前期和中期,国力相对强盛,朝廷直接干预土司政治,直接以国法惩治土司及其属下土舍和土民的犯罪行为。如天顺五年(1461 年),礼部奏报施州卫木册长官土舍谭文寿凶暴,并有诽谤不法之言,认为其罪当受刑罚。谭文寿之母向氏向朝廷进献马匹以求赎罪。礼部不许赎罪,明英宗遂下令给予谭母钞百锭,仍禁锢谭文寿。弘治二年(1489 年),木册长官田贤与容美致仕土官田保富进贡马匹,请求为土人谭敬保等赎罪。刑部答复,轻罪可赎,重罪难宥③。

明初国力强大,对施州卫属诸土司实行"以夏变夷"的招抚政策。永乐二年(1404 年),朝廷曾饬令边境守臣必须设法招抚"诸蛮"内附,但施州卫指挥金事童昶、大田所千户梅拱宸均认为此举反而会导致原来汉地"蛮夷"化。施南、金峒等司内迁后,占据了原属施州土司地。弘治年间,忠路、忠孝土司内迁后,占据了施州卫属都亭等里,施南、唐崖又侵占黔江夹口地④。

明中后期,政治腐朽,军备废弛,弱化了国家对土司的政治、军事控制能力,鄂西南土司频发叛乱。嘉靖元年(1522 年),散毛土司覃斌叛乱。嘉靖三十三年(1554 年)土司黄俊、黄中父子叛乱。隆庆、万历年间,明王朝逐渐丧失了对施州卫属诸土司的有效控制。隆庆、万历年间,散毛司覃璧之乱,耗费了明王朝大量军饷,覃璧之乱持续近半年仍未能平息下去。覃璧之乱,削弱了明王朝在鄂西南土司中的威信,此后各土司乘机恣意侵占

　　① ［清］张廷玉等撰:《明史》卷 310《列传第一九八·湖广土司》,北京:中华书局 1974 年 4 月版,第 7989 页。

　　② ［清］黄世崇纂修:光绪《利川县志》卷 7《户役志》,《中国地方志集成·湖北府县志辑》第 58 辑,南京:江苏古籍出版社 2001 年 9 月版,第 53 页。

　　③ ［清］张金澜修,蔡景星等纂:同治《宣恩县志》卷 14《武备志》,《中国地方志集成·湖北府县志辑》第 57 辑,南京:江苏古籍出版社 2001 年 9 月版,第 226 页。

　　④ ［清］王协梦修,罗德昆纂:道光《施南府志》卷 28《艺文志·拟奏制夷四款》,道光十七年(1837 年)扬州张有耀斋刻本,第 3 页。［清］张梓修,张光杰纂:同治《咸丰县志》卷 19《艺文志·大田所舆图防御文册》,《中国地方志集成·湖北府县志辑》第 57 辑,南京:江苏古籍出版社 2001 年 9 月版,第 127－128 页。

邻县屯堡，劫掠汉民。虽然大田军民千户所曾奏请朝廷追查，要求退还被劫掠的土地人民，但因散毛土司覃冲霄用钱贿赂地方官，此事遂不了了之。此后，施州诸土司破关攻城，杀官劫印，四川黔江、郁镇、彭水等县屡遭施州诸土司袭扰，施州卫城也遭土司军队的劫掠①。

　　明中后期，湖北地方官曾提出了很多措施，试图恢复对鄂西南诸土司的政治军事控制，但这些措施似乎无法扭转国家控制力逐渐衰弱的颓势。嘉靖二十年（1541 年），鉴于施州卫属诸土司时常越境劫掠邻县生事，钦差巡抚都御史刘大谟等题请设置施州卫守备，以"约束散毛、施南、忠路等司蛮夷，兼制酉阳、石砫二宣抚司，石耶、邑梅二长官司"。实际上刘大谟本人期望设置更高一级的参将职衔，来加强对施州卫诸土司的控驭力度②。隆庆五年（1571 年）正月，鉴于金峒土司覃璧之乱，湖广抚臣刘悫提出了一套善后策略：一是由湖广上荆南兵巡道负责管理汉土官民争讼及兵粮事务；一是将巴东县石柱巡检司移至野三关，将施州卫州门驿移至河水铺，将三会驿移至古夷铺，在百里荒、东卜陇创建堡哨，派兵驻守；一是按军三民七例审编均徭册，禁止卫官横征暴敛；一是降金峒安抚司为峒长，隶属支罗所百户杨伟提调；一是严查土司承袭，禁止土官私擅名号③。明神宗万历三年（1575 年）九月，郧阳都御史王国祯奏请严格施州卫属土司承袭制度，规定自承袭部文领回，土司方许就任管事④。为了就近控驭镇南等宣抚司，万历十一年（1583 年），湖广抚按奏请改由湖南镇筸参将节制⑤。万历二十七年（1599 年），由于播州宣慰使杨应龙率诸土司反叛，四川、湖广两省戒严。湖广地方官曾建议，委派指挥、千户、百户等官军在巴东县西二十里西瀼屯兵操练，以防堵"播州蛮"进犯。"播州蛮"平定后，屯驻随即撤销。明神宗曾赐鼎警示西南诸土司："惟西南民土，各世其封，惟敬天勤民，庶不坠

---

① ［清］张梓修、张光杰纂：同治《咸丰县志》卷 19《艺文志·文》，《中国地方志集成·湖北府县志辑》第 57 辑，南京：江苏古籍出版社 2001 年 9 月版，第 127—128 页。

② ［明］刘大谟、杨慎等纂修：嘉靖《四川总志》卷 16《经略下·兵备》，《北京图书馆古籍珍本丛刊》史部第 42 辑，北京：书目文献出版社 1988 年 2 月版，第 320—321 页。

③ 《明穆宗实录》卷 53，隆庆五年正月乙酉条，上海：上海书店出版社 1982 年 10 月版，第 1320—1321 页。

④ 《明神宗实录》卷 42，万历三年九月甲辰条，上海：上海书店出版社 1982 年 10 月版，第 953 页。

⑤ ［清］张金澜修、蔡景星等纂：同治《宣恩县志》卷 14《武备志》，《中国地方志集成·湖北府县志辑》第 57 辑，南京：江苏古籍出版社 2001 年 9 月版，第 226 页。

尔祖厥功,尔其不信,视杨应龙。"①而明神宗谕称:"自我朝开设以来,因俗而治,世效职贡,上下相安,何必改土为流。"②

天启、崇祯年间,明朝武备日益松弛,容美土司田玄乘机越界,占领巴东县后二都,覃守儒等县民轮流向土司贡赋1000余。县民邓继昌等呈报上宪,湖广抚按委派兴山县令曹元功、巴东县令谢上官前往会勘。土司土民以武力强行阻挠曹元功、谢上官等过江会勘,并射杀弓兵陈士奇,此事最后不了了之。明晚期政治的腐败,国力衰弱,再难以有效遏制施州诸土司的扩张与侵扰③。

清朝在消灭了鄂西南山区的明末农民起义军残部,平定诸土司后,加强了对施州卫的控制。康熙三年(1664年),施州卫归顺清朝,清廷废原施州卫指挥、千百户等职,设流卫守备、千总各一名,教授、训导各一名。康熙四年(1665年),清廷以荆州镇前营游击移驻施州,设游击一员、千总二员、把总四员,隶属彝陵镇标。雍正六年(1728年),改施州卫为恩施县,隶属直隶归州④。为防止容美等土司对邻县的侵扰,清朝沿袭明制,逐渐恢复明朝关堡设施。康熙七年(1668年)三月,湖广总督张长庚檄令彝陵镇调拨官兵驻防红砂堡、野三关、连天关等处,严加盘诘,昼夜巡逻。并令彝陵镇严饬容美土司田甘霖,不准越界侵害巴东县,否则将其治罪⑤。康熙八年(1651年),康熙帝覆准,"野苗掳掠百姓,该管土官隐讳不报者,降二级留任"。康熙十年(1653年),又题准"土官互相残杀,能自悔过和息者免议"⑥。

康熙二十年(1681年),容美土司田舜年与巴东县为汉土疆界一事争执不休,湖北巡抚王新根据巴东县志,判定红砂堡、连天关等处均属汉土,

①　[清]松林等修,何远鉴等纂:同治《增修施南府志》卷29《艺文志·文》,《中国地方志集成·湖北府县志辑》第55辑,南京:江苏古籍出版社2001年9月版,第510—511页。

②　《明神宗实录》卷339,万历二十七年九月己酉日条,上海:上海书店出版社1982年10月版,第6277—6278页。

③　[清]廖恩树修,萧佩声纂:同治《巴东县志》卷9《兵防》,《中国地方志集成·湖北府县志辑》第56辑,南京:江苏古籍出版社2001年9月版,第267页。

④　[清]松林等修,何远鉴等纂:同治《增修施南府志》卷19《职官志》,《中国地方志集成·湖北府县志辑》第55辑,南京:江苏古籍出版社2001年9月版,第259—260页。

⑤　[清]廖恩树修,萧佩声纂:同治《巴东县志》卷9《兵防》,《中国地方志集成·湖北府县志辑》第56辑,南京:江苏古籍出版社2001年9月版,第269页。

⑥　[清]昆冈编纂:光绪《钦定大清会典事例》卷589《兵部·土司》,台湾:新文丰出版股份有限公司1976年10月版,第12833页。

并警告田舜年必须依关堡为界,不准再起争端①。康熙二十一年(1682年),清廷取消大田所世袭千百户,军屯废弛。土司豪强利用大田所兵防的空虚,乘势侵占原大田所军屯汉地②。

　　顾彩在《容美纪游》中,称容美宣慰司在"荆州西南万山中",为"草昧险阻之区","山险迷闷,入其中者,不辨东西南北",而且各土司地区"道路险侧,不可以舟车。虽贵人至此,亦舍马而徒行,或令土人背负"。顾彩认为,鄂西南山区交通阻塞难通,是朝廷无法采取改土归流政策的重要原因:"宜乎自古迄今,不能改土而设流也。假若官辙可至,宁肯举腹里之地,弃同荒徼哉?"③

　　清初沿袭明制,对纳降的土司,仍采取土司制度。清人毛奇龄在《蛮司合志·序》称土司制度"初不过借朝廷之名器,用相羁縻……然而以蛮治蛮,即以蛮攻蛮。"④《鹤峰州志》称容美土司既非避处边疆,也不是化外异族,只不过是像尉佗、窦融那样自雄一方,为了削弱土司的实力,清初雍正帝也曾采用分化政策,而且制度设计更加精巧。在雍正三年(1725年),雍正帝谕准土官支庶子弟均享有继承权,可以按土官职衔降等授予职衔,并可分管土官部分疆土的五分之一或三分之一。后代再有子孙,仍可如前例再分疆土,授职再降一等⑤。通过土司继承制度的调整,土司的领地不断分解、碎片化,在内部权力争斗中力量衰减。

　　雍正四年(1726年),清廷为维护西南边省苗疆社会的稳定,督促云贵川广湖南各省督抚高效审结民苗争讼案件,"惟边省苗疆,间有督抚自行归结之案。地方官因无限期,遂生怠玩,以致案件稽迟,民人受其拖累。嗣后遇有民苗争讼事件,该督抚严饬该管各官,作速查审完结,如地界两省,或有关提之人,或有会勘之处,两省大吏,务须和衷办理,不得互相推诿,其有

　　①　[清]廖恩树修,萧佩声纂:同治《巴东县志》卷9《兵防》,《中国地方志集成·湖北府县志辑》第56辑,南京:江苏古籍出版社2001年9月版,第269—270页。
　　②　徐大煜纂修:民国《咸丰县志》卷10《土司志》,民国三年(1914年)劝学所刻本,第123页。
　　③　[清]顾彩著:《容美纪游》,武汉:湖北人民出版社1999年9月版,第267页。
　　④　[清]毛奇龄撰:《蛮司合志》,季羡林名誉主编、徐නා华主编:《中国少数民族古籍集成》(汉文版)第2册,成都:四川民族出版社2002年10月版,第142页。
　　⑤　[清]昆冈编纂:光绪《钦定大清会典事例》卷145《吏部·土官》,台湾:新文丰出版股份有限公司1976年10月版,第6997—6998页。

不肖有司,托故稽迟,巧为推卸者,即提名题参,毋得徇庇"①。

雍正五年(1727 年)十二月的上谕中,雍正帝表明了在西南云贵川广楚各省实施改土归流政策的原因,并指明了改土归流善后的政策措施:必须选择熟悉苗疆的贤员任改土地方官,严禁兵丁胥役苛索滋事。雍正谕旨详后:

> 谕兵部:向来云贵川广以及楚省各土司僻在边隅,肆为不法,扰害地方,剽掠行旅,且彼此互相仇杀,争夺不休。而于所辖苗蛮,尤复任意残害,草菅民命,罪恶多端,不可悉数。是以朕命各省督抚等悉心筹画,可否令其改土归流,各遵王化。此朕念边地穷民,皆吾赤子,欲令永除困苦,咸乐安全。并非以烟瘴荒陬之区,尚有土地人民之可利,因之开拓疆宇,增益版图,而为此举也。今幸承平日久,国家声教远敷。而任事大臣,又能宣布朕意,剿抚兼施。所在土司,俱已望风归向,并未重烦兵力。而愿为内属者,数省皆然。自此土司,所属之夷民,即我内地之编氓。土司所辖之头目,即我内地之黎献。民胞物与,一视同仁,所当加意抚绥安辑,使人人得所,共登衽席,而后可副朕怀也。但地方辽阔,文官武弁,需员甚多,其间未必尽属贤良之辈。且恐官弁等之意,以为土民昔在水火,今既内附,已脱从前之暴虐,即略有需索、亦属无伤。此等意见,则万万不可。著该督抚提镇等严切晓谕,不妨至再至三,且须时时留心访察,稍觉其人不宜苗疆之任,即时调换。并严禁兵丁胥役生事滋扰。务俾政事清明,地方宁谧,安居乐业,共享升平。傥有不遵朕旨,丝毫苛索于土民地方者,著该上司立即参劾,重治其罪。即系平日保举之人,亦不可为之容隐。果能据实纠参,朕必宥其失察之愆,嘉其公忠之谊,该督抚提镇等可共体朕心,各尽怀保边民之道。②

在清朝统治者看来,是否实施改土归流政策,取决于土司社会整合的水平和土司割据政权对国家政治、经济利益是否造成危害。雍正六年

---

① 《清世宗实录》卷 49,雍正四年十月戊寅条,北京:中华书局 1986 年 11 月版,第 745—746 页。

② 《清世宗实录》卷 64,雍正五年十二月己亥条,北京:中华书局 1986 年 11 月版,第 986—987 页。

(1728 年)十月,雍正帝再次谕吏部:"湖广土司甚多,各司其地,供职输将,与流官无异。其不守法度者,该督抚题参议处,改土为流,以安地方。若能循分奉法,抚绥其民,即与州县之循良相同。朕深嘉悦,何必改土为流,使失其世业。"①

元、明两代,朝廷主要利用土司间接控制土司地区,较少直接控制土司地区。顺治、康熙年间,严申汉土关禁之防。至雍正年间,由于全国政局趋于稳定,西南各省改土归流的顺利进行,形成了雍正朝改土归流的政策环境。清王朝对鄂西南诸土司控驭的缰绳越勒越紧,形成改土归流的趋势。而湖广容美土司对苗疆邻县土地子民的侵扰活动,"为边民所愬,吁请改流",鄂尔泰奏请改流,雍正帝谕令湖广、四川督抚图之②。土司稍有不遵王化的行为,即成为清廷实行改土归流的口实。雍正五年(1727 年),湖南保靖、桑植二土司改流时,雍正帝在上谕中,仍宽慰容美土司田旻如:"嗣后果能小心恪慎,抚辑苗人,约束阖属,共凛王章,自可永保世职。"③暗地里,清廷为了实行改土归流,从政治上、军事上积极筹备部署。雍正六年(1728年),根据湖广总督迈柱奏请,将施州卫及所辖各土司地,均改由新设的恩施县管辖,隶属荆州府。雍正七年(1729 年),鄂尔泰奏称,虽然湖北容美土司等实属顽劣,为边境隐忧,但用兵时机未到,必须预先筹备,查明苗疆道路情形,分别密委湖北布政使杨永斌、四川建昌道刘应鼎、贵州贵东道镇远府知府方显防守汉土边界④。

雍正七年(1729 年),雍正帝在上谕中警告田旻如:"嗣后益当敬谨守职,抚恤土民,不得以强凌弱,欺压邻近之苗众,斯可永受国恩于勿替矣。"⑤此上谕表明,在雍正朝,不再宽宥容美土司的兼并活动。雍正七年,四川提督黄廷桂奏报湖北容美土司田旻如在四川界征花丝银,咨湖北察究。雍正帝上谕称:"楚蜀诸土司容美最富强,越分僭礼。应晓以大义,渐

---

① 《清世宗实录》卷 74,雍正六年十月辛卯条,北京:中华书局 1986 年 11 月版,第 1104 页。
② [清]魏源撰:《圣武记》卷 7《雍正西南夷改流记上》,北京:中华书局 1984 年 2 月版,第 290 页。
③ 中国第一历史档案馆编:《雍正朝汉文谕旨汇编》第 7 册《上谕内阁》,桂林:广西师范大学出版社 1999 年 3 月版,第 169 页。
④ 《招抚生苗以安三省疏(雍正七年)》,贺长龄编纂:《清朝经世文编》卷 86《兵政十七·蛮防上》,光绪二十三年(1897 年)武进盛氏思补楼刊本,第 34—35 页。
⑤ 中国第一历史档案馆编:《雍正朝汉文谕旨汇编》第 7 册(上谕内阁),桂林:广西师范大学出版社 1999 年 3 月版,第 366 页。

令革除。"①雍正七年七月,湖广总督迈柱向雍正帝奏报容美土司派舍把唐遇世在省城武昌打探政情,并以空白印文写就印禀交铺投递之弊。雍正帝认为"此系自投罗网",密谕迈柱严审奏复②。雍正八年四月,忠峒土司田光祖向清廷密报容美土司侵凌忠峒,建筑违制、僭越使用净身之人等不法行径③。雍正九年,田旻如主动请求上京陛见,表达忠心。雍正帝则以苗疆用兵正忙为借口,断然回绝,政治上放弃了容美土司田旻如④。雍十一年五月迈柱再次奏参田旻如庇护罪臣东乡司土官覃楚昭、施南司土官覃禹鼎、违制僭越等恶行,斥田旻如为"土司之罪魁,土民之大害",主张湖北各土司尽行改土归流⑤。雍正十一年十一月,清廷令田旻如进京候询,但田旻如藉故抚恤荒民,不即赴京⑥。在清廷政治军事压力下,容美土民大批离境出逃。雍正十一年(1733 年),雍正帝在容美土司的南北两面做好了军事进攻的部署:北面恩施、长阳、归州、巴东的官兵为前路,负责进攻,南面澧州、石门、永顺、保靖的协营为后路,负责堵截。雍正十三年,雍正帝做好擒治容美土司田旻如的军事准备后,最终逼迫田旻如自缢,容美土司自此改土归流⑦。雍正帝以军事手段逼迫容美土司改流,对鄂西南诸土司产生了杀鸡儆猴的示范效应。雍正十二年(1734 年),鄂西南地区忠峒等十五土司望风归向,齐集湖北省城,公请归流⑧。

　　鄂西南山地环境的偏、险、远,导致山区交通闭塞,山地经济长期相对落后,政治上相对封闭孤立。在中央王朝统治力量难以到达的情况下,经

　　①　[清]张廷玉等撰:《清史稿》卷 323《列传第一一〇·黄廷桂》,北京:中华书局 1976 年 12 月版,第 10804 页。

　　②　[清]允禄、鄂尔泰等编:《雍正朱批谕旨》,雍正十年(1732 年)至乾隆三年(1738 年)武英殿刻本,第 24 页。

　　③　[清]允禄、鄂尔泰等编:《雍正朱批谕旨》,雍正十年(1732 年)至乾隆三年(1738 年)武英殿刻本,第 41 页。

　　④　中国第一历史档案馆编:《雍正朝汉文谕旨汇编》第 2 册(雍正七年至十三年谕旨),桂林:广西师范大学出版社 1999 年 3 月版,第 95 页。

　　⑤　[清]允禄、鄂尔泰等编:《雍正朱批谕旨》,雍正十年(1732 年)至乾隆三年(1738 年)武英殿刻本,第 71—72 页。

　　⑥　[清]允禄、鄂尔泰等编:《雍正朱批谕旨》,雍正十年(1732 年)至乾隆三年(1738 年)武英殿刻本,第 78 页。

　　⑦　中国第一历史档案馆:《雍正朝汉文谕旨汇编》第 2 册(雍正七年至十三年谕旨),桂林:广西师范大学出版社 1999 年 3 月版,第 203—204 页。

　　⑧　中国第一历史档案馆编:《雍正朝汉文谕旨汇编》第 2 册(雍正七年至十三年谕旨),桂林:广西师范大学出版社 1999 年 3 月版,第 326 页。

济上课其赋税,政治上羁縻,军政上遏制,利用施州蛮酋间接控制苗疆。国势强弱变化,与国家对山区政治控制的力度和深度紧密联动。

二、汉土疆界的变动:国家与地方土司政权的博弈

王明珂研究华夏边缘地区的民族认同问题时,认为:"族群边界的形成和维持,是人们在特定的资源竞争关系中,为维护共同资源而产生的。因此,客观资源环境的改变,经常造成族群边界的变迁。"[①]汉土之间的族群边界,从国家政治角度观察,同时也是中央王朝与地方少数民族政权之间的政治边界。汉土疆界的变动,实际上是双方政治军事实力角力变化的结果。

鄂西南山区在《禹贡》九州中,属于荆州、梁州交界地区。春秋战国时期属于巴、楚交界地区。秦代属于黔中郡。西汉、东汉属于南郡、武陵郡。三国时属于吴国荆州建平郡和武陵郡。东晋、南朝属于荆州、益州,隋代属于清江郡(以清江为中心)。唐代属于黔中道施州、山南东道峡江一带。五代十国时属于前蜀后蜀。两宋时属于夔州路夔州。明代属于湖广行省施州卫。清代属于恩施府。

宋咸平年间,丁谓曾在今宣恩县城三百里设咸平石柱,作为汉蛮分界。天圣年间,刺史史方逐蛮至今宣恩县城二百七十里之七女栅,设立天圣石柱,作为汉蛮分界[②]。宋代咸平、天圣年间汉蛮边界的变动,表明中央王朝与施州蛮之间通过军事实力的角力,而调整彼此的政治生存空间。

明太祖朱元璋在《高帝告太岁神文》中,认为鄂西南山区山深林密的地理环境,是鄂西南山区未能改土归流的重要原因:"施州卫夷岁为边患,斯患也,称自尧舜以至于今,化弗循教,征弗畏威,盖恃山崖之险固,林木之丛深故。"[③]鄂西南山区历史上的汉土疆界,实际上是华夏族群为维护和扩大农业垦殖而人为的设置与维持。汉土疆界的变化,不仅源于客观资源环境的改变,而且源于国家控制力量的消长。

只有理清了鄂西南山区汉土疆界的变化,才能了解明清以来中央王朝

---

① 王明珂著:《华夏边缘:历史记忆与族群认同》,北京:社会科学文献出版社 2006 年 4 月版,第 4 页。

② [清]王协梦修,罗德昆纂:道光《施南府志》卷 4《疆域志》,道光十七年(1837 年)扬州张有耀斋刻本,第 6 页。

③ [清]王协梦修,罗德昆纂:道光《施南府志》卷 28《艺文志》,道光十七年(1837 年)扬州张有耀斋刻本,第 1 页。

在鄂西南山区的实际控制范围及国家控制力量的变化状况。

明清之际，湖广施州卫所辖散毛、施南、唐崖、忠路、忠建、忠孝、容美等土司与四川重庆府、夔州府所辖黔江、武隆、彭水、忠州、涪陵、建始、奉节、巫山、云阳万县等十州县地界交错，行政区划及土汉边界不断变化。

明洪武初年，连天关为施州卫与容美土司之间的夷夏分界，石柱关为施州卫与椒山玛瑙长官司分界，两关隘曾各设弓兵一百名驻防①。石乳山曾是湖北省与四川省的分界，也被视为华夷分界。因此《石乳山》诗有"界分楚蜀控喉咽，诸葛遗踪俗尚传。一锁南封千里地，双峰高拄九重天。华夷今古关防立，草木春深造化权。我忝书生有边寄，瓣香心绪托前贤"等诗句②。至清代，石乳山仍为湖北恩施县与四川奉节县的分界③。此外，顾炎武在《天下郡国利病书》中提到，位于今恩施县的北东门山曾为夷夏分界④。七曜山，一名齐岳山、七药山，在利川县西二百余里，"昔汉蛮分界处"⑤。根据恩施自治州博物馆的遗址调查，汉土疆界碑一在五峰县红鱼坪，一在五峰县谢家坪。两块界碑的所在地，应为明清汉土疆界的界址。

明中后期，明朝政治日益腐败，国力衰落，军事废弛。明王朝对鄂西南山区的土司控驭日益松懈。容美、五峰、水浕、石梁等司乘机通过武力侵占、买管等方式，蚕食周边郡县的土地人民。巴东、长阳等地首当其冲。如天启元年（1621年），容美土司乘明廷巡检从汉土交界的长毛（茅）关、菩提寨（隘）退保渔洋关，侵占了长阳县所属长毛（茅）关和菩提寨（隘）以外土地。此外五峰张氏土司曾买管长阳县崇德乡等处田地，水浕司唐氏土司曾买管长阳县安宁乡白溢、麦庄等处田地，石梁司唐氏土司曾买管石梁司等处田地。汉土疆界由长毛关、菩提寨退至百年关为界。崇祯初年，容美土

---

①　[明]杨培之纂修：嘉靖《巴东县志》卷1《舆地志·形胜》，《天一阁续修方志丛刊》第62辑，上海：上海书店出版社1990年12月版，第1213页。

②　[清]松林等修，何远鉴等纂：同治《增修施南府志》卷28《艺文志·诗》，《中国地方志集成·湖北府县志辑》第55辑，南京：江苏古籍出版社2001年9月版，第448页。

③　[清]赵尔巽等撰：《清史稿》卷67《志第四二·地理十四》，北京：中华书局1976年7月版，第2182页。

④　[明]顾炎武撰：《天下郡国利病书》原编第24册《湖广上》，《续修四库全书》编纂委员会编：《续修四库全书》第597卷《史部·地理类》，上海：上海书店出版社2013年5月版，第166页。

⑤　[清]王协梦纂，罗德昆纂：道光《施南府志》卷3《疆域志》，道光十七年（1837年）扬州张有耀斋刻本，第27页。

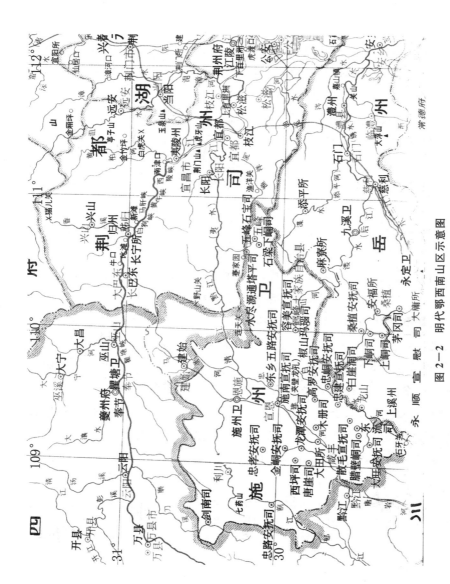

图 2—2　明代鄂西南山区示意图

注：据谭其骧《中国历史地图集》第 7 册明时期湖广地图绘制。

司田玄越境占领巴东县后二都,覃守儒等汉民每年轮流向容美土司交纳田赋一千余金。当时,巴东县民邓继昌等奏呈抚按,委派兴山知县曹元功、巴东知县谢上官前往后二都会勘。土民聚众阻拦,并射杀弓兵陈士奇,不许汉官渡江①。

水浕土司唐镇邦也利用明清鼎革之际的混乱局面,乘机率土兵攻掠长阳县边界②。土司对邻县汉地的扩张战争,不仅造成邻近汉县的土地和人民被侵夺,而且造成交界地区土地的荒芜。如乾隆《长阳县志》载,由于土司经常骚扰,长阳县西南一百里与容美邻近地带,大面积土地抛荒,如时连荒、猫儿荒、水草荒、簸箕荒、火山后荒等处,均成荒地。在长阳县西南有纵横百余里的百里荒,当时亦被容美土司所侵占③。

虽然清廷在康熙四年(1665年),已基本扫清了李自成、张献忠在鄂西南山区的残余势力,汉土疆界初定。但清廷尚未在山区建立起稳固的统治,鄂西南山区又先后经历了吴三桂叛乱、谭宏之乱。施州诸土司乘机时常侵扰汉土疆界的汉地县。建始县在清江以南的革塘等里在明末农民战争期间,曾受到容美土司多次侵扰,土地荒芜多年,疆界不清。直至雍正七年(1729年),川湖两省文武官弁奉旨勘定建始县疆界④。

清康熙七年(1668年),巴东县向湖广总督张长庚奏报,巴东一带邻近土司地区,向因明末法纪废弛,土司经常越界侵占县地,奏请在红砂堡、野三关、连天关等地设置关堡,以杜绝土司侵害汉土州县。总督张长庚檄令抽调150名官兵前往各关驻守⑤。

除了武力侵占汉土外,施州诸土司还通过所谓"买管"的形式,胁迫边界地区的汉民出售土地所有权,从而达到获取领地的统治权。清初,长阳县先隶属彝陵州,后隶属荆州府。长阳县民曾与土司土民发生争界争田纠

---

①　[清]廖恩树修,萧佩声纂:同治《巴东县志》卷9《兵防》,《中国地方志集成·湖北府县志辑》第56辑,南京:江苏古籍出版社2001年9月版,第269页。

②　[清]李焕春原本,郑敦祜再续:光绪《长乐县志》卷4《沿革志》,《中国地方志集成·湖北府县志辑》第54辑,南京:江苏古籍出版社2001年9月版,第168页。

③　[清]李拔纂修:乾隆《长阳县志》卷1《疆域志·要路》,《故宫珍本丛刊》第143册,海口:海南出版社2001年4月版,第45—46页。

④　[清]佚名纂修:嘉庆《建始县志》卷上《户口》,《故宫珍本丛刊》第143册,海口:海南出版社2001年4月版,第361页。

⑤　[清]廖恩树修,萧佩声纂:同治《巴东县志》卷9《兵防》,《中国地方志集成·湖北府县志辑》第56辑,南京:江苏古籍出版社2001年9月版,第269页。

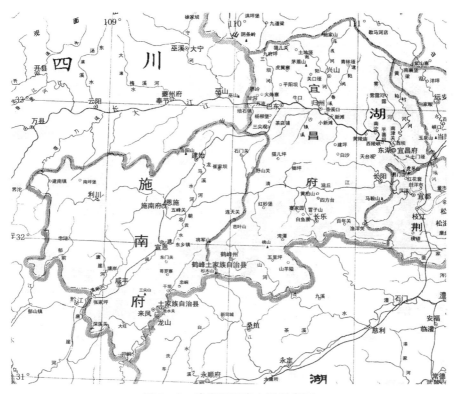

图 2—3　清代鄂西南山区示意图

注:据谭其骧《中国历史地图集》第 8 册清时期湖北地图绘制。

纷。康熙二十七年(1688 年),长阳县民与土司争白溢寨土地,控至彝陵州和归州衙门,悬而未决。

雍正三年(1725 年),椒山土司刘跃龙买管江南 14 契田案被民告发,长阳县民借此控容美土司侵占鱼翅、柑子园、白溢、麦庄一带田地。湖广督抚委派枝江知县陈德华、长阳县王知县及宜都守备王苏门会同容美土司田旻如勘界,重新划定汉土疆界,以东抵棕溪河,南抵水浕司,西抵火山后荒,北抵棕溪河口,刻立界碑。又以长阳县民与土司均不应买卖土地,饬令长阳县民赎回鱼翅滩、柑子园土地①。

雍正九年(1731 年),枝江县令陈万荣和宜都守备苏门辉奉上宪之命,

---

① ［清］李焕春原本,郑敦祜再续:光绪《长乐县志》卷 2《疆域志》,《中国地方志集成·湖北府县志辑》第 54 辑,南京:江苏古籍出版社 2001 年 9 月版,第 125—126 页。

踏勘容美与长阳交界漂水岩的汉土疆界,并建立汉土疆界碑①。雍正十三年(1735 年)改土时,升彝陵州为宜昌府,再拨石门等处,加上容美土司原侵占的长阳县地设立长乐县,以长乐县隶属宜昌府。改土后,府州县行政区划的设置,使传统的汉土疆界逐渐淡化②。

五峰安抚司张世瑛因田世爵强行占据旧居北佳坪,遂买管长阳有粮之芝麻坪居住③。原容美土司买管白溢寨帅府、水浕司、长茅司三处 227 垱,共计 86 亩 1 分 2 厘 1 毫 1 丝水田④。水浕土司唐振邦曾买管长阳县唐家坪⑤。雍正初年,慈利唐姓隘官将千金坪一带,南至告箭坡,北至杉木场,周围约三十里的山场田土,用印契卖与容美土司,价银一千零五两。经上宪访察,曾有当地汉民以土占汉产呈控。经调查核实,做出裁决,"以隘官贫乏,饬原控民人,照缴价值,给容美司。业付民人耕管"⑥。

此外,容美土司还采取向汉民颁发土官伪札,扶植代理人的方式,来控制汉地人口田地。雍正七年(1729 年),隆生向清廷奏报,容美土司田旻儒(即田旻如)强行向邻近的建始县山民发给土官职衔札书,容美土司勒令受札县民向土司输纳米、豆、棉花等财物,如县民不肯接受伪札,则进行抢抄。在隆生的奏折中,还提及巴东县民田兴发的控案:田兴发在康熙六十年(1721 年)间起,在建始县开荒种地,建始县土豪黄大礼、黄天伦等接受容美土司的土知州札付,强行阻止田兴发耕种,并抄抢田兴发财物。田兴发叠经向夔州府等衙门控告,案件延宕无期。雍正七年(1729 年)四月,建始土豪再行抄抢,霸占田地,拆毁房屋。隆生命夔州府差派奉节县教谕陈乃

① [清]李焕春原本,郑敦祜再续:光绪《长乐县志》卷 3《山川志》,《中国地方志集成·湖北府县志辑》第 54 辑,南京:江苏古籍出版社 2001 年 9 月版,第 150 页。

② [清]李焕春原本,郑敦祜再续:光绪《长乐县志》卷 4《沿革志》,《中国地方志集成·湖北府县志辑》第 54 辑,南京:江苏古籍出版社 2001 年 9 月版,第 166－167 页。

③ [清]李焕春原本,郑敦祜再续:光绪《长乐县志》卷 4《沿革志》,《中国地方志集成·湖北府县志辑》第 54 辑,南京:江苏古籍出版社 2001 年 9 月版,第 168 页。

④ [清]李焕春原本,郑敦祜再续:光绪《长乐县志》卷 9《赋役志·官租田》,《中国地方志集成·湖北府县志辑》第 54 辑,南京:江苏古籍出版社 2001 年 9 月版,第 230 页。

⑤ [清]李焕春原本,郑敦祜再续:光绪《长乐县志》卷 4《沿革志》,《中国地方志集成·湖北府县志辑》第 54 辑,南京:江苏古籍出版社 2001 年 9 月版,第 173 页。

⑥ [清]吉钟颖修,洪先涛纂:道光《鹤峰州志》卷 14《杂述志》,《中国地方志集成·湖北府县志辑》第 45 辑,南京:江苏古籍出版社 2001 年 9 月版,第 471－472 页。

志前往建始县调查实情。雍正帝认为隆生多事,令其少干预地方事务①。

湖广总督迈柱在题本中指出,由于鄂西南山区"界连他省,接壤土司",所以田土争讼是其他州县的数倍②。康熙年间,施州卫大田所历年汉土互控田土纠纷案件累积百余起,至康熙五十四年(1715年),经大田掌印千户钮正己秉公审理,或退或赎,土司畏服③。

康熙四十五年(1706年),大田掌印军民守御所钮正己因汉土争田地案,断令土司退出所侵占汉民田地,由汉民备价赎取。详案如下:蒋世振、黄金环及陆、潭、李、赵、钟、杨、滕、曹等姓赎回施南司退出龙坪屯。官选、冉奇钊、杨光玉、田永先、田永庆、田永习、田永洪、田育明、田之应、官美等赎回唐崖司退出泗渡坝、麻地坝、冉寨屯、大河边、谢家泉、鱼渡溪、生地坝、偏坡屯、陶家田、柿子坪、官岩沟、王家滩、红石底、赵家堡、铜厂、魏家坝、长沙坝。冉奇月、粟美义、陈子孝、孙开举、廖彦亨、梅珩、张文孝、徐应士、蒋力宾、冉奇钊赎回散毛司退出马明屯、清水堡、麻骨溪、忠堡屯、梅家山、三道河、大寺、小寺、马官屯。徐加位、唐成赎回腊壁司退出唐家沟、赵家山、高滩堡、土老坪。忠堡屯毗连之蛮寨沟向为木册司侵占,系业主梅元和报粮纳赋,雍正十三年(1735年)改土时,划归咸丰县④。

汉土疆界的变化,实际上是中央王朝与土司地方割据势力在鄂西南山区相互政治军事博弈的结果。当王朝中央集权统治不断加强时,土司地方割据势力会受到束缚;国家统治力量衰落时,土司的地方割据扩张活动就会活跃起来。汉土疆界的变化,反映出国家对土司地区控制力的强弱变化。

三、土司的政治生存策略

(一)鄂西南山区的土司政治

奥康纳从政治生态学角度指出,一定地域中"所有能够被想出来的地

---

① 《奏为容美土司田鸣儒发放伪札横行乡里请敕下该督抚确查严究事》,雍正七年五月二十七日,中国第一历史档案馆军机处全宗,档案号:04—01—30—0382—001。

② [清]王协梦修,罗德昆纂:道光《施南府志》卷2《沿革》,道光十七年(1837年)扬州张有耀斋刻本,第20—21页。

③ 徐大煜纂修:民国《咸丰县志》卷6《官师志》,民国三年(1914年)劝学所刻本,第73页。

④ 徐大煜纂修:民国《咸丰县志》卷10《土司志·前清改土归流缘起》,民国三年(1914年)铅印本,第122—125页。

方管理模式及行为模式,都被用来应付各种类型的社会生态性和生态社会性的问题"①。这些问题或来源于地区性的,或全国性的,或国际性的,有些是系统性的。处于中华帝国西南边疆的鄂西南山区土司政权,其苗疆管理模式和政治行为模式,是在应付西南苗疆各种类型社会生态性和生态社会性的问题的过程中,形成的军政合一、世袭专制的政治体制。

在改土归流以前,在低生产技术条件下,鄂西南山区的动植物资源十分丰富,但可利用的土地、水等经济资源比较有限。元明清三代,在采集狩猎为主、畬田农业为辅的生产方式下,形成了封建领主制的经济基础。在此基础之上,鄂西南山区实行了土司世袭专制的政治体制。在土司领地内,诸土司"世领其地,世长其民,世袭其职",形成了相对稳定的少数民族地方割据的政治模式。在鄂西南山区,土司政权是一种宗法制政权,土司家族有权优先分配政治资源。在卯峒土司政权架构中,"五营以上,非舍不用",也就是只有土司支庶宗亲才能任五营总旗以上官职。总旗以下官职,才允许异姓充任。如卯峒司内金事、巡捕、署事、马杵等职务在向姓土司家族十二房内分配。除新寨、江口两峒外,从权司至千把总,贤能则委任终身,不肖则革职另选②。容美土司政权亦体现宗法制特点:清初顾彩游历容美土司,发现容美土司官属中旗鼓最尊贵的,负责领兵征战的,由田姓家族中有德才者充任。五营中军由容美土司应袭长子充任,其余四营长官也必须由田姓宗族中尊者充任。土司宗族的支庶子弟可以担任文职专差,如替土司办理文书、赴省城京城联络上宪的干办舍人、掌握官颁土司印信号纸的护印土舍。

退仕土司与袭职土司之间虽亲为父子,也存在着权力斗争冲突。康熙四十七年(1708年),田舜年揭发其子田昺如贪庸暴戾。清廷批准另由田旻袭容美土司③。顾彩游历容美时,已知田舜年父子二人不和:田舜年退仕后,由长子田昺如承袭司职,但土司印信仍掌握在田舜年手中,田昺如犹如家将被田舜年任意使唤。如果朝廷有征调,则由田昺如奉调出征。忠孝

---

① [美]奥康纳著,唐正东、臧佩洪译:《自然的理由——生态学马克思主义研究》卷首《前言》,南京:南京大学出版社2003年1月版,第3页。

② 张兴文、牟廉玖注释:《卯峒土司志校注》卷6《艺文志》,北京:民族出版社2001年4月版,第34—37页。

③ [清]李焕春原本,郑敦祜再续:光绪《长乐县志》卷4《沿革志》,《中国地方志集成·湖北府县志辑》第54辑,南京:江苏古籍出版社2001年9月版,第168页。

司田宏退仕后,因其子袭职后未尽职赡养,结果投奔容美司,经容美土司居中调解,田宏父子最后和好①。

　　鄂西南山区土司的政治结构呈军政合一、家国一体的特征。《长乐县志》亦载:"容美土司抑勒土民,分风、云、龙、虎等字为旗,旗有长,上有参将、游击、守备、千把总各官,下又有大头目、分管旗长、若干千户,皆有执照。"②另据《来凤县志》载,散毛司"有四十八旗。卯峒则有五营七寨,各以舍把土目领之。无事则荷耒而耕,有事则修矛以战,盖即农即兵也"③。

　　从鄂西南地区的碑刻中,我们可以窥见土司官制的具体情况:武职土官可分为营、旗、总兵、守备、千把总等数种。容美除了前后左右中五营外,还有贴身护卫土司安全的亲将营,装备火枪、火铳等火器的火器营。旗有辕门小彪旗、辕门提调亲随旌旗、辕门新旗、辕门领旗、辕门营旗、勋旗等数种,各设旗长。守备分为领旗守备、领阵守备。文职土官有土知州等,如容美土司设有芙蓉知州。土司内部官制中,土官有时兼任军政、民政等数职,因此出现"爵府前锋营副总兵官掌备征千户印知内外各营事""火器营副将更授芙蓉知州兼管帅府内外地方""前营副总兵官管大旗鼓事复任贴堂经历司掌平茶下洞长官印务管理爵府内外大小事务兼管南旗下军务"等职衔④。土司社会分工不充分,是导致土司军政合一官制长期存在的内在因素之一。

　　根据《向金銮墓碑》《卯峒土司志》记载:卯峒土司中,武职土官不仅有总旗、旗长、旗鼓、正□军民百户使、加授副总戎事⑤,还有千把总。卯峒司文职土官则有内金事、巡捕、署事、马杵等职务,金事为土司家族各房首领⑥。

　　① [清]顾彩著:《容美纪游》,武汉:湖北人民出版社1999年9月版,第306页。

　　② [清]李焕春原本,郑敦祜再续:光绪《长乐县志》卷16《杂记志》,《中国地方志集成·湖北府县志辑》第54辑,南京:江苏古籍出版社2001年9月版,第394页。

　　③ [清]李勋修,何远鉴等纂:同治《来凤县志》卷16《武备志·塘汛》,《中国地方志集成·湖北府县志辑》第57辑,南京:江苏古籍出版社2001年9月版,第384页。

　　④ 王晓宁编著:《恩施自治州碑刻大观》第1编《姓氏源流》,北京:新华出版社2004年10月版,第29—32页。

　　⑤ 王晓宁编著:《恩施自治州碑刻大观》第1编《姓氏源流·向金銮墓碑》,北京:新华出版社2004年10月版,第29页。

　　⑥ 张兴文、牟廉玖注释:《卯峒土司志校注》卷6《艺文志》,北京:民族出版社2001年4月版,第34—37页。

土司地区没有成文法，只有习惯法，而土司权力高于法律。如容美土司中，规定奸者宫，盗者斩，慢客及失期会者割耳，偷窃者断指。重罪由土司亲自处罚，轻罪由管事人棍责。罪最重者处以斩刑，凡遇死刑犯，在土司公案后设置五色旗，土司告天后，背手在身后取旗，拿到黑旗则处死，抽到其他色旗则可以保救。宫刑犯在处罚后作为阉宦送入司衙内供役使①。雍正七年(1729年)，恩施诸生王封镇游幕容美司署时，曾遇土司因疑管鱼池者有奸弊而欲处死，被王封镇所劝止。可见土司一人掌握生杀大权，并无法典章可循②。卯峒司内，如土民犯罪，小罪由土知州、长官等处治，大罪由土司亲自处治，客户犯罪交付经历处治③。雍正七年，容美土司田旻率土司军队侵占建始县地，强行将建始县汉民纳入土司政治体系，土司颁给土知州等职衔札书，并勒令受札县民必须承担输纳米、豆、棉花等的义务④。

(二)鄂西南山区土司的生存策略

鄂西南山区各土司处于中央王朝政治统治的边缘地带，面对历代中原王朝政权更迭的政治生态，土司必须在多种政治力量斗争的夹缝中求生存，复杂的政治环境磨练出土司的政治生存智慧。正如前节所述，中原王朝历来根据土司控制的土地和人民数量，来决定土官的置废陟黜，所以土司向来以保存和扩大自身的政治实力为首务。

明朝施州卫指挥童昶曾评价"施州诸蛮"，认为："蛮獠多诈而少实，负争而好斗，事无大小，兴词具奏，委官行勘两造俱避，督责少急，则据寨固守。"⑤一方面土司在相互兼并的战争中，都试图藉用朝廷的权威来打击对方，另一方面又害怕朝廷势力深入土司地区，影响土司的扩张活动。

嘉靖二十年(1541年)，钦差巡抚都御史刘大谟指责施州卫诸土司劫

　　① [清]顾彩著：《容美纪游》，武汉：湖北人民出版社1999年9月版，第314页。
　　② [清]多寿修，罗凌汉纂：同治《恩施县志》卷9《人物志》，《中国地方志集成·湖北府县志辑》第56辑，南京：江苏古籍出版社2001年9月版，第501页。
　　③ [清]李勗修，何远鉴等纂：同治《来凤县志》卷32《杂缀志·掇拾》，《中国地方志集成·湖北府县志辑》第57辑，南京：江苏古籍出版社2001年9月版，第561页。
　　④ 《奏为容美土司田鸣儒发放伪札横行乡里请敕下该督抚确查严究事》，雍正七年五月二十七日，中国第一历史档案馆军机处全宗，档案号：04—01—30—0382—001。
　　⑤ [清]张梓修，张光杰纂：同治《咸丰县志》卷19《艺文志·文》，《中国地方志集成·湖北府县志辑》第57辑，南京：江苏古籍出版社2001年9月版，第126—127页。

掠邻县,并贿赂施州卫官员,与施州卫官员违例联姻①。鄂西南地区的碑刻也证实土司与施州卫所军官确实存在违例结亲的问题。在万历年间,施州卫大田所正千户蒋宏娶忠路安抚司安抚之女覃氏为妻,并育有四子。另有大田千户所正千户田显荣娶唐崖长官司之女覃氏,并育有一子②。因此,在施州卫官员的纵容庇佑之下,土司肆无忌惮,刘大谟认为施州卫官员形同窝主,每当土司事发,上宪委官提勘时,施州卫官员或搁置,或为土司辩解。唐崖土司覃万金等劫掠黔江等七州县,各州县官奏请调官军进剿,施州卫官受贿后朦胧卖放。

　　明清鼎革之际,鄂西南地区成为张献忠大西政权、李自成大顺政权、南明小朝廷、清朝新政权、吴三桂伪周政权角逐的战场。由于各方势力均比土司强大,鄂西南地区的土司必须在复杂的政治斗争形势下,谋求自身的生存空间。崇祯年间,李自成、张献忠发动农民起义推翻腐朽的明王朝。容美土司田玄以诗明志,创作 10 首《甲申除夕感怀诗有序》,表达孝忠明王朝,既以密丸与南明弘光政权潜通消息,又联络南明隆武政权,所以死后隆武政权封田玄为龙虎将军。田玄之子田霈霖继任容美土司后,仍派千户覃应祥远赴闽粤与南明政权联络。南明遗臣避难容美司,容美土司田玄、田霈霖先后妥善安置,提供食宿。如彝陵文铁庵、松滋伍计部等数十人携家眷前往容美司③。南明太史严守升在《田氏世家》中称颂容美土司田玄精忠报国,曾派遣子霈霖、既霖,弟田圭、田赡等率精兵先后六次前往竹山、房县、襄阳等地,随从明军围剿张献忠领导的农民军起义军,以功升宣慰司④。石梁下洞长官司唐承祖随从容美土司田玄围剿农民军,以功升安抚司⑤。唐崖宣抚使覃宗禹在崇祯三年(1630 年)奉四川巡抚邵捷春之命,驻守夔州府紫阳城,参与镇压施州卫戎角人民起义。张献忠进川时,唐崖土

　　①　[明]刘大谟等修,王元正等纂,周复俊等重编:嘉靖《四川总志》卷 16《经略下·兵备》,《北京图书馆古籍珍本丛刊》史部第 42 辑,北京:书目文献出版社 1988 年 2 月版,第 320—321 页。

　　②　王晓宁编著:《恩施自治州碑刻大观》第 1 编《姓氏源流·覃氏墓志》《姓氏源流·田门覃氏墓志》,北京:新华出版社 2004 年 10 月版,第 13,18 页。

　　③　《容美土司田氏历代诸公事实考》,容阳堂《田氏族谱》卷 1,转引自中共鹤峰县委统战部编:《容美土司史料汇编》,1984 年 1 月内部版,第 374 页。

　　④　[清]严守升撰:《容美宣慰使田玄世家》,转引自中共鹤峰县委统战部:《容美土司史料汇编》,1984 年 1 月内部版,第 95 页。

　　⑤　[清]李焕春原本,郑敦祐再续:光绪《长乐县志》卷 4《沿革志》,《中国地方志集成·湖北府县志辑》第 54 辑,南京:江苏古籍出版社 2001 年 9 月版,第 171 页。

司覃宗禹还率土兵在四川大宁县堵御,杀死张献忠的农民军200余名,俘获513名。覃宗禹以此功获得明朝颁授宣慰使职衔[1]。

实际上容美土司更关注的是保存自身实力。崇祯十二年(1639年),容美土司田玄奏疏称:"六月间,谷贼复叛,抚治两臣调用土兵,臣即捐行粮战马,立遣土兵七千,令副长官陈一圣等将之前行。悍军邓维昌等惮于征调,遂与谭正宾结七十二村,鸠银万七千两,赂巴东知县蔡文升以逼民从军之文上报,阻忠义而启边衅。"[2]虽然崇祯帝命抚按核查其事,但因明朝廷忙于镇压农民起义,所以无暇过问容美土司田玄奉调不征之事。赵平略、杨绪容认为容美土司在明清之际审时度势,尽量避免卷入王朝战争的图存策略,客观上有利于维护土民利益,保存土家文化,并有利于祖国统一。容美土司的这种图存策略在封建专制主义民族关系的条件下,是弱小民族在夹缝中求生存的必然选择[3]。但同治《宜昌府志》则有另一种解读,认为田玄此奏疏实际上是企图侵占巴东县后四里的土地人民,所以有意诬里民为"蛮军"[4]。容美土司在明朝衰亡之际,乘机扩张地盘。其实不仅容美土司如此,其他土司亦如此。崇祯初年,明末农民起义爆发时,散毛等土司联合曾劫掠大田军民千户所长达三十余年,至康熙初年才平定[5]。崇祯十七年(1644年),李自成攻入北京城,明朝灭亡,水浕安抚司唐镇邦乘乱率土兵攻陷长阳县城,杀掳无数县民,长阳县城被土兵洗劫一空,成为废墟[6]。

顺治四年(1647年),投降南明隆武政权的李过所率农民军残部在荆州被清军击败,徒步退走四川,因数日缺粮,散入施州卫。李过率农民军与容美土司虽然表面上都尊奉南明隆武政权,但如前所述,田既霖在崇祯年间曾率容美土兵跟随明军镇压过农民军,视农民军为致明亡之贼。当李过

① 徐大煜纂修:民国《咸丰县志》卷8《人物志·列传(孝友忠武义行)》,民国三年(1914年)劝学所刻本,第91—92页。

② [清]张廷玉等撰:《明史》卷310《列传第一九八·土司》,北京:中华书局1974年4月版,第7991页。

③ 赵平略、杨绪容:《明清易代之际容美土司的图存方针及其启示》,《湖北民族学院学报(社会科学版)》1998年第1期,第48—51页。

④ [清]聂光銮等修,王柏心等纂:同治《宜昌府志》卷16《官师志·杂载》,《中国地方志集成·湖北府县志辑》第49—50辑,南京:江苏古籍出版社2001年9月版,第313—314页。

⑤ [清]松林等修,何远鉴等纂:同治《增修施南府志》卷29《艺文志·文》,《中国地方志集成·湖北府县志辑》第55辑,南京:江苏古籍出版社2001年9月版,第510—511页。

⑥ [清]李拔纂修:乾隆《长阳县志》卷2《建置志·城池》,《故宫珍本丛刊》第143册,海口:海南出版社2001年4月版,第54页。

的农民军挤压了容美土司的生存空间时,容美土司不太可能与李过的农民军合作。土司田霈霖率容美土兵在施州城南与李过的农民军激战。李过率农民军击败容美土兵后,移营容美。至顺治五年(1648 年),李过才从容美转屯施南司①。田舜年在《平山万全洞记》中回忆这段历史时亦说,当时"大伯双云公,时值闯、献肆讧,不信文相国之谋,以致张皇远避。及事后,始痛定思痛,而大修其城"②。这说明容美土司并未想过与李过的农民军合作。在清军不断逼近的情况下,容美土司感到自身的利益受到农民军的损害,是导致容美土司从积极支持南明反清转变为降清的主要原因之一。

在施州卫所属诸土司中,容美土司率先投降清朝,并倡令其他土司降清。顺治十三年(1656 年)六月辛丑,湖广容美宣慰使司土司田吉麟(即既霖,字夏云,田玄次子,因兄霈霖无子袭职)率兵两万,向清廷缴印投诚③。容美土司降清在鄂西南诸土司中引起极大不满,湖广总督李荫祖奏报,因田甘霖率先向清朝投诚,并檄令各司向清廷投诚,引起不满。顺治十五年(1658 年)正月十七日,忠峒、东乡等司纠合刘体纯、王进才率三千余农民军,围攻容美土司,俘获容美司老幼七千余人,又围攻椒山安抚司刘元敏。刘元敏和资坵参将田鼎等带家眷兵丁千余名从九溪逃出,另有各寨土民从宜都逃出。湖广总督李荫祖一面严饬谨守九溪隘口,一面奏请清廷派援军赶至九溪卫防剿。红沙堡世袭指挥覃守儒带家眷男妇逃到宜都暂时驻扎(水浕司唐继勋称覃守儒为容美旗长)。容美司属田鼎、覃守儒、刘元敏等檄请在九溪、宜都等地安插开垦。为了解决容美司逃难土民的生活问题,澧州参将梁桂芳等官捐俸三百两银,发放给田鼎等族众二百两,给覃守儒一百两,由其自买牛种分给土民耕种。清廷命令由暂理容美司副总田商霖负责招集流散土民,等收复容美司后,仍回故地。湖广总督李荫祖出示晓谕,希望容美土司田甘霖能招集流散土民,成为中国藩篱,恢复土司统治的根基④。

---

① ［清］张金澜修、蔡景星等纂:同治《宣恩县志》卷 14《武备志》,《中国地方志集成·湖北府县志辑》第 57 辑,南京:江苏古籍出版社 2001 年 9 月版,第 223 页。

② 王晓宁编著:《恩施自治州碑刻大观》第 6 编《洞府寨卡及其它建筑》,北京:新华出版社 2004 年 10 月版,第 216－217 页。

③ 《清世祖实录》卷 102,顺治十三年六月辛丑条,北京:中华书局 1986 年 11 月版,第 791 页。

④ ［清］李祖荫撰:《湖广总督李荫祖揭帖(顺治十五年四月十四日到)》,载民国中央研究院历史语言研究所编:《明清史料》丙编第十本,上海:商务印书馆 1936 年 11 月版,第 945 页。

康熙元年(1662 年)正月庚午,东乡土司覃绳武杀"贼"归顺①。康熙二年(1663 年)四月,忠建、高罗、木册三土司缴印投诚②。至康熙四年(1665 年),南明永历政权中的伪荆国公王光兴,自湖广施州卫率领伪都督等官465 员、兵 7000 余名、家属 1 万余人,向清廷投诚③。鄂西南地区基本上被清朝控制,鄂西南地区获得了短暂的喘息时机。

康熙初年,李来亨率农民军仍盘踞在长阳县茅芦山一带,清廷多次派遣履任的长阳知县均被土司军队驱逐。至康熙三年(1664 年)李来亨兵败后,新任长阳知县樊维翰在清军的护卫下,才在长阳县稳定政局④。

康熙十三年(1674 年)平西王吴三桂发动三藩之乱,鄂西南地区亦卷入其中,容美等诸土司亦纷纷投降吴三桂。《长乐县志》称:"容美负固怀二,遥为声援。"虽然容美土司田舜年不肯承认投降。但仍留下很多线索,《长乐县志》指出,土司曾受吴三桂伪封,所以长乐县至光绪年间,民间仍藏有吴三桂伪政权发行的"昭武利用"钱⑤。

由于历代中央王朝根据土司领地大小和人口多少来衡定土官职衔,土地和人民成为土司向朝廷索取职衔的政治资本,所以各土司都试图通过兼并战争来掳掠土地人民。这可能也是鄂西南诸土司叛服不常、相邻州县屡受骚扰的重要原因之一。

明清时期,鄂西南山区与中央王朝保持着朝贡关系,鄂西南山区马匹、楠木等林土特产资源是土司在朝贡贸易中获利的重要资本。如正德十年(1515 年)、十三年(1518 年),永顺致仕宣慰彭世麒及其子彭明辅分两次各向明廷献大木数百,明廷诏加品服。嘉靖二十一年(1542 年),酉阳与永顺因采木而相互仇杀。嘉靖四十二年(1563 年),彭明辅及其子翼南因献大木再次论功行赏,诏加品服。嘉靖四十四年,彭明辅父子因献大木再次诏

① 《清圣祖实录》卷 6,康熙元年正月庚午条,北京:中华书局 1986 年 11 月版,第 107 页。

② 《清圣祖实录》卷 9,康熙二年四月辛未条,北京:中华书局 1986 年 11 月版,第 145 页。

③ 《清圣祖实录》卷 15,康熙四年四月丁卯条,北京:中华书局 1986 年 11 月版,第 231—232 页。

④ [清]李拔纂修:乾隆《长阳县志》卷 3《守备·兵制考》,《故宫珍本丛刊》第 143 册,海口:海南出版社 2001 年 4 月版,第 74 页。

⑤ [清]李焕春原本,郑敦祐再续:光绪《长乐县志》卷 4《沿革志》,《中国地方志集成·湖北府县志辑》第 54 辑,南京:江苏古籍出版社 2001 年 9 月版,第 168 页。

加品服①。施州诸土司将朝贡的政治联系,变质成获取经济利益的途径。如嘉靖七年(1528 年),容美、龙潭两安抚使每逢朝贡,率领千人,所过州县,扰害不断②。

四、改土归流:大一统政治改造

雍正八年(1730 年)至十三年(1735 年),清廷在鄂西南山区实行了改土归流政策,元明以降沿用了数百年的土司制度彻底废止,改设府州县,派流官管理。自此,鄂西南山区逐渐从苗疆转型为汉土,踏上政治一体化的进程。

(一)道府州县制设置与政治控制

"其疆理天下,必自经界始也。"③改土归流后,山区原有的汉土疆界尽废。如宣恩县廪生在《东门关音阁茶亭碑记》中称:"邑东六十里许有东门关,相传土司时分疆别界,故设是关,以资保障。自改土归流,一视同仁,由施郡以达楚南,为往来通衢,而此关不烦锁钥者,历有年所矣。"④为了加强对鄂西南山区的政治统治,清廷在鄂西南山区实行府州县制,对行政区划进行了适当调整。改土归流之初,清廷在鄂西南地区的府州县行政区划的设置中,体现了清廷对土司旧政治势力的分化遏制意图。势力最大的容美司被分割为鹤峰州和长乐县,并隶属于宜昌府。原四川夔州府属建始县,改隶施南府。《恩施县志》认为,建始县改隶施南府的原因,是"以建始为一府往省必由之路"⑤。改土归流时,清廷从慈利县分拨五十里之地,划归鹤

---

①　[清]张廷玉等撰:《明史》卷 310《列传第一九八·湖广土司》,北京:中华书局 1974 年 4 月版,第 7993—7994 页。

②　[清]嵇璜等奉敕纂:《钦定续文献通考》卷 29《土贡考·历代土贡进奉羡余》,王云五主编:《万有文库》第二集,上海:商务印书馆 1936 年 3 月版,第 3059 页。

③　[明]杨培之纂修:嘉靖《巴东县志》卷 1《舆地纪·疆域》,《天一阁续修方志丛刊》第 62 辑,上海:上海书店出版社 1990 年 12 月版,第 1212 页。

④　[清]张金澜修,蔡景星等纂:同治《宣恩县志》卷 20《艺文志·东门关观音阁茶亭碑记》,《中国地方志集成·湖北府县志辑》第 57 辑,南京:江苏古籍出版社 2001 年 9 月版,第 263 页。

⑤　[清]张家楛修,朱寅赞纂:嘉庆《恩施县志》卷 1《疆域志·沿革》,《故宫珍本丛刊》第 143 册,海口:海南出版社 2001 年 4 月版,第 162 页。

峰州管辖①。清廷这些举措,一方面增加了新设府州县的粮民,另一方面,可能也平衡了县域内汉、土力量。清廷设立长乐县时,是以五峰司为基础,加上从邻县长阳、石门、松滋、枝江、宜都分拨的土地人民。恩施县原有外屯飞地一块,位于巫山、奉节、建始三县之间,距离恩施县城 400 余里。屯民有 500 余户,屯地所有公务,必须越过建始县,回到恩施县城办理。乾隆十八年(1753 年)三月,清廷将该屯地划归建始县管辖②。

鄂西南山区僻处四川、湖北、湖南三省交界,"查施南一府地联湖南、四川,山深箐密,最易藏奸,是以向多盗劫之案"③。至乾隆晚期,三省交界的鄂西南山区社会治安问题日渐突出。乾隆四十九年(1784 年),川民皮恒泰等持枪纠集群匪,闯入咸丰县荆竹泉放枪焚屋,肆行劫掠。荆宜施道陈大文、施南知府李经芳闻报,亲自前往咸丰县讯办查拿匪犯。清廷十分重视此案,谕令川省总督李世杰等协助查拿④。乾隆五十年(1785 年),湖广总督特成额奏称:"施南府属建始县与四川奉节等县毗连,宵小易藏。"⑤

由于鄂西南山区行政疆域广阔,山深林密,易藏奸匪。因此,自改土归流后,鉴于山地府州县行政资源有限,清廷充分利用府州县地方佐贰杂职官吏,分防、分守、分巡境内冲要地方,加强对山地社会的政治控制。乾隆初年改土案内,曾将施南府同知移驻忠峒⑥。乾隆十八年,恩施县北乡木贡村山深林密,最易藏奸,清廷移调恩施县县丞驻扎木贡村⑦。乾隆五十年(1785 年)二月,湖广总督特成额奏请复设施南府捕盗同知,专司捕务,以重地方⑧。三月,特成额奏请将来凤县县丞改移建始县大岩岭,负责查

① [清]徐树楷修,雷春沼纂:同治《续修鹤峰州志》卷首《疆域志》,《中国地方志集成·湖北府县志辑》第 45 辑,南京:江苏古籍出版社 2001 年 9 月版,第 480 页。
② 《清高宗实录》卷 435,乾隆十八年三月癸酉条,北京:中华书局 1986 年 11 月版,第 673 页。
③ 《奏为施南府宜恩县乾坝巡检覃彦至选盘获邻境巨盗金么等遵旨送部引见事》,乾隆三十五年十月初四日,中国第一历史档案馆宫中档全宗,档案号:04-01-01-0294-012。
④ 《清高宗实录》卷 1200,乾隆四十九年三月戊子条,北京:中华书局 1986 年 11 月版,第 41 页。
⑤ 《清高宗实录》卷 1224,乾隆五十年二月壬午条,北京:中华书局 1986 年 11 月版,第 404-405 页。
⑥ 《清高宗实录》卷 1200,乾隆四十九年三月戊子条,北京:中华书局 1986 年 11 月版,第 41 页。
⑦ 《清高宗实录》卷 438,乾隆十八年五月丙寅条,北京:中华书局 1986 年 2 月版,第 709 页。
⑧ 《清高宗实录》卷 1224,乾隆五十年二月壬午条,北京:中华书局 1986 年 11 月版,第 404-405 页。

拿楚蜀交界的盗贼,及酗酒、打架、赌博、贩卖私盐等事务①。乾隆四十四年,虑及鄂西南山区施、宜二府距省较远,秋审人犯难解省,湖广总督三宝奏请由荆宜施道每年冬季按巡宜、施两府,亲赴各州县提讯秋审人犯②。

正如鲍桂星在《施州行》一诗中所言,施州"民愚地险杂獐猱,匪贤守令曷克治"③。改土之初,清廷鉴于新辟"苗疆"政情复杂,十分重视鄂西南各州县地方官人选。雍正五年(1727年),雍正帝鉴于云贵川广楚各省土司扰害地方,剽掠行旅,互相仇杀争夺不休,命有关各省督抚筹划改土归流,并要求各省督抚提镇严格监督文武官弁:"稍觉其人不宜苗疆之任,即时调换。并严禁兵丁胥役,生事滋扰。"④雍正十二年(1734年)正月初四日,雍正帝谕令:"苗疆地方紧要,道厅缺出委署各印地方,以致苗疆乏员弹压,事件耽延。嗣后苗疆道厅缺出,著该督抚于属员内,拣选才具胜任之员,委令署理,并令速赴驻劄弹压。其本任事件若可以照应,仍令兼管。如不能兼顾,即著该督抚酌量递行委员署理,俟新任官到后,再回本任,如此庶各有责成,无可推诿,于苗疆地方大有裨益矣。"⑤要求既有才干而又熟悉苗情。如恩施县知县钮正己,曾任大田千户,后升桑植守备,以熟悉苗情,虽与制度不符,仍特疏改补恩施令。于执中,曾授湖南永顺卫经历。雍正七年(1729年),永顺改土归流,因于执中才猷明敏,又熟悉苗情,先檄委协理恩施县事,至乾隆元年(1736年),补任来凤县令⑥。宣恩县县令陈寀,以汉军名家而选任宣恩县县令⑦。雍正十三年(1735年),湖广总督迈柱在奏折中强调新设府厅州县等官,必须拣选熟悉苗疆,才干兼优之员。建议调熟悉

①　《奏为将来凤县大旺县丞裁汰移驻建始县大岩岭以资弹压事》,乾隆五十年三月初九日,中国第一历史档案馆宫中档全宗,档案号:04—01—12—0209—037。《清高宗实录》卷1232,乾隆五十年六月戊寅条,北京:中华书局1986年11月版,第530页。

②　《清高宗实录》卷1076,乾隆四十四年二月己巳条,北京:中华书局1986年5月版,第454页。

③　[清]王协梦修,罗德昆纂:道光《施南府志》卷27《艺文志》,道光十七年(1837年)扬州张有耀斋刻本,第46页。

④　《清世宗实录》卷64,雍正五年十二月己亥条,北京:中华书局1986年11月版,第986—987页。

⑤　中国第一历史档案馆编:《雍正朝汉文谕旨汇编》第8册(上谕内阁),桂林:广西师范大学出版社1999年3月版,第314页。

⑥　[清]松林等修,何远鉴等纂:同治《增修施南府志》卷21《政绩》,《中国地方志集成·湖北府县志辑》第55辑,南京:江苏古籍出版社2001年9月版,第294页。

⑦　[清]张金澜修,蔡景星等纂:同治《宣恩县志》卷20《艺文志·邑侯陈公寀去思碑》,《中国地方志集成·湖北府县志辑》第57辑,南京:江苏古籍出版社2001年9月版,第263页。

苗情、守谨干练的襄阳知府王志邌,担任施南知府,又调汉阳知县梁瑛担任府同知,由长阳知县孟琅任府通判。调安陆府通判毛峻德任鹤峰州知州,调应城县崎山镇卓异巡检缪鹏起任鹤峰州州同,调巴东县野三关巡检任州刺。调黄陂县县丞张曾谷任长乐县首任知县,调汉阳蔡甸巡检龚之镶任县丞①。

　　施南府府州县行政官员的编制标准,亦体现出清廷对苗疆政治的重视程度。乾隆四年(1739年),吏部奏准苗疆各缺由督抚挑选廉静朴实者调补,并按照定例,分别在满三五年后改土归流之初,因土著、流民杂处,人口激增,田土纠纷日益增多,乾隆四年(1739年),湖广总督陈辉祖题请将施南府及恩施县俱改为繁、疲、难三字要缺②。乾隆十年(1745年),湖广总督鄂弥达疏称:施南府虽改土归流已久,但仍系苗疆紧要。因此,鄂弥达奏准,施南协副将为“紧要”缺,必须豫保熟悉苗疆官员,遇缺由兵部缺擎补,施南协参将缺须从熟悉苗疆事务的参将中拣选调补③。乾隆十二年(1547年),湖广总督赛楞额等奏称施南府、宜昌府属之鹤峰、长乐、恩施、宣恩、来凤、咸丰、利川七州县“向俱为苗疆要缺”,知府、同知、通判等缺在外拣员调补,两府经历、司狱,七州县州同、州判、县丞、吏目、巡检、典史各员缺,满五年即可升转。改土各府州县地方官的政治仕途,享受苗疆特殊优待。

　　乾隆十二年(1547年)以后,清廷认为鄂西南山区苗疆政治趋于稳定时,各改土府州县地方官的特殊政治优待政策随之逐渐减缩。赛楞额认为改土向化多年后,“今处人民渐次蕃庶,风俗亦觉醇良,间有命盗案件,不难审理”,因此事简则应酌减官吏政治经济待遇:施宜二府“府厅各官、七州县及所属佐杂俱归部选,其五年即升之例概停”,同时府县各级官吏原所优给养廉银均相应酌减不等④。乾隆十二年(1747年),湖广总督塞楞额、湖北巡抚陈弘谋在奏折中指出,湖北苗疆已久成内地,“田粮业已清楚,科则亦

---

　　① 〔清〕允禄、鄂尔泰等编:《雍正朱批谕旨》,雍正十年(1732年)至乾隆三年(1738年)武英殿刻本,第97页。

　　② 〔清〕王协梦修,罗德昆纂:道光《施南府志》卷2《沿革》,道光十七年(1837年)扬州张有耀斋刻本,第23页。

　　③ 《清高宗实录》卷242,乾隆十年六月丙午条,北京:中华书局1986年11月版,第120页。

　　④ 《奏为宜昌府等处苗疆久成请复升转常制等情事》,乾隆十二年五月二十一日,中国第一历史档案馆宫中档全宗,档案号:04-01-12-0054-015。《清高宗实录》卷296,乾隆十二年八月己未条,北京:中华书局1986年11月版,第874-875页。

经厘定,人民渐次蕃庶,风俗渐觉醇良",政简讼息①。乾隆十三年(1748年),经湖广总督赛楞额奏准,鄂西南改土七州县地方裁去民壮两名,恩施县裁去五名②。另据《施南府志》载,改土之初,施南府各官养廉原照苗疆例养廉从厚,五年即升。乾隆二十年(1755年),改内地,五年停升,而各官养廉银亦相应酌减。唯有建始县划归施南府后,地当川楚要道,建始县简缺变为繁缺,乾隆十九年(1754年),建始县养廉银增加二百两,达到八百两③。

乾隆元年(1736年),湖广总督史贻直在奏折中,总结了其治理楚疆苗瑶的经验:"顺其情而抚绥之,务令畏威怀德,乐业安居。"即政治上弹性灵活,军事上强硬威吓,经济上教养生息。乾隆帝特别朱批点评史贻直抚苗的政治策略,认为"此句深得御苗三昧"④。乾隆三年(1738年),湖广总督德沛在奏折中,认为来凤、咸丰两县属"土流兼治",利川、宣恩属"土司旧疆"⑤。乾隆七年(1742年),清廷仍视鄂西南改土之地为苗疆,如乾隆七年(1742年)八月,湖北巡抚范璨在奏折中称:"宜昌府属鹤峰州,系新辟苗疆,请建社稷山川二坛。"⑥光绪三十年(1904年),湖广总督张之洞奏请将改设施鹤兵备道⑦。自此,施鹤道从荆宜施道中分离出来。据罗汝楠在《中国近世舆地图说》中称:光绪三十年(1904年),"以宜昌之鹤峰散州,改为直州,与施南一府,合为一道"⑧。罗汝楠关于鹤峰改直州的说法有误,据《清史稿》载,"光绪三十年(1904年),析荆宜施道为施鹤道,升鹤峰为厅

　　①　《奏为宜昌府等处久成请复升转常制等情事》,乾隆十二年五月二十一日,中国第一历史档案馆宫中档全宗,档案号:04—01—12—0054—015。《清高宗实录》卷296,乾隆十二年八月己未条,北京:中华书局1986年11月版,第874—875页。

　　②　《清高宗实录》卷314,乾隆十三年五月甲午条,北京:中华书局1986年11月版,第160页。

　　③　[清]王协梦修,罗德昆纂:道光《施南府志》卷14《食货志》,道光十七年(1837年)扬州张有耀斋刻本,第5页。

　　④　《奏为敬陈楚省吏治民情情形事》,乾隆元年二月初一日,中国第一历史档案馆宫中档全宗,档案号:04—01—12—0001—026。

　　⑤　徐大煜纂修:民国《咸丰县志》卷7《选举志》,民国三年(1914年)劝学所刻本,第77页。

　　⑥　《清高宗实录》卷173,乾隆七年八月甲辰条,北京:中华书局1986年11月版,第208页。

　　⑦　《清德宗实录》卷535,光绪三十年甲辰九月癸卯条,北京:中华书局1986年11月版,第128页。

　　⑧　[清]罗汝楠编纂,方新校绘:《中国近世舆地图说》卷13《湖北·沿革》,宣统元年(1899年)二月广东教忠学堂印行,第10页。

隶之"①。另《清朝续文献通考》揭示了清廷设置施鹤道的本意是清除匪盗和消弭教案,"惟施南深僻瘠苦,创设该道之意,自应随时巡察各属,周历山乡,方能杜绝贼匪,消弭教衅"②。《清朝续文献通考》则摘录了张之洞奏设施鹤兵备道奏折中的一段话:"……湖北施南府属境地本系苗疆,界连巴蜀。其宜昌府属鹤峰州亦苗疆,旧地远接湖南,距湖北省城一千九百八十余里,其间山深林密,伏莽繁多,民风乔野,教案迭出。非设监司督察镇抚,不足以靖边圉而辑民生,故督臣因以为请。"③由于山乡各县贫瘠,财政困难,施鹤道俸禄银从裁撤的湖北粮道原支禄银转支。当时湖广总督张之洞严令施鹤道自备夫马,不准扰及山地府州县属官及乡民。如办公经费不足,也只能从清查陋规项下酌拨。

建立健足制度,是确保山地府州县与湖北省府政令管道畅通的重要措施。鄂西南山区山路崎岖,沿途深林密箐,荒无人烟,春夏雨季道路湿滑难行,施南府与省府之间公文难以传达,导致政令不畅。乾隆二十年(1755年)八月,为加强施南府各县与省城的通讯联系,施南府与宜昌府会同在建始县箐口塘拨设二名"健足",专门负责接递巴东县马夫递回公文。乾隆三十九年(1774年),又在府城恩施县设立六名"健足",负责传递省、府、县间公文④。

改土以后,鄂西南山区消除了地方割据的政治障碍,但是山地环境,始终是削弱国家对山区社会政治影响力的屏障性因素之一。直至道光十七年(1837年)湖北荆宜施道梁宝堂仍称:"施郡山程危险……历任巡道每年录囚,大率提至巴邑勘问,且有仅至宜都者。"⑤山区州县政简而经费薄,故

---

① 〔清〕赵尔巽等撰:《清史稿》卷67《志第四二·地理志十四·湖北》,北京:中华书局1976年7月版,第2181页。

② 〔清〕刘锦藻编纂:《清朝续文献通考》卷142《职官考二八·禄秩》,王云五主编:《万有文库》第二集,上海:商务印书馆1936年3月版,第9026页。

③ 〔清〕刘锦藻编纂:《清朝续文献通考》卷134《职官考二〇·各道》,王云五主编:《万有文库》第二集,上海:商务印书馆1936年3月版,第8941页。

④ 〔清〕松林等修,何远鉴等纂:同治《增修施南府志》卷6《建置志·铺递》,《中国地方志集成·湖北府县志辑》第55辑,南京:江苏古籍出版社2001年9月版,第125—129页。

⑤ 王晓宁编著:《恩施自治州碑刻大观》第9编《道路交通·拟修巴东建始恩施三邑山路记》,北京:新华出版社2004年10月版,第287—288页。

《鹤峰州志》称:"深山僻壤,经费较大邑惟艰。"①

（二）山地环境下的军事防控体系

鄂西南山区地处川鄂湘三省交界,扼川楚孔路,战略地位重要。《湖北通志》称施南府"东临荆湖,西抵巴蜀,近瞰巫峡,远控夜郎"。而宜昌府长乐、巴东、鹤峰、长阳等州县"与施南接界,为土官宣慰司旧地,改土归流","山大林深,亦往时流民积聚之地,故贼匪往来窜伏其间"②。由于数百里长江三峡天险,"自来蛮祸不能过江北,流匪之患亦鲜至江南者"③。明洪武初年,明廷为防控容美土司,在巴东县西南连天关设巡检司,弓兵100名。为防控椒山玛瑙长官司,在县南设石柱关巡检司,弓兵100名。至嘉靖年间以后,又在县西先后设猫儿关巡检司、野厢关巡检司、召化堡千户所、红砂堡千户所、连天关巡检等驻扎关隘,以遏施州诸蛮出入,为汉民保障④。康熙初年平定夔东十三家后,清廷视巴东县为荆襄咽喉重地,"又西南诸土司接壤,或时出没为患",因此在巴东县设驻彝陵镇标水师后营中军营守备一员,左哨千总一员,把总二员,以资弹压。又在野三关、连天关设巡检,以扼川湖之要⑤。《建始县志》称:"建始为楚西南边末邑,而地处万山,界连巴蜀,盖亦形势控扼一重地也。"⑥历代统治者设兵备御,明代在荆州设上荆南道兼施归兵备副使,远控施州卫。湖广布政使司分守参政游震德在《边防条议》中提出安定湖广苗疆之策:设兵控制逼近苗寨的关隘哨卡等要害地方,严令土司划疆设守⑦。

---

①　[清]陈鸿渐纂,长庚、厉祥官修:光绪《续修鹤峰州志》卷4《营建志》,《中国地方志集成·湖北府县志辑》第56辑,南京:江苏古籍出版社2001年9月版,第524页。

②　[清]严如熤撰:《三省边防备览》卷11《策略》,道光二年(1822年)刻本长阳县衙藏板,第16页。

③　[清]严如熤撰:《三省边防备览》卷11《策略》,道光二年(1822年)刻本长阳县衙藏板,第17页。

④　[清]齐祖望等纂修:康熙《巴东县志》卷2《经制志》,《故宫珍本丛刊》第134册,海口:海南出版社2001年6月版,第331—332页。

⑤　[清]齐祖望等纂修:康熙《巴东县志》卷2《经制志》,《故宫珍本丛刊》第134册,海口:海南出版社2001年6月版,第315—316页。

⑥　佚名编纂:民国《建始县志》卷下《武备志》,民国十九年(1930年)北平国立图书馆抄本,第1页。

⑦　[明]顾炎武撰:《天下郡国利病书》原编第25册《湖广下》,《续修四库全书》编纂委员会编:《续修四库全书》第597卷《史部·地理类》,上海:上海书店出版社2013年5月版,第216页。

为了加强对新辟"苗疆"的军事防控,清廷在湖北改土各府州县分设施南协和卫昌营。乾隆元年(1736年),施南府设施南协,设副将、中军都司各一名,左、右营守备 2 名,千总 4 名,把总 8 名,共经制官 16 名。崔家坝设把总 1 员,驻兵 24 名。施州塘设外委 1 员,驻兵 14 名。下营坝设外委 1员,驻兵 14 名。以上三汛地还设置了 23 塘,合恩施县城总共需兵 500 名。咸丰县原大田千所设左营守备 1 员,把总 1 员,驻兵 112 名。唐崖设把总 1员,驻兵 24 名。大四坝设外委 1 员,驻兵 13 名。活龙坪设外委 1 员,驻兵12 名。以上四汛地设置 19 塘,共需兵 259 名。官渡坝新设忠路司设右营守备 1 员,驻兵 108 名。利川县城设千总 1 员,驻兵 45 名。建南设把总 1员,驻兵 29 名。南坪堡设把总 1 员,驻兵 24 名。官渡坝设外委 1 员,驻兵14 名。以上五汛地设 33 塘,共需兵 385 名。桐子园新县设千总 1 员,驻兵55 名。驻防县城大旺,设把总 1 员,带兵 34 名。卯峒百户司设外委 1 员,驻兵 14 名。以上三汛地并设 17 塘,共需兵 193 名。施南新县设千总 1员,驻兵 45 名。驻防县城忠峒老司设把总 1 员,驻兵 34 名。高罗司设外委 1 员,驻兵 14 名。乾坝设外委 1 员,驻兵 16 名。东乡镇设外委 1 员,驻兵 12 名。以上五汛地并设 18 名,共需兵 211 名①。乾隆三年(1738年),在宜昌府属鹤峰州设置了卫昌营,抽调 700 兵丁分汛驻防②。清廷在改土各州县的军事部署,是立足于控制旧土司城和主要关隘,弹压土官和土民。

鄂西南山区军事力量的空间配置,是根据山地人口变化和经济社会发展变迁的需要,不断进行调整的。湾潭地处鹤峰、长乐交界,地处转运兵米之枢纽。雍正十三年(1735年),湖广总督迈柱在改土案中,提出派宜昌府同知驻湾潭专办兵米转运③。至乾隆十年间,湖广总督定长在奏疏中称"湾潭地方,兵民无多",因此奏请将驻湾潭的守备和右司把总改驻州城,湾潭仅从鹤峰州派一名千总驻守④。渔洋关"为土汉门户要隘",由长阳县改属长乐县后,经多年"陆续招垦,生齿日繁",且渔洋关附近的仁和坪人口日

---

① 《题为遵议湖北题请分等查勘忠峒等新设县治各土司地方田地科则及设法劝垦科征事》,乾隆元年十二月初十,中国第一历史档案馆内阁全宗,档案号:02－01－04－12830－014。

② 《奏为宜昌府容美地方卫昌营岁需兵粮远途背运艰难价昂请改用骡头驼运事》,乾隆三年六月二十日,第一历史档案馆军机处全宗档案,档案号:04－01－01－0028－016。

③ 《清世宗实录》卷 153,雍正十三年三月己卯条,北京:中华书局 1986 年 11 月版,第 879页。《清高宗实录》卷 238,乾隆十年夏四月丁巳条,北京:中华书局 1986 年 11 月版,第 67 页。

④ 《清高宗实录》卷 805,乾隆三十三年二月庚辰条,北京:中华书局 1986 年 11 月版,第 876 页。

益繁庶。为加强对渔洋关的控制，乾隆十年，湖广总督鄂弥达奏请将宜昌同知由湾潭改驻渔洋，渔洋原驻兵五名，另从鹤峰州城拨 15 名，共 20 名①。光绪十六年（1890 年），湖广总督张之洞、湖北巡抚奎斌联名奏请将湖北施南府同知，移驻利川县汪家营：

> 湖广总督臣张之洞、头品顶戴新授察哈尔都统湖北巡抚臣奎斌跪奏，为请移驻同知以资巡缉而重地方，恭折仰祈圣鉴事，窃照湖北施南府地方界连四川，万山丛杂，奸宄时虞混迹，巡缉最关紧要。该府原设有同知一员，专司捕盗，昔以府属利川县之建南镇地属繁盛，捕务关重，故以该同知驻防，并设巡检一员，随同缉捕。近年以来，该县连川山径一律开修，道路纷歧，形势顿改。建南僻在一隅，已非孔道，体察情形，与昔迥殊，仅留巡检一员，足资弹压。似无须同知坐镇。现查有县西六十里之汪家营地方，昔年偏僻，今成巨镇，人烟稠密，商贾络绎，实为川楚咽喉扼要之遍。值此游勇会匪到处潜匿该处两省通衢，行旅杂沓，从比莫辨，深虑勾结为患，巡防实较建南吃紧，该县及分防县丞巡检各员均相距窎远，殊有鞭长莫及之势。必得设官驻防，以昭慎重而免疏虞。授该管道府查勘明确，请将该同知移扎，以资巡缉，由署湖北布政使觉罗成允，署按察使方恭钊会详前来，臣等伏思朝廷设官分职，原期有裨地方，今施南府同知向驻之建南镇既属僻壤，捕务较轻，而汪家营地当冲要，需员镇压，自应因时制宜，量为改移，俾免贻误。合无仰恳天恩，俯念今昔情形不同，准将施南府同知移驻利川县汪家营地方，以资镇摄，而期周密。如蒙俞允，并请敕部颁换施南府分防汪家营同知关防，俾昭信守。所有俸廉书役等项，均仍循旧，毋庸另议。惟衙署应另行筹款修建，亦须动用库款。除咨部查照外，谨合词恭折具奏，伏祈皇上圣鉴，敕部核议施行，谨奏。
>
> 光绪十六年四月初一日奏。
>
> （硃批）吏部议奏，钦此。②

由于鄂西南山区道路交通的不断兴辟，使利川县建南镇的政治经济地

---

① 《清高宗实录》卷 238，乾隆十年四月丁巳条，北京：中华书局 1986 年 11 月版，第 67 页。

② 《奏请湖北省施南府同知移驻利川县汪家营事》，光绪十六年三月十六日，中国第一历史档案馆军机处档全宗，档案号：03－5264－001。

位下降,区位形胜从繁盛变为偏僻。而汪家营则因修路而兴,发展成利川县商业重镇,而汪家营的区位形胜上升至川楚两省咽喉要冲的地位。因此,施南府同知也从建南镇移驻汪家营。

来凤县聂车坪地接湖南省里耶司,乾隆六十年(1795 年),因里耶司叛苗窥伺来凤县,湖北巡抚惠龄奏请调施南协副将樊继祖率三百余名防兵,驻扎聂车坪①。

鄂西南山区地方广阔,山深林密,道路纷歧,旧设塘汛只能定点防控,法网疏漏。嘉庆年间,清廷在镇压了川陕楚白莲教起义之后,建立山区动态巡哨制度,以缉查教匪余党等。为加强对川陕楚边界地区的军事控制,嘉庆七年,额勒登保曾奏令三省提督每年十月会哨一次,总兵每年二、八月会哨两次,准带兵五百名及一千名②。嘉庆十年(1805 年),嘉庆帝谕令,川陕楚三省每年轮流委派总兵、副将率兵役巡哨三省边界地区,年底奏报。嘉庆十一年会哨制度一度停止,后改为隔年一行或隔二年一行。至嘉庆十五年又调整为每年轮派一省提镇在川陕楚边界巡查③。嘉庆二十年(1815 年),湖广总督马慧裕奏请改由川陕楚三省分别委派总兵、副将率兵役巡哨三省边界地区,并在三省交界处会哨,年底专折奏报。三省边界的巡哨行动,一直延续至光绪年间。其中,川楚边界兵役会哨地点,位于湖北火峰界岭地方④。

在同治三年(1864 年)发生长阳县资坵镇土家族田思群起义后,同治五年(1866 年),湖广总督官文奏请在长阳县株栗山等处险要地方,设立汛官控制:

　　① 《奏为拨兵防守要隘来凤县聂车坪地方事》,乾隆六十年七月初九日,中国第一历史档案馆宫中档全宗,档案号:04—01—01—0466—014。

　　② 《清仁宗实录》卷 163,嘉庆十一年六月壬辰条,北京:中华书局 1986 年 7 月版,第 111—112 页。

　　③ 《清仁宗实录》卷 229,嘉庆十五年五月壬申条,北京:中华书局 1986 年 7 月版,第 79—80 页。

　　④ 《奏为总兵巡哨事竣川陕楚三省边界咸臻宁谧事》,嘉庆十七年十一月二十三日,中国第一历史档案馆宫中档全宗,档案号:04—01—03—0045—016。《奏为总兵巡哨事竣川陕楚三省边界宁谧事》,嘉庆二十年十一月二十三日,中国第一历史档案馆宫中档全宗,档案号:04—01—03—0048—004。《奏为总兵巡哨事竣川楚陕边界宁谧事》,嘉庆二十一年十一月十六日,中国第一历史档案馆宫中档全宗,档案号:04—01—03—0049—001。《奏为总兵巡哨事竣川陕楚三省边界宁谧事》,嘉庆二十三年十二月初三日,中国第一历史档案馆宫中档全宗,档案号:04—01—03—0050—008。《奏为三省会哨事竣边界静谧事》,光绪二十一年十二月初八日,中国第一历史档案馆宫中档全宗,档案号:04—01—03—0065—033。

奴才官文谨跪奏,为湖北长阳县株栗山等处地方险要拟改设汛官以资巡察恭折奏祈圣鉴事,窃照湖北长阳县属株栗山、资垱一带地方,万山丛杂,距城窵远,最易藏奸,地方官抚驭稽查,难期周密,兼之俗悍民习,往往滋事。一经查拿,负隅抗拒。前年土匪田士信,即田思群等凭险拒捕,经奴才调集各军远省进剿,乘其来营诈降,始得擒斩。迅速蒇事。嗣据带兵之湖北即补知府唐协和会同署长阳县知县景汇禀称,"该处地方虽就安谧,仍须思患预防,拟请于株栗山资垱改设文武员弁兵丁,以资巡缉弹压。当本驻有外委一员,仍责令该外委一员暨地方官随时督率兵役认真编巡。原禀所请移驻巡检之处,应毋庸议"。等情,会详请奏前来。奴才覆查长阳县之株栗山距县城较远,万山丛杂,著名险要,非独前年田士信即田思群纠众恃险拒捕事有明征,即嘉庆年间教匪林之华等倡乱,亦以株栗山为犄角。凭险自固,兹为思患预防之计,拟以汛务较简之宜昌镇标营分防东湖县官庄汛左司把总,并抽拨兵丁二十名移驻该处,巡查弹压,该把总原管七塘即归向无汛防之左哨外委专管。一经挹注,实于地方有裨。至资垱地方,既原驻有外委一员,自可毋庸再设巡检。奴才为绥靖地方起见,是否有当,除咨部外,谨会同湖北抚臣郑敦谨、湖北提臣江长贵合词恭折具奏。伏乞两宫皇太后、皇上圣鉴,敕部议覆施行,谨奏。

军机大臣奉旨该部议奏,钦此。

同治五年正月二十二日。[①]

从官文等的奏折内容分析,长阳县株栗山等地汛防的设立,牵涉到宜昌镇标营分防东湖县汛塘军事防控体系与长阳县资垱巡检地方治安管理体系的综合调配调整。

虽然改土归流后,清廷大鄂西南山区建立了一套军事防控体系。但由于鄂西南山区地域广阔,界连三省,山深林密,易于藏奸,定点军事控制体系始终存在疏漏。从定点的营塘汛军事防控到动态军事巡防,清廷聚集三省有限兵力,集中对三省边界地域加强动态巡哨。但远离政治中心、地处三省边界的鄂西南山区,仍成为匪患频发之地。

---

① 《奏为湖北长阳县株栗山等处险要拟改设汛官事》,同治五年正月二十二日,中国第一历史档案馆宫中档全宗,档案号:04—01—01—0890—039。

"三军未动,粮草先行",粮饷是山区军事防控体系稳定的基石。湖广苗贼曾扬言:"不怕官府军多,只怕官府粮多。"顾炎武分析官府军虽多,但在崇山峻岭中难以施力。而如果粮多,则可以长期围困,苗贼"势将自毙"[①]。改土归流以后,山地环境下粮食生产不足,制约着鄂西南山区各府州县驻扎的协营汛塘的军粮供应。由于僻处鄂西南山区的恩施等州县距省城武昌路程往返二三千里,转运维艰,因此,湖北施南协,襄阳左营,宜昌左营、后营、远安营五处兵米俱全年支给折色。施南府、宜昌府各州县"俱僻处山陬,产谷本少",所以"遇青黄不接之时",士兵"买食稍艰"。湖广总督富勒浑曾奏准拨款买谷附贮五协营所在恩施等州县各仓,每年三四五六等碾米,按每名士兵每月借给三斗,再于七八九十月扣价收买还。但当买谷拨款领到后,才发现有银子也难以在短时期里,在山区各县以平价收买到所需数量的谷米贮仓。因此,乾隆四十六年(1781年)四月,湖北巡抚郑大进又奏请酌拨常平仓的仓谷碾米供应兵食,待秋成后买贮仓谷[②]。由此可见,改土归流四十余年后,鄂西南山区落后的农业生产力水平,仍难以为山区军事防控体系提供稳定的军粮供应。

晚清湖广总督张之洞在光绪二十一年(1895年),创办湖北新军。光绪三十年(1904年),恩施清军被整编为第一镇第四标。至光绪三十二年(1906年),恩施新军被整编为第三十二标第三营和宜防营、施防营[③]。

由于鄂西南山区山深地僻,山地环境成为阻挡战争浩劫的自然屏障,虽然兵防有限,但较少受到外部战争的冲击。如鹤峰州"咸丰前递经裁拨,而州治未遭戎马蹂躏者,固镇有营伍,实僻在穷荒也故"[④]。

五、晚清新政对鄂西南山区的影响

鸦片战争以后,西方列强用枪炮打开中国的国门的同时,西方的政治

---

① [明]顾炎武撰:《天下郡国利病书》原编第25册《湖广下》,《续修四库全书》编纂委员会编:《续修四库全书》第597卷《史部·地理类》,上海:上海书店出版社2013年5月版,第215页。

② 《奏为酌拨仓谷借给恩施等营以济兵食事》,乾隆四十六年四月十五日,中国第一历史档案馆宫中档全宗,档案号:04—01—01—0386—021。

③ 湖北省恩施市地方志编纂委员会编:《恩施市志》卷8《军事》,武汉:武汉工业大学出版社1996年11月版,第169页。

④ [清]陈鸿渐纂,长庚、厉祥官修:光绪《续修鹤峰州志》卷10《兵防志》,《中国地方志集成·湖北府县志辑》第56辑,南京:江苏古籍出版社2001年9月版,第532页。

文明冲击着中国传统社会。晚清新政改革潮流,亦对僻处深山中的鄂西南山区府州县产生了影响。光绪三十二年(1906年)六月,南书房翰林吴士鉴提出仿效欧美政治,改良地方政体,新政应主要围绕财政、学务、裁判、巡警四端[①]。而出使俄国的大臣胡惟德认为立宪之要,当在行政、司法、代议三方面,地方新政应以实行地方自治制度为先[②]。

晚清地方警政实际上涉及行政、司法、市政、卫生等诸端,几无所不包,"实为新政之总枢"。但各地办理警政时,或以传统基层保甲改充,或以营勇募补[③]。

湖北警政先从省城武昌开始办理,僻处鄂西南、距省城遥远的施南府、宜昌府各州县,由于财政匮乏、警务人才不足,警政开办较为迟滞。光绪二十八年(1902年),湖广总督张之洞裁撤保甲,创办警察,在武昌和汉口试办警察。光绪三十一年(1905年),张之洞在武昌创办警察学堂,由于宜昌、施南、郧西三派离省城太远,均未申送学生。光绪三十四年(1908年),湖广总督陈夔龙将警务公所毕业生分派各地办理警务事宜,大县二人,中小县一人[④]。光绪三十四(1908年)年,湖北省府派遣警察学堂学生王桂生等赴恩施县创办警政,在恩施县圆通寺设立巡警专局,管理八项警务,"一驱摊棚,二洁街道,三重卫生,四迁菜摊,五查户籍,六封烟馆,七禁财博,八设消防"[⑤]。光绪三十四年(1908年),咸丰县奉命开办城厢警察。宣统元年(1909年),湖北巡警道派警察学堂毕业学生张光祖到咸丰县督率办理警政。咸丰县知县徐培在城内招募10名游民及杂役充任学习警察,导致本县警政污滥。宣统二年(1910年),咸丰县开办巡警教练所,另招良家子弟入所学习,由省城引进警员及选派咸丰县谙习警务者充任教官,改良警政。因咸丰县经

① 《南书房翰林吴士鉴请试行地方分治折》,载故宫博物院明清档案部汇编:《清末筹备立宪档案史料》下册,台湾:文海出版社1979年7月版,第711—713页。

② 《出使俄国大臣胡惟德奏请颁行地方自治制度折》,载故宫博物院明清档案部汇编:《清末筹备立宪档案史料》下册,台湾:文海出版社1979年7月版,第714页。

③ 《南书房翰林吴士鉴请试行地方分治折》,载故宫博物院明清档案部汇编:《清末筹备立宪档案史料》下册,台湾:文海出版社1979年7月版,第713页。

④ 吕调元等修,张仲炘等纂:民国《湖北通志》卷53《经政志十一·新政一》,宣统三年(1911年)修,民国十年(1921年)商务印书馆影印本,第1432页。

⑤ 湖北省恩施市地方志编纂委员会编:《恩施市志》卷7《司法》,武汉:武汉工业大学出版社1996年11月版,第147页。

费不足,未能开办乡镇警察。后因辛亥革命爆发,警员、警生均遭解散①。曾任黔江知县的咸丰人徐大煜认为,鄂西南山区地处僻壤偏陬,民俗剽悍,素多盗匪,新政中警察、审判制度优柔养奸,难以震慑匪徒。新政中警察维护地方治安的效率,不如传统社会中的团练,所以徐大煜主张咸丰县应缓办警察,加紧在四乡编练团练。

编练新军、设立巡警、实行地方自治,各项新政需要大量经费,而政策规定不能动用国家正款。鄂西南山区各府州县经济落后,地方财政枯竭,地处偏隅,得不到中央财政和省级财政的倾斜支持。因此,清末地方举办新政的经费,主要来源于各种杂捐浮征,如咸丰县因开办新式学堂、警察等新政,全县三十余场征收斗、市、肉、厘、猪、牛、布、盐杂捐钱,全年共计2000余串。咸丰县漆捐曾托恩施代办,每年收钱300串②。

光绪三十三年(1907年),清廷颁令著各省督抚在省会城市设立咨议局③。光绪三十四年(1908年),湖广总督赵尔巽奏设全省地方自治局,派布政使为总办,预备办理地方自治。宣统元年(1909年),湖广总督陈夔龙继续在湖北筹办地方自治制度及组织办法,首先在省会附近的武昌、汉阳两府试办地方自治。鄂西南山区各府州县远离省会,地方自治办理稍晚。宣统二年(1910年),恩施、咸丰等县成立议事会和董事会,巴东、宣恩、来凤、建始、鹤峰等县成立了议事会,尚筹备建立董事会④。山区地方政治,实悉委于府县之守令。地方自治得不到府县地方官支持,难以措置。如地方开办议会选举,必先自清查户口始。而户口实数涉及地方钱谷征收、摊派等地方利益问题,地方官绅虚与委蛇。光绪三十三年(1907年),咸丰县奉文清查户口,以开办选举,县令孙星煜因担心清查户口影响自己的利益,秘而不宣,捏造上报的户口数异常减少。后县令派委绅士调查户口,仍未查明准确数字⑤。

---

①　徐大煜纂修:民国《咸丰县志》卷5《武备志·警察》,民国三年(1914年)劝学所刻本,第60页。

②　徐大煜纂修:民国《咸丰县志》卷4《财赋志·杂税》,民国三年(1914年)劝学所刻本,第52页。

③　故宫博物院明清档案部汇编:《清末筹备立宪档案史料》下册,台湾:文海出版社1979年7月版,第667页。

④　吕调元等修,张仲炘等纂:民国《湖北通志》卷53《经政志十一·新政一》,宣统三年(1911年)修,民国十年(1921年)商务印书馆影印本,第1430页。

⑤　徐大煜纂修:民国《咸丰县志》卷4《财赋志·户口》,民国三年(1914年)劝学所制本,第46页。

小　结

　　鄂西南山区不仅处于自然地理分区的边缘,在清朝以前,还长期僻处于朝廷边徼之地,行政区的边界地带。历代大一统的政治传统趋势下,中央王朝一直力图使鄂西南山区融入国家政治体系之中。但少数民族的文化差异,形成国家心理认同的障碍。历代中央王朝怀远之策,从相对松散的羁縻制到逐渐紧缩的土司制,鄂西南少数民族山区在形式上被纳入国家政治体制范畴。但是,土司的叛服始终与国家政治、军事控制力量的强弱相关。明末清初的农民起义,使鄂西南山区土司社会几近崩溃。清雍正年间的改土归流,彻底清除了土司在鄂西南山区的政治割据状态。随着府州县地方政治的建立和完善,国家动用大量人力、物力、财力推动山区政治一体化的进程。清末新政,国家又将鄂西南山区卷入政治体制近代化变革的进程。但是,远离国家政治中心的边缘化山地环境,导致了鄂西南山区的政治一体化进程和近代化进程相对迟滞。

第三章　鄂西南山地经济开发与资源利用

法国人文地理学家让·白吕纳指出:"人们要想利用自然富源,就不但须解决技术上的问题,其他关于联合人力和役使他人方面,有待解决的问题正多。"①在这里,白吕纳强调在经济开发过程中,技术和生产组织形式这两个方面的重要性。托马斯·哈定在研究文化的适应机制时,认为文化与技术成份相互影响:"在特定的历史——环境条件下,一种文化就是一种与自然界和其他文化发生相互联系的开放系统。它的地域特征会影响它的技术成份,并通过技术成份再影响到它的社会成份和观念成份。"②鄂西南山区的地域文化特征及其变化对山地经济开发的路径选择产生了影响。在传统的农业经济时代,山地的经济开发与资源利用,与交通、技术、劳动力等诸因素关系至要。

第一节　山地环境与交通发展

鄂西南山区群山阻隔,一方面成为施州诸土司天然的军事屏障,但另一方面也影响了鄂西南山区与外界的经济与文化交流,导致鄂西南山区交通长期发展迟滞。在改土新设鹤峰州的知州毛峻德看来,交通建设是地方官的重要职责:"平易道路,去险隘而通商贾,此任斯土者应时尽心之务。"③

一、山地环境对山区交通建设的影响

山地复杂的地形地貌环境,是鄂西南山区交通建设困难的主要因素。

---

① [法]让·白吕纳著,李旭旦、任美锷译:《人地学原理》第 2 章《地学事实之分类法》,南京:钟山书局 1935 年 8 月版,第 51 页。

② [美]托马斯·哈定等著,韩建军、商戈令译:《文化与进化》,杭州:浙江人民出版社 1987 年 9 月版,第 38 页。

③ [清]毛峻德纂修:乾隆《鹤峰州志》卷上《容美司改土记略》,《故宫珍本丛刊》第 135 册,海口:海南出版社 2001 年 4 月版,第 5 页。

道光十七年(1837年)分巡湖北荆宜施道道员梁宝堂认为,鄂西南交通困难是由于地理环境复杂,山川险峻,"自宜昌至施南,千有余里,山高寻云,溪肆无量,登涉之险,倍于蜀道"①。同治年间,施南知府王庭桢也在《恩施县属修路记》中评价:"施南之险则最著,当夫人行万山中,身出林表,云生马头。上有矗起之悬崖,下有陡绝之深谷,羊肠一线,才通往来,乱石崚嶒,夹道蹲伏。抑不知夫负戴之行人,懋迁之商贾、舆夫、筋力衰颓跛躃,妇孺由斯道而心惊胆落。"②直至清末,地理学家罗汝楠仍慨叹宜施两府交通之狭窄难行:"二十年前,始辟蜀道,然狭隘异常,行者可负载不可荷担。盖自长阳入山,登一岭复有一岭,旅行九日,始造其颠,下降三日,始达府城,自此而西,层累递高,乃入四川石砫厅界。"③"施鹤西南为一道,界分楚蜀,路崎岖。"④"施南一府,虽重峦叠嶂,而湘黔巴蜀,皆谿径之可通。"⑤险山恶水,使宜昌府长阳县道路阻遏难通,"入山则鸟道蚕丛,悬崖危磴,非锤凿不能通,跨水则流凶湍急,木桥石梁均可能被水冲毁⑥"。长阳县"鸟道羊肠,逼窄陡峻,莫可攀跻"⑦。

本地文学作品对万山重嶂的山地环境有大量描述,如张金澜在《万山吟》中写道:"宣恩地居万山里,万山环绕通迤逦,一峰未平一峰起,峰峰应接八百里,第一东关气象雄,千层石磴盘晴空,俯视众山如儿童。"⑧张金圻在《万山吟》描绘了宣恩县山地景观:"宣恩城在万山中,环城惟见山重重,

①　王晓宁编著:《恩施自治州碑刻大观》第9编《道路交通·拟修巴东建始恩施三邑山路记》,北京:新华出版社2004年10月版,第287-288页。

②　[清]松林等修,何远鉴等纂:同治《增修施南府志》卷1《续舆地志·疆域》,《中国地方志集成·湖北府县志辑》第55辑,南京:江苏古籍出版社2001年9月版,第610页。

③　[清]罗汝楠编纂,方新校绘:《中国近世舆地图说》卷13《湖北·沿革》,宣统元年(1909年)二月广东教忠学堂印行,第17页。

④　[清]罗汝楠编纂,方新校绘:《中国近世舆地图说》卷13《湖北·位置》,宣统元年(1909年)二月广东教忠学堂印行,第1页。

⑤　[清]罗汝楠编纂,方新校绘:《中国近世舆地图说》卷13《湖北·沿革》,宣统元年(1909年)二月广东教忠学堂印行,第17-18页。

⑥　[清]朱庭菜纂修:道光《长阳县志》卷1《疆域志》,道光二年(1822年)刻本长阳县衙藏板,第5页。

⑦　[清]李拔纂修:乾隆《长阳县志》卷首《修建四路茶亭记》,海口:海南出版社2001年4月版,《故宫珍本丛刊》第143册,海口:海南出版社2001年4月版,第7页。

⑧　[清]张金澜修,蔡景星等纂:同治《宣恩县志》卷19《艺文志·万山吟》,《中国地方志集成·湖北府县志辑》第57辑,南京:江苏古籍出版社2001年9月版,第257页。

山重重兮我子子，只为此缘前身结。"①

　　鄂西南山区复杂的地理环境，增加了山区道路施工的难度，提高了修路的经济成本。朱寅赞曾感慨施南修路之难，认为："施南叠岭重冈，下临深壑，人行绝壁中，及涧底乱石塞路，数千里并无平原易辟之区，如强以修路责有司，必岁糜仓库之所积，必尽废簿书钱谷，日督工于山岩，而其如势之必不能。"②

　　影响鄂西南山区交通的第二个因素是气候。春、夏两季雨水较多，易导致溪暴涨，阻断交通。明代人朱寅赞曾记叙了施州城东的七里坡，道路常因雨则山洪冲毁，泥泞难行，"盖郡东有骆驼山，铁沟水，山水间有，路曰七里坡，遇雨山水发，溪涨溢，虽晴霁后，人多陷于泥淖，择路而走，犹防跌倾，其为害也已久"③。如恩施、建始交界龙驹河"每当春夏涨洪，秋波泛碧，往来行人，无不临河反驾"④。据巴东县沿渡河镇《德茂桥碑》记载：乾隆四十八年（1783 年），"倘淫雨连月不开，而山溪水涌……"⑤清宣恩县知县杨寿昌在《穿箭河大桥启》中也提及，穿箭河"每当春霖，夏涨频添，恒间阻以兴嗟"⑥。

　　乾嘉时期，鄂西南山区旱地的农业垦殖，导致水土流失，引起滑坡，山区道路因此被破坏。如鹤峰州三里荒道路屡修屡圮，鹤峰州举人洪先焘认为其根本原因是"其上下有土处，砂石夹杂间，为畲田耕种。土既松动，石易倾颓"⑦。

二、改土以前山区的交通建设

　　杨华、屈定富根据长江南岸考古发掘判断，早在新石器时代，长江南岸

　　① ［清］张金澜修，蔡景星等纂：同治《宣恩县志》卷 19《艺文志·万山吟》，《中国地方志集成·湖北府县志辑》第 57 辑，南京：江苏古籍出版社 2001 年 9 月版，第 257 页。

　　② ［清］多寿修，罗凌汉纂：嘉庆《恩施县志》卷 4《艺文十七·七里坡石磴记》，《中国地方志集成·湖北府县志辑》第 56 辑，南京：江苏古籍出版社 2001 年 9 月版，第 220—221 页。

　　③ ［清］张家榭修，朱寅赞纂：嘉庆《恩施县志》卷 4《艺文十七·七里坡石磴记》，《故宫珍本丛刊》第 143 册，海口：海南出版社 2001 年 4 月版，第 220—221 页。

　　④ 王晓宁编著：《恩施自治州碑刻大观》第 9 编《道路交通·万寿桥碑》，北京：新华出版社 2004 年 10 月版，第 276 页。

　　⑤ 王晓宁编著：《恩施自治州碑刻大观》第 9 编《道路交通·德茂桥碑》，北京：新华出版社 2004 年 10 月版，第 277 页。

　　⑥ 王晓宁编著：《恩施自治州碑刻大观》第 9 编《道路交通·川箭河桥碑》，北京：新华出版社 2004 年 10 月版，第 280 页。

　　⑦ ［清］吉钟颖修，洪先焘纂：道光《鹤峰州志》卷 13《艺文志·三里荒修路引》，《中国地方志集成·湖北府县志辑》第 45 辑，南京：江苏古籍出版社 2001 年 9 月版，第 448 页。

巴东、建始、恩施、利川、长阳等地已有陆路通道。根据历代文献,长江三峡南岸的入蜀古道在战国、秦汉至明清时期一直是楚蜀两省陆路往来的交通要道①。

　　至迟在宋代,鄂西南山区就留下了关于修路的记载。宋咸淳元年(1266 年),郡守张朝宝在恩施县七里坪旧州城南门口,开凿道路②。据道光《长阳县志》记载:明初傅友德率军入蜀时,曾在长阳县百里荒"凿山开路百余里"③。明正德三年(1508 年),田行皋在野厢河修建渡船。据田行皋所言,其修筑渡船的经费来源于土司自捐仓粮,未收取民脂民膏。修建野厢河渡船的起因是往来官吏军民多溺亡。其主要目的是为了方便调动军队,以镇压叛乱。崇祯十七年(1644 年)间,施州人孙怀艺曾发钱三万五千余文,在施州卫城东骆驼山铁沟水一带修路七里坡④。

　　清廷控制鄂西南山区后,康熙四年(1665 年),清廷部分地恢复了明朝所设立的驿站铺递体系。康熙四年(1665 年)巴东县县令蒋希古恢复前明废弃的 6 个铺:县前铺、牛口铺、西瀼铺、火峰铺、界岭铺、茶店铺,康熙十九年(1680 年),知县齐祖望再次重建。后来又添设了观音塘铺、土地塘铺、风吹垭铺、三尖观铺、绿葱坡铺 5 个铺⑤。

　　自康熙四十八年(1709 年)(另据《施南府志》载,林濬自康熙五十四年始,任施州卫千总,存疑)秋始,施州卫千总林濬筹集捐款,委派营目督工修筑了施州城至宜昌的五百余里山路,历经六个月竣工。从此,"陟山而不知山,登险而不知险"⑥。

　　改土归流以前,土民已能利用山中材料制作简陋的木桥。顾彩游容美

　　①　杨华、屈定富:《长江三峡南岸入蜀古道考证》,《三峡大学学报(人文社会科学版)》2006 年第 4 期,第 5－11 页。

　　②　王晓宁编著:《恩施自治州碑刻大观》第 9 编《道路交通·南门口摩岩石刻》,北京:新华出版社 2004 年 10 月版,第 261 页。

　　③　[清]朱庭棻纂修:道光《长阳县志》卷 1《疆域志·山水》,道光二年(1822 年)刻本长阳县衙藏板,第 6 页。

　　④　[清]王协梦修,罗德昆纂:道光《施南府志》卷 28《艺文志》,道光十七年(1837 年)扬州张有耀斋刻本,第 11 页。

　　⑤　[清]廖恩树修,萧佩声纂:同治《巴东县志》卷 3《建置志》,《中国地方志集成·湖北府县志辑》第 56 辑,南京:江苏古籍出版社 2001 年 9 月版,第 180－181 页。

　　⑥　[清]松林等修,何远鉴等纂:同治《增修施南府志》卷 20《艺文志·修路碑记》,《中国地方志集成·湖北府县志辑》第 55 辑,南京:江苏古籍出版社 2001 年 9 月版,第 524－525 页。

时曾记录了这种桥："土人编竹木为桥，偃卧水面，傍施扶栏，侧足而行，惴惴恐堕。桥凡十余节，踏一节，余俱撼动。一人过讫，后者乃登，人多则莫支矣。"康熙二十五年（1686年），容美土司田舜年派弟田庆年督修九峰桥，当时容美从湖南宝庆府请来四名石匠，负责建造石桥。据顾彩所闻，容美土司田舜年曾"分命各旗，自内自外，遍修道路"[①]。而其修路的意图，可能是为了方便寻找铜矿。经过此次土司的大规模修筑道路，容美土司境内上峒、金山、对城、白溢、龙虎平等处由险变易。百顺桥也是在这次修路工程中建成的[②]。此外，据鹤峰县发现的《铁锁桥碑》记载，土司时期，容美司屏山故寨曾修筑了铁锁桥[③]。

三、改土后国家主导的官道建设

张莉红在《古代长江上游地区的大开发及其历史启示》一文中总结认为："对闭塞地区的开发，着眼于改善交通、信息条件，以通制塞。"[④]鄂西南山区在改土归流后，政治、经济的一体化使山区的交通状况得到改善。

改土归流以后，鄂西南山区从封闭走向开放。为了加强对鄂西南山区各县的政治统治和经济开发，清廷在改土后积极展开山区交通建设，以改变山区闭塞的面貌。乾隆三年（1738年），湖广总督德沛奏请工部，动支地丁银，兴修施南府属各县的衙署、祠宇、桥梁、道路、船只等项，预算工料银44092两有余，工部议准此项工程[⑤]。这可能是改土归流以后，清廷在鄂西南山区第一次大规模的交通建设。乾隆十年（1745年）十月，湖北巡抚晏斯盛奏请朝廷拨款开修宜昌府属东湖、归州、长阳、巴东四州县境内五百四十余里入川道路。但乾隆帝认为旧路还能凑合使用，以各省正供

---

① 王晓宁编著：《恩施自治州碑刻大观》第9编《道路交通·百顺桥碑记》，北京：新华出版社2004年10月版，第262—264页。

② 王晓宁编著：《恩施自治州碑刻大观》第9编《道路交通·百顺桥碑记》，北京：新华出版社2004年10月版，第262—264页。

③ 王晓宁编著：《恩施自治州碑刻大观》第9编《道路交通·铁锁桥碑》，北京：新华出版社2004年10月版，第268页。

④ 张莉红：《古代长江上游地区的大开发及其历史启示》，《社会科学研究》2001年第2期，第126—131页。

⑤ 《清高宗实录》卷79，乾隆三年十月癸卯条，北京：中华书局1986年11月版，第245页。

所需经费正多为由,拒拨款项。要求俟有偏灾,采取以工代赈方式,来兴办宜昌入川的道路[1]。可见,鄂西南山区川楚道路建设,尚未引起清廷的足够重视。

鄂西南山区铺递的设置,肇始于金世宗时,兵部为及时向皇帝输送新荔枝,"遂于道路特设铺递"[2]。元代历朝历代不断添设铺递,改土之初,湖广总督迈柱为通达政情,加强施南府两厅五县之间的公文联络,奏设铺递司兵 274 名。至乾隆二年(1737 年),湖广总督史贻直鉴于部分铺递并无公文往来,奏请酌减铺递司兵 82 名,以提高行政效率[3]。至同治年间,鄂西南山区已建立了较完善的铺递驿路交通网络。至清末邮电各局兴起后,传统的铺递均废止[4]。

改土归流后,随着大批移民迁入山区,鄂西南山区以施南府首县恩施县城为中心的人行铺递交通系统不断发展完善。至同治年间,恩施县建立 24 铺,宣恩县建立 26 铺,来凤县建立 15 铺,咸丰县建立 15 铺,利川县建立 18 铺,建始县建立 12 铺,巴东县 11 铺,长阳县 11 铺,鹤峰县 12 铺,长乐县 17 铺。鄂西南山区铺递驿路的详情如下:

首先,施南府首邑恩施共有 24 个铺递,分东南西北四个方向延伸出去:自东门底铺东行 30 里至莲花池铺、20 里至丫沐峪铺、20 里至一桶水铺、20 里至南里渡铺、20 里至滚龙坝铺、20 里至崔家坝铺、20 里至建始县红岩子铺。自南门底铺南行 15 里至天桥铺、30 里至乾溪铺、60 里至芭蕉铺、30 里至桅杆堡铺、30 里至天池铺、20 里至下营坝铺、30 里至咸丰县七千塘铺。自北门底铺西行 20 里至方家坝铺、40 里至黄草坡铺、30 里至罗针田铺、30 里利川县长坎铺。自北门北行 20 里至沿长坡铺、20 里至鸡心笼铺、25 里至峦山子铺、25 里至龙驹河铺。其空间分布情况详见图 3—1:

　　① 《奏为宜昌府入川道路险阻请旨动项修整事》,乾隆十年十月二十一日,中国第一历史档案馆宫中档全宗,档案号:04-01-37-0151-030。
　　② [元]脱脱等撰:《金史》卷 8《本纪第八·世宗下》,北京:中华书局 1975 年 7 月版,第 196 页。
　　③ 《清高宗实录》卷 49,乾隆二年八月丙子条,北京:中华书局 1985 年 11 月版,第 833 页。
　　④ 徐大煜纂修:民国《咸丰县志》卷 2《建置志·铺递》,民国三年(1914 年)劝学所刻本,第 33 页。

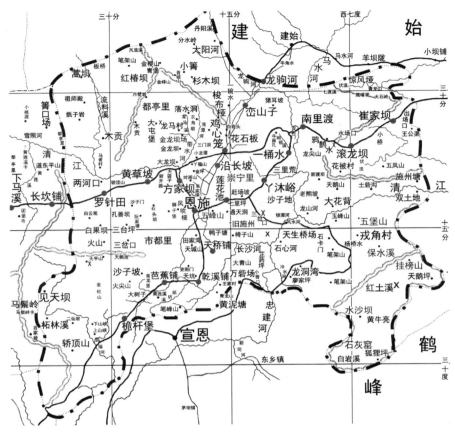

图 3—1　同治年间恩施县铺递分布图

注：根据亚新地学社编辑《湖北全省分县详图》〔民国十九年（1930 年）八月版〕绘制。

（附注：● 为铺递。）

从恩施县铺递分布图分析，恩施县铺递主要在东西横向、南北纵向分布。东西横向沿着川楚大路一线，西接利川县、四川省，东连建始、巴东。南北纵向连接府县城首邑，北通建始，南通咸丰、宣恩两县。恩施县作为施南府首邑，地处鄂西南山区的交通枢纽，成为山区驿路网络的辐射中心节点。在山地环境的影响下，铺递之间相隔 15 里、20 里、30 里、40 里不等，且路线曲折萦绕。

宣恩县共 26 个铺递，向西南、南、东向延伸：自总铺东行 20 里至刘家庄铺、30 里至东乡铺。南行：总铺南行 15 里至乾沟铺、25 里至茅坝铺。板寨铺 20 里至高罗铺、20 里至头道水铺、25 里至乾坝铺、25 里至崖脚铺、18 里至来凤县峡口寨铺。自头道水铺东行 35 里至忠峒铺。自总铺西北行 20

里至椒园铺、北行 25 里至恩施县乾溪铺。自椒园铺行 30 里至倒峒铺、25 里至大岩坝铺、25 里至黄草坝铺、25 里至咸丰县白果坝铺[①]。宣恩县有道路可经湖南龙山县殷家坝渡、石羔山渡、沙沱渡通往湖南[②]。宣恩县铺递驿路空间分布情况见图 3—2：

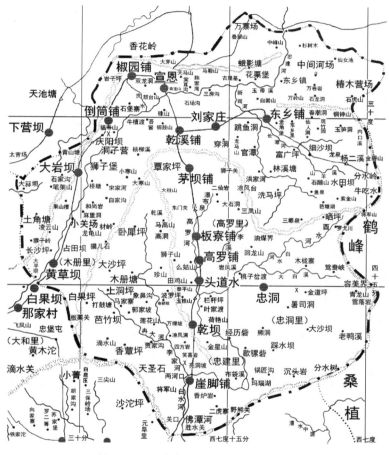

图 3—2　同治年间宣恩县铺递分布图

注：根据亚新地学社编辑《湖北全省分县详图》〔民国十九年(1930 年)八月版〕绘制。

（附注：●为铺递。）

---

　　① 〔清〕松林等修，何远鉴等纂：同治《增修施南府志》卷 6《建置志·铺递》，《中国地方志集成·湖北府县志辑》第 55 辑，南京：江苏古籍出版社 2001 年 9 月版，第 125—129 页。

　　② 〔清〕符为霖修，刘沛纂：光绪《龙山县志》卷 2《城池志》，《中国方志丛书·华中地方》第 284 号，台湾：成文出版社 1975 年版，第 76—77 页。

从宣恩县铺递分布图可以看出,宣恩县铺递驿路北通恩施县城,东达鹤峰县城,西南连咸丰县城,南通来凤县城。宣恩县地处武陵山与齐跃山余脉之间,山地呈东北高西南低的趋势展布。宣恩县城偏处县境西北角,铺递驿路网络以宣恩县城为中心,向东、南和西南方向辐射延伸。而宣恩县铺递集中分布在县境西北,县境东南部铺递稀疏。

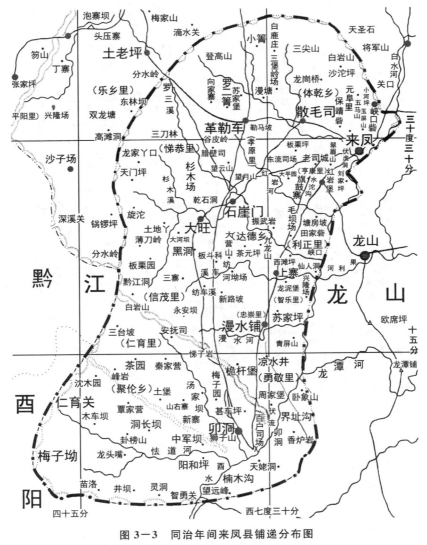

图3—3　同治年间来凤县铺递分布图

注:根据亚新地学社编辑《湖北全省分县详图》(民国十九年(1930年)八月版)绘制。

(附注:●为铺递。)

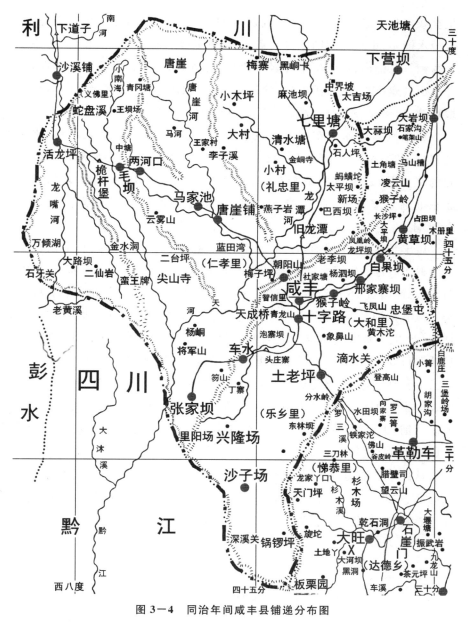

图 3—4　同治年间咸丰县铺递分布图

注：根据亚新地学社编辑《湖北全省分县详图》〔民国十九年（1930 年）八月版〕绘制。

（附注：●为铺递。）

来凤县共 15 个铺递，从来凤县城向西、南、北向延伸：自总铺东行 15 里至宣恩县崖脚铺。自总铺西北行 15 里至散毛铺、40 里至革勒车铺、25

里至咸丰县土老坪铺。自散毛铺西行40里至石门崖铺、40里至大旺铺。自漫水铺40里至卯峒铺。自上寨铺30里至漫水铺。自红岩堡铺20里至上寨铺。总铺南行25里至红岩堡铺[①]。此外，来凤县南线有多条道路，可经龙山县麂皮坝渡、石羔山渡、沙沱渡、谢家坝渡、近凤山渡、跳鱼洞渡、大堰坪渡、比干渡、新洞桥、滥泥沟桥、茅长坪的延寿桥通往湖南[②]。

从来凤县铺递分布图上可以看出，来凤县城偏居县境东北角，来凤县铺递驿路呈一横三纵，铺递的空间分布与酉水水系关系密切。以东北的来凤县城、北部的革勒车、南部的卯峒为驿路中心节点，来凤县铺递东北通宣恩县城、北达咸丰县城、南至施南府南路重要商品集散中心卯峒。

咸丰县共15个铺递，各向东、南、西、西北向延伸：东路自总铺东行15里至猴子岭铺、15里至邢家寨铺、20里至宣恩县黄草坝，为至宣恩要道。西行：总铺南行15里至十字路铺、十字路西25里至土老坪铺、南行40里至来凤县革勒车铺，为至来凤县卯峒要道。西路自总铺西行30里至水车坪铺、20里至张家坪铺、40里至四川黔江县沙子场，为至酉阳州要道。自总铺西行30里至梅子坪铺、20里至唐崖铺、30里至七里塘铺、30里至恩施县下营坝铺，为至恩施西境故道。西北路自总铺西北行80里至马家池铺、30里至两河口铺、30里至毛家坝铺、40里至活龙坪铺、40里至利川县沙溪司铺，为至利川西境故道[③]。至咸丰二年（1852年）铺递裁撤，同治八年（1869年）恢复铺递[④]。

从咸丰县铺递分布图上分析，咸丰县城偏处县境东南，铺递驿路呈星状向北、东北、西北、西南、东南辐射分布，北通恩施县城、东连宣恩县城、南连宣恩县城、西北通利县城、西南达宣恩西北角的张家坪。

　　① ［清］松林等修，何远鉴等纂：同治《增修施南府志》卷6《建置志·铺递》，《中国地方志集成·湖北府县志辑》第55辑，南京：江苏古籍出版社2001年9月版，第125－129页。

　　② ［清］符之霖修，刘沛纂：光绪《龙山县志》卷2《城池志》，《中国方志丛书·华中地方》第284号，台湾：成文出版社1975年版，第77页。

　　③ ［清］松林等修，何远鉴等纂：同治《增修施南府志》卷6《建置志·铺递》，《中国地方志集成·湖北府县志辑》第55辑，南京：江苏古籍出版社2001年9月版，第125－129页。

　　④ 徐大煜纂修：民国《咸丰县志》卷2《建置志·铺递》，民国三年（1914年）劝学所刻本，第33页。

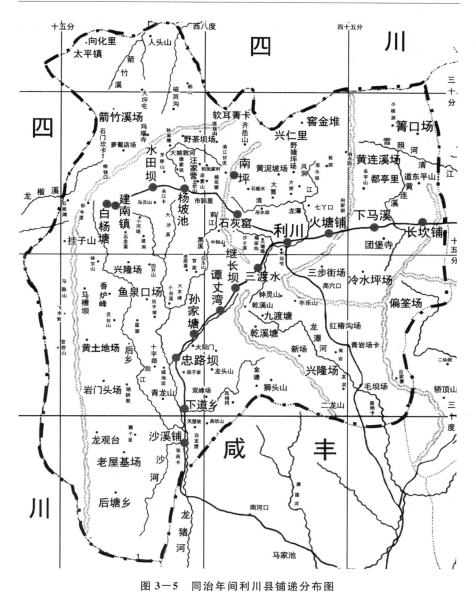

图 3—5　同治年间利川县铺递分布图

注：根据亚新地学社编辑《湖北全省分县详图》〔民国十九年（1930 年）八月版〕绘制。

（附注：●为铺递。）

利川县共 18 个铺递，向东、西、南、北四个方向延伸：自总铺东行 30 里至火铺塘铺、30 里至下马溪铺、30 里至长坎铺。自总铺西行 38 里至三渡水铺、西行 38 里至继长坝铺、30 里至谭丈沟铺、20 里至孙家塘铺、

20 里至忠路铺、50 里至下道子铺、30 里至沙溪铺、40 里至咸丰县活龙坪铺。自总铺北行 20 里至小箐塘铺、30 里至南坪铺、40 里至石灰窑铺、30 里至白杨塘铺、30 里至杨坡池铺、40 里至水田坝铺、30 里至建南铺、70 里至四川龙驹坝、80 里至四川石柱厅①。

从利川县北部为利中盆地,清江自西向东横贯利中盆地,钟灵山、甘溪山、佛宝山横亘中部,南部山高坡陡。铺递分布图上看,利川县铺递驿路集中分布于北部利中盆地,东通恩施县城,西至建南镇,南达咸丰县,北连四川石柱厅。

建始县在明代铺递简略,仅有上坝、菜头两个铺递。至康熙二十年(1681 年)后,在建始县城南、西南方向通往施南府城的驿路上各设立三处铺房,东南、东北方向通往巴东的驿路上各设立三处铺房,共 12 个铺递。至同治年间,建始县向南、东、西南向延伸:一是自总铺南行 15 里至牛角水铺、15 里至龙驹河铺、南行 30 里至恩施县峦山子铺;一是自总铺东行 15 里至马水河铺、40 里至小坝铺、30 里②至乾沟铺、30 里至石门铺、30 里至连三坡铺、30 里至箐口铺;一是自总铺南行 30 里至羊背陇铺、30 里至核桃园铺、15 里至红岩子铺,西南行 15 里至恩施县崔家坝铺③。至同治年间,建始县南线铺递路线有所延展,从菁口铺东行 40 里至巴东县三尖观铺④。建始县南线和西南线驿路是通往恩施县的要道,而东南及东北驿路则是通往巴东的要道,主要接递往来公文。而青崖、老龙洞等处为建始县居民搬盐要路。

建始县位于鄂西南山区北部,从建始县铺递分布图上看,建始县铺递驿路集中分布于县境中部,呈东西向分布,东通巴东县城,西达恩施县城。

宜昌府属巴东县共有 11 个铺递,康熙四年(1665 年)蒋希古恢复前明

---

　　①　[清]松林等修,何远鉴等纂:同治《增修施南府志》卷 6《建置志·铺递》,《中国地方志集成·湖北府县志辑》第 55 辑,南京:江苏古籍出版社 2001 年 9 月版,第 125—129 页。

　　②　[清]袁景晖纂修:道光《建始县志》卷 3《武备志·铺舍》,《中国方志丛书·华中地方》第 326 号,台湾:成文出版社 1975 年版,第 271 页。同治《建始县志》记为"三十五里",见同治《建始县志》卷 3《建置志》,第 38 页。

　　③　[清]松林等修,何远鉴等纂:同治《增修施南府志》卷 6《建置志·铺递》,《中国地方志集成·湖北府县志辑》第 55 辑,南京:江苏古籍出版社 2001 年 9 月版,第 125—129 页。

　　④　[清]熊启咏纂修:同治《建始县志》卷 3《建置志》,《中国地方志集成·湖北府县志辑》第 56 辑,第 37—38 页。

图 3-6　康熙至同治年间建始县铺递分布图

注:根据亚新地学社编辑《湖北全省分县详图》〔民国十九年(1930 年)八月版〕绘制。
(附注:● 为铺递。)

废弃的 6 个铺:县前铺、牛口铺、西瀼铺、火峰铺、界岭铺、茶店铺,康熙十九
年(1680 年),知县齐祖望再次重建。后来又添设了观音塘铺、土地塘铺、
风吹垭铺、三尖观铺、绿葱坡铺 5 个铺①。

---

① 〔清〕廖恩树修,萧佩声纂:同治《巴东县志》卷 3《建置志》,《中国地方志集成·湖北府县志
辑》第 56 辑,南京:江苏古籍出版社 2001 年 9 月版,第 180-181 页。

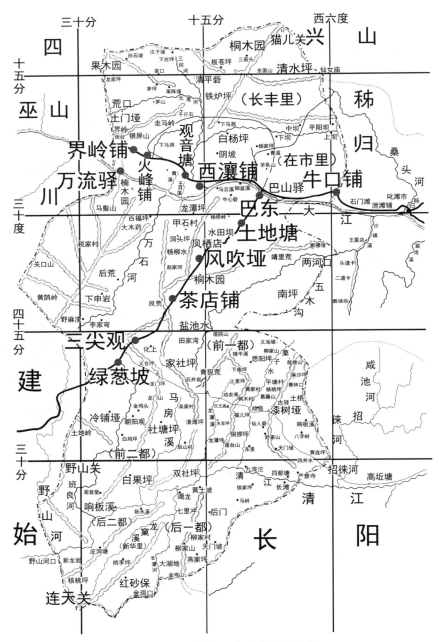

图 3—7　同治年间巴东县铺递分布图

注：根据亚新地学社编辑《湖北全省分县详图》〔民国十九年（1930 年）八月版〕绘制。

（附注：●为铺递。）

　　从巴东县铺递分布图分析,巴东县位于鄂西南山区东北部,长江、清江横贯县境,将全县分为北部、中部、南部三部分。巴东县铺递驿路,一是沿长江一线,集中分布于长江沿岸川楚大路一线,一是向西南延伸,通往建始县城,成为施南府与川楚大路连接的重要支线。

　　宜昌府鹤峰州为容美土司改设,因地僻山深箐密,铺递数量较少,仅设有 12 个铺递,东路有州前铺、凉水井铺、石龙洞铺、燕子坪铺、三陡坪铺、百顺桥铺。南路有茶店子铺、五里坪铺、白果坪铺、山羊隘铺。北路有水沙坪铺、北佳坪铺[①]。

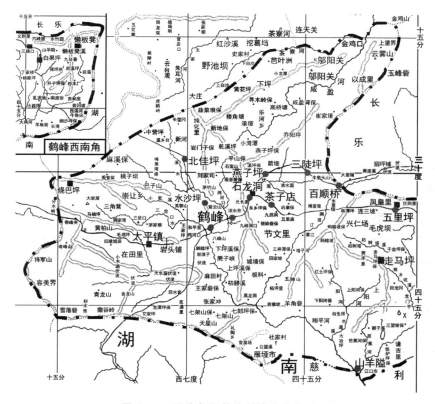

图 3—8　同治年间鹤峰州铺递分布图

注:根据亚新地学社编辑《湖北全省分县详图》[民国十九年(1930 年)八月版]绘制。

(附注:●为铺递。)

---

　　① [清]聂光銮等修,王柏心等纂:同治《宜昌府志》卷 4《建置志》,《中国地方志集成·湖北府县志辑》第 49—50 辑,南京:江苏古籍出版社 2001 年 9 月版,第 175 页。

　　鹤峰州位于宜昌府西南,是宜昌府地势最高的县,西北部多高山,东南多低山,铺递驿路集中分布在县境东部,东南通往湖南慈利县、石门县。北部铺递较少,通往水沙坪、北佳坪。

　　长乐县位于宜昌府东南部,共有 16 个铺递,向西南、东北、东南方向延伸。东路县前总铺东行 60 里至卸甲坪铺、60 里至渔洋关铺,下至宜都县凉水井铺。南路界通湖南石门县,无铺递。西路北门外 15 里至好土塘铺、15 里至朱家屋铺、15 里至栗子坪铺、15 里至青草坪铺、15 里至椒园铺、15 里至竹柘营铺、15 里至树皮营铺、15 里至湾潭总铺、15 里至中坪铺、15 里至泗坪铺、15 里至大面铺。北路城东北 15 里至观垭铺、15 里至三岔溪铺,至长阳县黄草坪铺①。

　　长乐县全境皆山地,西部山势高峻,东部山势平缓。长乐县铺递密集,集中分布于县境东北—西南一线,东南路铺递分布稀疏。

　　宜昌府属长阳县共 11 个铺递,总铺东行 15 里至板桥铺、东 20 里至荆州府宜都县白岩铺。西南 35 里至平乐铺、30 里至石岭铺、30 里至张家湾铺、30 里至龙潭寺铺、30 里至黄草坪铺、30 里至长乐县三岔铺。西北 15 里至赶牛铺、20 里至偏岩铺、30 里至东湖县鲁家坝铺。北 120 里至天里铺、北 15 里至东湖县望州铺、西 25 里至白沙驿铺、30 里至归州花桥铺②。

　　从长阳县铺递分布图分析,长阳县铺递集中分布于长阳县北部、中部、东南部。长阳县中部铺递驿路沿清江一线分布,西通巴东县城,东通宜都县城。南路铺递驿路延伸至五峰县城,北部驿路通往秭归县城。

　　清江中下游的长阳县,位于鄂西南山区川楚陆路交通线与清江水路的主干线,也是施南府通往省城的必经之地。长阳县境内主要道路有石板铺大路、昏水堰大路、都镇湾大路、高家堰大路、天里铺大路。石板铺大路,由宜都红花套至分水岭进入长阳,经白石桥通往津洋口、磁垢等地方,是宜昌府与长阳县之间的主要道路。昏水堰大路从宜都至梁山进入长阳县境,由昏水堰至马料坡通往长乐县、鹤峰州,是宜昌府至卫昌营的主要道路。都

---

　　① [清]聂光銮等修,王柏心等纂:同治《宜昌府志》卷 4《建置志》,《中国地方志集成·湖北府县志辑》第 49—50 辑,南京:江苏古籍出版社 2001 年 9 月版,第 175—176 页。
　　② [清]聂光銮等修,王柏心等纂:同治《宜昌府志》卷 4《建置志》,《中国地方志集成·湖北府县志辑》第 49—50 辑,南京:江苏古籍出版社 2001 年 9 月版,第 171 页。

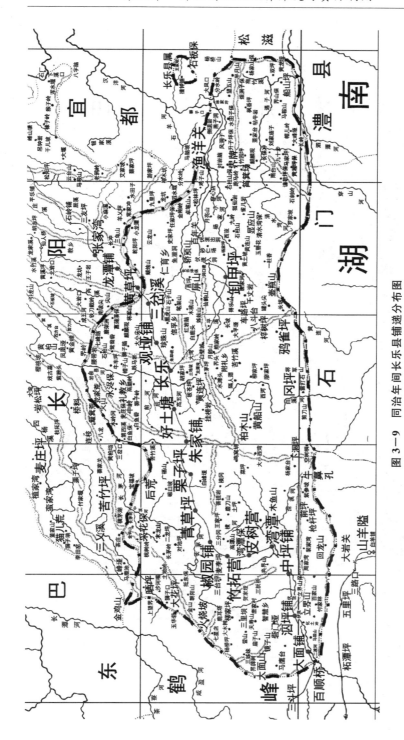

图 3—9　同治年间长乐县铺递分布图

注：根据亚新地学社编辑《湖北全省分县详图》〔民国十九年（1930 年）八月版〕绘制。

（附注：●为铺递。）

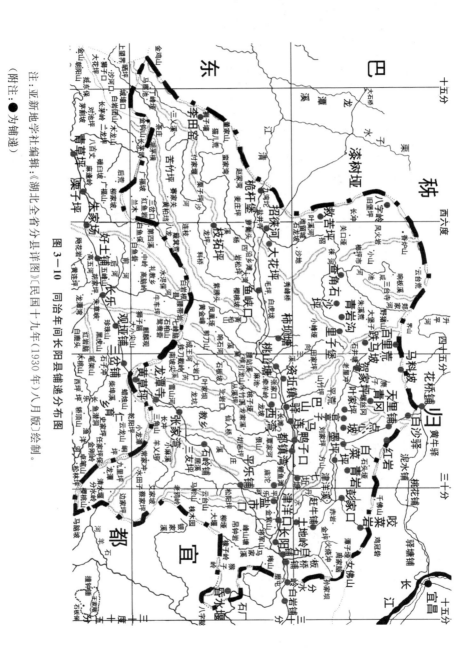

图 3—10　同治年间长阳县铺递分布图

注：亚新地学社编辑《湖北全省分县详图》(民国十九年(1930年)八月版)绘制。

（附注：●为铺递）

镇湾大路从都镇至黄草坪,通往长乐、鹤峰等地,为运送兵米主要道路。高家堰大路从东湖县至偏岩进入长阳县,经高家堰、点心坡、百里荒等处,通往施南府。天里铺大路从东湖红岩进入长阳县,经天里、白沙至花桥,进入归州境内,是进入四川及施南府的主要道路[①]。乾隆年间,长阳县西60里愁门附近居民修治溪北道路,以利往来行旅[②]。至道光年间,长阳县道路有新的拓展,一是从县城东行10里至白石桥,20里至分水岭,交宜都县界。一是自县城西行30里至沿市口,5里至平乐河,5里至庙沱,40里至都镇湾,5里至鸭子口,15里至马连,10里至巴山,10里至西湾,10里至资丘,15里至桃山,10里至偏山,5里至石板头,35里至鱼峡口,5里至大花坪,10里至招徕河,20里至桅杆坪,5里至萝卜头,10里至枝柘坪,20里至李田窑,交巴东界。一是自县城西行30里至平乐村,30里至石岭,30里至张家湾,30里至龙潭寺,30里至黄草坪,交长乐县界。一是自县城西行10里至土地岭,北行15里至偏岩,15里至咬草岩,5里至望州山,交东湖县界。一是自县城西行至土地岭,北行30里经麻溪、杨家坪、偏岩至彭家口,西行15里至青岩,由白菜坪西行15里至高家堰,由墨坪西行30里至丘溪、点心坡,由官亭子、亮风垭、叶家坪15里至罗丝干,由青冈、栗坪15里至青林口,由麂子河10里至贺家坪,由万氏桥30里至堡子里,由跌马坡60里至青岩沟,由沙子坪、查角石四15里至榔坪,由花桥、救苦坪20里至八字岭,交巴东界。一是从县城西行90里至木丘,北行30里至红岩,交东湖县界。一是自县城北行120里至红岩,5里至天里铺,15里至白沙驿,30里至马料坡,交归州界[③]。

光绪年间,恩施县县丞钱勋之所呈《路程清折》详细记载了施南府境内川楚大路上尖站、宿站分布及路程数据:

> 由巴东县属大竹坪二十里至建始县属董家垭,尖站。二十五里至石子垭,宿站。二十里至红岩子,尖站。三十里至恩施县属崔家坝,宿站。二十里至鸦雀水,尖站。四十五里至熊家岩,宿站。十五里至鸡心笼,尖站。三十里至小龙潭,宿站。三十里至滥泥坝,尖站。三十五

---

① 〔清〕李拔纂修:乾隆《长阳县志》卷2《建置志·道路》,海口:海南出版社2001年4月版,《故宫珍本丛刊》第143册,海口:海南出版社2001年4月版,第60—61页。

② 〔清〕朱庭棻纂修:道光《长阳县志》卷1《疆域志·山水》,道光二年(1922年)刻本,第4页。

③ 〔清〕朱庭棻纂修:道光《长阳县志》卷1《疆域志·道路》,道光二年(1922年)刻本,第3—4页。

里至罗针田,宿站。三十里至利川县属长仟,尖站。三十里至团保寺,宿站。二十里至黄土坡,尖站。三十里至利川县城,宿站。二十五里至小庆凹,尖站。四十里至南坪,宿站。十五里至七曜山,尖站。一十五里至磨刀溪,宿站。[①]

另据《支那全省别志》,巴东至施南府各地路程如下表:

表 3—1　巴东至施南府各地路程表

里程 地名	自巴东 (华里)	各地间 (华里)	里程 地名	自巴东 (华里)	各地间 (华里)
巴东	——	——	向家村	三五五	一五
高店子	一八〇	一八〇	施南府	三八五	三〇
横岩子	二三五	五五	宣恩	四七五	九〇
崔家坝	二五〇	一五	小馆	五三五	六〇
鸦雀水	二七五	二五	咸丰	六二五	九〇
态家岩	三二五	五〇	黔江 (四川省)	七二五	一〇〇
机心厂	三四〇	一五			

资料来源:[日]东亚同文会编纂:《支那全省别志》第 9 卷《湖北省》第 5 编《交通运输及邮电第六章各地间陆运及水运》,东京:东亚同文会大正七年(1918 年)六月发行,第430 页。

　　鄂西南山区交通困难,增加了运输成本,影响山内与山外的经济交流。据湖广总督德沛所奏,由于"新辟苗疆山高路险同,梯径羊肠",当时雇募背夫背运粮食前往鹤峰州、长乐县卫昌营各汛地,"运费已浮于米价矣"[②]。乾嘉时期,鄂西南山区不发达的交通,仍长期阻碍着山区经济的发展。同治年间,山区施宜二府巴东、鹤峰等山地州县在方志中仍称商贾不至。直至民国初年,《咸丰县志》仍在哀叹山区"水陆不通,生计太薄,惟服牛负贩,

---

　　① 《宜昌府至万县沿途各站的地名、里数清册及武汉市内工程修建、勘测等方面的文件》,光绪十一年至民国元年(1885—1912 年),上海图书馆藏赵尔巽档案全宗,档案号:217。
　　② 《奏为宜昌府容美地方卫昌营岁需兵粮远途背运艰难价昂请改用骡头驼运事》,乾隆三年(1738 年)六月二十日,中国第一历史档案馆军机处全宗档案,档案号:04—01—01—0028—016。

自食其力"①。

四、清后期山地交通的发展

道光年间,是鄂西南地区修路的第二次高峰。道光十五年(1835年),梁宝堂任分巡荆宜施道道员。道光十六年(1836年),梁宝堂亲自勘察巴东、建始、恩施三县道路状况。查明巴东县陈家码头至甘家沟,有31处道路需要整修;建始县余南坪至河马坦,有10处道路尚需整修;恩施县唐家湾上西坡至一丘田地方洼子田,有11处道路需要整修。恩施、建始二县的修路经费,主要由各县境内士民捐办,其中恩施县修路经费,大半由秀才康先之认捐。此外建始县普济桥、广福桥,亦由康先之倡修。巴东县修路经费,主要由巴东奉近堂夫子捐虎200余,捐银300两,余额由巴东县令饶拱辰筹集。道光十七年(1837年),三县县令各主持本县境内修筑道路事宜,施南府与宜昌府派员督办,共计三年遂成②。

光绪三年(1877年),湖广总督李瀚章鉴于宜昌、施南二府至四川的道路难行,嘱令新任施南知府王庭桢,兴修施南府各县至宜昌的道路。从光绪四年(1878年)二月至六年十月,施南知府王庭桢亲自督率恩施、利川、建始诸县知县,展开了清代鄂西南山区第三次大规模筑路的高潮。

施南知府王庭桢向筹集全府修路捐款5000余贯,兴修了恩施县北城外至百步梯建始县界的东路,长达128里。恩施东路中,鸦雀水、南里渡、双树门、戴家店、楠木坡、熊家岩、饶家湾、箕星岭、黄鱼泉路段奇险。光绪四年(1878年),恩施东路竣工后,建始县动工修筑小桥抵巴东野山河共70里的道路,王庭桢又准备兴修恩施北城外至利川石板顶140里的西路③。

为了进一步推动施南、宜昌两府修路,湖广总督李瀚章拨3000两银,其中1500两银拨宜昌修路,500两给利川县和建始县修路,1000两给恩施县修西路。

---

① 吕调元等修,张仲炘等纂:民国《湖北通志》卷21《舆地志·风俗》,宣统三年(1911年)修,民国十年(1921年)商务印书馆影印本,第762页。

② [清]梁宝堂撰:《拟修巴东、建始、恩施三邑山路记》,傅一中主编:《清道光版〈建始县志〉校注》第五编《宋至民国艺文拾零》,2000年10月鄂恩图内字109号,宜都市新华印刷厂印刷,第644页。

③ [清]王庭桢等修,雷春沼等纂:光绪《施南府志续编》卷1《续舆地志·疆域》,《中国地方志集成·湖北府县志辑》第55辑,南京:江苏古籍出版社2001年9月版,第610—613页。

施南知府王庭桢总结施南宜昌两府修路两大困难：一是工程巨大，二是经费繁多。因恩施县西路比东路更难兴修，险段有太阳坡、大龙潭、朱圈门、新开路、麻园、黄草坡、猴子岩、沙子门、罗针田、头磴岩、石子路、麦田湾、石板顶。王庭桢从总督李瀚章所拨筑路经费银中，分拨 500 两归恩施县修路。施南知府王庭桢又加捐 800 贯钱，给恩施县修路。除了官方经费外，恩施县绅黄炳文、刘肇修、康文焕、康立昇等绅士捐资及商民捐资共计 4000 余贯钱，历经 15 个月西路修竣。东西二路，共计费钱 11700 余贯。节余 500 贯钱，另加王庭桢加捐 500 贯，共计 1000 余贯钱发商生息，作为道路养护费。恩施县修东西二路的经费，基本上由官府与民间绅商各捐出一半经费。恩施县东、西两路中，需要铺设石路长 23433 丈，兴建石梯共 27041 级，铺设沙土路共计 2989 丈，路面宽六七尺不等[1]。

王庭桢又督修利川东、西二路，东路自利川石板顶至利川县城东，共计 110 里，途经关口长坎、高桥、高罗背、偏岭子、团宝市、黄泥坡、火铺塘、白雀山、杨柳寺；西路从利川县北城外至软耳菁，共计 92 里，途经樱桃树、大菁洞、小菁丫、海罗口、石板水、十字路、核桃树、齐岳山。东、西路中，铺设石路共 20200 丈，建造石梯 11544 级，路宽四五尺不等。其中，石板顶卡门石墙加修高 2 丈 2 尺的石垛，长 25 丈。王庭桢分拨筑路银 300 两给利川县，利川县令陈国栋集资募匠兴修东路。利川县绅谭翠山等两次捐款 9000 余贯，督工委员田鸣玉、王学涵、绅首牟瑞亭等精打细算，东西二路共耗费 9770 余贯。光绪五年（1879 年），知县陈国栋捐廉 300 贯，加修路余款合计 500 贯，交绅富生息，以备岁修。利川县修路经费，大部分是由利川县绅筹措，官府仅象征性地出了一小部分。宜昌府属长阳县、巴东县道路亦同期竣工[2]。

建始县地势相对平坦，道路易治。光绪四年（1878 年），建始县令卢梦麟承修建始县小桥抵巴东野山河共 70 里的道路。卢梦麟采取盐斤加价的方式，筹集修路经费：凡建始县内盐店售盐 1 斤，加捐 1 文，每年可获得钱 1000 贯。谈瑞云、徐有开、黄金月、黄景聪、李启富、黄邦镕等县绅负责雇匠募工，兴修土路。竣工后，王庭桢鉴于土路遇雨湿滑难行，分拨建始县筑

---

① ［清］王庭桢等修，雷春沼等纂：光绪《施南府志续编》卷 1《续舆地志·疆域》，《中国地方志集成·湖北府县志辑》第 55 辑，南京：江苏古籍出版社 2001 年 9 月版，第 610—613 页。

② ［清］王庭桢等修，雷春沼等纂：光绪《施南府志续编》卷 1《续舆地志·疆域》，《中国地方志集成·湖北府县志辑》第 55 辑，南京：江苏古籍出版社 2001 年 9 月版，第 610—613 页。

路经费银 200 两,又派委员王学涵与卢梦麟共同监督,加修石路 800 余丈。竣工后,王庭桢三次实地勘验道路。继任县令易象筹钱 3000 余串,将土路改筑为石路,使建始道路堪与恩施、利川的道路相媲美①。另据刘锦藻所著《清朝续文献通考》:"光绪十年前由宜昌、长阳至四川石柱厅加辟一线山径,但负戴而不能荷担,九日始造峰巅,递降三日始至郡城,又西行层累而上,乃达石柱,可云行路难矣。"②

　　清江是鄂西南山区与山外联系的主要河流之一,但河道曲折,水急滩多,俗语有"七淤八滩兼九州,七十二滩下资丘"③。据《施南府志续编》记载,从施南府城北峡口东南至眠羊口大约一百数十里的清江河段,因历年岸崩积石二十余处,无法通航。光绪五年(1879 年)间,施南知府王庭桢倡议开凿清江河道。利川县令黄世崇赞成开河,认为北魏以来,前人能开凿长阳县至眠羊口河段,现在就可以开凿恩施至眠羊口河段。况且恩施县北 45 里三门洞水原可通舟,同治年间岸石崩塌,堆积河心才导致断航。施南知府王庭桢委派朱柏绂沿清江勘测积,并绘制详图。督工以火攻石,开凿清江④。

　　各府、州、县地方官也十分重视道路建设,如乾隆年间,长阳县令李拔曾多次倡导长阳县商民利用农闲时间,设法增修扩展道路。李拔还亲自捐廉在连三坡、慢腰坡、闻天坡、点心坡等险地建立茶亭,栽种树木,以方便沿途行旅⑤。乾隆二十年(1755 年),来凤县典史张成塇捐修县西三十五里的勒马坡道路⑥。

　　光绪二十三年(1897 年)至二十四年(1898 年),湖广总督张之洞委派蔡国担任施宜两府路工委员,修筑宜昌、秭归、巴东、恩施、来凤沿线道路,

　　① [清]王庭桢等修,雷春沼等纂:光绪《施南府志续编》卷 1《续舆地志·疆域》,《中国地方志集成·湖北府县志辑》第 55 辑,南京:江苏古籍出版社 2001 年 9 月版,第 610－613 页。

　　② [清]刘锦藻编纂:《清朝续文献通考》卷 317《舆地考十三·湖北省》,王云五主编:《万有文库》第二集,上海:商务印书馆 1936 年 3 月版,第 10588 页。

　　③ 湖北省恩施市地方志编纂委员会编:《恩施市志》卷 14《交通》,武汉:武汉工业大学出版社 1996 年 11 月版,第 308 页。

　　④ [清]王庭桢等修,雷春沼等纂:光绪《施南府志续编》卷 2《续建置志·津梁》,《中国地方志集成·湖北府县志辑》第 55 辑,南京:江苏古籍出版社 2001 年 9 月版,第 639－641 页。

　　⑤ [清]李拔纂修:乾隆《长阳县志》卷 2《建置志·道路》,《故宫珍本丛刊》第 143 册,海口:海南出版社 2001 年 4 月版,第 60－61 页。

　　⑥ [清]王协梦修,罗德昆纂:道光《施南府志》卷 3《疆域志》,道光十七年(1837 年)扬州张有耀斋刻本,第 19 页。

耗资四万五千串①。

　　此外，清后期，鄂西南山区地方官曾在属境内倡办一些小规模交通建设工程，但因山区地方财政经费拮据，只能依靠绅士、里民捐款。如建始南关外河，是建始、恩施往来要道。每逢山水泛涨，难以渡越。乾隆初年，建始县官员曾试图修筑石桥未果，后或建义渡，或架木桥，历年多圮。道光七年（1827年），郑伟任建始县令，劝谕县绅捐建，由监生魏光祖捐建桥基一洞、职员邱裕雯、黄玉珑、监生黄志森、廪生黄宗经捐建三洞，监生张永福、刘馥英，民人谢仕聪、李文发捐建一洞。为筹集经费，变卖了原有义渡田，拨义捐余款，雇工入山采石，历经七个月，建成迎恩桥②。光绪二十三年（1897年）五月，湖广总督张之洞为了赈济施南府灾民，曾计划利用施宜大道运输赈米③。当时施宜大道既是"由宜赴施长年通行之道，又为土药之路"，光绪二十三年六月，张之洞要求地方官采取以工代赈的方式，酌量修治，并沿途搭盖店房、茅屋、席棚以供栖息④。由于施南府财政匮乏，施宜大路修山路、修店棚等工程均交宜昌委员经理⑤。由此可见，施宜道路借湖北督宪的赈灾济运之机，而再次得到修治。

　　在传统社会中，修路被视为行善积德的慈善事业。乾嘉时期，鄂西南山区民间自发的小规模交通建设活动不断涌现。如乾隆四十八年（1783年），巴东县沿渡河镇信善向元祖率子捐资，雇募2名石匠，兴建了德茂桥⑥。嘉庆十二年（1807年），恩施县里民捐资，修筑了马石坝至鸡心笼道路⑦。嘉庆二十五年（1820年）冬，里民吴启光等倡议，在利川县城南九渡河上重修

　　① 〔清〕张之洞著，苑书义等主编：《张之洞全集》卷221《电牍五十二·致施南路工委员蔡令（光绪二十三年十二月初九日巳刻发）》，石家庄：河北人民出版社1998年8月版，第7451页。

　　② 郑伟撰：《新建迎恩桥碑志》，熊启咏纂修：同治《建始县志》卷28《艺文志》，《中国地方志集成·湖北府县志辑》第56辑，第122页。

　　③ 〔清〕张之洞著，苑书义等主编：《张之洞全集》卷218《电牍四十九·致宜昌赵、恽、凌三道台（光绪二十三年五月二十四日子刻发）》，石家庄：河北人民出版社1998年8月版，第7332页。

　　④ 〔清〕张之洞著，苑书义等主编：《张之洞全集》卷219《电牍五十·致宜昌赵、恽、凌三道台（光绪二十三年六月初一戌刻发）》，石家庄：河北人民出版社1998年8月版，第7339页。

　　⑤ 〔清〕张之洞著，苑书义等主编：《张之洞全集》卷219《电牍五十·致宜昌赵、恽、凌三道台（光绪二十三年六月十五日戌刻发）》，石家庄：河北人民出版社1998年8月版，第7353页。

　　⑥ 王晓宁编著：《恩施自治州碑刻大观》第9编《道路交通·德茂桥碑》，北京：新华出版社2004年10月版，第277页。

　　⑦ 王晓宁编著：《恩施自治州碑刻大观》第9编《道路交通·流芳万古碑》，北京：新华出版社2004年10月版，第286页。

石桥,由里民共同捐款集资,历经 10 个月,在道光元年(1821 年)秋竣工。
共耗费银 640 两,未假官帑①。乾隆五十年(1785 年)间,鹤峰州三里荒附
近居民田文龙等捐资募工,开凿道路,为防止滑坡,在路旁种植树木,禁止
耕种樵采。此外,鹤峰州黑龙洞附近耆民也曾集资,修筑罩崖一带道路②。
流寓客商也热心鄂西南交通建设,乾隆五十一年左右,江西瑞州府高安县
国学生刘九龄,因经商至施南府恩施县,见万寿宫前道路难行,主动捐资,
对道路进行修整③。嘉庆二十三年(1818 年),谭宏龙率乡众修理巴东县与
建始县交界的梯儿岩道路,耗费千余金,道路由险变平,因此更名为太平
口④。长阳县西北 50 里青岩为荆州至施南陆路必经之地,土著曾掘有尺宽
山径,至乾隆年间,土人向士鸿捐金拓宽道路⑤。

　　清后期,鄂西南山区民间力量亦积极参与山区交通建设。鄂西南山区
绅士,尤其是恩施县绅士,已积累了较雄厚的经济基础,在鄂西南山区交通
建设方面发挥了重要作用。绅士阶层不仅积极参与地方官倡办的大规模
交通建设工程,还自主兴办许多小型的交通建设工程。道光十四年(1824
年),巴东县士民自发捐资兴修巴东至建始交界的驿路,以方便行旅⑥。道
光十九年(1839 年),恩施县生员康先之不仅认捐了恩施县大半修路经费,
而且出面倡修野三河拱桥,修桥经费由野三河南岸山主杨成浩、杨成烈,及
北岸山主田开寿、田开敏、田开珍分别捐资,雇佣石匠杨士敖、魏兴富修筑。
此项工程虽为义举,但因虑及当地居民意外阻挡,故请恩施县生员康先之
出面,禀请施南府转饬建始县,以获得官府支持。恩施县生员康先之插手
建始县修桥事务,这至少表明恩施绅士有较大的政治影响和经济实力,担

　　① 〔清〕松林等修,何远鉴等纂:同治《增修施南府志》卷 29《艺文志·九渡河永济桥序》,《中
国地方志集成·湖北府县志辑》第 55 辑,南京:江苏古籍出版社 2001 年 9 月版,第 581 页。
　　② 〔清〕吉钟颖修,洪先涛纂:道光《鹤峰州志》卷 13《艺文志》,《中国地方志集成·湖北府县
志辑》第 45 辑,南京:江苏古籍出版社 2001 年 9 月版,第 448 页。
　　③ 王晓宁编著:《恩施自治州碑刻大观》第 2 编《宗教信仰·万寿宫碑》,北京:新华出版社
2004 年 10 月版,第 97 页。
　　④ 〔清〕聂光銮等修,王柏心等纂:同治《宜昌府志》卷 4《建置志·一切义举》,《中国地方志集
成·湖北府县志辑》第 49—50 辑,南京:江苏古籍出版社 2001 年 9 月版,第 182 页。
　　⑤ 〔清〕陈惟模修,谭大勋纂:同治《长阳县志》卷 1《地理志·山水》,《中国地方志集成·湖北
府县志辑》第 54 辑,南京:江苏古籍出版社 2001 年 9 月版,第 445 页。
　　⑥ 〔清〕聂光銮等修,王柏心等纂:同治《宜昌府志》卷 4《建置志·一切义举》,《中国地方志集
成·湖北府县志辑》第 49—50 辑,南京:江苏古籍出版社 2001 年 9 月版,第 182—183 页。

当施南府地方公共事业的组织者①。恩施县廪贡生朱孔殷出身仕宦,家境富裕,曾捐修驿路三十里,所费不赀②。道光二十年(1840 年),建始监生谢世英鉴于迎恩桥被水冲毁,捐资改建惠远桥。道光二十二年(1842 年),建始县盐知事衔谢世英等捐建龙驹河义渡。道光二十二年(1842 年),建始监生余新明捐修联珠桥。建始县监生黄兆清等捐设清江麻根垱义渡,建始县监生黄志松等捐建野三口义渡③。光绪二十三年(1897 年),施州大荒义绅张某曾计划采取以工代赈的方式,兴建万寿桥。并请建始绅士谢海楼、恩施县绅王丹岩、建始巡检马某主持发米筹款兴工。恩施县董某捐钱 200 串,委员吴某给官米 5000 斤以补经费不足。建始县令黄公因造桥经费不足,亲往恩施县绅王丹岩家请其设法筹款。建始县令收取罚款、捐资 200 两银,余款由王丹岩捐助。至光绪二十年,万寿桥始成。若无恩施绅士的大力协助,此桥难成。建始县财力不足,尚须仰仗恩施县绅士的财力④。光绪三十二年(1906 年),建始县连阳口清江北岸绅士革寅谷、吴德馨、袁居文负责募资,由向范清、向启统、向刚良三人捐资 140 串文,公买义流田苦蕨坡地 24 亩,连阳口地 4 亩,捐作渡船经费⑤。

清晚期,山区下层民众,尤其是商人群体,积极捐资发展水陆交通事业。光绪六年,来凤县悌恭里木工龙通成虽家仅小康,捐资在打车河上兴建了积善桥⑥。光绪三十年(1904 年),由建始县本地居民捐资,自建始县太平口经马水河、凉风垭,至太平山,整修了长仅七里的道路⑦。晚清洋务运动促进了山区商品经济的发展,商人为了方便货物运输,积极捐资修路。

① 王晓宁编著:《恩施自治州碑刻大观》第 9 编《道路交通·普济桥碑》,北京:新华出版社 2004 年 10 月版,第 272 页。

② [清]松林等修,何远鉴等纂:同治《增修施南府志》卷 24《人物志·行谊》,《中国地方志集成·湖北府县志辑》第 55 辑,南京:江苏古籍出版社 2001 年 9 月版,第 339 页。

③ [清]熊启咏纂修:同治《建始县志》卷 2《建置志·关梁》,《中国地方志集成·湖北府县志辑》第 56 辑,南京:江苏古籍出版社 2001 年 9 月版,第 36 页。

④ [清]谢海楼、王丹岩撰:《万寿桥碑文》,载傅一中主编:《清道光版〈建始县志〉校注》第 5 编《宋至民国艺文拾零》,2000 年 10 月鄂恩图内字 109 号,宜都市新华印刷厂印刷,第 640—641 页。

⑤ 王晓宁编著:《恩施自治州碑刻大观》第 9 编《道路交通·利涉大川摩崖题刻》,北京:新华出版社 2004 年 10 月版,第 283 页。

⑥ [清]王庭桢等修,雷春沼等纂:光绪《施南府志续编》卷 2《续建置志·津梁》,《中国地方志集成·湖北府县志辑》第 55 辑,南京:江苏古籍出版社 2001 年 9 月版,第 642 页。

⑦ 王晓宁编著:《恩施自治州碑刻大观》第 9 编《道路交通·太平口道路碑》,北京:新华出版社 2004 年 10 月版,第 288 页。

如光绪年间,渔洋关商号龚福泰为济运红茶,捐资修筑了从渔洋关经长乐县城、杨腊岭、北风垭、茅庄、草坪岭、树屏营、三板桥,至岩板河驮运商道。广东商人林紫宸捐资修筑了一条从湾潭经九门、张家垭至湖南宜沙泥市的驮运道路,又修筑了从湾潭经黄家湾、将军垭、树屏营、后槽、桂枝岭、莫家溪至前坪驮运道路。升子坪人邹忠良修缮了从升子坪经界碑、渔洋关、汉阳河、百年关、甘沟、红岩垴至长乐县城的大路。汉阳县客民张人杰捐资修筑了长宜大路熊渡段①。

　　清后期,随着鄂西南山区经济的发展,交通建设获得了较大发展,在一定程度上缓解了交通困难,有力地促进了山区与外界的经贸交流和文化交往。如改土归流时,鄂西南山区利川县地多未辟,山高林密,"生虎豹豺狼,行旅不通,铺递率多迂远,其后土田日辟,户口殷繁,通衢所在,皆是人趋便捷"②。

第二节　山区农业垦殖与土地资源利用

一、山区土地资源概况

　　"山内土壤之性,与平原迥殊"③。鄂西南山区土壤主要有山地黄土、石渣子土、灰包土和山地砂土,山地土壤的空间分布呈垂直梯度差异变化。

　　一是在鄂西南山区的低山、缓坡、平坝地带,主要分布了山地黄土,因基于石灰岩、第四纪粘土母质发育,土壤的有机质成份较高,土层较深厚,比较适宜种植的农作物有水稻、麦、玉米、红薯、黄豆、油菜等,成为鄂西南山区的主要粮食生产地带。道光《施州府志》载,"施州山冈砂石,不通牛犁,惟伐木烧畲以种五谷"④。

　　二是在地势较高、较陡的高山地带,由页岩、板岩和灰岩风化后,经受

---

① 五峰土家族自治县地方志编纂委员会编纂:《五峰县志》卷9《交通》,北京:中国城市出版社1994年9月版,第203—204页。

② [清]黄世崇纂修:光绪《利川县志》卷10《武备志》,《中国地方志集成·湖北府县志辑》第58辑,南京:江苏古籍出版社2001年9月版,第73—74页。

③ [清]严如熤撰:《三省边防备览》卷11《策略》,道光二年(1822年)刻本长阳县衙藏板,第39页。

④ [清]王协梦修,罗德昆纂:道光《施南府志》卷10《风俗》,道光十七年(1837年)扬州张有耀斋刻本,第1页。

雨水冲刷而形成的土层较薄,并杂有大量砾石和石屑的石渣子土,只适宜种植旱地作物包谷、豆类等,成为山区旱粮重要土壤之一。山地土壤多杂沙石,"黄壤杂白者必兼沙,涂渥之土则多石兼沙,多石之土,晴久坚于顽铁"[1]。清代农书《救荒简易书》认为"包谷宜种石地",种在石地的包谷"茂盛加倍,其科高七八尺,其穗生四五个,长者九寸,短者七寸"[2]。

三是在二高山、低山、丘陵地带,主要分布着土质松散的山地砂土,这种土壤的有机质含量较低,易受雨水冲刷而流失,仅适宜种植红薯、土豆等旱地作物。在高山顶部和上坡,主要分布着由石灰岩、砂页岩和云母片岩母质发育而成的灰包土,这种土壤的土质深厚,有机质含量较高,但是高山地带土温很低,只适宜种植经济林木[3]。

鄂西南恩施州的旱地土壤面积占全州耕地面积的77.6%,因此旱地农业在鄂西南山区农业发展中占有举足轻重的地位。鄂西南山区"山深林密,地少夷旷",因此平地少,坡地多[4]。坡耕地是鄂西南地区的主要产粮地,根据1977年统计,本区坡耕地达464.07万亩,占耕地面积的60.8%,占旱地面积的82.1%[5]。而据1985年统计,长乐县耕地面积仅占全县土地面积的9.25%,32.39%为中低山地,46.99%为半高山地,20.62%为高山地[6]。而据1985年统计,宣恩县总面积41100万亩,耕地面积41.71万亩,占总面积的10.15%,园地占总面积的1.83%,林地264.51万亩,占总面积的64.36%,草地占总面积的9.09%,水域占1.29%,建设占地占总面积的2.57%,难利用地占总面积的10.78%[7]。

鄂西南山区随着海拔增高,土壤的有机质含量增加,但复种指数随之

---

① [清]严如熤撰:《三省边防备览》卷11《策略》,道光二年(1822年)刻本长阳县衙藏板,第39页。

② [清]郭云升撰:《救荒简易书》卷2《石地》,《续修四库全书》编纂委员会编:《续修四库全书》第976卷《子部·农家类》,上海:上海古籍出版社2013年5月版,第402页。

③ 吴树仁、陈庆宣、徐瑞春、梅应堂、石玲:《鄂西清江流域及其邻区域壳稳定性评价》,《地球学报》1996年第1期,第1—10页。

④ 佚名编纂:民国《建始县志》卷上《职官志》,民国十九年(1930年)国立北平图书馆抄本,第9页。

⑤ 《恩施州志》编纂委员会编:《恩施州志》,武汉:湖北人民出版社1998年12月版,第164页。

⑥ 五峰土家族自治县地方志编纂委员会编纂:《五峰县志》卷5《农业》,北京:中国城市出版社1994年9月版,第125页。

⑦ 《宣恩县志》编纂委员会编纂:《宣恩县志》,武汉:武汉工业大学出版社1995年12月版,第49页。

降低。鄂西南山区土壤肥力随海拔高度变化的情况详见下表：

表3—2　土壤肥力随海拔高度变化一览表

海拔范围 （m）	pH	有机质 （g/kg）	速效磷 （p,mg/kg）	速效钾 （k,mg/kg）	碱解氮 （mg/kg）
＞800	6.7	25.6	15.9	111.4	139.5
800—1000	6.1	27.9	13.8	131.9	143.3
1000—1200	6.2	28.1	15.7	147.0	147.7
1200—1500	6.2	31.7	15.3	167.7	157.3
＜1500	6.2	35.9	16.2	198.9	176.6

资料来源：转引自赵书军等：《恩施州不同气候型旱地土壤肥力变化及肥力因子变异特征》，《中国土壤与肥料》2008年第2期，第16页。

　　分析表3—2可以发现，随着海拔高度增加，侵蚀越严重，土层较薄，砾石较多，日照较少，气温较低，山地土壤的肥力就越低。因此，不适宜农业利用，较适宜发展林业和畜牧业。

　　在水平空间分布上，不同地方地形地貌条件不同，耕地类型亦存在差异。如长乐县东部长长坪、渔洋关、蒿坪、仁和坪、升子坪等地的耕地以坪、塝地、冲田居多。而西部县城、水泆司、红渔坪、采花等地主要为河谷地和挂坡地。坡地易水土流失，只能采取歇耕的方式[①]。而万历《慈利县志》亦根据地形、水资源条件，将本县山田分为坪田、峪田、旱田三种。坪田地势"坦夷平旷，据诸溪上游而为泉水所通者"，坪田不忧旱。峪田的特点是"厥田上两山相夹，据山畔涧下而田作者"，峪田次于坪田。旱田地处"中高山开垦，无泉可灌"，仅为下三等田[②]。

　　针对山区土地资源的垂直分布差异，山区土地资源开发利用方式亦具有垂直差异。如施南府"郡中最高之山，地气苦寒，民民多种洋芋，亦有种药材者，低处肥土，遍种苎麻，分三季收之"[③]。长乐县高荒地带，"此等冷

---

　　① 五峰土家族自治县地方志编纂委员会编纂：《五峰县志》卷5《农业》，北京：中国城市出版社1994年9月版，第116页。

　　② ［明］陈光前纂修：万历《慈利县志》卷5《土田》，《天一阁藏明代方志选刊》，上海：上海古籍书店1964年4月版，第123—124页。

　　③ ［清］松林等修，何远鉴等纂：同治《增修施南府志》卷10《风俗志》，《中国地方志集成·湖北府县志辑》第55辑，南京：江苏古籍出版社2001年9月版，第193页。

地包谷亦不可种,即种结包令长寸许,故土人多种羊芋以为粮"①。宣恩县山多土瘠,如同治《宣恩县志》载,凡七里高处无水源所在,均宜种包谷。宣恩县"境内播种谷属,惟包谷最多,地不择肥硗,播不忌晴雨,肥地勿用淤粪,唯锄草而已"②。

　　鄂西南地区的山地地貌,影响了山地农业发展的布局。鄂西南地区绝大部分属于高原性山地,向称"八山半水分半田"。据1978年统计,鄂西南地区总面积6655.75万亩,耕地759.96万亩,其中水田196.25万亩,旱地563.71万亩。总人口567.29万人,人均耕地1.5亩③。在不同的海拔高度的山地,适宜种植不同农作物:在海拔200米以下的山间盆地、河谷地,适宜种植双季稻;在海拔200—500米的丘陵地带,适宜发展水稻和小麦;在海拔500—800米的低山地带,农作物有9个月生长期,溪泉水源较丰富,适宜种植水稻、小麦、玉米、甘薯、马铃薯等作物;海拔800米以上二高山地区,因农作物只有7个月生长期,适宜玉米、马铃薯等旱作作物;1200米以上的高山地带,农作物只有五六个月生长期,只适宜种植耐旱、耐寒的玉米、马铃薯,并且适宜种植黄连、党参、厚朴、天麻、当归、贝母等中药材。鄂西南山区的夏粮以马铃薯、小麦为主,而秋粮在中、低山旱田,主要以马铃薯、包谷、小麦为主,在低山水田以种植水稻为辅④。

　　山地地势的垂直差异,影响山地农业生产的时间安排。山内农作物的成熟时间,依高度不同而呈现垂直差异。据严如熤调查,"山内溪河两岸早麦三月已有熟者,低山之麦以五月熟,高山之麦六、七月始熟。包谷种平原山沟者六月底可摘食,低山熟以八、九月,高山之熟则在十月"⑤。山区地形地势差异造成了各地节候有迟早,物候有异象,物产有差异,"地高气多

---

　　① [清]李焕春原本,郑敦祜再续:光绪《长乐县志》卷1《分野志·附气候》,《中国地方志集成·湖北府县志辑》第54辑,南京:江苏古籍出版社2001年9月版,第123—124页。

　　② [清]张金澜修,蔡景星等纂:同治《宣恩县志》卷10《风土志·土宜》,《中国地方志集成·湖北府县志辑》第57辑,南京:江苏古籍出版社2001年9月版,第211页。

　　③ 《湖北农业地理》编写组编:《湖北农业地理》,武汉:湖北人民出版社1980年3月版,第159页。

　　④ 《湖北农业地理》编写组编:《湖北农业地理》,武汉:湖北人民出版社1980年3月版,第6页。

　　⑤ [清]严如熤撰:《三省边防备览》卷11《策略》,道光二年(1822年)刻本长阳县衙藏板,第20页。

寒,地下气多暖。气有先后,而候之迟早因之"①。建始县"一邑之中,其寒热燥湿不同,而所产物类亦各异"②。长乐县冬季晴久,"蛰虫率蠕然动,间有春花开放者,按此皆与东湖鹤峰等处略同"③。

二、改土前土地资源的利用与农业开发

"民以食为天",上古初民,其食物来源主要依赖渔猎、采集的生产方式,对土地资源的利用十分有限。在进入传统农业社会后,土地成为人们赖以生存和发展的基础性自然资源,农业社会的发展与土地资源的利用、改造方式息息相关。区域经济发展水平,往往与土地利用和改造技术水平相关联。

自先秦至三国时期,中国山区的经济开发模式以采集渔猎为主,原始种植农业为辅。先秦时期,中国的山地开发就已展开。如《管子·揆度第七十八》在与齐桓公探讨富国之策之时,曾提到,传说中的黄帝时就有"烈山泽而焚之"的山地开发措施:"烧山林,破增薮,焚沛泽,逐禽兽,实以益人。"④由于焚山破坏山林动植物资源,先秦古人已认识到人类经济活动应该顺时而为,故《礼记·月令》申明火田之禁:仲春之月"毋焚山林"⑤。《唐会要》亦有:"草木茂盛之月,不可以斩伐山林。"⑥大中祥符四年(1011 年),宋真宗诏令:"火田之禁,著在《礼经》,山木之间,合顺时令。其或昆虫未蛰,草木犹蕃,辄纵燎原,则伤生类。诸州县人畲田,并如乡土旧例,自余焚烧野草,须十月后方得纵火。其行路野宿人,所在检察,毋使延燔。"⑦

---

① [清]李焕春原本,郑敦祜再续:光绪《长乐县志》卷 1《分野志·附气候》,《中国地方志集成·湖北府县志辑》第 54 辑,南京:江苏古籍出版社 2001 年 9 月版,第 123 页。

② [清]袁景晖纂修:道光《建始县志》卷 3《风俗志》,《中国方志丛书·华中地方》第 326 号,台湾:成文出版社 1975 年版,第 251 页。

③ [清]李焕春原本,郑敦祜再续:光绪《长乐县志》卷 1《分野志·附气候》,《中国地方志集成·湖北府县志辑》第 54 辑,南京:江苏古籍出版社 2001 年 9 月版,第 124 页。

④ [清]黎翔凤撰,梁运华整理:《管子校注》卷 23《揆度第七十八》,北京:中华书局 2004 年 6 月版,第 1371 页。

⑤ [清]孙希旦撰,沈啸寰、王星贤点校:《礼记集解》卷 15《月令第六之一》,北京:中华书局 1989 年 2 月版,第 427 页。

⑥ [宋]王溥撰:《唐会要》卷 50《尊崇道教》,北京:中华书局 1955 年 6 月版,第 872 页。

⑦ [元]脱脱等撰:《宋史》卷 173《志第一二六·食货一》,北京:中华书局 1985 年 6 月版,第 4162 页。

　　司马迁在《史记》中记载了南方火耕的农业生产方式："楚、越之地,地广人稀,饭稻羹鱼,或火耕而水耨。"在地广人稀,人地关系的主要矛盾是人口少,劳动力不足时,才会采取粗放型的火耕生产方式。这种"火耕水耨"的粗放型稻作农业生产方式,可能主要用于当时长江中下游尚未开发的平原地区。

　　刀耕火种的畲田农业模式,是南方古老的山地少数民族人民适应地广人稀、山深林密的原始山地环境而形成的独特土地资源利用方式和山地生态变化模式。据《华阳国志》载,汉代牂牁郡南方少数民族"畲山为田"[1]。唐代诗人刘禹锡在《莫瑶歌》中亦描写了湖广一带的南方少数民族莫瑶山民"火种开山脊"的畲田生产景象。唐代,黔州之西数百里有东谢蛮"不以牛耕,但为畲田"[2]。宋英宗时,陆诜知成都府时,向宋廷奏报:"蜀峡刀耕火种,民食常不足,至种芋充饥……"[3]清代农书《耕心农话》亦引《本草纲目》称:"西南夷有烧垦山地为畲田,而种旱稻,谓之'火米'。"[4]

　　鄂西南地区水田农业至迟产生于五代两宋时期,主要集中于山区河谷盆地。后周时期,在恩施县西北二百里的都亭山下,曾设置亭州,据道光《施南府志》载,都亭山下多"良田广囿"[5]。宋太平兴国七年(982年),宋廷废止施州郡等地的酒专卖制,表明施州郡的粮食生产达到了一定的规模,有一定的余粮可用于酿酒[6]。

　　鄂西南山区有一句农谚:"千挖万挖,难赶慢牛一耙。"表明牛耕的农业生产效率远高于人力。宋代以前,鄂西南山区农业尚无采用牛耕技术的历史。宋神宗时,李周(字纯之)出任施州州判,鉴于"施州蛮"不习牛耕,遂挑选熟谙农事之谪戍兵士,由官府提供耕牛,组织士兵在施州开垦了数千亩

---

　　① [晋]华璩撰,刘琳校注:《华阳国志校注》卷4《南中志》,成都:巴蜀书社1984年7月版,第378页。

　　② [后晋]刘昫等撰:《旧唐书》卷197《列传第一四七·南蛮西南蛮》,北京:中华书局1975年5月版,第5274页。

　　③ [宋]潜说友原纂修、[清]汪远孙校补:咸淳《临安志》卷66《人物七》,台湾:成文出版社1970年3月影印本,第643页。

　　④ [清]奚诚撰:《耕心农话》下,《续修四库全书》编纂委员会编:《续修四库全书》第975卷《子部·农家类》,上海:上海古籍出版社2013年5月版,第669页。

　　⑤ [清]王协梦修,罗德昆纂:道光《施南府志》卷3《疆域志》,道光十七年(1837年)扬州张有耀斋刻本,第5页。

　　⑥ [元]脱脱等撰:《宋史》卷185《志第一二六·食货七》,北京:中华书局1985年6月版,第4514页。

农田,以补足军食①。宋宁宗开禧元年(1205 年),鄂西南山区的施黔等州"荒远绵亘,山谷地广人稀,其占田多者须人耕垦,富豪之家诱客户举室迁去"。由于山地开发的主要问题是劳动力不足,因此夔州路转运判官范孙奏准,延用处罚相对宽松的皇祐客户逃移旧法处官庄逃移客户,使施、黔两州深山穷谷的客民得安生理②。宋嘉熙四年(1240 年),李庭芝权施州建始县,为防川省之乱,在建始县训农教稼,挑选壮士进行训练。平时负耒而耕,战时荷戈而战③。

万军伟等探究长阳县火烧坪等山区岩溶生态系统的成因,认为气候、地形、地质构造、岩溶作用、土壤条件不同等因素的结合,造就了千差万别的岩溶生态系统。并建议根据其生态环境特点,来建立适合当地的资源、生态、经济协调发展模式④。鄂西南山区多溶岩地貌,山区农民利用溶洞开垦溪田。元末明初,就有移民逃至清江流域开展农业垦殖,如土民崔、覃二姓在木李溪开辟平田,耕作自给⑤。至清嘉庆年间,恩施县令詹应甲在鸭松溪游历时,偶遇山民,山民谓其"生聚托溪流","薄有溪田聊共耕"⑥。如恩施城东十里的通天洞,辟有溪田。恩施城南九十里凤阳山下的仙人洞中辟有石田,"畦畛悉具"⑦。

明初,施州卫设卫兴屯,施州人口分里籍和屯籍,里籍属土著之民,屯籍为调拨而来,这说明在明初,朝廷利用军屯方式在施州卫地区开展农业垦殖⑧。明洪武十四年(1381 年)始,施州卫指挥佥事朱永就在施州卫城东北一带

　　① 　[元]脱脱等撰:《宋史》卷 344《列传第一〇三》,北京:中华书局 1985 年 6 月版,第 10934 页。

　　② 　[元]脱脱等撰:《宋史》卷 173《志第一二六·食货一》,北京:中华书局 1985 年 6 月版,第 4178 页。

　　③ 　[清]佚名纂修:嘉庆《建始县志》卷上《职官志》,《故宫珍本丛刊》第 143 册,海口:海南出版社 2001 年 4 月版,第 364 页。

　　④ 　万军伟、杨俊、王增银、潘欢迎:《火烧坪地区岩溶生态环境系统及生态农业模式初探》,《地质科技情报》2002 年第 1 期,第 71—74 页。

　　⑤ 　[明]徐学谟纂修:万历《湖广总志》卷 6《方舆五·山水考》,《四库全书存目丛书》编纂委员会编:《四库全书存目丛书》史部第 194 辑,济南:齐鲁书社 1996 年 8 月版,第 449 页。

　　⑥ 　[清]王协梦修,罗德昆纂:道光《施南府志》卷 27《艺文志》,道光十七年(1837 年)扬州张有耀斋刻本,第 50 页。

　　⑦ 　[清]王协梦修,罗德昆纂:道光《施南府志》卷 3《疆域志》,道光十七年(1837 年)扬州张有耀斋刻本,第 7 页。

　　⑧ 　[清]松林等修,何远鉴等纂:同治《增修施南府志》卷 6《建置志·里甲》,《中国地方志集成·湖北府县志辑》第 55 辑,南京:江苏古籍出版社 2001 年 9 月版,第 119 页。

拓殖,安置军民数千户①。从明代施州卫及容美等 15 土司的田赋来看,在施州卫城汉地已经有小规模的农业开发,大部分土司地区只采用了粗放式的烧畲农业技术,以种麦、粟等旱地作物为主,缺乏灌溉技术,土地资源的开发和利用程度很低。明代荆襄流民进入秦巴山区垦殖的浪潮中,嘉靖年间,地广人稀的巴东县山地开发进程加快,"按巴地旷远,深山大泽,居民鲜少。近年山地垦辟,流徙日聚"②。

在施州卫属诸土司境内,山深林密的自然环境阻隔,"蛮不出境,汉不入峒"的民族隔离、"华夷之别"的文化差异,阻碍了汉族先进农业生产技术的传播,只有个别土司地区引进了汉族先进的农田水利技术。如明成化年间,高罗安抚司峒长田太翁曾向土民教授土民耕凿技术③。明正统至景泰年间,卯峒土司向那吾也认识到推广农桑对卯峒司经济发展的重要性,檄令土民广泛开垦水田旱地,广植桑麻。并为此专门设立劝农官,负责督促土民垦田植树,违者由农官乃至土司惩治:"凡有业之家,务相其有水处,概行开垦成田;即属旱地,亦须遍勤耕种。且桑麻之蓄,贵取不尽而用不竭。尤恐内有梗顽,敢于不遵示令,本司特设农官,以省勤惰,查其荒芜,俾财源开而衣食足。无论年丰岁凶,鲜饱之叹不闻,号寒之悲可免,此本司之所深愿也。为此示仰司内人民知悉,务宜凛遵毋违。倘有游手好闲、不思竭力垦植以开财源者,不惟难免农官惩责,即本司亦法不宽宥。特示。"④卯峒司的经济政策仍力图在有水的地方垦辟水田,发展稻作农业。在旱地发展旱作农业及经济作物,尽地力之效。

直至明代成化、正德年间,施州卫和大田所开垦了 150 顷左右的田地。而各土司地区开垦的田地仅有数顷,且多是在火焰山地进行垦殖的,土地资源开发利用程度很低。详情见下表:

　　① [清]松林等修,何远鉴等纂:同治《增修施南府志》卷 21《官师志·名宦》,《中国地方志集成·湖北府县志辑》第 55 辑,南京:江苏古籍出版社 2001 年 9 月版,第 290—291 页。

　　② [明]杨培之纂修:嘉靖《巴东县志》卷 1《舆地纪·民数》,《天一阁续修方志丛刊》第 62 辑,上海:上海书店出版社 1990 年 12 月版,第 1227 页。

　　③ [明]徐学谟纂修:万历《湖广总志》卷 42《坛庙·施州卫》,《四库全书存目丛书》编纂委员会编:《四库全书存目丛书》史部第 195 辑,济南:齐鲁书社 1996 年 8 月版,第 321 页。

　　④ [清]李勖修,何远鉴等纂:同治《来凤县志》卷 30《艺文志·文》,《中国地方志集成·湖北府县志辑》第 57 辑,南京:江苏古籍出版社 2001 年 9 月版,第 515 页。

表 3－3　明成化、正德年间施州卫田赋表

时间	地点	土地数量	田赋	茶课	丝课
成化八年 （1472 年）	施州卫	141 顷 1 分	1068 石 3 斗零 升 2 合 3 勺	折米 243 石 4 斗 5 升 1 合 2 勺	——
正德七年 （1512 年）	施州卫	——	738 石 2 斗 8 升 4 合 6 勺	茶 1475 斤 7 两 4 钱，折 米 243 石 4 斗 5 升 1 合 2 勺	丝 52 斤 9 两 9 钱 8 分 3 厘，折 米 168 石 3 斗 9 升 6 合 6 勺
正德七年	大田所	155 顷 60 亩	不详	——	——
正德七年	剌惹洞 （火焰山地）		原无额屯粮 1556 石，剌惹洞秋粮 粟米 11 石 7 斗		
正德七年	施南司 （火焰山地）		原 无 额 秋 粮 粟 米 65 石 6 斗 1 升 7 合 7 勺 5 抄		
正德七年	东乡司 （火焰山地）		原 无 额 秋 粮 粟 米 11 石		
正德七年	金峒司 （火焰山地）		原 无 额 秋 粮 15 石 1 斗 3 合 9 勺		
正德七年	散毛司 （火焰山地）	3 顷 10 亩 4 分	秋粮粟米 17 石 9 斗 5 合		
正德七年	大旺司 （火焰山地）	1 顷 70 亩	秋粮粟米 9 石 9 斗 5 合		
正德七年	龙潭司 （火焰山地）	2 顷	秋粮粟米 10 石 7 斗		
正德七年	忠建司 （火焰山地）		原无额赋 4 石 4 斗 5 升		

续表

时间	地点	土地数量	田赋	茶课	丝课
正德七年	忠峒司 （火焰山地）	——	原无额赋 6 石 5 斗	——	——
正德七年	高罗司 （火焰山地）	——	原无额赋 3 石 7 斗 5 升	——	——
正德七年	木册司 （火焰山地）	——	原无额赋 8 石 5 斗	——	——
正德七年	镇南司 （火焰山地）	1 顷	5 石	——	——
正德七年	唐崖司 （火焰山地）	——	原无额赋 1000 石 5 斗	——	——

资料来源：[明]薛刚纂修，吴廷举续修：嘉靖《湖广图经志书》卷 20《田赋》，北京：书目文献出版社 1991 年 10 月版，第 1609 页。

　　从表 3—3 可知，各土司辖下火焰山地的田赋中，秋粮均征收的是旱地农作物粟。鄂西南山区的火焰山地，实际上是低山丘陵的紫红土，俗称猪肝土，母质为白垩纪紫色页岩风化物。紫红土质地粘重紧实，可耕性差，但经精耕细作、合理施肥后，可以改良土性[1]。根据赵书军等研究，鄂西南山区紫红土的有机质、碱解氮和速效钾含量明显高于黄壤和黄棕壤，更适宜旱地农作物生长，所以鄂西南山区各土司的土民，最初选择土壤肥力相对较高的紫红土种植粟等旱作物[2]。

　　至万历年间，施州卫屯田 206 顷 60 亩，粮 2058 石，说明施州卫的农业垦殖面积进一步扩大，粮食产量较成化、正德年间有较大增长[3]。据咸丰县《徐氏宗谱》所载，洪武二十三年（1390 年），徐氏先祖徐腾达随蓝玉征散毛司，后任大田掌印千户分屯野猫河，"南讫唐家沟，皆属屯地"。徐氏家族

---

　　① 《湖北农业地理》编写组编：《湖北农业地理》，武汉：湖北人民出版社 1980 年 3 月版，第 25 页。

　　② 赵书军、袁家富、毕庆文、梅东海、秦兴成、彭成林、熊又升、徐祥玉：《恩施州不同气候型旱地土壤肥力变化及肥力因子变异特征》，《中国土壤与肥料》2008 年第 2 期，第 15—18 页。

　　③ [明]徐学谟纂修：万历《湖广总志》卷 29《兵防》，《四库全书存目丛书》编纂委员会编：《四库全书存目丛书》史部第 195 辑，济南：齐鲁书社 1996 年 8 月版，第 79 页。

与杨、蒋、张、丁诸姓家族世守此土,是大田所早期农业开发者①。鄂西南山区建始、巴东、长阳等各县在万历三十年(1602 年)以前,垦殖农业均持续发展,鄂西南各土司的侵扰虽然在一定程度上影响了山区农业垦殖的发展,但尚未能阻碍山区农业垦殖的进程。如明代巴东县隶属归州,分汉四里,夷四里。明成化年间巴东县田地山 716 顷 78 亩,夏税小麦 635 石 3 斗 9 升 6 合,秋粮米 2219 石 4 升 1 合。正德七年(1512 年)田地 719 顷 6 亩 8 分 6 厘 5 毫。嘉靖元年(1522 年)719 顷 14 亩零,嘉靖十年(1531 年)719 顷 44 亩零,嘉靖二十年(1541 年)至二十九年(1550 年)720 顷 44 亩零。隆万以后未能实地丈量,仅按旧额加摊。万历三十年(1602 年)仍照旧额摊征。巴东县田地分官田、上麦地、中粟地、农桑地四种,官民田地共 768 顷 93 亩零②。所以顾炎武称,巴东县有山田地 768 顷 93 亩余,每年夏税麦 653 石余,秋税粮 2221 石余,条编银 5000 余两。实际上全县赋役主要由前四里汉民承担。管粮官虽亲临后四里夷民门前催征,也只能完纳半赋③。可见明代巴东县前、后四里的经济发展极不平衡。

明初,建始县的田赋为 2400 余石,可见其农业发展水平与巴东县相齐。嘉靖初年,谭朗然任建始县令时,积极劝课农桑,发展农业生产。但正德七年(1512 年),由于容美土司侵占县地,题请减去一半田赋。万历四十八年(1620 年),建始县田赋为 1296 石,其中革塘、永福二里 80 石粮被容美土司混占。

明末农民战争打断了鄂西南山区农业垦殖的发展进程,并破坏了鄂西南山区农业垦殖的既有成果。康熙四年(1665 年),为恢复经济,湖广总督张长庚奏准在巴东、长阳等州县招民开垦,由官府提供耕牛、种籽、农具,任流民开垦荒地,三年后起科征赋④。但随后吴三桂、谭宏的叛乱使鄂西南地区烽火再起,扰攘不安,阻碍了鄂西南地区经济的恢复与发展。至康熙二十六年(1687 年),因战乱,建始县田亩荒芜,全县粮赋仅二十石零,署廨

---

①　徐大煜纂修:民国《咸丰徐氏宗谱》,民国十年(1921 年)六月石印,武昌察院坡黄粹文代印。

②　[清]廖恩树修,萧佩声纂:同治《巴东县志》卷 4《赋役志·田地》,《中国地方志集成·湖北府县志辑》第 56 辑,南京:江苏古籍出版社 2001 年 9 月版,第 186－187 页。

③　[明]顾炎武撰:《天下郡国利病书》原编第 25 册《湖广下》,《归州、巴东、兴山说略》,《续修四库全书》编纂委员会编:《续修四库全书》第 597 卷《史部·地理类》,上海:上海书店出版社 2013 年 5 月版,第 197 页。

④　《清圣祖实录》卷 15,康熙四年四月辛卯条,北京:中华书局 1986 年 11 月版,第 227－228 页。

均为草房①。直至雍正年间,鄂西南山区大部分地区的农业垦殖尚未恢复到明代农民战争以前的水平。商盘在《烧山行》一诗中,描绘了清前期山地农业的垦殖活动,那时,仍存在刀耕火种的粗放型垦殖模式,使山地生态付出了巨大代价:"朔风猎猎夜更遒,烈炬烧山腾郁攸。黄茅白苇何足惜,中有梗楠高百尺。昆冈玉石并杂焚,其势直欲苍崖髡。火牛长驱燕垒破,队象突出吴师奔。君不见天櫞(郡治山名)去天才一握,密箐深林掩圭角。下策翻宜用火攻,高坡渐可施钱镈。国家休养经百年,蛮土尽辟为良田。炎炎秉畀应时令,太平了不惊烽烟。须臾火熄风且止,翠微依旧清如㳄。明朝樵客入山行,烂额焦头虎狼死。"②烧山通常选择在每年秋季十月③。刀耕火种的耕作方式及土壤肥力的快速流失,迫使山地畲田农业不得不采取休耕轮作的经营方式。

　　清顺治年间,清廷为了促进湖广人民垦荒,曾设置湖北兴屯道负责湖北屯田事业,试图在鄂西招集流民屯垦。但顺治年间湖北兵祸连年,荆州所属归州、兴山、巴东、长阳长期被李自成和张献忠农民军残部控制,垦屯事业难以实展。因此,湖北巡抚林天擎曾奏请朝廷放宽对湖北屯官的考成标准④。康熙初年,随着鄂西南土司的相继归附,加上刘体纯、王观兴等所率夔东十三家农民军的投降,康熙年间,施州卫民屯地内,民地103顷41亩零,征解布政司屯田23顷95亩零,征解都使司。民屯二粮内,民粮206石8斗3升1合,征解布政使司屯粮238石6斗3升1合7勺4抄8撮1圭6粟,征解都使司⑤。雍正年间,恩施县属左、中、右三所的屯田面积达到116顷,征粮达1158石7斗9升3合9勺。支罗所屯田达20顷67亩,征粮155石6升9合9勺。恩施县民田达309顷8亩,征粮达618石1斗6升8合7勺。康、雍时期,恩施县的屯田、民田开垦面积扩大了350%,民、

　　① [清]袁景晖纂修:道光《建始县志》卷3《名宦志》,《中国方志丛书·华中地方》第326号,台湾:成文出版社1975年版,第287页。

　　② [清]松林等修,何远鉴等纂:同治《增修施南府志》卷28《艺文志·诗下》,《中国地方志集成·湖北府县志辑》辑第55辑,南京:江苏古籍出版社2001年9月版,第494页。

　　③ [清]王协梦修,罗德昆纂:道光《施南府志》卷27《艺文志》,道光十七年(1837年)扬州张有耀斋刻本,第31页。

　　④ 《顺治十一年六月十一日湖广巡抚林天擎题报两湖屯政事》,彭雨新编:《清代土地开垦史资料汇编》,武汉:武汉大学出版社1992年版,第66—67页。

　　⑤ [清]郭茂泰修,胡在恪纂:康熙《荆州府志》卷7《兵制》,《中国地方志集成·湖北府县志辑》第55辑,南京:江苏古籍出版社2001年9月版,第110页。

屯二粮额增长 424%。虽然施州一带在明末农民战争中曾受到破坏,但由于农业基础好,所以农业恢复发展较快,至康、雍时期,基本上恢复到明末农民战争前的农业水平。

明末农民战争导致巴东县土地荒芜。明末农民战争结束后,巴东县地方官积极招徕流民开垦荒地,同时清廷将刘体纯的农民军残部安插在巴东县垦田[1],为巴东县增加了劳动力。所以康熙年间,巴东县开垦田地面积不断增加。康熙四年(1665 年),巴东县开垦田地仅 71 顷 90 亩 8 分 5 厘。康熙五年(1666 年),巴东县开垦田地 36 顷 45 亩零。康熙六年,开垦田地 20 顷 77 亩零。康熙九年,开垦地 4 顷 52 亩零。康熙十年开垦地 4 顷 82 亩零。康熙十九年,垦地 92 亩 4 分。康熙二十三年,开垦地 61 亩 3 分。一共开垦田地 140 顷 3 亩零[2]。

明末农民战争和吴三桂叛乱对建始县经济造成巨大破坏,人口流亡,田地荒芜,田赋全亏。康熙三年(1664 年),新任建始县令左其选,携典史永德到任后,积极招抚数百流民垦荒,由官府提供耕牛和种子,发展农业生产,经济一度有所恢复。但吴三桂叛乱再次沉重打击了建始县经济,直至康熙二十六年(1687 年),建始县田亩荒芜,全县田赋仅 20 石余[3]。经建始县令史晟招抚流民,开垦荒地,田赋才增加至 80 余石。另据《建始县志》载:从康熙六年(1667 年)至六十年(1721 年),建始县陆续报垦上、中、下田地共计 234 顷 91 亩零[4]。

明代,长阳县原有田地山塘共计 5244 顷 30 亩零,官田 4 顷 80 亩零,民田 383 顷 10 亩零,地 1748 顷 67 亩零,山地 3203 顷 65 亩 7 分 5 厘 2 毫,塘 4 顷 6 亩零。其中,长阳水田占 7.4%,旱地占 33.3%,山地占 61.1%,塘占 7.7%。明末农民战争使长阳县大量土地荒芜,明末农民战争结束后,长阳县招民开垦荒地,康熙五年(1666 年)至康熙九年(1670 年)底,垦熟 212

①　[清]聂光銮等修,王柏心等纂:同治《宜昌府志》卷 16《官师志·杂载》,《中国地方志集成·湖北府县志辑》第 49—50 辑,南京:江苏古籍出版社 2001 年 9 月版,第 314—315 页。

②　[清]廖恩树修,萧佩声纂:同治《巴东县志》卷 4《赋役志·田地》,《中国地方志集成·湖北府县志辑》第 56 辑,南京:江苏古籍出版社 2001 年 9 月版,第 186—187 页。

③　[清]佚名纂修:嘉庆《建始县志》卷上《职官志》,《故宫珍本丛刊》第 143 册,海口:海南出版社 2001 年 4 月版,第 364 页。

④　[清]佚名纂修:嘉庆《建始县志》卷上《田赋志》,《故宫珍本丛刊》第 143 辑,海口:海南出版社 2001 年 4 月版,第 362 页。

顷 53 亩零。康熙十年（1671 年）至雍正十三年（1735 年）底，折旧垦熟共 1465 顷 11 亩零，仅恢复到明代土地数额的三分之一①。

改土归流以前，明清两代对鄂西南诸土司一直采取羁縻政策，所以经济上只象征性地征一点秋粮税，向例无论土地多少，每年按定额纳银。容美司每年向例额征秋粮银 96 两②。忠峒诸土司每年向例向朝廷输纳秋粮银 73 两 6 钱 4 分③。

鄂西南山区不同的地理环境和资源条件，使不同地区的生产方式和经济模式各不相同。容美司是山地经济模式的代表，而卯峒司是河谷经济模式的典型。

容美司山区"土地瘠薄，三寸以下皆石"，山地农业以种植杂粮为主，通过套作间种，实现三熟。主要种植的农作物有大麦、荞麦、豆类，土民主要以苦荞为食，甜荞产量较少，用于供应给土司官署。在溪泉河谷等水源充沛的地带，才小面积种植水稻④。如顾彩游历容美司时，曾在容美司署芙蓉山右侧山腰龙溪旁，看到有百亩平田正被耕耨，遂即兴赋《龙溪晴望》诗："桃花新涨足，高壤事耕耨。"⑤根据顾彩游历所见，容美司中所种水稻味香而粒少，与江淮水稻品种相同⑥。容美司中有龙爪谷，外形与黍相似，一穗分五支，像龙伸爪而得名。龙爪谷用于酿酒、磨粉作粉蒸肉，和蜂蜜作馅三种用途。酿酒的制作方法是：用面拌和蒸熟，晒干后贮存起来。买酒者将其贮藏于竹筒中，用开水浇灌，随即用竹筒吸饮。饮完再加水，直至味尽而止，称为咂酒⑦。豆类主要有金豆等⑧。

据顾彩游历容美所见，容美土司田舜年"性喜迁徙，每到一处，不数日又迁而他往。中府虽其治城，未尝作匝月留也。行则家眷及将吏、宾客皆

　　① ［清］李拔纂修：乾隆《长阳县志》卷 6《赋役志·官民田地山塘》，海口：海南出版社 2001 年 4 月版，《故宫珍本丛刊》第 143 册，海口：海南出版社 2001 年 4 月版，第 110 页。

　　② ［清］毛峻德纂修：乾隆《鹤峰州志》卷下《田赋》，《故宫珍本丛刊》第 135 册，海口：海南出版社 2001 年 4 月版，第 31 页。

　　③ ［清］张梓修，张光杰纂：同治《咸丰县志》卷 9《食货志·田赋》，《中国地方志集成·湖北府县志辑》第 57 辑，南京：江苏古籍出版社 2001 年 9 月版，第 71—73 页。

　　④ ［清］顾彩著：《容美纪游》，武汉：湖北人民出版社 1999 年 9 月版，第 351—352 页。

　　⑤ ［清］顾彩著：《容美纪游》，武汉：湖北人民出版社 1999 年 9 月版，第 301 页。

　　⑥ ［清］顾彩著：《容美纪游》，武汉：湖北人民出版社 1999 年 9 月版，第 351—352 页。

　　⑦ ［清］顾彩著：《容美纪游》，武汉：湖北人民出版社 1999 年 9 月版，第 351—352 页。

　　⑧ ［清］顾彩著：《容美纪游》，武汉：湖北人民出版社 1999 年 9 月版，第 351—352 页。

迁,百姓襁负以从"①。这说明容美司虽有山地农业,但很明显农业不是土司地区的经济支柱,因此容美司未形成稳定的农业定居生活模式。

雍正十二年(1734 年),朝廷清查容美土司田地,容美司开垦成熟的田地山场共计 654 余顷。前五峰司改长乐县时,清查开垦成熟田地山原共计 193 顷 21 亩零。其中茶山共计 81 顷 62 亩零,占 42.2%②。由此可见,改土以前茶叶种植是五峰司农业经济的重要支柱。容美田土司在五峰司买管田产有 227 处,共计 86 亩 1 分 2 厘 1 毫 1 丝,其田产分布状况如下:白溢寨帅府水田共 3 石 7 斗 4 升,大小 90 坵,计 38 亩零,佃民承种,收稻谷 14 石 4 斗 2 升,四六分,收官租谷 5 石 6 斗 7 升 8 合;水浕司水田共 2 石 5 斗 5 升,大小 47 坵,计 26 亩零,佃民承种,收稻谷 10 石零 6 斗 5 升,四六分,收官租谷 4 石 2 斗 6 升;长茅司水田共 2 石,大小 90 坵,计 20 亩零,佃民承种,收稻谷 3 石 1 斗 5 升,四六分,收官租谷 1 石 2 斗 6 升③。从改土之际清廷对容美司土地的清查数据来看,土司地区的农业垦殖事业较明代取得了很大进步。

卯峒土司地处盆地平坝,土地肥沃,水热条件好,河谷地带适宜种植水稻,山地种植旱粮。明朝正统至景泰年间,卯峒土司向那吾就颁布了《广垦植告示》,要求凡有土地的土民必须开垦水田和旱田,并设置农官督促农业。至康熙年间,尚有覃海龙担任卯峒司农官,这表明卯峒司从明中期至清初,一直在推动农业垦殖事业④。改土归流以前卯峒的农作物品种有麦、荞、豆、秋谷、小谷、鹅掌、芝麻、高粱、旱谷等。蔬菜品种十分丰富,有苋菜、甜菜、青菜、萝卜、苦买菜、葱薤、蒜、蕨、笋、东瓜、南瓜、西瓜、北瓜、苦瓜、王瓜、茄子、豇豆、扁豆、高笋等⑤。乾隆改土之初,来凤县原有成熟水旱田共 571 顷 65 亩,其中水田 281 顷 78 亩 4 分 5 厘 6 毫,占 49.3%;旱田

①　[清]顾彩著:《容美纪游》,武汉:湖北人民出版社 1999 年 9 月版,第 373—374 页。
②　[清]毛峻德纂修:乾隆《鹤峰州志》卷下《田赋》,《故宫珍本丛刊》第 135 册,海口:海南出版社 2001 年 4 月版,第 32 页。
③　[清]李焕春原本,郑敦祐再续:光绪《长乐县志》卷 9《赋役志·官租田》,《中国地方志集成·湖北府县志辑》第 54 辑,南京:江苏古籍出版社 2001 年 9 月版,第 230 页。
④　张兴文,牟玖廉注释:《卯峒土司志校注》,北京:民族出版社 2001 年 4 月,第 31—35 页。
⑤　张兴文,牟玖廉注释:《卯峒土司志校注》,北京:民族出版社 2001 年 4 月,第 18 页。

134 顷 61 亩 2 分 9 毫,占 23.5％;旱地 155 顷 24 亩 1 分,占 27.2％[1]。由以上可知,来凤县原属卯峒等七土司农业垦殖也较明代取得了较大进展。

在施州卫、巴东、建始、大田所、长阳等汉族聚居区,也就是地方文献所谓的"汉地",历经宋、明以来的农业开发,施州卫地区农业获得了长足进步,但客观地评价,农业生产水平仍然很低,这表现在土地的利用率和粮食产量尚处于较低水平,难以和邻省四川山区诸县相较。最根本的一点,就是施州卫本地粮食生产从宋代至清初,一直无法实现粮食自给,需要从外地调剂。宋代施州屯兵一直依赖四川夔州、万州转运粮食,一度与"施州蛮"开展"以盐易粟"的贸易[2]。明初,施州卫官军军粮原由湖广郡县沿江水运,因逆流而上,运输困难。洪武十年(1377 年),景川侯曹震派镇抚甘信疏请由重庆府调运储粮,沿江水运至巫山县,配给施州卫,分军运、民运两种方式[3]。正德以后,散毛、施南、唐崖、忠路、忠建、忠孝、容美等土司经常劫掠周边四川重庆、夔州两府辖属黔江等十州县土地人民,而施州卫官受贿庇护。因此四川地方官刘大谟指责:"施州卫指挥、千百户、旗军食夔州府一十三州县民粮,全无统驭,却乃纵恶殃民。"[4]四川府县曾藉口楚蜀地方财政纠葛,停运军粮至施州卫,使施州卫官员常为缺粮而发愁。

鄂西南山区农业垦殖以山地为主,但由于稻谷市场价格远高于杂粮,所以无论汉土还是苗疆,都十分重视水田垦辟和水稻种植。但由于土司地区农田水利技术相对落后,清初土司地区的农业垦殖发展虽超过了明代水平,但与鄂西南汉地农业水平相比,仍显不足。

三、改土后土地资源的开发与农业垦殖

(一)改土之后的土地资源开发利用

改土归流以后,从朝廷到各级地方官员,都十分重视鄂西南地区的土

---

①　[清]林翼池修,蒲又洪纂:乾隆《来凤县志》卷 4《食货志》,《故宫珍本丛刊》第 143 册,海口:海南出版社 2001 年 4 月版,第 397 页。

②　[元]脱脱等撰:《宋史》卷 283《列传第四二·王钦若、丁谓、夏竦》,北京:中华书局 1985 年 6 月版,第 9566 页。

③　《明太祖实录》卷 222,洪武十七年秋七月丙戌条,上海:上海书店出版社 1982 年 10 月版,第 3245－3246 页。

④　[明]刘大谟等修,王元正等纂,周复俊等重编:嘉靖《四川总志》卷 16《经略下·兵备》,《北京图书馆古籍珍本丛刊》史部第 42 辑,北京:书目文献出版社 1988 年 2 月版,第 320－321 页。

地资源开发利用与农业垦殖事业。

清前期鄂西南山区农业垦殖的大发展，归功于改土各州县地方官积极推广先进的农业生产技术。其中土地整治技术、耕作技术、新式农具等的推广使用，大大提高了土地资源利用的效率。至同治年间，"高低田地皆用牛犁，间有绝壑危坳，牛犁不至者，则以人力为刀耕，农器诸类悉具"[①]。

鹤峰知州毛峻德颁布《劝民告条》，提出发展鹤峰州农业六项措施：首先是培土蓄积雨水，其次是开塘引水灌溉，三是积草粪肥，四是用石灰提高土温，五是拔除杂草，六是禁止牲畜践踏田庄。这六项措施，包括农田水利、施肥、土壤改良、田间管理、农田保护等方面，这表明改土之初，地方官试图将汉地先进的精细农业推广至鄂西南山区。此外，毛峻德还提倡土民在旷土广植桑麻，种经济作物桐树棉花，由官员购种分发给农民播种[②]。改土后的土民也"即今向化买牛犊"，开始学习耕作农业。建始县农民已掌握了麦、豆和麻套种，能提高三成产量的农业生产技术[③]。

鄂西南山区山地各县地方官在推动山区农业垦殖时，十分重视土壤性状调查，因地制宜地进行土壤资源开发利用。乾隆初年，长阳县知县李拔亲自实地履勘，调查鄂西南山地土壤的性质，因地制宜地指导本县农民，发展农业垦殖："昔先王疆理，天下物土之宜，而布其利德至厚也。长阳崇山复岭，绝少沃壤，然其中有地势稍平者，种植禾稼较为饶益。惟是燥湿刚柔各异，其性稻粮黍稷，各有所宜，拔于劳农劝相时，每默识而心数焉，诚以民依所在，不能忘也，笔之于书，以告来者。"[④]

长阳县山地"临溪多水田"，"依山尽旱地"[⑤]，水田以种水稻为主，旱地则根据土壤性质，或种麦，或种高粱，或种黍，或种菽，或种杂粮，或种竹，或种树。李焕春统计了长乐县境内不同地方的土壤温差，并分析了各地所适

① 〔清〕多寿修，罗凌汉纂：同治《恩施县志》卷7《风俗志》，《中国地方志集成·湖北府县志辑》第56辑，南京：江苏古籍出版社2001年9月版，第473页。
② 〔清〕毛峻德纂修：乾隆《鹤峰州志》卷下《劝民告条》，《故宫珍本丛刊》第135册，海口：海南出版社2001年4月版，第59—60页。
③ 〔清〕王协梦修，罗德昆纂：道光《施南府志》卷27《艺文志》，道光十七年（1837年）扬州张有耀斋刻本，第56页。
④ 〔清〕李拔纂修：乾隆《长阳县志》卷1《疆域志·坪》，《故宫珍本丛刊》第143册，海口：海南出版社2001年4月版，第49—50页。
⑤ 〔清〕朱庭菜纂修：道光《长阳县志》卷3《土俗》，道光二年（1822年）刻本长阳县衙藏板，第20页。

宜种植的农作物品种：如界山上下、高峰、长冲等保地气温暖，麦、粱可种两季，还可种棉花、芝麻等，收成较早。渔洋关地气更暖，收成更早。百年关以下为冷地，至平溪、石子冲、红岩脑等处，都只能种一季包谷。黄连、石柱、清水湾等保、县城附近石梁、水泔、麦庄等地均为暖地，可种两季。水泔以上的白鱼、牛溪，石梁以西的飓花岩，以南至平溪界、鹤峰交界处，大多为高荒冷地，除种玉黍之外，多种洋芋。唯有大面至塔坪为暖地，可以种稻、黍。此外麦庄保至长阳县火山，可种包谷①。

　　道光十七年（1837年），来凤县知县丁周为推广农业，发展本地经济，推广先进的耕桑之法，包括区田法、家桑、山桑种植法、山蚕养殖法等②。区田法是一种适合在北方小区块旱作土地上，集中有限人力物力进行精耕细作的集约化耕作法。明人袁黄认为区田法"高亢之地宜之，卑地不宜也"，"边上山坡之地"用区田法可以尽地力③。新引进的农业生产技术可以提高鄂西南山区开发的效率，如区田法的引进，"计一亩之收五倍常田"④。康熙年间，山西太原府同知朱龙耀曾在蒲县山中高陵陡坡尝试推行区田法⑤。

　　长乐县知县李焕春踏勘长乐县全境，根据境内不同地方的土宜，分析了各地所适宜种植的农作物品种：如界山上下、高峰、长冲等保地气温暖，麦、粱可种两季，还可种棉花、芝麻等，收成较早。渔洋关地气更暖，收成更早。百年关以下为冷地，至平溪、石子冲、红岩脑等处，都只能种一季包谷。黄连、石柱、清水湾等保、县城附近石梁、水泔、麦庄等地均为暖地，可种两季。水泔以上的白鱼、牛溪，石梁以西的飓花岩，以南至平溪界、鹤峰交界处，大多为高荒冷地，除种玉黍之外，多种洋芋。唯有大面至塔坪为暖地，

---

　　① ［清］李焕春原本，郑敦祜再续：光绪《长乐县志》卷1《分野志》，《中国地方志集成·湖北府县志辑》第54辑，南京：江苏古籍出版社2001年9月版，第124—125页。

　　② ［清］李勰修，何远鉴等纂：同治《来凤县志》卷30《艺文志·文》，《中国地方志集成·湖北府县志辑》第57辑，南京：江苏古籍出版社2001年9月版，第515—517页。

　　③ ［明］袁黄撰：《劝农书》卷5《田制三》，《续修四库全书》编纂委员会编：《续修四库全书》卷975《子部·农家类》，上海：上海古籍出版社2013年5月版，第196页。

　　④ ［清］李勰修，何远鉴等纂：同治《来凤县志》卷30《艺文志·附区田考》，《中国地方志集成·湖北府县志辑》第57辑，南京：江苏古籍出版社2001年9月版，第518页。

　　⑤ ［清］孙宅揆撰：《教稼书》卷2《区田说》，《续修四库全书》编纂委员会编：《续修四库全书》卷975《子部·农家类》，上海：上海古籍出版社2013年5月版，第405—406页。

可以种稻、黍。此外麦庄保至长阳县火山,可种包谷①。

宣恩县在发展农业时,注意到土宜的重要性:凡至山田地高水寒,谓之溪水谷。在宣恩县东乡里的椿木营、忠峒里的乌脊岭等处土壤阴寒,不适合种植五谷,只宜种洋芋。高罗里之九间店、忠建里之经历寨等处丘陵平地,可以种植百日早、麻早、马尾粘、溪水谷等水稻品种。低山种稻谷,高处无水,只能种包谷、豆、栗、高粱、甘薯等旱作物。因当地土壤寒凉,宣恩县不适宜种植棉花②。

鄂西南山区各县多山地,不同类型土地的经济价值有很大差异。据来凤县 1912 年调查,水田每亩 12 元,旱地每亩 6 元,山林地每亩 3 元,池荡每亩 12 元,宅地每亩 10 元,商地每亩 24 元,园地每亩 16 元,农地每亩 6元③。群山之间夹有小块平地,分冲、塝、坪、坝等,河谷地带大多有坡地。高山坡地水土易流失"不宜晴久",晴久则旱,而坪地更易于水土保持④。因此,清代鄂西南山区地方官优先选择宜农的坪地进行开发。所谓"坪地",《建始县志》定义为"或数里,或十数里之平则曰坪"⑤。

乾隆初年,李拔对长阳县各坪地的土壤性状、土宜进行了详细的调查,规划出各坪地农业种植发展的方向:"何家坪俱旱地,宜杂粮;永河坪水旱兼有,宜稻麦;白石坪水旱多,宜二稻;罗家坪俱旱地,宜杂粮;赤土坪旱地,宜麦菽,坪侧产赤土,里人赖焉;宝山坪水旱兼有,宜稻麦;蒿坪旱地,宜黍稷;马家坪旱地,宜杂粮;蔡家坪旱地,宜杂粮;边家坪旱地,宜杂粮;椿树坪旱地,宜麦菽;谭家坪产筀竹;鲤滩坪鲤鱼洲侧,水旱兼有,宜稻黍;西寺坪俱水田,宜二稻,产筀竹;松杨坪水旱兼有,宜稻粱;狐子坪水旱兼有,宜稻粱;龙潭坪水旱兼有,宜稻麦;黄草坪旱地,宜杂粮;九里坪旱地多,宜麦菽杂粮;马连坪水旱最广,宜二稻麦菽,多产杉树;白沙坪旱地,宜麦稷;栗子

①　[清]李焕春原本,郑敦祜再续:光绪《长乐县志》卷 1《分野志》,《中国地方志集成·湖北府县志辑》第 54 辑,南京:江苏古籍出版社 2001 年 9 月版,第 124—125 页。

②　[清]张金澜修,蔡景星等纂:同治《宣恩县志》卷 10《风土志·土宜》,《中国地方志集成·湖北府县志辑》第 57 辑,南京:江苏古籍出版社 2001 年 9 月版,第 211 页。

③　何宗宪主编:《来凤县民国实录》第 11 章《地政》,来凤县档案馆内部刊 1999 年 10 月版,第186 页。

④　[清]朱庭菜纂修:道光《长阳县志》卷 3《土俗》,道光二年(1822 年)刻本长阳县衙藏板,第22 页。

⑤　佚名编纂:民国《建始县志》卷上《职官志》,民国十九年(1930 年)北平国立图书馆抄本,第9 页。

坪有二，俱旱地，宜杂粮；枝柘坪旱地，宜杂粮；鸭儿坪水旱兼有，宜稻粱；水莲坪旱地多，宜杂粮，明设把夷关处；石并坪水田最广，宜二稻；桅杆坪旱地，宜麦菽；麦庄坪旱地，宜麦黍；掌管坪有水田，宜稻麦；上王坪水旱俱有，宜稻粱；瀼水坪水旱兼有，宜稻黍；桃坪旱地，宜杂粮；东山坪水旱兼有，宜稻麦；歌唱坪水田最广，宜二稻；前后坪中隔一山，故有前后之名，水陆最广宜稻麦；金坪、杨家坪、黄家坪、毛坪四处水旱兼有，宜稻粱；孙家坪旱地，宜麦菽；倒生坪旱地，宜杂粮；鄢家坪旱地，宜麦黍；麦坪水旱兼有，宜稻粱；三友坪水旱最广，宜稻麦；杨义坪水旱兼有，宜稻粱；倒荒坪陆地，宜杂粮、广铁矿。"①

　　同治年间，长乐县知县李焕春亦全面调查境内坪地适宜种植的农作物品种：长坪"地宜稻谷包谷杂粮"，天堰坪"均宜包谷"，石龟坪"宜稻谷包谷"，栗子坪"宜包谷"，唐家坪"宜稻谷"，金山坪"宜包谷"，松木坪"宜包谷杂粮"，黄连坪"出黄连"，塘房坪"宜包谷"，土坪"宜包谷洋芋"，枪杆坪"宜洋芋"，史家坪"宜包谷"，紫荆坪"宜稻谷"，茅坪"宜包谷、荷花稻谷"，枫香坪"宜包谷"，西流坪"宜包谷"，涨水坪"宜包谷"，马家坪"宜包谷"，卸甲坪"宜包谷"，杨家坪"宜包谷"，长乐坪"宜稻谷包谷"，白岩坪"宜包谷"，黄粮坪"宜包谷"，板仓坪"宜包谷"，泗坪"宜包谷"，任家坪"宜包谷"，黄湘坪"宜包谷"，仕和坪"宜包谷"，升子坪"宜包谷"，青树坪"宜包谷"，李家坪"宜稻谷杂粮"，庹家坪"宜稻谷杂粮"，杨虎坪"宜稻谷"，三房坪"宜稻谷杂粮"，朱草坪"宜包谷荞麦菜子"，松林坪"宜稻谷杂粮"，石笋坪"宜包谷"，青草坪"宜洋芋"，塔坪"宜稻谷包谷"，大花坪"宜洋芋"，抵洞坪"宜包谷"，中心坪"宜洋芋"，堰塘坪（离长乐县城一百四十里）"宜洋芋"，堰塘坪（在麦庄保）"宜棉花芝麻包谷"，二龙坪"宜包谷"，晒坪"宜洋芋绣球白菜"，核桃坪"宜包谷"，以连坪"宜包谷"，刘家坪"宜包谷杂粮"，麦李坪"宜包谷洋芋"，王家坪"宜包谷"，翘阳坪"宜包谷洋芋"，梅坪"宜包谷"，白玉坪"有水旱田，产稻谷香糯，异于他处，人烟约百余户"，全坪"宜稻谷包谷"，冈药坪"宜包谷"，犀牛坪"宜稻麦桐柏蚕桑棉花"，跑马坪"宜包谷稻谷"，堰坪"宜包谷"，鱼戏坪"宜包谷"，乾溪坪"宜包谷"，官田坪"宜包谷"，二台坪"宜包谷"，叶产坪

---

① ［清］李拔纂修：乾隆《长阳县志》卷1《疆域志·坪》，《故宫珍本丛刊》第143册，海口：海南出版社2001年4月版，第49—50页。

"宜包谷",西瓜坪"宜包谷",傅家坪"宜稻谷杂粮",水井坪"宜包谷",野花坪"宜包谷",大金坪"宜包谷",中庄坪"宜稻谷杂粮",张家坪(在三眼泉保泅坪上)"宜包谷",张家坪(在城北尤溪保紫荆坪对岸)"宜稻谷杂粮",红溪坪"宜包谷",龙洞坪"宜包谷",文佑坪"宜包谷",向家坪"宜包谷",杨家坪"宜包谷",西坪"宜羊芋"[①],鹿庄为原容美土司田舜年叔祖田圭的庄地,"宜包谷"。

此外,长乐县还有称为"塪""冲"等的山间平地,亦适宜种植农业。李焕春统计长乐县"塪"地种植的农作物类型:扇靶塪"宜包谷",百石塪"宜杂粮,可收百石",草塪"宜包谷",黄栢塪"宜包谷",温家塪"宜包谷",打虎塪"宜包谷",马家塪"宜包谷",杨家塪"宜包谷"。锣鼓圈"宜棉花小麦"。"冲"亦为山间平地,宜种植粮食作物类型主要有:长乐县北冲"出煤炭洋芋",后冲"宜稻谷",青岩冲"宜包谷",长冲"宜包谷粟谷",麻溪冲"宜稻谷包谷",喻家冲"宜包谷",文家冲"宜包谷",石子冲"产包谷",风凉冲"宜包谷",碾盘冲"宜包谷"[②]。

鄂西南山区土地贫瘠,石多田少,土壤改良技术对扩大农业垦殖至关重要。山地农民设法移石造田,以石围田,既可防止水土流失,又阻止牲畜破坏农田。如长乐县"农民多砌石累土,以种粮食"[③]。清人吴邦庆在《泽农要录》中描绘了山地磊石造田的方法:"夫山多地少之处,除磊石及峭壁,例同不毛。其余所在土山,下自横麓,上至危巅,一体之间,裁作重磴,即可种艺。如土石相半,则必叠石相次,包土成田。"[④]外来棚民砍伐树木,架设草舍,借粮作种籽,长期在深山中种植高粱、豆类等旱地作物。朱寅赞在《沙渠竹枝词》诗中记述了鄂西南山地垦辟小块石田,进行旱地作物种植的情景:"除石为田石作围,牛羊弗践麦苗肥。"[⑤]但石田的垦辟十分艰难,吴其浚在

①　[清]李焕春原本,郑敦祐再续:光绪《长乐县志》卷2《疆域志·坪》,《中国地方志集成·湖北府县志辑》第54辑,南京:江苏古籍出版社2001年9月版,第131—134页。

②　[清]李焕春原本,郑敦祐再续:光绪《长乐县志》卷2《疆域志·坪》,《中国地方志集成·湖北府县志辑》第54辑,南京:江苏古籍出版社2001年9月版,第134—137页。

③　[清]李焕春原本,郑敦祐再续:光绪《长乐县志》卷1《分野志·附气候》,《中国地方志集成·湖北府县志辑》第54辑,南京:江苏古籍出版社2001年9月版,第124页。

④　[清]吴邦庆:《泽农要录》卷2《田制第二》,《四库未收书辑刊》第4辑第23册,北京:北京出版社1998年版,第403页。

⑤　[清]张家榴修,朱寅赞纂:嘉庆《恩施县志》卷4《艺文十七·沙渠竹枝词》,《故宫珍本丛刊》第143册,海口:海南出版社2001年4月版,第228—229页。

《施州草木诗九首》诗中有所描述："耰锄剔山骨，爬土得盈握。乱石如犁齿，仰刺牯牛足。"[①]但是山坡地的石田遇雨则土肥易于流失，"雨水太多则粪土被所冲刷，膏腴尽而收成薄。有种地两年，又荒芜，两年再种者，以为蓄土"[②]。

改土以后，由于地方官积极推广水稻种植，针对鄂西南山区生长期短的环境条件，从四川、贵州、湖南、鄂西北郧阳等地引进适宜山地种植的水稻品种。土司时，容美司白溢曾出产冰水稻，作为土司入贡的贡品，属于晚稻。此外，鹤峰、长乐、来凤出产早稻[③]。据光绪《长乐县志》记载，长乐县水稻品种不仅有植白溢稻、冰水稻等本地品种，还从外地引进了许多水稻品种，有黏稻谷、麻稻谷、糯稻谷、早稻谷、郧阳黏、半黏糯、黏粟谷、糯粟谷、红糯谷、白糯谷等。其中早稻谷有七十早、百日早、末伏早、齐头黄等品种[④]。咸丰县山多水少，种田者以水稻为主粮，水稻品种主要有白脚黏、大小贵阳黏、麻黏、百日早黏、马尾黏、托黏、青黏、沙黏、寸谷糯、矮子糯、哆口糯、半边黏等。咸丰县农民种白脚黏、大小贵阳黏者较多[⑤]。据清人杨巩介绍，适宜北方平地的旱稻，在光绪末年推广至湖广山地种植[⑥]。

鄂西南山区各县食物主要来源是杂粮，山区种植的杂粮品种有麦、高粱、粟、豆、包谷等品种。民国《湖北通志》亦记录了施宜两府各州县麦、粟、高粱、包谷等杂粮类型，麦类粮食主要有：利川特产六棱麦，施宜各属均种植燕麦，长阳、长乐产荞麦，鹤峰州产伏荞。鹤峰长乐产秋谷，鹤峰产观音谷，属于粟类。恩施、来凤、利川产穇子，一名鹅掌、鸭脚稗。长乐县产禹余粮，即野生水稻。施南府产仙谷，即一种黄稗[⑦]。另据光绪《长乐县志》记载，长乐县杂粮有小高粱、秋谷、包谷、老娃谷、大麦、小麦、米麦、燕麦、荍

---

① ［清］王协梦修，罗德昆纂：道光《施南府志》卷27《艺文志》，道光十七年（1837年）扬州张有耀斋刻本，第53—55页。

② ［清］李焕春原本，郑敦祜再续：光绪《长乐县志》卷1《分野志·附气候》，《中国地方志集成·湖北府县志辑》第54辑，南京：江苏古籍出版社2001年9月版，第124页。

③ 吕调元等修，张仲炘等纂：民国《湖北通志》卷22《舆地志·物产》，宣统三年（1911年）修，民国十年（1921年）商务印书馆影印本，第778页。

④ ［清］李焕春原本，郑敦祜再续：光绪《长乐县志》卷8《物产志》，《中国地方志集成·湖北府县志辑》第54辑，南京：江苏古籍出版社2001年9月版，第220页。

⑤ 徐大煜纂修：民国《咸丰县志》卷4《物产》，民国三年（1914年）铅印本，第47—48页。

⑥ ［清］杨巩编：《中外农学合编》卷1《农类谷种》，《四库未收书辑刊》第4辑第23册，北京出版社2000年1月版，第6页。

⑦ 吕调元等修，张仲炘等纂：民国《湖北通志》卷22《舆地志·物产》，宣统三年（1911年）修，民国十年（1921年）商务印书馆影印本，第778页。

麦、龙爪粟、芝麻、苏麻、黍谷、牙谷、黄利等①。据民国《咸丰县志》统计,咸丰县稻谷占十分之四,包谷占十分之六。咸丰县红麦、三月黄最多。红麦生长期长,不宜多种。三月黄为救荒品种,因味淡价贱,不宜多种。菽豆采取田间套种方式②。据《湖北通志》记载,鄂西南山区各州县还种植菽豆类杂粮:长乐、鹤峰产赤眉豆,长阳、长乐、鹤峰产蛮豆,长阳产苦菽③。光绪《长乐县志》详细记载了长乐县豆类品种:黄豆、青皮豆、绿豆、赤豆、剥豇豆、黑豆、赤眉豆、小豆、蛮豆、豇豆、扁豆、蚕豆、茶豆、秋凉豆、娥眉豆、豌豆、金豆等④。

(二)改土之后的农业垦殖的发展

改土之初,清廷对新辟苗疆的田赋征收进行政策倾斜,采取减赋措施以促进改设各州县的农业垦殖。乾隆三年(1738年)正月,乾隆帝颁布上谕:"湖北忠峒等处土司改土归流,增设施南一府,统辖恩施、宣恩、咸丰、利川、来凤、建始六县。除恩施系属旧县,建始系川省改归,并恩施分归咸、利二县之田地人丁,向有定额,毋庸另议外,其余改土地方,新入版图者,该督抚现在查勘,分别升科。但该土司向未输纳秋粮,不计田地多寡,每年统计止纳银七十三两六钱四分。今若照内地科则征收,必至加于前数。朕心爱养斯民,望其受国恩原,不计贡赋之多寡。乾隆元年(1736年),曾降谕旨,将容美司改设之鹤峰、长乐二州县成熟田地,即照原额秋粮银九十六两之数,作为征收定额。今忠峒土司与容美事同一例,著将查明成熟田地,即照原额秋粮银七十三两六钱四分之数,将田分派作为定额,毋庸另议科则,俾苗疆黎庶永沾薄赋之恩。至乾隆二年未完伙粮,一并豁免。该部即遵谕行,钦此。拨归案内原报屯丁七丁,每丁征银二钱,该征银一两四钱,钦奉恩诏。以康熙五十二年(1713年)丁册定为常额,又恩施县拨归随粮人丁

---

①　[清]李焕春原本,郑敦祜再续:光绪《长乐县志》卷8《物产志》,《中国地方志集成·湖北府县志辑》第54辑,南京:江苏古籍出版社2001年9月版,第220页。

②　徐大煜纂修:民国《咸丰县志》卷4《物产》,民国三年(1914年)劝学所制本,第47—48页。

③　吕调元等修,张仲炘等纂:民国《湖北通志》卷22《舆地志·物产》,宣统三年(1911年)修,民国十年(1921年)商务印书馆影印本,第778页。

④　[清]李焕春原本,郑敦祜再续:光绪《长乐县志》卷8《物产志》,《中国地方志集成·湖北府县志辑》第54辑,南京:江苏古籍出版社2001年9月版,第220页。

银五两一钱三分二厘。"①正是由于改土地区田赋较轻,成为吸引外来流民进山垦殖的重要动力,形成有利于鄂西南山区经济开发的政策环境。

乾隆五年(1740年),乾隆帝谕令:"湖北所属山头地角硗瘠之地,止堪种树;高阜之区,止种杂粮;及旱地不足二亩、水田不足一亩者,均免升科。"②在此政策推动下,鄂西南山区贫瘠山地农业垦殖活动日益兴盛。乾隆十五年(1750年),湖广总督永兴鉴于宜昌、施南二府改土各州县"户口日增,田土日辟",奏请将开垦成熟田地照例升科。乾隆帝十分谨慎,考虑到鹤峰等州县改土未久,内地人民赴垦与内地不同,永兴督楚未久,缺乏政治经验,谕令延迟二三年后再行办理③。

湖北地方督抚认为农业垦殖,对鄂西南少数民族山区的政治治理十分重要。乾隆二年(1737年),湖广总督德沛奏称,"治苗疆宜劝垦田"④。清廷在改土初期为了维护鄂西南地区的政治稳定,使人民安居乐业,精心铨选才德优长、熟悉苗情者,去充任山区各府州县官员。乾隆初年,各府州县地方官十分重视开垦荒地,恢复农业生产。乾隆三年(1738年),江西临川举人杨应求任利川知县。下车伊始,"多方抚恤,劝民耕作,抚字十载,不辞劳瘁"⑤。

改土之初,户部饬令新设县履任后,清查垦辟原土司地区户口田粮,乾隆元年(1736年),恩施知县鹿聪豫、来凤知县于执中、署咸丰县知县施南府经历黄士会、宣恩知县陈宷、利川知县李行修等会同详议,呈请立法定限,进行招垦:将荒田分为难垦、易垦,熟田无论汉土及外来本地人民所垦,准其管业,分上中下三则照定例年限起科。各知县"设法招徕给照","如人

　　①　[清]张梓修,张光杰纂:同治《咸丰县志》卷9《食货志·田赋》,《中国地方志集成·湖北府县志辑》第57辑,第71—73页。

　　②　[清]昆冈编纂:光绪《钦定大清会典事例》卷164《户部·田赋·免科田地》,台湾:新文丰出版股份有限公司1976年10月版,第7249页。

　　③　《奏为湖北宜昌施南二府之鹤峰等州县开垦地亩升科敬铭圣训妥酌定议谢恩事》,乾隆十五年十月初二日,中国第一历史档案馆宫中档全宗,档案号:04—01—22—0030—020。

　　④　[清]赵尔巽等撰:《清史稿》卷215《列传第二·雅布从孙简仪亲王德沛》,北京:中华书局1976年12月版,第8952页。

　　⑤　[清]松林等修,何远鉴等纂:同治《增修施南府志》卷21《官师志·政绩》,《中国地方志集成·湖北府县志辑》第55辑,南京:江苏古籍出版社2001年9月版,第294页。

民既不自行报垦,又不另觅旁人助垦,应准地方官另行招徕开垦管业"①。并奏请暂免征收秋粮,减赋励民。

　　为了开发山地农业的同时稳定流民,地方官积极鼓励流民垦辟山荒,而入山垦殖的流民私垦官荒,迫使官荒开禁。乾隆初年,长阳县知县李拔劝民开垦县西北方圆百余里的百里荒,荒土尽辟,流民尽编保甲。此外,长阳县西南一百余里的时连荒、猫儿荒、水草荒、青皮荒、簸箕荒、火山后荒等大片荒地亦经李拔劝民开垦,渐次垦成农田②。但高山荒地土壤贫瘠,土地资源条件限制了山地农业垦殖的可持续性,故道光《长阳县志》称:"以上诸荒俱山高岭峻,寒冷异常,种植一二年必旷,一二年始可再种。③《长乐县志》亦载:"邑属山之最高者名高荒,其稍下者名半高荒,大约统概之词。"至光绪年间,后荒、背褡荒已垦在旱地。采花保前坪的后荒,宜种包谷洋芋。采花保竹柘营的背褡荒,宜种洋芋④。乾隆十七年(1752年),湖广总督永常奏报请,将施南府老荒山场,一概实行封禁⑤。至乾隆三十八年(1773年)二月,湖北巡抚陈辉祖奏报施南府近年户口日繁,流寓日众。因流民对定例不熟悉,开垦荒地,未及时报升科则,奏请由民人自行首报,分别升科。由于施南府人口滋生,施南府流民私垦官荒禁山,趋之若鹜,官为封禁已属有名无实。鉴于此,湖北巡抚陈辉祖奏请停止封禁官荒,允许人民自由垦荒⑥。乾隆三十八年(1773年),陈辉祖亲赴施南各属县实地履勘,发现施南府各县水田、山地渐次开垦,"虽处山乡,其地势稍平及溪傍涧侧,高滩阪隰间已种成水田,即峰头坡畔,亦皆垦辟广植包谷"。"扶犁相接,地无遗利,势所必然"⑦。此后,鄂西南山区从封禁走向全面开发。

---

　　①　《题为遵议湖北题请分等查勘忠峒等新设县治各土司地方田地科则及设法劝垦科征事》,乾隆元年十二月初十日,中国第一历史档案馆内阁全宗,档案号:02−01−04−12830−014。

　　②　[清]李拔纂修:乾隆《长阳县志》卷1《疆域志·要路》,《故宫珍本丛刊》第143册,海口:海南出版社2001年4月版,第45−46页。

　　③　[清]朱庭棻纂修:道光《长阳县志》卷1《疆域志·园荒》,道光二年(1822年)刻本长阳县衙藏板,第15页。

　　④　[清]李焕春原本,郑敦祜再续:光绪《长乐县志》卷3《山川志》,《中国地方志集成·湖北府县志辑》第54辑,南京:江苏古籍出版社2001年9月版,第154页。

　　⑤　《清高宗实录》卷429,乾隆十七年十二月丙辰条,北京:中华书局1986年11月版,第615页。

　　⑥　《清高宗实录》卷927,乾隆三十八年二月己卯条,北京:中华书局1986年11月版,第463−464页。

　　⑦　《奏为郧阳施南二府荒田遂被开垦饬令查明升科事》,乾隆三十八年正月二十八日,中国第一历史档案馆宫中档全宗,档案号:04−01−23−0089−017。

　　由于鄂西南山区土地贫瘠,农业垦殖对劳动力的需求较大,所以男女同耕是山区普遍的生产方式。如鹤峰州"妇女鲜纺绩,俱力农如男子"。建始县"介居深山,其可为田者盖少","水陆田地,男妇作苦与共"。利川县"男女杂作,勤耕稼"①。从清初至嘉庆年间太平日久,建始县人口日增,经民人携妇孺共垦,田赋渐增②。咸丰县土多贫瘠,"子妇经年勤力作,种将菽麦遍山坡"③。《劝农台》一诗描绘了妇女儿童田间耕作的情景:"年年忙杀春三月,大儿扶犁小儿耙。新妇插禾阿姑馌,沾体涂足不为辱……"④

　　根据民国《湖北通志》统计,鄂西南地区土地开垦集中在乾隆年间:清代宜昌府属鹤峰、长乐二州县各案开垦额外田地 193 顷 76 亩。又乾隆年间鹤峰州劝垦 8 顷 2 亩,长乐县首垦额外地 2 顷 84 亩。施南府各县田地额共 3889 顷 7 亩。节年开垦田地 983 顷 19 亩,又恩施县乾隆四十七年(1782 年)开垦 30 顷 22 亩,又利川县乾隆五十三年(1788 年)开垦 31 顷 43亩,又建始县在乾隆五十六年(1791 年)开垦 2 顷 12 亩⑤。另据清《清高宗实录》记载:雍正七年(1729 年),建始县报垦下则地 18 顷 18 亩,乾隆五年(1740 年)十二月,户部议准,因建始县石多土少,将应征科丁条粮银照数开除⑥。清乾隆嘉庆年间开垦土地情况详见下表:

表 3—4　清乾隆、嘉庆年间鄂西南地区报垦荒地面积表

报垦年月	报垦地区	报垦额	资料来源
乾隆二年(1737 年)十月己酉	鹤峰州 长乐县	837.21 顷	《清高宗实录》卷 55,乾隆二年十月己酉条,第 912 页
乾隆三年十月丁亥	宣恩等县	1604.17 顷	《清高宗实录》卷 78,乾隆三年十月丁亥条,第 234 页

　　① 吕调元等修,张仲炘等纂:民国《湖北通志》卷 21《舆地志二十一·风俗》,宣统三年(1911年)修,民国十年(1921 年)商务印书馆影印本,第 583—584 页。

　　② [清]袁景晖纂修:嘉庆《建始县志》卷上《田赋志》,《故宫珍本丛书》第 143 册,海口:海南出版社 2001 年 6 月版,第 361—362 页。

　　③ [清]张梓修,张光杰纂:同治《咸丰县志》卷 17《艺文志·瀑布竹枝词》,《中国地方志集成·湖北府县志辑》第 57 辑,南京:江苏古籍出版社 2001 年 9 月版,第 124 页。

　　④ [清]松林等修,何远鉴纂:同治《增修施南府志》卷 28《艺文志·诗》,《中国地方志集成·湖北府县志辑》第 55 辑,南京:江苏古籍出版社 2001 年 9 月版,第 443 页。

　　⑤ 吕调元等修,张仲炘等纂:民国《湖北通志》卷 45《经政志三·田赋二》,宣统三年(1911年)修,民国十年(1921 年)商务印书馆影印,第 1270—1273 页。

　　⑥ 《清高宗实录》卷 133,乾隆五年十二月丙辰条,北京:中华书局 1986 年 11 月版,第 931 页。

续表

报垦年月	报垦地区	报垦额	资料来源
乾隆六年(1741 年)	恩施县	4 顷	《户部抄档:地丁题本——湖北(四)》,转引自彭雨新:《清代土地开垦史资料汇编》
乾隆八年九月己亥	鹤峰州长乐县	6.50 顷	《清高宗实录》卷 78,乾隆八年九月己亥条,第 234 页
乾隆八年	来凤县	4.85 顷	《户部抄档:地丁题本——湖北(四)》,转引自彭雨新:《清代土地开垦史资料汇编》第 422—423 页
乾隆九年二月乙亥	鹤峰州	0.09 顷	《清高宗实录》卷 211,乾隆九年二月乙亥条,第 717 页
乾隆十一年	蕲州卫当阳鹤峰长乐	74.79 顷	《户部抄档:地丁题本——湖北(四)》,转引自彭雨新:《清代土地开垦史资料汇编》第 425 页
乾隆十四年四月庚子	长乐县	2.2 顷	《清高宗实录》卷 339,乾隆十四年四月庚子条,第 683 页
乾隆十六年十二月戊戌	鹤峰县	19.06 顷	《清高宗实录》卷 404,乾隆十六年十二月戊戌条,第 308 页
乾隆十六年	来凤县	26.795 顷	乾隆《来凤县志》卷 4《食货志·田赋》,第 397 页
乾隆十九、二十三、二十六、二十七、三十一、三十二、四十三年	建始县	310.4339 顷	嘉庆《建始县志》不分卷《田赋志》,第 361 页
乾隆二十三年四月丁卯	当阳长阳鹤峰建始	93.2 顷	《清高宗实录》卷 560,乾隆二十三年四月丁卯条,第 103 页
乾隆二十四年	长乐县	6.34 顷	《户部抄档:地丁题本——湖北(四)》,转引自彭雨新:《清代土地开垦史资料汇编》,第 428—429 页
乾隆二十六年四月己卯	鹤峰州保康县	20.75 顷	《清高宗实录》卷 634,乾隆二十六年四月己卯条,第 80 页
乾隆二十六年三月壬寅	建始县	6.7 顷	《清高宗实录》卷 632,乾隆二十六年三月壬寅条,第 51 页

续表

报垦年月	报垦地区	报垦额	资料来源
乾隆二十七年（1762年）十月丙申	建始县	28.8 顷	《清高宗实录》卷 672，乾隆二十七年十月丙申条，第 511 页
乾隆二十八年三月壬戌	咸丰县	2.6 顷	《清高宗实录》卷 707，乾隆二十八年三月壬戌条，第 902 页
乾隆二十九年三月庚辰	咸丰县	4.06 顷	《清高宗实录》卷 707，乾隆二十九年三月庚辰条，第 902 页
乾隆三十年二月	鹤峰州	7.04 顷	《户部抄档：地丁题本——湖北（四）》，转引自彭雨新：《清代土地开垦史资料汇编》，第 429 页
乾隆三十年四月丁未	鹤峰州	15 顷	《高宗实录》卷 734，乾隆三十年四月丁未条，第 80—81 页
乾隆三十一年四月戊辰	长乐县	4.18 顷	《清高宗实录》卷 759，乾隆三十一年四月戊辰条，第 362 页
乾隆三十五年三月丙午	建始县	28.8 顷	《清高宗实录》卷 855，乾隆三十五年三月丙午条，第 460 页
乾隆四十一年五月辛卯	鹤峰州	7.08 顷	《清高宗实录》卷 1009，乾隆四十一年五月辛卯条，第 549 页
乾隆四十二年六月戊戌	鹤峰州	0.94 顷	《清高宗实录》卷 1034，乾隆四十二年六月戊戌条，第 858 页
乾隆四十二年七月乙酉	长乐县	2.84 顷	《清高宗实录》卷 1037，乾隆四十二年七月乙酉条，第 893 页
乾隆四十三年	来凤县	39.109 顷	同治《来凤县志》卷 13《食货志·田赋》，第 375 页
乾隆四十三年	咸丰县	62.8313 顷	同治《咸丰县志》卷 9《食货志·田赋》，第 72 页
乾隆五十四年四月丙申	利川县	31.4 顷	《清高宗实录》卷 1326，乾隆五十四年四月丙申条，第 955—956 页

续表

报垦年月	报垦地区	报垦额	资料来源
乾隆五十七年（1792年）十一月乙卯	建始县	2.12顷	《清高宗实录》卷1417,乾隆五十七年十一月乙卯条,第1062页
嘉庆七年（1802年）六月乙丑	建始县	0.12顷	《清高宗实录》卷99,嘉庆七年六月乙丑条,第334页

资料来源:1.彭雨新编:《清代土地开垦史资料汇编》,武汉:武汉大学出版社1992年12月版,第402－403页。2.湖北地方志和《清实录》中有关资料来源,详见表中。

　　鄂西南山区各县水田、旱田、旱地、山地等土地资源结构不同,因此,不同类型的土地垦殖发展亦不同。如山地为主的长阳县,乾隆田地山塘共计5244顷30亩5厘5毫5丝,其中,长阳水田占7.4％,旱地占33.3％,山地占61.1％,塘占7.7％[①]。而以低山平坝为主的来凤县在改土归流以前,有成熟水旱田地共571顷65亩,其中水田281顷78亩4分5厘6毫,占49.3％;旱田134顷61亩2分9毫,占23.5％;旱地155顷24亩1分,占27.2％[②]。至乾隆四十三年(1778年),来凤县水田共302顷23亩7分4厘,占47％,旱田共177顷67亩5分2厘,占28％,旱地共162顷59亩8分,占25％[③]。水旱田地的垦辟均有增长,但土地结构变化较小。

　　彭雨新在研究清代土地开垦史时,认为:"乾隆时期,平原地区的开垦已达饱和境界,清廷对于农民所进行的山区、水域的垦辟,采取了先鼓励、放任,后是限制的不同态度,至嘉庆、道光时期已是进退维谷了。"[④]改土归流以后,乾隆年间成为鄂西南山区经历农业垦殖的高潮期,因此,《施南府志》称,"国家休养经百年,蛮土尽辟为良田"[⑤]。鄂西南山区也曾经历了从鼓励、放任开垦,到达到饱和,再至限制开垦的历程。自咸丰、同治以后,湖

---

　　① ［清］李拔纂修:乾隆《长阳县志》卷6《赋役志·官民田地山塘》,《故宫珍本丛刊》第143册,海口:海南出版社2001年4月版,第110页。

　　② ［清］林翼池修,蒲又洪纂:乾隆《来凤县志》卷4《食货志·田赋》,《故宫珍本丛刊》第143册,海口:海南出版社2001年4月版,第397－398页。

　　③ ［清］李勖修,何远鉴等纂:同治《来凤县志》卷13《食货志·田赋》,《中国地方志集成·湖北府县志辑》第57辑,南京:江苏古籍出版社2001年9月版,第374－375页。

　　④ 彭雨新编:《清代土地开垦史资料汇编·序言》,武汉:武汉大学出版社1992年12月版,第2页。

　　⑤ ［清］王协梦修,罗德昆纂:道光《施南府志》卷27《艺文志》,道光十七年(1837年)扬州张有耀斋刻本,第30页。

北"生聚抚息几忧人满,已无大段荒土"①。

四、玉米等山地作物推广与山区旱地农业发展

改土归流以前,鄂西南地区未种植玉米、洋芋、红薯等原产于美洲的山地高产农作物。正是由于改土归流后,各地流民大量涌入,陆续带来了玉米等高产山地作物,才促进了鄂西南山区农业垦殖的发展。低山居民"除稻谷外,以甘薯为接济正粮",高山居民"除包谷外,以洋芋为接济正粮"②。

张家炎认为玉米、甘薯可能假道四川传入鄂西、鄂西北山区,而鄂西的马铃薯即洋芋的传播路径不详。由于玉米、甘薯、马铃薯等作物适宜山地种植,因此在鄂西山区迅速传播③。吴量恺认为明末湖北已有甘薯、玉米的栽种,但至清康熙乾隆时期才真正在湖北普及推广,而荆襄秦巴山区的薯种可能从江浙一带引入④。光绪《长乐县志》称长乐县北 80 里处的火山产包谷最早,长乐县的包谷有可能经长阳县传入⑤。

玉米在鄂西南山区通常称为"包谷"或"苞谷",据《植物名实图考》载:"玉蜀黍,《本草纲目》始入谷部,川、陕、两湖凡山田皆种之,俗呼包谷。山农之粮,视其丰歉;酿酒磨粉,用均米麦;瓤煮以饲豕,秆干以供炊,无弃物。"⑥玉米对土壤条件和水分要求都不高,易于种植,且产量高,成为山民主粮。如宣恩县"谷属俱有,惟包谷最多"。改土归流至清末,鄂西南山区各州县种植范围最广、产量最高的粮食作物就是玉米⑦。

建始县山多田少,改土归流后,人口倍增,稻谷不足以供给。因此,山

---

　　① 吴剑杰主编:《湖北谘议局文献资料汇编》,《推广农林以兴实业案》,武汉:武汉大学出版社 1991 年 9 月版,第 171 页。

　　② [清]张金澜修、蔡景星等纂:同治《宣恩县志》卷 10《风土志·土宜》,《中国地方志集成·湖北府县志辑》第 57 辑,南京:江苏古籍出版社 2001 年 9 月版,第 212 页。

　　③ 张家炎:《清代湖北的杂粮作物》,《古今农业》1996 年第 1 期,第 51—61 页。

　　④ 吴量恺主编:《清代湖北农业经济研究》,武汉:华中理工大学出版社 1995 年 1 月版,第 63 页。

　　⑤ [清]李焕春原本,郑敦祜再续:光绪《长乐县志》卷 3《山川志》,《中国地方志集成·湖北府县志辑》第 54 辑,南京:江苏古籍出版社 2001 年 9 月版,第 139 页。

　　⑥ [清]吴其濬著:《植物名实图考》卷 2《谷类·玉蜀黍》,北京:中华书局 1963 年 2 月版,第 38 页。

　　⑦ [清]张金澜修,蔡景星等纂:同治《宣恩县志》卷 10《风土志·物产》,《中国地方志集成·湖北府县志辑》第 57 辑,南京:江苏古籍出版社 2001 年 9 月版,第 212 页。

民在山上种植包谷、洋芋、荞麦、燕麦,或者以蕨、蒿之类代食。建始县包谷种植十分广泛,"深林剪伐殆尽,巨阜危峰,一望皆包谷也"①。建始训导周鲲化曾赋诗称赞:"包谷根从石隙寻,石田戴土土如金。秋风莫扫野鸡啄,传说天荒救老林。"②

乾隆年间,长阳县方山方圆数十里土地上,有十余家佃户均以种包谷为生③。

嘉庆《恩施县志》记载了恩施县包谷的种类,有青、红、黄、白等类,且有杂青、红、黄、白各色的花包谷。栽种包谷必须成行列。初始时丛生,必须经过反复薅锄后,才能形成行列④。

乾隆初年,大量外地流民涌入鹤峰山羊隘,在山地毁林开荒,种植包谷,春种秋收,秋种春收,一年两季。收获的包谷经过加工,或剥作玉米,或酿成酒,或制成糖,或制作糕饼。鹤峰州山民以包谷为主食,包谷产量占全县粮食生产总量的80%。但包谷逾年必生虫,山民只有将剩余包谷酿酒喂猪,然后将猪贩卖其他县,可换购布棉杂货。道光年间,鹤峰州包谷的价格为:每市斗,仅值四十文,换算成官斗,仅值二十文⑤。

乾隆初年,长乐县仅渔洋关、水浕产稻谷,大多数地方种植包谷,当时县令李焕春在竹枝词中写道:"十亩新秧插不多,相将玉黍种山坡。"⑥

咸丰县山区高低处均种包谷,黄裳吉在《玉蜀黍》诗中写道:"黍名玉蜀满山岗,实好实坚美稻粱。割尽黄云看陇上,秋风送入酒泉香。"⑦

甘薯又称番薯,《植物名实图考》称:"……《本草纲目》始收入菜部。近时

①　[清]袁景晖纂修:道光《建始县志》卷3《户口志》,《中国方志丛书·华中地方》第326号,台湾:成文出版社1975年版,第256页。

②　[清]袁景晖纂修:道光《建始县志》卷4《诗赋》,《中国方志丛书·华中地方》第326号,台湾:成文出版社1975年版,第433页。

③　[清]李拔纂修:乾隆《长阳县志》卷首《方山记》,《故宫珍本丛刊》第143册,海口:海南出版社2001年4月版,第6页。

④　[清]张家楒修,朱寅赞纂:嘉庆《恩施县志》卷4《物产十九》,《故宫珍本丛刊》第143册,海口:海南出版社2001年4月版,第231页。

⑤　[清]吉钟颖修,洪先涛纂:道光《鹤峰州志》卷6《风俗志》,《中国地方志集成·湖北府县志辑》第45辑,南京:江苏古籍出版社2001年9月版,第381页。

⑥　[清]李焕春原本,郑敦祜再续:光绪《长乐县志》卷12《风俗志》,《中国地方志集成·湖北府县志辑》第54辑,南京:江苏古籍出版社2001年9月版,第264页。

⑦　[清]张梓修,张光杰纂:同治《咸丰县志》卷18《艺文志》,《中国地方志集成·湖北府县志辑》第57辑,南京:江苏古籍出版社2001年9月版,第125页。

种植极繁,山人以为粮,偶有以为蔬者。"①甘薯适宜在鄂西南山区的低山坡
地种植,由于甘薯生长期短,产量高,可以作为救荒粮食作物。山地种植甘
薯,一般选清明时节下种,芒种时剪藤插枝,霜降后收获后藏入地窖,充当
来年数月口粮。清廷十分重视甘薯的推广种植,乾隆五十年(1785 年),乾
隆帝据明兴奏,陆燿在山东臬司任内,刻有《甘薯录》一书,亲阅此书后,谕
令军机大臣等组织"多加刊刻传钞,使民间共知其利,广为栽种,接济民
食"②。

　　洋芋适宜海拔较高的高山荒地种植,成为高山地带山民救荒的主食。
故《施南府志》载:"郡中最高之山,地气苦寒,居民多种洋芋。"③长阳县农
民最初在高荒平地种植红洋芋,因红洋芋味麻难入口,且必晚至七、八月份
才成熟,至同治年间,改种乌洋芋,四、五月即早熟,且比玉米更易贮藏,因
此在高荒平地广泛种植④。洋芋在鹤峰州又称为阳芋,道光年间,洋芋才
引入鹤峰州。农民用洋芋代替主粮或用来喂猪,遇荒歉,可以用洋芋充
饥⑤。在长乐县,洋芋有红、乌两种,红芋适宜高荒土壤种植,二月播种,六
月收获。乌芋适宜下湿土壤种植,腊月播种,四月收获。长乐县原来没有
洋芋,光绪年间才广泛种植。土著居民以洋芋为杂粮充饥,或制芋粉销售
外地,换回棉布及衣物。故李焕春的《竹枝词》有:"高原下湿莫容荒,洋芋
分栽可作粮。种别乌红分两季,饔飧以外购衣裳。"道光年间,荆宜施道李
廷榮在建始体察民情时,得知山民以洋芋为食,于是命人取来数枚品尝。
袁景晖在《敬和李公廷榮建始道中原韵》中写道:"民瘼周谘同粝食。"⑥咸丰
县山民主要种洋芋和水芋,洋芋充主食,水芋作蔬菜佐食。洋芋适宜高山种植,

　　①　[清]吴其濬著:《植物名实图考》卷6《荒蔬类·甘薯》,北京:中华书局1963年2月版,第
131页。
　　②　《清高宗实录》卷1236,乾隆五十年八月庚辰条,北京:中华书局1986年4月版,第611页。
　　③　[清]松林等修,何远鉴等纂:同治《增修施南府志》卷28《艺文志·诗下》,《中国地方志集
成·湖北府县志辑》第55辑,南京:江苏古籍出版社2001年9月版,第508页。
　　④　[清]聂光銮等修,王柏心等纂:同治《宜昌府志》卷16《杂载》,《中国地方志集成·湖北府
县志辑》第49—50辑,南京:江苏古籍出版社2001年9月版,第323—324页。
　　⑤　[清]吉钟颖修,洪先涛纂:道光《鹤峰州志》卷10《风俗志》,《中国地方志集成·湖北府县
志辑》第45辑,南京:江苏古籍出版社2001年9月版,第193页。
　　⑥　[清]松林等修,何远鉴等纂:同治《增修施南府志》卷28《艺文志·诗下》,《中国地方志集
成·湖北府县志辑》第55辑,南京:江苏古籍出版社2001年9月版,第508页。

比一般芋大数倍,但口味较淡,山民用于备荒。水芋在水田种植,用作蔬菜①。

　　陈钧肯定了玉米等新作物品种引入对湖北粮食生产的积极作用,认为玉米等新粮食品种的引入,使湖北省山区的食物结构由以前的粟、麦为主转变为以包谷、小麦为主食品种②。蓝勇认为,玉米、甘薯、马铃薯在亚热带山区的推广,逐渐导致山区种植业单一化,农业生态破坏,造成山地农民的结构性贫困③。如乾隆初年,曾有大批流民从湖南鼎、澧迁徙至鹤峰州,依厂结茅,在深山老林中开辟荒地,使用绿肥,种植包谷。一人耕作,可供一家八口人粮食。山地土地硗确,经数十年耕种后,越来越贫瘠。这些移民只好靠佣工,替人背负茶、盐以维持生计④。

　　周宏伟认为,清代玉米等美洲的推广种植作物是中高山地森林急剧萎缩的主要原因⑤。但从玉米、甘薯、马铃薯等作物在鄂西南山区的推广效果来看,山区实现了粮食自给,山民也能以多余的玉米等作物与外界进行商品交换,改变了山区地瘠民贫的经济状况。玉米等作物虽在一定程度上影响了山区经济的多样性,但也不能夸大其不利影响。第一,没有其他作物比玉米、甘薯、马铃薯等作物更具有既高产又适宜在亚热带山区的水土条件下生长的特性。其次,水稻的经济价值更高,在一定程度上抑制了玉米、甘薯、马铃薯的推广。地方官和山农在水源充足的地方,更愿开垦水田,种植水稻。无法种水稻的旱地,才会考虑种植玉米等杂粮。玉米的推广对农业生态的破坏,是山区土壤瘠薄,农业生态脆弱的客观事实,以及山区移民的粗放式生产方式的共同作用的结果,不能简单地归结为玉米等作物的推广种植。

　　改土归流以后,其他农作物新品种也由外来移民引进鄂西南山区,不仅扩大了鄂西南山区植物的多样性,也促进了鄂西南山区复合农业经济的

---

① ［清］张梓修,张光杰纂:同治《咸丰县志》卷8《食货志·物产》,《中国地方志集成·湖北府县志辑》第57辑,南京:江苏古籍出版社2001年9月版,第68页。

② 陈钧、张元俊、方辉亚主编:《湖北农业开发史》,北京:中国文史出版社1992年12月版,第134页。

③ 蓝勇:《明清美洲农作物引进对亚热带山地结构性贫困形成的影响》,《中国农史》2001年第4期,第3—14页。

④ ［清］吉钟颖修,洪先涛纂:道光《鹤峰州志》卷13《艺文志》,《中国地方志集成·湖北府县志辑》第45辑,南京:江苏古籍出版社2001年9月版,第462页。

⑤ 周宏伟:《长江流域森林变迁的历史考察》,《中国农史》1999年第4期,第3—14页。

发展。根据《鹤峰州志》载,鹤峰州的高粱是从四川引种的,称为"蜀黍"。此外,辣椒来自广东,故又称"广椒"。水果中有橙和柚引自广东①。鹤峰原本没有槐树,吴焕彩莅任鹤峰知州时,从山东携来槐树苗,种植在州署大堂前面②。道光年间施南知府王协梦、施南协副将岱昌各赋有《施州食物》诗,均描述了施州特色食物懒豆腐、苞谷酒、茭白、绣球白菜、脚板薯蓣、羊肚菌③。其中大豆、玉米、茭白、绣球白菜、红薯均为外来农作物品种,在不同的历史时期先后传入鄂西南山区。

洋务运动兴起后,近代农业技术和新培育优良农业品种传入中国。湖北地方官十分重视从外地引进优良农种,以提高湖北山区粮食生产。光绪二十三年(1897年),张之洞致电宜昌赈局赵道台,十分关注宜昌赈局赵道台引进洋芋种子的工作:"施宜各属多高荒之地,前据该道等电,曾赴上海购洋芋备籽种之用,想已买齐速发。已运到若干?已发若干?"④宜昌府赵道台、凌道台次日电复,共购洋芋三千石,其中施南府分得一千二百石,巴东二百石,长阳、长乐各一百石,鹤峰难运而未发⑤。由此可见,清末鄂西南山区各府州县大规模引进、种植了新培育的农作物品种。

第三节　山区水资源的开发与利用

一、山区水资源状况

鄂西南地区的水系,主要属于长江水系及其支系洞庭水系、乌江水系。其中,属长江水系的河流主要有长江、清江、万石河、三坝河、元渡河、罗坪河、平阳河、恩阳水、五木溪、沙镇溪等;属于洞庭水系的河流,主要有溇水

---

①　[清]吉钟颖修,洪先焘纂:道光《鹤峰州志》卷7《物产志》,《中国地方志集成·湖北府县志辑》第45辑,南京:江苏古籍出版社2001年9月版,第384—387页。

②　[清]吉钟颖修,洪先焘纂:道光《鹤峰州志》卷13《艺文志》,《中国地方志集成·湖北府县志辑》第45辑,南京:江苏古籍出版社2001年9月版,第462页。

③　[清]王协梦修,罗德昆纂:道光《施南府志》卷27《艺文志》,道光十七年(1837年)扬州张有耀斋刻本,第65、70页。

④　[清]张之洞著,苑书义等主编:《张之洞全集》卷221《电牍五十二·致宜昌赈局赵道台(光绪二十三年十一月十八日戌刻发)》,石家庄:河北人民出版社1998年8月版,第7434页。

⑤　[清]张之洞著,苑书义等主编:《张之洞全集》卷221《电牍五十二·恽、赵、凌道来电(光绪二十三年十一月十九日戌刻到)》,石家庄:河北人民出版社1998年8月版,第7434页。

系、白水河系;属于黔江水系的主要有唐崖河水系、龙嘴河水系①。清江是鄂西南山区除长江以外的第一大河,西起利川齐岳山脉、福宝山麓清水塘,向东经咸丰、恩施、建始、巴东、长阳等县市,至宜都城北,汇入长江。清江全长 425 公里,流域面积达 16,700 平方公里。清江的支流主要有忠建河、马水河、野三河、龙王河、渔洋河、招徕河、丹江、车坝河等②。山区各县还有大量季节性溪沟,如来凤县较大的溪沟有 38 条,长仅数公里,宽仅数米,随季节气候变化,时涨时落③。

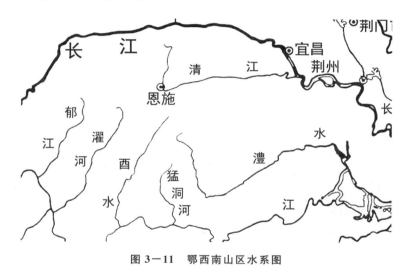

图 3—11　鄂西南山区水系图

注:据长江流域水系简图绘制。

鄂西南地区地下水资源十分丰富,泉水流量为 300－1000 吨/时,暗河流量为 2000－2500 吨/时。但由于地表径流分布不均和利用率不平衡,鄂西南地区水资源利用率不到 10%。据 1978 年统计,鄂西南恩施地区塘堰有 10768 口,每 434 亩才有一口。库塘总蓄水量 1.88 亿立方米,平均每亩

　　①　袁济安签:《湖北省第七区年鉴》,恩施雪兰轩纸张文具商店承印,民国二十七年(1938 年)七月版,第 6 页。

　　②　湖北省地方志编纂委员会编:《湖北省志·地理》卷上,武汉:湖北人民出版社 1997 年 3 月版,第 540－541 页。

　　③　湖北省来凤县县志编纂委员会编纂:《来凤县志》第 1 编《地理志》,武汉:湖北人民出版社 1990 年 10 月版,第 34－35 页。

耕地仅有 24 立方米。绝大部分地区只能依靠降雨灌溉[①]。如恩施县城东七里龙洞山半腰有龙洞，洞内水深不可测，且有子午时潮起潮落，声势骇人。村民对地下水没有认识，以为洞中有龙神，而地方守令岁旱时亦前往祈雨[②]。

表3—5　鄂西南山区主要河流水资源状况表

数据 河名	河长 （公里）	流域面积 （平方公里）	流量（方/秒）		径流量 （毫米）	年径流总量 （亿立方米）	水力蕴藏量 （万千瓦）	
			平均 流量	历史最 大流量			理论	可开发
清江	427.3	16770	441	16350	857	142	224.3	171.2
渔洋河	97.7	1189.7	34.2	3300	290	4.69	4.5	1.2

资料来源：《湖北省主要中、小河流水利资源表》，《湖北农业地理》编写组编：《湖北农业地理》，武汉：湖北人民出版社 1980 年 3 月版，第 28 页。

鄂西南山区山高谷深，山地河流落差较大，从河源到河口，落差可达1000 余米。长阳以上清江段位于山地、高原，水流湍急，险滩众多，使清江及其支流难以通航。清江年平均流量达 412.5 立方米/秒，年径流总量达164 亿立方米，蕴藏着丰富的水能资源[③]。

山区复杂的地理、气候等自然条件，增加了山地水资源利用的难度。首先，鄂西南山区大部分山地海拔在 1000 米以上，山泉水温度较低，不适宜直接灌溉农田。故《长乐县志》称："乐邑山高气寒，所出泉水气多寒冷，暑月饮之，亦冷齿牙，故田地多不足以资灌溉。"[④]朱寅赞在《成志桥碑》中也称，恩施县城南麒麟溪虽在盛夏，"水亦冷，人不愿徒涉，因号为冷水河"[⑤]。其次，山地陡峻，水易流失。谭光祥在《修龙祠记》中，称"施南跬步

　　① 《湖北农业地理》编写组编：《湖北农业地理》，武汉：湖北人民出版社 1980 年 3 月版，第29、165 页。

　　② ［清］王协梦修，罗德昆纂：道光《施南府志》卷 30《杂志》，道光十七年（1837 年）扬州张有耀斋刻本，第 5 页。

　　③ 唐文雅、叶学齐、杨宝亮著：《湖北自然地理》，武汉：湖北人民出版社 1980 年 7 月版，第 64 页。

　　④ ［清］李焕春原本，郑敦祐再续：光绪《长乐县志》卷 1《分野志》，《中国地方志集成·湖北府县志辑》第 54 辑，南京：江苏古籍出版社 2001 年 9 月版，第 124 页。

　　⑤ ［清］张家榀修，朱寅赞纂：嘉庆《恩施县志》卷 4《艺文十七》，《故宫珍本丛刊》第 143 册，海口：海南出版社 2001 年 4 月版，第 219 页。

皆山,十日不雨则民有忧色"。施州城东五峰山山麓修龙神祠,成为官民祭礼求雨的场所。龙神等信仰体现了山民对水的渴求。在《巴公溪丰乐桥记》中,谭光祥再次强调"施郡多山,无河渠之利,十日不雨则忧"①。山区复杂的地形和地势,影响水利工程的建设,如在山间多沟壑地区或高山地带,则难以开凿水渠,引水灌溉。如来凤县西南及县东隅的沙坨坪、桐梓园、牛车坪等处岩溶地形复杂,土司时期因本地水利工程技术落后,无水利灌溉,土地荒芜,变成茅草滩。改土后,乾隆五年(1740 年),来凤县令于执中主持修筑沙坨坪堰,引水灌溉,至乾隆七年(1742 年)毁。乾隆八年(1743 年)重修,不久再毁。至乾隆五十八年(1793 年),县令张冲经过反复踏勘地形,历时数月,耗银近六百两,开凿三道水渠,引红崖溪水灌溉沙坨坪,引龙峒桥水灌溉桐梓园,引伏虎峒水灌溉牛车坪。自此,来凤城乡皆出现大片水田②。

二、水资源利用与山地经济发展

山区水资源利用方式分天然和人工两种:"川渎沟浍,水利之成于天者也。陂塘池堰,水利之成于人者也。"③鄂西南山区的水利设施有泉、洞、池、湖、塘、垱、坝、渠等数种:"窍穴而上涌者曰泉曰洞,洼陷而深渟者曰池曰湖,坎中而堤外者曰塘,畚石而遏渠者曰垱曰坝。"④

(一)改土归流以前水资源利用水平低下

鄂西南山区平均海拔在 1000 米以上,地势崎岖,且多属岩溶地形,大大增加了山区水资源利用的技术难度。低山地带主要利用河水、井水,二高山地带主要利用塘水、溪水,高山地带主要利用泉水等。鄂西南山区岩

　　①　[清]王协梦修,罗德昆纂:道光《施南府志》卷 29《艺文志》,道光十七年(1837 年)扬州张有耀斋刻本,第 4—5 页。
　　②　[清]林翼池修,蒲又洪纂:乾隆《来凤县志》卷 10《艺文志·张邑侯捐修沙坨坪新堰碑记》,《故宫珍本丛刊》第 143 册,海口:海南出版社 2001 年 4 月版,第 424 页;[清]松林等修,何远鉴等纂:同治《增修施南府志》卷 29《艺文志·重修张邑侯祠堂碑记》,《中国地方志集成·湖北府县志辑》第 55 辑,南京:江苏古籍出版社 2001 年 9 月版,第 570—571 页。
　　③　[清]李拔纂修:乾隆《长阳县志》卷 1《疆域志·塘堰》,《故宫珍本丛刊》第 143 册,海口:海南出版社 2001 年 4 月版,第 50 页。
　　④　[清]阎镇珩纂修:光绪《石门县志》卷 9《水利志》,《中国地方志集成·湖北府县志辑》第 82 辑,南京:江苏古籍出版社 2002 年 7 月版,第 518 页。

溶地貌,增加了水资源利用的困难。

　　鄂西南山区水资源利用的历史记载,至迟从宋代开始。宋嘉祐年间,转运使马亮曾用竹管引城外泉水入城饮用,公私利赖,后人建亭纪事,名为马公泉①。这种利用山林竹木制作枧槽引水的方法,清代农学家胡煦在《农田要务稿》中有详细介绍:"近见南人用竹木制为枧槽,遇洼下之处,则支架而用之。遇截山之处,或凿山腰支以横木,或置极长之竿,立于水中,随其所宜,宛转接之。"②

　　明代,施州卫居民主要利用清江和九渡溪引水灌溉农田③。明代,施州城和大田所内的饮用水,主要依赖城中各处挖掘的水井,水井分布详见下表:

表3－6　明代施州卫、大田所水井分布表

井名　　　地址	分布地址	注
龙冈井	施州城内回龙山下	明景泰年间开凿
磨盘井	施州城内西北隅	——
沙井	施州城内东南隅	——
大井	施州城内按察分司后	可汲者百家
消瘿泉	城南四十里	水出石中,有瘿瘤者饮之即消
鱼泉	——	即丙穴
鹿井	深山幽箐多有之	其水味咸,麂鹿多好之,土人设机阱绳縠以取之

---

　　①　[清]王协梦修,罗德昆纂:道光《施南府志》卷3《疆域志》,道光十七年(1837年)扬州张有耀斋刻本,第10页。
　　②　[清]胡煦撰:《农田要务稿》不分卷,《四库未收书辑刊》第3辑第22册,北京:北京出版社2000年1月版,第342页。
　　③　[明]徐学谟纂修:万历《湖广总志》卷6《方舆五·山水考》,《四库全书存目丛书》编纂委员会编:《四库全书存目丛书》史部第194辑,济南:齐鲁书社1996年8月版,第449页。

续表

井名＼地址	分布地址	注
乞泉	施州城东二百里,废巴山县界大石穴中	出水极甘
广利井	大田所城北	——
贵水泉	大田所城东百里	——

资料来源:[明]薛刚纂修,吴廷举续修:嘉靖《湖广图经志书》卷20《施州》,北京:书目文献出版社1991年10月版,第1607页。

　　清乾隆年间,恩施府学训导李宗汾在恩施府学署中开凿了六六井,另恩施城内西南凿有葵花井①。

　　改土归流以前,鄂西南地区土司境内也曾兴修水利工程。卯峒土司向那吾曾大力推行垦殖事业,要求土民在有水之处开垦农田,表明卯峒土司已懂得利用溪泉等水资源,来发展农业生产,但未详明是否曾修建农田水利设施。来凤县各地分布有水坝田,可以利用泉水灌溉,不完全依靠溪水灌溉。春、夏两季,则主要依赖雨水灌溉②。

　　改土归流以前,鄂西南山区,汉族先进的水资源利用技术未能普遍推广,如明成化年间,高罗安抚司峒长田太翁曾教授土民耕凿技术,因此而受到当地土民世代供奉③。明正统至景泰年间,卯峒土司向那吾也认识到推广农桑对卯峒司经济发展的重要性,檄令土民广泛开垦水田:“凡有业之家,务相其有水处,概行开垦成田。”④卯峒等七土司当时虽能利用溪泉水资源,但大多未掌握汉族先进的水利工程技术,无法改造环境,以提高水资源利用效率。由于农田水利技术落后,土司境内一部分缺乏水源的地方,无法开垦,只好任其荒芜。来凤县西南及县东隅的沙坨坪、桐梓园、牛车坪

----

　　①　[清]王协梦修,罗德昆纂:道光《施南府志》卷3《疆域志》,道光十七年(1837年)扬州张有耀斋刻本,第15页。

　　②　[清]林翼池修,蒲又洪纂:乾隆《来凤县志》卷4《物产志·工艺》,《故宫珍本丛刊》第143册,海口:海南出版社2001年4月版,第398页。

　　③　[明]徐学谟纂修:万历《湖广总志》卷42《坛庙·施州卫》,《四库全书存目丛书》编纂委员会编:《四库全书存目丛书》史部第195辑,济南:齐鲁书社1996年8月版,第321页。

　　④　[清]李勖修,何远鉴等纂:同治《来凤县志》卷30《艺文志·广垦种告示》,《中国地方志集成·湖北府县志辑》第57辑,南京:江苏古籍出版社2001年9月版,第515页。

等处,均因为无水灌溉,土地长期荒芜,变成茅草滩①。施州卫属诸土司中,唯有容美土司境内,在鹤峰城北4公里的细柳城,曾建有人工水利设施——荷花堰②。

综上所述,鄂西南山区在改土归流以前,水资源开发和利用的技术水平很低,长期制约着山区农业,尤其是灌溉农业的发展。因此,改土归流以前,鄂西南山区的河谷水田及溪田开发十分有限。

(二)改土归流以后水资源利用与山地经济发展

在改土归流以后,随着大量汉族移民的涌入山区,先进的水资源利用技术在鄂西南山区广泛推广使用。在国家强力主导下,鄂西南山区开展了大规模的农田水利建设,推动了山区农业和手工业的发展。

在国家主导下,各府州县积极兴建垱、渠等各种水利设施。据民国《湖北通志》统计,鄂西南山区的长乐县兴建了27个人工水利工程,其中7座河垱,20个堰塘,“皆人力筑成,可以灌田蓄鱼”。既可灌溉,也可以用于水产养殖。来凤县知县张冲主持开凿了三条水渠。一条水渠为引红崖溪水灌溉沙沱坪,一条水渠为引龙峒桥水灌溉桐梓园,一条水渠为引伏虎峒水灌溉牛车坪。建始县水利灌溉主要依赖洪岩水、晏公潭、马栏溪、马水河等天然水利设施,同时也建设了人工水利设施当阳坝③。

长阳县作为汉地县,水资源利用技术相对成熟,水利设施比改土新设各县发达。虽长阳县亦属山区县,但农民已知“两山相合之处易于积水,能凿地为池,依法堵畜,以资灌溉”,因此,“高山峻岭皆美田也”④。李拔对全县水资源进行了调查,将全县可以用于灌溉农田的溪水均记录下来,分别有:马家溪、白石溪、避难溪、磨市溪、陆溪、津洋溪、泉溪、麻溪、右溪、椰木溪、油溪、木坊溪、沿溪、旧蒲溪、晓溪、赤土溪、芭蕉溪、泉紫溪、沿头溪、桔

　　① [清]林翼池修,蒲又洪纂:乾隆《来凤县志》卷4《食货志·工技》,《故宫珍本丛刊》第143册,海口:海南出版社2001年4月版,第399页。

　　② 王晓宁编著:《恩施自治州碑刻大观》第6编《洞府寨卡及其它建筑·官堰碑记》,北京:新华出版社2004年10月版,第230页。

　　③ 吕调元等修,张仲炘等纂:民国《湖北通志》卷40《建置志十六·堤防》,宣统三年(1911年)修,民国十年(1921年)商务印书馆影印本,第1172—1173页。

　　④ [清]李拔纂修:乾隆《长阳县志》卷1《疆域志》,《故宫珍本丛刊》第143册,海口:海南出版社2001年4月版,第50页。

榉溪、倒鱼溪、车溪、平乐溪、鲢鱼溪、七坵溪、黄杨溪、陈子溪、后峰溪、钟家溪、蓝义溪、徽溪、分石溪、青石溪、十五溪、随母溪、妆溪、故里溪、马连溪、深溪、重溪、向王溪、灯盏溪、碓窝溪、株木溪、鹅溪。李拔自称，其调查水资源的目的是"以为劝农之助"①。

　　李拔不仅在公余经常劝谕长阳县农民，应利用溪水改旱地为水田，还发布《兴禁告谕》，倡导全县兴修水利："查长邑虽系崇山复岭，而溪涧源泉，不乏可引之水，从前谕尔等开挖水田，现已获利，是其明验。尔等务宜恪遵示谕，尽力南亩。凡有水道可引平坦地方，悉行开挖，改旱为水，播种稻谷，其山陂陡岭仍种包谷，以助其不及。"②乾隆年间，县令李拔督率乡民，在长阳县各地修补旧塘堰，并兴建了一批新塘堰，详见下表：

表 3-7　乾隆年间长阳县堰塘分布及数量一览表

地点＼数量	堰　数		塘　数	
	旧有	新建	旧有	新建
西寺坪	3	——	5	2
江山坪	——	2	3	——
茅冈头	——	——	3	2
大源头	2	——	1	1
小源头	3	——	——	2
凉水溪	3	——	——	1
官家冲	4	——	3	2
帅家垴	1	——	1	——

　　① ［清］李拔纂修：乾隆《长阳县志》卷 1《疆域志·水》，《故宫珍本丛刊》第 143 册，海口：海南出版社 2001 年 4 月版，第 47—49 页。
　　② ［清］李拔纂修：乾隆《长阳县志》卷 4《告谕·县尹李峨峰兴禁告谕》，《故宫珍本丛刊》第 143 册，海口：海南出版社 2001 年 4 月版，第 88 页。

续表

数量 地点	堰 数		塘 数	
	旧有	新建	旧有	新建
陆溪	5	——	4	5
俞家坝	2	1	2	——
驻马溪	6	2	4	——
宝山坪	——	——	3	2
烂泥冲	——	——	2 大 2 小	——
板桥山	——	——	3	2
车溪沟	2	——	1	——
邓家湾	3	——	2	1
郑家湾	3	——	2	3
杨柳池	3	——	4	2
城子里	5	——	6	5
刘家冲	——	——	2	3
平乐	4	——	3	4
花桥	4	——	4	2
小麻溪	2	——	1	2
合 计	55	5	61	41

资料来源:〔清〕李拔纂修:乾隆《长阳县志》卷 1《疆域志》,《故宫珍本丛刊》第 143 册,海口:海南出版社 2001 年 4 月版,第 50—51 页。

从表 3—7 统计数据分析,长阳县相对于新改土归流诸州县而言,其旧有的水利基础较好,所以乾隆年间,长阳县主要还是依赖旧有塘堰,但在不到二十年的时间里,兴修了 5 座堰、41 口塘。另据民国《湖北通志》统计,长阳县陂有 24 座,旧塘 34 口,新建塘 42 口,堰有 33 座。长乐县新建了 7 座堰,28 口塘,可以灌溉农田,并发展渔业养殖[①]。

恩施县东崔坝地处川楚通衢,人口稠密,因地势较高,向无水源。崔坝人只能从十里外的羊耳山之庆潭口买水维生,天旱时水价高达每担百钱,图利者以污水滥充,多致人饮水生病。光绪七年(1881 年),施南知府王庭桢鉴于崔坝民食水维艰,倡捐五十两银,委派崔坝巡检王乃斌督工开凿王公渠,历时三月工程竣工。既可解决人畜饮水问题,亦可灌溉农田以裕民[②]。据道光《建始县志》记载,建始县有打冬耕的传统,每年农民对坝厂渠道进行疏浚,以利于水稻种植[③]。

清后期,鄂西南山区改土各县水资源开发利用的技术水平明显得到提高。如改土归流的长乐县,至光绪年间,已兴建的农田水利灌溉工程达 35 座:其中河挡有七座,石梁司一座,峡口溪上一座,曹家坪一座,艾家坪一座,二房坪一座,象鼻嘴一座,松林坪一座。堰塘 28 座,观垭塘一座,双土地一座,麝香溪一座,陈家湾一座,长乐沟旁一座,李家坪七座,大房坪二座,二房坪一座,三房坪二座,曹家坪一座,杨家坪一座,尹家坪一座,庹家坪二座,四湾内三座,渔洋汛署前二座,小观垭一座[④]。

乾隆年间,鹤峰知州毛峻德颁布《劝民告条》,提出发展农业的耕凿六条,其中首要内容就是高培田塍,蓄积雨水,开挖塘池,配备车戽,开凿沟洫,引水灌溉,保障遇旱不影响农业生产[⑤]。这表明本地地方官将兴建水利设施,推广引水机械,视作山区农业开发的首要条件。改土以前,容美土司曾在鹤峰城北的新庄建有荷花堰。乾隆初年,容美土司田地被前土官夫人覃氏出卖。经细柳城当地农民请求,留下大堰以灌溉细柳城农田。据道

① 吕调元等修,张仲炘等纂:民国《湖北通志》卷 40《建置志十六·堤防二》,宣统三年(1911年)修,民国十年(1921 年)商务印书馆影印本,第 1172—1173 页。

② [清]王庭桢等修,雷春沼等纂:光绪《施南府志续编》卷 2《续建置志·津梁(渠附)》,《中国地方志集成·湖北府县志辑》第 55 辑,南京:江苏古籍出版社 2001 年 9 月版,第 638—639 页。

③ [清]王协梦修,罗德昆纂:道光《施南府志》卷 27《艺文志》,道光十七年(1837 年)扬州张有耀斋刻本,第 56 页。

④ [清]李焕春原本,郑敦祜再续:光绪《长乐县志》卷 5《建置志·附水利略》,《中国地方志集成·湖北府县志辑》第 54 辑,南京:江苏古籍出版社 2001 年 9 月版,第 185 页。

⑤ [清]毛峻德纂修:乾隆《鹤峰州志》卷下《劝民告条》,《故宫珍本丛刊》第 135 册,海口:海南出版社 2001 年 4 月版,第 59—60 页。

光《鹤峰州志》统计,鹤峰州境内东西北三面溪流均被利用灌溉农田,分别发源于暗泉、瀑布,汇集于鹤峰州城附近的大典河,计有:伏香沟水、千金坪溪、方城寨溪、上阳河、官仓坪溪、白果坪溪、懒板凳溪①。长乐县石板保农田,均资簸箕泉洞流出的泉水灌溉。另在长乐县城东门麝香溪上层岩洞间有香水井,泉水可灌溉数十亩农田②。山泉水温度较低,不能直接用于灌溉,"下田及近泉源处,其水必冷。亦有用石灰为粪者,则土暖而苗易烧。山田泉水未经日色,则冷。闽广用骨及蚌蛤灰粪田,山田宜委曲导水,便先经日色,则苗不坏"③。山泉水须经日晒升温,才可以灌溉农田。

　　改土归流之初,来凤县也曾大力发展水坝田、坡耕地,因此《来凤县志》称,"来凤县田土均在山坡"。坡耕地依靠溪泉水灌溉,春夏季有时还依赖雨水。山区坡耕地的土壤易水土流失,因此最怕连续降雨。另一方面,因引水灌溉困难,又需要依靠降雨解旱。故《咸丰县志》称:"水稻无多地少平,居民大半傍崖耕。看来此处天难做,祷雨方休复望晴。"此外,还有"半种山坡半力田,一犁春雨一锄烟"之语④。

　　南方多山,故多溪河。改土归流以后,水车、水碓等各种水资源利用工具传入鄂西南山区,广泛应用于农业灌溉和农产品加工。山区山高溪深,农民利用水势落差形成的水能,带动水车、水碓,进行水利灌溉和粮食加工。乾隆年间,来凤县农民用山竹制作水车,引水灌溉,每日可灌溉十亩:"准溪为度,钳空两重,关键如车制,外毂匝置甬竹,两木夹持,侧没水中,水冲动转,甬水皆蒲,地上承以木枧,输回渐渍,得不绝流焉。"⑤从上述描述内容分析其形制,应该是筒车。同治《来凤县志》详细介绍了水车的形制:"水车形如车箱,长丈余或八九尺,高尺许,广如之。以短木片联贯其中,头横圆木,两端作车轮状,别置一架,人坐架上,以足转轮,取水甚速。"从形制

---

① 〔清〕吉钟颖修,洪先涛纂:道光《鹤峰州志》卷3《山川志》,《中国地方志集成·湖北府县志辑》第45辑,南京:江苏古籍出版社2001年9月版,第362-363页。

② 〔清〕李焕春原本,郑敦祜再续:光绪《长乐县志》卷3《山川志》,《中国地方志集成·湖北府县志辑》第54辑,南京:江苏古籍出版社2001年9月版,第159、162页。

③ 〔清〕胡煦撰:《农田要务稿》不分卷,《四库未收书辑刊》第3辑第22册,北京:北京出版社2000年1月版,第342页。

④ 〔清〕张梓修,张光杰纂:同治《咸丰县志》卷18《艺文志·杂咏》,《中国地方志集成·湖北府县志辑》第57辑,南京:江苏古籍出版社2001年9月版,第119页。

⑤ 〔清〕林翼池修,蒲又洪纂:乾隆《来凤县志》卷4《食货志·工技》,《故宫珍本丛刊》第143册,海口:海南出版社2001年4月版,第399页。

上看,应该是龙骨翻车。来凤县山区农民还利用山区泉水落差产生的动能,推动水碓、水磨、水碾进行舂米、磨香饼、碾米①。据《宜昌府志》记载,宜昌府只有长阳和长乐县有筒车和水碓,筒车计有:津洋口 6 架、邓家坝 5 架、王子石 3 架、高家堰 5 架、平乐溪 8 架、麻溪 4 架、南汉溪 2 架;水碓计有:下溪口 2 架、津洋口 3 架、木坦溪 4 架、下渔溪 2 架、平乐溪 2 架、七坦溪 3 架、母溪 10 余架、马连溪 10 余架、重溪 8 架、故里溪 9 架、白石溪 2 架、曲溪 2 架,故里溪另有水碾 1 架②。

乾隆年间,长阳县两河口以下,农民广泛使用筒车引水灌溉农田,所以很少兴修塘堰。此外,在长阳县方山一带,农民使用桔槔引水灌溉农田。长阳县文人牟承五作诗描写了农人引水灌溉,在山地开展春耕的繁忙景象:"向时碌碡今堪用,暇日休荒负郭田。由此力墙无影暮,直将醴泉作甘露。山水悠悠满地春,凿泾穿渠泻不停。"③

水力机械在山区的广泛应用,促进了山区手工业的发展。作为改土县的长乐县,随着造纸业和食品加工业的发展,兴建了纸碾、纸碓、香笋车、榨碾等水利加工机械。其中纸碾有 19 个,桥河有 3 个,两河口有 3 个,黄龙洞有 3 个,横溪河有 3 个,杨家河有 1 个,松林坪有 1 个,汉阳河有 1 个,唐家河有 4 个。纸碓有 2 个,均在桥河。香笋车有 19 个,响水洞有 6 个,黄龙洞有 4 个,象鼻嘴有 1 个,松林坪有 2 个,阮家河有 4 个,湾潭牛鼻孔上有 2 个。榨碾 1 个,在黄龙洞④。

水力机械的广泛推广使用,保障了山地农业灌溉用水,提高了山区手工业的生产效率,促进了山区经济的发展。

(三)山区水资源利用中的水权问题

山区水资源十分有限,合理分配、高效率利用水资源,涉及水资源管理

　　①　[清]李勖修,何远鉴等纂:同治《来凤县志》卷15《食货志·水利》,《中国地方志集成·湖北府县志辑》第 57 辑,南京:江苏古籍出版社 2001 年 9 月版,第 382—383 页。
　　②　[清]聂光銮等修,王柏心等纂:同治《宜昌府志》卷4《建置志》,《中国地方志集成·湖北府县志辑》第 49—50 辑,南京:江苏古籍出版社 2001 年 9 月版,第 182 页。
　　③　[清]李拔纂修:乾隆《长阳县志》卷首《艺文志·泉水春耕》,《故宫珍本丛刊》第 143 册,海口:海南出版社 2001 年 4 月版,第 24 页。
　　④　[清]李焕春原本,郑敦祜再续:光绪《长乐县志》卷5《建置志·附水利略》,《中国地方志集成·湖北府县志辑》第 54 辑,南京:江苏古籍出版社 2001 年 9 月版,第 185 页。

中的水权问题。在传统封建社会里,地方基层保甲组织是维护公共水利设施的主要力量。乾隆三年(1738年),知州毛峻德又在细柳城建置了先农堰,并派保正朱明、周飞龙负责看管,用于灌溉本地官田。当时曾有黄天开、王彬等人企图将官堰私占,因官府干预未遂。至乾隆三十四年(1769年)间,又有向姓企图私占官堰,经知州方天葆踏勘,裁断为官堰①。由此可见,地方官府十分重视对公共水利设施的维护。道光十六年(1836年)间,长阳县民吕敏斋在宅旁山岩上采取凿焚兼施的办法,开凿见龙泉,并在洞口开凿石槽,引泉水灌溉②。

官府在处理水权纠纷时,为保障山区农业发展,地方官禁止私人垄断水资源,阻碍他人分配水资源。水堰放水时,农户须经邻人田界方能引水灌溉,按照惯例,引水农户须向邻人交一部分谷子。而邻人不得拒绝引水过界。如光绪年间,利川县民人宋星光与吴子豪均买晏姓田地,水堰在吴子豪田界内。宋星光的水田,必须经吴子豪地界引水灌溉,吴子豪分得宋星光少量田谷。后因两姓纠纷,吴子豪不许宋星光过界引水。宋星光控至县署,县令判令两姓和好,吴子豪不得阻止宋星光过界引水③。

为了保障农业生产常进行,堰塘虽在私人田界中,亦不许田主擅改造农田,影响塘堰的水利灌溉功能。光绪年间,利川县农民彭绍宣与许受南两人田界相连。彭绍宣的田地内原有两口塘堰,因彭绍宣在堰塘内开辟田地,致使堰塘不能蓄水,影响邻界许受南田业。许受南控至县署后,县令判令彭绍宣恢复堰塘蓄水,日后不许开作田地④。

在传统农业社会,以农业为本,保障农业生产,仍是水权管理的基本原则。因此土地私有权,不能影响水利设施公共使用的公共权利,必须遵循私不害公的原则。山区水资源十分有限,人工灌溉工程建造艰难,因此水资源的保护与合理利用,对山区经济发展和社会稳定,更显得非常重要。

---

　　① 王晓宁编著:《恩施自治州碑刻大观》第6编《洞府寨卡及其它建筑·官堰碑记》,北京:新华出版社2004年10月版,第230页。
　　② [清]陈惟模修,谭大勋纂:同治《长阳县志》卷7《杂纪志·物异》,《中国地方志集成·湖北府县志辑》第54辑,南京:江苏古籍出版社2001年9月版,第611页。
　　③ [清]熊宾撰:《三邑治略》卷4《堂判·讯宋星光一案》,清光绪二十九年(1903年)刻本,第8页。
　　④ [清]熊宾撰:《三邑治略》卷4《堂判·讯彭绍宣一案》,清光绪二十九年(1903年)刻本,第11页。

第四节　山区经济林木特产资源的开发与利用

一、山区经济林木特产资源概况

鄂西南山区地形、地质、气候、土壤等垂直分布的差异性,造就了山地动植资源及矿产资源类型的多样性。如来凤县乔木有237种,灌木有128种,藤本植物20种,草本植物321种[①]。

鄂西南山区森林资源十分丰富,在二高山地带主要分布中亚热带常绿阔叶林。在海拔1000米以上的高山地带,主要分布着天然混交林。如恩施地区森林覆盖率1985年达到33.64%,活立木蓄积1915万立方米,是湖北省木材主产区之一,被誉为"鄂西林海"[②]。其中鹤峰在木林子、云梦山、火烧溪、三岔各有一片10万立方米以上的成熟林,巴东在万碑、龙坪各有一片10万立方米以上的成熟林,恩施有20片3万立方米以上的成熟林。

在鄂西南山地,树种呈垂直分布,海拔800米以下以马尾松、杉树、栎树为主;海拔800—1200米地带,以麻栎、苦槠、石栎、板栗、漆树、桦树和樟科为主;在海拔1200米以上地带以椴树、珙桐、糯米树、水青冈、连香树、槭树、华山松、云杉等为主。鄂西南地区主要用材林树种,有杉木、马尾松、华山松等,其中珍稀树种有水杉、红豆杉、铁尖杉、穗花杉、黄杉、屠杉、银杏、金钱松、白皮松、香果树、楠木、檫木要、鹅掌楸、猴板栗等[③]。

表3—8　恩施州属各县土地面积及海拔高度、森林覆盖率数据一览表

数据 地名	总面积 (km²)	耕地面积比重	海拔800以下	海拔800—1200米	海拔1200米以上	森林覆盖率	备注
建始县	2660	13.96%	20%	36.5%	43.6%	30.2%	90%为旱地

①　湖北省来凤县县志编纂委员会编纂:《来凤县志》第3章《自然资源》,武汉:湖北人民出版社1990年10月版,第41页。

②　《恩施州志》编纂委员会编纂:《恩施州志》,武汉:湖北人民出版社1998年12月版,第1页。

③　《湖北农业地理》编写组编:《湖北农业地理》,武汉:湖北人民出版社1980年3月版,第20、43、161、169、169页。

续表

数据\地名	总面积（km²）	耕地面积比重	海拔800以下	海拔800—1200米	海拔1200米以上	森林覆盖率	备注
巴东县	3219	13.34％	——	——	——	28.8％	——
利川县	4588.6	20.35％	——	——	——	24.8％	——
宣恩县	2740.37	——	20％	50％	30％	32％	——
咸丰县	2550	——	22.98％	62.83％	14.19％	41.9％	——
来凤县	1339.19	73.6％	——	——	——	——	——
鹤峰县	2886.35	——	——	——	——	42.5％	——

资料来源:《恩施州志》编纂委员会编:《恩施州志》,武汉:湖北人民出版社1998年12月版,第1页。

　　清初顾彩游历容美司时,所见到的山内主要树种有楠、桦皮、黄杨、枇杷、筱竹、龙公竹、荨麻①。容美司境内石林山下南府多桃、梅、杏、梨、蔷薇、木香、百合、戎葵、桐花等花。竹有筱竹、龙公竹两种,二月中至五月均产竹笋。顾彩在《山家乐》中写道:"种桑百余树,种竹数十亩。"②

　　《湖北通志》统计,鄂西南山区的树种主要有杉、漆、檗木、楠木、野槐、椆木、铁梨木、枫树、栎木、桦树、阴沉木、普舍树、黄心木、鸭掌木、九刚斧、马溜光、水红木等。杉木在鄂西南山区有数种,"鹤峰志有洗杉,施南志有红杉,皆种之佳者"。楠木"宜施各属皆产之"。椆木,"……长阳、巴东、鹤峰、长乐、咸丰、来凤诸志皆有之"。桦树"……郧西、竹山、长阳、鹤峰诸志皆有之"③。据民国《咸丰县志》统计,咸丰县经济林木有松、杉、椿、柏、桧、樟、橡、桐、梓、榆、杨、柳、楠。楠树生长于中国南方,"黔蜀诸山尤多"④。咸丰县山区的楠树分花楠和香楠两种。果木有桃、李、栗、梨、枣、花红,特

---

　　① ［清］顾彩著:《容美纪游》,武汉:湖北人民出版社1999年9月版,第292、293、339、370页。

　　② ［清］顾彩著:《容美纪游》,武汉:湖北人民出版社1999年9月版,第293、341、343、349页。

　　③ 吕调元等修,张仲炘等纂:民国《湖北通志》卷23《舆地志二十三·物产》,宣统三年(1911年)修,民国十年(1921年)商务印书馆影印本,第799—804页。

　　④ ［清］杨巩编:《中外农学合编》卷8《林类》,《四库未收书辑刊》第4辑第23册,北京出版社2000年1月版,第187页。

色果木有胡桃、杨峒梨。花有数百种，兰、桂、菊、莲、紫荆、牡丹等为常见品种①。

　　据《湖北通志》统计，鄂西南山区的藤类主要有风藤、金刚藤、饭藤、鸡矢藤、瓜藤、金稜藤、独角藤、祁婆藤、松香藤、千里光、莴瓜藤、血藤、薜荔等十余种②。

　　根据《湖北通志》统计，鄂西南山区的竹类植物主要有水竹、紫竹、楠竹、龙头竹、罗汉竹、箬竹、刺竹、箭竹、冷竹、箐竹、堇竹、绵竹、筯竹、画竹等种类③。

　　鄂西南地区中草药资源十分丰富，药用植物 187 科、225 属、2088 种，在海拔 1200 米以上高山地带，盛产黄连、当归、党参、天麻、杜仲等名贵中药材，其中"板桥党参""石窑当归""紫油厚朴""鸡爪黄连"等久负盛誉。唐书地理志载，天宝年间，施州清化郡盛产犀角、黄连、蜡药等。宋史地理志载，施州清江郡每年向中央王朝进贡黄连、木药子。咸丰县草药品种有木瓜、大黄、桑寄生、党参、山芪、苦参、黄连、五加皮、何首乌、厚朴、黄精、半夏、夏枯草、金银花、牛膝、麝香、桑椹、麦门冬、薏苡仁、吴萸、荆芥、杜仲、土茯苓、蜂露、房薄荷、天麻、白芨、骨碎补、夜明砂、防风、百合、望月砂、车前子、葳蕤、紫苏、香附子、独活、硃砂、青蒿、天花粉、地骨皮、木通、皂荚、覆盆子、木别子、通草、紫草、南星、益母草、土龙骨、枸杞、远志、金英子、白菊花、大枣、天精、土茴香、白藓皮、川乌、常山、葛花、沙参、川练子、葳灵仙、香茹、前胡、红胡、谷精草、大茴香、枳壳、葛根、枳实、赤芍药、菟丝子、桃仁、杏仁、李仁、枣仁、千里光、天门冬、松节、苏子、蒙花石、苍蒲、耳子、槐角、钩藤、旱莲草、白茅根、神曲、麦芽、续断、天泡子、侧柏叶、青皮、水银、茜草、瓜蒌仁、柏子仁、竹油艾、石合草、金棱草、龙牙草、金星草④。

　　另据《湖北通志》统计，鄂西南山区的药类植物，主要有麦梦冬、木通、

　　①　徐大煜纂修：民国《咸丰县志》卷4《财赋志·物产》，民国三年（1914年）劝学所刻本，第 47—49 页。

　　②　吕调元等修，张仲炘等纂：民国《湖北通志》卷23《舆地志二十三·物产》，宣统三年（1911年）修，民国十年（1921年）商务印书馆影印本，第 804—805 页。

　　③　吕调元等修，张仲炘等纂：民国《湖北通志》卷23《舆地志二十三·物产》，宣统三年（1911年）修，民国十年（1921年）商务印书馆影印本，第 805—807 页。

　　④　徐大煜纂修：民国《咸丰县志》卷4《财赋志·物产》，民国三年（1914年）劝学所刻本，第 50 页。

紫苏、防党参、桂枝、黄连、厚朴、吴茱萸、海沙金、木药子、刺猪苓、刺猪苓、旋花、崖棕、半回天等。麦梦冬，"《本草纲目》：麦梦冬，楚名马韭，案《物品册》惟云来凤有此，实亦通产也"。木通，"《物品册》：安陆随县出，宜昌兴山建始亦有之"。紫苏，"按此通产品，《鹤峰州志》言：州署后圃种者最佳"。防党参，"《物品册》谓之房参，房县竹山兴山建始咸丰出"。桂枝，"巴东县有肉桂，鹤峰州有官桂，亦皆特产"。黄连，"《物品册》：房县竹山兴山出，案《图经本草》言，黄连江湖荆夔州郡皆有之，而宣城九节者为胜，施黔次之，考《通典》《元和志》《九域志》，《唐书》《宋史》二地志，皆云施州贡黄连，今施南所属各县志亦皆有黄连，则施黔所产较房竹尤盛。《清一统志》言：唐时建始出黄连，今建始志亦称其所产为道地品，是施黔之连，又以建产为最矣"。厚朴，"《物品册》：房县兴山咸丰来凤利川建始出"。吴茱萸，"《物品册》：宜昌咸丰出"。海沙金，"《宜昌府志》：鹤峰出……"木药子，"《唐书》《宋史》二地志并云施州贡，案施州所贡唐谓之药，实宋谓之木药子，有黄白二种。《图经本草》：黄药子原出岭南，今夔峡州郡亦有之，出施州者谓之赤药"。刺猪苓，"《图经本草》：施州一种刺猪苓，蔓生，其根状如菝葜，而圆大若鸡鸭子，连缀而生"。旋花，"《图经本草》：施州出，一种旋花，粗根大叶无花，不作蔓"。崖棕，"《图经本草》：生施州石崖上，苗高一尺以来，其状如棕。四时有叶无花，土人采根去粗皮，入药用"。半回天，"《图经本草》：生施州，苗高二尺以来，赤斑色，至冬苗枯。土人夏月采，根叶苦涩，性温无毒"[①]。另据《施南府志》载，建始县西七十里有药山，俗名五十二坝，出黄蘗、黄连、木通、贝母等药材[②]。

　　鄂西南山区的藤本植物主要用于救荒和治疗疾病。如金刚藤、饭藤可以救济灾荒。金刚藤在来凤县又称铁菱角，"此物古人原以为菜，其可救荒"。饭藤，"《长阳县志》有之，他书无征。《本草》土茯苓，一名冷饭团，又名硬饭。《陈藏器》谓人取以当谷食"。瓜藤、金稜藤、独角藤、祁婆藤、千里光、血藤用于制作药材：瓜藤，"《图经本草》：生施州，四时有叶无花，采无时，味甘凉无毒，主诸热毒恶疮"。金稜藤，"《图经本草》：生施州，四时有叶

---

　　① 吕调元等修，张仲炘等纂：民国《湖北通志》卷23《舆地志二十三·物产》，宣统三年（1911年）修，民国十年（1921年）商务印书馆影印本，第789—792页。
　　② ［清］王协梦修，罗德昆纂：道光《施南府志》卷3《疆域志》，道光十七年（1837年）扬州张有耀斋刻本，第31页。

无花,采无时,味辛温无毒药,主筋骨疼痛"。独角藤,"《图经本草》:生施州,四时有叶无花,叶上有倒刺,采皮无时,味若辛热无毒药,主心气痛"。祁婆藤,"《图经本草》:生施州,蔓延木上,四时常有,土人采叶治诸风有效"。千里光,"咸丰出,见县志,案千里光即千里急,见苏颂图经本草拾遗,谓之千里及亦藤类生道旁,篱落间叶细而厚,赵学敏以为外科圣药"。茑瓜藤,"《来凤志》云:红者为上,青白次之,土人采以醉酒,案此即钩藤之异名,互详药类"。血藤,"《来凤志》:色赤如血,可治血病"①。

鄂西南地区经济林地达 130 万亩,主要有漆树、板栗、油茶、油桐、乌桕。光绪年间,在二高山、高山地带广泛种植漆树,在低山地区广泛种植油茶。由于桐油远销日本,刺激了山民种植桐树的积极性②。其中生漆、乌桕、五倍子、柑桔、茶叶的种植面积均名列前茅。恩施油茶种植面积有 45.5 万亩,油桐种植面积 41 万亩,乌桕种植面积 10 万亩,核桃种植面积 1.83 万亩,生漆种植面积 58 万亩,板栗种植面积 200 亩,棕榈种植面积 2.8 万亩,厚朴种植面积 2177 亩③。

鄂西南地区野生动物资源十分丰富,有脊椎动物 350 余种,其中鸟类达 100 余种。哺乳动物有 60 种,水生鱼类有 147 种,爬行类 25 种,两栖类 20 余种,无脊椎动物 130 余种。其中金丝猴、云豹、华南虎、金钱豹、红腹锦鸡、红腹锦鸡、白冠毛长尾雉、红腹角雉、中华秋河鸭、大鲵等被列为一、二类保护动物④。

万历《湖广总志》记载了施州的珍稀动物有白雕、马鹿、红鹿、金线鸡等⑤。卯峒司境内动物资源很丰富,兽类有熊、虎、豹、兔、鹿、獐、麂、獭、狐、猿、山羊、野猪、山牛、箭猪、泥猪、獾等。禽类有鹊、鹤、鸠、鹰、鹭、锦鸡、竹鸡、百舌、乌春、子规、黄鹂、蜂、蝶、画眉等。鳞介类有鲨鱼、鲤、鲫、鲭、

　　① 吕调元等修,张仲炘等纂:民国《湖北通志》卷 23《舆地志二十三·物产》,宣统三年(1911年)修,民国十年(1921年)商务印书馆影印本,第 804—805 页。
　　② 湖北省恩施市地方志编纂委员会编:《恩施市志》卷 10《林业》,武汉:武汉工业大学出版社1996 年 11 月版,第 237 页。
　　③ 《湖北农业地理》编写组编:《湖北农业地理》,武汉:湖北人民出版社 1980 年 3 月版,第44 页。
　　④ 《恩施州志》编纂委员会编:《恩施州志》,武汉:湖北人民出版社 1998 年 12 月版,第 1、74 页。
　　⑤ [明]徐学谟纂修:万历《湖广总志》卷 12《方产》,《四库全书存目丛书》编纂委员会编:《四库全书存目丛书》史部第 194 辑,济南:齐鲁书社 1996 年 8 月版,第 496 页。

鲢、龟、鳝、鳅、穿山甲等①。顾彩游历容美时，也提及容美司中有虎、野猪、豪猪、豹、鹿、麂、白雉、反鼻猴、蛇、鹃、虾蟆、洋鱼、青鱼、金翅蝶等野生生物②。《湖北通志》记载了山牛、武马、山羊等兽类情况：山牛，"《来凤志》云，雄者歧角，雌者无角，眉目之际有孔深寸许，俗呼为夜光眼"。武马，"《宜昌府志》鹤峰州多武马，州志云武马即野马"。山羊，"施宜各属皆有之，《来凤志》云：山羊一名羱羊，角尖善斗"③。

咸丰县产茶、漆、桑、桐子、栳子、吴萸子、冻绿皮。咸丰县漆、栳为大宗土产经济作物。咸丰县经济林木有松、杉、椿、柏、桧、樟、橡、桐、梓、榆、杨、柳、楠。楠分花楠和香楠两种。果木有桃、李、栗、梨、枣、花红，特色果木有胡桃、杨峒梨。花有数百种，兰、桂、菊、莲、紫荆、牡丹等为常见品种④。

正如《巴东县志》所言："山者，鸟兽草木所萃处。"⑤鄂西南山区是动植物资源宝库，但由于明清时期对山地动植物资源认识有限，"见之不易知，知之不易名"，故清代方志难窥其全貌。

二、山地林木特产资源的开发利用

先秦时代，已展开对山区经济林资源的开发利用，故《诗经》记载："树之榛栗，椅桐梓漆。"⑥司马迁在《史记·货殖列传》中记载了古代经济林木种植为致富之道："山居千章之材，安邑千树枣，燕秦千树栗，蜀汉江陵千树橘，淮北、常山已南，河济之间千树萩，陈夏千亩漆，齐鲁千亩桑麻，渭川千亩竹……此其人皆与千户侯等。"⑦元代农学家王桢亦点评，司马迁这句话实际上是阐述种植之利厚。在改土归流以前，由于鄂西南山区农业垦殖水平低下，对原始森林的破坏不大，动植物资源十分丰富。山区丰富的动植物资源，是山区经济的重要支柱之一。

　　① 张兴文、牟玖廉注释：《卯峒土司志校注》，北京：民族出版社2001年4月版，第20页。
　　② ［清］顾彩著：《容美纪游》，武汉：湖北人民出版社1999年9月版，第350—363页。
　　③ 吕调元等修、张仲炘等纂：民国《湖北通志》卷24《舆地志二十四·物产》，宣统三年（1911年）修，民国十年（1921年）商务印书馆影印本，第814—817页。
　　④ 徐大煜纂修：民国《咸丰县志》卷4《财赋志·物产》，民国三年（1914年）铅印本，第47—49页。
　　⑤ ［清］齐祖望等纂修：康熙《巴东县志》卷2《经制志》，《故宫珍本丛刊》第134册，海口：海南出版社2001年6月版，第340页。
　　⑥ 程俊英译注：《诗经译注》《国风·鄘风·定之方中》，上海：上海古籍出版社1985年2月版，第87页。
　　⑦ ［汉］司马迁撰：《史记》卷129《货殖列传》，北京：中华书局1963年6月版，第3272页。

　　鄂西南山区林木种类繁多,珍贵树种有楠木。明成化年间,高罗安抚司峒长田太翁曾教授土民采伐杉木,贩往辰州,使土民走向富裕①。弘治九年(1496 年)时,金峒安抚覃彦龙奏境内产杉木,鬻金二千贮库。覃彦龙年老时,因恐身后土人争夺,请求上贡,工部议非贡黄,拒绝纳贡木。

　　"茶者,南方之嘉木也。"茶树原本产于南方山区,唐代以前,巴山峡川一带山区已有茶树种植②。唐代,巴东盛产的一种名茶称为"真茗茶"③,鄂西南山区黔中郡亦是茶叶产地④。明代宣德、弘治年间,巴东县民往来负贩茶叶、食盐获利。外来客商以经营巴东桐、茶、漆、楷等土特产为利薮。明代,茶叶和木桐子生产在巴东县经济中占重要地位。商人将茶叶和木桐子转销东南路,照引缴税,茶税和桐油税成为巴东县重要的财政收入来源之一,并用于驿递等日常行政开支。贸易鼎盛时,《赋役全书》记载巴东茶叶桐油税为 360 两,其中 200 两作为巴山驿支应,88 两用于春秋大小祭祀,72 两用作巴山驿马站船夫工食银。由于本地奸民以草搀茶,致客商难以销售,导致茶少税乏。后来巴东县茶叶不断减产,茶商越来越少。税监陈奉至湖北后,将巴东县税利尽夺。巴东县只好呈请将茶油税银两,全改入条编征派。巴东知县张尚儒奏准将本县茶油税作本县支用,每年纳银 64 两 4 钱⑤。明末清初农民起义的战火使巴东县茶园尽毁,"茶荒桐槁"。而客檗皮、五倍子等药材销售利润又被客商所控制⑥。

　　明代,容美司境内各山均种植茶树,统称为峒茶,在所有经济作物中利润最丰厚。《世述录》称神仙园和陶溪二处茶为上品⑦。上品峒茶每斤价

　　① [明]徐学谟纂修:万历《湖广总志》卷 42《坛庙·施州卫》,《四库全书存目丛书》编纂委员会编:《四库全书存目丛书》史部第 195 辑,济南:齐鲁书社 1996 年 8 月版,第 321 页。

　　② [唐]陆羽撰,沈冬梅校注:《茶经校注》卷上《一之源》,北京:中国农业出版社 2006 年 12 月版,第 1 页。

　　③ [唐]陆羽撰,沈冬梅校注:《茶经校注》卷下《七之事》,北京:中国农业出版社 2006 年 12 月版,第 49 页。

　　④ [唐]陆羽撰,沈冬梅校注:《茶经校注》卷下《七之事》,北京:中国农业出版社 2006 年 12 月版,第 82 页。

　　⑤ [清]廖恩树修,萧佩声纂:同治《巴东县志》卷 4《赋役志·杂税》,《中国地方志集成·湖北府县志辑》第 56 辑,南京:江苏古籍出版社 2001 年 9 月版,第 203—204 页。

　　⑥ [清]廖恩树修,萧佩声纂:同治《巴东县志》卷 11《风土志·物产货币》,《中国地方志集成·湖北府县志辑》第 56 辑,南京:江苏古籍出版社 2001 年 9 月版,第 282 页。

　　⑦ [清]吉钟颖修,洪先涛纂:道光《鹤峰州志》卷 7《物产志·杂产》,《中国地方志集成·湖北府县志辑》第 45 辑,南京:江苏古籍出版社 2001 年 9 月版,第 391 页。

值一串钱,中品峒茶在湖广全省畅销,又称湘潭茶。所以前往容美司购贩茶叶的商贾络绎不绝。容美土司为了招徕茶商,以待客礼节相待,由土司官署供给衣食,离开时提供路引。顾彩游历容美时,进山和出山途中均遇到容美司中贩茶的茶客。康熙四十二年(1703 年),顾彩求访容美司的书信,就是由容美司中贩茶商人捎去的。康熙四十二年(1703 年)二月初八日,在前往容美司署途中,顾彩曾适逢数名赶驴茶客。七月初一日返程时,在东坪至油溪路途中又遇到许多茶客[①]。顾彩曾在容美土司的诗会上作《采茶歌》:"采茶去,去入云山最深处。年年常作采茶人,飞蓬双鬓衣褴褛。采茶归去不自尝,妇姑烘焙终朝忙。须臾盛得青满筐,谁其贩者湖南商。好茶得入朱门里,瀹以清泉味香美。"[②]此诗也表明:容美司中所产茶叶,由湖南茶商购得,运往湖南市场销售。康熙年间,芭蕉黄连溪兰姓茶商曾研制"玉绿茶",外销至海外市场[③]。至晚清道光年间,长乐县渔洋关成为鄂西南红茶加工中心之一,英国商人在采花设立宝顺合茶庄,将宜红茶销往英、美、俄、德、埃及等国家[④]。光绪二十五年(1899 年),广东商人郑继庭在渔洋关设泰和茶庄,后有义成生、志成、仁华等茶庄[⑤]。随着制茶技术的改良,恩施茶叶生产回升,至宣统年间,恩施茶叶生产进入兴盛时期[⑥]。光绪二十七年(1901 年),至宣统元年(1909 年),恩施县茶叶种植达到 2000 余亩,芭蕉、桅杆堡、珠砂溪、黄泥塘等地成为茶叶生产中心区[⑦]。

漆树属于高山树种,性较耐寒,广泛生长在除黑龙江、吉林、内蒙古、新疆以外的各省区向阳山坡林内。清人胡煦在《农田要务稿》中记载了漆树

① [清]顾彩著:《容美纪游》,武汉:湖北人民出版社 1999 年 9 月版,第 278、369 页。

② [清]顾彩著:《容美纪游》,武汉:湖北人民出版社 1999 年 9 月版,第 309—310 页。

③ 湖北省恩施市地方志编纂委员会编:《恩施市志》卷 9《农业》,武汉:武汉工业大学出版社 1996 年 11 月版,第 193 页。

④ 五峰土家族自治县地方志编纂委员会编纂:《五峰县志》卷首《概述》,中国城市出版社 1994 年 9 月版,第 3 页。

⑤ 五峰土家族自治县地方志编纂委员会编纂:《五峰县志》卷首《大事记》,中国城市出版社 1994 年 9 月版,第 9 页。

⑥ 湖北省恩施市地方志编纂委员会编:《恩施市志》卷 9《农业》,武汉:武汉工业大学出版社 1996 年 11 月版,第 193 页。

⑦ 湖北省恩施市地方志编纂委员会编:《恩施市志》卷 10《林业》,武汉:武汉工业大学出版社 1996 年 11 月版,第 237 页。

的主要产地,漆树"生于汉中山谷,梁益陕襄皆有,金州者为最善,广州性急易燥。"①漆树是鄂西南山区的重要经济树种,《湖北通志》称:"各志所载通城黄安蕲州亦产漆,而以上游襄郧宜施诸郡所出为最盛。《史记》言,千亩漆,其人与千户侯等,则其利视他木尤饶矣。"②山民已认识到栎木的多种经济价值:"大者可作柱梁,小者可作薪炭。""其实即为皂斗,壳可供染,仁可为饭,磨粉以济荒。《来凤志》且言可作腐,嫩叶可代茗,而以之养山蚕,其利尤大,惜无为之倡导者。"③

　　清代,鄂西南山区民众已能利用不同类型的竹子加工制作成各种生产用具和生活用具。如巴东人已知道利用巨大的楠竹制作炊具和盥洗用具,巴东"土人截取其筒,以为甀,节处可为盥盆"。长乐县民已知晓龙头竹"可练麻,造斗方纸案"。在长阳、恩施、宣恩、咸丰等县,罗汉竹"今多用作扇柄,亦可为杖"。在长阳来凤两县,箬竹"……可衬笠及船篷,其干直小,可作笔管"。宣恩、咸丰县民懂得利用刺竹卫护家园,"土人亦多种之,所谓笆篱者也"。长阳、鹤峰、长乐、宣恩、咸丰、来凤等县利用冷竹造纸,编制竹席,"可造纸,亦可为簟"。鹤峰州民利用董竹撑船制笛,"大者宜刺舡,细者可为笛"④。长阳、咸丰、来凤、利川等县可制造楮皮纸,来凤县有连四纸,鹤峰州有竹麻纸,咸丰县有草纸⑤。清代鄂西南山区土法造纸主要有以构树皮为原料制造的黑皮纸,以竹麻为原料制作的草纸、连四纸,纸质较粗⑥。土法造纸需要溪水作为动力,带动水力纸碾、纸碓运作。因此造纸作坊多靠近山水落差大的地点。同治二年(1863年),长乐县渔洋关的桥河、两河口、黄龙洞、杨家河、松林坪、汉阳河及县城附近的唐家河等地有纸

　　①　[清]胡煦撰:《农田要务稿》不分卷,《四库未收书辑刊》第3辑第22册,北京:北京出版社1997年12月版,第377页。
　　②　[汉]司马迁撰:《史记》卷129《货殖列传》,北京:中华书局1963年6月版,第3272页。
　　③　吕调元等修,张仲炘等纂:民国《湖北通志》卷23《舆地志二十三·物产二》,宣统三年(1911年)修,民国十年(1921年)商务印书馆影印本,第799—804页。
　　④　吕调元等修,张仲炘等纂:民国《湖北通志》卷23《舆地志二十三·物产二》,宣统三年(1911年)修,民国十年(1921年)商务印书馆影印本,第805—807页。
　　⑤　吕调元等修,张仲炘等纂:民国《湖北通志》卷23《舆地志二十四·物产三》,宣统三年(1911年)修,民国十年(1921年)商务印书馆影印本,第828页。
　　⑥　湖北省来凤县县志编纂委员会编纂:《来凤县志》第13章《轻纺工业》,武汉:湖北人民出版社1990年10月版,第154页。

碾 19 架,纸碓 8 家。响水洞、象鼻嘴、阮家河、湾潭九鼻孔等地有纸碓 13 家①。

　　茶叶、桐油、药材等山地经济作物和经济林特产的采集、种植和经营,是鄂西南地区经济的重要支柱之一。经济作物和经济林特产资源可以为山区经济带来利税收入,可以从山外换回山区缺乏的食盐、粮食、布匹等生活必需品,所以鄂西南山区的州县地方官、土司均对此十分重视。

　　中草药材的采集、种植和经营,也曾是鄂西南山区经济的重要支柱之一。根据万历《湖广总志》,施州卫的药材主要有降香、崖椒、赤药、马节脚、石合草、野猪尾、独用藤、金棱藤、鸡翁藤、小儿花、紫背金盘草、都管草、龙牙草、半天回、红茂草、金星草等②。容美司中土产药材有百余种,其中黄连品质上乘,生长在大荒中,因此采集困难。容美土司十分重视黄连的储存,必待高价而售③。顾彩游历容美司,向土司田舜年辞行时,赠品中有"黄连二斤"。另据《卯峒土司志》统计,卯峒司境内中药材品种也很多,主要有莲蓬、黄柏、黄连、厚朴、牛膝、常山、倍子、冻绿、花椒、藤勾、何首乌、熊胆、麝香、鹿茸、猴结、山羊血、蝉蜕、蛇蜕、蜂蜜、黄蜡、望月沙、露蜂房④。改土归流后,山地中草药的种植与贸易发展迅速,嘉庆年间任恩施县令的詹应甲在《种药吟》中,记载了恩施西北木抚山是当时中草药种植的重要基地,"山人不解艺禾黍,翦尽荆榛开药圃","板桥蒿坝百余家,大半药师兼药户","药贩居然列市廛,药租且免输官府,男携背篓女肩锄"⑤。

　　改土归流以前,鄂西南山区人民通过渔猎、采集的原始生产方式,将山地动植物资源作为食物的重要来源。道光《建始县志》载,建始县城东二十里禄山"多鸟兽,昔峒蛮恃以为廪禄"⑥。容美司中狩猎和捕鱼也是食物的重要来源,土民将渔猎兽类或鱼类腌制食用。顾彩游历容美司时,曾品尝

---

　　① 　五峰土家族自治县地方志编纂委员会编纂:《五峰县志》卷 7《其他工业》,北京:中国城市出版社 1994 年 9 月版,第 174 页。

　　② 　[明]徐学谟纂修:万历《湖广总志》卷 12《方产》,《四库全书存目丛书》编纂委员会编:《四库全书存目丛书》史部第 194 辑,济南:齐鲁书社 1996 年 8 月版,第 496 页。

　　③ 　[清]顾彩著:《容美纪游》,武汉:湖北人民出版社 1999 年 9 月版,第 351—352 页。

　　④ 　张兴文、牟玖廉注释:《卯峒土司志校注》,北京:民族出版社 2001 年 4 月版,第 19 页。

　　⑤ 　[清]詹应甲撰:《赐绮堂集》卷 11《诗》,《续修四库全书》编纂委员会编:《续修四库全书》卷 1484《集部·别集类》,上海古籍出版社 2002 年 6 月版,第 391 页。

　　⑥ 　[清]袁景晖纂修:道光《建始县志》卷首《沿革志·古迹》,《中国方志丛书·华中地方》第 326 号,台湾:成文出版社 1975 年版,第 49 页。

野猪腊、青鱼鲊、虎头脯、鹿脯、洋鱼等①。顾彩游历容美时，记载了土民在龙江乘独木舟捕鱼的过程："其渔者刻木一段为舟，牵巨网截江。度其中有鱼，则飞身倒跃入水，俄顷两手各持一鱼，有口中馥衔一鱼，分波跳浪登舟，百无一空者。"②顾彩游历容美司时，椒山安抚使刘跃龙曾在东乡坪宴请顾彩一行，以哑酒、鲊鱼款待③。卯峒司环境皆山，草木茂繁，禽兽繁多，狩猎者在每年冬季鸣角逐犬以狩猎。《卯峒土司志》还记载了土民夏季在卯峒司城河滩上踏树捕鱼的场景：捕鱼者或踏在河滩边的柳树上持叉捕鱼，或站在河滩上举网捕捞河中鲨鱼④。

容美司中还有水产养殖业。雍正年间，恩施诸生王封镇向容美司田舜年辞行时，田舜年从鱼池中捕鱼相赠⑤。

容美司中盛产川马、骡子等家畜，成为鄂西南山区重要的交通畜力。据顾彩记载，容美司中所产川马，非常适宜山地行走。本地骡子很健壮，以葛苗、竹叶为食，离开容美司后，在汉地不习惯吃料豆⑥。顾彩离开容美司时，容美土司送给他的礼物有川马、黄连、峒被、峒巾、茶叶、蜜饯等容美司山中特产⑦。

在改土归流以前，由于鄂西南地区整体山区资源开发和利用的水平很低，所以生态环境尚处于较原始的状态，植被和动物种群栖息地基本上没有受到人类活动的较大破坏。道光《鹤峰州志》记载，土司时老林未垦，猴类最多，当地俗称十万猴。在《鹤峰州志》中所记载的故事可以印证："一日，西路斥堠守者，鸣角报警，土目属众拒敌。比至，则邻司并未犯境。询之守者，对以遥见车东河兵涉水，人数弥漫无算。土目转告峒主，议治以虚报军情之罪。峒主曰：是必有故。使人往探，则是日十万猴过河也，乃更赏守者。"⑧

---

① 〔清〕顾彩著：《容美纪游》，武汉：湖北人民出版社 1999 年 9 月版，第 292 页。
② 〔清〕顾彩著：《容美纪游》，武汉：湖北人民出版社 1999 年 9 月版，第 319 页。
③ 〔清〕顾彩著：《容美纪游》，武汉：湖北人民出版社 1999 年 9 月版，第 295 页。
④ 张兴文、牟玖廉注释：《卯峒土司志校注》，北京：民族出版社 2001 年 4 月版，第 16—17 页。
⑤ 〔清〕张家槛修，朱寅赞纂：嘉庆《恩施县志》卷 4《艺文十七·建元子传》，《故宫珍本丛刊》第 143 册，海口：海南出版社 2001 年 4 月版，第 220 页。
⑥ 〔清〕顾彩著：《容美纪游》，武汉：湖北人民出版社 1999 年 9 月版，第 351—352 页。
⑦ 〔清〕顾彩著：《容美纪游》，武汉：湖北人民出版社 1999 年 9 月版，第 363 页。
⑧ 〔清〕吉钟颖修，洪先焘纂：道光《鹤峰州志》卷 14《杂述志》，《中国地方志集成·湖北府县志辑》第 45 辑，南京：江苏古籍出版社 2001 年 9 月版，第 468 页。

　　咸丰县经济作物主要有油菜、罂粟、蓝、靛、烟草，丁寨一带盛行种植油菜。菜油、罂粟油、蓝靛、烟草，主要种植于忠堡。烟草处处种植，但很少输出。绵、麻虽有种植，但其民未掌握种植技术。咸丰县山地农家养蜂产蜜，较少输出，多自用[①]。

　　山地的林特资源虽然丰富，但山地恶劣的交通条件，增加了山地林特资源利用的难度。嘉靖年间，由于奉天殿火灾，明廷派大臣在江陵开府总督湖广、四川、贵州三省采办大木，左都御史李宪卿派副使张正锦深入永顺卯峒，参政徐需、佥事崔都入容美、副使黄宗器入施州、佥峒寻找合围大木[②]。崇祯年间，工部差官何金枝曾至利川一带采办皇木，凿山开道，顺水下河输送皇木下山[③]。阻碍鄂西南山区林木资源开发和利用的最大屏障是交通。《广志绎》论及楚蜀采木之役的困难时，认为："木非难而采难，伐非难而出难，木值百金，采之亦费百金，值千金，采之亦费千金。上下山陂，大涧深坑，根株既长，转动不易，遇坑坎处，必假他木抓搭鹰架，使与山平，然后可出，一木下山，常损数命，直至水滨，方了山中之事。而采取之官，风餐露宿，日夕山中，或至一岁半年。及其水行，大木有神，浮沉迟速，多有影响，非寻常所可测。"[④]吴三桂叛乱期间，吴三桂曾"伐楚黔山木，造楼船巨舰"，以守御彝陵[⑤]。鄂西南山区森林植被也因此受到一定程度的破坏。鄂西南改土归流数十年后，山荒渐辟，道路渐通，但森林减少，建始县已很难获得大木，"盖人烟多而寻斧斤者众也"[⑥]。古人伐木讲究顺应时令，一是四月、七月伐木，木材不生虫而木质坚韧。二是冬季，树液收敛，不易生虫。未应时砍伐的木材，则必须采取水浸或火燔的办法来防虫[⑦]。

　　具有较高经济价值的林特经济作物的开发利用，成为山民致富的重要

　　① 徐大煜纂修：民国《咸丰县志》卷4《财赋志·物产》，民国三年（1914年）劝学所刻本，第48页。

　　② ［明］徐学谟纂修：万历《湖广总志》卷69《官迹十四（国朝）》，《四库全书存目丛书》编纂委员会编：《四库全书存目丛书》史部第196辑，济南：齐鲁书社1996年8月版，第114页。

　　③ ［清］松林等修，何远鉴等纂：同治《增修施南府志》卷3《地舆志·山川》，《中国地方志集成·湖北府县志辑》第55辑，南京：江苏古籍出版社2001年9月版，第90页。

　　④ ［清］王士性撰：《广志绎》卷4《江南诸省》，北京：中华书局1981年12月版，第95－96页。

　　⑤ 吕调元等修，张仲炘等纂：民国《湖北通志》卷69《武备志七·兵事三》，宣统三年（1911年）修，民国十年（1921年）商务印书馆影印本，第1790页。

　　⑥ 佚名编纂：民国《建始县志》卷下《物产志》，民国十九年（1930年）北平国立图书馆抄本，第8页。

　　⑦ ［清］胡煦撰：《农田要务稿》不分卷，《四库未收书辑刊》第3辑第22册，北京：北京出版社2000年1月版，第377页。

途径。但是林特经济作物的推广种植，不可避免地侵占了粮食生产用地。由于湖广等省民间图利，抛弃粮食种植，改种林果烟叶等经济物，引起清廷忧虑。雍正帝多次颁谕强调经济作物种植不能影响粮食生产，雍正五年（1727 年）三月，谕内阁："至于各省地土，其不可以种植五谷之处，则不妨种植他物以取利，其可以种植五谷之处，则当视之如宝。勤加垦治，树艺菽粟，安可舍本而逐末，弃膏腴之沃壤而变为果木之场。废饔飧之恒产，以幸图赢余之利乎？"①雍正五年（1727 年）七月，谕大学士九卿："又如民间向来多将膏腴之壤栽种烟果，以图重利，朕虑其抛荒农务，谕令有司善为劝导，使知务本。谕旨甚明，并非迫令一时改业也。今闻有将民间已种之烟叶，竟行拔去，此时既不能树艺五谷，而已种之物，又复弃置。岂不农末两失？大负朕养爱百姓之初心耶。"②

改土归流以后，鄂西南山区林特资源生产的商品化，桐、漆等林特资源的销售基本上被江西、河南、福建、广东、武汉等地客商及本地商贩控制。通过低价收购林特产品，高价销售近代工业产品，外地客商从中获利较多，而处于市场被动地位的山民获利有限。林特经济的发展，使鄂西南山区原生森林植被群落受到严重破坏，单一化的人工林面积增大，次生林次之。

第五节　山区矿产资源的开发利用

鄂西南地区矿产资源丰富，有磷矿、硫铁矿、铁矿、铜矿、锌矿、铬矿、硫矿、石膏矿、石棉矿、食盐、水晶等。其中磷矿蕴藏量达 20 吨左右，鹤峰磷矿是湖北省三大磷矿之一。硫铁矿储量在 8000 万吨以上，建始县是湖北硫铁矿主要产区，有两处大型矿点，此外恩施有中型硫铁矿点③。巴东县无烟煤探明储量 8647 万吨，居全省首位。铁矿探明储量达 10 亿吨，天然气储量达 110 亿立方米，磷矿储量达 11.78 亿吨。此外，耐火粘土、石灰岩、白云石、硅石、生物大理石、石膏等非金属矿产资源亦丰富。恩施州地

---

① 《清世宗实录》卷 54，雍正五年三月庚寅条，北京：中华书局 1985 年 10 月版，第 813—814 页。

② 《清世宗实录》卷 59，雍正五年七月甲子条，北京：中华书局 1985 年 10 月版，第 903 页。

③ 《湖北农业地理》编写组编：《湖北农业地理》，武汉：湖北人民出版社 1980 年 3 月版，第 36、38、161 页。

区的硒矿资源极为丰富,居世界首位,且分布广泛,含量高①。

恩施县天生桥一带铁矿,早在元明年间就已开始冶炼,曾设厂开采,有42 处矿坑,清末因销路问题矿业时起时落②。建始县中坦坪铁矿属于露天矿,易于发现和开采,所以从清朝乾嘉年间就开始露天采掘,先后经历了三度开发,隔数十年开采一次,每次开采十余年,就必须停止开采。因为鄂西山区采用土法炼铁,所用燃料为木炭,所以每至柴山用尽时,就不得不停业,"似此情形,乃为鄂西铁矿业之普通现象也"③。咸丰县各地皆产石灰,煤炭主要产于平阳里、乐乡里。乾隆年间,湖广总督特在额、巡抚吴坦曾奏请开采黑峒、山羊峒硝矿。咸丰县铜厂沟、袁家沟、羊蹄盖、张家坪等处产铜矿。小界坪出产水银、朱砂④。

乾隆时期,清朝开始鼓励民间自备工本开矿,官府从中抽税⑤。乾隆年间,鄂西南地区矿业开采有限,多是为了供应国家需求。乾隆三十九年(1774 年),湖北巡抚陈辉祖奏称,施南府属咸丰、宣恩、来凤三县,开铜槽五十余处,获取铜砂,炼出净铜,请求招商试采。为加强对铜矿开采的监督,由原任知县留办矿厂。乾隆三十八年(1773 年),咸丰县文胜辅、储其涵、赵万谟、周丹陵、潘必魁、程可培、赵大鹏、黄开顺等合伙开采咸丰县张家坪铜矿,上至知府袁文观,下至胥吏的屡次婪索,令矿主们苦不堪言⑥。乾隆四十二年(1777 年),朝廷设卡治理矿子坑黄铜矿。每日采矿工人不下 300 人。后又有丁寨人丁玉阶、丁玉山先后在生基岭、袁家沟、铜厂沟等地开办私人铜矿。

宜昌、施南二府所属长阳、兴山、鹤峰、归州、来凤、建始等州县均产硝矿。乾隆五十年(1785 年),湖广总督特成额、巡抚吴垣以湖北各营及银匠铺需用销斤,向系购自河南、湖南两省,特就长阳、来凤、咸丰三县,奏明开采。乾隆五十二年(1787 年),又额定施南府属六县,由商民自备工本,采

---

① 《恩施州志》编纂委员会编:《恩施州志》,武汉:湖北人民出版社 1998 年 12 月版,第 1 页。

② 成安、李捷撰:《湖北恩施、建始等县煤铁硫磁土等矿产报告》,1939 年手抄本,第 17 页。

③ 成安、李捷撰:《湖北恩施、建始等县煤铁硫磁土等矿产报告》,1939 年手抄本,第 20 页。

④ 徐大煜纂修:民国《咸丰县志》卷 4《财赋志·物产》,民国三年(1914 年)劝学所刻本,第 51 页。

⑤ 李杰:《改土归流后湘鄂川黔毗邻地区的手工业和商业》,武汉:《江汉论坛》1996 年第 11期,第 50—52 页。

⑥ 《奏请将婪索铜矿之施南府知府袁文观等革职事》,乾隆三十八年十二月二十六日,中国第一历史档案馆军机处全宗,档案号:03—1303—020。

办解省。每年岁办硝各二千斤,以正月起,限定四个月内,交局给价。逾限短少,将承办县官议处。咸丰县额办硝二千斤,领工料脚价银 102 两,后又奉派办炮硝 180 斤 2 两 2 钱,领工料脚价银 7 两 6 钱 3 分。重新开挖黑峒、山羊峒两处矿坑。咸丰县石峒硝矿遍及各地,但因历年采办过多,产量逐渐减少。乾隆五十二年(1787 年),特成额筹备向福建省采买硝五万斤,奏请湖北产硝各州县限期将采办硝矿解省①。乾隆五十四年(1789 年)总督毕沅、巡抚惠龄招商开采,利川岁采硝二千斤②。

　　乾隆年间,在长阳县云台山南有煤洞,深数百丈,曾有人在此掘煤,乾隆时废弃不用,无人敢入③。嘉庆二十年(1815 年)夏,鹤峰州水沙坪有旧开煤洞,居住在附近的县民兄弟三人,进洞取煤,先后毙命。后来施救人员用铁钩缚长竹竿,将尸身拖出,尸体均呈七窍流血,遍身青色。按现代采矿业知识推断,可能是因吸入煤洞中蓄积的瓦斯气等中毒而死④。

　　洋务运动期间,清政府企图通过引进西方先进技术,建立近代工业,实现富国强兵。近代工业发展对煤、铁、铜等矿产资源的需求量激增。从 1876 年至 1879 年,湖北成立开采煤铁总局,在湖北各地勘探、开采煤铁等矿,鄂西南山区矿务因此而兴。光绪三十一年(1905 年),湖广总督张之洞设立矿政调查局,派布政使及候补道为总会办,督同各地方官经理。宣统元年(1909 年),改由劝业道管理。根据矿政调查局的矿产调查:湖北省共有 70 处矿产,其中巴东、咸丰、建始等县以铜、铅、镍矿为主,鹤峰等县以锑矿为主,长阳等县以煤矿为主,长阳县以出产烟煤为主⑤。光绪二十三年(1897 年),宜昌赈局赵道台向张之洞报告,调查发现巴东盐样、煤样甚佳,建始县土鱼河铜矿发现矿脉⑥。

　　①　徐大煜纂修:民国《咸丰县志》卷 4《财赋志·物产》,民国三年(1914 年)劝学所刻本,第 51—52 页。

　　②　[清]黄世崇纂修:光绪《利川县志》卷 7《户役志·杂税》,《中国地方志集成·湖北府县志辑》第 58 辑,南京:江苏古籍出版社 2001 年 9 月版,第 57 页。

　　③　[清]李拔纂修:乾隆《长阳县志》卷首《外纪》,《故宫珍本丛刊》第 143 册,海口:海南出版社 2001 年 4 月版,第 33 页。

　　④　[清]吉钟颖修,洪先涛纂:道光《鹤峰州志》卷 14《杂述志》,《中国地方志集成·湖北府县志辑》第 45 辑,南京:江苏古籍出版社 2001 年 9 月版,第 470—471 页。

　　⑤　吕调元等修,张仲炘等纂:民国《湖北通志》卷 54《经政志十二·新政二》,宣统三年(1911 年)修,民国十年(1921 年)商务印书馆影印本,第 1467 页。

　　⑥　[清]张之洞著,苑书义等主编:《张之洞全集》卷 221《电牍五十二·赵道、傅镇来电(光绪二十三年十一月二十八日戌刻到)》,石家庄:河北人民出版社 1998 年 8 月版,第 7435 页。

张之洞督鄂期间,在湖北省大力兴办近代企业,为了补救施南府钱荒,开拓利源,札派湖北候补知县蔡国桢会同施南府鲁守备查勘施南府各处铜、铅、硝磺等矿产资源,鉴于山区交通困难,运费甚重,令就山开炉铸钱。根据蔡国桢调查统计,施南府各处已拨款开采的矿产有七处,详见下表:

表 3—9　光绪二十三年(1897 年)施南府各县已采矿产数据表

县名	矿种	产地	产量
利川	大绿、镜面镁、墨绿、白锡五种铜矿	未详	收矿 480 余斤
利川	铜矿	金子山	收矿 748 斤,炼净铜 231 斤
咸丰	铜矿	北乡老泥坝	炼净铜 10 斤 4 两
建始	铜矿	东乡土玉河	矿苗 13 斤
恩施	铅矿	白果园	炼净铅 65 斤
恩施	铅矿	未详	收矿 256 斤,炼净铅 85 斤
建始	磺矿	横槽	收净磺 5 万余斤

资料来源:〔清〕张之洞著,苑书义等主编:《张之洞全集》卷 127,《公牍四十二·宜昌镇傅镇开呈已采未采、已炼未炼铜铅硝磺各质清折》,石家庄:河北人民出版社 1998 年 8 月版,第 3500—3502 页。

由于山区施南府属各县地瘠民贫,连逢荒歉,为赈济穷民,采取了以工代赈的方式,采用土法开采铸炼,未使用机器开采铸炼。经营方式仍采取传统的官办方式,派委员坐局随时收买。如利川县金子山铜矿,系饥民远送至局,建始县东乡土玉河铜矿 13 斤,系由一人一天挖获送局。因此,开办之初,开采冶炼的铜、铅矿产量相当低。此外,宜昌镇傅镇坐局收买了由监生叶炼臣呈送的苦寨铜矿,矿质尚好。外委朱福茂查勘呈送恩施长沙河铜矿及东乡小河铜矿,其中长沙河铜矿每斤矿石可产出毛铜三四两①。

施南府各县已勘明未及开采的矿产有八处,详见下表:

---

① 〔清〕张之洞著,苑书义等主编:《张之洞全集》卷 127《公牍四十二·宜昌镇傅镇开呈已采未采、已炼未炼铜铅硝磺各质清折》,石家庄:河北人民出版社 1998 年 8 月版,第 3500—3502 页。

表 3—10　光绪二十三年(1897 年)施南府各县矿场停采情况表

县名	矿种	地点	停采原因
利川	硫磺	未详	未详
利川	铜矿	徐家梁子	成色不好
宣恩	铜矿	南乡坛子垌	仅有铜引,杂质太多
建始	铜矿	北乡铜厂坡	含铁质多
恩施	铜矿	戴外槽	成色不好
利川	铜矿	七保三里米汤溪	成色不好
建始	铜矿	北乡下坝	成色不好
咸丰	铜矿	中堡	实系铁质
宣恩	铜矿	铜厂溪	成色不好
咸丰	铜矿	北乡大毛坡	成色不好,砂轻铜少
宣恩	铜矿	南乡大山坪、冷潮沟	成色不好,内多铁质
咸丰	铜矿	北乡大毛坡香水潮	成色不好,铁多
宣恩	铜矿	铜云板	成色不好,多铁
来凤	铅矿	未详	未详
来凤	硝磺	未详	未详

资料来源:〔清〕张之洞著,苑书义等主编:《张之洞全集》卷 127《公牍四十二·宜昌镇傅镇开呈已采未采、已炼未炼铜铅硝磺各质清折》,石家庄:河北人民出版社 1998 年 8 月版,第 3500—3502 页。

表 3—11　光绪二十三年(1897 年)查勘产铜矿区表

县　名	产　地
恩施	鸭渡溪、滥泥坝、天桑园、鹞子溪、燕子溪、南里渡、木贡、蒿坝、木抚、板桥
恩宣交界	太平坝、清水塘、三里牌、方家坝、象鼻岭、二太坪、谢家粮、邱家湾

县　　名	产　　地
宣恩	汉家沟、梨花坪、响水沟
咸丰	铜厂坪、龙坪、马河
利川	汭水溪
建始	土地垭
长乐、鹤峰、宣恩交界	韭菜箱

资料来源：[清]张之洞著，苑书义等主编：《张之洞全集》卷 127《公牍四十二·宜昌镇傅镇开呈已采未采、已炼未炼铜铅硝磺各质清折》，石家庄：河北人民出版社 1998 年 8 月版，第 3503—3504 页。

　　清朝末代湖广总督瑞澂曾向清廷奏报，湖北省农工商实业分官办和商办两种形式。鄂西南山区各县建立农、工实业，主要有：咸丰县农业半日学堂及试验场、巴东县农林劝办所、鹤峰厅农林劝办所、恩施县农务分会、长阳县鼎新机器织布厂、巴东县设立劝工厂、施南府种植局、森林公司、劝工所、鹤峰厅裕新源机布公司等等①。

　　咸丰初年，宜昌知府庄寿祺因避难迁入巴东县纸倍溪（又称盐厂河、长丰），曾利用盐泉开厂煎运。在盐泉出口处，用石砌成一个宽深各约二丈的蓄水池。至光绪年间，庄寿祺兴办的盐厂仍完好可用。在庄寿祺兴办盐厂时，距盐厂五里的榨坊坪一带，曾发展成繁荣的市廛。光绪二十五年（1899年），宜昌电报局委员黄邦俊、黄仁葵等曾经禀准张文襄公，以官督商办名义，筹集商股八千串，开办盐厂，经营一年多后停工。现在厂内房屋尚派人住守，锅灶等工具仍留存完好。黄邦俊等人前往开办盐厂，采取封建衙门的方式管理企业，耗费多而获利仍不少。但终因委员无心经营企业，所以一年后，就将一万八九千串资金抽走②。

　　硝矿是重要的军事矿产资源，向由官府采买。清后期，道光二十年（1840 年），曾有广东商人到施南府以收买线麻为名，走私硝磺，在本地开

　　①　吕调元等修，张仲炘等纂：民国《湖北通志》卷 54《经政志十二·新政二》，宣统三年（1911年）修，民国十年（1921年）商务印书馆影印本，第 1463 页。
　　②　湖北省政协等编：《武昌起义档案资料选编》上卷《革命以来湖北财政司要录》，武汉：湖北人民出版社 1981 年 8 月版，第 367—368 页。

设栈房的商人钟广举、钟天举就曾与粤商串通为奸。走私路径通过夔关、宜关入江,经江西、安徽、江苏,至达海口[①]。硝矿开采给利川县带来了利税收入,利川县每年硝价银为 110 两 7 钱 3 分 7 厘。同治年间,来凤县北十二里有白岩洞发现有硝矿[②]。来凤县硝矿分三种,峒硝质量上佳,民宅地面上熬成的硝矿味咸,品质次等,风化硝品质最差[③]。光绪三年(1877年),改归军需局采买,发交军装局收存备领,自此利川硝价银一例停领[④]。光绪二十三年(1897 年),建始县硝磺矿产量有五六万斤[⑤]。宣统元年(1909 年),湖广总督陈夔龙为保障汉阳兵工厂钢药两厂的硝矿供应,专设硝磺局,管理硝矿生产和运销[⑥]。

在蒸汽机时代,煤炭是近代第一次工业革命中最重要的能源。洋务运动中,洋务派十分重视发掘鄂西南山区的煤矿资源。巴东煤矿是鄂西最重要的矿产之一。挖煤贩运至荆宜两府,成为巴东县山地穷民的重要生计来源,"煤山所在,多有贫民挖煤负笼,范之以规,运行荆宜一带,获利虽微,而藉以为食者不少"[⑦]。洩滩巴东煤质略逊于秭归县香溪煤矿。当时估计,采用土法开采,每月产量约 2000 吨,如用西方新法开采,全区产量可达一万万吨[⑧]。道光年间,鹤峰州凡煤山所在,贫穷山民多以挖煤资生[⑨]。道光

①　《清仁宗实录》卷 342,道光二十年十二月丁卯条,北京:中华书局 1986 年 11 月版,第210—211 页。

②　[清]李勖修,何远鉴等纂:同治《来凤县志》卷 5《山川》,《中国地方志集成·湖北府县志辑》第 57 辑,南京:江苏古籍出版社 2001 年 9 月版,第 315 页。

③　[清]李勖修,何远鉴等纂:同治《来凤县志》卷 39《物产志》,《中国地方志集成·湖北府县志辑》第 57 辑,南京:江苏古籍出版社 2001 年 9 月版,第 492 页。

④　[清]黄世崇纂修:光绪《利川县志》卷 7《户役志·杂税》,《中国地方志集成·湖北府县志辑》第 58 辑,南京:江苏古籍出版社 2001 年 9 月版,第 57 页。

⑤　[清]张之洞著,苑书义等主编:《张之洞全集》卷 219《电牍五十·恽、赵、凌道台来电(光绪二十三年七月十二日丑刻发)》,石家庄:河北人民出版社 1998 年 8 月版,第 7368 页。

⑥　吕调元等修,张仲炘等纂:民国《湖北通志》卷 54《经政志十二·新政二》,宣统三年(1911年)修,民国十年(1921 年)商务印书馆影印本,第 1467 页。

⑦　[清]廖恩树修,萧佩声纂:同治《巴东县志》卷 10《风土志·职业》,《中国地方志集成·湖北府县志辑》第 56 辑,南京:江苏古籍出版社 2001 年 9 月版,第 271 页。

⑧　[清]刘锦藻编纂:《清朝续文献通考》卷 390《实业考十三·工矿矿产》,王云五主编:《万有文库》第二集,上海:商务印书馆 1936 年 3 月版,第 11381—11382 页。

⑨　[清]吉钟颖修,洪先涛纂:道光《鹤峰州志》卷 6《风俗》,《中国地方志集成·湖北府县志辑》第 45 辑,南京:江苏古籍出版社 2001 年 9 月版,第 381 页。

年间,建始县民曾集资开采狮子岩煤矿,每年约开采 76 石①。同治年间,刘大清租占恩施县楠木林,开采煤炭。至光绪七年(1881 年),熊康学等在恩施县五堡开砂货厂开采煤矿。至光绪三十一年(1905 年),恩施县沙子地杨方友、张得银、鲁成民等山民租山挖煤,日产煤约 30 吨②。来凤县各处均有炭厂,有白炭、黑炭、枯炭三种,枯炭只有石工、铁工使用。石灰分材灰、煤灰两种。来凤县所产煤色黑多烟③。鹤峰州山区夙产铜矿和铅矿,土司时曾采铸铜铅矿,颇称富饶。但改土归流后,清廷封禁长达百余年。至光绪年间,招商局曾禀准在九台乡等处设矿局,开采矿苗,成为鹤峰利源④。

近代机器工业对铁、铜、铅等金属矿资源依赖较大。但是僻处鄂西南山区的施宜两府各县土著资本薄弱,采矿技术十分落后,山民大多采取土法采矿。清初开始,恩施太阳河铁矿屡经开采,时开时停。清中期,恩施县民间曾开采龙马、茅湖塇铜矿,后因亏本而中止。光绪初年,恩施县农民在农闲时,采用土法开采茆子山白果坝铁矿,佃种山地的农民与山主平分利润,每年约产铁矿 5 吨。光绪初年,恩施县农民曾用土法开采对口岩、白果坪、桥头河、易家桥煤矿,每年约开采 10 万石。清末曾有人集资开采鹤峰州凤凰岭铅矿,后因资本缺乏而中止⑤。清咸丰、同治年间,建始县磺场黄铁矿开采盛极一时⑥。据光绪《长乐县志》记载,长乐县车路坪"在平溪保上,八斗台山上,有铁厂"⑦。

清后期,咸丰土著开采利用铁矿过程中,逐渐发现铜矿,遂改作铜矿开采。湖北咸丰县铜矿资源分布较广,"西自与四川边境毗连之羊蹄盖起,东经县治东部,至宣恩县之大山坪止。计延长二百里左右"。由于矿井出水

　　① 袁济安签:《湖北省第七区年鉴》,恩施雪兰轩纸张文具商店承印,民国二十七年(1938 年)七月,第 37—39 页。

　　② 湖北省恩施市地方志编纂委员会编:《恩施市志》卷 13《工业》,武汉:武汉工业大学出版社 1996 年 11 月版,第 283 页。

　　③ 〔清〕李勖修、何远鉴等纂:同治《来凤县志》卷 29《物产志·货属》,《中国地方志集成·湖北府县志辑》第 57 辑,南京:江苏古籍出版社 2001 年 9 月版,第 492 页。

　　④ 〔清〕陈鸿渐纂,长庚、厉祥官修:光绪《续修鹤峰州志》卷 7《物产志》,《中国地方志集成·湖北府县志辑》第 56 辑,南京:江苏古籍出版社 2001 年 9 月版,第 528 页。

　　⑤ 袁济安签:《湖北省第七区年鉴》,恩施雪兰轩纸张文具商店承印,民国二十七年(1938 年)七月,第 37—39 页。

　　⑥ 李捷撰:《湖北恩施、建始等县煤铁硫磁土等矿产报告》,1939 年手抄本,第 28 页。

　　⑦ 〔清〕李焕春原本,郑敦祐再续:光绪《长乐县志》卷 2《疆域志·坪》,《中国地方志集成·湖北府县志辑》第 54 辑,南京:江苏古籍出版社 2001 年 9 月版,第 133 页。

过多,至不能再开采而停止开采。其中以袁家沟开挖最深,此处矿权系袁姓矿主[1]。光绪初年,盛宣怀访查鹤峰州、长乐县一带出产红铜,商民时开时停。光绪元年(1875年),曾有粤商争挖铜矿,被翁同爵封禁。据施南府和宜昌府成案,凡开采铜矿,允许就地冶炼,所以盛宣怀曾向李鸿章建议,收买铜矿,就近设炉试炼。根据粤商调查,长乐县湾潭五里至白果湾地方,均有矿苗。其次周家湾、黑沙溪、杨家台、萧家垭、绿里溪等处,均有铜矿,此外铅、铁、煤矿更多[2]。咸丰县铁矿采办者多制成铜铁,除供应本县外,一部分输出邻县。咸丰县铜矿分布在铜厂沟、袁家沟、羊蹄盖、张家坪等地,铜矿储量丰富。丁寨人丁玉阶、丁玉山先后在生基岭、袁家沟、铜厂沟等地开办私人铜矿。咸丰县铁厂因湖北省例无矿税,均由本地人自行开采,官府提供“破鉎废铁熔铸锅鑵”字样,收取规费,年纳二百余串[3]。此外,恩属之秋谷坪、恩宣交界之草把场铜矿山、宣属之尖山坪,均产铅矿[4]。

　　鄂西南山区地理环境的闭塞,阻碍了山区经济的近代化发展,处于近代工商业发展的边缘。清后期,朝廷在长江中游进行近代工业选址时,倾向于交通便利的通商口岸城市汉口。鄂西南山区的采矿业的开发,均服务于汉口的近代工业企业,为其提供矿石原材料和燃料。光绪二十四年(1898年)上谕中指出:“查上游四川云贵等省出产土货甚多,而地势较偏,购机选匠,种种不便。且机器运至川江以上实属不易,销路亦窄。若造成后,再运至下游行销,徒多往返耗费。”[5]山区矿产资源开发利用的技术水平较低,土法冶矿,对自然环境,尤其是对山地森林植被产生了周期性破坏。

　　① 〔清〕刘锦藻编纂:《清朝续文献通考》卷390《实业考十三·工矿矿产》,王云五主编:《万有文库》第二集,上海:商务印书馆1936年3月版,第11390-11391页。

　　② 陈旭麓、顾廷龙、汪熙主编,徐元基、季平子、武曦编:《湖北开采煤铁总局·荆门矿务总局》(盛宣怀档案资料选辑之二),上海:上海人民出版社1981年3月版,第139-140页。

　　③ 徐大煜纂修:民国《咸丰县志》卷4《财赋志·杂税》,民国三年(1914年)铅印本,第52-53页。

　　④ 〔清〕张之洞著,苑书义等主编:《张之洞全集》卷127《公牍四十二·宜昌镇傅镇开呈已采未采、已炼未炼铜铅硝磺各质清折》,石家庄:河北人民出版社1998年8月版,第3504页。

　　⑤ 吕调元等修,张仲炘等纂:民国《湖北通志》卷54《经政志十二·新政二》,宣统三年(1911年)修,民国十年(1921年)商务印书馆影印本,第1464页。

第六节　山区商品经济发展与市场网络形成

一、山区商品经济的发展水平

改土归流以前，在"汉不入境，苗不出峒"的族群政策下，关隘把截甚严，汉土之间的经济交流受到人为限制。如雍正六年（1728年）起任湖广总督的迈柱曾奏定"苗与民为市，于分界地设市，一月以三日为期，不得越界出入。民以物往市，预报地方官，知会塘汛查验"①。在乾、嘉时期，鄂西南山区商品经济的水平处于低水平。鄂西南山区地僻山深，交通阻塞，自古经济开发的程度远远赶不上江汉平原与成都平原，长期处于低投入、低生产、低消费的经济运行模式，鄂西南地区农业和手工业落后，导致商业不振。

改土归流后，大量外来流民进山开发农业，并带来农副业和林特经济作物种植业的发展，鄂西南地区农业、手工业生产不能满足基本生活需求，又迫使山区人民不得不通过出售农副产品与林特产品，从山外换回生活日用必需品。所以，鄂西南地区商品经济依附于山外市场。从乾隆元年至道光年间，"外来之民典佃耕垦，便为己有，时复屡丰，余粮栖亩，用以饲豕，百十为群，驱贩荆宜等处，获利倍蓰"②。《鹤峰州志》记载，鹤峰县农民以本地盛产的苞谷喂猪，将猪贩卖外地，以购回所需棉布杂货等商品③。

从总体上看，清代鄂西南山区的商品经济水平较低，贸易的规模较小。山区交通困难，信息闭塞，山区农民商品意识较弱，对市场行情缺乏足够了解，商品流通渠道基本上被外来客商垄断。据民国《湖北通志》记载，恩施、宣恩、来凤等县均不产棉花，衣裳所需皆从外地贩运而来。本地广泛种苎

---

① ［清］赵尔巽等撰：《清史稿》卷289《列传第七六·迈柱》，北京：中华书局1976年12月版，第10256页。
② ［清］王协梦修，罗德昆纂：道光《施南府志》卷10《典礼志》，道光十七年（1837年）扬州张有耀斋刻本，第5页。
③ ［清］吉钟颖修，洪先涛纂：道光《鹤峰州志》卷6《风俗志》，《中国地方志集成·湖北府县志辑》第45辑，南京：江苏古籍出版社2001年9月版，第381页。

麻,由外地商人贩往山外,可以换回棉布衣裳①。据嘉庆年间恩施县令詹应甲记载:"山中产麻最佳,多粤岭人来贩去。"②改土归流后,随着山区农业的开发,山区粮食生产有了足够的余粮,带来了生猪饲养业的发展。至道光年间,每至秋成之季,山区"土著之家贩猪而贸易","百十为群,驱贩荆宜等处"③。鹤峰州市场上的棉需要从湖北荆州、湖南澧州购买,盐需要从四川夔、巫等地运输,因交通不便,导致物价高昂④。如《鹤峰州志》记载,由于鹤峰工商业不发达,集市上的商品以棉布、酒米等家常日用品为主,稍珍贵的奢侈品,必须向其他县购买。本县农民以本地盛产的苞谷喂猪,将猪贩卖外地,以购回所需棉布杂货等商品。山民或入山樵采荆棘,挑到市场上换钱。此外,还有穷民以挖煤来维持生计⑤。利川县僻处山区,土地贫瘠,没有富商巨贾,民间集场贸易的商品以米、盐等基本的生活必需品为主⑥。

在改土归流以前,由于山地经济落后,生产力不发达,山民的日常生活消费能力长期处于较低水平。山羊隘土民"风气淳朴,道不拾遗,不事奢华,俭约是尚,老者冠以青帕,少者毡帽而已,衣服以粗布为之。履则以芒草、椰皮织之"⑦。

在鄂西南地区城镇、村集中,商业附属的餐饮服务业不发达,茶馆、酒肆都很少,偶尔在科举考试时,临时添设茶馆、酒肆,且很少有从事非生产性的"游惰之民",这亦表明本地商业不发达,人民的休闲娱乐消费水平低下⑧。

①　吕调元等修,张仲炘等纂:民国《湖北通志》卷21《舆地志二十一·风俗》,宣统三年(1911年)修,民国十年(1921年)商务印书馆影印本,第761页。

②　[清]詹应甲撰:《赐绮堂集》卷12《诗》,《续修四库全书》编纂委员会编:《续修四库全书》第1484卷《集部·别集类》,上海:上海古籍出版社2002年5月版,第398页。

③　[清]王协梦修,罗德昆纂:道光《施南府志》卷10《典礼志》,道光十七年(1937年)扬州张有耀斋刻本,第4、5页。

④　[清]吉钟颖修,洪先涛纂:道光《鹤峰州志》卷7《物产志》,《中国地方志集成·湖北府县志辑》第45辑,南京:江苏古籍出版社2001年9月版,第392页。

⑤　[清]吉钟颖修,洪先涛纂:道光《鹤峰州志》卷6《风俗志》,《中国地方志集成·湖北府县志辑》第45辑,南京:江苏古籍出版社2001年9月版,第381页。

⑥　[清]黄世崇纂修:光绪《利川县志》卷7《户役志·坊市》,《中国地方志集成·湖北府县志辑》第58辑,南京:江苏古籍出版社2001年9月版,第53—55页。

⑦　鄂西土家族苗族自治州民族事务委员会编:《鄂西少数民族史料辑录》,鄂西土家族苗族自治州民族事务委员会1986年6月内部版,第91页。

⑧　[清]松林等修,何远鉴等纂:同治《增修施南府志》卷10《典礼志·风俗》,《中国地方志集成·湖北府县志辑》第55辑,南京:江苏古籍出版社2001年9月版,第193页。

施南府首县恩施"城市、村集无茶寮酒肆"①。咸丰县直至民国初年,城市仍然无茶馆酒肆②。民国《咸丰县志》将商务不旺的原因归结为"民俗简朴",实质上是生产力不发达,造成市场消费水平低下,娱乐休闲消费更显得奢侈。

　　鹤峰、长乐山区乡村商业贸易不畅,货币流通量小。光绪年间,鹤峰长乐一带,民间仍流通洪武、成化钱。长乐县银钱流通很少,其来源除兵饷外,银无从觅寻③。

　　从各县牙行数量和税则等级来看,施南府各县的贸易水平不高。乾隆年间,长阳县只有一家牙行,税银六钱,解司完纳④。乾隆二十三年(1758年),来凤县添设船行一名,纳税银三钱⑤。乾隆三十七年(1772年),恩施县设花市山货中行,按偏僻中则税纳银五钱⑥。鹤峰经营生猪贸易的牙行有两帖,下坪埠头猪行一帖,板凳埠头猪行一帖,每帖赋银四钱五分⑦。咸丰县有一家棉花牙行,属偏僻中则,每年牙帖税银五钱,一家盐牙行,一家布牙行。盐牙和布牙在同治年间撤销⑧。

　　清后期山区商品经济的发展,使山区农业、养殖业、林特经济作物种植业等与全国市场,乃至资本主义世界市场的联系越来越紧密。而且商品化的农业、养殖业、林特经济作物种植业等经营活动,对农业小规模借贷的需求增大。虽然山区封闭落后,商业借贷发展所需的经济条件不足,如货币流通处于较低水平,使山区商业借贷的发展水平较低。民国以前,施南府各县均无钱庄、典当行,民间仅有小押、代当等借贷活动,而且利息大多限

---

　　①　吕调元等修,张仲炘等纂:民国《湖北通志》卷21《舆地志·风俗》,宣统三年(1911年)修,民国十年(1921年)商务印书馆影印本,第760页。

　　②　徐大煜纂修:民国《咸丰县志》卷3《礼教志·风俗》,民国三年(1914年)劝学所刻本,第41页。

　　③　[清]李焕春原本,郑敦祜再续:光绪《长乐县志》卷12《风俗志》,《中国地方志集成·湖北府县志辑》第54辑,南京:江苏古籍出版社2001年9月版,第268页。

　　④　[清]李拔纂修:乾隆《长阳县志》卷6《赋役志·杂课》,《故宫珍本丛刊》第143册,海口:海南出版社2001年4月版,第116页。

　　⑤　[清]王协梦修,罗德昆纂:道光《施南府志》卷13《食货》,道光十七年(1837)扬州张有耀斋刻本,第14页。

　　⑥　[清]张家柟修,朱寅赞纂:嘉庆《恩施县志》卷1《政典四》,《故宫珍本丛刊》第143册,海口:海南出版社2001年4月版,第175页。

　　⑦　[清]陈鸿渐纂,长庚、厉祥官修:光绪《续修鹤峰州志》卷5《赋役志》,《中国地方志集成·湖北府县志辑》第56辑,南京:江苏古籍出版社2001年9月版,第527页。

　　⑧　[清]张梓修,张光杰纂:同治《咸丰县志》卷8《食货志·杂税》,《中国地方志集成·湖北府县志辑》第57辑,南京:江苏古籍出版社2001年9月版,第73页。

定在三分以下①。在传统农业社会里，借贷往往用来解决维持青黄不接时节农业循环再生产的问题，而不是扩大再生产的问题。

由于鄂西南山区商品经济发展迟滞，金融机构发育较晚。官办金融机构始建于光绪二十二年（1896 年），湖北省官钱局发行的银票在恩施县市场流通，不久，湖北省官钱局在恩施县设立官钱分局，发行台票②。光绪年间，作为商业信用票据化的期票，在鄂西南山区广泛使用。如熊宾任利川县令时所审理的众多经济讼案中，都有用期票作结算工具的例子。如利川县民聂清怀控董习春隐匿寄存 4 锭银两案中，经查聂清怀曾欠董习春 24 串钱，6 石包谷。县令判令将 4 锭银按 1 串 300 文一兑换 1 两银时价，折成 52 串钱。因银不抵债，聂清怀仍须书写 8 串钱期票，交董习春收领③。

山区商品经济的发展冲击了传统社会的义利观，商品经济的发展带来了民风的世俗化，光绪七年（1881 年），来凤知县唐殿华感叹商贾唯利是图，缺乏公益之心："噫！今之富商巨贾，封殖素拥，自为一身一家计，地方有善举辄疾走，惟恐不及，何其鄙也。"④

二、山区商品经济的发展状况

改土归流之后，政治藩篱的清除，国家主导的山地交通的不断开辟，使鄂西南山区与外部鄂、川、湘市场的贸易联系越来越紧密，山区服务于外部市场的经营性农业快速发展。在对外商品交流中，鄂西南山区输入的主要商品是盐、粮食和布匹等基本生活必需品，输出的主商品是漆、茶叶、桐油、药材、烟、靛、麻、生猪等初级农林特产品。光绪二十三年（1897 年），施南知府黄邦俊曾指出，施南府销往外地的大宗商品主要有油、棓、烟、靛、苎麻等类，而输入的大宗商品是布、纱⑤。

---

① 袁济安签：《湖北省第七区年鉴》，恩施雪兰轩纸张文具商店承印，民国二十七年（1938 年）七月版，第 40 页。

② 湖北省恩施市地方志编纂委员会编：《恩施市志》卷 20《金融》，武汉：武汉工业大学出版社 1996 年 11 月版，第 423 页。

③ ［清］熊宾撰：《三邑治略》卷 4《堂判·讯聂清怀一案》，清光绪二十九年（1903 年）刻本，第 19—20 页。

④ ［清］王庭桢等修，雷春沼等纂：光绪《施南府志续编》卷 4《续学校志·书院》，《中国地方志集成·湖北府县志辑》第 55 辑，南京：江苏古籍出版社 2001 年 9 月版，第 658 页。

⑤ ［清］张之洞著，苑书义等主编：《张之洞全集》卷 219《电牍五十·黄守、侯令来电并致赈务局（光绪二十三年七月十六日酉刻到）》，石家庄：河北人民出版社 1998 年 8 月版，第 7374 页。

　　山地环境迫使清政府调整传统盐政的引岸制度，虽然湖北省历来被划归淮盐引岸，但鄂西南山区陆路交通的阻隔和长江三峡上水航运的艰难，使淮盐溯江运输成本高昂。而鄂西南山区紧邻川盐产地，清廷不得不将鄂西南山区改土各县划归川盐引岸。通过盐业贸易，鄂西南山区食盐消费市场与四川盐场形成了紧密的跨省区域经济联系。乾隆元年（1736年）十月，湖广总督史贻直奏称，建始距汉镇二千余里，计算淮商成本，及水商脚价，每盐一斤，需银六、七分不等。相离云阳县盐场甚近，应照旧行销川盐，商民两便。至额销水引93张，改颁湖北驿盐道衙门，令建始县领给。盐商汪于云阳县掣盐行销，额征税羡课银370余两，亦由该县征解湖北驿盐道衙门兑收，转解藩库充饷。长乐县、鹤峰州及施南府六县，额食川盐共2020引。其中施南府六县共1383引，恩施行云阳县水引46张，宣恩行云阳县陆引186张，来凤行彭水县陆引359张，咸丰行彭水县陆引372张，利川行万县水陆引共327张，建始行云阳县水引93张，恩施额销云阳县水引46张，又增水引76张[①]。

　　乾隆三年（1738年），湖北巡抚张楷奏准在鹤峰、长乐、恩施、宣恩、来凤、咸利、利川、七州县改土地方，招商领引运销川盐，赴四川省完盐课，定水陆盐引1230张[②]。长阳县由部颁额载每年大盐640引，应销子盐19840包[③]。乾隆二十三年（1758年），四川总督开泰奏准，大宁县配销鹤峰州盐6引219张，云阳县原配鹤峰州额引，在万县销售[④]。乾隆二十六年（1761年），恩施县请增水引81张，共计203张，每张应缴税银3两4钱5厘，共征税银691两1钱1分[⑤]。来凤县原来额行四川彭水县陆引359张，后经改增额配四川富宁厂盐陆引2522张[⑥]。

　　严如熤认为自增引改配之后，开始出现打盐店结伙拒捕等案，主要是

　　①　[清]张家櫆修、朱寅赞纂：嘉庆《恩施县志》卷1《政典四·盐法》，《故宫珍本丛刊》第143册，海口：海南出版社2001年4月版，第177—178页。

　　②　《清高宗实录》卷62，乾隆三年二月甲午条，北京：中华书局1986年11月版，第25页。

　　③　[清]李拔纂修：乾隆《长阳县志》卷6《赋役志·杂课》，《故宫珍本丛刊》第143册，海南出版社2001年4月版，第116页。

　　④　《清高宗实录》卷564，乾隆二十三年六月丁卯条，北京：中华书局1986年11月版，第158页。

　　⑤　[清]张家櫆修、朱寅赞纂：嘉庆《恩施县志》卷1《政典四·盐法》，《故宫珍本丛刊》第143册，海口：海南出版社2001年4月版，第177—178页。

　　⑥　[清]李勷修、何远鉴等纂：同治《来凤县志》卷13《食货志·盐引》，《中国地方志集成·湖北府县志辑》第57辑，南京：江苏古籍出版社2001年9月版，第376—377页。

由于此县买引之商与彼县买商盐之贩子争利,盐商携带私盐与盐贩争利所致。盐商将增引之盐,用船沿川江向下游运至荆州、宜昌两府,或由石柱转运至施南、永顺各路销售①。盐商倾销增引盐,必然冲击山区各县零售盐贩的经济利益。

乾隆三年(1738年)详定章程,施南府属六县招商贩盐,均由县招募殷实粮户,具结邻保、年贯清册,送施南府验明后,详转湖北、四川督盐各官,并移送四川夔州盐捕通判酉阳直隶州衙门验明,再送川盐宪核验认充,由夔州盐捕通判酉阳州领赴厂配盐,运关换领引根引纸,随盐运赴食盐各州县地方官衙门验截,申缴造报盐税。恩施、宣恩、利川、建始四县,额行四川云阳、大宁两县厂灶白盐,其盐均由川江运回本县,接济民食。恩施、宣恩二县盐,经建始县境及恩施县境内转运。来凤、咸丰、利川、建始四县盐,经川属地方入境运销,在各县城乡设店分销四乡场市,接济民食。

道光十一年(1831年),商人陈裕茂在盐道衙门禀退歇业,经两淮委员候补大使徐,在万户沱设埠试运,因销路疲极,禀奉各宪准停销售淮盐。配云、犍二场盐引,由四川盐捕府留四川盐商朱崇礼、朱义方领引在黔边融销。道光十八年(1838年),湖广总督林则徐奏请仍归湖北委员巴东县委办,只销大宁一场盐引,其领引、缴引、完税均由巴东县委员负责,而其缴引、运延、处分,仍然归长乐县负责。历任长乐知县屡因此枉受缴引迟延处分,虽屡禀辞不许。至咸丰元年(1851年)冬禀明,咸丰二年(1852年)春始,奉批府议详②。万县盐局按惯例,每年送咸丰县地方文武官津贴银1000余两。因此,清后期,咸丰县不对川盐抽收盐税厘金③。

山地食盐运销,为山民提供了新的生计途径。恩施、宣恩、利川、建始四县由骡马驮运,来凤、咸丰二县由雇夫背运④。恩施县有《竹枝词》描绘当时运盐背夫的贫困生活:"背炭挑盐只为穷,山村买饭往来同。主人自说

①　[清]严如熤撰:《三省边防备览》卷9《山货》,道光二年(1822年)刻本长阳县衙藏板,第13页。
②　[清]李焕春原本,郑敦祜再续:光绪《长乐县志》卷9《赋役志·盐务》,《中国地方志集成·湖北府县志辑》第54辑,南京:江苏古籍出版社2001年9月版,第229页。
③　徐大煜纂修:民国《咸丰县志》卷4《物产志·杂税》,民国三年(1914年)劝学所刻本,第52—53页。
④　[清]李勖修,何远鉴等纂:同治《来凤县志》卷13《食货志·盐引》,《中国地方志集成·湖北府县志辑》第57辑,南京:江苏古籍出版社2001年9月版,第376—377页。

有知味,豆腐搀和芥菜中。"①

　　川盐运入鄂西南的路线较复杂。来凤县所需要的盐铁,均由驮夫从四川酉阳、彭水两县,经咸丰县运至来凤县。乾隆初年,有老罗二箐路:贞肃里——香水坪——黄柏园——老罗二箐。乾隆二十一年(1756 年)间,又开辟了另一条罗二箐路:革勒车塘——总管寨——罗二箐口——分水岭——咸丰老土坪。新路比老路缩短了 20 余里②。建始县三角椿处于四川奉节、巫山、湖北建始三县交界,历来是至大溪背盐的背夫必经之处③。而且此条运盐小路狭窄险峻,"往来者莫不畏其崥仄也"④。山地环境下运盐商道交通困难:"建邑地处丛山,不惟舟车不至,亦人力难通。惟自巫山所属之大溪由建始之施南,一路往来,运盐可用骡载,其余鸟道羊肠,货物行李,夫役均用背篓,即肩挑亦不能施也。"⑤

　　另据《来凤县志》记载,此新路在来凤境内,从总管寨至分水岭计程八九里,密林深箐,溪壑纤盘,乱石丛杂,经来凤县知县等督修,修险为夷⑥。据光绪《龙山县志》载,来凤县所食川盐,主要来自四川彭水县郁山厂和犍为县永通厂。郁山厂粒盐经陆路运至来凤,而永通厂块盐经水路由重庆涪州运至丰都县铅溪河起岸,再经利川、咸丰等县陆路运至来凤⑦。由于清廷规定民买食川盐不得超过十斤,所以来凤县的川盐只能以零售方式,散卖湖南龙山县居民。

　　茶叶一直是鄂西南山区重要的林业特产资源,鹤峰州与长乐县盛产峒茶,改土归流以前,曾是容美土司对外贸易获利最厚的商品之一。鄂西南

　　① [清]张家槲修,朱寅赞纂:嘉庆《恩施县志》卷 4《艺文十七·沙渠竹枝词》,《故宫珍本丛刊》第 143 册,海口:海南出版社 2001 年 4 月版,第 228-229 页。

　　② [清]林翼池修,蒲又洪纂:乾隆《来凤县志》卷 10《艺文志》,《故宫珍本丛刊》第 143 册,海口:海南出版社 2001 年 4 月版,第 433-434 页。

　　③ [清]袁景晖纂修:道光《建始县志》卷 1《星野志·胜迹》,《中国方志丛书·华中地方》第 326 号,台湾:成文出版社 1975 年版,第 73 页。

　　④ 佚名编纂:民国《建始县志》卷上《职官志》,民国十九年(1930 年)北平国立图书馆抄本,第 9 页。

　　⑤ [清]袁景晖纂修:道光《建始县志》卷 3《户口志·风俗》,《中国方志丛书·华中地方》第 326 号,台湾:成文出版社 1975 年版,第 252 页。

　　⑥ [清]李勷修,何远鉴等纂:同治《来凤县志》卷 30《艺文志·修罗二箐路颂》,《中国地方志集成·湖北府县志辑》第 57 辑,南京:江苏古籍出版社 2001 年 9 月版,第 524 页。

　　⑦ [清]符为霖修,刘沛纂:光绪《龙山县志》卷 4《田赋志》,《中国方志丛书·华中地方》第 284 号,台湾:成文出版社 1975 年版,第 137 页。

山区的茶叶,除供应本地消费外,主要销往邻省各县。嘉庆年间,鹤峰州各溪峒茶大量销往石门县,占石门县茶叶消费量的 50%①。

鹤峰州各处均产茶,但离城五十里留驾司、神仙茶园二处所产茶叶质量最佳②。长乐县水浕、石梁、白溢等处盛产茶叶,每年三月,妇女儿童上山采茶。品质上佳的茶叶有:清明节所采雨前细茶,谷雨节所采谷雨细茶,此外还有白毛尖、萌勾(又名茸勾)等品种,其余则为粗茶③。改土以后,在鹤峰州经营茶叶贸易的茶行达 20 家:州城埠头茶行八帖,五里坪埠头茶行八帖,南村埠头茶行二帖,刘家司埠头茶行一帖,下坪埠头茶行一帖,每张牙帖缴纳赋银四钱五分④。咸丰四年(1854 年),高炳之同众公议,率先请示在鹤峰设立茶栈,多方经营。此后外地商人云集,城乡都从茶叶贸易中得利,鹤峰财源渐开⑤。光绪二年(1876 年),广东商人林紫宸来鹤峰采办红茶,开设泰和合、谦慎安两商号,在鹤峰五里坪设茶庄,办运红茶,运至汉口兑易,外商视为高品⑥。当时汉口红砖茶工场所使用的制造原料"以湖北鹤峰县之花香为第一,安徽祁门及江西宁州县产次之"⑦。

建始县亦有小规模的茶叶种植,《业州竹枝词》中有:"亦有斤茶勉贡输,火前香味最清腴。趁他阳雀未开口,好挈筠篮伴小姑。"⑧道光年间,建始县茶税银六两七钱五分⑨。建始县茶业也十分兴盛。据《清史稿》记载,建始县茶叶由商人行销。坐销者每引征银一两,行销者征税二钱五分,课

　　①　〔清〕苏益馨修,梅峄纂:嘉庆《石门县志》卷 29《茶法志》,《中国地方志集成·湖南府县志辑》第 82 辑,南京:江苏古籍出版社 2002 年 7 月版,第 354 页。

　　②　〔清〕徐树楷修,雷春沼纂:同治《续修鹤峰州志》卷 7《物产志·容美茶》,《中国地方志集成·湖北府县志辑》第 45 辑,南京:江苏古籍出版社 2001 年 9 月版,第 483 页。

　　③　〔清〕李焕春原本,郑敦祜再续:光绪《长乐县志》卷 12《风俗志》,《中国地方志集成·湖北府县志辑》第 54 辑,南京:江苏古籍出版社 2001 年 9 月版,第 265 页。

　　④　〔清〕徐树楷修,雷春沼纂:光绪《续修鹤峰州志》卷 5《赋役志》,《中国地方志集成·湖北府县志辑》第 45 辑,南京:江苏古籍出版社 2001 年 9 月版,第 527 页。

　　⑤　〔清〕徐树楷修,雷春沼纂:同治《续修鹤峰州志》卷 7《物产志·容美茶》,《中国地方志集成·湖北府县志辑》第 45 辑,南京:江苏古籍出版社 2001 年 9 月版,第 483 页。

　　⑥　〔清〕陈鸿渐纂,长庚、厉祥官修:光绪《续修鹤峰州志》卷 5《赋役志》,《中国地方志集成·湖北府县志辑》第 56 辑,南京:江苏古籍出版社 2001 年 9 月版,第 528 页。

　　⑦　《银行月刊》五卷第九期《中国茶叶之研究》,1924 年,转引自曾兆祥主编:《湖北近代经济贸易史料选辑(1840—1949)》第 1 辑,武汉:湖北省志贸易志编辑室 1984 年 12 月内部版,第 22 页。

　　⑧　〔清〕松林等修,何远鉴等纂:同治《增修施南府志》卷 28《艺文志·诗下》,《中国地方志集成·湖北府县志辑》第 55 辑,南京:江苏古籍出版社 2001 年 9 月版,第 505 页。

　　⑨　〔清〕袁景晖纂修:道光《建始县志》卷 3《户口志·杂税》,《中国方志丛书·华中地方》第 326 号,台湾:成文出版社 1975 年版,第 248 页。

一钱二分五厘,总共额征税课银达二百三十余两。行茶到关时,仍必须报税①。

咸丰县则盛产黑峒茶,但产量不稳定,所以茶厘每年无定数,多则约二百串。咸丰茶树分两种:一种在园圃种植,采叶作茗,有雨前茶、火前茶;一种在山林中种植,在冬季采摘茶果,可榨茶油,味比菜油、罂粟油更香②。

利川县忠路乌东坡一带所产茶,"其茶清香坚实,经久泡,名乌东茶"③。利川县山民多在屋旁阳坡种茶。所以《利川竹枝词》中有:"屋角阳坡尽种茶,雨前忙煞野人家。抛荒园内新蚕豆,一半犹开紫甲花。"④

来凤县有云岩茶、仙岿茶两种。但是来凤县茶叶种植不多。"茶最佳者,造在社前,其次则雨前"⑤。

从山区盐、茶的贸易发展情况分析,乾嘉时期,鄂西南山区市场与邻省四川、湖南的经济联系不断加强。

道光年间,鄂西南山区城市、乡村妇女从事纺织业,"各村市皆有机坊、机工",从事纺织业⑥。

土地是封建社会最主要的财富。清后期,鄂西南山区田土交易十分活跃,但历来民间多私下白契交易以避税,或完税不领粘契尾,地方政府将隐瞒田房契税银充作地方行政经费。如光绪二十九年(1903年),巴东县民人李达先所领《布政使司契纸(己亥巴字第捌百捌拾贰号)》上所载则例规定:"湖广湖北武昌等处承宣布政使司为给发印契事案,照民间置买田地房产约据,向系遵奉部章,粘用司印契尾。乃民间完税,多不领粘契尾,以致书文包庇朦混隐匿种种弊端,无从查考。"⑦建始县原有卢梦麟县令所定田

① 〔清〕赵尔巽等撰:《清史稿》卷124《志第九十九·食货五·茶法》,北京:中华书局1976年7月版,第3652页。

② 徐大煜纂修:民国《咸丰县志》卷4《财赋志·物产》,咸丰三年(1853年)铅印本,第49页。

③ 〔清〕松林等修,何远鉴等纂:同治《增修施南府志》卷3《地舆志·山川》,《中国地方志集成·湖北府县志辑》第55辑,南京:江苏古籍出版社2001年9月版,第90页。

④ 〔清〕松林等修,何远鉴等纂:同治《增修施南府志》卷28《艺文志·诗下》,《中国地方志集成·湖北府县志辑》第55辑,南京:江苏古籍出版社2001年9月版,第502页。

⑤ 吕调元等修,张仲炘等纂:民国《湖北通志》卷22《舆地志·物产》,宣统三年(1911年)修,民国十年(1921年)商务印书馆影印本,第609页。

⑥ 〔清〕王协梦修,罗德昆纂:道光《施南府志》卷10《典礼志》,道光十七年(1921年)扬州张有耀斋刻本,第4页。

⑦ 〔清〕李达先撰:《立出永卖山林田地屋字字》,光绪二十九年十二月十六日地契,湖北省巴东县向勇收藏。

房契税旧章程,规定每千钱纳契钱 50 文。后因县民欠税银不缴,引发争端。同治十三年(1874 年),施南府知府许赓藻重定田房税契章程,规定五分以上,每层递加钱 20 文银,累计达银一钱以上,完税钱 280 文[①]。此外,严禁衿绅从中包揽田房契税征收。咸丰县地方官将田房契税作为地方官津贴,据民国《咸丰县志》统计,咸丰县每年田房契价至多不过五六万缗,至少在二三万缗[②]。

　　民间金融借贷的活跃程度,比较能够反映当地商业的发展水平。民国以前,施南府各县均无钱庄、典当行,民间仅有小押、代当等小规模借贷活动,而且借贷利息较高[③]。这说明鄂西南山区商业发展一直处于低水平,导致金融业发育不良。

三、山地环境与山区市场体系

　　农村集市是中国传统市场体系的重要组成部分,清代是鄂西南山区市场网络发展的重要阶段。改土归流后,随着山区经济开发的迅速发展,晚清时期山区市镇增长了 25 倍。山地环境对山区市场网络的形成、市场类型、空间分布特点、市场网络发展水平均有一定的影响。

　　山区各县经济发展水平不同,各县集市数量亦有明显差异。鄂西南山区的市镇网络发展经历了由集市到集镇、城镇、城市的发展阶段。施坚雅将中国市场体系划分为全国性大城市、区域性大城市、区域性城市、中等城市、地方级城市、中心集镇、中等集镇、一般性集镇八个层级。许檀将全国城乡市场网络体系区分为流通枢纽城市、中间商业城镇和农村集市三大层级[④]。在经济相对落后、商品交换水平低的鄂西南山区,市场体系中主要由施坚雅城市和市场体系中的地方级城市、中心集镇、中等集镇、一般性集镇,或许檀划分的城乡三级市场中的中间商业城镇和农村集市所组成。

　　为了深入解析山区市场体系的微观结构,根据山区商品交换市场运行的实际状况,我们有必要对鄂西南山区的市场层级作进一步细分。鄂西南

　　① 王晓宁编著:《恩施自治州碑刻大观》第 3 编《制度公约·施南府田房税契告示碑》,北京:新华出版社 2004 年 10 月版,第 118 页。

　　② 徐大煜纂修:民国《咸丰县志》卷 4《财赋志·杂税》,民国三年(1914 年)劝学所刻本,第 52 页。

　　③ 袁济安签:《湖北省第七区年鉴》,恩施雪兰轩纸张文具商店承印,民国二十七年(1938 年)七月版,第 40 页。

　　④ 许檀:《明清时期农村集市的发展及其意义》,《中国经济史研究》1996 年第 2 期,第 10—12 页。

山区的市场体系大致划分为府际区域中间市场、县域中心市场、乡村中间市场、基层乡村市场等。府际区域中间市场在区域商品流通中，是山外中心市场连接山内集市网络体系的流通节点型商业市镇，其贸易范围通常覆盖一两个府或数个县。县域中心市场是一县范围内作为商品流枢纽的城镇，其贸易范围覆盖一个县，并大多设有牙行及税收机构。乡村中间市场是县域内连接数个基层乡村集市的地方性中心集市，其贸易范围覆盖一乡或数里，通常设有客总管理市场。基层农村集市是普通农民进行基本的商品交换、商品流通的市场，其贸易范围覆盖数个村庄。

（一）山区市镇的地域分布特点

根据彭一刚研究，山地的村镇大多分布在与等高线相平行的位置，或分布在与等高线垂直的位置。村镇的朝向，通常选择坐落在山的阳坡，可以避风向阳。村镇的地势，通常选择坐落在山麓，既靠近水陆交通路线，又可避免洪水侵害[①]。清代，鄂西南山区各府州县的市镇在地域分布上，呈现出不均衡的状态。如长阳县"长邑多山，少平地，村镇畸零，烟户星散"[②]。

鄂西南山区属于经济落后、交通闭塞、少数民族聚居的地区，清前期改土归流以前，市镇数量相对较少。崇山险阻、深沟激流的自然环境，使鄂西南山区大部分山地交通仍处于舟楫难通、崎岖难行的状况。因此，任放认为，"交通不便始终是山区型市镇发展的'瓶颈'"[③]。山区的市场体系的构建，与水陆交通路线的分布及变化密切相关联。

在传统社会里，水路运输是最便捷、经济成本最低的运输方式。水路条件始终对山区市镇网络的形成、分布及发展具有较大的制约影响。如来凤县境内河流虽多，只有酉水河能通木船，而百福司是来凤县境内酉水河通航的起点，来凤县境内的桐油均从百福司经酉水河运出。因此，百福司作为来凤县通往湖南省沅陵、常德两县酉水商路的起点，亦是鄂湘川三省土特产的重要集散地。恩施南部的天桥、芭蕉、桅杆堡、盛家坝、大集场等集场主要分布于天桥河沿线，而西南部的见天坝、两河口、硃砂溪等集场分布于硃砂溪沿岸，东部崗子山、沙子地、花被、麦子淌等集场主要分布在清

---

①　彭一刚著：《传统村镇聚落景观分析》，北京：中国建筑工业出版社1992年12月版，第56页。

②　［清］朱庭篆纂修：道光《长阳县志》卷1《凡例》，道光二年（1822年）刻本长阳县衙藏板，第2页。

③　任放著：《明清长江中游市镇经济研究》，武汉：武汉大学出版社2003年11月版，第127页。

江河谷一带,其中沙子地三面环江,成为清江及支流交汇之河谷小盆地中最繁盛的集场,北部太阳河、梭布桠、三里荒、白杨坪等分布于太阳河沿线。利川县大部分集市沿铺递驿路分布,少数集场沿溪河分布,如菁口场分布在活水溪,纳水溪场分布于纳水溪沿岸。长阳县资垢场、都镇溪场、毛坪场、鸭子口场、天池口场、木垢溪场、磨市口场等集市集中分布在清江及其支流沿线,资垢场、都镇湾场成为长阳县影响较大的集市,贸易商圈辐射到鹤峰州、长乐县及施南府各县,成为鄂西南施南府各县与湖北中心市场汉口镇连接的重要中间市场。

鄂西南山区商品经济不发达,山区分布最广泛的是作为农村基层商品市场的"村集"。《施南府志》等地方志,将山区各县散布的基层农村集市统称为"村集"。恩施县村集按四方八隅划分八乡,宣恩县村集按里甲划分为七里,来凤县村集按在城与里甲划分十一里,咸丰县村集按里甲划分为九里,利川县村集按汛划分四片,建始县村集按乡分为四乡①。山区的乡村集场规模较小,商户少则数户,多则数十户。大的乡村集场每隔一二天一集,小的乡村集场每隔三至五天一集。处于交通枢纽位置的集场,通常成长为较大型的城镇市场。

鄂西南山区的汉地县,如宜昌府长阳县、巴东,施南府恩施县、建始县,商业起源相对较早,农业经济基础较好,水陆交通建设相对成熟,因此,集场数量、规模大多超过改土新设各县。宜昌府长阳县有大小30多处集场:津洋上场、津洋下场、下鱼口场、两河口场、覃家河场、高家堰场、木垢溪场、麦坪河场、磨市口场、永河坪场、白石桥场、盐市口场、平乐场、思古潭场、艾家店场、杨乂坪场、大堰场、栗子坪场、小溪场、黄草坪场、毛坪场、鸭子口场、马连南场、王家套场、天池口场、资垢上场、资垢下场(两场产药材、杂货最广)、都镇溪场(客商云集,乡村第一都会)、龙潭坪场、雪山河场②。长阳县场市为"四达之冲,一哄之市,居贾行商,朝归夕止","日昃日中,货殖同纪"③。场市空间分布详见图3—12:

---

① 〔清〕松林等修,何远鉴等纂:同治《增修施南府志》卷6《建置志·村集》,《中国地方志集成·湖北府县志辑》第55辑,南京:江苏古籍出版社2001年9月版,第118页。

② 〔清〕陈惟模修,谭大勋纂:同治《长阳县志》卷2《建置志·场市》,《中国地方志集成·湖北府县志辑》第54辑,南京:江苏古籍出版社2001年9月版,第511页。

③ 〔清〕陈惟模修,谭大勋纂:同治《长阳县志》卷2《建置志·场市》,《中国地方志集成·湖北府县志辑》第54辑,南京:江苏古籍出版社2001年9月版,第511页。

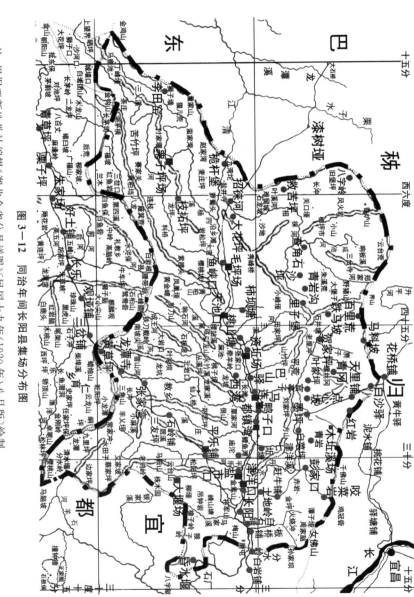

图 3—12　同治年间长阳县集场分布图

注：根据亚新地学社编辑《湖北全省分县详图》[民国十九年（1920 年）八月版]绘制。

（附注：● 为铺递，■ 为集场。）

"巴东,山邑也。山者,鸟兽草木所萃处。"①巴东县境内万山雄峙,一线长江,建瓴而下,巴东县民或依川江之便以逐末,或背茶、桐等土货出境,往来施州,以佣资维持生计。贫民进山挖煤,运销荆宜一带以资生②。《巴东县志》称晚清巴东县集场主要有县城、野三关、大支坪、清太坪、风吹垭、楠木园、官渡口、西瀼口、平阳坝等10余处③。场市空间分布详见图3—13。

图3—13　同治年间巴东县集场分布图

注:根据亚新地学社编辑《湖北全省分县详图》〔民国十九年(1920年)八月版〕绘制。

(附注:●为铺递,■为集场。)

---

① 〔清〕齐祖望等纂修:康熙《巴东县志》卷2《经制志》,《故宫珍本丛刊》第134册,海口:海南出版社2001年6月版,第340页。

② 〔清〕廖恩树修,萧佩声纂:同治《巴东县志》卷10《风土志》,《中国地方志集成·湖北府县志辑》第56辑,南京:江苏古籍出版社2001年9月版,第271页。

③ 湖北省巴东县编纂委员会编:《巴东县志》卷9《商业》,武汉:湖北科学技术出版社1993年10月版,第218页。

从巴东县集场分布图可知,巴东县作为万山丛聚的山地县,其集场主要分布在水陆交通线一带,即分布在长江沿线以及巴东县通往施南府建始县的官道上。

恩施县作为鄂西南地区的施南府首县,且系汉地县,其商品经济发展水平相对较高,全县集场多达 54 个。全县集场分布的疏密,受山区地理环境的影响较大。在交通便利的恩施盆地集场分布相对集中,而山地的集场分布较稀疏。多数集场沿恩施驿路等交通主干道分布,如恩施县东乡的川楚大道上,密集分布了 7 个集场,且七里坪、丫沐峪、崔家坝既是集场,又是铺递驿站。部分集场沿溪河分布,如金龙坝场、龙马村场分布在龙马溪。

恩施县集场分布情况详见下表:

表 3—12　恩施县乡村集市分布一览表

分　区	集场数	集场名称
东乡	7	七里坪、莲花池、丫沐峪、三里荒、响板溪、鸦雀水、崔家坝
东南隅	13	万寨、三岔口、天生桥、保水溪、红土溪、新塘
东北隅	1	河水屯
南乡	6	天桥、沙子坡、芭蕉、桅堡、盛家坝、大吉场
南之东隅	2	王家村、黄泥塘
南之西隅	2	碌砂溪、罗家坳
西乡	3	白果坝、两河口、见天坝
西南隅	1	拓村溪
北乡	6	小龙潭、金龙坝、龙马村、杉木坝、梭布垭、太阳河
北之东隅	4	向家村、鸡心笼、弯山子、白洋坪

续表

分　区	集场数	集场名称
北之西隅	9	方家坝、罗针田、大屯堡、马者村、木抚、红椿坝、土峰凸、蒿坝、板桥
合计	54	注:东乡七集为出山之大道,鸦雀水以前又为入川之陆路

资料来源:[清]多寿修,罗凌汉纂:同治《恩施县志》卷2《村集》,《中国地方志集成·湖北府县志辑》第56辑,第404—405页。

恩施县场市空间分布详见图3—14:

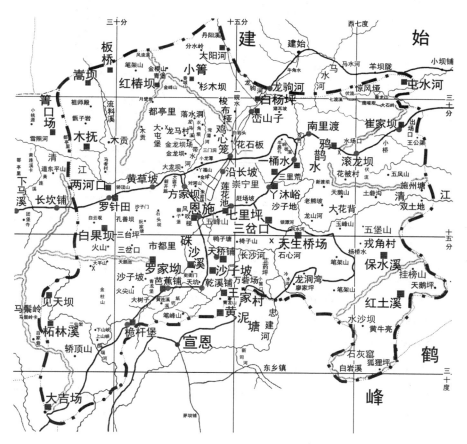

图3—14　同治年间恩施集场分布图

注:根据亚新地学社编辑《湖北全省分县详图》[民国十九年(1920年)八月版]绘制。

(附注:●为铺递,■为集场。)

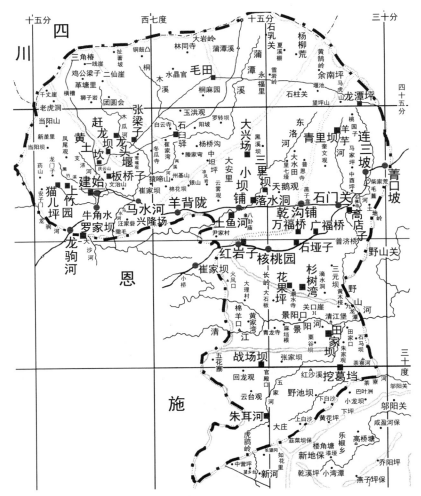

图3—15　康熙至同治年间建始县集场分布图

注：根据亚新地学社编辑《湖北全省分县详图》〔民国十九年（1920 年）八月版〕绘制。
（附注：●为铺递，■为集场。）

　　道光年间，建始县乡间场市有板桥子、红岩子、高店子、花果坪等，最著名的不过数十家。场市主要为供应村民日用所需商品①。至同治年间，建始县新增了 30 个集场，分布于东、南、西、北四乡。详见下表：

---

　　① 〔清〕王协梦修，罗德昆纂：道光《施南府志》卷 10《典礼志》，道光十七年（1837 年）扬州张有耀斋刻本，第 5 页。

表3—13　建始县各里集场分布一览表

乡名	集场数	集场名称
东乡	9	龙潭坪、青里坝、高店子、广福桥、三里坝、石垭子、落水洞、大兴厂、万福桥
南乡	10	罗家坝、小客坊、红岩子、花果坪、杉树湾、土鱼河、官店口、田家坝、挖葛垱、朱耳河
西乡	2	猫儿坪、土竹园
北乡	9	板桥子、长梁子、下坝观、铜鼓凸、毛田、石臼驿、头坝堰、黄土坎、杜家坝

资料来源：〔清〕熊启咏纂修：同治《建始县志》卷2《建置志·场市（新增）》，《中国地方志集成·湖北府县志辑》第56辑，第36—37页。

在改土新设各县，利川县邻近川东中心市场重庆，地处川楚大路，农业经济较发达，经济基础较好。在乾隆年间设立12个集场，包括：兴隆场、长堰坝场、汪家营场（永兴场）、太平镇、箭竹溪场、鱼筌口场、白杨塘场、岩门头场（乐义场）、大沙溪场、椒园场、黄泥坝场、老屋基场。利川县城、忠路县丞驻地、南坪、建南巡检司作为地方官署驻地，发展成商旅聚集的集市。至同治年间，利川的乡村集场达到51个。利川县集场分布详见下表：

表3—14　利川县乡村集场一览表

汛名	集场数	集场名称
中汛	21	李子坳场、黄泥坡场、团宝市、箐口场、长庆（茔）场、道东坪场、木溪场、丰乐场、圆包嘴场、偏垒场、红椿沟场、青岩场（复兴场、向家营）、毛坝场、滥泥坝场（太和场）、大塘场、凉雾山场、复兴场、三步街、兴隆场、草坝场、土墙坝场
南坪汛	4	长堰坝场、野茶坝场、汪家营场（永兴场）、同兴场
建南汛	11	枫香坝场、白杨渡场、萝卜店（乐福店）、兴隆场、太平镇、箭竹溪场、鱼筌口场、王家寨场、白杨塘场、鸡公岭场、小河场
忠路汛	15	永兴场、十字路场（中正场）、茅坝子场、岩门头场（乐义场）、井坪场（锦屏场）、长滩坝场（长顺场）、黄土池场（复兴场）、小沙溪场、大沙溪场、椒园场、黄泥坝场、黄泥塘场（双峰场）、双河口场、忠路溪场、老屋基场
合计	51	注：利川县城、忠路县丞驻地、南坪、建南巡检司驻地虽不以集场命名，但商旅群集，实为集场。

资料来源：〔清〕黄世崇纂修：光绪《利川县志》卷7《户役志·坊市》，《中国地方志集成·湖北府县志辑》第58辑，南京：江苏古籍出版社2001年9月版，第53—55页。

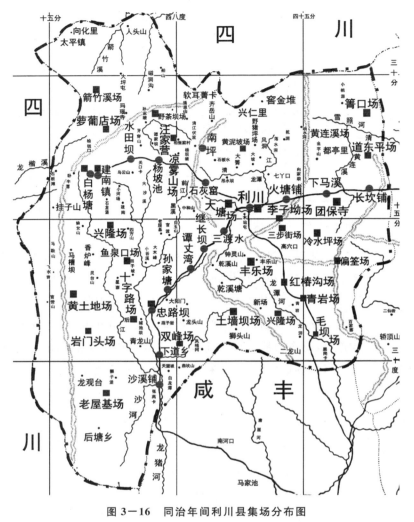

图 3—16　同治年间利川县集场分布图

注：根据亚新地学社编辑《湖北全省分县详图》〔民国十九年（1920 年）八月版〕绘制。

（附注：● 为铺递，■ 为集场。）

从集场分布图分析，利川县村密集分布在与四川交界的边界地带，以及川楚大路沿线。利川县的交易市场大多以场命名，也有以市、镇、街、店为名，此外还有很多村坊野市。利川集市大多为定期集市，乡村集市"或期以三日，或期以五日"。

利川道路建设的发展，改变了利川交通形势，影响了城镇的兴衰。改土设县之初，建南镇因地处川鄂交界，捕务甚重，因此曾设利川县同知驻防。至光绪十六年（1890 年）时，"该县达川山径一律开修，道路纷歧，形势顿改,建南僻在一隅,已非孔道",已成僻壤。而"汪家营地方昔年偏僻,今成巨镇,人烟稠密,商贾络绎,实为川楚咽喉扼要之区"①。清初设立的兴隆场,同时也是额外外委驻地清滩溪塘。小河场原设在小河南五里的阳坡地,即塘铺驻地,后迁至施南府同知署驻地。利川县较大的集场有汪家营场、团宝市、毛坝等。汪家营场在乾隆二年(1737 年)时,繁庶为一县之最。此外,团宝市是利川县最大的人口聚落,也十分繁庶。乾隆元年(1736 年)所设立的毛坝场,其繁庶仅次于团宝市场。道光、同治年间,利川县添设了四个集场,如道光初年设立枫香坝场,道光二十年(1840 年)设立井坪场,同治二年(1863 年)设立同兴场,同治四年设王家寨场。清后期,利川县部分集场发生变动。光绪年间,圆包嘴场、复兴场、鸡公岭场、椒园场、双河口、忠路溪场等被废弃。乾隆初年,太平场设在雷打坪凉水井,后迁至下支罗峒。利川县南坪汛长堰塘场,设立于乾隆二十三年(1758 年)。嘉庆初年,清军在长堰塘击败奉节白莲教起义军,因此将长堰塘场改为得胜场。至光绪年间,由于堰水淤塞,时有水患,长堰塘场逐渐萧条②。

咸丰县有 33 个乡村集市,其中以清水塘、忠堡、丁寨三个集场最繁荣,其次是十字路、毛坝、尖山寺、活龙坪四个乡间集场,最下为土老坪、蓝田湾、朝阳寺三个乡间集场。沙子场和大路坝场位于黔江、咸丰两县交界。咸丰县集市分布详见下表:

表 3—15　咸丰县集市分布一览表

里名	场集数	地　　址
永丰里	2	一在西门路外,一在南门外
乐乡里	4	在丁寨、十字路、土老坪、蓝田湾
太和里	6	在马河坝、龙坪、大兴场、散毛河、老李坝、屠庄坝
上平阳	4	在杨峒、虾蟆池、兴隆场、沙子场
下平阳	1	在忠堡
仁孝里	3	在尖山寺、清水塘、二台坪

---

① 《奏为今昔情形不同请施南府同知移驻利川县汪家营地方以资巡缉事》,光绪十六年三月十六日,中国第一历史档案馆宫中档全宗,档案号:04—01—12—0547—116。

② [清]黄世崇纂修:光绪《利川县志》卷 7《户役志·坊市》,《中国地方志集成·湖北府县志辑》第 58 辑,南京:江苏古籍出版社 2001 年 9 月版,第 53—55 页。

里名	场集数	地　址
义悌里	4	在大村、小村、燕子岩、李子溪
智信里	2	在石人坪、黑峒
帮里	3	在蛇盘溪、大路坝、朝阳寺

资料来源:民国《咸丰县志》卷2《建置志·村集》,民国三年(1914年)铅印本,第30页。

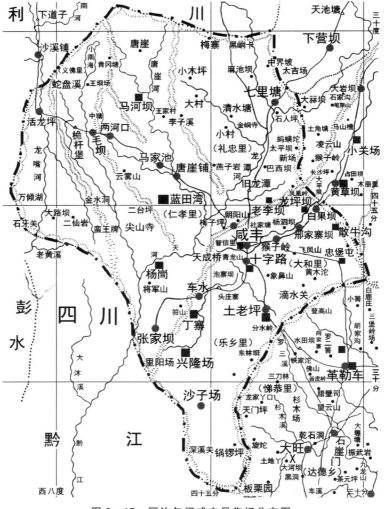

图3—17　同治年间咸丰县集场分布图

注:根据亚新地学社编辑《湖北全省分县详图》〔民国十九年(1930年)八月版〕绘制。

(附注:●为铺递,■为集场。)

来凤县集场分布在各里村寨中,每里各有1至3个集场,共16个集场。散布在各里的集场,主要供乡民进行商品交换。来凤县各里集场分布详见下表:

表3-16　来凤县各里集场分布一览表

里　名	集场数	集场名
诚一里	1	县城内
元皁里	1	附城
亨康里	1	旗鼓寨场
利正里	1	上寨场
贞肃里	2	猴栗堡场、三堡岭场
孝原里	3	革勒车场、苏家堡场、东流司场
悌恭里	2	旧司场、杉木塘场
忠崇里	1	观音桥场
信茂里	1	大河坝场
智乐里	1	漫水场
仁育里	2	安抚司场、小坳场
勇敬里	1	百户场

资料来源:[清]李勖修,何远鉴等纂:同治《来凤县志》卷7《建置志·集场》,《中国地方志集成·湖北府县志辑》第57辑,南京:江苏古籍出版社2001年9月版,第327页。

宣恩县共有21个集场,集中分布在施南里、东乡里,高罗里、忠建里、木册里、石虎里集场数量较少,都在3个以下。其中,宣恩县各里集场分布详见下表:

表3-17　宣恩县各里集场分布一览表

里　名	集场数	集场名称
施南里	6	椒园、庆阳坝、倒峒塘、岩桑坪、覃家坪、卧犀坪
东乡里	6	万寨、忠建河、长潭河、狮子关、洗马坪、乾沟塘
高罗里	3	板寮、下高罗、新安坝

续表

里　名	集场数	集场名称
忠建里	1	李家河
木册里	2	上峒坪、板栗园
石虎里	2	小关、黄草坝

资料来源：〔清〕张金澜修，蔡景星等纂：同治《宣恩县志》卷4《建置志》，《中国地方志集成·湖北府县志辑》第57辑，南京：江苏古籍出版社2001年9月版，第175页。

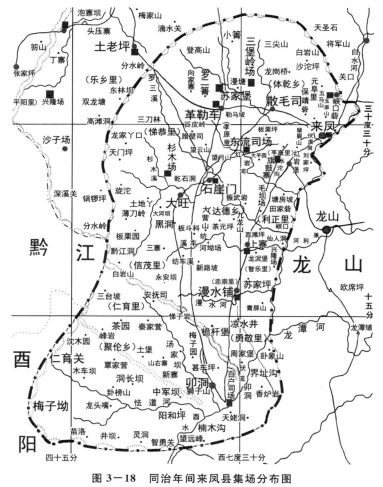

图3—18　同治年间来凤县集场分布图

注：根据亚新地学社编辑《湖北全省分县详图》〔民国十九年（1930年）八月版〕绘制。

（附注：●为铺递，■为集场。）

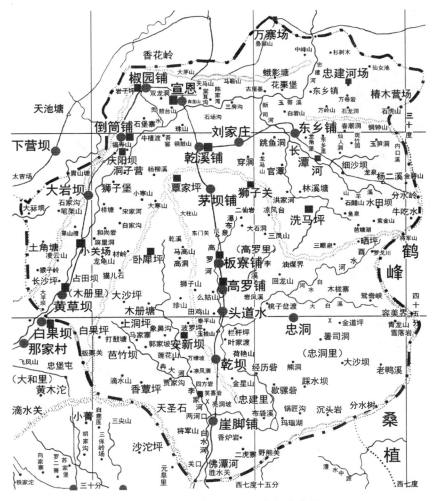

图 3—19　同治年间宣恩县集场分布图

注：根据亚新地学社编辑《湖北全省分县详图》〔民国十九年(1930 年)八月版〕绘制。

（附注：●为铺递，■为集场。）

　　鹤峰州原为容美土司地区，改土以后，由于鹤峰州僻处深山，交通不畅，商品贸易不发达，集市数量较少。鹤峰州街市主要分布在城东的石龙洞，城西的太平镇、烧巴坪，城南的五里坪、白果坪、走马坪、懒板凳、铁炉坪、三路口、麻水。其中，烧巴坪、五里坪、走马坪、麻水四个集市有场期，其余为不定期市。说明道光年间，鹤峰州的山区集市商品交换水平较低，主要满足周边农民的基本需求，"肩担背负，以有易无而已。一间之市有定期、赶场者,前官设客总场头以专责成,利之所在,争端起焉。集众之地,尤藏奸匪,当官者宜加稽查也"[1]。

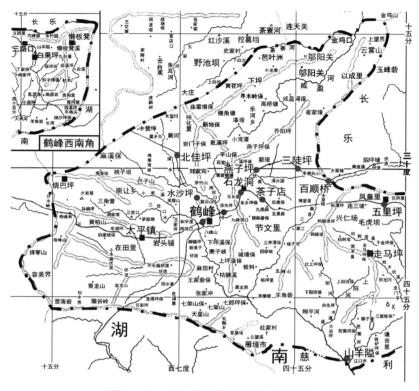

图 3—20　同治年间鹤峰州集场分布图

注:根据亚新地学社编辑《湖北全省分县详图》〔民国十九年(1930 年)八月版〕绘制。

(附注:● 为铺递,■ 为集场。)

从鹤峰州集场分布图分析,鹤峰州有限的几个集场,主要分布在东西向贯穿鹤峰的川楚大道沿线。而在这条道路南北的广大地区,均没有集场的分布。

宜昌府长乐县原为容美土司辖下五峰司旧地,改土以后,由于商品经济发展水平低,市场发育水平较低,集场数量较少。长乐县集场以场命名的主要有 22 个:王家畈场、沙河场、沙仁场、卢家垭场、白鹿庄场、乾沟场、洞口场、曾家土地场、川心店场、渔洋关场、水田子场、升子坪场、仁和坪场、

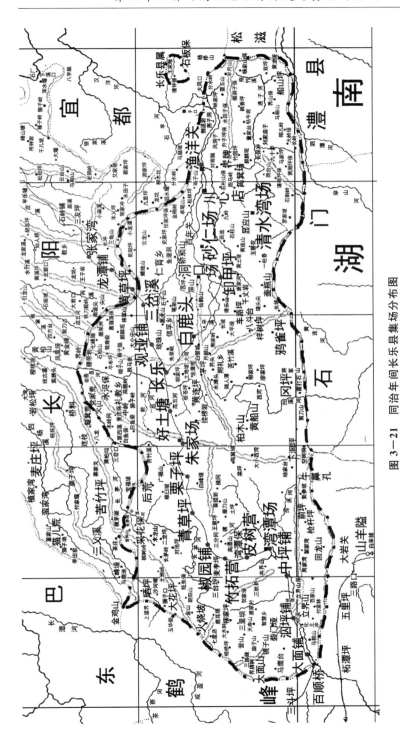

图 3—21　同治年间长乐县集场分布图

注：根据亚新地学社编《湖北全省分县详图》〔民国十九年(1930 年)八月版〕绘制。

（附注：● 为铺递，■ 为集场。）

清水湾场、小河场、杨桥山场、朱家屋场、仙桃屋场、高稻场、天佑屋场、湾潭场、瓦屋场[①]。长乐县集场空间分布详见图3—21：

长乐县集场以店命名的较少，有4个：街店、茶店、川心店、薛家店[②]。在"长乐县帽儿岭交石门县界下紫粮坪有街场，人烟稠密"。渔洋河场水陆交通便利，"商贾云集，四乡各市货物多从此拨卖"，成为长乐县县域中心市场。另据宣统三年（1911年）修筑渔洋关中埠亭碑文记载，仅捐资修筑码头的商户达33户[③]。湾潭场由于地势平衍，居民稠密，不仅商业繁盛，而且是长乐县重要的人口聚落。随着商业的发展，渔洋关形成4条街，老街（即正街）、河街、短街、水田街。长乐县县城内亦有4条街，南门正街、后街、北门正街、后街。王家畈场分布在石砭堡与宜都县分界处，沙河场位于沙河嘴与巴东建始长阳交界处[④]。

鄂西南山区的自然环境和社会环境，影响着本地市场的时空分布。在鄂西南山区各县境内，集场的空间分布基本上按相隔二三十里的间距设立。自日中为市，以贸迁有无，因此大多数乡村集市设立在人口相对集中、交通往来便利的交通要道沿线。如恩施县东乡的7个集场：七里坪、莲花池、丫沐峪、三里荒、响板溪、雅雀水、崔家坝，均位于宜昌通往四川的川楚大路上。某些集场邻近在商品生产地，如利川县纳水溪场，附近有瓷窑，制瓷颇工[⑤]。

法国人文地理学家让·白吕纳认为："人们有时群集于不同的自然区域的疆界上，因为这种交界地方为两区货物交易的自然场所。"[⑥]在鄂西南山区与四川、湖南两省经济区及湖北江汉平原经济区的边缘地带，处于水陆交通枢纽区位的一批村集，后来均发展成为山区重要的商业市镇。如长乐县湾潭场，地势平衍，居民稠密，所以湾潭发展成长乐县最繁庶的乡村集市。长乐县

　　① ［清］李焕春原本，龙兆霖续纂，郭敦祐再续纂：光绪《长乐县志》卷2《疆域志》，《中国地方志集成·湖北府县志辑》第54辑，南京：江苏古籍出版社2001年9月版，第127页。

　　② ［清］李焕春原本，龙兆霖续纂，郭敦祐再续纂：光绪《长乐县志》卷2《疆域志》，《中国地方志集成·湖北府县志辑》第54辑，南京：江苏古籍出版社2001年9月版，第138页。

　　③ 五峰土家族自治县地方志编纂委员会编纂：《五峰县志》卷14《商业》，中国城市出版社1994年9月版，第295页。

　　④ ［清］李焕春原本，龙兆霖续纂，郭敦祐再续纂：光绪《长乐县志》卷2《疆域志》，《中国地方志集成·湖北府县志辑》第54辑，南京：江苏古籍出版社2001年9月版，第136页。

　　⑤ ［清］黄世崇纂修：光绪《利川县志》卷7《户役志·坊市》，《中国地方志集成·湖北府县志辑》第58辑，南京：江苏古籍出版社2001年9月版，第53—55页。

　　⑥ ［法］让·白吕纳著，李旭旦、任美锷译：《人地学原理》，《第一章　何谓人地学》，南京：钟山书局1935年8月版，第24页。

渔洋关场，水陆交通便利，商贾云集，四乡各市货物多从此拨卖。渔洋关场成为清代鄂西南山区与宜昌贸易往来的重要中间市场①。《长阳县志》认为商业集市推动了山区人口聚落的形成："小人之宅近市，而商贾之至如归。"②

鄂西南地区乡村集市中也有分类型集市，如利川县草坝场，专门设立草舍，交易牛马，无市肆③。咸丰县清水塘因盐贸易而兴盛，咸丰县盐牙行设在清水塘，同治年间缴销牙帖，但清水塘已发展成咸丰县最繁庶的集市之一④。

改土以前，施州卫属各土司官署所在地，曾是政治军事中心，土民的集中型聚落，亦曾是商品的集散地。在改土归流以后，这些土司官署地方，大多发展成为集场。如利川县青岩场位于施南土司旧署地；太平场，位于下支罗峒；小沙溪场、大沙溪场位于沙溪土司分署。鄂西南山区有些集场分布在巡检司等官署驻地，可以获得官府保障，免受土匪袭扰。如利川县在忠路县丞驻地、南坪巡栓驻地、建南巡检司驻地，均设有集场。利川县兴隆场位于额外外委所驻清滩溪塘；小河场位于施南同知署⑤。

鄂西南山区商品经济长期处于较低水平，但改土归流以后，鄂西南山区商品经济发展的一个重要成果，就是形成了基层农村市场网络——集市网络。

清代是鄂西南山区市场网络形成的重要阶段，明代及清前期施南府只有 7 个市镇，至晚清时期发展到 179 个市镇。乾隆年间，鄂西南地区兴起的商业市镇不多，能被章学诚看中的主要有渔洋、龙潭、建南镇、南坪堡："沿江上流，溯自四川巴州，接壤东湖，其市镇则有渔洋，长乐有龙潭，施南有建南镇，利川有南坪堡，不通江路，遥资转运。"⑥据章学诚统计分析：宜昌府属巴东县依长江水运之利，贸易以包谷、木棉、硝、铁为主。长阳县贸易以出影木、黄杨为主。施南府属各县中，恩施、宣恩山地贫瘠，垦殖困难，来凤县

　　① 〔清〕李焕春原本，龙兆霖续纂，郭敦祐再续纂：光绪《长乐县志》卷 2《疆域志》，《中国地方志集成·湖北府县志辑》第 54 辑，南京：江苏古籍出版社 2001 年 9 月版，第 136 页。

　　② 〔清〕李拔纂修：乾隆《长阳县志》卷 2《建置志·市集》，《故宫珍本丛刊》第 143 册，海口：海南出版社 2001 年 4 月版，第 62 页。

　　③ 〔清〕黄世崇纂修：光绪《利川县志》卷 7《户役志·坊市》，《中国地方志集成·湖北府县志辑》第 58 辑，南京：江苏古籍出版社 2001 年 9 月版，第 53—55 页。

　　④ 〔清〕张梓修，张光杰纂：同治《咸丰县志》卷 8《食货志·杂税》，《中国地方志集成·湖北府县志辑》第 57 辑，南京：江苏古籍出版社 2001 年 9 月版，第 73 页。

　　⑤ 〔清〕黄世崇纂修：光绪《利川县志》卷 7《户役志·坊市》，《中国地方志集成·湖北府县志辑》第 58 辑，南京：江苏古籍出版社 2001 年 9 月版，第 53—55 页。

　　⑥ 〔清〕章学诚著：《湖北通志检存稿》卷 1《食货考》，武汉：湖北教育出版社 2002 年 5 月版，第 34 页。

交通便利,生计较裕,利川多山,咸丰近水,建始土地肥沃,贸易便利①。

　　鄂西南山区的市场按层级可分为府际中间市场、县域中心市场、乡际中间市场、基层市场。长乐县渔洋关场,水陆交通便利,云集了来自广东、江浙的商贾,四乡各市货物多从此拨卖。渔洋关场成为清代鄂西南山区与宜昌地区之间重要的高级区域中间市场②。

　　改土归流以后,随着山区农业经济的全面开发,商品经济活跃起来,山区各县形成了一批县域中心市场,中心市场具有专门化的市场。乾隆年间,长阳县商业逐渐兴盛,长阳县城形成了专门化市场,有米市、柴炭市、杂货市、鱼市、油市、菜市③。晚清至民国年间,鄂西南山区各县已形成一批作为县域中心市场的集市。"恩施之屯堡,利川之忠路,宣恩之沙道沟,咸丰之燕子岩,建始之三星坝,来凤之百户司为各该县特有物产集中之轴心"④。

　　清后期,鄂西南山区市场与长江中游中心市场汉口的联系逐渐紧密。自汉口开埠后,鄂西南山区也成为世界市场的一部分。山区林特产品沿清江、长江运抵宜昌、汉口等通商口岸,销往海外。虽然清江沿线多险滩暗河,仍通过水陆转运,清江—长江航路成为连结长江中游区域中心市场的重要商路:"向来巴东、施南土产货物自桃符口上船,至招徕起岸,由陆路至大花坪上船,至波索滩起岸,滩下上船,至青洞滩起岸,滩下上船,至向王滩起岸,滩下上船,从此径载宜都出大江焉。"⑤然后沿江而下,可至宜昌、汉口等地⑥。

　　施坚雅认为:"在人口稀疏分布的地区,市场区域必须大一点儿,以便有足够的需求来维持这一市场,在人口密集的地区它们则较小。"⑦但是,

　　① ［清］章学诚著:《湖北通志检存稿》卷1《食货考》,武汉:湖北教育出版社2002年5月版,第38页。

　　② ［清］李焕春原本,龙兆霖续纂,郭敦祐再续纂:光绪《长乐县志》卷2《疆域志》,《中国地方志集成·湖北府县志辑》第54辑,南京:江苏古籍出版社2001年9月版,第136页。

　　③ ［清］李拔纂修:乾隆《长阳县志》卷2《建置志·市集》,海口:海南出版社2001年4月版,《故宫珍本丛刊》第143册,第62—63页。

　　④ 湖北通志馆编:《鄂西志稿》,民国二十九年(1940年)十月初版,恩施县地方志编委会1982年12月重印本,第29页。

　　⑤ ［清］聂光銮等修,王柏心等纂:同治《宜昌府志》卷2《疆域志》,《中国地方志集成·湖北府县志辑》第49—50辑,南京:江苏古籍出版社2001年9月版,第69页。

　　⑥ ［清］聂光銮等修,王柏心等纂:同治《宜昌府志》卷2《疆域志·山川》,《中国地方志集成·湖北府县志辑》第49—50辑,南京:江苏古籍出版社2001年9月版,第69页。

　　⑦ ［美］施坚雅著,史建云、徐秀丽译,虞和平校:《中国农村的市场和社会结构》,中国社会科学出版社1998年4月版,第43页。

我们如果检视山区各县集场分布图,会发现山区许多县在某些地区似乎没有设立集场,这些未设集场地区的山民不可能完全没有市场需求。在传统社会里,走乡串户的流动货郎,成为连接市场与农户的桥梁作用。

(二)鄂西南山区的集场及集期

鄂西南山区的区域经济水平长期落后于江汉平原地区,山区市场主体大多为乡村初级市场——墟场。

鄂西南山区的乡村集市大多属于农村初级市场,集市大多称为场,但有的以镇、街、店称呼。唯有县城驻地、县丞驻地、巡检司驻地,市场不以场名[1]。段超认为,乾隆以后,湖北各地遍布"场"这种小集市。其特点是规模小,为附近农民互通有无,是市场体系最基础的部分[2]。鄂西南山区集场因受制于山地环境与交通困难,集场规模均较小。唯有地处山间河谷、平原,且位于交通要道上的集场,才有可能获得较好的发展机会。山区里这些商品交换的集场,也是人口聚落相对集中的地方。

在中国传统社会里,自给自足的小农经济模式导致难以形成全国性统一的商品市场,而区域市场的需求相对有限,因此农村市场通常是周期性的定期市。对于鄂西南山区而言,山区内部相对低下的生产水平与较低的市场需求,导致商品交换的频度偏低。从山区各县不同地方定期市每旬集期,可以了解该地商品交换活跃的程度。

鄂西南山区并非所有集场有市期,如鹤峰州乡村集市中,只有烧巴崖、五里坪、走马坪、麻水坪的集市有市期,而石龙洞、太平镇、白果坪、懒板凳、铁炉坪、三路口等处集市没有市期[3]。

至晚清民国年间,鄂西南山区各县集场的数量总体上略有所增长,各有消有长。详见下表:

---

① 〔清〕黄世崇纂修:光绪《利川县志》卷7《户役志·坊市》,《中国地方志集成·湖北府县志辑》第58辑,南京:江苏古籍出版社2001年9月版,第53—55页。

② 段超:《明清时期湖北地区农村集镇的发展》,《武汉教育学院学报》1999第4期,第63—67页。

③ 〔清〕吉钟颖修,洪先焘纂:道光《鹤峰州志》卷4《营建·街市》,《中国地方志集成·湖北府县志辑》第45辑,南京:江苏古籍出版社2001年9月版,第367—368页。

表 3-18 鄂西南山区七县乡村墟场的集期表

县别	墟场名	集期	墟场名	集期	墟场名	集期
恩施县	熊家岩	三六九	鸡心岭	二五八	向家村	一四七
	龙凤坝	二四六八十	七里坪	三六九	大坝	二四六八十
	三里荒	三六九	和湾	二五八	响板溪	三六九
	鸦雀水	一三五七九	崔家坝	二四六八十	乌龙口	一三六八
	白杨坪	百日	梭布桠	一四七	新塘	一三五七九
	岿子山	二五八	三岔口	一四七	万寨	三六九
	济安桥	一四七	大溪场	二五八	红土溪	一三五七九
	石灰窑	二五八	花被	一三五七九	麦子塝	一三五七九
	沙子地	二四六八十	芭蕉	一四七	桅杆堡	三六九
	盛家坝	五十	大集场	一六	硃砂溪	三六九
	天桥	一四七	百谷镇	二五八	两河口	三六
	见天坝	二五八	屯堡	一四七	龙马	二五八
	杉木坝	一三五七九	毛湖坝	三六九	太阳河	二五八
	板桥	二五八	沐抚	三六九	木贡	一四七
	马者	二五八	罗针田	三六九	——	——
来凤县	茅坝	二三	廖家坝	五十	三堡岭	三八
	苏家堡	一六	旗鼓寨	一六	县城	百日
	旧司	二七	板土科	五十	观音桥	五十
	牡丹坪	二七	大河坝	一六	两河口	五十
	杉木塘	三八	革勒车	四九	腊壁河	五十
	深溪河	一六	东流司	五十	高洞河	四六
	上寨	四六	百户司	一五	漫水	二七
	安抚司	三八	小坳	四九	新场	二七

续表

县别	墟场名	集期	墟场名	集期	墟场名	集期
咸丰县	县城	一三六八	瀑泉镇	一六	寿昌乡	三八
	老寨	四九	马河镇	四九	忠堡镇	二七
	十字路镇	五十	丁寨镇	一六	杨湾乡	二七
	新甲乡	三八	龙坪场	二七	尖山寺	四九
	龙潭坪	三八	龙神坳	五十	燕子岩	三八
	大水坪	五十	小水坪	四九	忠塘乡	二七
	毛坝	一六	大路坝	一六	朝阳寺	二九
	活龙坪	二五八	水坝乡	三六九	清水塘	三六九
	白果坝	一六	仙乡	四九	赫洞	二七
	大村乡	三八	李子溪	一六	二台坪	四九
建始县	中山镇	二五八	客坊	三六九	民权镇	三六九
	板桥子	一四七	下坝镇	三六九	长梁子	二四六八十
	铜鼓镇	三六九	罗家坝	二五八	三星坝	二四六八十
	红岩镇	一三五七九	石垭镇	一三五七九	高店镇	二四六八十
	河坪镇	一三五七九	落水洞	一三五七九	花坪镇	二四六八十
	双土镇	二四六八十	官店镇	一三五七九	——	——
利川县	县城	一四七	李子坳	三六九	凉雾山	三六九
	兴隆场	二五八	毛整坝	三八	冷水坪	二五八
	红椿沟	三六九	大塘	二五八	团堡寺	二五八
	庆口	三六九	黄泥坡	三六九	长荃	一四七
	偏荃	一四七	毛坝	三八	吐祥坝	二五八
巴东县	县城	百日	茶店子	——	楠木园	——
	官渡口	——	野三关	逢戊日	大支坪	——
* 第三四区，万山重叠，并无集期。						

县别	墟场名	集期	墟场名	集期	墟场名	集期
宣恩县	县城	二五八	椒园	三六九	应阳坝	五十
	小关	三八	倒渐河	四九	草坝场	一六
	覃家坪	二七	干溪场	三六九	板场	一四七
	万寨	三六九	中间河	二五八	草坝塘	一四七
	两河口	三六九	乐歌坪	五十	板寮	一六
	狮子关	一四七	长滩河	三六	沙道沟	二五八
	李家河	一六	板栗园	四九	上岗坪	一五八
	麻阳寨	一五八	卧犀坪	三六九	冉大河	三八
鹤峰县	县城	百日	太平镇	四七十	五里坪	一四七
	走马坪	三六九	白果坪	二五八	——	——

资料来源:湖北通志馆编:《鄂西志稿》,民国二十九年(1940年)十月,恩施县地方志编委会1982年12月重印本,第45—50页。

　　根据表3—18数据分析,恩施县44个集场中,百日集有1个,占2.3%,每旬2集的有3个,占6.8%,每旬3集的有29个,占65.9%,每旬4集的有1个,占2.3%,每旬5集的有10个,占22.7%。来凤县有24个墟集,其中百日集有1个,占4.2%,每旬2集的有23个,占95.8%。咸丰县有30个集场,其中每旬2集的有26个,占86.7%,每旬3集的有3个,占10%,每旬4集的有1个,占3.3%。建始县有17个集场,其中每旬3集的有7个,占41.2%,每旬5集的有10个,占58.8%。利川县有40个集场,其中每旬2集的有4个,占10%,每旬3集的有36个,占90%。巴东县有6个集场,其中百日集1个,占16.7%,逢戊日集1个,占16.7%,其余4个不详。宣恩县有25个集场,其中每旬2集的有12个,占48%,每旬3集的有13个,占52%。鹤峰县有5个集场,其中百日集有1个,每旬3集的有4个。

　　鄂西南山区的百日集数量很少。恩施县的百日集,为地处川楚大路上的白杨坪,而来凤县、巴东县、鹤峰县的百日集均在县城。

　　巴东县野三关的逢戊日集期,属于十二地支周期。每12日1集的集期,表明处于偏远山区交通不便的野三关场,其商品交换频度偏低。

　　从表3—18各县集场的集期安排中,可以发现数个集场的集期形成交错互补的关系,表明通过集期的协调,数个集场之间形成了相互关联的市场网络关系。其中,有些集场实际上在这个市场网络扮演着关键性节点的角色。施坚雅研究认为,集期分配的原则是尽可能减少邻近市场间的竞争,又可以使农民每天有集可赶①。

以恩施县集场分布图为例,可以发现,鸦鹊水与崔家坝形成一个市场环链,三岔口、响板溪形成一个市场环链,大坝与杉木坝形成一个市场环链,三里荒、太阳河、梭布桠为一个市场环链,杉木坝与龙凤坝为一个市场环链,沐抚、木贡、马者为一个市场环链,同时沐抚、马者、屯堡亦形成一个重合的市场环链。见天坝、芭蕉、桅杆堡为一个市场环链,天生桥与万寨、石灰窑形成一个市场链路,硃砂溪、天生桥、石灰窑形成一个市场环链,石灰窑、七里坪、向家村形成一个市场环链。恩施东部以沙子地为中心,与周边花被、麦子淌、红土溪、新塘形成星状市场环链。在星状市场环链附近,又有低一级的集场,如和湾、大溪场、峁子山交错其间。在恩施南部形成以芭蕉—天桥两集场为主轴,与周边罗针田、硃砂溪、万寨、桅杆堡形成哑铃形市场环链,两河口、盛家坝、大集场等低一级的集场,附着于哑铃形市场环链周边。

(三)山地环境下的市镇贸易半径

明清时期农村集市的发展,许檀认为影响集市发育主要有人口、耕地资源、经济发展水平等因素②。区域人口是区域经济开发的主体,人口压力是区域经济发展的内在动力,耕地是传统农业社会中最重要的财富,耕地数是衡量区域农业开发水平的重要指标之一。而衡量区域市场发展水平的指标主要有市镇数量、市镇人口密度、市镇贸易半径等指标。

通过与长江中游其他丘陵山区府州市镇发展状况比较,可以分析鄂西南山区市镇经济发展水平,详见下表:

---

① 〔美〕施坚雅著,史建云、徐秀丽译,虞和平校:《中国农村的市场和社会结构》,北京:中国社会科学出版社 1998 年 4 月版,第 27 页。

② 许檀:《明清时期农村集市的发展》,《中国经济史研究》1997 年第 2 期,第 21—41 页。

表 3—19　　清代中叶长江中游丘陵山区市镇发展状况比较表

地名		人口	面积 （KM²）	耕地 （亩）	人均 耕地 （亩）	市镇数	市镇 人口	市镇 人口密度 （人/KM²）	市镇贸 易半径 （KM²）
湖北省	郧阳府	587141	25800	4926908	8.39	93	6313	22.76	9.40
	宜昌府	733625	20100	1888434	2.57	44	16673	36.50	12.06
	施南府	919981	18300	494409	0.54	93	9892	50.27	7.92
湖南省	永顺府	643095	11400	107819	0.17	2	321548	56.41	42.61
	沅州府	537396	7200	690903	1.29	5	107479	74.64	21.41
	辰州府	898954	13500	801012	0.96	13	69150	66.59	18.19
江西省	赣州府	2414820	22800	2044317	0.85	215	11232	105.91	5.81
	南安府	618993	7500	747462	1.21	31	19968	82.53	8.78
	吉安府	2969883	13800	4971132	1.67	85	34940	215.21	7.19

资料来源：(1)人口数、面积数引自梁方仲编著：《中国历代户口、田地、田赋统计》，甲表 88《清嘉庆二十五年各府州人口密度》，上海：上海人民出版社 1980 年 8 月版，第 276—277 页。耕地数引自上书乙表 77《清嘉庆二十五年各直省府州厅户口、田地及额征田赋数》，第 276—277 页。

　　(2)人均耕地数引自任放著：《明清长江中游市镇经济研究》表 3—6"清代中叶长江中游平原区与丘陵山区市镇发展状况比较表"，武汉：武汉大学出版社 2003 年 11 月版，第 115 页。市镇数引自上书表 3—4"清代中叶长江中游各府州市镇人口密度"，第 112 页。

　　从表 3—19 可知，至清代中叶，施南府人口数超过郧阳府和宜昌府，但由于施南府山区的农业开发进程比郧阳府、宜昌府晚，所以施南府的耕地面积只有宜昌府的 26％，郧阳府的 10％。施南府的人均耕地面积亦低于宜昌府和郧阳府。江西丘陵山区开放较早，经济开发水平较高，因此耕地面积及人均耕地面积均远超过施南府。湘西沅州府、辰州府的人口数和面积数少于施南府，但耕地面积和人均耕地面积均超过施南府，只有雍正年间改土归流设立的永顺府在人口数和耕地数两项数据上，低于施南府。

　　在衡量山区市镇发展水平时，必须充分考虑山地环境下经济形态、人口聚落形态、交通状况等因素对市镇数量、市镇密度、人口密度、市镇贸易半径等指标的干扰影响。山区不具有家庭农业与家庭手工业相结合的超稳定小农经济模式的典型性，虽然山民生存所必需的基本食物来源严重依赖山地旱作农业生产，但山民的家庭生计却需要由林、牧、副业等多种非农业生产方式支撑，山区家庭的衣、盐等其他生活必需品对外部市场的依赖性较高，林特经济作物、矿产等山货主要供应山外市场，因此山地贸易集市发展及城镇的形成、发展，均与外部商品输入鄂西南山区的交通路线的空间分布有密切的关系。巴东、恩施、建始处于川楚陆路交通主干道川楚大路、施宜大路上，因此，三县的市镇呈串珠线状，集中分布于川楚大道、施宜大路沿线及连接府州县治城之间的官道、驿路沿线。

市镇密度指单位面积里的市镇数，是衡量区域市场需求圈和销售域大小的重要指标。但是山区府州的人口密度通常比平原府州低得多，且山区地理空间具有"地无三里平"的特点，所以山区市镇数量、市镇密度、人口密度、市镇贸易半径等指标受山地环境的影响较大，偏低。施南府市镇人口密度低于江西、湖南丘陵山区各府州，高于郧阳府和宜昌府，但并不能说明永顺府的市镇发展水平比施南府高，宜昌府、郧阳府市镇发展水平比施南府低。集市的贸易半径指标，更能说明区域市场体系中市镇的发展水平。由于在上表中，清中叶长江中游丘陵山区集镇数是根据"明代及清前期"与"晚清时期"市镇数取平均数而得到的数据，不能完全真实反映清代中叶施南府等山区府州的市镇发展规模和水平。施南府从明代及清前期 7 个市镇到晚清时期达到 179 个市镇[①]，可见清代，尤其是改土归流之后，是鄂西南山区市场体系发展的重要阶段。

陈忠平研究江南山区集市的密度，计算出江南山区集市的贸易半径将近 7—9 公里[②]。任放研究认为，清代中叶长江中游商品经济发展较快，但与江南地区相比有较大差距，表现在集市密度上，长江中游丘陵山区集市的贸易半径约为 15 公里[③]，而鄂西南山区的施南府的市镇贸易半径为 7.92 公里。而同为丘陵山区的湖北郧阳府市镇贸易半径为 9.40 公里，宜昌府为 12.06 公里，湖南永顺府为 42.61 公里，沅州府为 21.41 公里，辰州府为 18.19 公里，江西省赣州府为 5.81 公里，南安府为 8.78 公里，吉安府为 7.19 公里。清代中叶，施南府总人口数为 919981，面积为 18300 平方公里，耕地面积为 494409 亩，市镇人口密度为每平方公里 50.27 人，人均耕地只有 0.54 亩，市镇贸易半径为 7.92 公里。统计分析的数据与鄂西南山区民间的

①　任放著:《明清长江中游市镇经济研究》，武汉:武汉大学出版社 2003 年 11 月版，第 97 页。
②　陈忠平:《明清时期江南地区市场考察》，《中国经济史研究》1990 年第 2 期，第 24—40 页。
③　任放著:《明清长江中游市镇经济研究》，武汉:武汉大学出版社 2003 年 11 月版，第 118 页。

"三十里一小集,六十里一大集"之说基本相符①。

四、山地环境与山区商人

恩格斯在《家庭、私有制和国家的起源》一文中指出,文明时代第三次重要的分工,是从生产领域分离出只从事产品交换的阶级,即商人。恩格斯认为商人"可以使生产者免除交换的辛劳和风险,可以使他们的产品的销路扩展到遥远的市场",因此,商人阶级在文明时代获得越来越高的社会地位和对生产越来越大的统治权②。在改土归流以前,鄂西南山区少数民族生产力水平低下,没有产生第三分工。山区从事商品交流的商人,均为外来客商。在山地环境下,山区交通困难,商贾不至。明嘉靖年间,"卫在清江上游,四面皆大山,舟车不通,四方负贩者不至"③。

在改土归流之前,鄂西南山区交通落后,至改土归流后,外地客商以其雄厚的资本和商业经营能力,垄断了山区商品贸易。由于山区农业和手工业不发达,本地商人积累的资本较少,缺乏商业经营的经验和能力,处于贸易的从属地位。

改土归流之初,鄂西南山区各县曾活跃着江西、湖南等外省客商的身影。乾隆末年,湖南常德府武陵县人刘氏、湖南辰州人邓氏、贵州思南府人严氏、湖南辰州府人杨氏、湖南常德府人曾氏、湖南人游氏、湖南武陵县人蒋氏、湖南人祝氏、湖南桃源人颜氏、贵州安化人秦氏、湖南慈利县人叶氏,均于乾隆时至咸丰县经商。江西金溪县人王氏在嘉庆、道光年间至咸丰县经商④。江西和湖南商人将鄂西南山区出产的苎麻、药材等各种山货多背负至闽粤各地销售,再采购花布、绸缎等商品到鄂西南山区售卖。至光绪二十三年(1897年),施南知府黄邦俊在电牍中指出,施南府各市镇的商人

---

① 任放著:《明清长江中游市镇经济研究》,武汉:武汉大学出版社2003年11月版,第112、115页。

② [德]恩格斯著,中共中央马克思恩格斯列宁斯大林著作编译局译:《家庭、私有制和国家的起源》,北京:人民出版社1999年8月版,第172页。

③ [明]薛刚纂修,吴廷举续修:嘉靖《湖广图经志书》卷20《施州卫文类·适安堂记》,北京:书目文献出版社1991年10月版,第1618页。

④ 徐大煜纂修:民国《咸丰县志》卷11《氏族志》,民国三年(1914年)劝学所刻本,第134页。

多来自湘、鄂两省①。

　　在商业相对发达的恩施、来凤等县，清后期已发展出同业组织，制定出同业管理的章程。恩施县作为施南府首县，商业店铺最多，线店行帮曾制订学徒管理章程："入徒应出钱壹文，入帮上机应出钱壹串文。学打线接正架应出钱壹串文，师徒仍照旧章。"②卯峒地连川楚湘三省，是鄂西南最重要的水陆总埠之一。清后期，来凤县商业兴盛，商行林立。道光十年（1830年），商人晏永顺在卯峒司请设一家花行。咸丰六年（1856年），商人张恒裕在诚一里请设一家花行。咸丰七年（1857年），商人何万利在诚一里请设一家花行。同年，商人何万泰在诚一里请设一家布行，商人张复兴在卯峒请设一家油行。咸丰八年（1858年），商人张恒丰在诚一里请设一家米行。咸丰九年，商人覃豫美在诚一里请设一家米行。同年，商人覃元厚请设一家纱行，商人熊广和请设一家牛行，商人刘九大请设一家牛行，商人张德裕在卯峒请设一家油行。乾隆十年（1745年），商人向良发在诚一里请设一家布行。同治三年（1864年），商人王彦光在卯峒请设一家山货行③。光绪年间，来凤县计有3家花行、2家布行、2家油行、2家米行、2家牛行、1家山货行。其卯峒有4行，诚一里有9行。来凤县远近各地土产桐油，都通过肩挑背负方式，运至卯峒贸易。卯峒地处三省交界，水陆总埠，成为来凤县桐油的集散地。由于出卖桐油存在"枯脚、水渣"等掺杂使假行为，损害了客商利益，道光二十九年（1849年）九月，卯峒油行经理负责稽查桐油，并核实桐油价格，"定以桐油每篓七十五斤收领，用钱二十四文"，刊碑永示④。

　　但是由于官府通过基层保甲和封建行会来管理商业，控制商人，阻滞了山区商品经济的活跃。嘉庆年间，有商人罗朝贵至宣恩县上筒坪私开禾行，县令任国选查访得知后，饬令取缔，并将该行断归禹王宫，每至场期，禾

---

　　①　[清]张之洞著，苑书义等主编：《张之洞全集》卷219《电牍五十·黄守、侯令来电并致赈务局（光绪二十三年七月十六日酉刻到）》，石家庄：河北人民出版社1998年8月版，第7374页。

　　②　王晓宁编著《恩施自治州碑刻大观》第3编《制度公约·线店章程碑》，北京：新华出版社2004年10月版，第142页。

　　③　[清]李勖修，何远鉴等纂：同治《来凤县志》卷13《食货志·杂税》，《中国地方志集成·湖北府县志辑》第57辑，南京：江苏古籍出版社2001年9月版，第375—376页。

　　④　王晓宁编著《恩施自治州碑刻大观》第3编《制度公约·卯洞油行碑》，北京：新华出版社2004年10月版，第140页。

行收入归禹王宫作僧食及香火之资。后因李自秀与黄宗魁争夺木行控案，张廷烜审断归禹王宫。禹王宫掌握着本地禾行和木行生意，作为庙产。道光十五年（1835年）间，因出现绕开禹王宫交易的现象，禹王宫请求宣恩县令再次颁示，凡民间买卖禾谷，必须赴庙交易，仍由禹王宫抽收①。山地各县各级市场的商民均被编入保甲烟户册进行管理："所有集场市镇外来营贸之人，店主店伙，俱应一体编查，归入烟户册内注明。"②

在鄂西南山区定期市，地方官设立客总、场头负责管理集场。如在鹤峰州定期市，地方官专门设立场头、客总，"以专责成"③。在恩施县，"客民赶场作市，设有场头、客总"④。在鄂西南山区市场中，多由外地商人充当客总。客总不仅参与管理集场日常事务，甚至还有权处理集市上的民事纠纷。如乾隆三十年（1765年）以前，湖南常德客民卯宗圣曾在利川县沙溪司场开设商铺。乾隆三十年间，卯宗圣失踪，债主与场客聚集清算卯宗圣所留下的铺货，发现其债务占其资本的四分之三。有人主张没收卯宗圣本利，有人主张照本钱均分。债主向正海、张秀国主张等卯宗圣亲戚来后再议，将卯宗圣的货物暂交客总段国义掌管。至乾隆三十三年（1768年），卯宗圣仍无消息，向正海、张秀国、段国义等债权人商议将此项银两施舍于本地张王庙作香火钱，禀明县令程瑄批准，将卯宗圣货物折合四十两银，外添三十两银，捐施张王庙⑤。客总处理办法呈报知县批准后，产生了法律强制力量。

在改土归流以后，山区市场向外开放，由于本地商民势力较小，资本雄厚的外来商贾迅速控制了山区对外贸易，形成了贸易垄断地位。外来行商垄断山货贸易，如咸丰县的桐、茶、漆、棓子、吴萸、蓝靛、冻绿皮等山货贸易

---

① 王晓宁编著：《恩施自治州碑刻大观》第3编《制度公约·上洞坪禹王宫碑》，北京：新华出版社2004年10月版，第126页。

② ［清］陈惟模修，谭大勋纂：同治《长阳县志》卷1《地理志·乡甲》，《中国地方志集成·湖北府县志辑》第54辑，南京：江苏古籍出版社2001年9月版，第463页。

③ ［清］吉钟颖修，洪先涛纂：道光《鹤峰州志》卷4《营建·街市》，《中国地方志集成·湖北府县志辑》第45辑，南京：江苏古籍出版社2001年9月版，第368页。

④ ［清］张家檙修，朱寅赞纂：嘉庆《恩施县志》卷4《风俗十八》，《故宫珍本丛刊》第143册，海口：海南出版社2001年4月版，第230页。

⑤ 王晓宁编著：《恩施自治州碑刻大观》第3编《制度公约·客家埋碑》，北京：新华出版社2004年10月版，第141页。

长期被外地行商垄断,直至民国初年,本地商民开始涉足漆、梧贸易①。乾嘉时期,客商还成为乡村集市的主角,集场上"土著只十之二三,余俱外省人"②。

外来客商在鄂西南各县建设会馆、义冢等同乡组织。来凤县南门外有许真君庙,又称万寿宫,是江西会馆所在地③。据恩施县《万寿宫碑》记载:乾隆五十一年(1786年)左右,江西瑞州府高安县国学生刘九龄,至施南府恩施县经商,死后葬于江西客民所建的万寿宫④。宣恩县南有一条街因江西商人聚居,命名为江西街,街上还有江西商人兴建的万寿宫⑤。嘉庆元年(1796年)三月,江西客民在恩施县龙马冉家村,为江西同乡孤贫者购置了江西义冢地⑥。在宣恩县城西120里木册里的上峒坪和县西70里小关的石虎里,均建有禹王庙,多为湖南人所建⑦。清末新政后,鄂西南山区亦建立了近代商会组织,如来凤县商会成立于宣统元年(1909年)⑧。宣统二年(1910年),恩施县成立了施南府城商务会⑨。

嘉庆年间,在鄂西南山区,还活跃着一种挑担走村串户的流动型小商贩,也起着连接深山村民与基层市场的作用。这种俗称为货郎的流动小商贩,在山区乡村中,深受村民喜爱,山民视之为贵客,"今乡村担贸者,不拘何家,饭熟则饭,宿时则宿。贸者咸以为利,盖深山无市,藉此招客,亦地道

　　①　徐大煜纂修:民国《咸丰县志》卷3《礼教志·风俗》,民国三年(1914年)劝学所刻本,第41页。

　　②　[清]张家榳修,朱寅赞纂:嘉庆《恩施县志》卷4《风俗十八》,《故宫珍本丛刊》第143册,海口:海南出版社2001年4月版,第230页。

　　③　[清]王庭桢等修,雷春沼等纂:光绪《施南府志续编》卷2《续建置志·坛庙》,《中国地方志集成·湖北府县志辑》第55辑,南京:江苏古籍出版社2001年9月版,第636页。

　　④　王晓宁编著:《恩施自治州碑刻大观》第2编《宗教信仰·万寿宫碑》,北京:新华出版社2004年10月版,第97页。

　　⑤　[清]张金澜修,蔡景星等纂:同治《宣恩县志》卷8《典礼志》,《中国地方志集成·湖北府县志辑》第57辑,南京:江苏古籍出版社2001年9月版,第204页。

　　⑥　王晓宁编著:《恩施自治州碑刻大观》第12编《其它·江西义冢地碑》,北京:新华出版社2004年10月版,第333页。

　　⑦　[清]张金澜修,蔡景星等纂:同治《宣恩县志》卷8《典礼志》,《中国地方志集成·湖北府县志辑》第57辑,南京:江苏古籍出版社2001年9月版,第205页。

　　⑧　湖北省来凤县县志编纂委员会编纂:《来凤县志》第22章《政党群团》,武汉:湖北人民出版社1990年10月版,第289页。

　　⑨　湖北省恩施市地方志编纂委员会编:《恩施市志》卷首《大事记》,武汉:武汉工业大学出版社1996年11月版,第2页。

然也”[①]。

由于鄂西南山区农业和手工业不发达，本地商人的资本积累规模较少，经营商品种类十分有限。本地商人贸易范围小，大多贩运大米至附近村集交易，使用银钱交易[②]。同治年间，巴东县商贾依川江之便，县民多以经商为业，但无大资本[③]。咸丰县本地商民经营的商品“概系盐布菽粟为生涯”，主要是解决山区生计困难[④]。如咸丰县杨文佐因失怙家贫，勤苦力耕，贸易川湖[⑤]。

山区各县还有许多贫民依附商业，从事贸易运输业来维持生计。同治年间，巴东县贫民则以背土货出境，往来施南府，以脚力佣资为生[⑥]。

来凤县是鄂西南山区与湖南贸易往来的枢纽，来凤县经商风气较盛，有数代依赖小贸维生之家。如虞和毓兄弟七人，父母早逝，家赤贫。因长兄虞和税出赘，虞和毓靠做小买卖抚养诸弟成人、成家，家境也由贫转富，虞和毓创建了书舍，延师教育子侄[⑦]。另来凤县有李伯霖、熊盛美二姓，合伙经商数十年，亲如兄弟。熊盛美死后子幼小无依，李伯霖抚养熊氏如己出。后熊氏子成人后事李伯霖如父，分财多取也不与之计较。至同治年间，李、熊两家子孙三代仍共同经商[⑧]。

光绪三十三年（1907 年），经营生漆生意的商人，如恩施县的福和、信孚、福星和、吴永兴、甘益太、刘亦生等商户形成施南帮，建始的福康、协和等商户形成建始帮，先后走出山区，在武汉设庄[⑨]。

---

① ［清］张家檙修，朱寅赞纂：嘉庆《恩施县志》卷 4《风俗十八》，《故宫珍本丛刊》第 143 册，海口：海南出版社 2001 年 4 月版，第 229 页。

② ［清］松林等修，何远鉴等纂：同治《增修施南府志》卷 10《典礼志・风俗》，《中国地方志集成・湖北府县志辑》第 55 辑，南京：江苏古籍出版社 2001 年 9 月版，第 193 页。

③ ［清］廖恩树修，萧佩声纂：同治《巴东县志》卷 10《风土志》，《中国地方志集成・湖北府县志辑》第 56 辑，南京：江苏古籍出版社 2001 年 9 月版，第 271 页。

④ 徐大煜纂修：民国《咸丰县志》卷 3《风俗志》，民国三年（1914 年）劝学所刻本，第 41 页。

⑤ 徐大煜纂修：民国《咸丰县志》卷 8《人物志》，民国三年（1914 年）劝学所刻本，第 88 页。

⑥ ［清］廖恩树修，萧佩声纂：同治《巴东县志》卷 10《风土志》，《中国地方志集成・湖北府县志辑》第 56 辑，南京：江苏古籍出版社 2001 年 9 月版，第 271 页。

⑦ ［清］松林等修，何远鉴等纂：同治《增修施南府志》卷 24《孝友》，《中国地方志集成・湖北府县志辑》第 55 辑，南京：江苏古籍出版社 2001 年 9 月版，第 366 页。

⑧ ［清］松林等修，何远鉴等纂：同治《增修施南府志》卷 24《行谊》，《中国地方志集成・湖北府县志辑》第 55 辑，南京：江苏古籍出版社 2001 年 9 月版，第 345 页。

⑨ 湖北省恩施市地方志编纂委员会编：《恩施市志》卷首《大事记》，武汉：武汉工业大学出版社 1996 年 11 月版，第 2 页。

晚清洋务运动之后,山区商品经济活跃,世风丕变,本地乡绅不再耻于言利,积极从事山地经济作物的生产与经营。如建始武举刘凤阶至县城西南三里的连珠山种植油桐、加工桐油,并饲养山羊[①]。

改土归流以后,江西、湖南等省客商进入鄂西南山区各县经营林特产品,极大地促进了鄂西南山区商品经济的发展,并促使山区形成了以集市为主体的基层市场网络的形成,推动了各县城的城镇化。

第七节　山区经济结构的变化与环境响应

一、改土以前山区经济结构的特点

关于鄂西南山区经济结构及其变动,一些学者提出了不同的看法。朱圣钟在《历史时期鄂西南土家族地区的农业结构》一文中认为宋元时期鄂西南农业结构是农耕、渔猎、采集并重,明清土司时期,农耕在卫所屯驻地区和汉"蛮"杂居地区已成为农业主导部门。在土司辖区内,农耕、渔猎、采集等生产部门在不同的山地环境中,各部门的重要性有所变化,形成不同地域的经济结构。改土归流以后,农耕成为农业的主导生产部门,狩猎、采集居附属地位,渔业、林业、畜牧业相应得到发展[②]。朱圣钟认为改土归流后以农耕为主的农业结构虽然对农业生产发展有积极作用,但这种不健全的农业结构体系对鄂西南地区农业持续发展不利。

田敏在《从〈容美纪游〉看容美土司的社会经济结构》一文中认为,在明清鼎革时期,鄂西南容美司地区社会经济结构以种植农业为主,以采集、狩猎、捕鱼、养蜂、种茶等副业为辅。田敏认为容美土司以采集经济为主的说法是不确切的[③]。由于容美土司田舜年的鼓励,土司地区的手工业和商业有一定发展。

从《黔中记》所载可知,施州山区形成了以畲田农业为主、狩猎为辅的

---

① 傅一中编纂:《建始县晚清至民国志略》,建始县档案馆 2002 年 4 月版,[2002]鄂恩图内字第 004 号,第 5 页。

② 朱圣钟:《历史时期鄂西南土家族地区的农业结构》,《中国历史地理论丛》2000 年第 3 辑,第 92—102 页。

③ 田敏:《从〈容美纪游〉看容美土司的社会经济结构》,《民族论坛》1997 年第 3 期,第 69—75 页。

结构；"山深地僻，层峦茂林，民杂夷僚，俗尚俭略。烧畲播谷，捕猎续食"①。《古今图书集成》亦载：施州卫"地僻山深，民杂彝僚，伐木烧畲，以种五谷，捕鱼猎兽，以供庖厨"②。由此可见，施州境内的族群具有复杂性，既有汉民，亦杂蛮夷；施州的经济结构具有多元性，既有烧畲农业，亦有狩猎业。

作为"山深地僻"的山区，可耕地资源十分有限，山地的水旱田地垦辟难度较大，而山地动植物资源、矿产资源十分丰富。鄂西南山区的地理环境和自然资源的丰富多样及空间差异性，决定了山区经济结构的多元复杂性。

改土设府州县后，莅任地方官在鄂西南山区积极推广中原先进生产方式，但是平原地区的生产方式，不一定适应山地环境。山区气候寒凉、地温低的生态环境制约了棉业、蚕桑业的发展。《湖北通志》分析认为："荆桑叶薄，至长阳更薄，其丝不甚可贵，地气使然，非惰也。"长乐县"地寒冷，不产棉，亦难蓄蚕"。鹤峰州"不产棉蚕，女鲜纺绩"③。乾隆初年，地方官试图将四川农业模式推广到鄂西南山区，却没有考虑两地生态环境的差异。长阳县令李拔批评农民只知纺织，不懂得养蚕种桑才是致富之本，劝谕长阳县民仿效蜀民，在宅旁、路边空地，广种桑柘，养蚕缫丝。但是李拔发现，虽屡经劝谕，长阳县民观望不前，种桑柘者仍少。执政者仅有良好的愿望是不够的，还必须认识山地环境特征，因地制宜。李拔未考虑到长阳县环境因素，养蚕需要温暖的生长环境，即便江南仍需制造低矮的温室养蚕。而长阳县属山区，高山寒凉，并不适宜蚕桑养殖。即使强行实现，也必然会增加经济成本，造成薄利或无利可图。嘉庆年间曾任恩施县令的詹应甲，在《蚕丛》《课桑诗》等诗中，亦描绘了山地种桑养蚕之难，"山田种桑无隙土，山家养蚕无环堵，当门四面不蔽风，矮檐一角仅遮雨"，"环山百里余，是土本非沃，稻田既无多，桑田更不足，田家同养蚕，聆到蚕丝熟，岂知桑叶稀，饲之苦难续"④。在改土归流后，山地推广麻的种植，至嘉庆年间种麻、制

---

① ［明］徐学谟纂修：万历《湖广总志》卷35《风俗》，《四库全书存目丛书》编纂委员会编：《四库全书存目丛书》史部第195辑，济南：齐鲁书社1996年8月版，第202页。

② ［清］陈梦雷、蒋廷锡编：《古今图书集成》卷1193《方舆汇编·职方典·荆州府部》，上海：中华书局影印本1934年1月版，第49页。

③ 吕调元等修，张仲炘等纂：民国《湖北通志》卷21《舆地志·风俗》，宣统三年（1911年）修，民国十年（1921年）商务印书馆影印本，第760页。

④ ［清］詹应甲撰：《赐绮堂集》卷7《诗》，《续修四库全书》编纂委员会编：《续修四库全书》第1484卷《集部·别集类》，上海：上海古籍出版社2002年5月版，第344－345页。

麻成为山民重要的生计来源。因此,恩施县令詹应甲在《春日郊行十二首》中写道:"半是山家半客家,一年生计在沤麻。"①

改土归流以前,鄂西南山区在人地关系上的主要问题是:由于人口数量和人口质量的低水平,山区资源利用与经济开发的技术水平很低,山民迫于生计,必须采取农业、采集、狩猎等多样的生产方式来获取食物。由于手工业不发达,衣、食、住、行等基本生活必需品无法生产自给,经济结构对外依存度高。鄂西南山区土地贫瘠,在缺乏先进的土壤改良技术、农业耕作技术、施肥技术、水利灌溉技术的情况下,粗放式山地旱作农业是一种低效的土地资源开发和利用模式,无法提供稳定的粮食供应。当时在土司地区,男女必须共同在田间劳作,才能维持家庭的基本生存。由于山地农业垦殖难以保障稳定的食物供应,土民仍须依赖原始的采集、狩猎等生产方式来补充食物的不足。如《巴东县志》记载:"农人依山为田,刀耕火种,备历艰辛,地不能任旱涝,虽丰岁不能自给,小祲则粉蕨根为食。"②在容美司山顶上生长有野生的天蒜,土民用蒜苗腌食以弥补食物不足。每遇荒年,土民必须在山地挖掘野生蕨根和葛根,磨制蕨粉、葛粉,制作饼饵,或用水调食③。椒山安抚使刘跃龙部下刘、李二姓旗长曾使用鸡粢和蕨粉制作饼饵,来款待作为土司贵客的顾彩④。容美司中湾潭土民家家养蜂、作粉,顾彩途中借宿山涛阁行署时,当地彭百户将采集的蜂蜜作为礼物馈赠顾彩⑤。每年秋季,卯峒司土民用绳缆吊挂在悬崖上采取蜂蜜,十分艰险⑥。

明代,鄂西南山区手工业比较落后,棉纺织和丝纺织业只在局部地区兴盛一时。如万历《湖广总志》载,施州曾盛产土绵、班丝绸⑦。夏熙臣在《施州卫寄所亲》诗中亦有"蛮妇织花赟"的诗句,明代土司地区已掌握纺织技术。改土前,容美司境内曾有丝纺织业,用土丝织出峒被如锦,与绸缎相

①　[清]詹应甲撰:《赐绮堂集》卷12《诗》,《续修四库全书》编纂委员会编:《续修四库全书》第1484卷《集部·别集类》,上海:上海古籍出版社2002年5月版,第398页。

②　[清]廖恩树修,萧佩声纂:同治《巴东县志》卷10《风土志·职业》,《中国地方志集成·湖北府县志辑》第56辑,南京:江苏古籍出版社2001年9月版,第271页。

③　[清]顾彩著:《容美纪游》,武汉:湖北人民出版社1999年9月版,第351－352页。

④　[清]顾彩著:《容美纪游》,武汉:湖北人民出版社1999年9月版,第296页。

⑤　[清]顾彩著:《容美纪游》,武汉:湖北人民出版社1999年9月版,第367页。

⑥　张兴文、牟玖廉注释:《卯峒土司志校注》,北京:民族出版社2001年4月版,第16－17页。

⑦　[明]徐学谟纂修:万历《湖广总志》卷12《方产》,《四库全书存目丛书》编纂委员会编:《四库全书存目丛书》史部第194辑,济南:齐鲁书社1996年8月版,第496页。

同价格。容美司土民用白麻织造的峒巾,柔韧结实,成为珍贵的纺织品[①]。
卯峒土司向那吾也曾大力提倡种桑养蚕,发展丝织业。根据《来凤县志》记
载,来凤县在土司时期,曾以苗巾、苗锦闻名。所织苗巾、苗锦,经、纬线均
使用绵丝。清代诗人商盘在诗中咏颂大旺司地"苗锦如云成五色,胜他番
褐紫驼尼"[②]。至乾隆时期,工艺就已失传,纺织品大多失真,不及以往[③]。

　　鄂西南山区蕴藏着丰富的矿产资源,至迟在宋代,鄂西南山区就出现
矿产资源的开发利用。明代,鄂西南山区许多地方已发现并开采矿产资
源。荆宜施各属旧皆产黄金,施州之金"多出山石"。《唐书·地理志》载,
施州贡麸金。明《一统志》载,金出于建始县。清《一统志》载,建始石乳山
为施州黄金产地[④]。据万历《湖广总志》载,在施州卫城南 30 里菁山,曾出
产银矿,山西面有铁冶。在大田军民千户所小关以北,曾有硝场。民国《湖
北通志》据《矿物表》统计,鹤峰有九处铜矿,恩施有一处铜矿,咸丰县有三
处铜矿,利川县有十一处铜矿,建始县有九处铜矿,此外,长阳、来凤亦产铜
矿[⑤]。康熙二十一年(1682 年)八月,容美土司田舜年奏请开采铜矿,九卿
议准,但康熙帝担心地方官员借此苦累土司,扰害百姓,饬令严禁。《唐
书·地理志》载巴东产铁。宋绍兴三年(1133 年),朝廷在施州设置了铸钱
广积监,铸造铁钱,供应建始县和清江县[⑥]。据《宜昌府志》载,长阳县云台
荒、火烧坪曾设有铁厂,乾隆五十五年(1790 年)被封禁。鹤峰、长乐均有
铁矿。清《一统志》载,恩施银矿山有铁冶。改土以前,容美司境内已发现
紫山左辅为畲山,曾经出产铁矿[⑦]。《矿物表》载,鹤峰产锡矿。《宜昌府
志》载,鹤峰、长乐产铅矿。《矿物表》载,鹤峰有四处铅矿,恩施、建始各一

　　① 〔清〕顾彩著:《容美纪游》,武汉:湖北人民出版社 1999 年 9 月版,第 351—352 页。
　　② 〔清〕王协梦修,罗德昆纂:道光《施州府志》卷 27《艺文志》,道光十七年(1837 年)扬州张
有耀斋刻本,第 32 页。
　　③ 〔清〕林翼池修,蒲又洪纂:乾隆《来凤县志》卷 4《食货志·工艺》,《故宫珍本丛刊》第 143
册,海口:海南出版社 2001 年 4 月版,第 399 页。
　　④ 吕调元等修,张仲炘等纂:民国《湖北通志》卷 22《舆地志·物产》,宣统三年(1911 年)修,
民国十年(1921 年)商务印书馆影印本,第 774 页。
　　⑤ 吕调元等修,张仲炘等纂:民国《湖北通志》卷 22《舆地志·物产》,宣统三年(1911 年)修,
民国十年(1921 年)商务印书馆影印本,第 774 页。
　　⑥ 〔清〕张家栩修,朱寅赞纂:嘉庆《恩施县志》卷 1《政典四·盐法(矿附)》,《故宫珍本丛刊》
第 143 册,海口:海南出版社 2001 年 4 月版,第 177 页。
　　⑦ 〔清〕顾彩著:《容美纪游》,武汉:湖北人民出版社 1999 年 9 月版,第 335 页。

处铅矿。《矿物表》载,恩施有一处锑矿,鹤峰有五处锑矿。康熙四十二年(1703年)间,容美土司田舜年在容美司署西7里的平山水砂坪开掘硫磺矿,作为供应朝廷的贡品[1]。《矿物表》载,巴东、鹤峰、长乐、恩施、咸丰、来凤、利川、建始均产煤矿。综上可知,在明清时期,鄂西南山区只有小范围、小规模的矿产资源开采,而且开发和利用时断时续,很不稳定。

改土归流以前,就已有商人从江西、湖南、安徽等省前往鄂西南山区经商,并定居下来。明隆庆元年(1567年),江西临江府新淦县人魏氏因经商,从四川迁至大田所西江口定居。至清中叶,魏氏宗族人口在丁寨场东北聚族居住。康熙年间,湖南靖州人袁氏经商迁至大田所定居[2]。《鹤峰州志》载,鹤峰人洪水清的祖先来自安徽安庆,清初迁居容美司境内,"以负贩为业,家渐裕"[3]。

鄂西南山区本地经商者较少。明代施州卫城内已有商业活动,有军户和富绅卖米为业。同治《施南府志》载,施州卫旗军殷太公夫妇卖米,殷某之妻为谋利而每石谷掺杂秕谷二三升。另有蔡姓富绅则将米用水浸过后再卖与他人,说明本地商品经济的活跃,商品意识侵蚀了传统道德[4]。

而在鄂西南土司地区,由于交通不便,商业不振。宋明以来,鄂西南施州属诸土司十分渴求朝贡贸易机会。如宋天圣初年,施州徼外"诸蛮"为了获得朝贡赏赐,每年求入贡者甚众,沿途滋扰州县,公私皆患。至明代,鄂西南施州卫属各土司与中原地区的贸易,主要是通过朝贡贸易方式[5]。嘉靖七年(1528年),忠孝安抚司把事田方等数十人伪造关文,以入贡为名,沿途骚扰驿传。兵部议土司违例入贡,下令严禁[6]。据段超统计,明代湖北地区先后共有48个土司进京朝贡,朝贡总次数达348次。而且土司朝

① [清]顾彩著:《容美纪游》,武汉:湖北人民出版社1999年9月版,第331页。

② 徐大煜纂修:民国《咸丰县志》卷11《氏族志·列传(土家、客家)》,民国三年(1914年)劝学所刻本,第132页。

③ [清]吉钟颖修,洪先涛纂:道光《鹤峰州志》卷12《人物志》,《中国地方志集成·湖北府县志辑》第45辑,南京:江苏古籍出版社2001年9月版,第421页。

④ [清]松林等修,何远鉴等纂:同治《增修施南府志》卷30《杂志·文》,《中国地方志集成·湖北府县志辑》第55辑,南京:江苏古籍出版社2001年9月版,第590页。

⑤ 《明世宗实录》卷20,嘉靖元年十一月戊申条,上海:上海书店出版社1982年10月版,第577页。

⑥ [清]何蕙馨修,吴江纂:同治《利川县志》卷5《武备志·控制》,清同治四年(1865年)刻本,第9—10页。

贡时人数通常有数百人,多则上千人①。说明改土以前,朝贡是鄂西南土司地区与中原地区经济文化交流的重要方式。

鄂西南土司地区商品经济落后,民间商业贸易不发达,导致土司地区基本生活必需品供应不足。明清鼎革时期,最大土司容美司中,日常生活物资匮乏,容美土司署中竟没有油、盐、醯、酱等调料②。鹤峰改土归流以前,土民的食盐均从四川省各盐场零星交换,以资食用③。山羊隘一带土民因周围没有盐店,只能远至九溪背盐回来,本地也没有屠宰场,民间交往很少馈送厚礼④。这说明改土归流以前,山羊隘一带与外界的民间贸易不发达。鄂西南土司地区商业的落后,还表现为作为商品交换多采用物物互换,货币量不足。改土归流以前,盐成为土司地区商品交换中最重要的中介物。田敏认为容美土司地区商业的发展层次还处于较低级水平,货币交换不发达,一般民间的交换关系仍是"与人钱钞都抛却,交易惟求一撮盐"⑤。容美土司田舜年曾在细柳城前往中府的路上设立小酒肆,提供给往来诸将吏下马沽饮⑥。

明朝中后期,鄂西南巴东、建始、长阳、施州卫城等汉地农业开发达到较高水平,而施州卫属土司辖区的农业发展仍相对落后。具体表现为农业在山区经济结构中的比重较小,农业垦殖规模较小,农田水利事业不发达,农业生产难以提供充足的食物。

在鄂西南土司地区,由于僻处大山,土地瘠薄,无论是畲田农业、还是采集、渔猎、均是土民生存的方式之一,鄂西南土司地区属于一种复合型经济结构。康熙年间,鹤峰山羊隘的土民根据季节变化,采取不同的生产方式,从山林获取动植物资源,维持基本生存需要:"春则采茶,夏则砍作畲,

---

①　段超著:《土家族文化史》,北京:民族出版社 2000 年 9 月版,第 253 页。

②　[清]顾彩著:《容美纪游》,武汉:湖北人民出版社 1999 年 9 月版,第 293 页。

③　[清]毛峻德纂修:乾隆《鹤峰州志》卷下《盐课·额引附》,《故宫珍本丛刊》第 135 册,海口:海南出版社 2001 年 4 月版,第 37 页。

④　鹤峰山羊隘《向氏族谱》,鄂西土家族苗族自治州民族事务委员会编:《鄂西少数民族史料辑录》,鄂西土家族苗族自治州民族事务委员会 1986 年 6 月内部版,第 90 页。

⑤　田敏:《从〈容美纪游〉看容美土司的社会经济结构》,《民族论坛》1997 年第 3 期,第 69－75 页。

⑥　[清]顾彩著:《容美纪游》,武汉:湖北人民出版社 1999 年 9 月版,第 297 页。

秋则取岩蜂黄腊,冬则入山寻黄连割棕。"①

　　鄂西南山区以山地丘陵为主,改土归流以后,由于各州县地方官大力推广旱地农业垦殖,山地农业发展成为最主要的经济部门。如咸丰县山多田少,平地农户以水稻为正粮,荞麦、豌豆、蔬菜为辅粮。高山农户以包谷为正粮,以甘薯、马铃薯为辅粮。全县人民十分之三四以水稻为食,十分之六七以杂粮为食②。嘉庆年间恩施县令詹应甲在《沽白酒》诗中称"施州土瘠山不腴,所产稻谷只一隅",而米一斗则"值钱一千一百五十零"③。所以咸丰县农业收成,必须视高山地区收成而定丰歉。由于户口增长,谷价日高,"高原峻坡值等膏腴,致富之家大率由此"④。坡耕地在鄂西南山区的经济价值相应提高。由于稻谷市场价格远高于杂粮,在鄂西南山区充当硬通货,成为衡量田产、家产价值的媒介物,以"运""挂"作为山区独特的计量单位:"各邑田地不分顷亩,有以谷种计多寡者,有以出谷计者,家业以此分厚薄,契券以此定价值。惟来邑及宣邑之忠建里与他处稍异,以七斗为一运,水旱田地不以种计不以石计,但曰每一运值钱若干。凡粜谷,谷不以种计,钱不以千计,但准钱一挂,谷几斗一挂者,钱八百文也,粜米则否。"⑤

　　乾嘉时期,山区旱地农业过度垦殖,实际上是以森林破坏为代价;山地农业的扩大,是以挤压其他经济部门的发展空间作为代价。山区旱地农业的过度发展,在经济方面的后果,是山区经济结构趋向单一化;在生态环境方面的后果,是水土流失加剧,土壤贫瘠化,生态环境恶化。

二、改土以后山区经济结构的变动

　　改土以后,鄂西南山区的农业垦殖仍在持续发展。道光二十三年(1843年),为了进一步推动内地山区农业垦殖,户部重申乾隆五年(1740

---

　　①　鹤峰山羊隘《向氏族谱》,鄂西土家族苗族自治州民族事务委员会编:《鄂西少数民族史料辑录》,鄂西土家族苗族自治州民族事务委员会1986年6月内部版,第90页。

　　②　徐大煜纂修:民国《咸丰县志》卷4《财赋志·物产》,民国三年(1914年)劝学所刻本,第48页。

　　③　[清]詹应甲撰:《赐绮堂集》卷12《诗》,《续修四库全书》编纂委员会编:《续修四库全书》第1484卷《集部·别集类》,上海:上海古籍出版社2002年5月版,第401页。

　　④　[清]王协梦修,罗德昆纂:道光《施南府志》卷10《典礼志》,道光十七年(1837年)扬州张有耀斋刻本,第5页。

　　⑤　[清]松林等修,何远鉴等纂:同治《增修施南府志》卷10《典礼志·风俗》,《中国地方志集成·湖北府县志辑》第55辑,南京:江苏古籍出版社2001年9月版,第194页。

年)的劝垦政策:湖北等省"水田以不及 1 亩、旱田以不及 2 亩为断……山冈土阜、傍河滨海洼下之地,仅宜杂种,不成坵段,亦永免升科"①。道光年间,建始县农民在坝厂疏浚水渠,种植水稻,在高山旱地种菽、麦、麻等作物②。同治年间,牛耕已在施南府各县普及,仅在"绝壑危坳,耕以人力"。玉米和甘薯在山区普遍种植,"乡民居高者,恃包谷为正粮,居下者,恃甘薯为接济正粮"③。鹤峰州山民以包谷为主食,包谷产量占全县粮食生产总量的 80%。山民只有将剩余包谷、洋芋喂猪,然后将猪贩卖其他县,可换购布棉杂货④。

同治以后,洋务运动带来了山区商品经济的发展,但是舍本逐末的社会风气,导致山区农业发展渐趋萎缩。在道光、咸丰年间,咸丰县米价低平,斗米百余钱至二三百钱,最低斗米价值小钱不到百枚。十年中总有五六年丰收,农民的农业垦殖积极性很高,"父诏其子,兄勉其弟,深耕易耨,倍极勤劳",民风俭朴。至同治以降,民风由俭变奢,小农生计日益紧迫,农民不讲求农事。仅同治八、九年(1869 年、1870 年)和光绪六、七年(1880年、1881 年)间略称丰收,其余年份均称荒歉。同治十二年(1873 年)、光绪十六年(1890 年)、光绪二十三年(1897 年)出现大饥荒,至民人相食的地步。光绪三十四年(1908 年)、宣统元年(1909 年)、宣统二年(1910 年)、宣统三年(1911 年),咸丰县米价高昂,斗米千钱以上。贫民只得经营别业,以藜、藿、蔬菜充三分粮食,才不至于饥民遍野⑤。

鄂西南山区垦殖农业的发展,不仅可以解决山民粮食问题,而且可以与山外市场进行商品交换。光绪年间,长乐县各地洋芋普遍种植,不仅可以补充山民粮食不足,还可以加工制粉,贩卖到山外,以换布购衣⑥。

---

①　[清]昆冈编纂:光绪《大清会典事例》卷 164《户部·田赋·免科田地》,台湾:新文丰出版股份有限公司 1976 年 10 月版,第 7249 页。

②　[清]袁景晖纂修:道光《建始县志》卷 4《艺文志·诗赋》,《中国方志丛书·华中地方》第 326 号,台湾:成文出版社 1975 年版,第 432 页。

③　[清]松林等修,何远鉴等纂:同治《增修施南府志》卷 10《典礼志·风俗》,《中国地方志集成·湖北府县志辑》第 55 辑,南京:江苏古籍出版社 2001 年 9 月版,第 193 页。

④　[清]吉钟颖修,洪先涛纂:道光《鹤峰州志》卷 6《风俗》,《中国地方志集成·湖北府县志辑》第 45 辑,南京:江苏古籍出版社 2001 年 9 月版,第 381 页;道光《鹤峰州志》卷 7《物产志》,第 390 页。

⑤　徐大煜纂修:民国《咸丰县志》卷 12《杂志》,民国三年(1914 年)劝学所刻本,第 149 页。

⑥　[清]李焕春原本,郑敦祜再续:光绪《长乐县志》卷 12《风俗志》,《中国地方志集成·湖北府县志辑》第 54 辑,南京:江苏古籍出版社 2001 年 9 月版,第 264 页。

由于山地农业垦殖不能满足山区农民的生存需求,桐树、茶树、蓝靛等经济林木的种植和经营,成为山地农民重要的生计来源。

苎麻是广泛生长于长江中下游丘陵、山地、冲击平原的重要的纺织用经济作物。清人胡煦在《农田要务稿》中称:“荆扬间岁三刈。”[①]建始县在乾隆以前,曾生产棉花。乾隆以后,不再生产棉花,建始县民必须从外地购买衣服。因交通不畅,贸易困难[②]。嘉庆年间,建始县民种植苎麻,以替代棉花,解决本地纺织品不足的问题。道光年间,曾有人“顾病其多占谷土,欲从禁制”。当时建始县令袁景晖认为此种说法,是“不达物情”[③]。清后期,鄂西南山区广泛种植苎麻,通过向山外售麻,换购棉纺织品。

“种蓝十亩,敌谷田一顷。能自染青,其利又倍。”[④]种植蓝靛的经济效益如此之高,山区民众自然趋之若鹜。咸丰县忠堡盛产蓝靛[⑤]。

同治年间,晒烟传入鄂西南山区的恩施县,并广泛种植[⑥]。咸丰县丁寨一带盛行种植油菜,咸丰县境内各处产烟草,但很少外销。咸丰县土壤适宜种植棉、麻,但农民未掌握种植技术[⑦]。

湖广总督陈夔龙宣统元年(1909 年)奏称,清后期施南府沦为湖北三大鸦片生产基地[⑧]。施南府各县盛行种鸦片,农民以种鸦片为生计。各县地方官署征收窝捐,以补充地方财政经费的不足[⑨]。

改土以后,山区养殖业兴盛起来。清人胡煦认为,发展养殖业必须考

---

① 〔清〕胡煦撰:《农田要务稿》不分卷,《四库未收书辑刊》第 3 辑第 22 册,北京:北京出版社 2000 年 1 月版,第 433 页。

② 〔清〕袁景晖纂修:道光《建始县志》卷 3《户口志》,《中国方志丛书·华中地方》第 326 号,台湾:成文出版社 1975 年版,第 244—255 页。

③ 〔清〕袁景晖纂修:道光《建始县志》卷 3《户口志》,《中国方志丛书·华中地方》第 326 号,台湾:成文出版社 1975 年版,第 244—255 页。

④ 〔清〕胡煦撰:《农田要务稿》不分卷,《四库未收书辑刊》第 3 辑第 22 册,北京:北京出版社 2000 年 1 月版,第 392 页。

⑤ 徐大煜纂修:民国《咸丰县志》卷 4《财赋志·物产》,民国三年(1914 年)劝学所刻本,第 47—48 页。

⑥ 湖北省恩施市地方志编纂委员会编:《恩施市志》卷 18《烟草》,武汉:武汉工业大学出版社 1996 年 11 月版,第 392 页。

⑦ 徐大煜纂修:民国《咸丰县志》卷 4《财赋志·物产》,民国三年(1914 年)劝学所刻本,第 47—48 页。

⑧ 吕调元等修,张仲炘等纂:民国《湖北通志》卷 53《经政志十一·新政一》,宣统三年(1911 年)修,民国十年(1921 年)商务印书馆影印本,第 1434 页。

⑨ 袁济安签:《湖北省第七区年鉴》,恩施雪兰轩纸张文具商店承印,民国二十七年(1938 年)七月版,第 62 页。

虑自然环境,因地制宜:"山近宜蓄羊,泽近宜畜羱,不可耕之地,宜畜马牛,有塘池宜养鱼鳖。"改土归流后,山区农家为了满足农田积肥和食肉需求,大力发展生猪养殖,民间有"穷要喂猪"的治家格言①。清后期,鄂西南山区的生猪养殖、水产养殖业兴起,成为农民的家庭副业。

清代诗人商盘在诗中记录了山区附郭人家宅旁"尽多豕栅,少牛栏"②。光绪年间,长乐县水浕、麦庄等保农户,在宅旁田边打猪草,以饲养生猪,李焕春《竹枝词》有:"难理蚕丝学纺棉,女红才罢赴芳田。篓筐割满青青草,饱饲肥猪卧月园。"③道光时,因山中滩河难以施展网罾,鹤峰州山民采取多种捕鱼方法:在昼间用钓竿、夜间以绳系钩于水中,或在滩上累石,用竹枝承水流取鱼,名曰椿;又在山水涨发时,在水流洄漩处,施用罾,或用小网缚在竿头捞鱼④。长乐县养殖鲤、鲢、鲫、鳊、青鱼,主要在堰塘中蓄养。此外,渔洋关、本城、水浕、麦庄、石梁、抵东、采花数保溪河中也盛产鱼,其种类不一,其中岩板子、火烧翁等鱼种为本地特产⑤。长乐县渔洋关、水浕、麦庄等保渔户,冬月间,用竹楗捕渔。首先在溪流滩口,用石横砌成闸状,留下一个水口,下方用竹编成藩篱形,上面覆盖上杂草。楗上派专人值夜,一夜之间,可捕获百余斤鱼。当地诗人田泰斗曾撰写《竹枝词》,生动描绘当地人使用竹楗捕渔的情景:"四围滤滤乱滩声,渔火一星贴浪明。白甲乌鳞都上楗,蓑衣狂卷漏三更。"⑥

由于地理环境相对闭塞,鄂西南山区与外界的生产技术交流较少。至清后期,鄂西南山区大部分州县手工业仍不发达。手工业工匠多来自外地,手工业产品仍依赖从汉口、宜昌、沙市等地进口。长阳县"工商多自外

---

①　湖北省恩施市地方志编纂委员会编:《恩施市志》卷9《农业》,武汉:武汉工业大学出版社1996年11月版,第193—194页。

②　[清]王协梦修,罗德昆纂:道光《施南府志》卷27《艺文志》,道光十七年(1837年)扬州张有耀斋刻本,第32页。

③　[清]李焕春原本,郑敦祐再续:光绪《长乐县志》卷12《风俗志》,《中国地方志集成·湖北府县志辑》第54辑,南京:江苏古籍出版社2001年9月版,第265页。

④　[清]吉钟颖修,洪先涛纂:道光《鹤峰州志》卷6《风俗志》,《中国地方志集成·湖北府县志辑》第45辑,南京:江苏古籍出版社2001年9月版,第381页。

⑤　[清]李焕春原本,郑敦祐再续:光绪《长乐县志》卷12《风俗志》,《中国地方志集成·湖北府县志辑》第54辑,南京:江苏古籍出版社2001年9月版,第265页。

⑥　[清]李焕春原本,郑敦祐再续:光绪《长乐县志》卷12《风俗志》,《中国地方志集成·湖北府县志辑》第54辑,南京:江苏古籍出版社2001年9月版,第265页。

至,行货下及沙市,上讫宜昌而止"。鹤峰州"工皆自外来"①。长乐县手工业长期不发达,"百工技艺,土人甚少,制器作室,多属流寓",至光绪年间,才有土著从事手工业。长乐县的日常生活用品如绸缎靴鞋,仍必须从外地购入②。恩施县妇女"勤纺绩,惟不善织。村市皆有机坊布,均机匠织之"③。咸丰手工业不发达,供本地市场需求的生活日用商品主要有:白龄、草纸、皮纸、木炭、牛毛毯等④。咸丰县有木、石雕刻、铜、铁裁缝等手工业,但工艺不精。丁寨铁工能采用新法,制造后膛枪。界坪有木工制木盆工艺高超,不用木屑压缝亦可保无浸漏。民国初年,咸丰县工匠出现外流趋势⑤。宜昌府巴东县地处楚蜀咽喉,交通发达,手工业较发达,工匠多为本地人⑥。

鄂西南山区陶瓷烧制技术从外地引进。雍正十三年(1735年),湖南桃源县陶工熊安洪的父亲举家迁徙至五峰司境内的清水湾,建立天坑舷窑厂⑦。《鄂西志稿》认为施南府陶瓷业在柳州城创办最早,凡县城及各乡使用瓷器均从柳州城采购运销。柳州城所产瓷器虽制工甚精细,但色彩粗暗。清代,恩施七里坪人卢先悦,曾聘请景德镇工匠教授设色及制模方法,烧制菜碟、痰盂、茶杯、酒壶、灯盏等日用器皿,后又生产坛盆、缸体。后因进口釉彩成本增高,施南府消费水平低,导致资本亏损,不久停产⑧。距恩施县城东百余里的风水坝,邻近建始界,当地土质细腻,建立了很多窑场,

————————

①　吕调元等修,张仲炘等纂:民国《湖北通志》卷21《舆地志·风俗》,宣统三年(1911年)修,民国十年(1921年)商务印书馆影印本,第760页。

②　[清]李焕春原本,郑敦祜再续:光绪《长乐县志》卷12《风俗志》,《中国地方志集成·湖北府县志辑》第54辑,南京:江苏古籍出版社2001年9月版,第264页。

③　吕调元等修,张仲炘等纂:民国《湖北通志》卷21《舆地志·风俗》,宣统三年(1911年)修,民国十年(1921年)商务印书馆影印本,第761页。

④　徐大煜纂修:民国《咸丰县志》卷4《财赋志·物产》,民国三年(1914年)劝学所刻本,第51页。

⑤　徐大煜纂修:民国《咸丰县志》卷3《礼教志·风俗》,民国三年(1914年)劝学所刻本,第41页。

⑥　[清]廖恩树修,萧佩声纂:同治《巴东县志》卷10《风土志》,《中国地方志集成·湖北府县志辑》第56辑,南京:江苏古籍出版社2001年9月版,第271页。

⑦　五峰土家族自治县地方志编纂委员会编纂:《五峰县志》卷7《其他工业》,北京:中国城市出版社1994年9月版,第175页。

⑧　湖北通志馆编:《鄂西志稿》,民国二十九年(1940年)十月初版,恩施县地方志编委会1982年12月重印本,第55页。

所烧制的陶器比外地的更牢固,因此销路较旺①。

　　直至同治年间,鄂西南山区森林资源开发和利用技术的落后,仍阻碍着本地经济的发展。《施南府志》称,鄂西南山区虽盛产香楠,本地人不知蓄积,陈楠极少,虽产茶叶,而本地人拙于焙香,缺乏技术②。

　　虽然鄂西南山区环境不适宜发展棉业和蚕桑业,但经济利益的驱动下,仍有少数人进行了尝试。鹤峰土壤不适合种棉花,然而湖南慈利县人袁之耀和县庠生徐泽周曾在鹤峰试种棉花,最后获利。鹤峰山区蚕桑业亦不发达,但邑人喻照熙曾养蚕获利③。长乐县山区寒冷,不产棉花,不适宜养蚕,唯有渔洋关、麦庄地温较暖。光绪年间,曾出现十余户从事养蚕,带动长乐县丝纺织业的兴起④。这种个人小范围的试种成功,不是整个产业的发展,不能证明生产技术已突破山区环境的制约。宣统元年(1909年)湖北谘议局提出《厅州县创办农林劝办所规则案》,以辨土宜、尽地力、广种植、劝蚕桑,发展全省农林为宗旨,提出"山地宜种土桑"⑤。

　　鹤峰州茶利最厚,其次养猪、种烟草,将经济作物贩卖山外以获利。由于农业垦殖,导致药材、杂粮生产日益萎缩。本地不产棉花,故鹤峰知纺布者少,农民除力田外,手工业不发达⑥。

　　在施州西北木抚一带山地高寒,林地资源丰富,自然条件十分适合种植中草药,农作物难以种植。木抚山民大多以种草药为生计,仅板桥镇、蒿坝就有百余家药农以种草药维持生计。药农种草药采用刀耕火耨的粗放耕作方式,雪后下种,三年后才能采取⑦。

　　①　[清]松林等修,何远鉴等纂:同治《增修施南府志》卷3《地舆志·山川》,《中国地方志集成·湖北府县志辑》第55辑,南京:江苏古籍出版社2001年9月版,第76页。

　　②　[清]松林等修,何远鉴等纂:同治《增修施南府志》卷30《杂志》,《中国地方志集成·湖北府县志辑》第55辑,南京:江苏古籍出版社2001年9月版,第591页。

　　③　[清]陈鸿渐纂,长庚、厉祥官修:光绪《续修鹤峰州志》卷7《物产》,《中国地方志集成·湖北府县志辑》第56辑,南京:江苏古籍出版社2001年9月版,第528页。

　　④　[清]李焕春原本,郑敦祐再续:光绪《长乐县志》卷12《风俗志》,《中国地方志集成·湖北府县志辑》第54辑,南京:江苏古籍出版社2001年9月版,第265页。

　　⑤　吴剑杰主编:《湖北谘议局文献资料汇编》,《厅州县创办农林劝办所规则案》,武汉:武汉大学出版社1991年9月版,第179页。

　　⑥　[清]吉钟颖修,洪先涛纂:道光《鹤峰州志》卷7《物产志》,《中国地方志集成·湖北府县志辑》第45辑,南京:江苏古籍出版社2001年9月版,第390页。

　　⑦　[清]松林等修,何远鉴等纂:同治《增修施南府志》卷28《艺文志·种药吟》,《中国地方志集成·湖北府县志辑》第55辑,南京:江苏古籍出版社2001年9月版,第459页。

　　"山多宜木,水多宜稼",晚清新政运动中,湖北地方官绅广采东西各国成法,推广农林以兴实业。

　　晚清长江中游开埠后,鄂西南山区被强行拉入世界资本主义市场。山区林特矿产等资源成为西方近代工业国攫取的对象,西方廉价工业品在一定程度上冲击着山区传统的经济体系,但并未能彻底瓦解山区传统的经济结构。

三、经济开发对山地环境的破坏

　　改土归流以后,外来流民是鄂西南山区经济开发的重要社会力量。流民带来山区开发亟需的劳动力资源、新的耕作技术、水资源利用技术、适宜山地旱作的新物种、新的生计模式。但是,流民在鄂西南山区的粗放式农业生产方式,导致山区原本贫瘠的山地土壤,因水土流失加剧而荒芜化。鹤峰州岁贡生部生崧在《郡城逢新授北佳坪别驾萧梅庵问鹤峰景象诗以答之》诗中,记载了流民进山垦殖后,鹤峰州生态环境恶化的现象:"此邦初隶版,编氓多流寓,烧畲垦荦确,包谷遍艺树,壤藉腐化滋,民庆丰年屡。坡陀经雨洗,岁久山骨露。地广尽不毛,寙弃无回顾。旧时井灶场,今日荆榛布。户口十二三,蕨薇供朝暮。"[①]自改土以后,利川县也出现生态环境的明显恶化:"流人麇至,穷岩邃谷,尽行耕垦,砂石之区,土薄水浅,数十年后,山水冲塌,半类石田,尚何物产之有?"[②]承平日久,建始县人口渐增,"虽幽岩邃谷,亦筑室其下,峻岭高冈,亦耕种其上。可谓地无遗利,人无遗力矣"[③]。

　　张建民在研究秦巴山区资源开发与经营的粗放化问题时,认为主要是与流民的流移意识,玉米、马铃薯等旱地作物的粗放化经营因素有关[④]。孟子曰:"民之为道也,有恒产者有恒心,无恒产者无恒心。"[⑤]流民进山佃

---

　　① 〔清〕吉钟颖修,洪先涛纂:道光《鹤峰州志》卷13《艺文志》,《中国地方志集成·湖北府县志辑》第45辑,南京:江苏古籍出版社2001年9月版,第460页。

　　② 〔清〕袁景晖纂修:道光《建始县志》卷3《户口志》,《中国方志丛书·华中地方》第326号,台湾:成文出版社1975年版,第254页。

　　③ 〔清〕王协梦修,罗德昆纂:道光《施南府志》卷10《典礼志》,道光十七年(1837年)扬州张有耀斋刻本,第5页。

　　④ 张建民著:《明清长江流域山区资源开发与环境演变——以秦岭—大巴山区为中心》,武汉:武汉大学出版社2007年11月版,第512—517页。

　　⑤ 〔清〕焦循撰:《孟子正义》卷10《滕文公上》,北京:中华书局1987年10月版,第323页。

种,只想在短期内实现自身收益的最大化。"秋成后,流寓之民始行滕而回籍"①。因此,在农业生产经营中,容易产生短视行为。除此以外,可能还有另一根本因素:进山垦殖的流民大多是无地或少地的贫农,只能维持较低的农业经营成本,没有能力在农田改造、水利设施、施肥方面投入太多。此外,山地土少石多,土层薄,山区土壤的资源条件难以支撑精耕细作。

（一）野兽之患与动植物萎缩

社会动乱,波及山区生物链。明清之际的战乱,战火所至,尸骨遍野,人口流亡,土地抛荒。人退则野兽进,山区生物链顶端的虎、豹、豺等猛兽激增,野兽活动范围扩展,形成虎患等野兽之害。巴东县山中虎虽多,只于夜间袭击牛羊。从崇祯十五年(1642 年)始,白昼亦敢出山袭击人类。从崇祯十五年(1642 年)至顺治九年(1952 年)十年间,巴东县"死于虎至万余人","虎辄触藩攫牛畜,鹿麇结队联群,齿人禾苗,所过如扫"②。容美各土司境内深山野林中的山彪,亦时常出没巴东县山野,伤害儿童及牲畜③。

改土之后,山区不断扩大的经济开发活动,必然会冲击山区生物链,破坏山地动物的栖息地。由于鄂西南山区各县的自然资源条件不一,社会经济发展水平存在差异,因此,山区各县生物链破坏的进程、程度及人与动物的矛盾亦略有不同。

乾隆年间,编纂府志稿本的宋鳌较早记载了施南"有一猪二熊三虎之谣"④。豪猪之猛,连虎豹咸避之莫敢与斗。

随着客民山地农业垦殖扩张的加剧,鄂西南山区在道光年间,生态环境发生了明显变化,许多州、县均出现动、植物资源急剧萎缩的状况。清朝前期,长阳县"邑多虎患,虎多之年,其岁必凶,名曰虎荒"。至嘉庆十年

---

① 〔清〕王协梦修,罗德昆纂:道光《施南府志》卷 10《典礼志》,道光十七年(1837 年)扬州张有耀斋刻本,第 4 页。

② 〔清〕廖恩树修,萧佩声纂:同治《巴东县志》卷 14《事变志·灾祲》,《中国地方志集成·湖北府县志辑》第 56 辑,南京:江苏古籍出版社 2001 年 9 月版,第 297 页。

③ 〔清〕廖恩树修,萧佩声纂:同治《巴东县志》卷 11《风土志·物产》,《中国地方志集成·湖北府县志辑》第 56 辑,南京:江苏古籍出版社 2001 年 9 月版,第 281 页。

④ 〔清〕王协梦修,罗德昆纂:道光《施南府志》卷 30《杂志》,道光十七年(1837 年)扬州张有耀斋刻本,第 4 页。

（1805 年）后，长阳县山彪患起，"虎患顿息"①。

乾隆初年，建始县保持着原始的生态环境，"城外尚多高林大木，虎狼窟藏其中，塌沙坡等处树犹茂密，夏月行人不畏日色，则前此之獉獉狉狉，固可想见。而离城写远之荒秽幽僻，更可知也"。十余年后，由于大量外来流民涌入建始县，进行农业垦殖，建始县生态环境发生了巨大变化："土尽辟，荒尽开，昔患林深，今苦薪贵，虎豹鹿豕不复见其迹焉。"②而远离建始县城的杨柳荒、菁口一带，至乾隆二十年（1755 年）间，仍然"深林密菁，荒山甚多，而虎豹熊豺之类时常出没"③。

道光年间，建始县令袁景晖已感受到今昔生态环境的巨大变迁："邑鸟兽草木之族，之所以纷集不齐也然，而俯仰陈迹，今昔何殊。旧志载虎豹暨诸猛毒物，数十年山辟道通，绝啼迹矣。名材大木，欲如昔日之取携，而已不可得。盖人烟多而寻斧斤者众矣。要之辟荒芜而勤树艺，幽国之葵菽，胜于豫章之杞楠也已。名花珍禽，旧志所列，今不俱备，或笔载之过其实欤，娱耳目而悦心志，要亦不足深论也。"④

由于山区生物链被破坏，动物种群的发展失衡，从道光至同治年间，山猱繁殖失去控制，山猱猖獗为害。不仅在农村袭击家禽家畜，还在夜间闯入城镇，毫不畏惧人类驱赶⑤。"山林既垦，野兽久稀，近十年来，有兽稍大于犬，头与耳略似驴，或黄色，或黄白斑驳，攫食村民鸡犬猪只，夜间或入城中，同行或二三，或十余，人逐之似不甚畏，邑人呼为山猱"⑥。

咸丰县野兽有虎、豹、豺、狐狸、猕猴、獾、麂、麋、山羊、獭、白面狸、野猪、茨猪、兔、貂鼠、马彪等。至光绪、宣统年间，咸丰县西南山中虎患仍旧

---

①　［清］朱庭菜纂修：道光《长阳县志》卷 7《物异》，道光二年（1822 年）刻本长阳县衙藏板，第 3 页。

②　［清］袁景晖纂修：道光《建始县志》卷 3《户口志》，《中国方志丛书·华中地方》第 326 号，台湾：成文出版社 1975 年版，第 239—240 页。

③　［清］熊启咏纂修：同治《建始县志》卷 2《建置志·铺递》，《中国地方志集成·湖北府县志辑》第 56 辑，南京：江苏古籍出版社 2001 年 9 月版，第 38 页。

④　［清］袁景晖纂修：道光《建始县志》卷 3《户口志》，《中国方志丛书·华中地方》第 326 号，台湾：成文出版社 1975 年版，第 253—254 页。

⑤　［清］吉钟颖修，洪先涛纂：道光《鹤峰州志》卷 14《杂述志》，《中国地方志集成·湖北府县志辑》第 45 辑，南京：江苏古籍出版社 2001 年 9 月版，第 469 页。

⑥　［清］吉钟颖修，洪先涛纂：道光《鹤峰州志》卷 14《杂述志》，《中国地方志集成·湖北府县志辑》第 45 辑，南京：江苏古籍出版社 2001 年 9 月版，第 469 页。

猖獗,豺狗之患不时发生①。

　　山地环境的变动,野生动物濒临灭绝,导致鄂西南山区传统的狩猎经济趋于萎缩。经过长期的山林垦殖活动,至道光年间,鹤峰州野兽日渐稀少,山区猎户也渐少,"以山林渐少故"②。而在宣恩县,同治年间,狩猎仍是山区经济生活的辅助方式,"乡人于农隙之后,以猎兽捕鱼为事"③。长乐县设县之初,山深林密,獐、麂、兔、鹿之类甚多,各保都有猎户。至光绪年间,因山林尽被开垦,禽兽逃匿,农民仅在闲暇时捕猎雉、兔、狸、獾等野兽,但饲鹰犬的专职猎户已经很少了④。

　　(二)山地农业垦殖与动物栖息地的冲突

　　改土归流之后,鄂西南山区各县"人烟稠密,猛兽远藏,现惟高荒之处,狼豹野猪时出害物,居民靡不相率预防也"⑤。

　　在山地旱作农业为主体的经济模式下,不仅豹、豺、熊等食人猛兽被视作害虫,豪猪、野猪、山羊、麂、兔也被视作害虫。所以在山民看来,熊猪之类野兽破坏庄稼,其害等同吃人的豹豺:"食人之食,使穷苦编氓无以为生,其害等也。"⑥如麂在山粮苗初茁时,"群出食之,十数亩地经时几无遗种"⑦。

　　由于山地经济开发活动破坏了动物栖息地,引起了山地居民与野生动物的矛盾。同治年间,由于利川县山区山多田少,山地包谷的种植面积数倍于水稻。每逢秋收,农民苦于猿猴偷食包谷,驱赶不尽,乡农放炮吹筒惊吓驱赶,日夜巡逻。以前设置机关捕猿的方法,已不起作用了。同治元年(1862年),利川县令何蕙馨避难山中时,从《涌幢小品》一书中获得驱猿

---

　　①　徐大煜纂修:民国《咸丰县志》卷4《财赋志·物产》,民国三年(1914年)劝学所刻本,第51页。

　　②　[清]吉钟颖修,洪先涛纂:道光《鹤峰州志》卷6《风俗志》,《中国地方志集成·湖北府县志辑》第45辑,南京:江苏古籍出版社2001年9月版,第381页。

　　③　[清]张金澜修,蔡景星等纂:同治《宣恩县志》卷9《风土志》,《中国地方志集成·湖北府县志辑》第57辑,南京:江苏古籍出版社2001年9月版,第207页。

　　④　[清]李焕春原本,郑敦祐再续:光绪《长乐县志》卷12《风俗志》,《中国地方志集成·湖北府县志辑》第54辑,南京:江苏古籍出版社2001年9月版,第265页。

　　⑤　[清]熊启咏纂修:同治《建始县志》卷4《食货志》,《中国地方志集成·湖北府县志辑》第56辑,第71页。

　　⑥　[清]符为霖修,刘沛纂:光绪《龙山县志》卷12《物产志》,《中国方志丛书·华中地方》第284号,台湾:成文出版社1975年版,第446页。

　　⑦　[清]符为霖修,刘沛纂:光绪《龙山县志》卷12《物产志》,《中国方志丛书·华中地方》第284号,台湾:成文出版社1975年版,第445页。

法,授法老农:"先捕老猿一,被以红衣,密密缝之。花其面,以竹杖约三尺,连袖与手缚之,隔尺许,一头长。务使肘为之制,免其碎衣毁面。然后饱食纵之去,猿喜得脱,必跳跃趋觅其群,群望而畏之,皆舍去。老猿持杖趋之愈急,群猿避之愈远,日逐数十百里。"①

长乐县在土司时很荒僻,偏僻险远的岩洞多为狼、猴盘踞栖息。改土归流后,大批移民涌入山区毁林开荒,破坏了野生动物的栖息地的局面,造成了人与猴争夺栖息地的局面。农民开荒种地,所种粮食被猴毁伤。长乐县农民无法控制猴的破坏,请湖南术士,制作木笼,诱猴入笼后,关毙所有猴。因此,至光绪年间,山中猴类逐渐减少②。

长阳县西五十里咬草岩、九丈岩为猿猴栖息地,当地山民种地一年收成半为猴所毁去,因此被当地人称为"猴田"③。同治年间,饱受猴患的长阳山民只好捐钱米延请善捕猴的四川人"设机器,一捉百数十,食肉取皮"④。

在包谷成熟时,长乐县农民大多在田边高处建棚,夜间守望,称为看青。光绪年间,虎豹成灾,时常闯入农户家,伤害猪、牛、羊、狗等牲畜。乡民在傍晚敲锣吹荻,以惊吓虎豹⑤。光绪年间,鹤峰州的野猪大量繁殖,野猪与人争食。农民为了防御野猪毁坏农稼,全家入山建茅舍守夜,敲梆吹角以吓退野猪。但这场人与猪的战争,最后以人类的失败而告终。农户稍有疏忽,一夜之间,野猪能吃光所有庄稼。野猪之害致使"高山人户,半多流亡"。光绪八、九年(1882年、1883年),鹤峰大荒,每斗米价升至一百七八十文。时任知州长庚,一方面捐廉平粜,赈济灾民;另一方面,亲作驱野猪文,在州城隍庙中祈祷⑥。

康熙年间,山羊隘一带保持着良好的生态环境,土民的经济开发程度

　　①　[清]何蕙馨修,吴江纂:同治《利川县志》卷10《杂记志》,清同治四年(1865)刻本,第9—10页。

　　②　[清]李焕春原本,郑敦祐再续:光绪《长乐县志》卷12《风俗志》,《中国地方志集成·湖北府县志辑》第54辑,南京:江苏古籍出版社2001年9月版,第267页。

　　③　[清]朱庭茱纂修:道光《长阳县志》卷7《物异》,道光二年(1822年)刻本长阳县衙藏板,第6页。

　　④　[清]陈惟模修,谭大勋纂:同治《长阳县志》卷7《杂纪志·物异》,《中国地方志集成·湖北府县志辑》第54辑,南京:江苏古籍出版社2001年9月版,第610页。

　　⑤　[清]李焕春原本,郑敦祐再续:光绪《长乐县志》卷12《风俗志》,《中国地方志集成·湖北府县志辑》第54辑,南京:江苏古籍出版社2001年9月版,第267页。

　　⑥　[清]陈鸿渐纂,长庚、厉祥官修:光绪《续修鹤峰州志》卷14《杂述志》,《中国地方志集成·湖北府县志辑》第56辑,南京:江苏古籍出版社2001年9月版,第547页。

较低,主要依赖山地旱作农业、采集、渔猎多种方式维持生计。其中农业以种植粟、秋粟、产子、龙爪谷为主。山区中动植物资源十分丰富,提供了充足的肉食:"是时人烟稀散,上下一带居民不过一二十户,草木畅茂,荒郊旷野,道路俱系羊肠小径。崎岖多险,兽蹄鸟迹交错于道。山则有熊豸鹿麂,豺狼虎豹,诸兽成群结队,咸若共性;水则有双鳞、石鲫、重唇诸色之鱼,举网即得,其味脆美而甘。时而持枪入山,则兽物所在必获,时而持钓于河,则水族终至盈筍。食品之佳,其山肴水鱼,虽山珍海味,龙脑凤髓,未有能出其右者。其小物若竹鸡、白雉鸡、凤皇锦鸡、上宿鸡、土香鸡,真有数之不尽,用之不竭之概。"乾隆初年山羊隘划归鹤峰州,山羊隘开始大力推广旱作农业垦殖和工矿业开发,"至乾隆年间,始种苞谷,于是开铁厂者来矣,烧白炭者至焉,群来斯土,斧斤伐之"。大量外地流民涌入山羊隘,使山羊隘山林尽辟,"外来各处民人,挈妻负子,佃地种植苞谷者,迭踵而至。山之巅水之涯,昔日禽兽窠巢,今皆为膏腴之所"。山地农业和工矿业开发,一方面使山羊隘由穷乡僻壤变为各种商品毕集的"膏腴之所",另一方面经济开发带来山区环境的恶化:"叠叠青山,为之一扫光矣。禽兽逃匿,鱼鳖尽焉,追忆曩昔,入山射猎,临渊捕鱼之日,不可复得。"[①]山区生态环境破坏后,短时间内难以恢复。

经济开发活动破坏了山地生态,引发人与动物关系的紧张,导致两败俱损,廖恩树在《巴东县志》中慨叹:"古之时,百姓星罗棋布,鸡犬相闻,故兽蹄鸟迹不驱自远,而地无遗利。今则逐目荆榛,尽为豺虎之场矣。一二残民供差赋不给,而夜犹树栖以卫田,其又何心何力以他营哉?"[②]

四、生态环境恶化对山民生计的影响

生计方式是生态人类学研究中最基本的问题,人类生计方式与人类生存的环境紧密关联。特定的文化观念影响着人类对自然环境的价值判断,人们依靠科学技术影响自然环境,形成一定的生计类型。

乾隆初年,长乐县人口稀少,长乐县山区山谷中广泛种植药材,其中以黄柏最多。商人仅在长乐县采办黄柏,由县额征黄柏税银四两四钱。经长

---

① 鄂西土家族苗族自治州民族事务委员会编:《鄂西少数民族史料辑录》,鄂西土家族苗族自治州民族事务委员会 1986 年 6 月内部版,第 90～93 页。
② [清]廖恩树修,萧佩声纂:同治《巴东县志》卷 11《风土志·物产货币》,《中国地方志集成·湖北府县志辑》第 56 辑,南京:江苏古籍出版社 2001 年 9 月版,第 283 页。

乐县长期招徕移民垦殖,长乐县人户渐增。随着外来流民不断聚集,客户在山地伐木开荒,种植洋芋。土产黄柏被根除殆尽,药材商人不再到长乐县采办黄柏,以致税银流失,县财政亏缺①。

清后期,由于山区土地瘠薄,经过移民在山区长期连续粗放式的农业垦殖,加上毁林开荒导致水土流失,必然导致土壤肥力下降,农业减产。山地经济资源无法支撑山民实现自给自足,山民只有采取兼业生计模式。流民在发现某地山地农业已再难以满足生存需求时,会选择迁徙他处,或选择经济作物种植,畜牧业、林业、商业等其他生产方式作为补充。畜牧业需要占用的土地比农业更多,自由散养的家畜可能破坏农作物,与农业生产发生冲突。如道光年间,在宣恩县木册里二甲,多以种山地为业,由于土地日益贫瘠,每年种植歉收,只得种植桐树、茶树以维持生计。由于土地资源枯竭造成生存危机,引发了社会治安问题。当地贫困男妇以割草、摘猪草为名,乘机盗砍树木、偷窃粮食。这种偷盗行为,只是为了解决基本生存需求问题。但是本地保甲担心本地不安分居民会与外来流痞相勾结,扰害地方,故禀请宣恩县令张廷烜颁示禁止:"核四季六畜,各自看守,如若踏食五谷杂粮,相地赔还。遍野所禁树木,如有盗砍窃伐者,验数所罚。五谷成熟之际,男女以捡柴打菜为由,潜地偷藏者,重罚不贷。容留外来流痞,强讨恶要并聚赌窝娼,扰害地方者,照示赴送。寒露茶子,霜降桐子,如有违令先捡者,照碑□罚。"②

山区移民的粗放式经营模式,以及山地瘠薄的土壤条件,难以承受移民过度的农业垦殖,导致土地贫瘠化的问题逐渐显露。如鹤峰州田少山多,虽坡陀硗确之处,山民亦开辟旱地,种植玉米。山林初垦辟之时,土地尚称肥沃,山民不需施肥即可丰收。经历年山地垦殖,山林尽伐,山田易水土流失,土壤肥力随之逐渐下降。原来的沃地尚可粪种,而贫瘠之地,山民虽辛苦劳作,终年所获无几。贫困山民只能在农闲时,外出充当山地背运夫、挑夫,出卖劳力,来维持家庭生计③。

山地农业垦殖的不断扩展,是以毁林破坏生态环境为代价的。乾隆至

---

① [清]李焕春原本,郑敦祐再续:光绪《长乐县志》卷12《风俗志》,《中国地方志集成·湖北府县志辑》第54辑,南京:江苏古籍出版社2001年9月版,第267页。

② 王晓宁编著:《恩施自治州碑刻大观》第3编,《制度公约·永镇地方碑》,北京:新华出版社2004年10月版,第128页。

③ [清]吉钟颖修,洪先涛纂:道光《鹤峰州志》卷6《风俗志》,《中国地方志集成·湖北府县志辑》第45辑,南京:江苏古籍出版社2001年9月版,第381页。

道光年间,鹤峰持续毁林开荒,使鹤峰原来盛产的野生药材资源濒临灭绝。如黄连生于山崖之间,土司时尚作贡品,而道光时已不易采到。黄柏亦因"开垦日久不多产"①。

柴木是山民生活必需的燃料,故清人胡煦云:"居山宜植柴木。"②长乐县山民以樵采为生,在崖谷间采伐柴木,由妻儿负篓至城市中售卖,以换钱买米。咸丰十年(1860年)三月间,鹤峰县出现柴草严重缺乏的问题,因此大岩关至懒市一带的歇店公同议定:凡过往客商,"每客取钱十文,生米火钱三文,炒饭钱二文,如违公罚,此白"。山区柴草燃料匮乏,间接导致旅店食宿价格上涨③。

五、山区自然灾害与山地环境保护

（一）山区自然灾害

鄂西南山区的自然灾害,主要为地质灾害和气候灾害两种。

在山地环境下,山区易发生山崩、泥石流、地震等地质性灾害。据史料记载,明代鄂西南山区就发生过地震等地质灾害。这些地质灾害严重打击了山区经济,导致生计紧张,社会混乱。永乐初年,"施州地大震,苗蛮七十余处随相攻害"④。弘治三年(1490年)春二月,施州石信村山崩。清江南岸山裂,大石塞江,清江水壅塞成滩⑤。咸丰三年(1853年)六月,连降暴雨,长乐县楠木山发生山崩,压死山民⑥。

清代文献保留了大量地质灾害的记录。《三省边防备览》载:"山中石多而性浮,非徒杂在土山者,雨多必至砰裂,即一望悬崖,本自石骨峥嵘,而

---

① 〔清〕吉钟颖修,洪先涛纂:道光《鹤峰州志》卷7《物产志》,《中国地方志集成·湖北府县志辑》第45辑,南京:江苏古籍出版社2001年9月版,第388页。

② 〔清〕胡煦撰:《农田要务稿》不分卷,《四库未收书辑刊》第3辑第22册,北京:北京出版社2000年1月版,第374页。

③ 王晓宁编著:《恩施自治州碑刻大观》第3编,《制度公约·公同议定碑》,北京:新华出版社2004年10月版,第139页。

④ 〔清〕松林等修,何远鉴等纂:同治《增修施南府志》卷1《天文志·祲祥》,《中国地方志集成·湖北府县志辑》第55辑,南京:江苏古籍出版社2001年9月版,第52页。

⑤ 〔清〕松林等修,何远鉴等纂:同治《增修施南府志》卷1《天文志·祲祥》,《中国地方志集成·湖北府县志辑》第55辑,南京:江苏古籍出版社2001年9月版,第52页。

⑥ 五峰土家族自治县地方志编纂委员会编纂:《五峰县志》卷2《自然环境》,北京:中国城市出版社1994年9月版,第86页。

久雨之后,亦自时时坍坠。"①嘉庆十三年(1808年)四月,恩施县燕子崖发生山崩,山石压碎张子登家宅,仅孤儿寡母幸存②。咸丰六年(1856年)夏五月,咸丰、黔江两县发生地震,咸丰县与四川黔江县交界的大路坝山崩,由悔家塆板桥溪抵蛇盘溪三十余里变成湖泊,压死当地居民三百余家计,以李姓最多③。咸丰六年(1856年)夏五月初六辰时,来凤县发生地震,"屋瓦皆动,同日地震者环数百里皆然"④。《来凤县志》详细记录了此次地震中地壳的升降,引起自然景观与人文景观的巨大变动。此外,还可以推断,大路坝应是此次地震的震中:"大路坝独甚,山崩十余里,压死左右民居三百余家。当地震时,有大山陷入地中,忽跃出而后下堕者,有平地本无邱陵,忽涌出小阜十余者,有连山推出数里外,山上房屋居人俱无恙者,有田已陷没而田内秧禾反在山上者,有被陷之人忽从地中跃出,身无寸缕者。"⑤咸丰十一年(1861年)春,来凤县东门外地鸣⑥。地质性灾害,是山地环境典型的自然灾害。

季风气候易形成灾害性天气。鄂西南山区石多土少,山地涵水性差,"晴久则虑其旱,雨久则虑其潦"⑦。宋英宗治平二年(1065年),施渝州大水,这可能是鄂西南山区记载最早的水灾⑧。鄂西南山区的灾害性天气,主要是春、秋两季的低温连阴雨天气,以及夏季持续性暴雨或干旱。光绪十六年(1890年)六月,施南府知府额勒恒额禀称:"该府所属地方山多田少,民间向种杂粮以资糊口,本年春夏以来阴雨过多,二麦被渍,收成甚属歉薄,约计不

①　[清]严如熤撰:《三省边防备览》卷11《策略》,道光二年(1822年)刻本长阳县衙藏板,第29页。

②　[清]王协梦修,罗德昆纂:道光《施南府志》卷26《人物志》,道光十七年(1837年)扬州张有耀斋刻本,第6页。

③　[清]张梓修,张光杰纂:同治《咸丰县志》卷20《杂志·祥眚》,《中国地方志集成·湖北府县志辑》第57辑,南京:江苏古籍出版社2001年9月版,第137页。

④　[清]李勖修,何远鉴等纂:同治《来凤县志》卷30《杂缀志·祥眚》,《中国地方志集成·湖北府县志辑》第57辑,南京:江苏古籍出版社2001年9月版,第559页。

⑤　[清]李勖修,何远鉴等纂:同治《来凤县志》卷30《杂缀志·祥眚》,《中国地方志集成·湖北府县志辑》第57辑,南京:江苏古籍出版社2001年9月版,第559页。

⑥　[清]李勖修,何远鉴等纂:同治《来凤县志》卷30《杂缀志·祥眚》,《中国地方志集成·湖北府县志辑》第57辑,南京:江苏古籍出版社2001年9月版,第560页。

⑦　[清]李焕春原本,郑敦祐再续:光绪《长乐县志》卷1《分野志·附气候》,《中国地方志集成·湖北府县志辑》第54辑,南京:江苏古籍出版社2001年9月版,第124页。

⑧　[清]王协梦修,罗德昆纂:道光《施南府志》卷15《食货志·蠲恤》,道光十七年(1837年)扬州张有耀斋刻本,第6页。

过三四分,所种杂粮悉皆霉烂,民食匮乏。"①道光年间,鹤峰知州曾撰《祈晴文》,祈盼秋季连阴雨终止,以免影响农业收成②。鄂西南山区伏旱较少,伏秋连旱更少。鄂西南山区的暴雨和洪涝灾害,比鄂东丘陵地区少③。

　　山区自然灾害,威胁山区人民的生存和发展。鄂西南山区降雨集中在夏季,引发山洪灾害,造成山地居民生命财产损失,山区"常有因夏月骤雨大水暴涨,阖室漂荡者。有耘籽山上,奔避不及,被急流冲去者"④。北宋治平元年(1064年),施州发生大水灾。宋绍兴二十三年(1153年)八月,施州大风雨。弘治十八年(1505年),施州大水⑤。绍兴三十一年(1161年)建始县大水,民舍漂没⑥。正德十一年(1516年)夏,施州大水坏城,民居马栏寺山裂⑦。乾隆二十八年(1763年)七月初十日至十二日,来凤县持续降雨,导致来凤县"各处水涨漂没,树木、屋宇、器物将仙人洞口壅塞不通,淹至县署头门"。来凤县民纷纷逃至城东半里外翔凤山上的半边城⑧。道光十一年(1831年)、道光十二年(1832年)、道光二十九年(1849年),水灾,导致来凤县出现大饥荒⑨。咸丰六年(1856年),江水突涨,冲毁彭兆兴庐舍。咸丰九年(1859年)四月龙坪大水,漂没龙坪集场的房屋。光绪十四(1888年)年秋,咸丰县淫雨持续二三个月不止,导致五谷霉烂。至光绪十五年(1889年)春夏之交,又发生水涝,造成了严重的饥荒。光绪十五年(1889年)五月二十日,乐乡里大

---

　　① 《奏为施南宜昌两府属地方久雨春苗受伤拨款分别抚恤事》,光绪十六年六月十六日,中国第一历史档案馆军机处全宗,档案号:03－5597－044。

　　② [清]吉钟颖修,洪先涛纂:道光《鹤峰州志》卷13《艺文志·祈晴文》,《中国地方志集成·湖北府县志辑》第45辑,南京:江苏古籍出版社2001年9月版,第443页。

　　③ 《湖北农业地理》编写组编:《湖北农业地理》,武汉:湖北人民出版社1980年3月版,第8—15页。

　　④ [清]王协梦修,罗德昆纂:道光《施南府志》卷10《典礼志》,道光十七年(1837年)扬州张有耀斋刻本,第5页。

　　⑤ [清]松林等修,何远鉴等纂:同治《增修施南府志》卷1《天文志·祲灾》,《中国地方志集成·湖北府县志辑》第55辑,南京:江苏古籍出版社2001年9月版,第52页。

　　⑥ [清]松林等修,何远鉴等纂:同治《增修施南府志》卷1《天文志·祲灾》,《中国地方志集成·湖北府县志辑》第55辑,南京:江苏古籍出版社2001年9月版,第55页。

　　⑦ [清]松林等修,何远鉴等纂:同治《增修施南府志》卷1《天文志·祲祥》,《中国地方志集成·湖北府县志辑》第55辑,南京:江苏古籍出版社2001年9月版,第52页。

　　⑧ [清]李勋修,何远鉴等纂:同治《来凤县志》卷32《杂缀志·祥眚》,《中国地方志集成·湖北府县志辑》第57辑,南京:江苏古籍出版社2001年9月版,第559页。

　　⑨ [清]李勋修,何远鉴等纂:同治《来凤县志》卷32《杂缀志·祥眚》,《中国地方志集成·湖北府县志辑》第57辑,南京:江苏古籍出版社2001年9月版,第559页。

水淹没大量田地房舍,西北江一带涨水十余丈高,十日后始退水,受水灾者约四五千户①。光绪十五年(1889年)八月,长江中上游全流域降雨长达二十余日,江、汉两河涨水,鄂西南山区施南、宜昌两府虽地处长江上游山区,亦因降雨过多,同时被灾,"小民荡析离居"②。光绪二十二年(1896年),乐乡里大水,庄稼受损严重。咸丰县平乐二里众多溪流汇入西北江,西北江下五里江水汇入山峒地下河,春夏暴雨,地下水入口狭小易遭淹没,造成涝灾③。道光三十年(1850年)恩施县水灾,导致严重饥荒,引发社会危机,屯堡三簸基康名敬聚集数百饥民发动了农民起义,持续四年之久④。

地方志所载气候异常引发灾害,主要有:康熙二十四年(1685年),施州发生雹灾⑤。咸丰二年(1852年)七月,长乐县渔洋关麻池冲发生雹灾。咸丰三年(1853年)三月,长乐县麦庄保及长阳天池口发生风灾⑥。咸丰十一年(1861年),来凤县冬季出现极寒天气。

农谚有"水灾一条线,旱灾一大片"。由于鄂西南山区人口密度较少,人口空间分布较为分散,地质灾害和水灾对山区经济社会的影响比较有限,而旱灾对山区经济社会的影响较大。顺治六年(1649年)春,利川县饥馑,斗米值金四两余,尸骸遍野⑦。乾隆四十三年(1778年)、乾隆四十九年(1784年),来凤县出现旱情,全县大饥荒⑧。乾隆四十三年(1778年),利川县久旱不雨,大饥,民食观音土充饥⑨。嘉庆二年(1797年)九月,恩施、

①　徐大煜编纂:民国《咸丰县志》卷12《杂志》,民国三年(1914年)劝学所刻本,第148—149页。

②　《清德宗实录》卷275,光绪十五年十月己丑条,北京:中华书局1987年5月版,第674页。

③　徐大煜编纂:民国《咸丰县志》卷12《杂志》,民国三年(1914年)劝学所刻本,第148—149页。

④　湖北省恩施市地方志编纂委员会编:《恩施市志》卷首《大事记》,武汉:武汉工业大学出版社1996年11月版,第1页。

⑤　[清]王协梦修,罗德昆纂:道光《施南府志》卷30《杂志》,道光十七年(1837年)扬州张有耀斋刻本,第11页。

⑥　五峰土家族自治县地方志编纂委员会编纂:《五峰县志》卷2《自然环境》,北京:中国城市出版社1994年9月版,第85页。

⑦　[清]松林等修,何远鉴等纂:同治《增修施南府志》卷1《天文志·祲祥》,《中国地方志集成·湖北府县志辑》第55辑,南京:江苏古籍出版社2001年9月版,第54页。

⑧　[清]李勖修,何远鉴等纂:同治《来凤县志》卷32《杂缀志·祥眚》,《中国地方志集成·湖北府县志辑》第57辑,南京:江苏古籍出版社2001年9月版,第559页。

⑨　[清]松林等修,何远鉴等纂:同治《增修施南府志》卷1《天文志·祲祥》,《中国地方志集成·湖北府县志辑》第55辑,南京:江苏古籍出版社2001年9月版,第55页。

建始、利川"以旱乏食"①。道光元年(1821 年),恩施县"大饥,民采蕨食"②。道光二十八年(1848 年)、二十九年(1849 年),长乐县久旱,人民以蕨根、树皮充饥③。光绪二十二年(1896 年)、二十三年(1897 年),恩施县连年旱灾,恩施县粮食生产日渐衰退,百姓大饥④。

　　水旱气候灾害对不同高度山地的影响,存在垂直差异。道光二十六年(1846 年),来凤县大旱,清代嘉鱼县训导何远鉴在《丙午忧旱》诗中描述:"大旱为霖愿未偿,关心米价问低昂。山高不怕兼旬雨,地僻难禁六月荒。莫毒鱼虾伤造化,多栽薯芋备秋粮。祈甘端藉贤侯力,曾有精诚格上苍。"⑤

　　清后期,山地农业垦殖的继续发展与矿业的再次兴盛,使鄂西南山区局部土壤、植被、动物资源濒临灭绝,生态环境恶化现象十分突出。同时,生态环境的恶化又导致部分地方农业生产衰退,农民被迫转而从事其他行业。由此可见,生态环境的变化,会反过来能动地强迫人类调节其生存方式。

　　建始县中坦坪铁矿属于露天矿,易于发现和开采,所以从清朝乾嘉年间就开始露天采掘,先后经历了三度开发,隔数十年开采一次,每次开采十余年,就必须停止开采。因为鄂西山区采用土法炼铁,所用燃料为木炭,所以每至柴山用尽时,就不得不停业,"似此情形,乃为鄂西铁矿业之普通现象也"⑥。

(二)山地环境保护

　　根据"天人感应"的自然哲学来审视人与自然的关系,山民对环境安全的心理需求,形成了中国传统风水观念下朴素的山林保护意识。地方绅庶面临经济开发可能会引发本地环境安全的危机时,会推动官府实行"封禁"

---

① 〔清〕王协梦修,罗德昆纂:道光《施南府志》卷 15《食货志·蠲恤》,道光十七年(1837 年)扬州张有耀斋刻本,第 3 页。

② 〔清〕松林等修,何远鉴等纂:同治《增修施南府志》卷 1《天文志·祲灾》,《中国地方志集成·湖北府县志辑》第 55 辑,南京:江苏古籍出版社 2001 年 9 月版,第 53 页。

③ 五峰土家族自治县地方志编纂委员会编纂:《五峰县志》卷 2《自然环境》,北京:中国城市出版社 1994 年 9 月版,第 83 页。

④ 湖北省恩施市地方志编纂委员会编:《恩施市志》卷 9《农业》,武汉:武汉工业大学出版社 1996 年 11 月版,第 193 页。

⑤ 〔清〕李勖修,何远鉴等纂:同治《来凤县志》卷 31《艺文志·丙午忧旱》,《中国地方志集成·湖北府县志辑》第 57 辑,南京:江苏古籍出版社 2001 年 9 月版,第 541 页。

⑥ 成安、李捷撰:《湖北恩施、建始等县煤铁硫磁土等矿产报告》,1939 年手抄本,第 20 页。

的环境政策。本地的风水观念会转变成一种现实的环境应对政策,对本地经济开发活动、自然资源利用及其城镇建设等方面产生持续的影响力。

府州县地方官为了保护山区林特经济的发展,颁布告示,以地方法规的形式,约束山民偷砍树木的行为。乾隆五十五年(1790 年),宣恩县正堂在木册里所辖的上洞坪竖立石碑,碑载"私宰以绝资源,事奉宪示立铭碑"字样,表明为保护动物资源,禁止随意私自屠宰[①]。道光四年(1824 年),施南府曾颁示《勒石永禁》:"府县批准立案,一律禁止外,合及勒石永禁。为此示仰阖邑居民人等知悉,自示之后,(倘再)有违犯禁令偷伐树木者,准告该团约地邻事(业)主,协力扭送来县,随时严予惩治,以保林业而靖盗风。尔居民人等,亦各就近联络,守望相助(劝),毋循隐,毋宽纵,毋推诿,使条杖(款)不遭戕贼,长养各遂生机,数年之后,同享美利。(本署县有厚望焉,毋为特示。右仰通知。)"[②]如道光四年(1824 年),宣恩县木册里二甲禀请宣恩县令张廷煊颁布禁示,立碑明示:"遍里所禁树木,如有盗砍窃伐者,验数所罚。""寒露茶子、霜降桐子,如有违令先捡者,照碑□罚。"[③]光绪十二年(1886 年),宣恩县民向国恩、向逢春在万寨芋荷坪树立护林碑:"伐人树木,情理两亏,罚落演戏,酒席随宜,各管其业,莫占莫凿,后有行者,仍照前规。"[④]道光二十一年(1841 年),恩施县知县颁布劝谕种植经济林木的告示[⑤]。宣统元年(1909 年),恩施县署的告示中示谕:"自示之后,倘再有违反禁令,偷伐树木者,准告该团约地邻事主,协力扭送来县,随时严予惩治,以保护林业而靖盗风。尔等居民人等,亦各就近联络,守望相助,毋窝藏、毋徇隐、毋放纵、毋推诿……"[⑥]从历次官府颁布的告示内容分析,基层保甲组织是维护

①　《宣恩县志》编纂委员会编纂:《宣恩县志》卷首《大事记》,武汉:武汉工业大学出版社 1995 年 12 月版,第 6 页。

②　《恩施州志》编纂委员会编:《恩施州志》卷 4《林业》,武汉:湖北人民出版社 1998 年 12 月版,第 194 页。其中括号内容另见《恩施市志》卷 10《林业》,武汉:武汉工业大学出版社 1996 年 11 月版,第 238 页。

③　王晓宁编著:《恩施自治州碑刻大观》第 3 编《制度公约·永镇地方碑》,北京:新华出版社 2004 年 10 月版,第 128 页。

④　《宣恩县志》编纂委员会编纂:《宣恩县志》卷首《大事记》,武汉:武汉工业大学出版社 1995 年 12 月版,第 7 页。

⑤　湖北省恩施市地方志编纂委员会编:《恩施市志》卷 10《林业》,武汉:武汉工业大学出版社 1996 年 11 月版,第 237 页。

⑥　王晓宁编著:《恩施自治州碑刻大观》第 3 编《制度公约·黄泥塘护林碑》,北京:新华出版社 2004 年 10 月版,第 135 页。

山林的主要社会力量。

中国传统社会是熟人社会，民间对盗伐林木的行为，采取民间习惯法方法进行约束。如光绪十三年(1887年)，宣恩县万寨乡芋荷坪村向国忠、向逢春刊刻护林禁碑，规定："伐人树木，情理两亏，罚落演戏，酒席随宜。各受其业，莫占莫凿，后有行者，仍照前规。"①咸丰县《冉氏家谱》中记载的《禁约》中规定，"禁损践公私农林""禁砍伐公山树林""禁私掘公地矿苗"②。民间习惯法没有法律的强制性，在传统熟人社会里，讲究情与理，对损坏公私山林的行为，采取经济赔偿的方式，但为了避免伤害情面，通常采取了委婉的赔偿形式，包括罚请戏班演戏、办酒席等方式。

除了山林保护外，鄂西南民间亦有保护水生动物资源的公约，禁止向江河投毒，涸泽而渔。2005年9月24—26日，恩施州博物馆考古队在利川市毛坝乡杉木村发现《禁止毒鱼碑》，碑刻立于清光绪三十三年(1907年)，碑身残存文字有："勒石不为别因，皆因药毒江河，丧尽水族性命，莫道鱼属微物，丰年先有兆应，可恨扎嵌安线，何得打网搬罾，其鱼与尔无害，为何启下毒心，如其仍蹈前辙，拿获罚不从轻，见者与我送信，赏钱用一千文，倘敢抗滞不遵，同齐送进公廷，我等再行诰诫，尔等各宜凛遵。"

地方乡绅、宗族等民间社会力量，成为维护地方生态环境的重要力量。光绪年间，恩施滚龙坝向氏宗族成员间发生山林纠纷时，请族长出面调处，输者罚以承担酒席。而向姓宗族与李姓、谭姓、崔姓等外姓宗族发生山林争议时，通常会请双方族长及地方乡绅参与民事调解，输者罚出酒席钱。如不服调解，则上诉县衙，由知县依法裁决③。

在传统中国社会里，讲究对人文景观的风水保护，"凡高山大壑及沿江沿湖堤岩有保安林之性质者，皆宜种植乔木"④。鹤峰州治城北的印山，被视作州城市后扆，本地士民历来严禁在印山垦殖，"印山，脉来自四川。由施南至州北望乡台，迤逦起伏，南趋州治城垣，北踞其岭，南蟠其麓，东西各

---

① 王晓宁编著：《恩施自治州碑刻大观》第3编《制度公约·芋荷坪护林碑》，北京：新华出版社2004年10月版，第135页。

② 咸丰县《冉氏家谱》，民国三年(1914年)手抄本。

③ 湖北省恩施市地方志编纂委员会编：《恩施市志》卷10《林业》，武汉：武汉工业大学出版社1996年11月版，第238页。

④ 《厅州县创办农林劝办所规则案》，载吴剑杰主编：《湖北谘议局文献资料汇编》，武汉：武汉大学出版社1991年9月版，第180页。

随其支分,顶有磐石方如印,为州治后扆"①。这种风水观念是符合山地环境保护理念的,如果在印山垦殖毁林,会造成山地水土流失,引起山体滑坡。嘉庆十四年(1809年),曾有兵丁在印山西面耕种,农人在印山西面开垦,引起本城士民的强烈反对,士民呈请知州刘运浩颁示,永远禁止印山垦殖,永以为例②。

利川县团堡有团凸寺,本地乡民视此山为通场乡村公共祖山。乾隆四十五年(1780年),寺庙以在祖山上取石挖土会破坏风水为由,经合场及乡村公议,禁止周围乡村上山取石运土③。

关乎宗族风水的祖坟山在地方社会中视为禁地,不许宗族内外人等入山盗伐树木。如乾隆三十七年(1772年),巴东县茶店子镇竹园坪村龚家山税氏宗族,曾立碑划定龚家山风水禁地范围:"东抵岭顶漕边,直上南抵坎,西抵坟岭漕边,北抵山顶。"并规定禁地内110余株树木永远不许砍伐,违者罚百斤猪羊祭扫。曾有族人启考、祥茂二人将四房和么房坟茔中四株被大风吹折的大树卖与启容、永升二人,并私自将祖茔界内20余株枯树送给启容、永升二人。族众知晓后,经亲族理论,判启容、永升二人罚钱5串。至光绪四年(1878年),龚家山税氏宗族再次刊碑重申祖坟山禁地范围及处罚条规④。

但是客观地看,由于鄂西南地区属于亚热带山地气候,水热条件较好,在长时间里,生态环境还是可以恢复的。所以道光年间,在鹤峰州发现虽然"常德、澧州及外府之人,入山承垦者甚众。老林初开,包谷不粪而获"。包谷产量高,市场价值低,"每市斗仅值四十文,较官斗仅值二十文"。"迨耕种日久,肥土为雨潦洗净,粪种亦有不能多获者。往时人烟辏集之处,今皆荒废。然闻方开垦时,深山箐林中,掘土数尺,每有残缺鼎铛与一切农器,故知陵谷变迁,由来已久,异时必可再垦也"⑤。

①　[清]吉钟颖修,洪先涛纂:道光《鹤峰州志》卷3《山川志》,《中国地方志集成·湖北府县志辑》第45辑,南京:江苏古籍出版社2001年9月版,第361页。

②　[清]吉钟颖修,洪先涛纂:道光《鹤峰州志》卷14《杂述志》,《中国地方志集成·湖北府县志辑》第45辑,南京:江苏古籍出版社2001年9月版,第470页。

③　王晓宁编著:《恩施自治州碑刻大观》第3编《制度公约·团堡武圣宫禁告碑》,北京:新华出版社2004年10月版,第119页。

④　王晓宁编著:《恩施自治州碑刻大观》第3编《制度公约·龚家山碑刻》,北京:新华出版社2004年10月版,第134页。

⑤　[清]吉钟颖修,洪先涛纂:道光《鹤峰州志》卷14《杂述志》,《中国地方志集成·湖北府县志辑》第45辑,南京:江苏古籍出版社2001年9月版,第469—470页。

小　结

改土归流以前,鄂西南山区自然环境相对原始,而社会环境相对封闭,改土归流后,由于生产技术水平落后,对山地资源利用水平较低,形成了粗放型、复合型的经济结构。随着客民进山开展农业、手工业、商业、矿业的开发,鄂西南山区逐渐与外界市场联成一体,新技术的引进,提高了山区土地、水、林特等资源的开发利用水平。山地资源的开发和利用方式发生了较大的转变,引起山区经济结构的变动,进而引起山地生态环境中植被群落和动物群落的生物链的变动。但是,山地的农业垦殖、林特经济资源开发、矿产资源开发的广度和深度的扩大,对山地原生植被和动物栖息地造成了严重的破坏,使山区人地关系日趋紧张。虽然南方山区水热条件较好,有一定的环境自我修复能力,但是生物链发生变动后,很难自然复原。因此,山区经济开发和资源利用,必须平衡经济发展与生态安全的关系,有节制地利用资源,科学地、可持续地发展经济。

第四章　鄂西南山区的人口与聚落环境

第一节　民族隔离政策对山地人口流动的影响

施州卫指挥使童昶在《拟奏制夷四款》中提到,明朝洪武年间设立关隘,把截甚严,明初以后,鄂西南地区一直有"蛮不出境,汉不入峒"之说。这种说法是否意味着改土归流以前,鄂西南土司地区与外界之间没有人口的流动呢?

王平在《鄂西南族群流动研究》一文中认为,秦汉至唐宋时期,鄂西南的族群流动相对平缓。元明至清初时期,鄂西南地区的族群流动频繁。元明时期,由于朝廷的征服战争、土司扩张战争等,带来了鄂西南地区大规模的族群互动[①]。段超在《土家族文化史》中认为,土司时期,一方面"进入土家族地区的汉族人口大大增加",另一方面,"土家族人口进入汉族地区较前更频繁"[②]。朱圣钟在《明清鄂西南土家族地区民族的分布与变迁》一文中则认为,明代施州卫关于"蛮不出境,汉不入峒"的规定,阻止了民间"土蛮"和汉民之间人口的自由流动,使跨界的人口移徙十分有限[③]。

"蛮不出境,汉不入峒"是明朝廷为了防止土汉边界纠纷而采取的措施,但这项措施只有在和平稳定的政治环境下,通过严守关隘之禁,才产生效果。但在鄂西南地区发生战乱时,这项措施随着关禁的破坏而失效。明代,曾在长阳县邻近土司境的旧关堡、梭草关、普隄隘设置三巡检司,"添设弓丁以守关隘,土蛮不许出境,汉人不许入峒"[④]。《长乐县志》亦载有类似

---

①　王平:《鄂西南族群流动研究》,《中南民族大学学报(人文社会科学版)》2004年第1期,第57—62页。

②　段超著:《土家族文化史》,北京:民族出版社2000年9月版,第168、179页。

③　朱圣钟:《明清鄂西南土家族地区民族的分布与变迁》,《中国历史地理论丛》2002年第1期,第142—147页。

④　[清]陈惟模修,谭大勋纂:同治《长阳县志》卷1《地理志·关隘》,《中国地方志集成·湖北府县志辑》第54辑,南京:江苏古籍出版社2001年9月版,第457页。

规定："菩提隘与土司接壤,明设巡检以守之。土人不许出境,汉人不许入峒。"①

　　值得注意的是,不仅朝廷严守关隘,防止土民越境,土司也严守汉土关禁,防止汉民偷越。如清初容美土司对外来人员的进出控制,也把截甚严。据顾彩所记载,访客出关,必须领单,由守关旗长照验放行。如果没有单子,不准出关②。因此,正是由于土司政权的存在,明代虽有大量流民涌入鄂西北,却未对鄂西南山区产生影响。应该说,明代"蛮不出境,汉不入峒"的政策,阻碍了山区人口的自由流动,妨碍了山区与外界的经济文化交流,迟滞了鄂西南山区开发的进程。

第二节　清代战乱对鄂西南山区人口的扰动

一、明末农民起义与山区人口流动

　　关于明代以前鄂西南山区人口状况,历代史志未详载。《周书》载,鄂西南山区冉氏、向氏、田氏诸蛮"陬落尤甚,余则大者万家,小者千户"③。

　　按照明朝卫所制度,5600 人为一军卫,1112 人为一千户,112 人为一百户④。明洪武十四年(1381 年),施州卫军民人口总数达数千户⑤。成化八年(1472 年),施州卫军民人口达 2931 户,15530 口。仅过四十年,至正德七年(1512 年),施州卫军民人口增长到 3330 户,21291 口。大田所有1039 户,汉土官军 985 名。剌惹洞 54 户,1653 口,汉土官军 1210 名。

　　明朝宣德年间,兵部议定,施州卫属各土司"以四百户以上者设长官

---

　　①　[清]李焕春原本,郑敦祐再续:光绪《长乐县志》卷3《山川志》,《中国地方志集成·湖北府县志辑》第54辑,南京:江苏古籍出版社 2001 年 9 月版,第 152 页。

　　②　[清]顾彩著:《容美纪游》,武汉:湖北人民出版社 1999 年 9 月版,第 370 页。

　　③　[清]王协梦修,罗德昆纂:道光《施南府志》卷 17《武备志》,道光十七年(1837 年)扬州张有耀斋刻本,第 3 页。

　　④　[清]林翼池修,蒲又洪纂:乾隆《来凤县志》卷 8《军政志》,《故宫珍本丛刊》第 143 册,海口:海南出版社 2001 年 4 月版,第 407 页。

　　⑤　[清]松林等修,何远鉴等纂:同治《增修施南府志》卷 21《官师志》,《中国地方志集成·湖北府县志辑》第 55 辑,南京:江苏古籍出版社 2001 年 9 月版,第 290 页。

司,四百户以下者设蛮夷官司"①。施州卫所属各土司人口详见下表:

表 4-1　明正德七年(1512 年)施州卫属土司人口表

土司名称	户数	口数	户均人口数
施南司	330	2957	9
东乡司	110	517	5
忠路司	350	1530	4
忠孝司	153	975	6
金峒司	273	1531	6
散毛司	153	1231	8
大旺司	111	813	7
龙潭司	110	516	5
忠建司	293	1213	4
忠峒司	220	1375	6
高罗司	220	916	4
木册司	187	892	5
镇南司	250	1120	4
唐崖司	190	645	3

资料来源:[明]薛刚纂修,吴廷举续修:嘉靖《湖广图经志书》卷 20《户口》,北京:书目文献出版社 1991 年 10 月版,第 1608—1609 页。

嘉靖以前,巴东人口稀少,成化八年(1472 年),有 1207 户,9493 口;正德七年(1512 年),达 1213 户,8612 口;嘉靖元年(1522 年),达 1263 户,8643 口;嘉靖十年(1531 年),有 1253 户,8863 口;嘉靖二十年(1541 年),达 1253 户,8833 口。嘉靖年间,因山地开垦,流民日聚,但去留无常,所以册籍所载远少于人口实数。嘉靖年间的人口统计只统计了纳入册籍的土著人口,而流动人口未纳入统计②。万历三十年(1602 年),巴东县尚有 1553 户,13328 口。明末农民战争导致巴东县人口大量流亡,因此《巴东县

---

① [清]王协梦修,罗德昆纂:道光《施南府志》卷 21《官师志》,道光十七年(1837 年)扬州张有耀斋刻本,第 5 页。
② [明]杨培之纂修:嘉靖《巴东县志》卷 1《舆地志·民数》,《天一阁续修方志丛刊》第 62 辑,上海:上海书店出版社 1990 年 12 月版,第 1226 页。

志》哀叹:"自诸寇盘踞以来,死亡略尽。"康熙四年(1665 年),清廷招抚人
丁仅 68 丁,康熙五年(1666 年)招抚人丁 74 丁,康熙六年(1667 年)招抚人
丁 24 丁,康熙九年(1670 年)招抚人丁 6 丁。康熙十年(1671 年)招抚人丁
4 丁,康熙二十一年(1682 年)编审增加人丁 2 丁以上,总共 178 丁①。《荆
州府志》记载明末巴东县人丁额数为 3259 丁。康熙年间,巴东县经历兵燹
洗劫,大量人口外逃,丁赋仅存 243 丁 3 斗 9 升 3 合 7 勺 5 抄 7 撮。丁赋的
减少,也折射出巴东人口的锐减实情②。

　　崇祯七年(1634 年),张献忠农民军经巴东县入蜀,巴东县江经居民被
屠掠大半。明廷檄令施南、东乡二土司进剿,由指挥邓宗震、唐德尧等分
督,在巴东县平阳坝被张献忠入川大军击败③。崇祯十六年(1643 年),李
自成大顺政权派知县王一恒至巴东,牟氏土官后裔率土兵以讨贼为名恣行
杀掳,县城被焚毁。崇祯十七年(1644 年)二月,张献忠驱荆州民入蜀,难
民络绎不绝,历经数月才结束,饿死者积尸满道。当时,巴东县也被掠走千
余人。顺治二年(1645 年),王学诗率川东十三家农民军进驻巴东,一年后
撤出④。顺治三年(1646 年),李来亨、高必正等从归州、兴山进攻巴东县。
顺治五年,谭毅弘、余大海等不时出没巴东县,掳掠无数。顺治五年(1648
年)十月,王光兴及弟昌率部驻巴东县南坪。王光昌暴酷虐民,王光兴屡劝
诫。因王光兴积极招徕难民,约束军纪,江南得以稍宁。顺治九年(1652
年),刘体纯与笪天保率农民军至巴东,刘体纯驻扎巴东县陈家坡,笪天保
驻扎平阳坝,袁宗第、郝摇旗、李来亨等分别驻守大、昌、房、兴等县,号称夔
东十三家,共推刘体纯为首。刘体纯下令招抚流民,恢复生产,收取赋税。
鄂西南山区的政治形势是:江南巴东一带属王光兴兄弟控制,清江以南被
容美土司田甘霖控制。康熙二年(1663 年),刘体纯兵败自缢,笪天保郝摇

---

① 〔清〕廖恩树修,萧佩声纂:同治《巴东县志》卷 4《赋役志》,《中国地方志集成·湖北府县志
辑》第 56 辑,南京:江苏古籍出版社 2001 年 9 月版,第 186 页。

② 〔清〕郭茂泰修,胡在恪纂:康熙《荆州府志》卷 10《户口志》,《中国地方志集成·湖北府县
志辑》第 35 辑,南京:江苏古籍出版社 2001 年 9 月版,第 129 页。

③ 〔清〕松林等修,何远鉴等纂:同治《增修施南府志》卷 27《人物志·释氏》,《中国地方志集
成·湖北府县志辑》第 55 辑,南京:江苏古籍出版社 2001 年 9 月版,第 433 页。

④ 〔清〕廖恩树修,萧佩声纂:同治《巴东县志》卷 14《事变志》,《中国地方志集成·湖北府县
志辑》第 56 辑,南京:江苏古籍出版社 2001 年 9 月版,第 296 页。〔清〕张金澜修,蔡景星等纂:同
治《宣恩县志》卷 14《武备志》,《中国地方志集成·湖北府县志辑》第 57 辑,南京:江苏古籍出版社
2001 年 9 月版,第 223 页。

旗、袁宗弟等投降。康熙三年（1664 年），王光兴向清军投降，李来亨自焚①。《巴东县志》称刘体纯和王光兴在夔东十三家农民军将领中"颇知爱民"，因此巴东人口能残存十分之一，归功于刘体纯、王光兴的努力保全。康熙三年（1664 年），清军镇压刘体纯所率农民军后，拨彝陵镇后营一名守备、一名千总、二名把总及 375 名兵丁驻防巴东县。而红砂堡等未设兵备，巴东县边民畏容美司侵扰不敢复业。康熙五年（1666 年），经巴东县士民呈请，湖广总督张长庚调千总率 150 名兵驻守连天关、红砂堡，后二都流民逐渐归籍复业②。

顺治四年（1647 年），李过攻破土司，派伪总兵刘大仓镇守施州卫，刘体纯率军渡江攻入施州卫城。顺治十二年（1655 年），刘体纯率农民军重返施州卫城，驱赶施州卫人民至戎角。顺治十三年（1656 年），因清军逐渐逼近，王光兴退往施州卫。据童天衢《卫守备徐尚谋宜民碑》记载：康熙四年（1665 年），王光兴裹胁恩施、建始地区的平民假充降卒前往荆州向清军投降③。据《湖北通志》载，施州卫民出山时，"践踏弃捐死者过半"④。关于王光兴裹胁平民的数目无法确查，根据《清实录》统计的降军人数，可了解当时的大致情况，王光兴向清军投降时总人数为：伪都督等官 465 员、兵 7000 余名、家属 1 万余人⑤。湖广总督长庚下令难民领票及粮返乡回籍，当时仍有十分之二三流民滞留在荆州。湖广总督长庚任命随王光兴降清的徐尚谋为施州卫守备⑥。徐尚谋从巴东仅带回施州卫 10 余户，施州城已经是"城市灰烬"，"民力衰疲"。虽经招徕流民，"四路关取流民陆续发回"，但施州城人口仍不到明代人口总数的百分之一⑦。

　　① ［清］廖恩树修，萧佩声纂：同治《巴东县志》卷 14《事变志》，《中国地方志集成·湖北府县志辑》第 56 辑，南京：江苏古籍出版社 2001 年 9 月版，第 296—297 页。

　　② ［清］廖恩树修，萧佩声纂：同治《巴东县志》卷 9《兵防志》，《中国地方志集成·湖北府县志辑》第 56 辑，南京：江苏古籍出版社 2001 年 9 月版，第 267—268 页。

　　③ ［清］张家枬修，朱寅赞纂：嘉庆《恩施县志》卷 2《军制七》，《故宫珍本丛刊》第 143 册，海口：海南出版社 2001 年 4 月版，第 185—187 页。

　　④ 吕调元等修，张仲炘等纂：民国《湖北通志》卷 69《武备七·兵事三》，宣统三年（1911 年）修，民国十年（1921 年）商务印书馆影印本，第 1790 页。

　　⑤ 《清圣祖实录》卷 15，康熙四年四月丁卯条，北京：中华书局 1985 年 9 月版，第 231—232 页。

　　⑥ ［清］张家枬修，朱寅赞纂：嘉庆《恩施县志》卷 2《军制七》，《故宫珍本丛刊》第 143 册，海口：海南出版社 2001 年 4 月版，第 185 页。

　　⑦ ［清］松林等修，何远鉴等纂：同治《增修施南府志》卷 28《艺文志·文》，《中国地方志集成·湖北府县志辑》第 55 辑，南京：江苏古籍出版社 2001 年 9 月版，第 521—522 页。

明季长阳县户口达五万余,崇祯十六年(1677年)后,因遭兵火,仅剩下一万余户。又因容美土司掳掠,饿死者达十分之三四,死于战火者达十分之二三,逃亡者十分之一。康熙三年(1664年),县令樊公(樊维翰)招抚残民,逃户逐渐归籍。康熙十二年(1673年),长阳县恢复至1900余户,十余年后粮户增至2771户,5809丁口。明朝鼎盛时长阳户口有十余万,到明末只剩五万余,死亡者过半。长阳原额人丁3800余,恐非五万口所能垦种而输纳[①]。另据《荆州府志》载,长阳县原额人丁3259丁,此数字应当为清初丁数,至康熙年间,除逃亡外,实存人丁数243丁3斗9升3合7勺5抄7撮,减少了92.5%,人丁数骤减造成长阳县出现田赋难征困境[②]。田思远在为乾隆《长阳县志》作序时感慨道:"西山寇起,势成燎原,前后蹂躏几数十载,风鹤震恐,鸟奔兽散,城邑空虚,处处业芜。癸丑年赖王师荡平,招徕复业,而还归者寥寥,茅檐野处,仅止百家。"[③]由此可知,明末农民战争是导致明清之际鄂西南山区人口急剧减少的主要原因之一。

康熙三年(1664年)八月初五,清军剿灭了夔东十三家农民起义军,当时为避战乱而逃至归州的难民达1337户。清廷将这批难民编入归州各保甲,安插各乡从事农业垦殖[④]。

明末农民起义对鄂西南诸土司军事、经济的沉重打击,客观上为雍正帝在鄂西南地区实施改土归流创造了有利的条件。

早在顺治四年(1647年)五月,李自成部将李过率夔东十三家农民军残部闯入施州卫,击败容美土司,并在容美建营,控制了容美土司地区。顺治五年,李过率军转屯于施南司地[⑤]。在此期间,容美土司土民大量逃亡,导致容美土司势力的衰弱。

顺治十三年(1674年),刘体纯、笪天保乘机派遣部将刘应昌率二千精

　　① [清]李拔纂修:乾隆《长阳县志》卷6《赋役志》,《故宫珍本丛刊》第143册,海口:海南出版社2001年4月版,第108—109页。

　　② [清]郭茂泰修,胡在恪纂:康熙《荆州府志》卷10《户口志》,《中国地方志集成·湖北府县志辑》第35辑,南京:江苏古籍出版社2001年9月版,第129页。

　　③ [清]李拔纂修:乾隆《长阳县志》卷首《修长阳县志序》,《故宫珍本丛刊》第143册,海口:海南出版社2001年4月版,第9页。

　　④ [清]齐祖望纂修:康熙《归州志》不分卷《贡赋志·户口》,《故宫珍本丛刊》第143册,海口:海南出版社2001年4月版,第131页。

　　⑤ [清]张金澜修,蔡景星等纂:同治《宣恩县志》卷14《武备志》,《中国地方志集成·湖北府县志辑》第57辑,南京:江苏古籍出版社2001年9月版,第223页。

卒渡江袭击容美土司,擒获土司田甘霖及其妻子。顺治十四年(1675年),刘体纯的军队将江南人民驱赶到江北。容美司以数万金银赎回土司田甘霖。刘体纯的农民军沉重打击了容美土司的军事、经济实力。

湖广总督李荫祖奏报,因田甘霖顺治十三年率先向清朝投诚,并檄令各司向清廷投诚,引起刘体纯农民军及各土司不满。顺治十五年(1676年)正月十七日,忠峒、东乡等司纠合夔东十三家,刘体纯、王进才率三千余兵,围攻容美司田舜年,俘获容美司老幼7000余人,又围攻椒山安抚司刘元敏。刘元敏和资坵参将田鼎等带家眷兵丁千余名从九溪逃出,另有各寨土民从宜都逃出。红砂堡世袭指挥覃守儒带家眷男妇,逃到宜都暂时驻扎(水浕司唐继勋称覃守儒为容美旗长)。容美司属田鼎、覃守儒、刘元敏等檄请在九溪、宜都等地安插开垦。为了解决容美司逃难土民的生活问题,澧州参将梁桂芳等官捐俸三百两银,分拨田鼎等族众二百两,覃守儒一百两,令其自买牛种分给土民耕种。由暂理容美司副总田商霖负责招集流散土民,等收复容美司后,土民仍回故地。

康熙元年(1662年),清廷调动三万官兵,会剿鄂西李来亨部农民军,收复归州、巴东、巫山等处,抚辑各处洞寨[1]。康熙二年(1663年),容美土司属地及属民,被李来亨、刘体纯领导的夔东十三家义军所控制。据《容美司给指挥向宗启牌》所记载,当时容美军民主要分布在寨龙、田峡口、南里、施州堂、经历堂、五花寨、尹家村、蒲龙、支峒、新龙、柳家村、柘荆寨、尤窝、朱耳、新革里、踏龙、麻石坪、南滩、大湖池、田竹坪、粟谷、寨峒坪、秋木溪、桥头、白岩水、隔潭坝、鱼母等地。清军兵临容美时,向宗启等逃出,投降清廷,向宗启及叔侄兄弟40余人被安置到宜都县,容美土司田甘霖任命向宗启为桃符关指挥使、世袭千户,向宗启请求清朝官军放还从义军军营中逃出的土司军民[2]。田甘霖摆脱农民军控制后,逃至湖南澧阳长达四年,在清廷的帮助下,才能回司任事,"凋残之余,经营安集"[3]。

田舜年在《平山万全洞记》中曾提及,容美土司田沛霖在李自成、张献

①　《清圣祖实录》卷8,康熙二年二月壬寅条,北京:中华书局1986年11月版,第135页。

②　桃符《向氏祠堂志》,鄂西土家族苗族自治州民族事务委员会编:《鄂西少数民族史料辑录》,鄂西土家族苗族自治州民族事务委员会1986年6月内部版,第171页。

③　[清]吉钟颖修,洪先涛纂:道光《鹤峰州志》卷1《沿革志》,《中国地方志集成·湖北府县志辑》第45辑,南京:江苏古籍出版社2001年9月版,第355页。

忠的军队打到鄂西南时,没有听从南明隆武小朝廷相国文安之的意见,以至于张皇远避。事后田沛霖痛定思痛,在东关营建新城。田既霖和田甘霖相继任容美土司时,稍事修理,作为容美土司抵御农民军的堡垒。后田甘霖移驻黄鸾镇,导致全司入刘体纯营之变①。鄂西南地区势力最强的容美土司在刘体纯等率领的农民军的打击下,人口大量外流,势力大减。根据顾彩游历容美见闻,刘体纯部农民军对容美土司的势力打击十分沉重,容美土民大量逃亡,直至康熙四十二年(1703年)近60年的时间里,容美司的元气未恢复②。

明末战乱以前,咸丰县一带土司地区人口达5000余户。自明末战争洗劫后,残余军民守洞寨者仅剩400余户,人口仅剩下原来的十二分之一③。

鄂西南山区虽不是明末农民战争的主战场,但明末农民战争造成明清鼎革时期鄂西南山区人口的大规模流动和锐减。而历代凭险负固的峒寨诸司,也被卷入这场大规模战乱之中,受到农民战争的巨大冲击,不再是世外桃源。

二、吴三桂叛乱与山区人口流动

康熙十三年(1674年)吴三桂发动叛乱时,巴东县守备孙佳投降吴三桂。吴三桂任命孙佳为游击,驻守巴东县城。孙佳命令巴东县人民运米至南漳县及兴山县黄连坪,运木板到彝陵。繁重劳役使巴东县民不堪忍受,纷纷逃亡。康熙十八年(1679年),巴东县叛军逃往彝陵,沿途劫掠殆尽④。

康熙十三年(1674年)正月,容美土司田舜年乘政局混乱,率土司军队杀死红砂堡守兵,勾玉景、张大虎等派兵堵御,巴东县失陷。康熙十八年(1679年)四月,清军收复巴东县,吴三桂部将王凤歧等率数万军队退保巫

---

① 王晓宁编著:《恩施自治州碑刻大观》第6编《平山万全洞记》,北京:新华出版社2004年10月版,第216—217页。

② [清]顾彩著:《容美纪游》,武汉:湖北人民出版社1999年9月版,第299页。

③ [清]张梓修,张光杰纂:同治《咸丰县志》卷8《食货志·户口物产》,《中国地方志集成·湖北府县志辑》第57辑,南京:江苏古籍出版社2001年9月版,第68页。

④ [清]廖恩树修,萧佩声纂:同治《巴东县志》卷14《事变志》,《中国地方志集成·湖北府县志辑》第56辑,南京:江苏古籍出版社2001年9月版,第297页。

山。清襄阳总兵官刘成龙率军驻屯巴东县,后清顺承王令其回汛地,仅留二名游击率军屯驻西瀼,守备一员屯驻威龙观。康熙十九年,提督徐治都会同巡抚杨茂勋率水陆官兵进取巫山,各府县叛军望风而降①。

康熙十九年(1680年)以彝陵镇后营官兵驻防巴东县。因谭宏在川东再次叛乱,巫山以西被谭宏叛军所控制②。清朝调军讨伐谭宏叛军,清军游击王世祥调集归州、巴东的军队屯驻巴东县东瀼,以防备谭宏叛军,致使巴东后四里各关堡无暇顾及,容美土司趁机侵占后二都土地。满汉官兵在巴东县西瀼汇合,击败巫山叛军,进逼夔州,清军与谭宏叛军在云阳县对峙。彝陵镇总兵官严弘率军驻扎巴东县,以防施州、建始等地叛军,保护粮草运输路线。康熙二十年(1681年)正月,清军攻占云阳,消灭谭宏叛军。谭宏的部将李春儒擒张拱极,以恩施县、建始县投降清军。川东稳定,但巴东县后二都仍被容美土司所控制。巴东知县齐祖望屡次呈请清军恢复关堡之制,以遏止容美土司侵袭。湖北巡抚王新命下令暂由彝陵镇拨兵弁驻守巴东后二都各关堡,但彝陵镇官兵以粮草供应困难为借口,迁延不进。在齐祖望的再三要求后,最后彝陵镇派一名把总率90名士兵驻扎红砂堡,连天关、桃符口、苦竹溪各拨20名士兵驻守。清军恢复了对后二都地区的控制。康熙二十一年(1682年)四月,后二都民田弘基、郑楚文等始赴巴东县当差③。

客观地说,吴三桂及谭宏叛乱虽造成巴东等局部地区人口流动,但未造成整个鄂西南地区人口的大规模流动,其影响远不及明末农民战争那么深重。

三、土司的扩张战争与人口流动

鄂西南诸土司的扩张分两种,一种是侵蚀邻县汉土,一种是兼并其他土司的领地。

自秦汉以降,鄂西南诸蛮为了获得土地和人民,经常侵扰邻界汉土郡

①　[清]廖恩树修,萧佩声纂:同治《巴东县志》卷9《兵防志》,《中国地方志集成·湖北府县志辑》第56辑,南京:江苏古籍出版社2001年9月版,第268页。

②　[清]廖恩树修,萧佩声纂:同治《巴东县志》卷9《兵防志》,《中国地方志集成·湖北府县志辑》第56辑,南京:江苏古籍出版社2001年9月版,第268－269页。

③　[清]廖恩树修,萧佩声纂:同治《巴东县志》卷9《兵防志》,《中国地方志集成·湖北府县志辑》第56辑,南京:江苏古籍出版社2001年9月版,第268页。

县。尤其在国家统治力量相对较弱的时候,土司的扩张行动更加活跃。元末明初,明朝政权立足未稳,容美诸峒土司经常由石柱、响洞等关劫掠巴东县[①]。

正德以后,散毛、施南、唐崖、忠路、忠建、忠孝、容美等土司经常劫掠周边四川重庆、夔州两府辖属黔江、武隆、彭水、忠、涪、建始、奉节、巫山、云、万十州县的土地人民[②]。明嘉靖十三年(1534年),容美土司田世爵派土目田文祖、张琦、周万雄率土兵出境,杀害巴东县应捕刘聪、火甲罗廷瑞、吴鲜九等数人,掳走民邱六、刘荣等百余家,并绑弓兵汪高进峒[③]。嘉靖二十一年(1542年),容美土司田世爵亲率千余土兵,进占巴东、长阳交界的盐井,掳掠各都民陈铁、高妙德、胡时富、汪七等百余户。巴东县后四里共有千余户,银粮达2000余石。容美土司的掳掠,导致后四里人民逃亡深山避乱,影响了正常的农业生产和朝廷的赋税征收。

巴东县诸族谱也印证了容美土司侵扰巴东所造成的人口移动,如《清河宗祠谱牒》记载了张氏家族的流亡和复业情况:"我先世隶籍信陵,厥有历年。迨明中叶,土兵掳掠,我先后徙居邻郡之宜邑。越万历间,容美剿除,境土安堵。始祖公清派龙讳者,欲还籍为宗墓之年,妣尹氏,极力赞成之。既至,则兵乱之后,人烟萧条,一切旧业,祖墓悉为丘墟,难得诸荒烟蔓草中矣。妣氏爱劝我始祖公依流,剪荆棘,垦土田,遂世家焉。迄今阅十五世。"《靳氏族谱》也记载了靳氏在明中叶由江西填湖广,定居巴东,后因容美土司侵扰,迁居宜都十余年。清初巴东县令齐祖望招抚流民时,才返回巴东县[④]。

明末李自成、张献忠农民起义,明王朝自顾不暇,鄂西南诸土司乘机向施州卫、大田所及邻近汉土州县如建始、巴东、长阳、黔江等地扩张,侵占土地,劫掠人民,造成汉土疆界小范围的人口流动。

---

　　① 《明太祖实录》卷159,洪武十七年春正月己酉条,上海:上海书店出版社1982年10月版,第2455—2456页。

　　② [明]刘大谟等修,王元正等纂,周复俊等重编:嘉靖《四川总志》卷16《经略下·兵备》,《北京图书馆古籍珍本丛刊》(史部·地理类)第42辑,北京:书目文献出版社1988年2月版,第320—321页。

　　③ [清]廖恩树修,萧佩声纂:同治《巴东县志》卷9《兵防志》,《中国地方志集成·湖北府县志辑》第56辑,南京:江苏古籍出版社2001年9月版,第269—270页。

　　④ 鄂西土家族苗族自治州民族事务委员会编:《鄂西少数民族史料辑录》,鄂西土家族苗族自治州民族事务委员会1986年6月版,第647—648页。

　　崇祯七年(1634年)十二月,明廷将施南土司覃良士下狱。覃良士部下率施南司土兵围攻施州卫城,威胁施州卫指挥唐复元释放覃良士,施南土兵"所过,残灭殆尽",造成施州卫人口锐减①。崇祯七年(1634年),唐崖土司叛明,攻劫大田所。后又有东流、腊壁土司联手攻劫蒋、徐二寨,围攻大田所城。崇祯九年(1636年),大旺司纠合诸土司围攻大田所城及刘李屯、石板堡,失利后转攻黔江、彭水二县。崇祯十四年(1641年),大旺土司屡次滋扰大田所城,攻打独乐关②。民国《咸丰县志》载,崇祯末年,散毛司霸占清水堡,改名"散毛河",霸占蒋家坝,改名"蛮寨子"。施南司霸占龙坪堡、白沙溪、小关、大岩坝、石虎关、张角铺、土鱼塘、三佛坝等处。后又有散毛司覃玉鉴霸占马官屯,改为"苦窝洞"。腊壁土官田琦霸占小车沟、唐家沟、万家屯、野猫屯③。土司对汉地的侵占,导致卫所汉民的流散。

　　鄂西南诸土司在蚕食毗邻苗疆汉地州县土地的同时,经常劫掠当地汉民人口。康熙十八年(1679年),永顺土司彭廷椿在启本中指责容美土司越境忠峒,侵占永顺司马罗、白崖、母猪各洞地方,屯兵把隘。彭廷椿还揭露容美土司在明末农民战争期间,乘乱诛杀四川夔州府建始县属粮里地名朱耳王姓大族,强占其土地,改为长官司;同时,还曾杀占荆州巴东县属后四里地名新革里麻石坪,杀死贡生邓洪业、邓洪猷等人,诉案堆积如山;容美司曾先后侵占长阳县属粮里地名天池朱姓田业,杀死朱八生员;石梁水浐地土均属长阳、松滋二县边界,被土司侵占,并冒袭长官司,康熙十七年(1678年),长阳县民反抗土司侵占,反遭族诛;容美司还侵占了清江盐井土城、马岭头、桃符口等处,均属巴东、建始川楚交界地方,容美司在以上各地方改设土官同知,俱铸给印信④。永顺土司彭廷椿对容美土司的指责,提供了容美司侵占巴东、建始、长阳等县土地、劫掠人口的佐证。

　　明代建始县人口繁庶,编户达7里。崇祯年间,容美土司乘机袭扰建

　　①　[清]黄世崇纂修:光绪《利川县志》卷10《武备志》,《中国地方志集成·湖北府县志辑》第58辑,南京:江苏古籍出版社2001年9月版,第75页。

　　②　徐大煜纂修:民国《咸丰县志》卷8《人物志·列传(孝友忠武义行)》,民国三年(1914年)劝学所刻本,第92—93页。

　　③　徐大煜纂修:民国《咸丰县志》卷10《土司志·前清改土归流缘起》,民国三年(1914年)铅印本,第122页。

　　④　《清圣祖实录》卷94,康熙二十年正月壬寅条,北京:中华书局1986年11月版,第1193页。民国中央研究院历史语言研究所:《湖广总督蔡毓荣启本》,《明清史料》丁编第十,上海:商务印书馆1936年11月版,第971页。

始县革塘等里,清江以南均被土兵所侵扰,导致建始县境内数十年荒无人烟。至康熙二十年(1681 年),建始县复业者仅 80 户①。

土司之间相互兼并的战争,亦造成土司地区内部的人口流动。石梁安抚司唐承祖与添坪所争边仇杀不解,其子唐居礼被仇杀。唐承祖因得罪容美土司田霈霖,曾被田霈霖用铁镣拘禁三年之久。石梁土司唐公廉与水浕土司唐继勋联合对抗容美,后被田舜年所杀②。康熙十八年(1679 年)六月,鉴于东乡司覃绳武观望不前,不肯投诚,田舜年发兵一千直抵东乡司界逼迫其就范,田舜年奏请清廷是否撤兵③。康熙十八年(1679 年)十月,湖南永顺司奏报容美司大兵千人压境,直抵母猪洞,意图吞并,越忠洞而谋占粮田世土。永顺司联络大旺、忠建、忠路等司共同防御容美司④。

容美土司田舜年为避免邻司仇敌得知其行止,经常迁徙。土民也随土司迁徙,康熙四十二年(1703 年),顾彩随同土司田舜年,由芙蓉山的宣慰司署迁至归云庄行署时,中府居民也随土司迁来,土司离开,则这些居民也举家迁徙⑤。这表明土民没有过稳定的农业定居生活。这可能是由于容美土司地区土壤瘠薄,"三寸以下皆石",无法反复耕种,所以"民无常业"⑥。

由此可知,在改土归流以前,土司扩张的活动,引起鄂土司之间、土司与卫所之间、土司与邻县之间的冲突,引发山区人口的局部扰动。

四、白莲教起义、太平天国起义对山区人口的扰动

农民起义是社会两大对立阶级之间矛盾斗争的最高形式。嘉庆元年(1796 年)至九年(1804 年)爆发的川楚白莲教起义是清中期规模最大的一次农民战争,鄂西南山区大部分州县成为战场,山区人口深受战争的影响。咸丰元年(1851 年)至同治三年(1864 年)爆发的太平天国运动是清后期农

---

① 〔清〕佚名纂修:嘉庆《建始县志》卷上《户口志》,《故宫珍本丛刊》第 143 册,海口:海南出版社 2001 年 4 月版,第 361 页。

② 〔清〕李焕春原本,郑敦祜再续:光绪《长乐县志》卷 4《沿革志》,《中国地方志集成·湖北府县志辑》第 54 辑,南京:江苏古籍出版社 2001 年 9 月版,第 171 页。

③ 民国中央研究院历史语言研究所编:《湖广总督蔡毓荣残启本》,《明清史料》丁编第十本,上海:商务印书馆 1936 年 11 月版,第 959 页。

④ 《摄理永顺司彭廷椿启本》,载民国中央研究院历史语言研究所编:《明清史料》丁编第十本,上海:商务印书馆 1936 年 11 月版,第 973 页。

⑤ 〔清〕顾彩著:《容美纪游》,武汉:湖北人民出版社 1999 年 9 月版,第 348 页。

⑥ 〔清〕顾彩著:《容美纪游》,武汉:湖北人民出版社 1999 年 9 月版,第 351—352 页。

民战争的最高峰,但是由于鄂西南山区不是主战场,对山区人口的影响有限。

乾隆改土以后,大量外来人口,涌入山区进行移民垦殖。在近百年的时间,外来人口急剧增加,并超过土著人口总数,成为山区社会的主体。嘉庆年间,鄂西南山区广大农民,或参加白莲教起义,或参加乡绅组织的团练,山区社会深度卷入到白莲教起义的战争之中。白莲教农民战争曾一度打断了鄂西南山区人口增长的势头,造成山区人口的较大波动。但是,山区各州县受战争的冲击程度不同,各州县人口运动状况各异。

嘉庆初年白莲教起义时,由于宣恩县农民十分勇悍,宣恩县官府将大批农民编成团练。大批乡民离开农田,投入战场,转战鄂西南各县。忠路县丞王三锡曾赋诗感叹:“独怜负戟抛锄者,尽是宣恩乡勇兵。”①

嘉庆初年,白莲教农民起义漫延至鄂西南地区,战祸导致山区人口流亡。拔贡王煜曾撰写《野有尸　伤死者不尽国殇也》一诗,描述了这场战争中山区人口杀戮的惨烈:“朝杀人,暮杀人,贼兵斗杀人,乡兵仇杀人,生灵十万几家存?无处纸钱吊新鬼,无处净土寻荒坟。死不得葬,葬亦不得保其身。可怜尸骸如山积,春草芊芊都化碧,杜鹃啼断枯树枝,明日便作西归客。”②

在白莲教农民战争期间,仍有外来人口进入鄂西南山区。据《广和公传》载,太平天国起义爆发后,曾有广西饥民数百人避荒而流落至咸丰县甲马池一带③。长乐县人口,随外来移民的增加而有所增长。

白莲教起义席卷鄂西南山区,唯有鹤峰县没有受到战火波及。“盖崇山峻岭,贼虽有险可据,而无食可搏也。惟与建始连界之冷草塘,游贼来扰,被乡兵御却。及林之华一股,窜踞芭叶洲,大师驻扎邬阳关数月,城市乡村,俱皆安堵”④。

自嘉庆白莲起义结束以后,嘉庆、道光数十年间鄂西南山区社会经济持续稳定发展,所以道光、咸丰年间,鄂西南山区人口持续增长。据《施南

①　[清]张金澜修,蔡景星等纂:同治《宣恩县志》卷14《武备志》,《中国地方志集成·湖北府县志辑》第57辑,南京:江苏古籍出版社2001年9月版,第221页。

②　[清]松林等修,何远鉴等纂:同治《增修施南府志》卷28《艺文志》,《中国地方志集成·湖北府县志辑》第55辑,南京:江苏古籍出版社2001年9月版,第481页。

③　咸丰《冉氏家谱》,民国三年(1914年)十月手抄本。

④　[清]吉钟颖修,洪先涛纂:道光《鹤峰州志》卷14《杂述志》,《中国地方志集成·湖北府县志辑》第45辑,南京:江苏古籍出版社2001年9月版,第469页。

府志》统计,道光十二年(1832年),施南府编查保甲,清理户口共118795户,902123丁口。同治年间编查民数共180685户,1078838丁口[①]。光绪三十四年(1908年),湖北因办理地方自治等新政而开展户口调查,统计施南府共206676户,1055126丁口[②]。从道光十二年(1832年)至光绪三十四年(1908年),施南府人口年增长率约为1.9‰。

道光十二年(1832年),利川县编查人口共38795户,192123丁口。同治四年(1865年)经太平天国运动之后,编查户口数为33038户,193443丁口。光绪十八年(1892年)编查户口数为53053户,291708丁口。道光十二年(1832年)至同治四年(1865年),人口年增长率为0.2‰,同治四年(1865年)至光绪十八年(1892年),人口年增长率为12.5‰[③]。这些数字表明利川县经历了太平天国运动冲击后,人口增殖受到制约。在太平天国运动以后,人口增殖较快。

另据《湖北省第七区年鉴》统计,恩施县同治七年(1868年)至光绪六年(1880年)间,人口年增长率为16%;光绪六年(1880年)至民国二十三年(1934年),人口年增长率为2‰。建始县道光四年(1824年)至光绪六年(1880年),人口年增长率为23%,光绪六年(1880年)至民国二十三年(1934年),人口年增长率为2%。利川县在道光十二年(1832年)至同治四年(1865年),人口年增长率为0.2‰;同治四年(1865年)至光绪六年(1880年),人口年增长率为0.1‰;光绪六年(1880年)至民国二十三年(1934年),人口年增长率为47‰。宣恩县光绪六年(1880年)至民国二十三年(1834年),人口年增长率为7‰。来凤县道光十二年(1832年)至光绪六年(1880年),人口年增长率为8.7‰,光绪六年(1880年)至民国二十三年(1934年)人口年增长率为1‰。光绪六年(1880年)至民国二十三年(1934年),咸丰县人口年增长率为0.65%[④]。清后期鄂西南各县人口增长

[①] [清]松林等修,何远鉴等纂:同治《增修施南府志》卷11《食货志·户口》,《中国地方志集成·湖北府县志辑》第55辑,南京:江苏古籍出版社2001年9月版,第196—197页。

[②] 吕调元等修,张仲炘等纂:民国《湖北通志》卷43《经政志一·户口》,宣统三年(1911年)修,民国十年(1921年)商务印书馆影印本,第1228页。

[③] [清]黄世崇纂修:光绪《利川县志》卷7《户役志》,《中国地方志集成·湖北府县志辑》第58辑,第55页。

[④] 袁济安签:《湖北省第七区年鉴》,恩施雪兰轩纸张文具商店承印,民国二十七年(1938年)七月版,第18—20页。

率表明,咸丰、同治年间的太平天国战争对本地区人口增长产生了一定影响,人口增长放缓。

太平天国起义虽影响了鄂西南局部地区,但因崇山峻岭阻隔,并未波及整个鄂西南地区。咸丰十一年(1861年)六月,风闻有太平军从贵州攻至四川,接近南川,对咸丰县民心影响不大。至七月,有关太平军进犯咸丰县的消息越来越多,咸丰县居民扶老携幼,躲避于高山峒寨。有人传言峒寨不足恃,于是又转逃至旷野躲藏。虽然县令卢慎徽曾号召居民守城,但只有秦廷禄、徐徽五、丁金舫等少数乡绅募集了数百名乡勇协防[①]。

咸丰十一年(1861年),当黔江县失陷的消息传至来凤县,全城居民逃亡,来凤县一时变为空城[②]。来凤县在太平天国战争中沦为废墟,虽然战后商业的发展,使来凤县城很快恢复旧观,但离城数里外,仍是人烟稀少,村落萧条、残垣断壁,乡民大多结茅而居[③]。同治二年(1863年),太平天国翼王石达开的部将李复猷率数万太平军由四川黔江县进攻来凤县,县民纷纷逃往险砦山洞避难[④]。

咸丰、同治年间,在生计压力下,仍有外省流民迁入鄂西南山区。鄂西南山区附近各地发生水旱灾害时,部分外地难民为谋生计而迁入鄂西南山区。《施南府志》曾提到同治年间,曾有广东难民陈氏一家流落到鄂西南山区,陈某鬻子,母子不能舍,在路旁哭泣[⑤]。湖南苗民迁居湖北宣恩县,如宣恩县高罗人杨正富祖先原为湖南苗裔,因家贫迁徙至宣恩县,替人佣工[⑥]。

清后期开埠通商后,鄂西山区人口运动渐染国际化色彩。西方传教士和外国侨民也进入鄂西南山区,但晚清山区外国侨民人口数不详。然而民

---

①　徐大煜纂修:民国《咸丰县志》卷12《杂志》,民国三年(1914年)劝学所刻本,第150页。

②　[清]李勖修,何远鉴等纂:同治《来凤县志》卷18《武备志·兵事》,《中国地方志集成·湖北府县志辑》第57辑,南京:江苏古籍出版社2001年9月版,第392页。

③　[清]李勖修,何远鉴等纂:同治《来凤县志》卷28《风俗志·民风》,《中国地方志集成·湖北府县志辑》第57辑,南京:江苏古籍出版社2001年9月版,第462页。

④　[清]李勖修,何远鉴等纂:同治《来凤县志》卷30《艺文志·癸亥七月初六日□事》,《中国地方志集成·湖北府县志辑》第57辑,南京:江苏古籍出版社2001年9月版,第515—517页。

⑤　[清]松林等修,何远鉴等纂:同治《增修施南府志》卷24《行谊》,《中国地方志集成·湖北府县志辑》第55辑,南京:江苏古籍出版社2001年9月版,第345页。

⑥　[清]松林等修,何远鉴等纂:同治《增修施南府志》卷24《孝友》,《中国地方志集成·湖北府县志辑》第55辑,南京:江苏古籍出版社2001年9月版,第365页。

国年间外侨人口统计数字表明,鄂西南山区的外侨人数很少。恩施县 5 人,美国 2 人,比利时 3 人。建始县 1 人,美国人。利川县 12 人,比利时人。巴东县 3 人,法国人。来凤县 1 人,比利时人。宣恩、咸丰、鹤峰等县没有外侨[①]。

第三节　经济开发与移民涌入

一、山区人口增长与人口结构变动

根据吴量恺研究,从顺治十八年(1661 年)至嘉庆十七年(1812 年)151 年间,湖北人口增长 15 倍,耕地面积仅增了 1.8 倍,江汉平原人口增长率大大超过田地增长率,导致江汉平原人地矛盾比较严重[②]。鄂西南周边地区外来流民的涌入,是改土归流以后鄂西南山区人口增长的主要途径。改土归流政策打破了壁垒森严的汉土疆界,阻碍人口自由流动的屏障消失,邻近省、府、州、县的流民大量涌入地广人稀的鄂西南山区。鄂西南山区改土归流后,四川、贵州、湖北、湖南各地人民,大量涌入施南府垦荒,以致当时施南府各地田土拐带案件日增,乾隆十七年(1752 年),湖广总督永常鉴于此不得不颁布新章程,将流寓人口编入保甲进行控制:"凡嗣后外省及湖北各县流民迁入施南府,按入川给照之例,编造眷属清册,呈报本籍,发照前往,交与该地方官查验,收入保甲,一体编查。凡有夫妻子女者,无论流寓时间长短,均编入保甲。单身流民,限三月内查明,取得亲、邻保结,方准编入保甲。"[③]

鄂西南山区长期处于地广人稀的状况。直至民国年间,人口密度仍较小。据《湖北省第七区年鉴》统计:恩施县每平方公里仅 67 人,建始县每平方公里 88 人,利川县每平方公里 73 人,巴东县每平方公里仅 40 人,宣恩县每平方公里仅 48 人,来凤县每平方公里仅 52 人,咸丰县每平方公里仅

① 袁济安签:《湖北省第七区年鉴》,恩施雪兰轩纸张文具商店承印,民国二十七年(1938 年)七月版,第 23 页。

② 吴量恺主编:《清代湖北农业经济研究》,武汉:华中理工大学出版社 1995 年 1 月版,第 81 页。

③ 《清高宗实录》卷 429,乾隆十七年十二月丙辰条,北京:中华书局 1986 年 11 月版,第 615 页。

44 人,鹤峰县人口密度最小,每平方公里仅 23 人①。但是,人口密度不能真实反映山地的土地人口承载力,只有人口与可耕地之间的比例关系,才能反映人地关系的紧张状况。

　　雍正十三年(1735 年)改土时,来凤县共三乡十二里,共烟民 10758 户,47445 名口。据道光十二年(1832 年)造报,来凤县人口总计 12452 户,76572 口。至同治年间,编查户口,共计 14365 户,男女大小 98391 丁口。道光十二年(1832 年)比雍正十三年(1735 年)人口增加了 61.4%,而同治年间比道光十二年(1832 年)人口又增加了 28.5%②。乾隆初年,改土新辟原编户口土共计四万七千四百余口,水旱田土共六万零三百余亩。至道光十七年(1837 年),来凤县户口增加了约 1 倍,而来凤县"山多田少,无荒可垦,是粮田有限,人民日众"③。

　　清初,咸丰县人口恢复至 18074 户。编审原额改土案内勘出人丁暨滋生人丁,土著人不成丁男女大小,共 91345 丁口。全县新收民数 18384 户,共计男妇大小 101761 丁口④。另据民国《咸丰县志》统计,从乾隆元年(1736 年)咸丰县改土归流至道光十二年(1832 年)奉文编查保甲清理户口,九十八年间户口增加至 9 倍之多。至同治四年(1865 年)编查户口,三十余年内户口又增加 1/5 左右。而据《施南府志》所载,光绪六年(1880 年)咸丰县查报人口与同治四年(1865 年)相同,纯粹是虚应故事,抄录旧额,故此数据不可信。光绪三十三年(1907 年)奉文清查户口,咸丰县令孙星煜捏报户口,因受上宪驳斥。后县官委绅调查,仍未详确数。自同光以来,四川彭、黔两县移民源源不绝迁入咸丰县,咸丰县土地不断垦辟,全县

　　①　袁济安签:《湖北省第七区年鉴》,恩施雪兰轩纸张文具商店承印,民国二十七年(1938 年)七月版,第 25 页。

　　②　[清]林翼池修,蒲又洪纂:乾隆《来凤县志》卷 4《食货志·风俗附·户口》,《故宫珍本丛刊》第 143 册,海口:海南出版社 2001 年 4 月版,第 397 页;[清]李勖修,何远鉴等纂:同治《来凤县志》卷 13《食货志·户口》,《中国地方志集成·湖北府县志辑》第 57 辑,南京:江苏古籍出版社 2001 年 9 月版,第 374 页。

　　③　[清]李勖修,何远鉴等纂:同治《来凤县志》卷 30《艺文志·谕阖邑诸民区种田法家桑山桑蚕法》,《中国地方志集成·湖北府县志辑》第 57 辑,南京:江苏古籍出版社 2001 年 9 月版,第 515—517 页。

　　④　[清]张梓修,张光杰纂:同治《咸丰县志》卷 8《食货志·户口物产》,《中国地方志集成·湖北府县志辑》第 57 辑,南京:江苏古籍出版社 2001 年 9 月版,第 68 页。

实在丁口当在十六七万左右[①]。

乾隆元年(1736 年)各土司改土归流,建始县划归新设施南府。编坊郭里一甲、二甲,大安里三甲,长受里四甲,明代七里至清代改为三里。乾隆二十年(1755 年),奉文清编建始保甲,共计 16000 余户,70004 丁口。乾隆四十一年(1776 年),编查共计 24000 余户,144000 余丁口,21 年间增加了 105.7％。人口生聚日繁,至乾隆四十八年(1783 年)编查户口达 35745户,170836 丁口,7 年间又增加了 18.6％[②]。

民国年间,湖北省政府曾统计了鄂西南地区各县的人口密度、家庭规模和男女比例,详见下表:

表 4—2　民国鄂西南部分县人口密度及男女比例

	恩施	建始	利川	巴东	宣恩	来凤	咸丰	鹤峰
每方公里约数	4339	2445	3095	5124	2464	2125	2623	3115
每方公里人数	67	88	73	40	48	52	44	23
每户人数	7	7	8	6	7	6	6	6
每百女子对男子数	112	125	118	116	120	106	128	112

资料来源:袁济安签:《湖北省第七区年鉴》,民国二十七年(1938 年)七月,出版者不详,第 25 页。

分析表 4.3—1 中数据可以得出以下结论:地理环境一直对人口分布产生影响,山地面积较多的县,其人口密度相对较小,而盆地、平地较多的县,其人口密度相对较大。鄂西南山区各县的人口密度与经济发展水平基本上呈正比关系,恩施、建始、利川、来凤等县农业、商业相对比较发达,人

---

① 徐大煜纂修:民国《咸丰县志》卷 4《财赋志·户口》,民国三年(1914 年)劝学所刻本,第 45—46 页。

② [清]佚名纂修:嘉庆《建始县志》卷上《户口志》,《故宫珍本丛刊》第 143 册,海口:海南出版社 2001 年 4 月版,第 361 页。

口密度亦较大。

改土归流后,改设各县的土客人口结构差异相当大。在流民集中的州县,已出现客民数量远超土民数量的显著现象。据《来凤县志》记载:雍正十三年(1735年)改土时,来凤县共三乡十二里,共烟民10758户,共47445名口。其中土民2312户,占21.5%,客民8446户,占78.5%①。而在土民相对集中的州县,改土归流后,土民人口数增加远超过客民人口数。乾隆初年,宣恩县土民计2169户,占36.7%,流寓3746户,占63.3%。土著人口15642名口,占38.4%。客民25043名口,占61.6%。至乾隆四十年(1775年),土著增至23837户,占70.6%,客民增至9940户,占29.4%②。据1982年第三次人口普查统计,宣恩县少数民族人口仍占总人口的62.9%,其中土家族人口占总人口的44.2%③。

改土归流之初,虽然有大量外地移民迁涌入咸丰县垦殖,但人口与土地承载能力相适应,人地矛盾不突出,所以土民与客民"皆耕凿相安,两无猜忌"。至咸丰初年,四川彭水县移民不断迁入邻县湖北咸丰县,咸丰县客民"逼满乡邑",人口急剧膨胀,使咸丰县土地资源紧张,人地紧张状况使本县土著萌生排斥客民的"有非我族类之感"④。

到光绪年间,随着鄂西南山区人口不断增长,局部地区已呈现地少人多的状况,并出现人口向外迁徙的现象。如道光十二年(1832年),咸丰县民文澍盛家道中落,人多地少,因听说广西宜山县永顺司大洞地方土地肥沃,田价低廉,且有亲族迁去后发家致富,不顾路途长达三千里之遥,毅然前往⑤。

山区人口增长,一方面为山区经济开发提供了更多劳动力,但另一方

①　[清]林翼池修,蒲又洪纂:乾隆《来凤县志》卷4《食货志·户口》,《故宫珍本丛刊》第143册,海口:海南出版社2001年4月版,第397页。

②　[清]张金澜修,蔡景星等纂:同治《宣恩县志》卷9《风土志·户口》,《中国地方志集成·湖北府县志辑》第57辑,南京:江苏古籍出版社2001年9月版,第210—211页。

③　《宣恩县志》编纂委员会编纂:《宣恩县志》,武汉:武汉工业大学出版社1995年12月版,第57页。

④　[清]张梓修,张光杰纂:同治《咸丰志》卷7《典礼志·风俗》,《中国地方志集成·湖北府县志辑》第57辑,南京:江苏古籍出版社2001年9月版,第67页。

⑤　[清]王庭桢等修,雷春沼等纂:光绪《施南府志续编》卷10下《诗文征附·茂才溥泉负父骸归里记》,《中国地方志集成·湖北府县志辑》第55辑,南京:江苏古籍出版社2001年9月版,第700页。

面,人口的增加,亦对山区粮食生产带来压力。在人口压力下,山区的粮食价格和土地价格上涨,导致山区对山坡地等山地无节制的开发,引发水土流失问题。故道光《施南府志》载"迨后户口渐增,谷价日昂,高原峻坡值等膏腴","虽幽岩邃谷,亦筑室其下,峻岭高冈,亦耕种其上,可谓地无遗利,人无遗力矣。然多狃目前而忘远虑,常因夏月骤雨大水暴涨,阖室漂荡者"[①]。

随着流民对山地的开发,鄂西南山区山地人口呈现垂直分布状态。山地人口主要集中在宜农的低山地带,而土地贫瘠的二高山、高山地带人口分布相对较少。如宣恩县海拔 800 米以下低山地带人口仅占总人口的52%,800－1200 米的二高山地带人口仅占 38.1%,海拔 1200 米以上的高山地带人口仅占总人口的 9.9%[②]。

二、山区的人口流动及其原因

流动人口的持续涌入,是鄂西南山区人口增长的重要因素。《明史·食货一》根据人口流动的原因,将流动人口划分为四类:"其人户避徭役者曰逃户,年饥或避兵他徙者曰流民,有故而出侨于外者曰附籍,朝廷所移民曰移徙。"[③]逃户和流民的人口迁徙活动是主动的,而附籍和移徙的人口迁徙活动是被动的。逃户和流民的迁徙活动导致国家赋税收入流失,因此,国家采取一系列政治经济措施,鼓励逃户、流民回籍,并利用户籍制度、保甲制度加强对逃户、流民的控制。如明初朝廷督令逃户回本籍复业。只有老弱不能归乡或不愿归乡者,令在客居地入籍,授田输赋。明正统时,加强对全国逃户的管理,专门编造逃户周知册,稽核其丁粮。对于流民,明英宗采取了勘明户籍、编立保甲的措施,由所在里长管辖。回归本籍的流民,发给牛种口粮使其复业[④]。

在改土归流以前,朝廷调派文武官吏及军队以强化对施州卫地区的政

---

① ［清］王协梦修,罗德昆纂:道光《施南府志》卷 10《典礼志·风俗》,道光十七年(1837 年)扬州张有耀斋刻本,第 5 页。

② 《宣恩县志》编纂委员会编纂:《宣恩县志》,武汉:武汉工业大学出版社 1995 年 12 月版,第 58 页。

③ ［清］张廷玉等撰:《明史》卷 77《志第五十三·食货一》,北京:中华书局 1974 年 4 月版,第1879－1880 页。

④ ［清］张廷玉等撰:《明史》卷 77《志第五十三·食货一》,北京:中华书局 1974 年 4 月版,第1880 页。

治、军事控制。因此,改土归流以前,施州卫地区的流动人口以移徙、附籍为主。根据民国《咸丰县志》载,咸丰县境内的客家,指"自明以来,或者宦或商等,籍斯土而子孙蕃衍,为邑望族也"。乾隆年间,曾有大批外地客民至咸丰县经商,因而在咸丰县定居,后来发展成县境内的客家大族,在明清两代咸丰县流寓大族迁入时间及来源地详情见下表:

表4—3　明、清咸丰县流寓大族来源一览表

原籍地	始迁祖	迁徙时间	迁入地	迁徙原因
四川酉阳	冉应义	洪武二十三年	平阳、礼忠二里	征讨散毛诸峒
四川酉阳	许成祖	明初	未详	任官大田千户
四川酉阳地坝里	杨正太	明末	未详	官大田土千户
四川忠州	冯朝鹏	崇祯时	咸丰县附城	以楚乱追贼
江南凤阳府元和县	蒋春原	明初	永丰、下平阳二里	官大田千户
江南凤阳府	徐腾达	洪武二十三年	乐乡里丁寨	官大田千户
江南凤阳府	丁德	明初	乐乡里丁寨	征川滇等处蛮苗
江南凤阳府颍川县	梅世相	明初	下平阳里忠堡	官大田千户
江南凤阳府	邢源	明永乐时	乐乡平阳二里	官大田千户
贵州思南府	严氏不详	乾隆时	苦草坪铁匠沟,来凤、咸丰交界	经商
贵州安化县	秦氏不详	乾隆末年	不详	经商
湖南靖州	袁氏不详	康熙时	永丰里、猫儿岭蛮刁沟、邢家沟	经商
湖南常德府武陵县	刘氏不详	乾隆末年	永丰里、附郭、忠堡、城南二道河	经商
湖南辰州	邓氏不详	乾隆时	乐乡里浦草塘、礼忠里、仁孝里、义悌里	经商
湖南辰州	杨乐不详	乾隆时	乐乡里、蒲菖良、杨家岭一带	经商
湖南常德府	曾氏不详	乾隆时	苦草坪铁匠沟,来凤、咸丰交界	经商

续表

原籍地	始迁祖	迁徙时间	迁入地	迁徙原因
湖南	游氏不详	乾隆时	乐乡里、唐家沟、土老坪一带	经商
湖南武陵县	蒋氏不详	乾隆末年	平阳里、王母洞、新场	经商
湖南	祝氏不详	乾隆时	忠堡	经商
湖南桃源县	颜氏不详	乾嘉间	龙潭司、智信里、太和里	经商
湖南慈利县	叶氏不详	乾隆时	小水田、附郭	经商
湖北黄州府麻城县	蒋天佑	明时	不详	官大田掌印百户
湖北黄州府蕲水县	舒成祖	明初	不详	官大田千户
江西临江府新淦县	魏氏不详	明隆庆元年	丁寨场东北	经商
山东济南府宜城县	张官音	洪武二十三年	永丰里子房沟	官大田掌印千户
广东南浦县	田茂璧	明初	不详	官大田千户
不详	张仕元	明初	不详	官大田副千户

资源来源:徐大煜纂修:民国《咸丰县志》卷11《氏族志·客家》,民国三年(1914年)劝学所刻本,第128—134页。

　　从表4—3所列可知,明代徙至咸丰的客家宗族,多因出任大田所武官而来。家谱史料亦能印证,如咸丰《秦氏家谱》记载:咸丰秦氏祖籍山东,因驱赶苗民而由江南应天府迁移至四川酉阳,后裔子孙再由酉阳转迁至湖北咸丰[①]。利川牟氏祖籍江南应天府,因征苗而由荆州府迁移至四川万县,后裔子孙再由万县转徙利川[②]。而乾隆年间迁徙本地的客家宗族,多因来县经商。乾隆年间,咸丰县流寓人口多来自湖南辰州、靖州、常德府。除表中所列客家宗族外,还有部分客家宗族虽无法考查迁入咸丰县时间,

---

　　① 鄂西土家族苗族自治州民族事务委员会编:《鄂西少数民族史料辑录》,鄂西土家族苗族自治州民族事务委员会1986年6月内部版,第93页。

　　② 鄂西土家族苗族自治州民族事务委员会编:《鄂西少数民族史料辑录》,鄂西土家族苗族自治州民族事务委员会1986年6月内部版,第95页。

但主要来自湖南、江西两省，主要有：附郭张氏原籍江西吉水县，蛮王牌李氏原籍江西临江府，吴氏原籍江西九江府，大坪萧氏原籍湖南靖州，土地坪张氏原籍湖南常德府，黄板滩李氏、老洞崖尹氏原籍湖南澧州，马河曹氏、丁寨刘氏、李氏原籍湖南①。

　　改土归流以后，鄂西南山区的流动人口以流民、逃户为主。清初，大批湖北、江西等省移民迁入四川，史称湖广填四川。雍正十三年（1735年）改土归流以后，鄂西南山区改设的各府州县，以优惠的条件招徕流民垦殖，所以一些从外省迁入四川的流民，又转徙至鄂西南地区。据《邱氏族谱》记载：康熙年间，广东邱氏家族曾迁移至四川大足县，定居了三十余年。乾隆初年间，因鄂西南地区土司改设招民，邱氏家族在乾隆五年（1740年），从四川迁至利川县建南司向化里四保一甲孙家包定居立业，宗族繁衍②。另利川谋道乡《邱氏家谱》亦记载了邱氏祖先因四川招民垦殖，在康熙四十九年（1710年）从广东韶州迁至四川顺庆府大竹县。乾隆年间，因改土招民，又在乾隆五十年（1711年）迁往施南府利川县向化里安莲冲定居③。

　　乾隆初年，鄂西南各府州县地方官的招徕流民政策，是吸引外来流民进山垦殖的主要原因。乾隆元年（1736年），恩施知县鹿聪豫、来凤知县于执中、署咸丰县知县施南府经历黄士会、宣恩知县陈寀、利川知县李行修等会同详议，无论汉土及外来、本地人民垦荒，给照管业，分上中下三则照定例年限起科，"如人民既不自行报垦，又不另觅旁人助垦，应准地方官另行招徕开垦管业"④。康熙三年（1664年），建始县令左其选积极招抚数百流民垦荒，官府给牛、种。康熙四年（1665年），湖广总督张长庚奏准在巴东、长阳等县招民垦荒，官给耕牛、种籽、农具，三年后起科⑤。明末农民起义被镇压后，巴东县令积极招徕流民垦荒⑥。

　　① 徐大煜纂修：民国《咸丰县志》卷11《氏族志·客家》，民国三年（1914年）劝学所刻本，第128—134页。
　　② 鄂西土家族苗族自治州民族事务委员会编：《鄂西少数民族史料辑录》，鄂西土家族苗族自治州民族事务委员会1986年6月内部版，第647页。
　　③ 利川市谋道乡《邱氏家谱》，恩施州邱朝生藏1999年9月手抄本。
　　④ 《题为遵议湖北题请分等查勘忠峒等新设县治各土司地方田地科则及设法劝垦科征事》，乾隆元年十二月初十日，中国第一历史档案馆内阁全宗，档案号：02—01—04—12830—014。
　　⑤ 《清圣祖实录》卷15，康熙四年四月辛卯条，北京：中华书局1986年11月版，第227—228页。
　　⑥ ［清］聂光銮等修，王柏心等纂：同治《宜昌府志》卷16《杂载》，《中国地方志集成·湖北府县志辑》第49—50辑，南京：江苏古籍出版社2001年9月版，第314—315页。

明末农民战争十余年间，建始县人口不断向外逃亡，至清初返回建始县的人口仅十分之一二。"厥后流民竞集，户口渐增"，荆州、湖南、江西等处外来移民纷至沓来，迁居建始县。由于清初建始县林木繁茂，地旷人稀，流民随意开垦荒地，故民"不以越畔相诃也"。后来因流民不断涌至建始县，先居建始者成为业主，兴任耕种，略议地界，租价低廉，四至甚广。有的佃户纠合数姓共佃山田，从某坡至某涧，方圆数里之遥。经过多年荒地成为热土。建始县虽幽岩邃谷，亦建有房屋，高山峻岭之上，亦有农民耕作。移民垦殖也带来山区人口的增长①。

鹤峰州改土归流以后，邻省湖南永顺、沅州、常德、澧州、长沙等府移民涌入鹤峰开垦山区。故《鹤峰州志》载："常德、澧州及外府之人，入山承垦者甚众。"②利川县的客民，主要来自周边省、府：江西、黄州、武昌、四川、贵州③。恩施县各处流民在深山中伐木支椽，构建简易茅草棚居住，借粮作种，进行山地农业垦殖，被称为棚民④。朱寅赞在《沙渠竹枝词》中描绘了鄂西南山区的棚民生活状况："伐木支椽为草舍，借粮作种号棚民。但教粱稻俱成熟，流寓山中亦福人。"⑤

江西、湖南、贵州等省汉族客民为躲避水灾、兵祸等天灾人祸，迁入自然资源丰富、易于求食的鄂西南山区。鄂西南山区僻处深山，远离战乱，赋役比山外轻，相对封闭的自然环境和社会环境，成为山外曾饱受战乱之苦的外地流民向往的世外桃源。例如长乐县虽然土地贫瘠，物产贫乏，但外来移民多定居于此，本地人很少出境远游。且虽无良田，也无很大的差徭负担，民心淳厚，所以居民不愿迁出。田泰斗《竹枝词》："风无淫靡政无苛，鸡犬桑麻尽太和。问是桃源君信否？出山人少进山多。"⑥长乐县人口，随

---

① 〔清〕王协梦修，罗德昆纂：道光《施南府志》卷10《典礼志·风俗》，道光十七年（1837年）扬州张有耀斋刻本，第4页。

② 〔清〕吉钟颖修，洪先涛纂：道光《鹤峰州志》卷14《杂述志》，《中国地方志集成·湖北府县志辑》第45辑，南京：江苏古籍出版社2001年9月版，第469页。

③ 吕调元等修，张仲炘等纂：民国《湖北通志》卷21《舆地志·风俗》，宣统三年（1911年）修，民国十年（1921年）商务印书馆影印本，第762页。

④ 〔清〕张家枬修，朱寅赞纂：嘉庆《恩施县志》卷4《艺文十七·沙渠竹枝词》，《故宫珍本丛刊》第143册，海口：海南出版社2001年4月版，第228—229页。

⑤ 〔清〕王协梦修，罗德昆纂：道光《施南府志》卷27《艺文志》，道光十七年（1837年）扬州张有耀斋刻本，第48页。

⑥ 〔清〕李焕春原本，郑敦祜再续：光绪《长乐县志》卷12《风俗志》，《中国地方志集成·湖北府县志辑》第54辑，南京：江苏古籍出版社2001年9月版，第268页。

外来移民的增加而增长。咸丰县狗耳石刘氏宗族祖籍江西吉安府泰和县銮二都,明洪武二十二年(1389年)奉旨征贵州苗民戍守镇远卫。因雍正五年(1727年)镇远镇暴发瘟疫,迁至宣恩县石虎里二甲二虎坝居住①。据咸丰县《冉氏家谱》中的《广和公传》记载,太平天国起义爆发后,曾有广西饥民数百人为了避荒,流落至咸丰县甲马池一带定居②。

此外,附近省份发生水旱灾害时,有部分外地难民为谋生计而迁入鄂西南山区。《施南府志》曾提到同治年间,曾有广东难民陈氏一家流落到鄂西南山区,陈某鬻子,母子不能舍,在路旁哭泣③。湖南苗民迁居湖北宣恩县,如宣恩县高罗人杨正富祖先原为湖南苗裔,因家贫迁徙至宣恩县,替人佣工④。

鄂西南人口的空间流动,既有推动本区人口向外移动的推力,也有吸引外来人口迁入本区的拉力:一方面,由于鄂西南山区人少地多,差役负担较轻,对外来流民具有吸引力。另一方面,战争常迫使鄂西南地区的人口在区内或向区外流动。

第四节　山地环境与山地聚落

中国地域广阔,地理环境千差万别,有山地、丘陵、盆地、平原、沙漠等各种地形地貌,人类从聚落选址到建筑方式、规划布局,均必须适应本地山形水势,从而具有生态适应性。在山地环境下形成的山地聚落,从已知中国境内早期人类遗址考古发现来分析,最早的是天然岩洞。在旧石器时代,北京、湖北、江西、江苏、浙江等地都曾有原始人居住的岩洞。鄂西南山区岩溶地貌形成了众多的天然洞穴,旧石器时代的建始人遗址、长阳人遗址等均证明早期山地人类采取穴居方式。被奉为土家先祖的廪君部落在进入清江流域以前,居住在武落钟离山的赤穴和黑穴。《孟子·滕文公下》载:"当尧之时,水逆行,泛滥于中国,蛇龙居之,民无所定,下者为巢,上者

　　① 《刘氏咸丰县狗耳石宗支谱系说明》,载湖北省恩施自治州刘氏族谱编委会:《刘氏族谱》卷3之一《咸丰狗二石、利川毛坝宗支》,1999年9月9日铅印本,第24页。
　　② 咸丰《冉氏家谱》,民国三年(1914年)十月手抄本。
　　③ 〔清〕松林等修,何远鉴等纂:同治《增修施南府志》卷24《人物志·行谊》,《中国地方志集成·湖北府县志辑》第55辑,南京:江苏古籍出版社2001年9月版,第345页。
　　④ 〔清〕松林等修,何远鉴等纂:同治《增修施南府志》卷24《人物志·孝友》,《中国地方志集成·湖北府县志辑》第55辑,南京:江苏古籍出版社2001年9月版,第365页。

为营窟。"①巢居可能是古人为适应地势低洼而多虫蛇的地区而采取的居住方式,而在地势高亢的地区则采取穴居的居住方式②。南方少数民族散居山野,即所谓"夷蜑居山谷,巴夏居城郭,与中土风俗礼乐不同"③。至夏商周时代,鄂西南山区的巴人选择在山坡构建木干栏式的人工建筑。木干栏式建筑可以摆脱岩洞的地域限制,扩大古人类居住的活动范围。随着汉族人口迁徙,汉族移民将中原地区砖木建筑等建筑样式输入鄂西南山区。从鄂西南山区明代土司城遗址发掘分析,明代土家族城已形成功能复杂、砖木结构的大型建筑群。山地人口聚落地点的选择、聚落形态的选择,均受到山地环境的制约,体现出山地生态适应性。在面临因自然灾害、社会危机引发的人地关系的危机时,山地人民能动地通过对自然生态环境和社会环境的调适,促使聚落发展趋向动态平衡。

一、改土归流以前山区聚落形态及其演变

早期的山地聚落形态,受制于一定空间的土地、水等自然资源的承载力,必须适应具体历史时期山民的生计方式和生活方式。山地少数民族生存于族群竞争的社会环境中,因此,山地民族的山地聚落形态,必须适应族群安全的需求。山区地形复杂、交通困难、土地资源匮乏,土地的人口承载力较低,因此,山地环境制约着山地聚落的形成和聚落形态特点。鲁西奇利用历史文献、出土文献、考古材料,结合实地田野调查,考察了两汉至两宋时期长江中游地区的乡村聚落形态,认为主要是以分散居住的小规模散村为主,虽然有部分发展为集村,但集村所占比例一直较低④。值得注意的是,在山地环境下,山区聚落形态既受到自然环境的制约,亦受到社会环境的制约。人口聚落形态在大一统与族群竞争两种不同的社会环境下,对聚落安全的需求的程度不同。

历代中央王朝开发经营鄂西南蛮夷的大一统"王化"进程中,都要建立军事城堡以震慑蛮夷,形成具有军事色彩的汉族族群集聚型人口聚

---

① 〔清〕焦循撰:《孟子正义》卷13《滕文公下》,北京:中华书局1987年10月版,第447页。
② 潘谷西主编:《中国建筑史》,北京:中国建筑工业出版社2009年8月版,第17页。
③ 〔唐〕樊绰撰:《蛮书》卷10《南蛮疆界接连诸蕃夷国名第十》,《景印文渊阁四库全书》史部载记第464册,台湾:商务印书馆1986年7月版,第39页。
④ 鲁西奇:《散村与集村:传统中国的乡村聚落形态及其演变》,《华中师范大学学报(人文社会科学版)》2013年第4期,第113—127页。

落。南北朝时,桓诞逃至今恩施县城南十五里的大阳蛮地,后临水筑城,号称为施王屯,又名蛮王寨,这可能是汉人在鄂西南山区建立的最早的城寨。为了控制鄂西南山区,中原王朝陆续在鄂西南山区设城建治。后周时曾在山区设有盐水县、乌飞县、清江县、亭州。盐水县在恩施城东四十里处,隶属资田郡;乌飞县在恩施县城外六十里;清江县在恩施县城东十里;亭州在恩施县城东一百七十里处。宋开庆年间,恩施县城东椅子山设施州卫城。宋淳祐三年(1243 年)五月,宋理宗诏令创筑施州郡城及 60 余处关隘,戍卒执役三年者,可补转为官,以示奖励①。宋开庆元年(1259 年)四月,谢昌元知施州时,自备缗钱百万,筑施州城。元代,邵浓知施州时,曾因筑施州城而立功②。明洪武十四年(1381 年),施州卫指挥金事朱永拓址建筑石城,周 9 里余,高 3 丈 5 尺③。杨昌沅、范植清认为明代施州卫和大田所所设军屯,控御鄂西南土司。屯和堡关系密切,堡作为镇戍的据点,设堡卫屯,而屯为堡提供物质基础。随着军屯发展,这些军事功能的堡寨,一部分发展成为人口聚落④。施州卫城成为鄂西南山区重要的政治、军事中心,成为客籍汉族军事移民聚居的中心。

在明朝土司时期,各土司土民多寨居,万历《湖广总志》载:鄂西南地区诸土司分"宣抚司四,施南、散毛、忠建、容美,安抚司八,东乡五路、忠路、忠孝、金峒、大旺、龙潭、忠峒、高罗,长官司十六,俱各寨居"⑤。寨居习惯可能是因为土民"好入山,不乐平旷"⑥。恩施城南一百二十五里有犀牛洞,明季当地土民为避兵而藏于此洞,可容数百人,被称为避兵洞⑦。明末清

①　[元]脱脱等撰:《宋史》卷 42《本纪第四二·理宗二》,北京:中华书局 1985 年 6 月版,第826 页。

②　[清]松林等修,何远鉴等纂:同治《增修施南府志》卷 21《官师志·政绩》,《中国地方志集成·湖北府县志辑》第 55 辑,南京:江苏古籍出版社 2001 年 9 月版,第 290 页。

③　[清]松林等修,何远鉴等纂:同治《增修施南府志》卷 5《建置志·城池》,《中国地方志集成·湖北府县志辑》第 55 辑,南京:江苏古籍出版社 2001 年 9 月版,第 104 页。

④　杨沅昌、范植清:《略述明代军屯制度在鄂西山地的实施》,《史学月刊》1989 年第 6 期,第46—50 页。

⑤　[明]徐学谟纂修:万历《湖广总志》卷 14《建置二·城郭》,《四库全书存目丛书》编纂委员会编:《四库全书存目丛书》史部第 194 册,济南:齐鲁书社 1996 年 8 月版,第 541 页。

⑥　[明]徐学谟纂修:万历《湖广总志》卷 35《风俗·施州卫》,《四库全书存目丛书》编纂委员会编:《四库全书存目丛书》史部第 195 册,济南:齐鲁书社 1996 年 8 月版,第 202 页。

⑦　[清]王协梦修,罗德昆纂:道光《施南府志》卷 3《疆域志》,道光十七年(1837 年)扬州张有耀斋刻本,第 7 页。

初,利川县土人为躲避农民军战火,曾在城北三里余山上建铁炉寨①。当时施州卫大田所"溪峒苗部俱在峒野,分生熟而居",而施州卫境内各土司"所治皆苗"②。据《湖北通志》统计,鄂西南各土司境内曾建有大量寨堡:容美土司境内曾建有白溢寨、连天砦、天星砦、观音砦、天泉山砦,石梁司境内建有枪刀寨,高罗土司境内有歌罗砦,散毛土司曾设保靖寨,沙溪司境内曾建石龙堡,龙潭司境内曾设船山寨,建南土司境内曾建有张武寨③。

　　土司兴建的寨堡在改土归流后,仍留下了大量寨堡遗址,见证了鄂西南土司的寨堡聚落形式。据同治《施南府志》记载,宣恩县东南青龙山上残存有土司寨基址。来凤县亨康里山上仍遗留有散毛司宣抚所建寨堡④。据《来凤县志》记载,来凤县改土归流前,曾有七土司各据峒谷自固⑤。另据《利川县志》记载,利川县西160里的石龙堡,曾为土司废治所⑥。

　　根据周传发研究,鄂西土家族乡村传统民居是典型的木结构吊脚楼,属于干栏式或半干栏式造型。为了适应山区复杂的地形环境,形成了半截吊、半边吊、双手推车两翼吊、钥匙头、三合水、四合院、临水吊、跨峡过涧吊、平地起吊等多种样式。土家族习惯聚族而居,常多户聚居成村寨,依山自然错落,无固定的村落布局,体现出土家族对山地环境的充分适应和利用⑦。由于受到山地环境的限制,土家聚居的村寨规模较小,如五峰土家族至20世纪90年代,"十户一寨,数十户一村,或住山巅,或居岭腰,或处谷底"⑧。

---

　　① 〔清〕何蕙馨修,吴江纂:同治《利川县志》卷1《疆域志·山川》,同治四年(1865年)刻本,第20页。

　　② 〔明〕徐学谟纂修:万历《湖广总志》卷31《兵防三·民苗哨寨》,《四库全书存目丛书》编纂委员会编:《四库全书存目丛书》史部第195册,济南:齐鲁书社1996年8月版,第120页。

　　③ 吕调元等修,张仲炘等纂:民国《湖北通志》卷36《建置志十二·关隘二》,宣统三年(1911年)修,民国十年(1921年)商务印书馆影印本,第1101页。

　　④ 〔清〕松林等修,何远鉴等纂:同治《增修施南府志》卷3《地舆志·山川》,《中国地方志集成·湖北府县志辑》第55辑,南京:江苏古籍出版社2001年9月版,第80、83页。

　　⑤ 〔清〕李勗修,何远鉴等纂:同治《来凤县志》卷7《建置志·城池》,《中国地方志集成·湖北府县志辑》第57辑,南京:江苏古籍出版社2001年9月版,第324页。

　　⑥ 〔清〕何蕙馨修,吴江纂:同治《利川县志》卷1《疆域志·山川》,同治四年(1865年)刻本,第18页。

　　⑦ 周传发:《鄂西土家族传统民居研究》,《安徽农业科学》2007年第25期,第7821-7822页。

　　⑧ 五峰土家族自治县地方志编纂委员会编纂:《五峰县志》卷首《概述》,北京:中国城市出版社1994年9月版,第1页。

明清之际,在汉族先进文化的影响下,土司地区,尤其是土司官署的建筑样式、格局已经汉化。如位于今湖北省咸丰县城西28公里的唐崖土司王城,是鄂西南山区单体规模最大、保存最好的土司城遗址。土司城始建于元末,鼎盛于明天启年间,最迟形成于晚明时期,废于清代改土归流之后。唐崖土司城建筑结构、布局、功能分区明显受到汉文化区城制样式的影响。利用山脉、河流、溪沟自然地貌,由外围濠沟、城墙、衙署区围墙形成内外三重城池体系。作为核心区的衙署区位于遗址区中部西高东低的台地,主体建筑群依中轴线布局,中北部为大寺堂等祭祀区,西北角为墓葬区,南部为苑囿区,北部为军事区,东部低地为居民院落。土司城坐西朝东,东邻唐崖河,背山面水,玄武山、朱雀山、白虎山、青龙山环绕土司城四周。城内由上街、中街、下街等28条道路构成复杂的道路系统及排水系统。城内开凿了17处水井,城东唐崖河边建有码头。土司城外围建有城池防御体系,四周建有石包土结构城墙,部分城墙依山而建,利用贾家沟、打龙沟、碗厂沟陡坎基岩砌筑而成。城墙外为濠沟或唐崖河,形成天然屏障。唐崖土司城成为具有军事防御、行政、生活、贸易等多种功能的区域聚落中心[①]。

容美土司是鄂西南山区最强大的土司,曾修建了中府、南府、爵府、司署等20多处行署及相关建筑,但建筑破坏严重。根据2013年对容美土司爵府遗址的发掘分析,爵府建筑群主体建筑依中轴线布局,且外围建有围墙,遗址区内配备有道路及排水系统。根据顾彩著《容美纪游》记载,芙蓉山南麓的容美宣慰司署,前有八峰朝拱。司署正堂有五级石坡,柱蟠金鳌,榱栋宏丽。堂后为楼,曲房深院。楼正中为戏厅,四面轩敞。司署并无城,有石基。以石铺街。居民居住在南门内[②]。

在容美司五里坪,顾彩发现当地的土民散居,草舍竹篱,十分简陋,"人居疏密,竹篱茅舍,犹有避秦之遗风"。在石林镇有张桓侯庙,张飞像居中,刘、关、诸葛、赵分列两侧。张桓侯庙有楼,极弘敞,八窗洞达,楼前种有七八十株桃花,前带溪水、后靠高山,符合背山面水的风水理论布局规范[③]。根据顾彩观察,在石林山脚下的容美司南署前,土民的房屋多狭窄潮湿,居

---

① 刘辉等:《湖北咸丰唐崖土司城址调查简报》,《江汉考古》2014年第1期,第21—53页。
② 〔清〕顾彩著:《容美纪游》,武汉:湖北人民出版社1999年9月版,第298页。
③ 〔清〕顾彩著:《容美纪游》,武汉:湖北人民出版社1999年9月版,第288页。

住条件较差①。由于高山地带寒凉,《施州府志》称施郡山民房间设火铺②,《楚峒志略》称之为火床,并记载了火床之制式:"苗置大榻高四五尺,炊以煤炭之属,男女杂卧其上。虽翁姑子妇兄弟姒娌,略无嫌忌,即客之投宿者,亦与共处,不为怪也。"③

　　土司地区房屋建筑有严格等级制度,土官衙署雕梁画栋,铺砖盖瓦。土民只能叉木架屋,编竹为墙,顶覆茅草。舍把土官只许建造板屋,顶覆茅草,不准盖瓦,违者治罪。土司为了守险拒敌,规定土民可以在峰尖岭畔垦种,平原地区荆棘密布,不许随意开垦④。

二、山区人口聚落的集聚化与城镇化

　　山区的城镇化,必须以一定的人口聚集为基础。在地广人稀、人口密度小的山地,城镇的发展大多经历了从人口聚落中心的集村,到村集,再发展成为乡镇。水陆交通条件对山区城镇化的影响较大,通常只有处于水陆交通枢纽的村集,才可能摆脱土地资源承载力的限制,壮大发展成为城镇。

　　鄂西南山区人口聚落,有许多名称:村、坪、庄、堡、圈、场、街、冲、义、地、牌、拐、铺、溶、店、塔、垱⑤。随着外来移民农业垦殖的不断扩展,山区人口不断增长,原来荒无人烟之处形成新兴山村聚落。而那些位于水陆交通线沿线的集村,有条件形成一乡的村集。但某些传统的村集,因为山地环境演变等因素而各有兴衰盈缩。

　　根据邓辉对鄂西南山区商业集镇的考古学调查,明清以来山区集镇建筑均以木结构为主体,大约形成于清中前期。从清代至今,山区已形成了每隔大约 15 里设有小规模集镇、每隔大约 60 里设有大型集镇的区域市场布局⑥。同治年间,鄂西南山区经济相对落后的宣恩县也形成了乡村集市

---

　　① [清]顾彩著:《容美纪游》,武汉:湖北人民出版社 1999 年 9 月版,第 292 页。

　　② [清]王协梦修,罗德昆纂:道光《施南府志》卷 10《典礼志》,道光十七年(1837 年)扬州张有耀斋刻本,第 2 页。

　　③ [清]吴省兰纂:《楚峒志略》,上海:商务印书馆 1939 年 12 月版,第 2 页。

　　④ 胡履新修,鲁隆益纂:民国《永顺县志》卷 36《杂志二·杂事》,《中国地方志集成·湖南府县志辑》第 69 辑,南京:江苏古籍出版社 2002 年 7 月版,第 468 页。

　　⑤ [清]李焕春原本,郑敦祐再续:光绪《长乐县志》卷 2《疆域志》,《中国地方志集成·湖北府县志辑》第 54 辑,南京:江苏古籍出版社 2001 年 9 月版,第 131-138 页。

　　⑥ 邓辉:《从宣恩庆阳古街道看土家族区域明清商业活动》,《湖北民族学院学报(哲学社会科学版)》2005 年第 3 期,第 6-9 页。

网络,但分布不均,集市多集中在施南里和东乡里。其中,施南里形成6个集场:椒园、庆阳坝、倒峒塘、岩桑坪、覃家坪、卧犀坪。东乡里形成6个村集:万寨、忠建河、长潭河、狮子关、洗马坪、乾沟塘。高罗里有3个村集:板寮、下高罗、新安坝。忠峒里只有1个村集:李家河。木册里只有2个村集:上峒坪、板栗园。石虎里只有2个村集:小关、黄草坝①。其中狮子关、洗马坪在宣恩、鹤峰两县的乡村干道上,椒园、岩桑坪、李家河在恩施、来凤两县的乡村干道上,倒峒塘、小关在恩施、咸丰两县的乡村干道上。

同治年间,咸丰县9里中,少则设有2个村集,多则有5个村集,详情见下表:

表4—4　同治年间咸丰县集场分布一览表

里　分	场集数	地　址
永丰里	2	西南二门
乐乡里	3	在丁寨、土老坪、蓝田湾
太和里	5	在马河坝、龙坪、大兴场、散毛河、老李坝
平阳里	5	在忠堡、张家坪、杨峒、兴隆场、沙子场(交黔江界)
仁孝里	3	在尖山寺、清水塘、二台坪
义悌里	4	在蛇盘溪、活龙坪、毛坝、中塘
礼忠里	4	燕子岩、大村、小村、李子溪
智信里	2	在石人坪、黑峒
帮里	3	大路坝

资料来源:[清]张梓修,张光杰纂:同治《咸丰县志》卷4《建置志·集场》,《中国地方志集成·湖北府县志辑》第57辑,南京:江苏古籍出版社2001年9月版,第34—35页。

至民国初年,咸丰县乐乡里增加了十字路场,太和里增加了屠庄坝场,平阳里增加了虾蟆池场,帮里增加了朝阳寺场。恩施、咸丰、利川交界的三星场,咸丰、利川交界的八家台场,都是随当地农业垦殖和商品经济的发展,而形成的新的乡村集场和人口聚落②。

道光初年,利川县建南汛一保设立了枫香坝场。道光二十年(1840

①　[清]张金澜修,蔡景星等纂:同治《宣恩县志》卷4《建置志·集场》,《中国地方志集成·湖北府县志辑》第57辑,南京:江苏古籍出版社2001年9月版,第175页。
②　徐大煜纂修:民国《咸丰县志》卷2《建置志·村集》,民国三年(1914年)劝学所刻本,第30—31页。

年),利川县忠路汛十二保设立了进坪场(一名锦屏场)。同治二年(1863年),利川县南坪汛十保设立同兴场。同治四年(1865年),利川县建南汛八保设立了白杨塘场。明末清初,有汪某在利川县西 70 里处率乡民结团立营,堵截农民军,因此称此地为汪家营,当时并没有村落。乾隆二年(1737年),汪家营设置集场,随着本地商业贸易的发展,逐渐形成人口聚落。光绪十六年(1890年),湖广总督张之洞鉴于利川县西 60 里的汪家营已成巨镇,奏请将施南府同知由建南镇改驻汪家营①。

由于环境的变迁,一些集场和人口聚落逐渐衰落。如利川县南坪汛三保长堰塘场,在乾隆二十三年(1758年)就已设立,曾十分繁庶,光绪年间,因经常发生水患,市井萧条。利川县建南汛九保鸡公岭场建于乾隆时,光绪年间废弃。利川忠路汛十九保上甲椒园场建于乾隆三十六年(1771年),光绪年间废弃。利川忠路汛二十二保双河口场,光绪年间废弃②。

清后期,鄂西南地区的城镇化表现在两方面:一是各县城逐渐形成了全县境内的商业中心,城镇的规模再扩大。二是交通便利的集场扩展成了粗具规模的城镇。

在鄂西南山区,县城通常也是境内的商业中心,牙行多集中于县城。如来凤县诚一里有 13 家牙行,其中 2 家花行、2 家布行、2 家米行、1 家纱行、4 家牛行、1 家猪行、1 家杂粮行③。同治年间,恩施县作为府县同城,坊市向城外扩展。在恩施县城外,形成了联升坊、文高坊、武胜坊。县城内出现了手工业和商业分工区,如恩施城内有珠市街、宣恩城内有铁匠街④。

一些处于水陆交通枢纽的集镇,因商业发展而兴盛起来。如来凤县卯峒地处三省要冲,经酉水可达江、湘,交通十分便利,成为桐油集散中心。

① [清]黄世崇纂修:光绪《利川县志》卷 7《户役志》,《中国地方志集成·湖北府县志辑》第 58 辑,南京:江苏古籍出版社 2001 年 9 月版,第 54 页。

② [清]黄世崇纂修:光绪《利川县志》卷 7《户役志》,《中国地方志集成·湖北府县志辑》第 58 辑,南京:江苏古籍出版社 2001 年 9 月版,第 54 页。

③ [清]李勖修,何远鉴等纂:同治《来凤县志》卷 13《食货志·杂税》,《中国地方志集成·湖北府县志辑》第 57 辑,南京:江苏古籍出版社 2001 年 9 月版,第 375—376 页。

④ [清]松林等修,何远鉴等纂:同治《增修施南府志》卷 6《建置志·坊市》,《中国地方志集成·湖北府县志辑》第 55 辑,南京:江苏古籍出版社 2001 年 9 月版,第 114 页。

卯峒有 1 家花行、2 家油行、1 家山货行①。鹤峰州五里坪因茶业兴盛，设有 8 家茶行。光绪二年（1876 年），广东商人林紫宸来鹤峰经销红茶，在五里坪开设茶庄，促使五里坪茶叶贸易更加兴盛②。

　　至民国年间，恩施、建始、利川、巴东、来凤各县城已发展为全县商业中心。而宣恩、鹤峰、咸丰等县部分乡镇依赖便利的交通条件，贸易规模甚至超过县城，县城未形成全县商业的中心。巴东乡村贸易没有市场，其余各县多为市集制，三日或五日开一次市。输入的主要商品为布匹、杂货、煤油、食盐等③。

　　由于山地环境限制，鄂西南山区村舍散布，不成聚落。除城市及集镇外，无十户以上的村庄。在高山地带，数十里无人烟。由于手工业不发达，即使山地城镇的住宅，也很少用青砖筑墙，多使用土筑。由于山区木材价格低廉，山民多建筑板壁屋。山区多用木皮及薄石板盖屋顶。此外，至民国年间，还有人居住于山洞中④。

　　恩施屯堡、利川忠路、宣恩沙道沟、咸丰燕子岩、建始三里坝、来凤百户司在民国年间已发展成各县物产集散中心。因此，民国年间，国民政府选择在鄂西南各县中心城镇设立银行及农仓⑤。

三、山地环境下鄂西南山区聚落特点

　　刘翠溶探讨汉人在台湾拓垦与聚落形成的关系时，认为各地方的聚落环境受自然与人文条件的影响⑥。具体地说，聚落形态通常受到地理环境、气候等自然因素，以及经济技术条件、生活习俗、民族文化传统、宗教信

　　①　［清］李勖修，何远鉴等纂：同治《来凤县志》卷 13《食货志·杂税》，《中国地方志集成·湖北府县志辑》第 57 辑，南京：江苏古籍出版社 2001 年 9 月版，第 375—376 页。
　　②　［清］陈鸿渐纂，长庚、厉祥官修：光绪《续修鹤峰州志》卷 7《物产志》，《中国地方志集成·湖北府县志辑》第 56 辑，南京：江苏古籍出版社 2001 年 9 月版，第 527—528 页。
　　③　袁济安签：《湖北省第七区年鉴》，恩施雪兰轩纸张文具商店承印，民国二十七年（1938 年）七月版，第 31 页。
　　④　袁济安签：《湖北省第七区年鉴》，恩施雪兰轩纸张文具商店承印，民国二十七年（1938 年）七月版，第 71—72 页。
　　⑤　湖北通志馆编：《鄂西志稿》，民国二十九年（1940 年）十月版，恩施县地方志编委会 1982 年 12 月重印本，第 29 页。
　　⑥　刘翠溶：《汉人拓垦聚落之形成：台湾环境变迁之起始》，刘翠溶、伊懋可主编：《积渐所至：中国环境史论文集》，台湾：台湾"中央研究院"经济所 1995 年 4 月版，第 296 页。

仰、文化心理等社会因素的影响。由于自然环境的千差万别、社会环境的错综复杂,形成了千姿百态的聚落景观。在高山、二高山地带,人口聚落大多以分散型人口聚落为主,在山间平地及河谷盆地,主要以半聚集型人口聚落为主。刘翠溶的研究表明,山区不同的地理环境条件影响下,人口聚落形态产生了差异性。

山区聚落选址,必须考虑山地的地形、地貌、水环境等因素的影响。

乡村聚落是人类最早、历史最久的居住方式。山区乡村聚落选址,必须考虑适宜从事生产生活的地理环境。鄂西南山区土家族吊脚楼,是山地居民最早适应山地环境的聚落形态。这种木结构吊脚楼,属于干栏式或半干栏式造型。山区的吊脚楼木建筑,源于古代山地民族巴人在山坡建筑的"阁栏头"。故《全唐诗》中有自注:"巴人多在山坡架木为居,自号阁栏头也。"[①]为了充分适应山地复杂的地形、地貌环境,木干栏建筑演变为临水吊、跨峡过涧吊、平地起吊、半截吊、半边吊、双手推车两翼吊、钥匙头、三合水、四合院等多种多样的吊脚楼样式。土民出于安全考虑,多户聚居形成村寨,依山形势自然错落,没有固定的村落布局,体现出土家族对山地环境的充分适应和利用[②]。吴晓楠等考察了宣恩县张家寨吊脚楼建筑,认为山地聚落群依山就势,整体布局因地制宜,分层平整台面,形成了开敞的半合围式院落,空间利用率很高,体现了良好的生态意识[③]。

而鲁西奇研究传统中国的两种乡村聚落形态——散村和集村时,认为:"在一个特定区域内,集村与散村两种类型的聚落,并不是相互排斥的,而是相互补充的。"[④]鄂西南山区各州县人口聚落形态,即属于集村与散村的并存状态。如长阳县"僻处楚西,界连新疆,处在万山之中,山高林密,其乡村市镇烟户,尚有数十家联居之事,余则结茅岩谷,晨星落落"[⑤]。鄂西南山区的乡村聚落,出于生计考虑接近耕地。而鄂西南山区的耕地,主要

　　① 〔唐〕元稹撰:《酬乐天得微之诗知通州事因成四首》,〔清〕季振宜编:《全唐诗季振宜写本》卷333,《故宫珍本丛刊》第626册《清代诗文总集》,海口:海南出版社2000年10月版,第295页。

　　② 周传发:《鄂西土家族传统民居研究》,《安徽农业科学》2007年第25期,第7821—7822页。

　　③ 吴晓楠、杨欢欢、杨力行、王炎松:《鄂西宣恩县土家族民居实例初探》,《武汉大学学报(工学版)》2002年第5期,第87—90页。

　　④ 鲁西奇:《散村与集村:传统中国的乡村聚落形态及其演变》,《华中师范大学学报(人文社会科学版)》2013年第4期,第113—127页。

　　⑤ 〔清〕李拔纂修:乾隆《长阳县志》卷首《艺文志·详覆设五堡长议》,《故宫珍本丛刊》第143册,海口:海南出版社2001年4月版,第20页。

分布在俗称为坪、堖、冲、坝、坡等地形较平坦的地区。山区农民通常尽可能选择较平坦的土地用作耕地，而选择附近不宜耕作的坡地营建住宅，形成集村聚落。这种集村的山区聚落，大多以村、坪、堖、坝、坡、店、场、庄、垭、冲、圈等命名①。而在地广人稀、陡峻起伏的山地，最普遍的乡村聚落形态，是以单体建筑为主，零星散居的散村。乾隆三年（1738年），湖广总督德沛在奏折中分析作为"新辟苗疆"的鹤峰、长乐等州县人口分布状况是"居民稀少"，"各户皆散处四乡"②。《长乐县志》亦称长乐县深山村落中，屋舍分布萧疏，数里内仅有一家③。恩施县龙潭坪平坦如砥，形成山地较大的人口聚落，"一廛数十家"④。邓先瑞认为，长江中上游地区的一些山区乡村，呈现串珠形或星点形分布⑤，体现出山地环境对乡村人口聚落分布形态的影响。

　　改土之初，鄂西南山区新设各县城的选址，必须考虑地形地貌等地理环境因素。长乐县令李焕春曾询问长乐故老有关城址由来，得知乾隆改土之初，曾考察渔洋关、长乐坪、紫金坪等数处地形地貌，最后选择本地，是因为本地形胜更重。但李焕春认为选择建城之地，是因地处适中⑥。

　　山地的地形、地貌环境因素，使作为行政中心的县城建筑布局难以符合传统规制。改土归流之初，鄂西南山区新设各县均受制于山地环境，难以按照传统规制建设。中国传统社会中，城垣建设古有定制，创建必怀有远虑，以军事防御为要。山地各府州县的自然条件和经济水平限制了改土新设各州县的城市建设，难以达到平原地区的传统规制。利川县改土归流

---

　　①　[清]李焕春原本，郑敦祜再续：光绪《长乐县志》卷2《疆域志》，《中国地方志集成·湖北府县志辑》第54辑，南京：江苏古籍出版社2001年9月版，第131—138页。

　　②　《奏为宜昌府容美地方卫屯昌营岁需兵粮远途背运艰难价昂请改用骡头驼运事》，乾隆三年六月二十日，中国第一历史档案馆军机处全宗档案，档案号：04—01—01—0028—016。

　　③　[清]李焕春原本，郑敦祜再续：光绪《长乐县志》卷12《风俗志》，《中国地方志集成·湖北府县志辑》第54辑，南京：江苏古籍出版社2001年9月版，第267页。

　　④　[清]王协梦修，罗德昆纂：道光《施南府志》卷27《艺文志》，道光十七年（1837年）扬州张有耀斋刻本，第51页。

　　⑤　邓先瑞：《长江流域乡村聚落环境及其可持续发展》，《沙洋师范高等专科学校学报》2003年第5期，第49—53页。

　　⑥　[清]李焕春原本，郑敦祜再续：光绪《长乐县志》卷首《城垣图》，《中国地方志集成·湖北府县志辑》第54辑，南京：江苏古籍出版社2001年9月版，第114页。

后,至乾隆三年(1738年),第二任知县杨应求莅任后,始仿麻城规制,创建衙署①。古代州县城公署建制讲究"廉远堂高",而山地环境下,难以按规制实现以高堂严名分的建筑布局。如巴东县"按传曰:廉远地,则堂高。堂地别,民所以严名分,此公署不可不饬也。巴之邑僻地狭,县治倚山峻险,不能如制"②。乾隆二年(1737年)建长乐县城时,城墙凭山跨涧,"城南北各缺数丈以通溪流"。且周围山高于城,违背了"设险以守,以资捍卫"的初衷③。姚雅琼认为土家族民居造型具有不对称、不方正、构图中心意识不强的非理性特征④。土家族民居的这种不对称、不方正其实并非土家族人民缺乏构图中心意识,从土家族纺织艺术西兰卡普的图样可以得到印证。这种不对称、不方正恰恰是为了适应山地环境,充分利用有限的建筑空间的结果。

　　由于鄂西南山区改土各县经济水平较低,各改土县的文武衙署建造迟缓,因陋就简。乾隆元年(1736年),来凤县曾拟在桐子园修建县城,因城基土性松浮,详议停修。所以来凤县自设县后,乾隆年间一直无城墙环卫。至嘉庆二年(1797年),知县康义民捐廉劝绅,建造了土城。至道光八年(1828年),经训导萧琴集县绅详议,呈请知县朱鸣凤捐廉,并劝绅捐资,改造为外石内土的新城⑤。建始县署历经明末战乱后,"悉皆草房"。康熙二十六年(1687年),知县史晟始改覆以瓦⑥。宣恩县知县衙署、典史署、城守署、忠峒汛把总署均始建于乾隆二年(1737年),巡检署沿用东乡土官旧署。来凤县知县衙署、学署、县丞署、发检署、典史署、城守千总署、把总署均始建于乾隆四年(1739年)。咸丰县知县署始建于乾隆四年(1739年)。利川县知

　　① 〔清〕王协梦修,罗德昆纂:道光《施南府志》卷22《官师志》,道光十七年(1837年)扬州张有耀斋刻本,第11页。

　　② 〔明〕杨培之纂修:嘉靖《巴东县志》卷1《政教记·公署》,《天一阁续修方志丛刊》第62辑,上海:上海书店出版社1990年12月版,第1240页。

　　③ 〔清〕李焕春原本,郑敦祐再纂:光绪《长乐县志》卷5《营建志》,《中国地方志集成·湖北府县志辑》第54辑,南京:江苏古籍出版社2001年9月版,第175页。

　　④ 姚雅琼:《鄂西土家族民居审美研究》,《山西建筑》2004年第13期,第10—11页。

　　⑤ 〔清〕松林等修,何远鉴等纂:同治《增修施南府志》卷5《建置志·城池》,《中国地方志集成·湖北府县志辑》第55辑,南京:江苏古籍出版社2001年9月版,第104页。

　　⑥ 〔清〕松林等修,何远鉴等纂:同治《增修施南府志》卷5《建置志·公署》,《中国地方志集成·湖北府县志辑》第55辑,南京:江苏古籍出版社2001年9月版,第108页。

县署始建于乾隆五年(1740 年),学署始建于乾隆四十二年(1777 年)①。

山地地形、地貌的自然条件,影响了山区聚落的选择。山区乡村聚落大多选择耕地相对集中、依山傍水便于劳作的山间平坝、湾槽和缓坡地带②。

山地环境下,地少平广,地旷人稀,城镇聚落的规模都较小,新设县城尤其如此。来凤县人少地荒,来凤县人口不满 1 万,县城仅只有数十家茅屋。随着四方流民的聚集,人口倍增③。咸丰县在乾隆三十五年(1770 年)时,仍深处万山,邑小如拳,人口不满三百户④。

道光年间,建始县人口较前增长不止十倍,但"住居星散","群萃而处者已不多见",如建始城外市肆之草纸街,不过数十家而已。建始县乡间最著名的板桥子、红岩子、高店子等集场,人口均不过数十家而已⑤。而长乐县城区、渔洋关、湾潭等城镇的街居民房稠密⑥。

法国人文地理学家让·白吕纳强调水环境在人们进行聚落选择时的重要性:"人们需水以供本身和家畜之需,因此,他们的住宅自然建造在溪流的旁边;这样一来,溪流的分布便往往可以解释房屋的分布了。"⑦山地生计的多样性,决定了聚落景观的多样性。由于山地人口的生存和生计离不开水资源,山区饮水维艰,山民多逐水源而居。故恩施县令詹应甲在诗中描述:"自言生聚托溪流,不问溪源出深谷,几家落落自成村。"⑧鄂西南地区无论宜昌府属巴东县、长阳县、鹤峰州、长乐县,还是施南府属恩施、建

①　[清]松林等修,何远鉴等纂:同治《增修施南府志》卷 5《建置志·公署》,《中国地方志集成·湖北府县志辑》第 55 辑,南京:江苏古籍出版社 2001 年 9 月版,第 108 页。

②　湖北省恩施市地方志编纂委员会编:《恩施市志》卷 16《城乡建设、环境保护》,武汉:武汉工业大学出版社 1996 年 11 月版,第 333 页。

③　[清]林翼池修,蒲又洪纂:乾隆《来凤县志》卷尾《来凤县志跋》,《故宫珍本丛刊》第 143 册,海口:海南出版社 2001 年 4 月版,第 444 页。

④　[清]松林等修,何远鉴等纂:同治《增修施南府志》卷 28《艺文志·即事五绝》,《中国地方志集成·湖北府县志辑》第 55 辑,南京:江苏古籍出版社 2001 年 9 月版,第 488 页。

⑤　[清]袁景晖纂修:道光《建始县志》卷 3《户口志》,《中国方志丛书·华中地方》第 326 号,台湾:成文出版社 1975 年版,第 250 页。

⑥　[清]李焕春原本,郑敦祜再续:光绪《长乐县志》卷 12《风俗志》,《中国地方志集成·湖北府县志辑》第 54 辑,南京:江苏古籍出版社 2001 年 9 月版,第 267 页。

⑦　[法]让·白吕纳著,李旭旦、任美锷译:《人地学原理》第 1 章《何谓人地学》,南京:钟山书局 1935 年 2 月版,第 24 页。

⑧　[清]松林等修,何远鉴等纂:同治《增修施南府志》卷 28《艺文志》,《中国地方志集成·湖北府县志辑》第 55 辑,南京:江苏古籍出版社 2001 年 9 月版,第 459—460 页。

始、利川、宣恩、咸丰、来凤各县,均处于长江、清江、酉水等河附近。长乐县
两大商业重镇渔洋关、湾潭,均得汉阳河、湾潭河水利之便。其中渔洋关场
被称为小汉口,成为鄂西南山区最重要的商品集散地①。如利川鸡公岭、
小河场、汪家营、木抚村、恩施县屯堡等集场、村落,均位于清江沿岸,其中
汪家营和屯堡分别为县属较大的人口聚落②。即使僻居深山野岭,山民建
宅也必临近溪泉。在利川县八乡水,又称老屋基河,有马、向、覃、田、孙、
冉、陈、黄八姓家族世定居于此,同饮一河水③。有咸丰七年(1857年),甘
春和在天坑中寻到泉水,举家从利川县播鼓嵌搬迁至官田坝。同治三年
(1864年),甘春和将此泉命名逸泉,并为之立碑。此后,甘氏家族累世聚
居逸泉周围,繁衍至今④。

　　鄂西南山区建筑形态,必须适应山地气候特点。鄂西南山区属于亚热
带山地气候,降雨集中在夏季。建房选址则多选择负阴抱阳、背山面水的
地方。欧阳玉研究宣恩县彭家寨建筑特色,认为彭家寨"依山傍水,避风朝
阳,讲求自然的形势,根据不同的地形进行不同的布局处理",注重节约土
地,利用山和水调节气候,鄂西南山区村寨建筑中体现出传统的生态观⑤。
从利川到咸丰一带地区,越往南气候越潮湿多雨,所以鄂西南乡村民居的
屋顶出檐越多,体现出乡村民居与环境的适应关系。改土归流以后,鄂西
南山区各县,汉族移民带来了适应江南潮湿气候的四水归池院落样式。乾
隆嘉庆年间,苗族、侗族等少数民族从川、湘、黔各地迁入,苗族依山傍水的
吊脚楼,侗族火铺塘、鼓楼、风雨桥等建筑样式亦传入鄂西南山区,体现了
不同民族利用山区木石资源,适应山地环境的高度民族智慧。

　　在鄂西南山区,城镇和乡村的建筑样式也有区别。如在巴东县城镇
中,居民采取聚居的方式,相互毗邻筑屋。房屋占地面积狭促,广仅一丈

　　①　[清]李焕春原本,郑敦祜再续:光绪《长乐县志》卷2《疆域志·场》,《中国地方志集成·湖
北府县志辑》第54辑,南京:江苏古籍出版社2001年9月版,第136页。
　　②　[清]王庭桢等修,雷春沼等纂:光绪《施南府志续编》卷2《续建置志·津梁》,《中国地方志
集成·湖北府县志辑》第55辑,南京:江苏古籍出版社2001年9月版,第640—641页。
　　③　[清]松林等修,何远鉴等纂:同治《增修施南府志》卷3《地舆志·山川》,《中国地方志集
成·湖北府县志辑》第55辑,南京:江苏古籍出版社2001年9月版,第91页。
　　④　王晓宁编著:《恩施自治州碑刻大观》第10编《风景名胜·逸泉碑》,北京:新华出版社
2004年10月版,第298页。
　　⑤　欧阳玉:《鄂西山村彭家寨现状的调查兼议山村传统聚落文化的传承与发展》,武汉大学
建筑设计及理论专业2005年硕士毕业论文,第30页。

许,进深仅数寻。巴东县是山城,所以城内房屋随地势高低而建,循台阶而进。在巴东县郊区的前、后里,民居多为独立草房,筑土为墙垣,顶上覆盖茅草。房屋布局为:左右两厢为寝室,室内皆挖水池以积水。屋外以藩篱围成院落,院外为场圃①。

长乐县房屋形制为上下两层瓦屋,左右厢房,中间开辟天井,称为四水归池。中间开辟门楼,两厢对峙的建筑形式称塞口厅。富户家还配有楼榭、花园、竹院,四周围以砖墙或土墙,多为平列三间房屋,旁边盖偏屋。其余贫户佃户大多为茅茨土阶形制②。

长阳县民居分三种。乡间富户以瓦屋为主,四面造屋,中留天井,称为四水归池;中设门楼,两厢对峙为老人头。殷实土户以竹木架瓦,或盖茅茨,比族错居。贫户、外来佃民多居茅屋,瓦屋少③。

恩施县龙潭坪有数十户人家,家家均就地取材,利用林木,建造板屋,屋顶亦使用木板④。

山区农民的经济水平较低,房屋建筑的功能分区不明晰。嘉庆年间恩施县令詹应甲在《春日郊行十二首》中记载:"山深无店可容车,人豕公然共一庐。"⑤

外来移民对鄂西南山区的城镇发展起着重要作用。如宣恩县在乾隆改土之初,荆棘丛生,百堵方兴。乾隆十二年(1747 年),安徽休宁商人宋文奇迁至宣恩县,捐资为宣恩县城铺石板路、开凿五条水沟,县城街市规模初步形成,宋文奇由此坐拥大量临街铺屋,富甲一县。道光元年(1821年),宋文奇之子宋宏尧与唐开洋等再次捐资续修宣恩县城水沟⑥。宣恩

　　① 〔清〕廖恩树修,萧佩声纂:同治《巴东县志》卷 10《风土志》,《中国地方志集成·湖北府县志辑》第 56 辑,南京:江苏古籍出版社 2001 年 9 月版,第 271 页。

　　② 〔清〕李焕春原本,郑敦祜再续:光绪《长乐县志》卷 12《风俗志》,《中国地方志集成·湖北府县志辑》第 54 辑,南京:江苏古籍出版社 2001 年 9 月版,第 267 页。

　　③ 〔清〕陈惟模修,谭大勋纂:同治《长阳县志》卷 1《地理志·风俗》,《中国地方志集成·湖北府县志辑》第 54 辑,南京:江苏古籍出版社 2001 年 9 月版,第 474 页。

　　④ 〔清〕王协梦修,罗德昆纂:道光《施南府志》卷 27《艺文志》,道光十七年(1837 年)扬州张有耀斋刻本,第 51 页。

　　⑤ 〔清〕詹应甲撰:《赐绮堂集》卷 12《诗》,《续修四库全书》编纂委员会编:《续修四库全书》第 1484 卷《集部·别集类》,上海:上海古籍出版社 2002 年 6 月版,第 399 页。

　　⑥ 〔清〕王庭桢等修,雷春沼等纂:光绪《施南府志续编》卷 2《续建置志·津梁》,《中国地方志集成·湖北府县志辑》第 55 辑,南京:江苏古籍出版社 2001 年 9 月版,第 642 页。

知县张廷煊曾赠诗赞宋宏尧:"生来性有土木癖,誓不破产功不已。"①同治十二年(1873 年),宣恩县令胡昌铭倡修宣恩县城水沟及护城河岸。县令胡昌铭劝县绅筹捐,拨 200 贯钱,疏通全城水沟,又拨 40 贯钱修筑护城河岸②。

改土归流以后,鄂西南山区,尤其是改土各县的人口聚落形式发生了变化。山上的寨堡不再是主要的聚落形式,大批外来移民多选择山间平地如坪、坝、场、冲、坡等地用砖石竹木建筑房屋,而深山贫困的棚民则搭建简易的茅棚栖身。

四、寨堡:山地社会动荡中的特殊聚落

人文地理学认为:"战争在文化与环境的互动中是一个重要因素,战争的恐惧使人们聚集在拥挤的聚落中,为了安全需求,放弃易获取资源的途径。"③改土归流打破了汉土对立的族群的边界,但由于鄂西南山区地处川、鄂、湘三省边界,白莲教起义、啯匪、太平天国起义等社会变乱,迫使鄂西南山地聚落形态必须充分考虑建筑的安全防御功能。具有军事防御功能的寨堡等建筑,成为山区人民躲避战乱的庇护所。严如熤认为,山地各州县"寨堡之设固足保民,于剿贼机宜亦大有裨益。"由于山区地广人稀,村落星散,设立寨堡时,清廷往往"因山成寨,并村为堡"④。

据《湖北通志》统计,鄂西南各土司境内曾建有大量寨堡:容美土司境内曾建有白溢寨、连天砦、天星砦、观音砦、天泉山砦,石梁司境内建有枪刀寨,高罗土司境内有歌罗砦,散毛土司曾设保靖寨,沙溪司境内曾建石龙堡,龙潭司境内曾设船山寨,建南土司境内曾建有张武寨⑤。

土司兴建的寨堡在改土归流后,仍留下了大量寨堡遗址,见证了鄂西南

---

① [清]张金澜修,蔡景星等纂:同治《宣恩县志》卷 18《人物志》,《中国地方志集成·湖北府县志辑》第 57 辑,南京:江苏古籍出版社 2001 年 9 月版,第 240 页。

② [清]王庭桢等修,雷春沼等纂:光绪《施南府志续编》卷 2《续建置志·津梁》,《中国地方志集成·湖北府县志辑》第 55 辑,南京:江苏古籍出版社 2001 年 9 月版,第 642 页。

③ [美]朱利安·H·斯图尔特著,潘艳、陈洪波译,陈淳校:《文化生态学》,《南方文物》2007 年第 2 期,第 118—122 页。

④ [清]严如熤撰:《三省边防备览》卷 11《策略》,道光二年(1822 年)刻本长阳县衙藏板,第 31、37 页。

⑤ 吕调元等修,张仲炘等纂:民国《湖北通志》卷 36《建置志十二·关隘二》,宣统三年(1911 年)修,民国十年(1921 年)商务印书馆影印本,第 1101 页。

土司的寨堡聚落形式。据同治《施南府志》记载,同治年间,宣恩县东南青龙山上,仍残存有土司寨基址。来凤县亨康里山上仍遗留有散毛司宣抚所建寨堡①。据《来凤县志》记载,来凤县改土归流前,曾有七土司各据峒谷自固②。另据《利川县志》记载,利川县西 160 里的石龙堡,曾为土司废治所③。

　　地方乡绅凭险立寨,编设团练。嘉庆年间,由于白莲教起义波及鄂西南,清廷为镇压起义,令鄂西南乡民修寨砌卡,堵御白莲教起义军。嘉庆元年(1796 年),来凤县孝原里民因战乱,避乱于高洞④。得保全者六百余人⑤。乾隆年间,公安人祝道宣迁至建始县三岔坪,祝道宣及子祝肇文将红岩洞改造为石屋。嘉庆元年,白莲教起义军攻至建始县,三岔坪附近乡民数十人避居红岩洞。嘉庆二年(1797 年)夏,更多士民为避难而逃至红岩洞⑥。嘉庆四年(1799 年),利川县鱼木寨组织团练,团长募资组织乡民修建寨堡⑦。嘉庆六年(1801 年)九月,来凤县贡生张治为避乱,奉亲逃至天然洞⑧。嘉庆七年(1802 年),建始县三里坝乡民鉴于邻县白莲教兵祸之苦,筹集资金在山顶建筑寨子堡⑨。清廷担心川陕鄂三省山区堡寨被匪徒占据,嘉庆八年(1803 年),嘉庆帝谕令各省一概拆去堡寨。湖广总督吴应熊、湖北巡抚全保奏称,郧宜一带山中所筑堡寨在一县之中,不过数处或十余处,"大都墙垣高厚,居民较众,且已建筑瓦房,俨成市镇,小民藉作保

① 〔清〕松林等修,何远鉴等纂:同治《增修施南府志》卷 3《地舆志·山川》,《中国地方志集成·湖北府县志辑》第 55 辑,南京:江苏古籍出版社 2001 年 9 月版,第 80、83 页。
② 〔清〕李勖修,何远鉴等纂:同治《来凤县志》卷 7《建置志·城池》,《中国地方志集成·湖北府县志辑》第 57 辑,南京:江苏古籍出版社 2001 年 9 月版,第 324 页。
③ 〔清〕何蕙馨修,吴江纂:同治《利川县志》卷 1《疆域志·山川》,同治四年(1865 年)刻本,第 18 页。
④ 〔清〕李勖修,何远鉴等纂:同治《来凤县志》卷 32《杂缀志》,《中国地方志集成·湖北府县志辑》第 57 辑,南京:江苏古籍出版社 2001 年 9 月版,第 557 页。
⑤ 〔清〕松林等修,何远鉴等纂:同治《增修施南府志》卷 3《地舆志·山川》,《中国地方志集成·湖北府县志辑》第 55 辑,南京:江苏古籍出版社 2001 年 9 月版,第 82 页。
⑥ 〔清〕祝肇文著:《山居记》,载祝氏宗族修谱委员会编:《湖北恩施三岔祝氏宗族族谱》,2006 年 8 月版,第 32—33 页。
⑦ 王晓宁编著:《恩施自治州碑刻大观》第 6 编《洞府寨卡及其它建筑·鱼木寨寨楼碑》,北京:新华出版社 2004 年 10 月版,第 223 页。
⑧ 〔清〕李勖修,何远鉴等纂:同治《来凤县志》卷 31《艺文志·避乱天然洞》,《中国地方志集成·湖北府县志辑》第 57 辑,南京:江苏古籍出版社 2001 年 9 月版,第 543 页。
⑨ 王晓宁编著:《恩施自治州碑刻大观》第 6 编《洞府寨卡及其它建筑·寨子堡碑》,北京:新华出版社 2004 年 10 月版,第 224 页。

障",奏请等到"残匪"肃清时,再行拆毁堡寨不迟①。

白莲教起义结束后数十年,鄂西南山区人民仍风声鹤唳,闻警而惊。为求自保,各地仍不断集资修筑寨堡。如嘉庆十八年(1813 年),利川县柏杨坝乡毛田张家坝修建了安乐寨②。道光二十年(1840 年),建始县花坪乡蛮王洞吴荣江、颜其周等 50 多人捐资修筑保全寨③。

咸丰年间,为了抵御太平军的进攻,鄂西南山区亦建筑了一批寨堡。如咸丰四年(1854 年),宣恩县沙坪乡建筑了羊角寨。咸丰十一年(1861年),石达开率起义军攻破此寨④。咸丰十一年(1861 年),因传言太平军将至,咸丰县居民扶老携幼,各避峒寨⑤。在宣恩县东南 140 里有青龙山,高约 15 里,四面江水环绕,悬崖峭立,仅有一小径可通山上,地势险要。山上有羊角寨,残存土司寨基址。咸丰十一年(1861 年),曾、周、何三姓族人共百余人在此避难⑥。同治《利川县志》载,为防御石达开太平军进犯,乡绅陈茂才寿田联络绅耆,在距利川县西 60 里的中和山上凭险筑寨,结庐而居。平时作为讲学之地,战时作为团练之所⑦。在恩施县南 15 里红崖山有鼓楼砦⑧。咸丰十一年(1861 年),利川县南百里的百家寨、县南 30 里的人和寨、县北 3 里的铁炉寨、离县 150 里的船山寨、大洞山东的一品山寨,均成为附近乡民避难之所。咸丰十一年(1861 年),利川县民陈寿田联络乡里在中和山上凭险设立中和山寨,作为团练之所⑨。利川县东 50 里雪照河

① 《奏为遵旨筹议所属地方拆毁土堡石堡及编查保甲户册办理团练事》,嘉庆八年五月二十二日,中国第一历史档案馆宫中档全宗,档案号:04—01—02—0023—007。

② 王晓宁编著:《恩施自治州碑刻大观》第 6 编《洞府寨卡及其它建筑·安乐寨碑》,北京:新华出版社 2004 年 10 月版,第 225 页。

③ 王晓宁编著:《恩施自治州碑刻大观》第 6 编《洞府寨卡及其它建筑·保全寨碑》,北京:新华出版社 2004 年 10 月版,第 224 页。

④ 王晓宁编著:《恩施自治州碑刻大观》第 6 编《洞府寨卡及其它建筑·羊角寨石刻》,北京:新华出版社 2004 年 10 月版,第 226 页。

⑤ 徐大煜纂修:民国《咸丰县志》卷 12《杂志》,民国三年(1914 年)劝学所刻本,第 150 页。

⑥ [清]松林等修,何远鉴等纂:同治《增修施南府志》卷 3《地舆志·山川》,《中国地方志集成·湖北府县志辑》第 55 辑,南京:江苏古籍出版社 2001 年 9 月版,第 80 页。

⑦ [清]何蕙馨修,吴江纂:同治《利川县志》卷 1《疆域志·山川》,同治四年(1865 年)刻本,第 15—16 页。

⑧ [清]王协梦修,罗德昆纂:道光《施南府志》卷 3《疆域志》,道光十七年(1837 年)扬州张有耀斋刻本,第 4 页。

⑨ 吕调元等修,张仲炘等纂:民国《湖北通志》卷 36《建置志十二·关隘二》,宣统三年(1911年)修,民国十年(1921 年)商务印书馆影印本,第 1101 页。

两崖峭壁层岩,岩腰处有落水洞,人迹罕至。同治元年(1862 年),远近县民争赴落水洞避乱①。此外利川县南 110 里有通洞,土人多在此避战乱。

山地社会为了维护社会公共安全,还将宗族祠堂等公共建筑改造成为具有军事防御功能的城堡。如位于川楚交界的利川大水井建筑群,从道光年间至民国年间不断扩建,其中,李氏宗族祠堂在建造过程中吸收了四川碉楼与石墙的建筑样式,成为宗族成员躲避匪祸兵灾的安全堡垒。

小　结

清代鄂西南山区封闭的自然环境和封建王朝民族隔离的政策,阻碍了山区人口的自由流动,影响了跨民族的经济、文化交流,这是鄂西南山区长期贫困、落后的重要原因之一。明清鼎革之际的战争造成了山区封闭社会的松动,客观上推动了山区人口的大规模流动。

改土归流后,政治上的大一统,扫清了山区人口流动的政治障碍,外地客民成为清代鄂西南山区人口增长的主要来源。流民进入山区,不仅改变了山区的人口质量和人口结构,还改变了山区的人口聚落形态。

---

① ［清］松林等修,何远鉴等纂:同治《增修施南府志》卷 3《地舆志·山川》,《中国地方志集成·湖北府县志辑》第 55 辑,南京:江苏古籍出版社 2001 年 9 月版,第 91 页。

第五章　山地环境与山地社会

　　朱利安·H·斯图尔特认为社会结构对环境的反应最为明显,社会形态"所有的特征都同等地受制于某种特定生态方式",而在"只能通过食物采集来利用分散零星资源的简单社会,显然必须分散成很小的群体,因为其社会成员是相互竞争的"[①]。不同社会群体对环境的适应,通过与相邻其他群体的互动受到影响。社会群体之间的互动分为竞争与合作两个方面,如贸易、通婚、合作、战争及其他竞争形式。改土归流以后,土司地区原有的兵农合一的旗长制社会结构崩溃。清廷用国家行政力量,在鄂西南山区兴办科举,推广儒学教育,培育地方绅士阶层,地方乡绅成为国家与民间社会联结的纽带。通过编查保甲、组织团练,形成稳定的地缘社会组织形态。通过宗族组织的建构,形成稳定的血缘社会组织形态。而地缘网络与血缘网络的交织,形成超稳定的东方社会。

第一节　清初鄂西南土司社会

一、清初土司制度下的山地社会

　　鄂西南山区动植物资源十分丰富,但是土地资源十分贫瘠。山地资源条件决定了山区经济形态以狩猎、采集和畲田农业为主。这种相对原始的、粗放型的经济形态,生产力水平较低,社会分工不发达,只能提供十分有限的经济基础。在这样薄弱的经济基础之上,鄂西南山区形成了旗长制土司宗法社会。鄂西南山区土司社会社会控制体系,呈现出军民一体、家国一体的特征。

　　清初,鄂西南山区土司与土民已形成了封建农奴制生产关系。土司地

---

　　① ［美］朱利安·H·斯图尔特著,潘艳、陈洪波译,陈淳校:《文化生态学》,《南方文物》2007年第 2 期,第 107－112 页。

区人少地多,所以土地任民开垦,由土司官署提供牛具,不收租税,但土民必须无偿服兵役和徭役,服役时自带粮食。服徭役者免服兵役。土民每季轮流服 10 天徭役,徭役分为搬运行李等苦差事和侍候土司的宾客等闲差事①。在劳役地租制下,山区土司社会形成了土司对土民较强的人身束缚关系。《来凤县志》记载:"土司各分部落曰旗,旗各有长,管辖户口,分隶于各州司,而统辖于总司,有事则调集为兵,以备战斗,无事则散处为民,以习耕凿。"②土司社会通常按人户"三里一旗"或"五里一旗"。在社会管理方面,旗长专制一旗土民,土民生产子女必须向旗长报名,承担差役和赋税。如果未呈报名籍,旗长等土官有权任意杀戮掠卖。

　　鄂西南山区土司田地多系荒山,土司招佃开垦荒地。佃农承佃和辞佃均必须备酒席延请田主。佃农必须先出若干银钱修治田地,田主只收取田课,以完纳粮赋。如果佃种土司官田,则采取官、佃对半分成,粮赋充土司兵食用度。如佃农不种则令其另招佃顶拨。顶价超过原价,田主也不过问③。在湖南各土司中也有类似的承佃钱名目,如在永顺称为火坑钱,因为民间每炊灶一坑,征银二钱二分。在保靖称锄头钱,每一锄入山耕种,纳银三五钱不等。桑植称烟火钱,与火坑钱相等。土司将成熟田地留给自己耕种,余地分给舍把头人,民间只有零星硗确田地。每年任意杂派,成为土司的陋习④。土司地区土民的赋役比汉民沉重,故雍正帝在上谕中称:"每于所属土民、多端科派。较之有司征收正供、不啻倍蓰。甚至取其马牛,夺其子女,生杀任情。土民受其鱼肉。"⑤

　　鄂西南山区深山阻隔的地理环境,以及僻处西南、远离华夏文明的区位,使土司社会相对封闭,缺乏完善的成文法,依传统习惯法处理社会纠纷。除了土司在社会中具有专制权力外,依照宗法关系,舍把土官均有权审理民间户、婚、田土等民事案件和命、盗等刑事案件。土司社会中存在的

　　① 〔清〕顾彩著:《容美纪游》,武汉:湖北人民出版社 1999 年 9 月版,第 316 页。
　　② 〔清〕李勷修,何远鉴等纂:同治《来凤县志》卷 32《杂缀志·摭拾》,《中国地方志集成·湖北府县志辑》第 57 辑,南京:江苏古籍出版社 2001 年 9 月版,第 561 页。
　　③ 〔清〕聂光銮等修,王柏心等纂:同治《宜昌府志》卷 16《官师志·杂载》,《中国地方志集成·湖北府县志辑》第 49—50 辑,南京:江苏古籍出版社 2001 年 9 月版,第 321—322 页。
　　④ 〔清〕卢元勋纂,周来贺修:同治《桑植县志》卷 2《赋役志·田赋》,《中国地方志集成·湖南府县志辑》第 70 辑,南京:江苏古籍出版社 2002 年 7 月版,第 35 页。
　　⑤ 《清世宗实录》卷 20,雍正二年五月辛酉条,北京:中华书局 1985 年 10 月版,第 326 页。

各种社会陋习,暴露了土司社会阶层间的复杂的社会矛盾:审案之前,以贿赂钱数多少定官司胜负。结案后,土官还要向胜者索谢恩礼,向负者索赎罪钱。无钱则被籍没家产,折卖人口。土司委任舍把土官到任时,地方头目如寨长必须派送贺礼,贫困土民也必须竭力筹备,而地方头目则乘机加派肥己。所以,在改土归流之季,土民乃至部分土官背弃土司,弃之若履。鄂西南山区的改土归流,并未引发土民社会的激烈抗争。

从土家族语言景观中,亦可反映土家族社会的基本特点。近代以来,西方人类学家擅长从语言景观的亲属称谓中,寻找解析一个社会的线索。摩尔根认为亲属称谓反映了一个社会的婚姻形式及相应的家庭结构,麦克伦南认为亲属称谓与实际的血缘关系无关,只是人们互相行礼致意的形式。而拉德克利夫—布朗认为,亲属称谓反映人际之间社会地位。塞维斯认为亲属称谓只是地位称谓的一种,并不能充分地反映整个社会。土家族语言景观中的亲属称谓,亦能显示出土民家庭关系的社会结构特点。在严汝娴主编的《中国少数民族婚姻家庭·土家族》一书中,记载了土家族的亲属称谓,按世代、性别可划分为以下六个亲属群体:

表 5—1　土家族称谓分类表

称谓 世代	男 性		女 性	
	称谓	家庭关系	称谓	家庭关系
父母辈	卡开	姑父、舅父、岳父、公公	麻玛	姑母、舅母、岳母、婆婆
兄姐辈	阿哥	兄、堂兄、姨表兄	阿达	姐、堂姐、妻姐、姨表姐
弟妹辈	阿海	弟、堂弟、妻弟、姨表弟	阿海	妹、堂妹、妻妹、姨表妹

资料来源:严汝娴主编:《中国少数民族婚姻家庭·土家族》,北京:中国妇女出版社1986 年 1 月版,第 516 页。

由表 5—1 可知,土家族称谓按美国人类学家摩根的分类体系划分,当属最简单的夏威夷系统,即只区分性别和辈分,没有血亲与姻亲的差别,亦没有直系与旁系的区分、没有夫族与妻族的界限。在未适婚龄的弟妹辈中,甚至没有男女性别的区分。从人类学角度来看,亲属称谓从简单到复杂,或从复杂到简单的演变虽有一定的随机性,但一般认为亲属称谓系统越精密复杂,社会阶层划分越分明,社会结构越复杂。土家族的家庭谱系结构远比汉族简单,这表明:一是土家族家庭关系在社会生活中的地位不像汉族那么重要。二是土家族的社会交往活动不发达,社会关系中的亲疏等级划分不需要像汉族社会那么繁复。三是土家族社会分工不发达,社会阶层分化不充分。

鄂西南山区社会山地环境的相对封闭性,使山区土家族互相通婚的姻亲族群、年龄级序十分有限,从而降低了山地土民社会的复杂性。

二、土司对流寓管理与流寓的社会分化

鄂西南山区偏远、封闭的地理环境,使山区成为地界苗疆汉土的华夏文明社会边缘。历史上,在汉族社会中受到政治、经济迫害的人群,从汉族社会中游离出来,进入鄂西南山区。早在南北朝时,就有桓诞因受政治迫害,逃亡鄂西南山区太阳蛮,学习蛮俗,以智谋过人而成为群蛮首领,建立施王屯,号称施王。中原王朝通常将贬谪官员,遣至鄂西南山区进行政治冻结。长期定居生活,逐步融入土家社会,形成汉民土家化的民族认同变迁。早在明初,就有施州卫汉民逃亡土司地区,并通过蛮夷化,其子孙融入土家社会,逐渐向土司社会上层渗透,谋夺印信,获得土官职名。明永乐年间,即有施卫等处汉民谭文昌、谭暹、廖汝凤、秦忠逃入高罗、忠建、镇南、忠峒等司境,混入土司上层社会。谭、廖、秦等人随同土官入贡,诈称前土官后裔,冒袭佐贰土官。回司地后,诱夺土官印信,谭、廖、秦诸姓子孙冒袭土官。直至弘治年间,被明廷擒获,印信收缴。正德年间,经巡抚都御史秦金奏请,方才恢复忠峒、忠建、高罗土官职名,而镇南长官司则人亡司废[①]。隆庆年间,由于施州卫卫官朘削人民,"致民逃夷地为乱"[②]。

明末清初,一批南明官宦避难鄂西南土司地区,受到容美等司礼遇。如容美司紫草山有隐士宋生,常德武陵人,原为明督师学士文安之幕客,文安之死后,为文安之守墓至 80 余岁不肯下山,土司田舜年仍礼遇待之[③]。

---

①　《明武宗实录》卷 126,正德十年六月甲申条,上海:上海书店出版社 1982 年 10 月版,第 2532－2533 页。

②　[清]张廷玉等撰:《明史》卷 310《列传第一九八·湖广土司》,北京:中华书局 1974 年 4 月版,第 7993－7994 页。

③　[清]顾彩著:《容美纪游》,武汉:湖北人民出版社 1999 年 9 月版,第 310－311 页。

田舜年为恢复经济,"好客礼贤,招徕商贾"。为了方便迎接客人,康熙四十二年(1703 年)间,在湖南省岳州石门县营建宜沙别墅①。

顾彩游历容美时,曾在容美司中见到许多客民,分别来自江西、浙江、陕西、山东。"或以贸易至,或以技艺来",土司客人膳食均由专门的官厨负责。如果外来客愿定居容美司者,则土司为其分田安家,成为土司属民,不再享受客人的待遇②。初至容美的客人,是相当尊崇的。根据顾彩的见闻,土司对怠慢客人的土人会处以割耳之刑。所以顾彩在康熙四十二年(1703 年)正月,听说容美路远且险,准备放弃行程时,田舜年的使者苦求:"吾主法甚严,若不往,必以使者为速客不虔,归而取罪重矣。"③

田舜年从邻近府县请来一批文人充当幕僚,或教授子侄。四川省的孝廉高冈在容美司充任书记宾,荆州府庠生钟南英,任田舜年之子田曜如的塾师,岳州府庠生祝九如,曾任田舜年孙子图南的塾师④。恩施诸生王封镇被土司田舜年馆聘修施州卫志⑤。以上诸客均为土司座上宾,备受尊荣,与田舜年共同饮酒唱和。长阳县民刘国怀原籍江西,先祖流寓至长阳,崇祯年间,五峰司张应龙之子张纪等赴长阳应试,结识刘国怀的兄弟,遂两家缔交。张纪继任五峰土司后,延请刘国怀为幕宾,教授其子张福谦,而刘国怀之子刘尚宾任五峰司中军。张土司为笼络刘氏父子,赐以田宅⑥。

浙江人皇甫介最初作客容美,因行为不端,几为土司田舜年所杀,被田晒如所救,得免罪,但降居属民行列。因语言粗鄙,被土司田舜年所鄙薄嘲弄。顾彩曾记录了这样一件事:田舜年得知皇甫介畏惧爆竹,潜令童子将巨大的爆竹放置在皇甫介的座椅下面,点燃后,受惊吓的皇甫介连椅一起惊倒。田舜年捉弄皇甫介,表明皇甫介失去客人身份后,土司不会再尊重他⑦。

改土归流以前,鄂西南地区荒地广阔,人民稀少。凡有外来客民迁徙

①　[清]顾彩著:《容美纪游》,武汉:湖北人民出版社 1999 年 9 月版,第 281 页。

②　[清]顾彩著:《容美纪游》,武汉:湖北人民出版社 1999 年 9 月版,第 307 页。

③　[清]顾彩著:《容美纪游》,武汉:湖北人民出版社 1999 年 9 月版,第 272 页。

④　[清]顾彩著:《容美纪游》,武汉:湖北人民出版社 1999 年 9 月版,第 309 页。

⑤　[清]多寿修,罗凌汉纂:同治《恩施县志》卷 9《人物志》,《中国地方志集成·湖北府县志辑》第 56 辑,南京:江苏古籍出版社 2001 年 9 月版,第 501 页。

⑥　[清]陈惟模修,谭大勋纂:同治《长阳县志》卷 7《杂纪志·遗闻》,《中国地方志集成·湖北府县志辑》第 54 辑,南京:江苏古籍出版社 2001 年 9 月版,第 612 页。

⑦　[清]顾彩著:《容美纪游》,武汉:湖北人民出版社 1999 年 9 月版,第 309 页。

本地,土司多择地安插,不许客民随意开垦。康熙、雍正年间,卯峒土司将客民分别安置在司内各地,详见下表:

表 5—2　康熙、雍正年间卯峒土司安插客民一览表

地点	时间	客民姓氏
截道河	康熙四十八年 (1709 年)	颜正秀、王通智、彭光朝、孟汝平、陈心恒、李茂照
峒长坪	康熙五十一年	杨胜敏、杨胜启
龙潭坝 二台坪	康熙五十三年 康熙五十四年	雷士瑞、钟尚朝、李大纲、滕先之
杨柳沟	康熙五十四年	滕先之
龚家坝	康熙五十二年	郑见先、伍名泰
杨柳沟头截	康熙六十年	李大纲
马立坝	雍正五年(1727年)	杨胜启
哑聋	雍正五年	五子贤
马路沟	雍正七年	廖士贵
坐线坪、石灰溪、后槽	雍正九年	田玉圭、杨俸才

资料来源:《安插各地各姓氏》,张兴文、牟廉玖注释:《卯峒土司校注》,北京:民族出版社 2001 年 4 月版,第 24 页。

　　《卯峒向氏族谱》载:在卯峒司地区,曾、雷二姓客民被安置在朱家寨、二台坪;郑、杨、蒙三姓客民被安插在峒长坝、小坝、龚家坝;田、杨二姓客民被安置在滕武池、石灰溪、坐线坪、后槽;杨姓客民被安置在马立坝;廖姓客民被安置在马路沟;彭、颜、王、李、陈、谭六姓客民被安插在截道河[①]。根据嘉庆十二年(1807 年)来凤县令的《承赎怯道河业执照》、进士陈盛佩所撰《皇清敕授卯峒军民安抚使子坤公传赞》、向氏十四世孙向正彬所记《地亩》,康熙四十八年(1709 年)安插的六姓中无孟姓,而是谭姓。此六姓来自贵州清浪卫路溪屯民。此六姓客民"承当夫差,田不纳租,夫不给粮,来不买业,去不卖产"。客民只有土地使用权,而无所有权,实行劳役地租,土司与客民间的经济关系属于主佃关系,客民必须承当差徭,表明是一种劳

---

①　张兴文、牟廉玖注释:《卯峒土司志校注》,北京:民族出版社 2001 年 4 月版,第 108—113 页。

役地租①。

由于土司境内汉族客民给山区社会注入了新的生产方式和社会模式，土司社会在结构和功能上允许产生一些变异，从而具有容纳外来社会因子的弹性空间。如散毛、容美等土司当时针对土民与汉民的社会特征差异，实行土、汉分治的双轨制司法体系。治理土民采取土司习惯法，管理汉民用流官，依照汉族律法审理："土人有罪，小则土知州长官等治之，大则土司自治。若客户有犯则付经历，以经历为客官也。"②

但是，作为亚文化群体的汉族客民，仍不得不受到主流土司社会的束缚。流寓汉族客民必须入乡随俗，每年向该处舍把土官输送盐米，筹备四时节礼，方可获准挖山耕种。土司旧习惯法规定，每年每户必须向土司、家政、总理、舍把等四处馈送稻米、鸡、鸭、肉肘等实物。即使无力采办的穷民，也必定设法供奉土官、家政、总理、舍把。每逢年节，凡商贾、客民必须向土官、家政、总理、舍把等馈送节礼。如有不周，或强取其货物，或抄掠资财。

第二节　改土归流对鄂西南山地社会的影响

一、基层社会控制体系的建立与发展

（一）保甲组织的建立

张建民在《湖北通史·明清卷》一书中，认为："在基层社会控制方面，清代既继承了明代里甲制，也沿袭了宋明实行过的保甲制。前者的主要职能是征收赋税，后者的主要职能是维护地方治安。"③由于康熙年间保甲制推行并不理想，雍正年间，朝廷对保甲制大力整饬推行。雍正、乾隆年间，

---

①　张兴文、牟廉玖注释：《卯峒土司志校注》，北京：民族出版社 2001 年 4 月版，第 108—113 页。

②　[清]李勖修，何远鉴等纂：同治《来凤县志》卷 32《杂缀志·撷拾》，《中国地方志集成·湖北府县志辑》第 57 辑，南京：江苏古籍出版社 2001 年 9 月版，第 561 页。

③　章开沅、张正明、罗福惠主编，张建民著：《湖北通史·明清卷》，武汉：华中师范大学出版社 1999 年 6 月版，第 141 页。

保甲制整顿和督察的重点放在交边地区、少数民族杂居地区、僻远山区①。杨国安在《明清两湖基层组织的设置与演变》一书中，认为清初两湖地区里甲制与保甲制并行，里甲制和保甲制逐渐合二为一。而鄂西南施州卫在改土归流后，作为汉化较深地区，清廷基本上遵照内地民户保甲定式编排②。周荣在《明清社会保障制度与两湖基层社会》一书中，认为清前期两湖地区的基层乡约、里甲、保甲等组织共同承担维持乡村社会秩序和保障人民生活的功能③。吴雪梅认为在改土归流之初，国家为了消除鄂西南地区土司统治的印记，通过县以下建立一套严密的保甲机制来控制乡村，用儒教文化来实施以夏变夷。吴雪梅考察了建始县景阳河宗族组织的形成和发展，认为鄂西南土著在清代中后期，在汉文化的影响下，逐渐形成了宗族组织，这些宗族组织逐渐发展成为乡村社会控制的主体④。

　　清人朱泽沄在《田赋总说》一文中认为，里甲制为保甲制的基础，只有熟习了"户口之淳漓，田亩之高下"，条教号令才能有所施行⑤。恩施县、建始县、长阳、巴东县作为汉地县，早在明代就编制有里甲。恩施县在明代编户三里，崇宁里、市郭里、都亭里，各里每百户设乡约、保正各一名，牌头十名，按编户分里。因设卫兴屯，又有里籍与屯籍之分。屯籍为调拨而来的军户，而里籍为土著民户。清代里籍民户的田赋，比屯籍军户减少三分之一⑥。《施南府志》之《选举志》中有都亭乡、常平乡、道政乡、南岩乡等名称，认为除了屯籍、里籍之外，还有乡籍。而《施南府志》之《沿革志》中曾提及施州卫辖五里，不止三里。清初恩施县基层社会控制体系中，里甲制融合了保甲制，在组织层次上，依次为1（里）甲下辖4保，1保下辖5甲，1

　　①　章开沅、张正明、罗福惠主编，张建民著：《湖北通史·明清卷》，武汉：华中师范大学出版社1999年6月版，第147页。

　　②　杨国安著：《明清两湖地区基层组织与乡村社会研究》，武汉：武汉大学出版社2004年10月版，第67—83页。

　　③　周荣著：《明清社会保障制度与两湖基层社会》，武汉：武汉大学出版社2006年10月版，第131页。

　　④　吴雪梅：《国家与地方势力：清代鄂西南土家族地区乡村社会权力结构的演变》，《云南社会科学》2008年第2期，第31—35页。

　　⑤　[清]贺长龄编：《清朝经世文编》卷29《户政四·赋役一》，光绪二十三年（1897年）武进盛氏思补楼刊本，第12页。

　　⑥　[清]松林等修，何远鉴等纂：同治《增修施南府志》卷6《建置志·里甲》，《中国地方志集成·湖北府县志辑》第55辑，南京：江苏古籍出版社2001年9月版，第119页。

(保)甲下辖10牌,1牌下辖10户。恩施县全县里甲分为三片:一为县丞分治里甲,分8甲,设乡约8名,保正32名,甲长170名,牌头1486名;二为县巡检分巡里甲,分8甲,设乡约8名,保正32名,甲长127名,牌头1289名;三为典史分列里甲,分9甲,设乡约9名,保正36名,甲长198名,牌头1982名。

张研在《对清代州县佐贰、典史与巡检辖属之地的考察》一文中,从重新认识清代国家权力与基层社会固有权力在制度层面的衔接的角度,认为"县丞分治""巡检分巡""典史分列"与属地划分及其在属地中的职责有关①。县丞的职责是征比钱粮、审理词讼,在乡镇多的地方易藏奸匪,分设巡检以缉捕盗匪。恩施县作为施南府首县,辖境辽阔,政事繁庶,需要佐贰官分防各乡,析分知县的权责,以便控制。恩施县丞署在城北九十里马者村,分防木贡,原设在县城东门内,乾隆二十九年(1764年)移至马者村。巡检署在县东一百二十里崔家坝,典史署在城内柿子坝②。员额有限的县级佐贰杂职官与乡约、保甲等乡官的融洽衔接,是清代强化县大事繁的山区乡村地方社会的重要措施之一。实际上,在其他省份,亦有此类机制。如乾隆年间,山东巡抚喀光头吉善奏称,"惠民县为附郭首邑,地阔政繁,须设佐贰分治"③。冯桂芬在《复乡职议》一文中谈到县佐贰官分治与皇权不下县及县令问题:"天子不能独治天下,任之大吏,大吏不能独治一省,任之郡守,郡守不能独治一郡,任之县令,县令不能独治一县,任之令以下各官,此分之说也。"根据周制,县正、鄜师、鄹长、里宰、邻长均由乡人担任,均纳入国家职官体系。而汉制中,县下的"乡"有三老、啬夫、游徼,均纳入国家职官系统。而清代州县设佐杂官四五人,分拨二三人分治各乡,都图设有地保、地总,管理民事,形成保甲制。晚清咸丰兵燹后,各省编设团练,分为图董、总董,其地方社会控制功能比保甲有效。冯桂芬主张折衷周、汉之法,"县留一丞或簿为副,驻城各图满百家公举一副董,满千家公举一正董","满五千家,设一巡检",丞簿由巡检升除④。

---

① 张研:《对清代州县佐贰、典史与巡检辖属之地的考察》,《安徽史学》2009年第2期,第5—18页。

② [清]松林等修,何远鉴等纂:同治《增修施南府志》卷5《建置志·公署》,《中国地方志集成·湖北府县志辑》第55辑,南京:江苏古籍出版社2001年9月版,第106页。

③ 《清高宗实录》卷260,乾隆十一年三月戊寅条,北京:中华书局1985年12月版,第371页。

④ [清]冯桂芬著:《校邠庐抗议》,上海:上海书店出版社2002年1月版,第11—13页。

　　由于鄂西南山区地广人稀,在不同地区人口分布密度大不相同,所以里甲制的编排必须根据实际需要进行调整。以清初恩施县丞分治里甲为例来分析,具体编户情况详见下表:

表5—3　清初恩施县丞分治里甲一览表

里甲	乡约	保正	甲长	牌头	范围
一甲	1名	4名	20名	210名	周190里
二甲	1名	4名	20名	220名	周120里
三甲	1名	4名	23名	234名	周190里
四甲	1名	4名	90名	191名	周180里
五甲	1名	4名	20名	200名	周180里
六甲	1名	4名	21名	220名	周180里
七甲	1名	4名	22名	220名	周110里
八甲	1名	4名	22名	220名	周120里
合计	8名	32名	170名	1486名	周1270里

资料来源:〔清〕松林等修,何远鉴等纂:同治《增修施南府志》卷6《建置志·里甲》,《中国地方志集成·湖北府县志辑》第55辑,第119—120页。

　　从表5—3可知,在恩施县县丞分治的8甲中,甲长总数为170名,所以四甲甲长数中90名与总数相牴牾,且与1甲等于10牌的制度相差太远,应为讹误,疑应为19名,然而此数仍与统计总数不符。《施南府志》原文中的统计数字,也可能存在问题。但仍可以看出,虽然各里甲中乡约和保正的数字比例是固定的,但保甲长与牌头数的比例却是因地而异,体现出制度的灵活性。表明基层社会控制体系在鄂西南山区实施时,充分考虑到山区人口分散的特点,并相应进行变通。

　　除了施南府首县恩施外,利川县可能亦有类似机制,故利川县的县丞署设在城南一百三十里忠路铺,巡检署在县北六十里南坪堡和县西的建南镇,典史署在县署西①。其中,南坪堡和建南镇均为利川县重要的商业市镇。

　　明朝洪武初年,长阳县曾实行里甲制,编户三乡十里,设崇教、安德、安

---

　　①　〔清〕松林等修,何远鉴等纂:同治《增修施南府志》卷5《建置志·公署》,《中国地方志集成·湖北府县志辑》第55辑,南京:江苏古籍出版社2001年9月版,第108页。

宁3乡,下分10里。万历九年(1581年),清丈田亩,增设崇善、定兴、新恩三乡,下辖六里。由于明末农民战争的破坏,清初长阳县仅编户三乡:崇教乡、安德乡、安宁乡①。由于长阳县崇山峻岭,居民分散居住,往往一个乡里经管数十里地,难以管理。

　　乾隆年间,县令李拔逐一清编,添设乡保。实际上李拔将保甲法与原来的里甲制相结合,通过编排保甲形成基层社会控制体系。崇教乡原设22名乡约,乾隆年间李拔增添了4名乡约;原设保正共31名,乾隆年间李拔增添了16名保正;原设49名牌甲,乾隆年间李拔增添了27名牌甲。乾隆年间崇教乡总共26名乡约,47名保正,76名牌甲,经管在籍人口总计7409户。安德乡原设14名乡约,乾隆年间李拔增添2名乡约;原设18名保正,乾隆年间李拔增添17名保正;原设22名牌甲,乾隆年间李拔增添40名牌甲。乾隆年间安德乡总共16名乡约,35名保正,62名牌甲,经管在籍人口总计7972户。安宁乡原设15名乡约,乾隆年间李拔增加了3名乡约;原设保正21名,乾隆年间李拔增添了19名;原设27名牌甲,乾隆年间李拔增添了42名牌甲。乾隆年间安宁乡总共19名乡约,40名保正,69名牌甲,经管在籍人口7743户②。乾隆年间,长阳县原设乡约50名,乾隆年间增设10名乡约,原设75名保正,乾隆年间增设52名保正;原设97名牌甲,乾隆年间增设121名牌甲。

　　以长阳县崇教乡为例,乾隆年间,崇教乡各里的乡约、保正、牌甲人员数额与民户数额比例,既不符合10户一牌、10牌一甲、10甲一保的保甲法,也不符合10户一甲、10甲一里的里甲制。这表明在清初,鄂西南山区各县保甲制和里甲制也出现融合趋势。其中,某些里没有乡约,只有保正;某些里乡约、保正多于牌甲,多数里的牌甲多于乡约、保正。这表明保甲和里甲系统的分层结构仍存在,只是受山区人口聚落分布的疏密变化影响,编排时根据实际情况进行了相应调整。如县城里人口相对集中,所以232户只设了一个牌甲,而有2名乡约,2名保正。乾隆年间长阳县崇教乡基层组织设置与民户数详见下表:

　　① 〔清〕李拔纂修:乾隆《长阳县志》卷2《建置志·乡甲》,海口:海南出版社2001年4月版,《故宫珍本丛刊》第143册,海口:海南出版社2001年4月版,第57—58页。

　　② 〔清〕李拔纂修:乾隆《长阳县志》卷2《建置志·乡保甲》,海口:海南出版社2001年4月版,《故宫珍本丛刊》第143册,海口:海南出版社2001年4月版,第66—71页。

表5—4　乾隆年间长阳县崇教乡保甲组织人员增设与人口数额一览表

乡名	里名	时间	乡约	保正	牌甲	烟民户数
崇教乡	县城	清初	1名	1名	1名	
		乾隆年间	1名	1名		232 户
	郭家河	清初	1名	1名	3名	
		乾隆年间	1名	——	——	187 户
	西寺坪牛盘溪	清初	1名	1名	3名	
		乾隆年间	——	——	——	163 户
	盐市口年落	清初	1名	1名	1名	
		乾隆年间	1名	1名	1名	318 户
	社林潭	清初	1名	1名	1名	
		乾隆年间	——	——	——	128 户
	小麻溪车溪鱼泉溪	清初	1名	1名	2名	
		乾隆年间	——	2名	2名	445 户
	都镇湾	清初	1名	1名	2名	
		乾隆年间	1名	——	——	213 户
	张家湾	清初	1名	1名	1名	
		乾隆年间		1名	2名	341 户
	马综岭	清初		1名	1名	
		乾隆年间			1名	200 户
	龙潭坪	清初	1名	1名	1名	
		乾隆年间	——	3名	4名	448 户
	黄草坪	清初	1名	1名	2名	
		乾隆年间	——	1名	1名	341 户
	胡志坪	清初	1名	1名	1名	
		乾隆年间	——	1名	2名	378 户
	津洋口	清初	1名	1名	1名	
		乾隆年间				86 户
	下鱼溪	清初	1名	1名	4名	
		乾隆年间				279 户

乡名	里名	时间	乡约	保正	牌甲	烟民户数
崇教乡	沿头溪	清初	1名	1名	1名	——
		乾隆年间	——	1名	4名	507户
	偏岩	清初	1名	1名	1名	——
		乾隆年间				119户
	白石溪	清初	1名	1名	1名	——
		乾隆年间		1名	1名	173户
	泉溪	清初	1名	1名	3名	——
		乾隆年间		1名		158户
	城子里右溪	清初	1名	2名	2名	——
		乾隆年间	——	——	1名	177户
	木坵溪	清初		1名	1名	——
		乾隆年间	——	——		84户
	高家堰	清初		1名	2名	——
		乾隆年间				149户
	石城	清初		1名	1名	——
		乾隆年间			1名	226户
	天里铺火麦溪自咸池	清初	1名	2名	4名	——
		乾隆年间		1名	2名	676户
	白沙驿	清初	1名		4名	——
		乾隆年间				720户
	倒鱼溪	清初		1名	1名	——
		乾隆年间				93户
	东山坪	清初	1名	1名	1名	——
		乾隆年间		1名	1名	164户
	流溪沿溪	清初	1名	2名	2名	——
		乾隆年间		1名	2名	404户
	秋木园	清初	——	1名	1名	——
		乾隆年间			2名	305户

资料来源:〔清〕李拔纂修:乾隆《长阳县志》卷2《建置志·乡保甲》,海口:海南出版社2001年4月版,《故宫珍本丛刊》第143册,第66—68页。

乾隆改土之初,来凤县里甲制度尚未完善,仅粗略地将全县编户 3 乡 12 里。3 乡为体乾乡、达德乡、聚伦乡,12 里及下辖各村寨详见下表:

表 5—5　乾隆初年来凤县 12 里辖属村寨一览表

里名	各里所辖村寨名
诚一里	麦地坞、二台坪、老寨坪、简家塘、茅草滩、万家塘、桐子园、客寨、半边城、板桥、偏坡
元阜里	陈家湾、峡口寨、白地庄、保靖寨、讨火车、麂子峡、老茶口、小河坪、冷沙坪、沙坨坪
亨康里	土城、丝栗坪、刘家坪、红岩坨、杨柳沟、旗鼓寨、九龙盘、水坨沟、太平园
利正里	红岩堡、茅坝、上寨、包子寨、茶园坪、尖峰寨、西滩坪、田家寨、沿山坝、大堰塘
贞肃里	老司坪、候栗堡、白户庄、金峒沟、楼房沟、尚虎城、青龙嘴、苏家堡、范家沟、红鱼泉、刘家坝、胡家沟、韭菜园、黄柏园
孝原里	东流司、上家峒、马鬃岭、园塘子、花屋滩、革勒车、陈家沟、罗二箐、狮子坨、大头坡、东流坝
悌恭里	旧司、水田坝、铁家坨、社坛溪、濯足溪、三到林、河波洞、后槽、竹坪寨、五道水、向家寨
忠崇里	芭蕉溪、杉木溪、黄土坝、新路坡、月耳井、三寨、板斗科、水安坝、九龙峒、黑峒
信茂里	黔江峒、板栗园、大河坝、龙塘坪、细汝溪、楠木园
智乐里	漫水、苏家坪、黄土坎、洗车、黄泥堡、新寨坝、冉家坝、三脚岩、鱼塘
仁育里	梯子岩、洞长坝、秦家营、杨家坝、水车坝、土堡、新寨
勇敬里	楼房坝、南河、卯峒、诚车坝、天井坝、中军坝、梅子岭、楠木沟、阳和坪、捏车坪

资料来源:〔清〕林翼池修,蒲又洪纂:乾隆《来凤县志》卷 3《疆域志》,《故宫珍本丛刊》第 143 册,海口:海南出版社 2001 年 4 月版,第 393—394 页。

来凤县基层社会控制体系,将里甲制与保甲制融合在一起,基层社会组织分层为里、甲两级,每里 4 甲,每甲设乡约 1 名,保正 1 名①。

乾隆改土之初,鹤峰州基层社会控制体系草创,组织层次十分粗略,简单地分为城乡坊里,基层里甲或保甲组织尚不完备。鹤峰州城内粗分利用

---

① 〔清〕李勖修,何远鉴等纂:同治《来凤县志》卷 3《地舆志·疆域》,《中国地方志集成·湖北府县志辑》第 57 辑,南京:江苏古籍出版社 2001 年 9 月版,第 308 页。

坊、厚生坊、正德坊。乡村分为4乡：兴仁乡，包括博爱里、元长里；崇让乡，包括在道里、在田里；礼陶乡，包括节文里、仪则里、崇本里、谦吉里、贵和里；乐淑乡，包括纯化里、和平里、以成里。所以《鹤峰州志》称："鹤峰新入版图，规模粗定，非疆界井然，何由纲举目张，庶事就理乎？"①清廷为加强对苗疆的控制，饬令州县佐杂等官驻扎各地，分定疆界，巡缉稽查各乡里村寨。鹤峰州同负责巡查兴仁乡博爱里16处村寨、礼陶乡仪则里28处村寨。由鹤峰州判负责巡查乐淑乡和平里30处村寨、以成里12处村寨。鹤峰州吏目负责巡查州城内利用坊上街、厚生坊中街、正德坊下街，以及兴仁乡元长里22处村寨、崇让乡在道里18处村寨、在田里16处村寨、礼陶乡节文里17处村寨、乐淑乡和平里12处村寨。山羊隘巡检负责巡查贵和、崇本、谦吉三里②。

长乐县在改土后，曾设有24个乡约，34个保正，但并无乡名。实征册曾载有仁育、义正、礼教、智慧、信孚、附礼7个乡名，而县丞、典史分汛卷只记录了仁、义、礼、智4个乡名，李焕春认为"各乡为约略之词，并无其地"。李焕春照清晚期的实征册定为6乡，而分汛地注于仁义礼智4乡之下。从乾隆初年改土至清晚期，由于大批外来移民进山垦殖，鄂西南山区的人口空间分布不均衡。其次，县域内各地经济发展的水平亦存在空间分布不均衡的现象。实征册按赋役均摊的原则进行乡里里甲的划分，而分汛卷册按人口的空间分布进行乡保甲划分。长乐县历经百余年的移民经济开发，山区各乡里人口盈缩，经济兴衰更替，造成了晚清乡里划分不合常制的情况③。

鄂西南山区地处鄂川湘三省交界，又僻处山区，易藏匪类，成为社会边缘人群聚集之地。控制水陆交通关隘，严行保甲法，可以防匪戢盗。《鹤峰州志》称："鹤峰居楚北边末，地接湖南四川，崇山万叠，林深箐密，最易藏奸，所恃有关津隘口，适当州境西北南三面，列障如屏，自成天堑，于斯要道谨讥察之法，申保伍之令，俾奸宄无可潜踪。"④

　　① ［清］毛峻德纂修：乾隆《鹤峰州志》卷上《疆域》，《故宫珍本丛刊》第135册，海口：海南出版社2001年4月版，第22页。

　　② ［清］毛峻德纂修：乾隆《鹤峰州志》卷上《分防》，《故宫珍本丛刊》第135册，海口：海南出版社2001年4月版，第24—27页。

　　③ ［清］李焕春原本，郑敦祜再续：光绪《长乐县志》卷3《疆域志·乡》，《中国地方志集成·湖北府县志辑》第54辑，南京：江苏古籍出版社2001年9月版，第129页。

　　④ ［清］毛峻德纂修：乾隆《鹤峰州志》卷上《关隘》，《故宫珍本丛刊》第135册，海口：海南出版社2001年4月版，第29页。

改土归流后,大量外来移民涌入鄂西南山区,大量人口的流动引起了地方官的高度紧张,保甲组织成为维护地方治安的重要力量。乾隆初年,长阳县境内流寓人口占全县人口的70%,"襁负去来形同巢燕"。所以时任县令的李拔指出:"长邑崇山峻岭,居民星散,往往以一乡保经管数十里之地。深山邃谷,岂能周知。拔莅兹土,逐一清编,于居民星散之处,酌量添设乡保,以供稽查,棋布星罗,声势联络。奸匪敛迹,居民安堵。"①在《兴禁告谕》中,李拔要求各保甲清查甲内迁移别处和新来住种的居民,由牌甲查明造册交乡保,在季底汇齐送县署备案②。由于长阳县在"西北与东湖、归州界联之八里碳,西接巴东之盐井寺,东接宜都之避难溪,南接长乐之马料坡,西南接长乐之黄草坪,北接东湖之咬草岩等六处",地旷人稀,保甲稽查鞭长莫及。李拔调动民壮、营汛力量,加强山地治安控制。李拔在全县选择六处交通隘口,建筑堡垒,各设立堡长1名,负责盘诘过往行人。从附近居民丁多之户抽选壮丁2名,按季轮流住守,从县社仓息谷中拨经费,作为堡长的饭食钱③。朝廷设塘汛以卫民,而李拔试图利用塘汛来加强对山地社会的控制,因此责令各乡保协助官府,督率居民修缮全县28处塘房,以加强塘汛建设④。为了加强对长阳县偏僻地方的控制,李拔建议统合典史、营弁力量,每月由典史带捕役,营弁率兵目分途分地稽查本县偏僻地方一次,每季由典史会同营弁与邻县营弁会巡州县接壤地方一次⑤。

在严如熤看来,保甲本为弭盗良法,但是在山区,其社会控制功能发挥十分有限:"保甲本弭盗良法,而山内州县则只可行之城市,不能行于村落。棚民本无定居,今年在此,明岁在彼,甚至一岁之中,迁徙数处,即其已造房屋者,亦零星散处,非望衡瞻宇,比邻而居也。保正甲长,相距恒数里数十里,讵能朝夕稽查。"虽然客店设有循环册,住客必须登记以备稽查,但"各

①　[清]李拔纂修:乾隆《长阳县志》卷2《建设志·保甲》,《故宫珍本丛刊》第143册,海口:海南出版社2001年4月版,第66页。

②　[清]李拔纂修:乾隆《长阳县志》卷4《学校志·县尹李峨峰兴禁告谕》,《故宫珍本丛刊》第143册,海口:海南出版社2001年4月版,第87—90页。

③　[清]李拔纂修:乾隆《长阳县志》卷首《艺文志·详覆设五堡长议》,《故宫珍本丛刊》第143册,海口:海南出版社2001年4月版,第20页。

④　[清]李拔纂修:乾隆《长阳县志》卷首《艺文志·详覆塘房应仍归州县修理议》,《故宫珍本丛刊》第143册,海口:海南出版社2001年4月版,第18—19页。

⑤　[清]李拔纂修:乾隆《长阳县志》卷首《艺文志·详覆会旗兑巡议》,《故宫珍本丛刊》第143册,海口:海南出版社2001年4月版,第21—22页。

省流民入山，多寄宿林岩。匪徒则山径取捷，均不在客店安歇。所谓客店，不过贸易之小贩而已。各县边境，距治恒数百里。如客店必照例造报，月一陈核，其仆仆道途，不胜其苦矣"①。

　　早在乾隆初年，湖北地区就已出现民间秘密宗教传教活动。如乾隆四年(1739年)，湖北孝感县人程维翰已有白莲教活动。湖广地方官已觉察到，但当时只是以其但传教骗香钱，故未深究，采取区别首从，分别枷责，本地教徒交保甲管束，外来教徒押回原籍看管②。乾隆五十九年(1794年)，四川酉阳州守备带差役，至来凤县捕拿"教匪"段汉荣等八人。来凤县民持械将人犯抢回，并打伤护解乡夫。乾隆帝谕令福宁亲赴来凤，督率查拿传教要犯③。福宁督饬代办来凤县事蒋遇春，除将段汉荣等八名人犯捕获外，并将纠众抢犯的黄老三等17人拿获到案④。乾隆四十三年(1778年)间，宜昌府有流浪痞棍三五成群至宣恩县，赌博打架，教习拳棍。摧生坪、烧粑岩、蒜云坪、木云等五保乡甲共同立碑禁止，约定若流棍入境，境内居民均有责任禀报官府惩治⑤。保甲组织通过相互联合，整合了社会控制力量，加强了对地方社会的控制。

　　改土归流以后，地方官署借助基层保甲组织的力量，在山区强制推行教化措施，移风易俗。乾隆初年，鹤峰州知州指派各地保甲负责稽查端公、罗神等土著淫祀，收缴神像、装扮、刀剑等宗教异端物品⑥。

(二)清后期基层保甲组织的演变

　　清后期，鄂西南山区的保甲组织建设趋于成熟，根据山地环境特点，因地制宜地进行了调整。嘉庆十七年(1812年)，湖北巡抚札谕："保甲之法由来尚矣，行之直省，不必尽同，行之各府州县，不必尽同，总以有益民生不扰闾阎为切要。……惟襄郧宜施各属山深土瘠，民户畸零，宜行远近联属

　　① ［清］严如熤撰：《三省边防备览》卷11《策略》，道光二年(1822年)刻本长阳县衙藏板，第25页。

　　② 《清高宗实录》卷107，乾隆四年十二月壬寅条，北京：中华书局1986年11月版，第611页。

　　③ 《清高宗实录》卷1461，乾隆五十九年九月甲辰条，北京：中华书局1986年11月版，第518页。

　　④ 《清高宗实录》卷1462，乾隆五十九年十月丁巳条，北京：中华书局1986年11月版，第532—533页。

　　⑤ 王晓宁编著：《恩施自治州碑刻大观》第3编《制度公约·奉恩永禁碑》，北京：新华出版社2004年10月版，第127页。

　　⑥ ［清］毛峻德纂修：乾隆《鹤峰州志》卷下《文告》，《故宫珍本丛刊》第135册，海口：海南出版社2001年4月版，第57页。

之法。……山中民户零星散处，相去每至数里，其编造门牌，不必拘定十家之数，或五六户，或十余户即悬一牌，余俱照前规办理，并令城乡稠密之地，户置一梆，轮流支更。其在城之绅士兵丁，一体编牌轮守。山居零户，每牌公置铜锣一面，偶遇盗贼窃发，即鸣锣知会。户出一人帮同协拿，以符守望相助之意。"[1]但是山乡保甲"遇乡分殷庶，即居为利薮，烟户零星，即视为畏途"[2]。鹤峰州基层社会组织按乡、里、保、甲编排，共 4 乡 12 里，每乡设乡约一二名，原分为 61 保，后合并了 4 保，编 57 保，每保设保正 1 名。但个别地方未设保正，分设二三甲，各甲设甲长 1 名。其中乡、里、保设置根据人口实际分布状况编排，因此乡、里、保没有固定比例。鹤峰州乡、里、保甲设置情况详见下表：

表 5－6 清代鹤峰州里甲分布一览表

乡名	里名	保名及数量	道光时变动情况
本城		厚生坊、正德坊 2 保	——
东兴仁乡	博爱里	溪坪、燕子坪、清水湄、后康 4 保	——
	元长里	张家村、观音坡、平山、银硃寨 4 保	观音坡并入茅竹山
西崇让乡	在道里	龙潭坪、脚踏坪、大水湄 3 保	——
	在田里	太平镇、旧建城、黄檗山、三岔口 4 保	——
南礼陶乡	节文里	水寨、下平溪、上平溪、墙苔、东乡坪 5 保	水寨并入正德坊
	仪则里	蚂蟥坡、南府、五里坪、六峰、下洞 5 保	——
	崇本里	白果坪、官庄坪、千金坪、走马坪、上阳河、下阳河 6 保	
	贵和里	芭蕉河、升子坪、刚家湾、所坪、后溪坪、三望坡 6 保	
	谦吉里	细沙坪、铁炉坪、大典河、江口、柘坪、七郎坪、红土坪 7 保	

① ［清］陈惟模修，谭大勋纂：同治《长阳县志》卷 1《地理志·乡甲》，《中国地方志集成·湖北府县志辑》第 54 辑，南京：江苏古籍出版社 2001 年 9 月版，第 462－463 页。

② ［清］陈惟模修，谭大勋纂：同治《长阳县志》卷 1《地理志·乡甲》，《中国地方志集成·湖北府县志辑》第 54 辑，南京：江苏古籍出版社 2001 年 9 月版，第 462－463 页。

续表

乡名	里名	保名及数量	道光时 变动情况
北乐淑乡	纯化里	梅果湾、韭菜坝、下坪、小龙潭、岩门子、刘家司 6 保	——
	和平里	茅竹山、麻旺村、北佳坪、茅坪、新地、麻水 6 保	麻旺村并入厚生坊
	以成里	寻木岭、邹阳关、咸盈河 3 保	——

资料来源:[清]吉钟颖修,洪先涛纂:道光《鹤峰州志》卷 2《疆域志》,《中国地方志集成·湖北府县志辑》第 45 辑,南京:江苏古籍出版社 2001 年 9 月版,第 359—360 页。

　　从乾隆至光绪年间,长乐县保甲总数额没有很大变化。但是,乾隆初年所登载的石笋保、将军洞保、杨木洞保、湘子坪保等,在光绪朝的保甲册上已不复存在。而光绪年间保甲册上,又新增有菖蒲保、黄莲山保、平溪保等。这说明保甲的废置,皆因人口聚落的历史变迁而随时应势作出了相应的调整①。川陕楚交界山区客民零星散处,不能编成保甲,地方官府多责成地主约束稽查,进行社会控制②。

　　道光年间,基层社会组织控制体系呈现里甲制与保甲制的融合,但在山区是以保甲为主体,山区人少税轻,征税事务较少,而社会控制的任务十分艰巨。鹤峰州十分重视保甲,是因为"鹤峰山深壤僻,尤易藏奸匪",必须由地方绅耆公举诚实谙练之人,负责稽查协捕,维护地方治安。《鹤峰州志》认为,如果基层社会组织只是为了征收赋税,"奔走应役",甚至与官府胥吏相勾结,反而不利于地方社会控制③。

　　同治年间,咸丰县编户 8 里,共 64 名保正④。

　　光绪年间,长乐县里甲制与保甲制也融合在一起,全县分 34 保,每保

---

　　① [清]李焕春原本,郑敦祜再续:光绪《长乐县志》卷 3《疆域志·乡》,《中国地方志集成·湖北府县志辑》第 54 辑,南京:江苏古籍出版社 2001 年 9 月版,第 129 页。

　　② 《奏为遵旨筹办川陕楚老林情形事》,道光元年二月初一日,中国第一历史档案馆宫中档全宗,档案号:04—01—22—0043—066。

　　③ [清]吉钟颖修,洪先涛纂:道光《鹤峰州志》卷 2《疆域志》,《中国地方志集成·湖北府县志辑》第 45 辑,南京:江苏古籍出版社 2001 年 9 月版,第 360 页。

　　④ [清]张梓修,张光杰纂:同治《咸丰县志》卷 3《建置志·乡里》,《中国地方志集成·湖北府县志辑》第 57 辑,南京:江苏古籍出版社 2001 年 9 月版,第 33 页。

分设乡约、保正、甲长三级,或只有保正、甲长两级。一保之中,只有 1 名乡约、1 名保正、1 至 2 名甲长,甲长下面还有牌头①。

保甲制的首要社会功能是清查户口,维持地方治安。牌、甲长负责挨家清查户口,无论绅矜、商贾、农工、僧道、寄籍客户,均编入保甲册清查,注明生理职业、父母妻妾、子女、雇工各为几丁口。如果有祖父母、伯叔、侄、婿等亲族同居一室,均必须注明丁口。雇工内有外地人,必须注明籍贯。以 20 至 40 岁男丁为壮丁,每户注明壮丁数。按家产 1000 串为上等户,家产 300 串以上为中等户,家产 300 串以下为下等户,在每户花名之上注明。限定在 1 个月内,各保将保甲清册送鹤峰州署,听候填发门牌。州署照清册另誊两份,一份留在本保,一份送团练总局,用于挑选壮丁和劝捐团练经费。知州谢绍佐规定,以后每年冬季复查保甲册,核实户口增减遗漏,更正重造后送局使用。

保甲之内实互结连坐,在保甲册中,每一牌后注明哪几户情愿互结系安分良民,如有素不安分人户,注明其劣迹,如果劣迹不明显,邻居不敢保结,声明除某某令其自行出结外,其余几家情愿互结。凡外地寄居人口,如果无家属职业,或不安分守己,立即驱逐出境,在保甲册中登注备查。

保甲负责维持本地治安,巡查娼赌烟馆,予以严禁。如有违反者,通知首士甲长,送州署惩办。各牌购备铜锣,无锣者设木梆,遇有匪徒抢掠拐逃等事,立即鸣锣集团,闻声不救者议罚。城乡歇铺均设簿登记客商姓名籍贯,生理职业,由首士甲长抽查,如有携带凶器、形迹可疑者,立即驱逐出境。

保甲组织还成为维护鄂西南山区寨堡社会秩序的工具。白莲教起义之后,鄂西南山区仍保留了大量寨堡,清廷担心寨堡藏污纳垢,破坏基层社会控制。因此,嘉庆八年(1803 年),嘉庆帝谕令川陕鄂三省督抚拆毁寨堡,收缴兵器。陕甘总督长麟奏请将寨堡纳入基层保组织体系,寨长充当乡正,文生充当乡铎。清廷谕令川陕楚各督抚详议。湖北督抚回奏报,湖北在嘉庆七年(1802 年)派员团练时,已密饬各委员将各寨户口依编查保

---

① ［清］李焕春原本,郑敦祜再续:光绪《长乐县志》卷 3《疆域志·保》,《中国地方志集成·湖北府县志辑》第 54 辑,南京:江苏古籍出版社 2001 年 9 月版,第 130 页。

甲办法,查造清册,并以团练为名,将寨中兵器查造清册①。

　　保甲组织还承担着地方公共事业的社会管理责任。清后期保甲组织参与民间社仓和义仓的管理。道光年间,利川县令吴人彦劝谕各保设义仓25处,积谷3600余石,以备水旱灾荒,各地保甲组织参与义仓的管理②。至光绪年间,利川县保甲办理社仓,采取向保甲内花户征收86串钱文,再买谷28石储仓的方式。因保甲长周维贤办理社仓时,下发收条,这种做法引起争议,里民李学刚向利川县署控告周维贤私吞公款。周维贤与另一保甲长刘代美互相攻讦,县令熊宾宣判李学刚控告无凭而结案。但熊宾仍判令刘、周二人暂停办理保甲事务,由王之贞一人办理团练保甲,并管理社仓③。

　　光绪二十五年(1899年),鹤峰知州谢绍佐颁布了《保甲章程八条》,对未编入团练组织的乡民实行保甲管理,规定每保按东、西、南、北、中,划分为五甲,每甲由首士协同本地绅民,挑选家道殷实而又有声望者担任甲长,由鹤峰州发给印谕,以示郑重。由于山区人口分布疏密有间,所以在编制牌甲时,无法严格按照十家一牌来编排。在人烟稠密处以十家为一牌,在地广人稀的地方,只能以住址相近的户编为一牌,不拘定十家之数设立一牌,每牌设立牌长一人,由首士和甲长协同选派,在户口册首注明,送鹤峰州备案④。

　　鹤峰知州谢绍佐还利用地方绅耆来监督保甲,如果首士、牌、甲长有窝匪等弊,由绅耆禀请州署革职究治。保甲之内也必须备置少量军械,以就近缉匪,或用于增添团勇。规定每保将酌留的一二成团练经费,用于购置2杆哨旗、30件号衣、火药子弹,分存在首士、甲长处,每牌备置火枪、刀矛,储存在牌长处,有事发给团丁使用,无事不准擅自动用。保甲内原有军械必须在查户口时登记注明。凡使用公款购制军械及分存处所,均在户口册

　　① 《奏为遵旨筹议所属地方拆毁土堡石堡及编查保甲户册办理团练事》,嘉庆八年五月二十二日,中国第一历史档案馆宫中档全宗,档案号:04-01-02-0023-007。
　　② [清]何蕙馨修,吴江纂:同治《利川县志》卷6《官师志》,同治四年(1865年)刻本,第29页。
　　③ [清]熊宾撰:《三邑治略》卷4《堂判·讯周维贤一案》,光绪二十九年(1903年)刻本,第5-6页。
　　④ 鹤峰土家族自治县档案馆编:民国《鹤峰州志》卷末《鹤峰团练保甲章程》,民国三十二年(1943年)版,鹤峰土家族自治县档案馆1980年8月重印本,第173-175页。

尾注明。逢保甲首士、牌甲长更换时，照册移交军械，遗失赔补①。

　　保甲的职责还有"看青"，禁止乡民纵畜践踏庄稼，违者加倍罚款。在包谷结实时，保甲组织轮流出丁看守，盘查拿获盗贼，捆送治罪。当时鹤峰州有恶习，凡一家先收包谷，无业游民就将田里包谷任意夺取，称为开禁。这种陋习常迫使农户不得不在包谷刚熟时就抢收，所收包谷难以久贮，影响农民生计②。因此，需要保甲组织维护正常生产秩序。

　　从地方官的护林告示来看，山区林业的生态保护，主要依靠基层保甲组织，以及邻里间守望相助。如宣统元年（1909年），恩施县署的告示中示谕："自示之后，倘再有违反禁令，偷伐树木者，准告该团约地邻事主，协力扭送来县，随时严予惩治，以保护林业而靖盗风。尔等居民人等，亦各就近联络，守望相助，毋窝藏、毋徇隐、毋放纵、毋推诿……"③

　　至清末，地当三省交界的鄂西南山区，会匪、痞匪、西方传教士潜藏活动，匪案、教案频发。光绪六年（1880年）二月，湖广总督李瀚章向清廷奏报，湖北施南府恩施县、建始交界地方，查获川省会匪陈淙银等④。光绪七年（1881年）十一月，李瀚章奏报在施南府山羊溪会匪杨登峻等与四川、湖南、贵省等省会匪潜谋起事⑤。清末，清廷面对各地民教相争，毁教堂、杀教士的教案叠兴局面，光绪二十四年（1898年），总理衙门饬令各省设立保甲局，选地方有声望的绅士任保甲局董事，由保甲局巡勇负责保护教堂安全，遇民教争端，由保甲局调处⑥。光绪年间，鹤峰知州谢绍佐还要求各国传教士买地设立教堂，不得强迫乡民入教，传教士不得干预袒护教民犯罪。谢绍佐要求各乡绅耆劝乡民不入教，已入教教民，必须在户口清册上自出甘结注明⑦。

---

　　①　鹤峰土家族自治县档案馆编：民国《鹤峰州志》卷末《鹤峰团练保甲章程》，民国三十二年版（1943年），鹤峰土家族自治县档案馆1980年8月重印本，第173—175页。
　　②　鹤峰土家族自治县档案馆编：民国《鹤峰州志》卷末《鹤峰团练保甲章程》，民国三十二年（1943年）版，鹤峰土家族自治县档案馆1980年8月重印本，第173—175页。
　　③　王晓宁编著：《恩施自治州碑刻大观》第3编《制度公约·黄泥塘护林碑》，北京：新华出版社2004年10月版，第135页。
　　④　《清德宗实录》卷109，光绪六年二月壬子条，北京：中华书局1987年5月版，第607页。
　　⑤　《清德宗实录》卷139，光绪七年十一月丙申条，北京：中华书局1987年5月版，第989页。
　　⑥　［清］李刚己辑：《教务纪略》卷3《章程·设立保甲认真保护教堂并定绅董处分》，上海：上海书店出版社1986年8月版，第29—30页。
　　⑦　鹤峰土家族自治县档案馆编：民国《鹤峰州志》卷末《鹤峰团练保甲章程》，民国三十二年（1943年）版，鹤峰土家族自治县档案馆1980年8月重印本，第173—175页。

　　由于清后期政治弊坏,地方保甲长利用民间纠纷,讹索分钱。光绪年间,利川县民人吴维富控告团首张灵溪讹索瓜分,后县令审讯并无实证,但因团首张灵溪屡被告发,县令准其自行辞退①。

　　综上所述,清后期鄂西南山区的保甲组织,仍按照山区居民聚落实际分布进行编排。保甲组织的张弛与社会的动态紧密相关,每遇社会动乱,地方官必利用保甲排查户口,加强社会治安管理。保甲组织还负责管理社仓、义仓,维护山区农业和林业经济发展的正常秩序。

　　(三)团练的设立与发展

　　吴雪梅认为在改土归流之初,国家为了消除鄂西南地区土司统治的印记,通过县以下建立一套严密的保甲机制来控制乡村,用儒教文化来实施以夏变夷。

　　道光以后,鄂西南山区地方官屡奉令通饬兴办团练,因地方军务之急而随时创办团练。咸丰年间太平天国起义席卷至鄂西南山区,鄂西南山区各县纷纷兴办团练,内防盗贼,外防寇匪。杨国安认为嘉庆年间的团练乡勇属于“临时官勇”,战争结束后,除部分留充地方营汛外,其余回乡务农。咸丰年间太平天国起义,迫使清廷放手让各级各地方官员兴办团练②。在鄂西南山区,为了镇压太平天国运动和教匪之乱,咸丰至光绪年间,各县屡以兴办团练组织作为治平之策。

　　在咸丰、同治年间镇压太平天国起义的战争中,鄂西南山区也涌现了一批军功绅士。如恩施县在咸丰年间有:朱辉宪、康光第。同治年间有:李际昌、张映乾、朱辉旐、刘元贵、李道源、朱宸、黄之仪、贾谊臣、成燧、饶应祺、康醇甫、赵鸿藻、康明哲、朱炳、赵咏、左宏达、谌在恪、沈昌墀、康明义、皮越群、李维祺、成朗山、成旭初、陈奋高、康立诚、田绍祖、胡开瑞、成燊、胡登贤;建始县:张树森、张仲伊、张继品③。咸丰二年(1852年),长阳县长乐坪袊耆向秀山、向元科、张学舜、邵成珍、冯大林、邵方策等与乡约保正甲长

　　①　[清]熊宾撰:《三邑治略》卷4《堂判·讯吴维富一案》,光绪二十九年(1903年)刻本,第16页。
　　②　杨国安著:《明清两湖地区基层组织与乡村社会研究》,武汉:武汉大学出版社2004年10月版,第230页。
　　③　[清]松林等修,何远鉴等纂:同治《增修施南府志》卷23《选举志》,《中国地方志集成·湖北府县志辑》第55辑,南京:江苏古籍出版社2001年9月版,第324页。

颜邦锦、颜邦全、张立道、刘上文,协同乡民捐资在一柱香、糍粑铺团练设棚,自相保卫①。

镇压太平军的战争中,团练组织协助清廷起了重要作用。咸丰十一年(1861年)七月,四川起义军将领李洪与太平军联络,进逼咸丰县城。施南知府陈洪钟会同恩施知县多寿设局劝捐团练,派乡绅与营弁共同驻守恩、宣、咸三县交界要地线坝。同治元年(1862年),多寿拟订团练章程二十条,通详各大宪批饬各州县遵照办理。咸丰县举办团练,以十家为一牌,十牌为一甲,十甲一团,各设牌长、甲长、团首。制备兵械旗帜,详订操演成法。卢慎徽、余思训、袁镛、魏庆昭先后藉团练之力,惩办地方土匪之案。光绪中叶咸丰县曾试图整饬团练,团绅必须获得施南府颁札,方准许兴办团练。后因奉行官绅借办团练苛索地方,滋扰累民,最终议停②。咸丰十一年(1861年)八月,来凤知县王颂三派千总禄兴、前典史高懋勋、生员张麟等守龙家丫口、鼎寨等处,四乡绅士建立团练,防堵太平军进攻。王颂三又调诚、元、亨、利四里乡勇轮流入城,早来夜归,以壮声势。十月来凤县智、乐、仁育、勇敬、利正四里乡绅周在中、田耕心等募集乡勇数千人,会同酉阳州知州王麟飞,在距来凤县30里的塘房坡与太平军作战③。

同治元年(1862年)正月初九日,石达开率领太平军进军来凤,扬言攻恩施县城,湘军与本城绅士共同防堵,迫使太平军退避三舍。事后,府县会详题请奖励出力绅士。同治二年(1863年)七月,石达开部下李幅猷率太平军攻黔江,逼近施南府。咸丰乡绅分拨恩、咸二军堵御要害,又按户抽丁分布四城,昼夜防守。

光绪年间,鄂西南山区教案迭起,地方官利用团练组织打击民间反洋教的所谓"会匪"。光绪二十四年(1898年)冬,长乐县出现会匪滋事。光绪二十五年(1899年),鹤峰州知州谢绍佐立即筹备团练防堵会匪,在鹤峰城乡创设8个团练局,挑选乡勇,以供抵御。长乐会匪案平息后,谢绍佐鉴于民众仇教,害怕仇教者引发教案,又担心洋人借教案要挟地方官,一方面

① 〔清〕聂光銮等修,王柏心等纂:同治《宜昌府志》卷16《杂载》,《中国地方志集成·湖北府县志辑》第50辑,南京:江苏古籍出版社2001年9月版,第324页。

② 徐大煜纂修:民国《咸丰县志》卷5《武备志·团练》,民国三年(1914年)劝学所刻本,第59页。

③ 〔清〕松林等修,何远鉴等纂:同治《增修施南府志》卷17《武备志·兵事》,《中国地方志集成·湖北府县志辑》第55辑,南京:江苏古籍出版社2001年9月版,第84页;另见同治《增修施南府志》卷17《兵事》,第244—246页。

通过编查保甲，禁止本地人民入教入会，使境内不敢窝奸藏匪，以绝内患；另一方面，通过组织团练，使各保团丁相互策应，抵御外匪。知州谢绍佐制订了《团练章程八条》，在鹤峰州城设立团练总局，在东路乔阳坪、南路五里坪、西路旧建城、北路邬阳关、麻水保、关外白果坪、大冶坪七处设置团练分局。将鹤峰州所有保甲划为七个区，分别由八个团练局管辖。具体分区情况如下表：

表5—7　光绪年间鹤峰州团练局辖属保甲一览表

团练局名称	下辖各保甲名称	数量
鹤峰州城总局	正德、厚生、张家村、茅竹山、观音坡、银朱寨、墙台、上平溪、下平溪、平山、麻旺村	11
乔阳坪分局	溪坪、东乡坪、清水湄、燕子坪、后康、咸盈河	6
五里坪分局	五里坪、蚂蝗坡、南村、三潭井、下洞、六峰	6
旧建城分局	太平镇、旧建城、奇峰关、龙潭坪、王家寨、脚踏坪、大水湄、三岔口	8
邬阳关分局	邬阳关、寻木岭、云雾村、岩门子、下坪、小龙潭	6
麻水分局	麻水、梅果湾、茅坪、韭菜坝、新地、留驾司、北佳坪	7
白果坪分局	白果坪、后溪坪、大典河、岗家湾、所坪、官仓坪、升子坪、千斤坪、走马坪、上、下阳河、芭蕉河	12
大冶坪分局	铁炉坪、江口、三望坡、细沙坪、七部坪、红土坪、柘坪	7

资料来源：鹤峰土家族自治县档案馆编：民国《鹤峰州志》卷末《鹤峰团练保甲章程》，民国三十二年（1943年）版，鹤峰土家族自治县档案馆1980年8月重印本，第172—173页。

鹤峰州设有八个团练局，均在各保丁册中，挑选200名壮勇，分为两哨，设哨长2人、号令2人、教习1人，并在200人中挑选20名机敏勇敢者，充任正、副什长。其余180人，分为20棚，每棚连正、副什长共11名。以10棚为常备勇，以另10棚为预备勇，预备勇归常备勇中副什长兼带。如常备勇不足，或因事故疾病，可以添调各棚预备勇。为了便于管理，将与什长住址相近的团勇编在一棚。所有团勇编好后，制订花名清册，送鹤峰州衙门备案。需要征调时，团首责成什长，什长传唤本棚团勇。每个团练局配备火枪60支、梭镖40支、大号1对、大旗1杆、哨旗1杆、小方队旗10杆、号褂100件，供常备勇使用。团练局平时储备火药子弹，造清册送州备案。如团练首士撤换，照册移交军需物品，如有短少，着令首士赔补。

团勇平时必须操练,常备勇每日操练两棚,五日一轮。预备勇每月操练 3 次,承平时夏秋可停操,每年冬、腊、正三个月冬防紧张时,每日操练一棚,每月合操一次。团勇每日赴团练局轮操,必须携带器械,往返途中,留心巡缉,如果能捕获匪犯,或控报军情,论功行赏。团练遇邻境有事,必须派勇分头侦探,得知详情后,转告各团练,并上报州城文、武衙门。各团练局还必须查明辖区内道路地形,绘图说贴,送州备查。在入境各路口、险隘,设置卡门,准备木石,安置大炮。遇有外匪及本地痞棍滋事,由团练剿捕,如有持械拒捕者,格杀勿论。知州谢绍佐担心团练组织难以控驭,因此规定:禁止团练籍众私斗。牌甲缉获盗贼后,必须送官讯究,不准动用私刑吊打,命案报验,违者反坐其罪。

团练口粮分等差分发,每局 2 名哨长,每人日支饷钱 150 文,什长、号令、教习,每人日支饷钱 100 文,团丁按期轮操,每名日支钱 40 文,派出巡哨侦探,日支钱 80 文,如遇堵卡进剿,日支钱 100 文。团练局绅首,只提供饭食、川资,不支薪水。团练经费,由团练局绅首,协同各保首士,从上等户开始劝捐,经费不足,再从中户中劝捐,按各户年收谷数额,酌抽百分之五,以资补贴。如果有富户愿独任经费,则不摊捐本保中户,给予捐助者奖励。所收团练经费,允许各保首士酌提十分之一二,制备所需器械、军火等用品,其余统一交团练局应用。本保首士及驻团绅首,将经手收细款,造册送州备案,以凭核对张榜公布。如有侵蚀经费,查出重究。除制备军装器械外,必须留有余款,随时备用。每年秋收后,劝捐一次,以备冬防用费。如遇军情,随时另筹经费。留存经费,必须存在公正富户名下,以田地抵借,酌量生息,或买谷存储,兼可备荒。在报销册内,注明存储数目、处所,存案备查[①]。

同治二年(1863 年),何蕙馨任利川县令时,为防堵太平军入境,曾捐养廉银以倡捐,成立团练组织,筹集军粮。事平后,利川县存留团练经费四千余贯,储存了大量军火器械。何蕙馨禀施南府立案备查[②]。

晚清山区各县地方豪强地主通过创办团练,争相控制鄂西南山地的政

①　鹤峰土家族自治县档案馆编:民国《鹤峰州志》卷末《鹤峰团练保甲章程》,民国三十二年(1943 年)版,鹤峰土家族自治县档案馆 1980 年 8 月重印本,第 172—173 页。

②　[清]何蕙馨修,吴江纂:同治《利川县志》卷 9《艺文志·何仲香明府德政碑》,同治四年(1865 年)刻本,第 21—22 页。

治、经济、文化资源。光绪中，清廷整顿山区各县团练组织，要求各地团练组织到县府登记造册。至清末，清廷下令禁止地方社会力量筹办团练，各地团练组织解体①。

二、土官阶层对改土社会的调适

改土归流之初，为了切断土司与原领地的政治联系，清廷采取了将土司强制异地安插、永不许回司地的政策。乾隆十年（1745年）四月，乾隆帝谕旨，在土司死后，"其家口应否回籍处，著行文原籍督抚，酌量夷情，奏闻请旨定夺，永著为例"②。虽然清廷禁止异地安插的土司后裔返回原司地，但亦有特例。如散毛司覃瑄安插汉阳县去世后无嗣，其弟覃玠也谢辞袭职，请求扶兄柩回籍，得到清廷允许。此后覃玠在家督课儿孙读书，子侄辈有不少人考取县庠生，逐渐融入改土社会③。

改土归流后，鄂西南山区的土司及其嫡系后裔多异地安插，朝廷根据土司等级，相应授以世袭千、把总等世职，以示安抚。切断土司及其嫡系后裔与鄂西南山区之间的政治联系。土司及其后裔被安插地点及授予世袭情况详见下表：

表5—8　乾隆初年鄂西南部分土司安插地点及其世职一览表

土司名称	安插地点	授世职时间	世职等级	末任土司
忠孝安抚司	汉阳县	雍正十三年	世袭千总	田璋
忠路安抚司	汉阳县	雍正十三年	世袭千总	覃楚梓
金峒安抚司	汉阳县	乾隆二年	世袭千总	覃邦舜
龙潭安抚司	江夏县	乾隆二年	世袭千总	田贵龙
大旺安抚司	孝感县	乾隆二年	世袭千总	田正元
忠峒宣抚司	江夏县	乾隆二年	世袭把总	向庭富
东流长官司	孝感县	雍正十三年	世袭把总	田尧封

---

① 湖北省恩施市地方志编纂委员会编：《恩施市志》卷8《军事》，武汉：武汉工业大学出版社1996年11月版，第170页。

② 《清高宗实录》卷239，乾隆十年四月己未条，北京：中华书局1986年11月版，第69—70页。

③ ［清］林翼池修，蒲又洪纂：乾隆《来凤县志》卷10《艺文志》，《故宫珍本丛刊》第143册，海口：海南出版社2001年4月版，第432页。

续表

土司名称	安插地点	授世职时间	世职等级	末任土司
腊壁长官司	孝感县	雍正十三年	世袭把总	田封疆
卯峒长官司	孝感县	雍正十三年	世袭千总	向舜
百户土司	孝感县	雍正十三年	世袭把总	向权
高罗安抚司	江夏县	乾隆二年	世袭千总	田昭
散毛宣抚司	江夏县	乾隆二年	世袭千总	覃煊
木册长官司	孝感县	乾隆二年	世袭把总	田应鼎
唐崖长官司	汉阳县	乾隆二年	世袭把总	覃梓桂

资料来源:[清]松林等修,何远鉴等纂:同治《增修施南府志》卷 21《官师志·土司》,《中国地方志集成·湖北府县志辑》第 55 辑,南京:江苏古籍出版社 2001 年 9 月版,第 304—306 页;[清]林翼池修、蒲又洪纂:乾隆《来凤县志》卷 3《疆域志》,《故宫珍本丛刊》第 143 册,海口:海南出版社 2001 年 4 月版,第 394 页。

道光四年(1824 年),田氏十四世孙田大烈在利川《田氏宗谱》谱序中称,各土司分赐田土,在江夏孝感、汉阳诸县册籍中历历可考。《田氏宗谱》中《各土司册籍》,记录了鄂西南山区各土司后裔安插各县的详细情况,可弥补正史之简略:

> 忠孝司官田璋坐房六间田七十五亩在武昌汉阳孝感县
>
> 忠峒司官田光祖坐房二十五间田三顷零六十五亩在江夏孝感县
>
> 龙潭司官田贵龙坐房四间田六十五亩在江夏汉阳县
>
> 高罗司官田昭坐房三间田三十五亩在汉阳县
>
> 本册司官田应鼎坐房十二间田一顷零九十五亩在孝感县
>
> 大旺司官田正元坐房十二间田二顷在孝感县
>
> 纳壁司官田丰疆坐房五间田八十亩在孝感黄陂县
>
> 东流司官田尧封坐房三间田四十五亩在孝感县
>
> 忠路司官覃梓楚坐房二十七间田四顷零五亩在汉阳孝感县
>
> 金峒司官覃邦顺坐房九间田一顷零二十亩在汉阳孝感县
>
> 散毛司官覃煊坐房六间田八十五亩在汉阳孝感县
>
> 卯峒司官向舜坐房八间田一顷零十五亩在孝感县
>
> 百户司官向权坐房二间田四十亩在孝感县
>
> 沙溪司官黄正爵坐房七间田八十亩在江夏汉阳县

　　　　蓉美司安置陕西凤台县

　　　　东乡司安置黄州府

　　　　施南司

　　　　以上三司俱无世袭①

　　改土后,清廷为各土司后裔提供了一定的政治出路。乾隆元年(1736
年),乾隆帝谕示忠峒等土司后裔:"朕念伊等祖父曾经随征效力,不忍令其
废置,若赏给千把总职衔,准伊等子孙永远承袭,若有年力精壮、情愿随营
差操者,准其食俸效用,才具优长者,著该管大臣保题照武职例升转。"②乾
隆九年(1744年),湖广总督鄂弥达奏请将土千户覃梓楚、覃邦舜在内地标
营守备内拣选题调。既要考虑人地相宜,又能保障该管官就近教导③。土
司及后裔在改土之后,如具备军事才干,可以在清朝军队中发展,取得个人
的功业。如忠孝安抚司田璋次子田世海袭擢荆州水师营守备,忠路安抚司
覃楚梓累擢贵州提标参将,金峒安抚司覃邦舜之子覃廷建袭世职后,累擢
山东德州营参将,漫水宣抚司向庭富之子向恩荣袭职后,累擢甘肃马营都
司,腊壁长官司田封疆授世职安插后,升广东督标守备,沙溪宣抚司黄正爵
之子黄恩荣袭世职后,升福建延平守备。建南长官司在雍正十三年(1735
年)裁撤,司地划入利川县,西萍蛮夷长官司在雍正十三年(1735年)裁撤,
司地划入咸丰县。东乡五路安抚司、忠建土司、施南宣抚司俱因获罪改流,
清廷没有授予世袭官职④。所以改土归流后,鄂西南地区只留下了土司的
庶支远房后裔,而嫡支后裔均远在武昌、汉阳府属各县。咸丰县黄氏宗族、
秦氏宗族,就是明代唐崖宣慰司左苍蒲司官黄璋、右活龙司官秦国龙的
后裔⑤。

　　为了切断土司与土司社会的经济联系,雍正皇帝下旨,将土司的田产

---

　　①　利川《田氏宗谱》,清代手抄本。

　　②　《题为遵旨核议湖北忠峒等土司改土归流设官定制等项事》,乾隆元年三月二十一日,中
国第一历史档案馆内阁全宗,档案号:02—01—04—12888—009。

　　③　《奏请酌补土弁事》,乾隆九年八月十八日,中国第一历史档案馆宫中档全宗,档案号:
04—01—12—0041—020。

　　④　[清]松林等修,何远鉴等纂:同治《增修施南府志》卷21《官师志·土司》,《中国地方志集
成·湖北府县志辑》第55辑,南京:江苏古籍出版社2001年9月版,第304—306页。

　　⑤　徐大煜纂修:民国《咸丰县志》卷11《氏族志·土家》,民国三年(1914年)劝学所刻本,第
128—134页。

进行变卖。湖北地方官府预先从司库中支出耗羡银，垫给田明如妻子、田祚南等土司家族。又下令由鹤峰州、长乐县估值田产银1950两1钱7分5厘5毫。石门县田园，估值银356两7钱2分。宜都县田园，估值银610两7钱1厘，用以还款。石门、宜都均已批解，鹤峰只解交茶园、旱地变价银403两3钱3分7厘6毫。长乐县将茶园变价银139两3分8厘9毫，未还银341两7钱6分9毫。乾隆元年(1736年)十二月，经巡抚钟详准户部，停止变价。应候分收官租给发兵米，每年扣回原折米银，陆续清还库项另报①。由于田旻如名下坐落新添庄的八十九亩零荒地僻处深谷，无人承种，无法变价。乾隆十三年(1748年)，鹤峰知州胡式璟呈请将此项荒地以鹤常庄名目招佃垦种，至垦熟升科之年，将收获租谷三分入官，变价完纳正赋，余归常平仓；七分归佃。经湖北布政使严瑞龙题奏，部覆饬令地方官估价，从存公银内拨款付给田旻如妻子，田产变卖后价银归还原项存公银②。

改土归流时，为了切断土司与原驻地的政治经济联系，土司多被异地安插，田产大多被变卖。卯峒司仅保留了怯道河的田产，用作向姓土司宗族子孙婚葬、祭祀、承袭等宗族活动的帮费③。

改土后，异地安插的土司嫡系宗族与鄂西南山区土司庶族间的宗族联系难以割断。如异地安插孝感县的卯峒土司嫡系族人占向氏宗族总人口的十分之三，而居卯峒的庶系族人占十分之七④。虽然土司嫡系后裔对鄂西南山区土民失去了政治影响力，但异地安插的土司嫡系后裔与鄂西南山区的庶族后裔仍保持着密切的宗族关系。嘉庆十四年(1809年)，杨春华在《向氏谱记》中提到，安插孝感县的卯峒土司后裔向伯燆曾在嘉庆年间，为修族谱事务，与居住在来凤县的诸叔父相互联络⑤。

改土归流以后，留在鄂西南山区的土司庶族的土舍，有少数人具备一定政治才能和声望，能协助清廷治理地方。如沙溪司人何东洋性情耿直，早在康熙时，曾为沙溪宣抚舍人。土司黄楚昌去世后，邻司禀请由何东洋

① ［清］李焕春原本，郑敦祜再续：光绪《长乐县志》卷9《赋役志·官租田》，《中国地方志集成·湖北府县志辑》第54辑，南京：江苏古籍出版社2001年9月版，第230页。
② 《题为查明已故容美土司田旻如名下田产荒芜实情具题事》，乾隆十三年七月二十七日，中国第一历史档案馆军机档全宗，档案号：02—01—04—14259—004。
③ 张兴文、牟廉玖注释：《卯峒土司志校注》，北京：民族出版社2001年4月版，08—113页。
④ 张兴文、牟廉玖注释：《卯峒土司志校注》，北京：民族出版社2001年4月版，第86—87页。
⑤ 张兴文、牟廉玖注释：《卯峒土司志校注》，北京：民族出版社2001年4月版，第83页。

与承袭土司黄美昌协理司务,可见何东洋在沙溪司中,具有一定的政治才干,在本地的政治威望较高。纳土投诚后,何东洋积极协助清廷宣读圣谕,化导土民、土弁。沙溪土司黄正爵被清廷安插江夏后,何东洋负责代替土官买官业,分毫不取。地方官为其详请议叙,何东洋固辞不受,湖广总督曾赐其"贤能共仰"额。何东洋之子何文林考取县庠生,白莲教起义时,带勇堵剿,清廷赏给军功,何文林辞不受①。原忠孝安抚司田璋次子田世海获世袭武职后,随营效力。在乾隆六十年(1795年)至嘉庆元年(1796年),曾参加清廷镇压湖南苗民起义、镇压太平军起义的战争,屡立各级军功。其事迹详载《田氏族谱》所录田世海的呈文:

> 标下世袭候题守备军一级纪录三次又军功加录五次田世海谨呈:
> 今开守备年伍拾肆岁,湖北汉阳府汉阳县人,原因始祖军功屡著加授忠孝安抚之职,约束土众,镇压边疆。雍正拾贰年海晏河清,无可图报,祖父田璋解组输诚迁省。荷蒙皇恩浩荡,念尔祖父征剿有功,赏赐敕书劄付,给以世袭千总职衔,子孙永远袭替,着地[方]官加意抚恤,以受国家豢养之恩。如有年力精壮,情愿随营差操,准其食俸效力。千总陆年俸满,送部引见,以守备补用。如有才具优长者,不拘年分,该管大臣指缺保题等因遵奉在案。海于乾隆叁拾捌年拾月内请袭前职,蒙各宪详请咨题允准,颁给劄付祗领,于伍拾伍年正月内呈蒙北藩司详送前部堂毕考验,准其收标效力。于正月二十伍日到标支食千总俸银,于陆拾年贰月内因南省苗匪不法,告请奋勇押解火药等项到辰,于润贰月贰拾叁日苗匪围扰泸溪县城,奉前部堂军赏兵丁贰百名,连夜赴泸溪县救援打仗,杀退苗匪。海带兵追贼奋勉功列头等。叁月初拾日奉督部堂福文,调赴镇箪剿苗。跟随在狗扒岩打仗壹次。又随提部军门刘在魏家庙打仗壹次。嘉庆元年肆月贰拾伍日跟随督部堂福进攻克复来凤县,打仗仗杀贼壹名,抢火枪壹杆,赏银拾两,功列超等。伍月初壹日贼扑来凤县卡,打伏奋勇,赏银牌壹面,功列特等。贰拾捌日进攻旗鼓寨打伏奋勇出力,赏纱袍料一件,功列头等。陆月拾九贰拾等日,进攻旗鼓寨,功列叁等。柒月初陆日火焚旗鼓寨,打仗出力,

---

　　① [清]松林等修,何远鉴等纂:同治《增修施南府志》卷24《行谊》,《中国地方志集成·湖北府县志辑》第55辑,南京:江苏古籍出版社2001年9月版,第347页。

赏大银牌壹面，功列头等。拾陆日进攻谢家寨，砍折贼卞，杀贼二名，赏银贰拾两，葛纱袍料一件，功列二等。蒙督部堂福以海屡次打仗奋勉出力，咨题允准颁给军功纪录伍次，又军功加壹级纪录□次，剳付贰张祗领在案。嘉庆三年正月内，奉督部堂福饬令回营，于贰月拾陆日回标。今自乾隆伍拾伍年正月贰拾伍日到标之日起，连闰叩至陆拾年拾一月贰拾伍日，陆年俸满。因海现在出师，各大宪亦在防边，奉文旋省请考，于嘉庆伍年三月内督部堂姜回省，于五月内考验给咨，本年拾贰月拾肆日蒙兵部带领引见。奉旨：田世海发回本省随营候题，钦此。蒙给验标祗领起程。于嘉庆陆年叁月拾壹日到标呈缴验标，于本年捌月初三日复蒙督部堂吴檄委荆州水师守备印务，遵于本月拾陆日到营署理。海操练营伍，兼防堤工，克慎克勤。九年四月内钦差按临荆州巡阅营伍，各技连环枪炮堪可如法，驶船泅水爬桅亦均熟习。蒙恩当加奖赏在案。海于九年十二月内卸任回标，候补须至履历者。①

改土归流后，来凤县土司舍把仍参与地方公共事业，在地方社会具有一定影响力。如乾隆年间纂修来凤县第一部县志时，散毛司舍把覃禹基、覃瑛、覃珩、覃诏，漫水司舍把向胜富，安抚司舍把向瑞、向文，百户司舍把向王卿、向玉爵、向占等曾担任乾隆《来凤县志》的监镌人②。利川县覃章组，是忠路土司的后裔，因廉洁公正，在地方上仍享有较高声望，晚年琴书自乐③。容美土司后裔田泰斗熟读诗书，道光年间名列拔贡，咸丰年间，参与《长乐县志》的修志工作④。

改土归流初期，为安抚原土司地区土官，清廷改赐世袭千把总等虚职。这些世职土官在地方上属于土著世家大族，并拥有大量土地，在地方上具有较大势力。鹤峰州"土司族裔，每借祖坟诈人财"⑤。乾隆年间，湖南慈

① 利川县雁门堂《田氏族谱》，利川县档案馆藏光绪年间抄本，第39—50页。
② ［清］林翼池修，蒲又洪纂：乾隆《来凤县志》卷尾《修来凤县志书姓氏录》，《故宫珍本丛刊》第143册，海口：海南出版社2001年4月版，第446页。
③ ［清］松林等修，何远鉴等纂：同治《增修施南府志》卷24《行谊》，《中国地方志集成·湖北府县志辑》第55辑，南京：江苏古籍出版社2001年9月版，第347页。
④ ［清］李焕春原本，郑敦祜再续：光绪《长乐县志》卷首《序》，《中国地方志集成·湖北府县志辑》第54辑，南京：江苏古籍出版社2001年9月版，第102页。
⑤ ［清］赵尔巽等撰：《清史稿》卷477《列传第二六四·吴焕彩》，北京：中华书局1976年12月版，第13034页。

利县、石门县的唐氏家族,时常妄称湖北鹤峰州大崖关外荒土为唐氏祖坟,藉此勒索当地流寓客民。唐氏家族根据客民经济条件,勒索十千至数十千钱的钱财。经常有不甘受讹诈者,与唐氏宗族累年争讼。祖坟争讼背后,实质上是对山地资源的争夺,州县地方官历来视为难断之案,故《刑钱必览》载:"坟山最难剖断,契册之外,又有碑谱。大抵假捏凭据,预埋讼端者,多此等案件,江西最甚。非为冒认祖宗争坟,实以争山,累年不结,结后复控,审断之法,惟有听其公祭,不许添葬,坟茔粮地,悉照旧管,稍可息争,万难摘伏发奸,使之输心诚服也。"①

　　乾隆四十八年(1783 年),石门县世袭千把总唐弥盛、唐盛业、唐连太,生员唐业精等,再次呈告鹤峰州监生王炯掘冢盗葬,侵占其曾祖唐时顺、唐之征的坟墓。新任鹤峰知州吴焕彩查验唐氏族谱,发现谱载已故数百人均未详明葬地,唯有唐时顺、唐之征名下粘签称"葬白果坪丁山""葬时顺之前",认定唐氏族人作伪图诈。知州吴焕彩指明其中奸伪善,而唐弥盛等四人仍不甘心,辩称必须实地勘验毁墓情况。唐氏以为大崖关外距鹤峰州城140 余里,山路险峻难行,知州吴焕彩不敢往勘,则此案可以悬搁。不料吴焕彩数日后,带领控案双方前往大崖关外踏勘,并令唐弥盛等四人自行刨土为待验。唐尔盛等四人被迫刨土六尺,力竭服罪。当时曾被唐弥盛等诬告毁墓的民户刘士元也站出来声诉,于是知州吴焕彩顺路踏勘,发现所谓毁墓之地只是一个水坑,唐氏再次俯首认输,并表示永远不再以毁墓为由滋事。知州吴焕彩以唐氏诬控毁墓案为例,警告鹤峰州土民,今后不准假称祖坟进行讹诈②。

　　在改土归流初期,鄂西南土司庶系后裔及各级土官后裔,只能通过科举才能在地方社会中重新获得优越的社会地位。容美土司后裔田嵩南,居住水浕司,幼习诗书,曾 11 次参加童子试未中,后研究医学和堪舆,以教书为业,其所授弟子刘维寅等人后均考入县学。五峰土司后裔张功顺之子张多芳幼习诗书绘画,后因家业衰落,浪迹于宜都县、东湖县、巴东县、长阳

---

① ［清］王又槐撰:《刑钱必览》卷 7《词讼》,《四库未收书辑刊》第 4 辑第 19 册,北京:北京出版社 2000 年 1 月版,第 461 页。

② ［清］吉钟颖修,洪先涛纂:道光《鹤峰州志》卷 13《艺文志·书唐姓诬控毁墓事》,《中国地方志集成·湖北府县志辑》第 45 辑,南京:江苏古籍出版社 2001 年 9 月版,第 438—439 页;王晓宁编著:《恩施自治州碑刻大观》第 3 编《制度公约·谕事碑记》,北京:新华出版社 2004 年 10 月版,第 122—123 页。

县、施南府之间，以替人写真谋生，晚年回长乐县仍笔耕维生①。

嘉庆元年(1796 年)白莲教起义，来凤县原卯峒司租户彭、颜、王、李、陈五姓客民内，有因参加白莲教起义被镇压者，所涉田产作为匪产入官。后有向姓宗族出现争夺田产的诉讼，湖北布政使判决田产充公。嘉庆十二年(1807 年)，卯峒司后裔向正斌、向伯泽、向伯璇等向官府缴纳 142 两 2 钱 8 分 4 厘五毫价银，将水旱山田共计 42 亩 9 厘赎回，并获得管业执照。原宗族田产，永为私田。谭姓客民及其他五姓中未参加白莲教者，仍照旧耕种向氏宗族田地。唯有王姓客民，因保留奉赦之向正胜、向正茂、向正彬等三股半田产，向氏宗族将中坝田四丘用于安置王姓客民。赎回田产，仍作婚葬、祭扫、承袭等事帮费②。土司后裔向氏家族与客民间的经济关系属于主佃关系，在《承赎怯道河业执照》中提到，康熙四十八年(1709 年)，卯峒土司的土官向子藩，将怯道河大段土地，安插彭、颜、王、李、陈、谭六姓人等耕种，客民必须承当差徭，表明是一种劳役地租。改土归流后，客民仍须为向子藩子孙婚葬祭扫等事供应帮费。

同治三年(1864 年)，湖北长阳县土司后裔田思群，与李明得、覃其烈等聚众起义，联络长乐县差役王启幅等，在四方台山夺取银钱。长阳县县令景汇企图利用宗族力量，派族长田青远、田桂远等协缉，结果田青远等被杀。清廷急忙调派宜昌镇总兵叶永泰、都司曹立全等前往剿捕。清军捕杀数十名起义者，擒获李明得、覃其烈，将他们处死。因山路积雪难行，清军未能剿灭起义军③。同治四年(1865 年)，清廷谕令添派提督谭仁芳率领四营官兵驰赴渔洋关，会同知府唐协和等，从长阳、长乐两面围剿田思群起义军余部，最后镇压了田思群起义④。

改土归流以后，鄂西南山区的土司后裔失去了特权阶层的地位，除了少数土司嫡系宗族子弟凭世袭职务仍能跻身国家官僚系统外，大多数土司庶族后裔，只能通过参加科举考试或从征立功，才可能获得仕进。由于鄂西南山区儒学教育事业的长期落后，使土司后裔的社会地位难以避免地走

　　①　[清]李焕春原本，郑敦祜再续：光绪《长乐县志》卷 13《人物志·方伎》，《中国地方志集成·湖北府县志辑》第 54 辑，南京：江苏古籍出版社 2001 年 9 月版，第 292－293 页。
　　②　张兴文、牟廉玖注释：《卯峒土司志校注》，北京：民族出版社 2001 年 4 月版，第 108－113 页。
　　③　《清穆宗实录》卷 125，同治三年十二月辛卯条，北京：中华书局 1986 年 11 月版，第 753－754 页。
　　④　《清穆宗实录》卷 129，同治四年二月乙亥条，北京：中华书局 1986 年 11 月版，第 70－71 页。

向衰落。但是由于土司庶族后裔在地方上仍掌握着勋爵、土地等,有一定的政治、经济资源,因此改土后,仍有一定的社会影响力。

第三节　山区绅士阶层的形成

一、改土归流后绅士阶层的早期发育

改土归流之际,鄂西南山区的主要任务是招抚流移,发展农业垦殖。初至鄂西南山区的客民,主要是外地背井离乡的贫民,急需通过山地经济开发以求生活温饱,衣食不足,则无心向学。所以,鹤峰知州毛峻德曾感叹:"无如蚩蚩之氓,止图耕种,罔识诗书。粗鄙之风,顿难转移。"①鄂西南山区改土各县封建地主经济不发达,是制约山区绅士阶层发展的重要因素之一,"本朝改土后,乾隆初年,设县未设学,中文武举者二人,俱入他县籍。设学后,中副车武举者二人,余则恩拔岁贡而已,所以然者,以地方未富足,士为家计累耳"②。由于鄂西南山区各县地僻路险,读书人难筹路费,远赴省城参加乡试者甚少,"士一衿既青,多束书不观,故科目寥寥"③。

由于本地科举不振,鄂西南山区上层绅士阶层发展滞缓,地方社会的主干力量是下层绅士,而非上层绅士④。乾隆二十八年(1763年),义学经费不足,廪生文元琦、生员毛元章及弟毛元玮父毛文常等捐160两银,购置学田,以租课充义学经费⑤。嘉庆年间,鄂西南地区白莲教起义结束后,地方财政出现困难,地方教育经费亦因此拮据。嘉庆五年(1800年),来凤县令朱鸣凤为重修文庙,曾吁请上宪拨国帑,但未能获经费。朱县令只好捐

---

① 王晓宁编著:《恩施自治州碑刻大观》第7编,《学校教育·义学碑记》,北京:新华出版社2004年10月版,第248—249页。

② [清]李焕春原本,郑敦祜再续:光绪《长乐县志》卷首《凡例》,《中国地方志集成·湖北府县志辑》第54辑,南京:江苏古籍出版社2001年9月版,第110页。

③ [清]吉钟颖修,洪先涛纂:道光《鹤峰州志》卷6《风俗》,《中国地方志集成·湖北府县志辑》第45辑,南京:江苏古籍出版社2001年9月版,第381页。

④ 张仲礼在《中国绅士——关于其在19世纪中国社会中作用的研究》(上海社会科学院出版社1991年5月版)一书中,将官吏、进士、举人、贡生划为上层绅士,而将正途的生员和异途的监生、例贡生划为下层绅士。

⑤ [清]松林等修,何远鉴等纂:同治《增修施南府志》卷29《艺文志·义学捐置田舍碑记》,《中国地方志集成·湖北府县志辑》第55辑,南京:江苏古籍出版社2001年9月版,第583—584页。

廉,并向城中绅士倡捐①。来凤县亨康里附贡生张思绪经理宗祠数十年,督修紫阳书院②。

表5—9　清顺治至同治年间施南府正途上层绅士统计表

等级＼时间	顺治	康熙	雍正	乾隆	嘉庆	道光	咸丰	同治	合计
进士	——	1	1	——	1	——	——	1	4
武进士	——	——	——	——	2	3	——		5
举人	3	9	1	2	——	5	——	8	30
武乡举	——	2	——	8	8	8	——	4	30
恩贡				9	21	40	17	6	93
选贡			3	7	10	18	5	——	43
附贡		1						1	2
岁贡	10	58	7	87	50	91	33	20	356
优贡							1	1	2
总数	13	71	12	113	94	165	56	41	565
年均	0.7	1.2	0.9	1.9	3.8	3.8	5.1	4.1	2.7

资料来源:[清]松林等修,何远鉴等纂:同治《增修施南府志》卷22《选举志》,《中国地方志集成·湖北府县志辑》第55辑,南京:江苏古籍出版社2001年9月版,第306—323页。

　　由表5—9中数据可知,从顺治至同治年间,施南府进士举人数量极少,正途上层绅士阶层主要由岁贡、恩贡、选贡途径形成。顺治至乾隆年间,施南府各县从正途产生的上层绅士数量较少。嘉庆至同治年间,从正途产生的上层绅士数额才有所增加。其中,施南府属各县中,恩施和建始两个汉地县科举正途出身的上层绅士人数远超过其余各县。因此,恩施县和建始县的上层绅士力量较其他改土各县更大③。

　　绅士与乡土紧密相连,因此各县绅士历来重视本地文脉风水的培植维

　　①　[清]松林等修,何远鉴等纂:同治《增修施南府志》卷29《艺文志·重修文庙序》,《中国地方志集成·湖北府县志辑》第55辑,南京:江苏古籍出版社2001年9月版,第566—567页。
　　②　[清]李勋修,何远鉴等纂:同治《来凤县志》卷22《人物志》,《中国地方志集成·湖北府县志辑》第55辑,南京:江苏古籍出版社2001年9月版,第414页。
　　③　[清]松林等修,何远鉴等纂:同治《增修施南府志》卷22《选举志》,《中国地方志集成·湖北府县志辑》第55辑,南京:江苏古籍出版社2001年9月版,第306—323页。

护,“君子在野,德虽未铭钟鼎,而乐善好施,亦其立功之一道也”。如鹤峰县走马的回龙阁创建于乾隆年间,锁护本地风水,嘉庆七年(1802 年)曾扩建,后渐颓败。住持僧请本地绅耆捐资筹款,鸠工建造。充当总领首士有四人:赵明辨、张德纯、刘德瀼、王方然。监修首士有五人:张馥堂捐钱 6000 文,刘行管捐钱 17000 文,赵家均捐钱 3000 文,刘绶卿捐钱 15000 文。募化首士多人:卢聘璋捐钱 1300 文,杨昌喜捐钱 2200 文,商贤捐钱 2000 文,李世超捐钱 1100 文,杨佩兰、杨广瑞、杨广逵、赵家熟、胡成□各捐钱 400 文[①]。

绅士作为一邑之望,四民之首,从乾隆初年开始,监督本地常平仓的管理,并参与社仓管理。乾隆年间,鹤峰州常平仓管理出现州县官派买克扣、官图中饱私囊、吏胥藉此以分肥的弊病,引起绅士苏学龙上控巡宪的案例[②]。这说明绅士对地方公共事业管理的监督,在一定程度上维护了地方社会的利益。乾隆六年(1741 年),鹤峰州山羊司曾设常平仓,储谷 1472 石,由州拨壮役守护。每逢公出,派拨民夫,按日给发夫价银三分。官署需用食谷亦从常平仓采买,自前任邱某始相沿成惯例。本地绅士苏学龙等将邱某及书役张廷英等控至巡府衙门,迫使鹤峰州州牧杨大烈重定常平仓管理章程:“公出派拨仓夫,按日每各发给工银三分。官署需用食谷等项照依民价平买,采买一概革除。差务公出,夫马每日按名给口粮银三分,骡马草料银六分。”[③]乾隆十二年(1747 年),湖北巡抚陈宏谋指出,湖北社仓管理积弊在于社正、社副不得人。陈宏谋要求各地方官按要求重新清查造册[④]。

虽然根据任放的研究,清廷严禁乡绅充当社仓和义仓的社长[⑤],但由于社仓、义仓的创建、经费筹措和日常管理都依赖绅士协助,鄂西南山区绅士在社仓和义仓的建设与管理中具有重要地位。乾隆五十一年(1786

---

① 王晓宁编著:《恩施自治州碑刻大观》第 2 编《宗教信仰・重建回龙阁序》,北京:新华出版社 2004 年 10 月版,第 105 页。

② 王晓宁编著:《恩施自治州碑刻大观》第 3 编《制度公约・宜昌府署案记碑》,北京:新华出版社 2004 年 10 月版,第 120—121 页。

③ [清]吉钟颖修,洪先涛纂:道光《鹤峰州志》卷 4《营建志》,《中国地方志集成・湖北府县志辑》第 45 辑,南京:江苏古籍出版社 2001 年 9 月版,第 365 页。

④ [清]陈宏谋撰:《培远堂偶存稿》卷 25《清理社仓檄》,光绪二十二年(1896 年)刻本,第 23—24 页。

⑤ 任放著:《明清长江中游市镇经济研究》,武汉:武汉大学出版社 2003 年 11 月版,第 240 页。

年），湖广总督特成额奏请鹤峰州、长乐县社仓管理归各保殷实富户和公正绅监及不应试生员掌管，如有荒歉，借给粮户，秋收归还①。道光十七年（1837年），施南知府马安时在绅士李景芳的请求下，劝谕士民在恩施县城内圆通寺右捐建义仓，由府县立案，设立首士负责经理。恩施城绅士康光远在筹建圆通寺旁赈济仓的义举中，捐资最巨，因此，知府顾椿、知县王立本为康光远奏请旌奖加盐运同衔。道光二十年（1840年），施南知府顾椿拟定了管理章程。咸丰五年（1855年），恩施县令朱三恪与全县绅耆共同筹款，买谷储存各里26处社仓。咸丰九年（1859年），施南知府朱启仁再次制定章程，由知府遴选绅士轮流管理。咸丰十年（1860年）知府黄益杰、同治三年（1864年）知府夏锡麟也先后颁布义仓管理章程：夏锡麟采取了以账仓平粜赢余为义仓资本，通过钱谷交易，实现义仓米谷的更新②。咸丰九年（1859年），来凤县知县王颂三与乡绅张光杰、张瑛、全福、覃述祥等共同劝捐，共储社谷1638石6斗4升，分别储藏在县属十二里③。

光绪年间，长乐县规定，各乡保社仓均由该保的殷实粮户、绅监、不应试生员掌管，如遇荒歉，借给粮户，秋收归还④。光绪年间，利川县忠路十六保义仓存储义谷28石。光绪十一年（1885年）间被贼偷去仓谷。光绪十六年（1890年）岁荒，徐应寿与何道传等分领义谷散借贫民，当时只存谷11石。光绪二十三年（1897年）又遇荒灾，再借贫民义谷。因义谷未收齐，徐应寿与何道提互控县署。县令判令徐应寿赔义谷市斗7石，何道提赔义谷市斗4石七斗。由团首何多识邀同绅粮各户保举仓长，具结领取，春放秋收，所收利息，均归义仓。谷票2张，交由何道容掌管⑤。

《钱谷备要》中论及社仓管理的弊窦："但各社散处四乡，社长之贤愚不

① 《清高宗实录》卷1247，乾隆五十一年正月甲戌条，北京：中华书局1986年11月版，第762—763页。

② ［清］松林等修，何远鉴等纂：同治《增修施南府志》卷2《建置志·储积》，《中国地方志集成·湖北府县志辑》第55辑，南京：江苏古籍出版社2001年9月版，第109—110页。

③ ［清］李勖修，何远鉴等纂：同治《来凤县志》卷17《建置志·仓储》，《中国地方志集成·湖北府县志辑》第57辑，南京：江苏古籍出版社2001年9月版，第327页。

④ ［清］李焕春原本，郑敦祜再续：光绪《长乐县志》卷9《赋役志·仓储》，《中国地方志集成·湖北府县志辑》第54辑，南京：江苏古籍出版社2001年9月版，第233页。

⑤ ［清］熊宾撰：《三邑治略》卷4《堂判·讯徐应寿一案》，光绪二十九年（1903年）刻本，第26页。

等,移挪亏短,捏借搪抵,实所不免。"①为了避免仓长任久滋生私吞之弊,光绪二十三年(1897年)十二月,利川县绅士张光玉禀呈,采取仓长任职三年一换届的办法。后保内有仓长刘永孝任满三年,瞿唐等人要求刘永孝交出仓谷,引起争讼。县令判决,刘永孝交出义谷市斗8石2斗5升,陈海燕交出社谷市斗8斗。此外,县令判令刘永孝、喻年宽、邓正纪、全百武、李桂连、罗家礼交出社谷市斗20石。其余未缴各家由吴镜涛等公同催收,收齐后,由罗秋云等公同掌管②。

　　张仲礼认为:"大量地方事务的实际管理都操诸绅士手中。"③除了前文曾论及绅士参与修桥、社仓管理等事务外,地方官的许多差事,大多需要仰仗绅士经办。如道光二十年(1840年),建始知县袁景晖藉修仓帑项,兴修仓房、仓神祠及衙署,袁景晖将此项工程委派给建始县监生谢世英及其弟谢世懋,由绅士负责采购木料,督工监修。知县袁景晖慨叹其对绅士的依赖:"今春复迭办大差,竭蹶从公,癏瘵心悸。幸赖邑中绅士同力帮扶,俾免陨越。"④清后期鄂西南山区团练有常态化趋势,并与基层保甲组织相融合,体现出绅权向地方社会管理领域的扩张。

二、军功绅士阶层的涌现

　　吴雪梅认为地方绅士与地方官保持着密切联系,把持着地方政治资源,支配乡村社会生活。清后期鄂西南山区各府州县士绅借办团练,成为乡村社会控制的主导力量⑤。

　　在嘉庆初年镇压白莲教的战争中,鄂西南地区绅士积极捐资编练团练武装,协助清军镇压农民起义,显示出绅士在维护地方社会秩序稳定方面的重要作用。嘉庆二年(1797年)九月二十八日上谕中,嘉庆帝饬令湖广

　　① [清]王又槐撰:《钱谷备要》卷2《清理社耤谷石》,《四库未收书辑刊》第4辑第19册,北京:北京出版社2000年1月版,第538页。

　　② [清]熊宾撰:《三邑治略》卷4《堂判·讯瞿唐一案》,光绪二十九年(1903年)刻本,第15页。

　　③ 张仲礼著,李荣昌译:《中国绅士——关于其在19世纪中国社会中作用的研究》,上海:上海社会科学院出版社1991年5月版,第53页。

　　④ [清]袁景晖纂修:道光《建始县志》卷1《衙署》,《中国方志丛书·华中地方》第326号,台湾:成文出版社1975年版,第90页。

　　⑤ 吴雪梅:《国家与地方势力:清代鄂西南土家族地区乡村社会权力结构的演变》,昆明:《云南社会科学》2008年第2期,第31—35页。

总督汪新选取绅士、乡勇中功勋最著者，赏给六品顶戴，其余酌赏七八品顶戴①。嘉庆年间施南府各县的军功绅士详见下表：

表 5—10　嘉庆年间山区各县军功绅士表

县　名	人　名
恩施县	宋承殷、徐正奎、伍国珍、伍士绶、向得科、王春芳
宣恩县	宋永炣、宋宏增、唐廷拔、唐开源
来凤县	何文龙、徐世玠、覃进畴、查国荣、滕爱臣
咸丰县	蒋士槐、文中和、熊大文、赵锦文、杨胜岳、冯世玘、杨胜榕、游葵、杨如琏、冯祖颐
利川县	朱良一
建始县	王士绂、邱裕霖、庞澧昌、柳荣湘、邱岚、龙鳞铨、陈言斌
长乐县	陈体受、邹光裕、宋之莹、马仲魁、骆承贵

资料来源：[清]松林等修，何远鉴等纂：同治《增修施南府志》卷 23《选举志・保荐》，《中国地方志集成・湖北府县志辑》第 55 辑，南京：江苏古籍出版社 2001 年 9 月版，第 324—326 页。

国学生员宋永炣字文奇，家资丰裕，好行善事，建桥铺路修庙，乐此不倦。嘉庆元年(1796 年)，白莲教起义军攻入宣恩县东乡晒坪，宋永炣捐银 3000 两，招募乡勇 500 名，命第五子县增生宋宏增，随县令苏於洛在龙山鹿皮坝堵御，擒获白莲教首胡正中，清廷授予知县尽先选用加五品顶戴蓝翎②。

宣恩县诸生唐廷拔在嘉庆元年白莲教起义时，向清军捐助军饷，并守办粮台，事后议叙军功从九品，未入流尽先补用。道光四年(1824 年)，奉部选授福建省漳州府南靖县尉，任满致仕回藉③。

---

① [清]松林等修，何远鉴等纂：同治《增修施南府志》卷 17《兵事》，《中国地方志集成・湖北府县志辑》第 55 辑，南京：江苏古籍出版社 2001 年 9 月版，第 240 页。

② [清]张金澜修，蔡景星等纂：同治《宣恩县志》卷 17《选举志・武勋》，《中国地方志集成・湖北府县志辑》第 57 辑，南京：江苏古籍出版社 2001 年 9 月版，第 237 页。[清]松林等修，何远鉴等纂：同治《增修施南府志》卷 24《行谊》，《中国地方志集成・湖北府县志辑》第 55 辑，南京：江苏古籍出版社 2001 年 9 月版，第 341 页。

③ [清]张金澜修，蔡景星等纂：同治《宣恩县志》卷 17《选举志・武勋》，《中国地方志集成・湖北府县志辑》第 57 辑，南京：江苏古籍出版社 2001 年 9 月版，第 237 页。

宣恩县武生唐开源在嘉庆元年白莲教起义时,向清军捐助军需,并守炮台有功,议叙军功,清廷授以把总之职,但唐开源以亲老子幼辞①。

宣恩县里民麻光裕、张明文等在嘉庆元年(1796年)白莲教起义军攻入宣恩时,自发组织团练,协助清军堵截起义军,建立军功,荫及子孙。如宣恩县东乡里甲长麻光裕团练乡勇,屡次击败白莲教义军。清廷以平叛有功授其巴东千总、湖南常德都司加参将衔护洞庭协镇等职。其孙麻以南为县庠生,侄孙麻以栋为府庠生②。

嘉庆元年(1796年),宣恩县东乡白莲教首李登敖等率众起义,张明文招募乡勇300余人。宣恩县令苏於洛派张明文在安家岭龙马山设卡堵御,事后苏於洛上报其军功,张明文固辞。其孙贡生张光岳任候选训导,曾孙张映奎为府庠生③。

来凤县忠建里监生段金魁团练乡勇,保卫桑梓。来凤县城失陷后,李家河得以保全,皆因段金魁率勇堵御之功。因此,段金魁以军功授即补分县④。

来凤县民张鸿范、王廷弼等因参与镇压白莲教而分别奖授职衔。张鸿范因嘉庆元年率勇剿杀白莲教义军,议叙七品军功,选孝感县训导⑤。王廷弼在嘉庆元年白莲教起义时,赴恩施县城请援军,随官兵剿杀白莲教起义军,议叙七品军功⑥。

嘉庆元年(1796年)白莲教起义时,建始县范述之练勇协剿,当时有良民牵连白莲教案,范述之出面保释数十人,后鹤峰州白莲教起义军攻至建

---

①　[清]张金澜修,蔡景星等纂:同治《宣恩县志》卷17《选举志·武勋》,《中国地方志集成·湖北府县志辑》第57辑,南京:江苏古籍出版社2001年9月版,第237页。

②　[清]张金澜修,蔡景星等纂:同治《宣恩县志》卷17《选举志·武勋》,《中国地方志集成·湖北府县志辑》第57辑,南京:江苏古籍出版社2001年9月版,第236页。

③　[清]张金澜修,蔡景星等纂:同治《宣恩县志》卷17《选举志·武勋》,《中国地方志集成·湖北府县志辑》第57辑,南京:江苏古籍出版社2001年9月版,第237页。另见[清]松林等修,何远鉴等纂:同治《增修施南府志》卷24《行谊》,《中国地方志集成·湖北府县志辑》第55辑,南京:江苏古籍出版社2001年9月版,第341页。

④　[清]松林等修,何远鉴等纂:同治《增修施南府志》卷24《行谊》,《中国地方志集成·湖北府县志辑》第55辑,南京:江苏古籍出版社2001年9月版,第341页。

⑤　[清]松林等修,何远鉴等纂:同治《增修施南府志》卷24《行谊》,《中国地方志集成·湖北府县志辑》第55辑,南京:江苏古籍出版社2001年9月版,第344页。

⑥　[清]松林等修,何远鉴等纂:同治《增修施南府志》卷24《行谊》,《中国地方志集成·湖北府县志辑》第55辑,南京:江苏古籍出版社2001年9月版,第345页。

始县境,清军剿捕,范述之率乡勇负责巡卡运饷,日夜不息①。

建始县监生龙鳞铨每逢歉岁,减衣食以周济乡里。嘉庆二年(1797年),与兄鳞魁团练义勇,捍卫乡里。清军大兵进剿时,捐五百余金助饷。凡县中公事,龙鳞铨率先倡捐②。

王士绂为建始县恩贡生,嘉庆二年(1797年)白莲教起义军入境,知县赵源生檄令王士绂任清军向导,围攻芭叶寨起义军。清军将领额勒登保十分赏识王士绂,事后王士绂论功议叙知县③。

嘉庆初,白莲教起义军盘踞县境,建始县恩贡生集团练勇,协助清军堵御起义军,叙功授六品职衔④。

建始县庠生柳荣湘曾因事被褫,嘉庆二年(1797年),清军缺粮,柳荣湘毁家购粮。额勒登保以其功,授以六品职衔⑤。

建始县监生陈言斌在嘉庆初,曾与万正楚团练乡勇,捐资铸炮,保卫乡里⑥。

鹤峰州亦有生员组织团练,参与镇压白莲教起义,但未以军功奖授职衔。嘉庆年间,白莲教起义军攻至鹤峰州三乂口。鹤峰州岁贡生何梦芝组织团练,在老土界设数卡防堵。太学生易显荣捐资团练,在留驾司等处设卡堵御⑦。咸丰五年(1855年),徐本清率太平军进攻五里坪,增生龚绍徽组织团练千余人,前往追剿。

鄂西南山区的商人、地主亦积极参与镇压白莲教起义,以军功获得职衔,政治地位相应上升。如松滋县西塞人章自远在清初,贸迁至长乐县采

---

①　[清]松林等修,何远鉴等纂:同治《增修施南府志》卷24《行谊》,《中国地方志集成·湖北府县志辑》第55辑,南京:江苏古籍出版社2001年9月版,第348—349页。

②　[清]松林等修,何远鉴等纂:同治《增修施南府志》卷24《行谊》,《中国地方志集成·湖北府县志辑》第55辑,南京:江苏古籍出版社2001年9月版,第349页。

③　[清]王庭桢等修,雷春沼等纂:光绪《施南府志续编》卷8《续人物志》,《中国地方志集成·湖北府县志辑》第55辑,南京:江苏古籍出版社2001年9月版,第678页。

④　[清]王庭桢等修,雷春沼等纂:光绪《施南府志续编》卷8《续人物志》,《中国地方志集成·湖北府县志辑》第55辑,南京:江苏古籍出版社2001年9月版,第678页。

⑤　[清]王庭桢等修,雷春沼等纂:光绪《施南府志续编》卷8《续人物志》,《中国地方志集成·湖北府县志辑》第55辑,南京:江苏古籍出版社2001年9月版,第678页。

⑥　[清]松林等修,何远鉴等纂:同治《增修施南府志》卷24《行谊》,《中国地方志集成·湖北府县志辑》第55辑,南京:江苏古籍出版社2001年9月版,第349页。

⑦　[清]徐澍楷修,雷春沼纂:同治《续修鹤峰州志》卷12《人物》,《中国地方志集成·湖北府县志辑》第45辑,南京:江苏古籍出版社2001年9月版,第495—496页。

花保。由于为人正直有才干，善言语，被乡人举为客长，深受前任客长王沛霖器重。嘉庆元年（1796年），白莲教徒周某在采花地发动乡民十余户起义。王沛霖获得菖蒲溪保正覃尊贤密报，已捕获白莲教徒蓝光先等人，并已查获联名簿，包括采花保参加起义人员名单。王沛霖遂派章自远前往查拿，被捕获的十余户乡民表示悔过。章自远力称乡愚无知，请求保释。经王沛霖取结，采花保这十余户乡民得以宽宥，章自远任采花保团练长。正月十三日，覃加耀等在林之华家起义，嘉庆二年（1797年）起义军攻至长乐县白溢寨。章自远在曾被释放的十余户乡民的辅助下，堵御有功，清廷授以职衔①。

咸丰县杨胜岳在来凤县白莲教徒起义之后，组织子侄佃户百余人，前往罗锅坪等处设卡堵御。由湖广总督为杨胜岳奏赏一等军功，以知县尽先选用②。

经过嘉庆年间的白莲教起义战争后，鄂西南山区下层绅士的社会地位上升，绅士阶层在地方社会的影响扩大。由于清廷担心团练武装坐大可能会危及中央集权统治，在战争结束后，团练大多随之解散。少数武艺高并有意从军者，补入经制兵额。如麻光裕统率的五百名施南乡勇"随征多年，技艺娴熟"，根据麻光裕就近安置的要求，湖广总督吴熊光饬令麻光裕将五百名乡勇带赴巴东江北地方驻扎，另立一营。这些乡勇随即在两年之内，陆续补充施南协各营制兵③。

咸丰六年（1861年）九月，四川太平军联合广东起义军攻咸丰县城，未克。随后，太平军攻克来凤县城。同治元年（1862年）一月，石达开部太平军再次攻克来凤县城。同治二年七月李辅猷率太平军攻咸丰县未遂，攻入利川县转进四川。咸丰同治年间，太平天国起义军攻入鄂西南山区，地方绅民组织或团练武装，或捐出钱粮，或从军参战，协助清廷镇压太平军。各级绅员以军功分别加授从九正至五品衔，并分别选用、补用、保升了巡检、县丞、司狱、监钥、训导、国子监学正、知县、知州等政务类、学务类官职。

---

① ［清］李焕春原本，郑敦祐再续：光绪《长乐县志》卷13《人物志·流寓》，《中国地方志集成·湖北府县志辑》第54辑，南京：江苏古籍出版社2001年9月版，第290页。
② 徐大煜纂修：民国《咸丰县志》卷8《人物志》，民国三年（1914年）劝学所刻本，第95页。
③ 《奏为遵旨会议湖北施南乡勇安顿应如该督所筹办理事》，嘉庆八年十二月十四日，中国第一历史档案馆军机处全宗，档案号：03－1662－006。

表 5—11　咸丰、同治年间山区各县军功绅士表

县　名	人　名
恩施县	朱煇宪、康光第、李际昌、张映乾、朱煇旍、刘元贵、李道源、朱宸、黄之仪、贾谊臣、饶应祺、康醇甫、赵鸿藻、康明哲、朱炳、赵咏、左宏达、谌在恪、沈昌墀、皮越群、李维祺、成朗山、成旭初、陈奋高、康立诚、田绍祖、胡开瑞、成焘、胡登贤
咸丰县	秦钟俊、徐正旭、秦云龙、邓秀毓、吴相珍
建始县	张树森、张仲伊、张继品

资料来源：［清］松林等修，何远鉴等纂：同治《增修施南府志》卷 23《选举志·保荐》，《中国地方志集成·湖北府县志辑》第 55 辑，南京：江苏古籍出版社 2001 年 9 月版，第 324—325 页；徐大煜纂修：民国《咸丰县志》卷 8《人物志》，民国三年（1914 年）劝学所刻本，第 98—101 页。

　　从表 5—11 可知，恩施县生员获得军功绅士的人数最多。咸丰年间，恩施增贡生、六品军功朱煇宪以筹济军饷，以复设训导分缺先选。恩施监生康光第六品军功升用同知。同治年间，恩施监生通判衔候选府经历李际昌以防剿出力，加五品衔。恩施监生州同衔候选府经历张映乾以防剿出力加五品衔。恩施廪贡生朱煇旍以防剿出力，以训导不论双单月尽先选用现分发试用。恩施附贡生刘元贵以防剿出力，以训导不论双单月尽先选用。恩施增贡生李道源以防剿出力，以训导尽先选用现分发试用。恩施附贡生朱宸以防剿出力，以训导尽先选用，现分发试用。恩施廪贡生黄之仪以防剿出力，以训导尽先选用。恩施附生贾谊臣以防剿出力保从九选广西思恩府司狱。恩施县附贡生候选训导饶应祺以防剿出力，加国子监学正衔。恩施监生康醇甫由营保蓝翎知县加同知衔留江西补用。恩施附生赵鸿藻以从军保五品花翎留贵州以直隶州知州补用。恩施监生康明哲湖南候补知县由征战保升湖南即补道，赏戴花翎，加布政使衔。恩施监生广东试用县丞朱炳由营保升知县加六品蓝翎仍留广东即补。恩施增生赵咏由营保即选训导。恩施附生左宏达由营保蓝翎即选训导。恩施附生谌在恪由营保候选知县加同知衔。恩施监生候选县丞沈昌墀由营保蓝翎留江西以知县补用如同知衔。恩施监生、藩理问衔皮越群五品军功。恩施附生李维祺六品军功。恩施附贡成朗山六品军功。恩施监生成旭初六品军功。恩施廪生陈奋高六品军功。恩施康立诚由蓝翎军功以县丞选用。恩施附生田绍祖由营保不论双单月遇缺前先选用从九。恩施胡开瑞由军功保不论双单月尽先即选巡检。恩施附生成焘由江西军务

保蓝翎训导不论双单月遇缺即选。恩施胡登贤以军功由营保蓝翎即选知县。

同治年间,建始县监生州同衔张树森由营保河南候补县丞加五品衔,赏戴花翎。建始县廪生试用训导张仲伊由营保直隶州留加五品衔直隶省补用,赏戴花翎。建始监生张继品由营保蓝翎从九品[①]。

如咸丰十一年(1861年),咸丰县庠生秦钟俊组织练勇堵御线坝,后协助清军守麂子峡,兵败被杀,赠把总衔。县恩贡生徐正旭同治初年以军需防堵功,奖六品衔,任候选教谕。秦云龙在咸同兵燹时"募乡勇剿贼,屡立功",后捐官至都司,同治年间又捐通判。县庠生邓秀毓因军需防堵功,议叙府经历,后捐升刑部主事等职。吴相珍丰财好施,同治时川匪刘石淋倡乱,吴相珍捐资团练,擒获首犯,保六品军功[②]。

晚清时期,鄂西南山区绅士阶层逐渐发育成长,并在地方交通、财政等公共事务中发挥着越来越重要的作用。而恩施县乡绅凭藉相对雄厚的经济基础,不仅正途出身绅士最多,军功绅士出身的人数亦很多。因此,恩施县绅士在施南府地方公共事务中的影响最大。

第四节　山地环境与山地宗族的发育与发展

一、清初土司地区的宗族发育

宗族文化是华夏文明的重要文化特质之一。在华夏文化与山地土家文化长期交流涵化的进程中,宗族文化中具有敬宗、收族功能的祠堂文化和家谱文化逐渐采借或转换到土家族社会。

在土司社会中,只有上层土司贵族才有足够的社会经济实力建祠堂、修家谱,开展联宗睦族的宗族组织活动。清康熙年间,容美土司、卯峒土司曾编制了《容阳世述录》《卯峒向氏族谱》,容美田土司建有家庙,开始有宗族活动。从明末清初容美土司田甘霖的《陶庄行》诗引可知,至迟清顺治时

---

①　[清]松林等修,何远鉴等纂:同治《增修施南府志》卷23《保荐》,《中国地方志集成·湖北府县志辑》第45辑,南京:江苏古籍出版社2001年9月版,第324—325页。

②　徐大煜纂修:民国《咸丰县志》卷8《人物志》,民国三年(1914年)劝学所刻本,第93—101页。

容美土司家族有容阳志传①。土司宗族与外地联宗活动也开始出现,如康熙四十二年(1703 年)三月二十日,岳州武进士田焯送马四匹及礼币,与田舜年通谱,田舜年执弟礼相待②。由此可见,容美田土司与湖南岳州田氏有跨省联宗活动。明弘治年间,五峰土司在容美土司的排挤下迁至五峰,曾建立圆通寺。圆通寺实际上就是张氏土司家族的香火祠③。

改土归流以前,土司地区土民安于苗习旧俗。婚俗上没有同姓不婚的限制,也没有汉族传统的服制限制,异姓姑舅姊妹亦可联姻。结亲无须三媒六聘,只需当面议定,称为放话。娘舅在土苗家庭中的地位十分尊崇,可以主宰外甥女的婚姻。由于土司地区人口稀少,男女比例严重失调,导致30 岁男子配 16 岁女子,或 20 岁女子配幼男。男女结婚实际上是两个家族的联姻,所以女方家族中所有亲戚在男女离异时,要求男方必须摆酒席,遍邀女家亲戚。

明清之际,土司地区的婚俗亦逐渐受到汉族儒家礼制的影响,故《卯峒土司志》称:"卯峒虽未能谨守不失,而要之与大圣人'与奢宁俭,与易宁戚'之语,则未必无差合云。"④

二、山地环境与山地宗族

山地自然资源十分丰富,但是山地资源的开发利用,对技术水平的要求较高。在山地环境中,宗族的生存和发展必须依赖山地的土壤、水、森林等资源,因此宗族为谋求自身的生存空间,力图垄断控制山地聚落空间中的土地和水资源等生产要素,使本宗族具有生态适应性,从而在山地宗族竞争中取得优势地位。

在山地社会中,水资源对地方宗族而言,关系着宗族的生存和发展。在恩施滚龙坝向家村的《向氏族谱》中,记载了"九口锅封天坑"的传说:

> 相传,旺祖来滚龙坝时,这里住着一黄姓,两姓人都想占有这块地

① 陈湘锋、赵平略评注:《〈田氏一家言〉诗评注》,北京:中央民族大学出版社 1990 年 10 月版,第 392 页。

② [清]顾彩著:《容美纪游》,武汉:湖北人民出版社 1999 年 9 月版,第 313 页。

③ [清]李焕春原本,郑敦祜再续:光绪《长乐县志》卷 14《艺文志·重修圆通寺记》,《中国地方志集成·湖北府县志辑》第 54 辑,南京:江苏古籍出版社 2001 年 9 月版,第 319 页。

④ 张兴文、牟廉玖注释:《卯峒土司志校注》,北京:民族出版社 2001 年 4 月版,第 27 页。

方，为此引发了纠纷。因缺水灌溉农田，于是两姓来了个君子协定，谁引来水就归谁住。现在洋芋沟的河水原在龙潭出洞不远就流入天坑，大水时才能流下来，向氏祖先想了个好主意，买了数口铁锅盖住天坑口，再割些杂草盖严，忽然天下一场大雨，河水猛涨，冲来的泥沙堵住了天坑口，从此河水直泻滚龙坝，黄家服输了，搬出滚龙坝，向氏便在此安居乐业了。至今在人们中间还流传着"九口锅封天坑"的故事。①

这个传说反映了居住在滚龙坝的向、黄两姓宗族间相互争夺生存空间的事实，哪一个宗族控制了山地水资源，就获得生存发展的空间。生态环境的异常变化，直接破坏了山地宗族的生存环境，降低了土地的承载能力，恶化山地生存条件，生存压力使原本稳固的山地宗族产生裂变。如明初随征散毛司而屯戍大田所的徐氏家族，世守野猫河一带。至雍正乾隆年间，因野猫河一带叠遇水灾，"族人迁广西、贵州者甚夥"②。

山地宗族成为保护风水山的重要社会力量。清代，鄂西南民间亦十分重视祖坟山风水，宗族组织是维护祖坟山植被的民间监管力量，宗族制定的禁约具有一定私法的约束性。如卯峒土司祖坟山即坟山坝，曾在嘉庆白莲教起义中遭到破坏。嘉庆十三年（1808 年），向氏宗族重新蓄禁祖坟山，但有人以刈草、采茶、砍柴、放牧为由破坏祖坟山植被。向氏宗族不得已刊碑立禁，并警告违禁者，将控诉官府。同时这种宗族制定的风水保护禁约，通常得到官府的支持和保护，具有一定的权威性③。

关乎宗族风水的祖坟山在地方社会中视为禁地，不许宗族内外人等入山盗伐树木。如乾隆三十七年（1772 年），巴东县茶店子镇竹园坪树龚家山税氏宗族，曾立碑划定龚家山风水禁地范围："东抵岭顶漕边，直上南抵坎，西抵坟岭漕边，北抵山顶。"并规定禁地内 110 余株树木永远不许砍伐，违者罚百斤猪羊祭扫。曾有族人启考、祥茂二人将四房和么房坟茔中四株被大风吹折的大树卖与启容、永升二人，并私自将祖茔界内 20 余株枯树送给启容、永升二人。族众知晓后，经亲族理论，判启容、永升二人罚钱 5 串。至光绪四年（1878 年），龚家山税氏宗族再次刊碑重申祖坟山禁地范围及

①　《向氏族谱》编纂小组编：恩施滚龙坝土家族《向氏族谱》，2002 年 10 月版，第 81 页。

②　徐大煜纂修：民国《咸丰徐氏宗谱》，民国十年（1921 年）六月石印，武昌察院坡黄粹文代印。

③　张兴文、牟玖廉注释：《卯峒土司志校注》，北京：民族出版社 2001 年 4 月版，第 123—124 页。

处罚条规[①]。

在传统农业社会中,宗族组织除了敬宗收族、管理宗族内部公共事务的作用外,还具有社会控制的功能,如替国家催办钱粮、维持地方治安、调解田土户婚纠纷、协助处理刑事案件。如嘉庆十九年(1814年),来凤县因歉收而发生饥荒,四乡间有民众聚众抢米。当时向正彬等乡绅颁布《岁歉规戒子弟报单》《岁歉规戒子弟禀呈》,劝阻向氏族人子弟不得抢米,遵守法纪[②]。

宗族通过参与地方公用事业建设,来增强本宗族在地方社会的影响力。乾隆十一年(1746年),康氏开基祖康唯哉从湖南宝庆府新化县迁至湖北恩施县。至康联辉白手起家后,热衷修桥、筑路、捐宝等义举,曾兴办清江河湖南义渡[③]。

三、清后期宗族社会的成长

改土归流后,大批汉族移民进入鄂西南山区,汉族移民带来异质化宗族社会模式。改土归流之际,改土新设的长乐县有张氏、唐氏、田氏、向氏四大土著家族,覃氏、王氏、史氏、李氏为四大客户宗族,合称长乐八大宗族,经过改土归流以后长期移民发展,长乐县宗族发展出现新的变化,原来八大姓演变成十大姓宗族:李、曾、杨、郭、王、皮、邓、田、庹。原土著大姓张氏、唐氏、向氏宗族和流寓大姓覃氏、王氏、史氏宗族已经衰落,曾、杨、郭、王、皮、邓、庹诸姓崛起。至光绪年间,十大宗族的婚姻圈扩大了[④]。

某些强宗大族通过积极参与地方慈善事业来扩大影响力。道光十七年(1837年),施南府知府马安时设立义仓,以备荒歉。康氏家族捐田房钱款5600余两,经府县详请立案后,设立首事负责经理。道光二十年(1840

①　王晓宁编著:《恩施自治州碑刻大观》第3编《制度公约·龚家山碑刻》,北京:新华出版社2004年10月版,第134页。

②　张兴文、牟廉玖注释:《卯峒土司校注》附1《岁歉规戒子弟报单》《岁歉规戒子弟禀呈》,北京:民族出版社2001年4月版,第124—126页。

③　王晓宁编著:《恩施自治州碑刻大观》第4编《表彰、称颂、生平·赈济仓碑》,北京:新华出版社2004年10月版,第169页。

④　[清]李焕春原本,郑敦祜再续:光绪《长乐县志》卷12《风俗志·冠婚》,《中国地方志集成·湖北府县志辑》第54辑,南京:江苏古籍出版社2001年9月版,第260—261页。

年），施南知府顾椿拟订章程，刻碑明示[1]。

　　在中国传统华夏社会里，建祠以敬祖，修谱以联宗。但是建祠堂、修家谱需要耗费很大一笔资金，如果没有宗族公产的积累或宗族成员的慷慨捐资，建祠和修谱工作难以为继。而农业经营的财富积蓄需要较长的时间。故王祯在《农书》中称："古者三年耕，必有一年之食，九年耕，必有三年之食。"[2]由于山地生产力水平较低，经济基础薄弱，所以，山地宗族大多采用墓祭，而少采用祠祭，"兄弟分析不图聚处，虽士人之家，亦无祠堂，岁时伏腊，各祭于正寝而已"[3]。道光年间，清后期，寄籍鄂西南山区的客民，经过长期经济开发，积累了一定的经济实力，纷纷兴起修建祠堂之风。同治年间，鄂西南山区各县的宗族活动十分兴盛。

　　《鄂西志稿》分析认为，明末农民战争致使鄂西南山区各县人口锐减，因此清代各山区村户多为客籍。外省来客户挟带谱牒，与土著同姓联宗，或者附入谱牒。土著家族财力不足，所以鄂西南施鹤八县的土著宗族，十分之九没有宗谱[4]。随着改土之后大量客民的涌入，客民宗族成长壮大。在客民宗族文化的影响下和族群社会竞争的压力下，本地土著对外来宗族文化，接受吸纳，改造利用。道光九年（1829年），向姓文武生童赴恩施县参加府试，因见向王庙破败不堪，于是合族商议，就向王庙修建向氏宗祠，重序向氏宗族字派[5]。这说明在道光年间，土著宗族在客民宗族活动的影响下，亦形成了宗族意识，亦开始进行宗族组织建设。另据利川《田氏宗谱》记载，道光年间，忠孝安抚司后裔曾开展修谱活动[6]。道光二十年（1840年），来凤县老寨向氏土著联宗建祠修谱，并序定字派[7]。同治年间，鄂西南山区土著家庭亦纷纷效法客民宗族建祠修谱。《施南府志》载："近

---

　　① 王晓宁编著：《恩施自治州碑刻大观》第4编《表彰、称颂、生平·赈济仓碑》，北京：新华出版社2004年10月版，第169页。

　　② 王毓瑚校：《王祯农书》，北京：农业出版社1981年11月版，第49页。

　　③ ［清］王协梦修，罗德昆纂：道光《施南府志》卷10《典礼志》，道光十七年（1837年）扬州张有耀斋刻本，第2页。

　　④ 湖北通志馆编：《鄂西志稿》，民国二十九年（1940年）十月版，恩施：恩施县地方志编委会1982年12月重印本，第84页。

　　⑤ 王晓宁编著：《恩施自治州碑刻大观》第1编《姓氏源流·向王庙碑》，北京：新华出版社2004年10月版，第5页。

　　⑥ 利川县雁门堂《田氏族谱》，利川县档案馆藏光绪年间抄本。

　　⑦ 来凤《向氏宗谱》，来凤县档案馆藏1991年8月抄本。

日寄籍者多创建宗祠,笃报本之念,而土著之家,亦渐师以为法,此风一倡,古道复矣。大约六邑风气,恩与利、建为近,宣与来、咸为近,语音亦然。"①

在道光三年(1823 年),巴东县清太坪乡桥河村谭姓子孙公立始祖"谭母佘老太夫人墓碑"和"谭天飞墓碑"。在碑文中记载了谭姓始迁祖佘婆婆在明初战乱中,流落到巴东县响洞,被神鹰搭救,定居落婆坪锦鸡水的传说②。《谭天飞墓碑》记述了谭天飞的生平和八子分居八坪的经历③。至民国年间,恩施的《谭姓宗谱序》在谭姓佘氏祖婆传说前面续上一段关于郡望和江西填湖广的经历:"粤稽吾姓,后稷发祥,系出谭子,以国为氏,称弘农郡。吾族祖自万江……始祖籍自江西吉安府吉水县大州大栗树人氏。麒麟鸾凤,始自四祖分支。至元末明初,麒公自江西而迁楚北,再由荆州石码头徙居巴东落婆坪,传至绪公,妣佘君,生祖八人,分属八坪。"④利川县忠孝司十五世孙田文耀在道光十一年(1831 年)谱序中,将田氏祖先起源追溯至虞夏穷蝉及春秋时齐桓公⑤。从土著宗族的祖先认同中,可以看到鄂西南山区清后期至民国年间,由于国家以华变夷的文化改造,宗族构建中逐渐形成对华夏正统观念的认同。

在传统社会中,个人是宗族组织的一员,个人之间的矛盾有时因宗族的介入,可能上升为两姓宗族间的社会冲突。而这种冲突有时又必须通过宗族力量介入,才易于化解。如曾、邓两姓属利川县大宗族,曾成意与邓永潮等因当账纠葛不清,引起两姓宗族间屡次械斗,互相抢夺,伤人不少,两族均雇人防守,形同敌国。两姓还在省城各衙门互控数年,官府传讯,抗传不到。后熊宾任利川县令时,首先劝谕两姓族长到县衙听候公断,详查此案原由,判明债务纠纷。又请本城绅首出面调停,办酒席邀两姓族首事讲和,方平息争讼。地方官虽可审清个人间的经济纠纷,但面对宗族间多年矛盾,必须借助地方社会中有声望的绅士,通过族长施加影响,才能化解社

　①　〔清〕松林等修,何远鉴等纂:同治《增修施南府志》卷 10《典礼志·风俗》,《中国地方志集成·湖北府县志辑》第 55 辑,南京:江苏古籍出版社 2001 年 9 月版,第 195 页。

　②　王晓宁编著:《恩施自治州碑刻大观》第 1 编《姓氏源流·谭母佘老太夫人墓碑》,北京:新华出版社 2004 年 10 月版,第 1 页。

　③　王晓宁编著:《恩施自治州碑刻大观》第 1 编《姓氏源流·谭天飞墓碑》,北京:新华出版社 2004 年 10 月版,第 3 页。

　④　王晓宁编著:《恩施自治州碑刻大观》第 1 编《姓氏源流·谭姓宗谱序》,北京:新华出版社 2004 年 10 月版,第 4 页。

　⑤　《参考人物志》,载于利川县雁门堂《田氏族谱》,利川县档案馆藏光绪年间抄本,第 11 页。

会冲突①。

清后期,在中国社会近代化进程的冲击下,鄂西南山区宗族出现因土地买卖、分家、遗产继承等引发的经济纠纷,折射出宗族传统渐趋崩溃、宗族组织逐渐失去调控能力、只能借助国家司法力量进行干预的社会现象。

在土地买卖中,宗族内族人有优先购买权。如所卖土地中有祖坟在内,虽土地转卖他姓,本族人仍有权夺回土地所有权。光绪年间,利川县民人刘松魁出卖田地。因刘明著等有祖坟在田内,经中人杨焕章劝刘名贤承买。但由于刘名贤压价,刘松魁转卖给外姓牟奇翠。讼至县署,县令判此地归刘姓户族刘银魁接买,而牟姓所出税契、中资各项费用均由刘银魁户族支付。由杨焕章另代牟奇翠再买一分田地。杨焕章邀刘姓合族与牟奇忠等当面书立约据,卖于刘银魁名下,作为护坟田,不许再卖他姓②。

传统社会中,父母在去世后养赡田充作祭田,不允许子孙瓜分或私自变卖。光绪年间,利川县民周秀杞私下当出父母养赡田,被兄长周秀举控告县衙。知县利川熊宾当堂将周秀杞重责,并令周秀杞将所得当钱交出,由兄弟四人共同斋祭③。由于鸦片在鄂西南地区的泛滥,出现子孙盗卖父母养赡田案例。如光绪年间,利川廖邱氏的养赡田地被其吸食鸦片的败家子廖昌达私卖于邓田龙,严德玉充中介。告至官府后,廖昌达和邓田龙受到县令熊宾责惩,邓田龙归还廖氏养赡田。由县署作中证,廖邱氏书写期票,到期缴钱赎回田契。期间佃户租谷,交由三家分得。规定此后其母廖邱氏大坪田产、廖昌达本人在谭家塝田产、其兄在喻家沟田产均不许廖昌达擅行当卖④。

宗族内族人过继子嗣,不仅须书写继约,继子亦可获得相应继子经费。如光绪年间,利川县民人董习明无嗣,过继董刘氏之子董学道,书写继约。董习明的财产,均归董学道管业,每年春秋两季,由董学道祭祀扫墓。当出

---

①　[清]熊宾撰:《三邑治略》卷4《堂判·讯曾成意一案》,清光绪二十九年(1903年)刻本,第4页。

②　[清]熊宾撰:《三邑治略》卷4《堂判·讯牟奇翠一案》,清光绪二十九年(1903年)刻本,第3页。

③　[清]熊宾撰:《三邑治略》卷4《堂判·讯周秀举一案》,清光绪二十九年(1903年)刻本,第1页。

④　[清]熊宾撰:《三邑治略》卷4《堂判·讯廖邱氏一案》,清光绪二十九年(1903年)刻本,第6页。

部分田产所获钱文,一部分充作祭祀钱,一部分还债,一部分作为继子花费①。

　　过继的从堂侄有权作为房族内的第一顺位继承人,但必须履行生养死葬、竖碑看坟的义务②。在过继族内近亲为嗣时,须由宗族亲戚见证,书写继约。如光绪年间,利川县民黄启贤亡故后,妻、妾黄张氏与黄姚氏均无子,曾过继黄启辉之子黄家用,后黄家用夭折。另由黄张氏大胞兄黄启明之第四子黄家谟承嗣,邀同户族亲戚,书写继约。黄氏的前夫张祖榜,企图谋利而妄控县署,最后因官府干预而未能得逞③。

　　养子与亲生子平等分享遗产。如光绪年间,利川县妇女商梁氏仅有产业600串钱。养子已浪费梁氏家财200串,因此,财产只需由亲生二子及梁氏养赡3股均分④。

　　分家不匀,则会造成宗族内部争讼不宁。如利川县民人张景燕与张秀成屡次因家产分配不均而争控县署。其根本原因,是因为张景燕所分田产多属贫瘠田地,其中中坝产业被提作修坟建碑。县署数次判案,但又多次翻案。光绪年间,县令熊宾判令侄子张秀成再补张景燕200串钱,不许兄弟张景语再有异说⑤。

　　母子之间在分家合同上发生矛盾,上控县署。母亲张朱氏按分家合同分得利川县邵家坳、小塘两份田地。小塘又别名牛梗坝,其子张长明等企图谋夺母亲养赡田,禀称此处田地为小塘、牛梗坝两处,张朱氏只有其中一份田地。经县令熊宾审理,判定张朱氏拥有小塘田地的所有权和经营权,可自种可招佃。张朱氏去世后,田地归张长明等数子均分,不准当卖,作祭田。邵家坳田地仍归张长明弟兄代为耕种,每年认谷4石,佃户朱福坤必

　　①　[清]熊宾撰:《三邑治略》卷4《堂判·讯董刘氏一案》,清光绪二十九年(1903年)刻本,第25页。
　　②　[清]熊宾撰:《三邑治略》卷4《堂判·讯高顺发一案》,清光绪二十九年(1903年)刻本,第6—7页。
　　③　[清]熊宾撰:《三邑治略》卷4《堂判·讯黄张氏一案》,清光绪二十九年(1903年)刻本,第17页。
　　④　[清]熊宾撰:《三邑治略》卷4《堂判·讯商梁氏一案》,清光绪二十九年(1903年)刻本,第37页。
　　⑤　[清]熊宾撰:《三邑治略》卷4《堂判·讯张景燕一案》,清光绪二十九年(1903年)刻本,第28页。

须退佃离庄。朱福坤原向张长明之父所借 20 串钱,抵作朱福坤搬家补偿金①。

在传统社会中,一女不二嫁。两家结亲下聘礼后,不许改配。否则会造成婚姻纠纷。有因女方未嫁前病故,男方不甘损失,要求另聘一女,引起双方纠纷。最后县令判决,女方退回聘礼钱 10 串文②。光绪年间,利川县民曾宪布之女原许配给徐正斌之子。后因徐姓之子瘫痪,曾宪布将女转配彭姓之子。徐正斌将彭扬科控至县署,县令判令曾宪布补给彭扬科口食钱 6 串文,并具结女儿不再改嫁。团首翁远图负责调查曾氏有无另嫁情节,公禀重惩③。

在一夫多妻的家庭,丈夫死后,妾有权获得养赡田作为生活来源及死后丧葬、祭扫费用。如光绪年间,利川县民人翁鸿宾病故后,翁田氏按遗嘱获得水沙坝田业作为养赡。翁田氏又将艾地坝公田所产稻谷卖出数十石,引起翁鸿宾之子与其之间的讼争。县令判决艾地坝公田所产稻谷每年分拨 12 石,由翁鸿远、翁鸿宽交翁田氏。翁田氏可选择外住或娘家④。若翁田氏死后,翁鸿远、翁鸿宽另付 50 串钱作安葬费,任由翁姓或田姓安葬。

直至民国年间,鄂西南山区土民中元房的弊俗尚存。所谓元房,又称转房,即兄弟死后,弟可娶嫂,兄可纳媳⑤。这种国家法律禁止的婚俗,在民间长期存在。周荣认为这主要是因为生活贫困,难以支付一次全新婚姻所需的各种费用⑥。

清后期宗族组织的发展,使宗族在鄂西南山区基层社会控制中扮演着越来越重要的角色。虽然山区的近代化进程迟缓,但仍在一定程度上,对

---

① ［清］熊宾撰:《三邑治略》卷 4《堂判·讯张朱氏一案》,清光绪二十九年(1903 年)刻本,第 1—2 页。
② ［清］熊宾撰:《三邑治略》卷 4《堂判·讯黄兴隆一案》,清光绪二十九年(1903 年)刻本,第 14 页。
③ ［清］熊宾撰:《三邑治略》卷 4《堂判·讯彭扬科一案》,清光绪二十九年(1903 年)刻本,第 16 页。
④ ［清］熊宾撰:《三邑治略》卷 4《堂判·讯翁田氏一案》,清光绪二十九年(1903 年)刻本,第 22 页。
⑤ 湖北通志馆编:《鄂西志稿》,民国二十九年(1940 年)十月初版,恩施县地方志编委会 1982 年 12 月重印本,第 84 页。
⑥ 周荣著:《明清社会保障制度与两湖基层社会》,武汉:武汉大学出版社 2006 年 10 月版,第 178 页。

宗族传统产生了冲击。

第五节　鄂西南山地的土客问题

清初,汉土疆界森严,鄂西南山区土著主要是土家族,而客户主要是汉族。根据《恩施市志》统计,施州卫土著占总人口的 78.44%,而客户仅占 21.56%①。改土归流之初,制约鄂西南山区经济发展的主要阻碍,是劳动力与生产技术的匮乏。施南宜昌二府鹤峰等州县地方官府为了发展农业生产,开垦鄂西南山区荒地,采取了积极招徕外地移民入山垦荒的政策。如鹤峰州、长乐县曾限令荒芜田地三月内有主者必须照契坐落细开报认,无主荒田及三月限满未经报认者,可以由官府招民开垦。鹤峰州知州毛峻德曾颁布文告:不论有主无主荒地,只要外来农民垦种,概作官土赏裁,并发给印照,许其永远管业,原主不得阻拦②。湖北布政使司认为"无论有主、无主荒地俱限三月,未经报认者俱作官土"一则太过仓促,改令业主自行赴官报认,立明姓名界址,报认期限延长为半年。但是超过半年限期,则虽系有主荒地,亦照无主官地招民承垦,由官府招民承垦管业③。

新设府州县地方官为了发展山区农业经济,实行招垦政策,鼓励客民入山垦殖,"以致川楚外地民人渐多,认垦且滋侵冒"。乾隆十五年(1750年),湖广总督永兴向清廷奏报,必须针对这种情况预筹办法,杜绝外地客民占冒滋事,"似可使土、民永远相安","于国计民生不无小补"④。

改土归流以后,地方志中将人民分为"土家""客家"。在鄂西南少数民族山区,土客问题与汉土民族问题交织在一起,使社会关系变得更加复杂。通常在中原汉族地区,土、客的差异在于户籍,而在鄂西南山区土、客的差异还有民族之别。民国《咸丰县志》中记载:"土家者,土司之裔,其嫡派多

① 湖北省恩施市地方志编纂委员会编:《恩施市志》卷 1《地理志》,武汉:武汉工业大学出版社 1996 年 11 月版,第 54—55 页。

② [清]毛峻德纂修:乾隆《鹤峰州志》卷下《风俗志·附文告》,《故宫珍本丛刊》第 135 册,海口:海南出版社 2001 年 4 月版,第 59—60 页。

③ [清]李焕春原本,郑敦祐再续:光绪《长乐县志》卷 14《艺文志·立限勘垦议》,《中国地方志集成·湖北府县志辑》第 54 辑,南京:江苏古籍出版社 2001 年 9 月版,第 308—309 页。

④ 《奏为湖北宜昌施南二府之鹤峰等州县开垦地亩升科敬铭圣训妥酌定议谢恩事》,乾隆十五年十月初二日,中国第一历史档案馆朱批奏折,档案号:04—01—22—0030—020。

徙籍武汉各地。留住者,半系支庶之家。客家者,自明以来,或宦或商,寄籍斯土,而子孙蕃衍,为邑望族者也。"如咸丰县,覃氏、冉氏、向氏、田氏、黄氏、秦氏宗族均为土家,而杨氏、张氏、蒋氏、梅氏等或宦或商迁来均称为客家[1]。来凤县客民宗族主要有:百福司姚氏宗族,朱家寨、二台坪的钟氏,洞塘坝、小坝、龚家坝的郑、杨、蒙三姓,腾武溪、石灰溪、坐线坪田氏、杨姓,截盗河的彭、颜、王、李、陈、谭六姓,接龙桥万家塘吴氏等,均在康熙年间以后,从贵州、湖南迁入。改土以后,客民主要从江西、湖南迁入来凤县[2]。

由于清初建始县林木繁茂,地旷人稀,流民随意开垦荒地,"不以越畦相诃也",不以田地经界为虑。后来因流民不断涌至建始县,"先居建始者成为业主,兴任耕种,略议地界,租价不多,四至甚广"。有的佃户纠合数姓共佃山田,从某坡至某涧,方圆数里之遥。经过多年斩荆披棘,驱虎豹狐狸而居之。昔年弃为偏僻之地,现在成为垦殖热土,争田讼案日多。由于清初田界不明,容易发生影射混占。从康熙二十五年(1686年)报垦,至雍正七年(1729年)清丈,虽多次经官府实地查勘审讯,而田土经界依旧难明[3]。山地崎岖不平,地形复杂,历来难以清丈。从宋代贬官商州的王禹偁在《畲田词》中的自注可知,宋代南山老林地区用绳索测量田数:"山田不知其畎亩,但以百尺绳量之,曰,某家今年种得若干索。"[4]

大量客民涌入,地价上涨,引起了大量关于土地所有权的争讼。据嘉庆《恩施县志》载:"改设后,五方杂处,奸伪日出,讼牍繁兴,田价既昂,荒山亦贵。争产构讼,彼此皆无确据。"[5]改土归流前后地价的变化,引起众多围绕土地所有权的争讼。在土司时由于土司的劳役负担沉重,地价很低,原田主低价卖出。改土归流后地价上涨,使原有业主感到吃亏,遂反悔不卖或要求找赎。清廷规定,凡田契无回赎字样者一律不许找赎,有回赎字

---

①　徐大煜纂修:民国《咸丰县志》卷11《氏族志·列传(土家、客家)》,民国三年(1914年)劝学所刻本,第128—134页。

②　湖北省来凤县县志编纂委员会编纂:《来凤县志》第4章《人口》,武汉:湖北人民出版社1990年10月版,第45页。

③　[清]袁景晖纂修:道光《建始县志》卷3《户口志》,《中国方志丛书·华中地方》第326号,台湾:成文出版社1975年版,第240—241页。

④　[宋]王禹偁撰:《小畜集》卷8《畲田词·有序》,王云五编:《万有文库》第二集七百种,上海:商务印书馆1936年3月版,第102页。

⑤　[清]张家榴修,朱寅赞纂:嘉庆《恩施县志》卷4《风俗十八》,《故宫珍本丛刊》第143册,海口:海南出版社2001年4月版,第230页。

样并定有年限者,或按契约凭中公估找贴并另立卖契,或听原主别卖。禁止无回赎字样及失业多年的田产在无据的情况下,争赎或索取找赎①。

　　入山垦殖的客民与土著地主亦可能形成主佃关系,土著与客民具有不同的土地经营方式。嘉庆年间任恩施县令的詹应甲在《挖蕨根》诗中揭示这种差异性:"客民买田起庄屋,土姓典田懒耕牧。"②由于土地所有权与租佃权的分离,田业几经转佃后,庄钱愈重,田主难以回赎田产。如长乐县内十六保按土司时土地租佃惯例,承佃和辞佃均必须交上下庄钱各 10 串。后又有买课不买田。如田值二三百串,课钱一二十串者,买者只需出钱一百串,而令佃加 3 上庄即 30 串,就得庄钱 90 串,买课者自己出 10 串,秋收时获利 20 串。因庄价不写入契约,买课者一味苛索佃户,执顶拨白契即如己业,顶田时仍出下庄,导致贫富差距日益扩大。外十八保是由石门、长阳县分拨县民,土地买卖依照典卖常例。乾隆改土时,有田值 100 串,而庄价高达 90 串者。由于庄价愈重,租课愈轻,田主愈难回赎③。由此可见,客民在土地经营意识和能力上比土著强,通过控制土地永佃权,从而控制了土地经营权。顾炎武在《天下郡国利病书》中描述了游民夺主田的途径:"游民多智,辨过其居停主人,其主人亦逊谢以为不及。因请诸赋役,颁与共治,或就硗确荒芜田予之垦,而代缮其赋,不以实于官。及其久也,游民或起家,能自稼穑,异时居停者或稍陵替,至相倾夺,间有田则游民业也,而赋役皆主者任之。"④

　　主客之间的租佃经济纠纷,还会牵连山地社会矛盾。顾炎武在《天下郡国利病书》中分析湖广地区土客之间的势力此消彼长,"土户强则役客,客户强则累土"。土客冲突导致"讼狱兴而不可止"的社会矛盾⑤。地处三省交界的鄂西南山区啯匪为患。四川巡抚纪山认为,啯匪来源于"湖广、江

　　①　[清]关天申纂,黄德基修:乾隆《永顺县志》卷4《风土志·条禁》,《中国地方志集成·湖南府县志辑》第 69 辑,南京:江苏古籍出版社 2002 年 7 月版,第 132 页。

　　②　[清]詹应甲撰:《赐绮堂集》卷 12《诗》,《续修四库全书》编纂委员会编:《续修四库全书》第 1484 卷《集部·别集类》,上海:上海古籍出版社 2002 年 6 月版,第 402 页。

　　③　[清]聂光銮等修,王柏心等纂:同治《宜昌府志》卷 16《官师志·杂载》,《中国地方志集成·湖北府县志辑》第 49—50 辑,南京:江苏古籍出版社 2001 年 9 月版,第 322 页。

　　④　[明]顾炎武撰:《天下郡国利病书》原编第 24 册《湖广上》,《续修四库全书》编纂委员会编:《续修四库全书》第 597 卷《史部·地理类》,上海:上海书店出版社 2013 年 5 月版,第 161 页。

　　⑤　[明]顾炎武撰:《天下郡国利病书》原编第 24 册《湖广上》,《续修四库全书》编纂委员会编:《续修四库全书》第 597 卷《史部·地理类》,上海:上海书店出版社 2013 年 5 月版,第 161 页。

西、陕西、广东等省外来无业之人",因盲目听说四川地广人稀,希望来此开荒报垦,至川省才发现无荒土可辟,佃种失业后游离于山区社会,"其聚集多在州县交界处所出没",肆行劫掠①。乾隆五十年(1785年)八月,湖南桑植县民郭大至迁居湖北恩施县佃种,因欠租退佃,挟嫌诬告啯匪累民,牵控多人②。另据湖广总督舒常、湖北巡抚姚成烈审讯啯匪,黄启荣等供述,黄启荣等十余啯匪原以帮工或帮纤维持生计,失业后流窜于四川合州、云阳县、湖北巴东县等,以聚众抢劫谋生,直至在荆门州被拿获③。

张研在《关于中国传统社会土地权属的再思考——以土地交易过程中的"乡规"、"乡例"为中心》一文中指出:在传统社会中,土地交易过程中有三个环节存在各种乡例。"一是交易之前寻找买主环节中的'土地买卖先尽亲房、原业';一是交易之中书立卖地文契、交纳田价环节中的'凭藉中人'以及围绕'凭中'发生的'画字银'、'喜礼银'、'脱业钱'等;一是交易之后直到土地真正易主环节中的'回赎'与'找价'"。张研认为画字钱是"清代土地交易之中书立卖地文契、交纳田价环节中,许多地区都存在着给付卖主及其部属、上手卖主及其族属土地正价之外附加价的'乡规'"。在鄂西南山区,也有这种乡例——画字钱。乾隆二十四年(1759年)六月,咸丰县民人王某出卖荒山陆地给亲识冉永明父子,为了防止找赎,地契约定:"王姓兄弟叔侄今后再无抽取、加补、画字,倘有亲人等讲论,有王处弟兄理说,不与冉处相干。"④乾隆四十八年(1783年)十二月,咸丰县民人李预叔侄出卖小凤凰山田地给同股冉德才名下,为防找赎,地契约定:"自卖之后,认从冉处子孙永远管业,日后李姓叔子孙,不得再言加补抽取。"⑤乾隆五十二年(1787年)九月,咸丰县民人李自明、李自岚、李自凤出卖田地给同股亲谊冉德祥、冉永兴弟兄名下,为了防止找赎,地契约定:"李姓子孙永不得琐言加补、抽取……有股之人酒席俱在长价之内,且同股先以言过,凡同

　　① 《清高宗实录》卷203,乾隆八年十月条,北京:中华书局1986年4月版,第623页。
　　② 《清高宗实录》卷1236,乾隆五十年八月乙酉条,北京:中华书局1986年4月版,第622—623页。
　　③ 《奏为各属解到啯匪黄启荣等及形迹可疑之审明定拟事》,乾隆四十七年三月初四日,中国第一历史档案馆宫中档,档案号04—01—01—0397—001。
　　④ [清]王某撰:《立出永卖荒山陆地契》,乾隆二十四年六月二十六日,湖北省咸丰县冉动员收藏。
　　⑤ [清]李预等撰:《李预叔侄出卖田地契》,乾隆四十八年十二月十八日,湖北省咸丰县冉动员收藏。

股接业,不得言其画字。"①

　　乾隆十二年(1747年),岳州知府骆为香在《禁汉人买土详》中揭示了苗疆改土初期,汉人争购苗民土地的原因:一是因为苗民土地价格便宜,田赋较轻,有利可图。二是买地入籍后,能以苗籍冒考,享受朝廷加惠土民科举的旷典。但土苗只知耕种,别无技艺以维生,随着土苗人口繁衍,可能将来会出现土地不足以资生存的情况。因此禁止汉民购买土苗田地②。清廷下令土苗田产变动时田产只许卖与本籍土苗,或暂时典给汉民,银到取赎,不得听任汉民谋买。凡典卖未绝卖者,均允许土苗人等按契价赎回田地,不许加价勒赎。卖绝田产亦不许混争。入籍客民的田产只许典卖本地汉土苗民,不得再卖与外来人口。本地乡保牌甲负责稽查禀报官府。如土民等任由外来移民谋买田土居住,量为惩戒。保甲失查徇隐,分别责处③。

　　清后期,鄂西南山区宗族组织活跃,一方面反映出流寓客民长期定居落籍后,客民群体内部凝聚力的加强;另一方面,反映了土著在国家的长期教化下,国家和宗族观念已渗透到山区土著。

第六节　界争:社会冲突背后的生计冲突

　　改土初年,由于改土各县行政区划的疆界不明,因此经常引起两县争地讼案。如乾隆八年(1743年),长乐县与湖南石门县土民争界,迫使湖南澧州府与湖北鹤峰州共同勘界,最后确定以壶瓶山山顶为界,争讼始息④。乾隆八年(1743年),长乐县民胡在位与尹时朝争界,经宜昌知府与澧州知州会勘,以分芦黄山分水岭为界。此外,利川西南二百里挂子山与四川丰都县交界,改土后,两省人民争界控部,部咨湖北巡抚会同两省委员查勘定

　　①　[清]李自凤撰:《立承卖水田陆地契》,乾隆五十二年九月,湖北省咸丰县冉动员收藏。

　　②　[清]卢元勋纂,周来贺修:同治《桑植县志》卷2《赋役志·禁汉人买地土详》,《中国地方志集成·湖南府县志辑》第70辑,南京:江苏古籍出版社2002年7月版,第38页。

　　③　[清]卢元勋纂,周来贺修:同治《桑植县志》卷2《赋役志·田赋》,《中国地方志集成·湖南府县志辑》第70辑,南京:江苏古籍出版社2002年7月版,第36—37页。

　　④　[清]阎镇珩纂修:光绪《石门县志》卷1《疆域志》,《中国地方志集成·湖南府县志辑》第82辑,南京:江苏古籍出版社2002年7月版,第477页。

界,设立界碑,争端始息①。乾隆初年,长乐县与石门县曾在剪刀垭争界,后各奉府道定界,建立界碑②。改土归流之初,鹤峰知州与邻县官吏曾履勘界限,疆界清楚。后来民人开垦,导致"边界犬牙相错者,彼此讼争三十余年而后息",地方官认识到"疆域明则纲举目张,而庶事可次第列矣"③。

改土之后,外地流民的农业垦殖,导致地方行政边界错综淆乱,地方强宗大族利用官府在边界地区的管理不到位,乘机恃强越界侵占土地,由此引起土地纠纷。乾隆年间,鄂西南山区因土地争讼引发的命案,也有不少,其共同特点均发生在州县交界地带。

乾隆初年,刘茂秀从湖南安乡县迁至长乐县,在乾隆十六年(1751年)与巴东县民颜学仁等12家共同购买长乐县民向长相蜘蛛头、后坪两处山地,与长阳县民杨进长所买覃大章九里坪、添星坡等山地地界相连。乾隆二十六年(1761年)三月,长阳县民杨秀升带佃民强行越界挖地,引起斗殴冲突,杨进升殴伤致死。刑部尚书舒赫德除将案犯定罪量刑外,判令所争茅葫山田地仍归刘茂秀家属等12家照契管业④。

乾隆三十九年(1774年),迁居宣恩的湖南辰溪县民汤典曾将一地卖与数主,并伪造地契占地。后其子汤兼善与陈尚占争夺宣恩、恩施交界的茨竹坨山地,争起斗殴,汤兼善之舅伤重致死。湖北巡抚陈辉祖除将案犯定罪量刑外,判所争茨竹坨山地在恩施县界内,仍由杨大才依界管业,汤典所伪造地契全部涂销⑤。

乾隆三十七年(1772年),湖南石门县民夏蒂纯迁至恩施、建始、鹤峰三县交界的朝阳坪居住,租佃恩施县李士濂土地耕作。乾隆四十一年(1776年),鹤峰州民殷东升、萧超群等曾与李士濂前往巡道衙门互控越界侵占。乾隆四十二年(1777年),鹤峰州与恩施县官员共同会勘,以虎鹮岭

① [清]王协梦修,罗德昆纂:道光《施南府志》卷3《疆域志》,道光十七年(1837年)扬州张有耀斋刻本,第26页。

② [清]李焕春原本,郑敦祜再续:光绪《长乐县志》卷3《山川志》,《中国地方志集成·湖北府县志辑》第54辑,南京:江苏古籍出版社2001年9月版,第150—151页。

③ [清]吉钟颖修,洪先涛纂:道光《鹤峰州志》卷2《疆域志》,《中国地方志集成·湖北府县志辑》第55辑,南京:江苏古籍出版社2001年9月版,第358页。

④ 中国第一历史档案馆、中国社会科学院历史研究所合编:《清代土地占有关系与佃农抗租斗争》,北京:中华书局1988年9月版,第86—90页。

⑤ 中国第一历史档案馆、中国社会科学院历史研究所合编:《清代土地占有关系与佃农抗租斗争》,北京:中华书局1988年9月版,第526—530页。

北畔长旺一带阴阳两坡分界,阳坡属恩施县,阴坡属鹤峰州。夏蒂纯、滕文贤等合股购买李士滫朝阳坪山地,萧超群、周永康等强占田地,逼夏蒂纯等为佃,夏蒂纯当时争辩:"这地是恩施管的,你们还想讨租吗?"双方由口角上升为斗殴,李士连、周永康因殴伤致死,夏蒂纯在供词中仍请求官府再勘地界。湖北巡抚郑大进最后在判词中,饬令鹤峰知州蔡述谟会同恩施县勘明钉界①。

乾隆四十四年(1779 年),鹤峰州民王永安、萧超群、邓述贤与张怀珍互争地界,并施放火枪拒官差查勘,酿成人命案②。

乾隆四十九年(1784 年),四川农民邢持试等与楚民互争山界,因地方官推诿拖延,酿成重案,四川总督因此降一级调用③。

改土归流以后,鄂西南山区土地纠纷的根源在于社会制度的改变:一方面是国家对鄂西南山区行政区域的调整,另一方面是流官招徕流民的土地政策,再加上客民垦殖造成田界混淆,引发了土著与客民之间、新老客民之间,围绕土地所有权发生争执。

小　结

山地封闭的自然环境和社会环境,阻碍了汉土民族间的政治、经济、文化交流,限制了资本、技术、人才的输入山区,山区土司社会长期处于相对封闭落后的状态。虽然部分土司吸收了汉族先进的政治、经济、文化制度,使山区经济社会取得了一定的发展成果,但是土司社会落后的政治、经济体制,迟滞了山区社会的发展。

改土归流后,随着大量流民的涌入,山区社会进入转型期,在国家支持下,基层社会组织建立,有利于加强国家对山区社会的控制。随着大一统儒学文化的传播,山区绅士阶层缓慢发育。由于山地环境的限制,山区农

---

① 中国第一历史档案馆、中国社会科学院历史研究所合编:《清代土地占有关系与佃农抗租斗争》,北京:中华书局 1988 年 9 月版,第 106—112 页。

② 中国第一历史档案馆、中国社会科学院历史研究所合编:《清代土地占有关系与佃农抗租斗争》,北京:中华书局 1988 年 9 月版,第 519 页。

③ 《奏为前任成都将军任上未能早为察出督办川楚民人争界互讼案部议降调蒙恩留任谢恩事》,乾隆四十九年九月二十六日,中国第一历史档案馆宫中档全宗,档案号:04—01—12—0205—059。

业基础薄弱,山地环境下山民难以发展出类似平原地区那种自足自给的小农经济模式。因此,薄弱的山地经济基础,使山地绅士阶层以下级绅士为主体,而且,山地绅士阶层在山区社会中的社会功能相对有限。土司时代,土家族上层贵族已形成了宗族化萌动,但是改土归流后,清廷切断了土家族上层贵族与土家社会的联系。客民成为山区宗族社会发展的主要社会力量,在客民宗族发展的刺激下,清后期土民亦开始发展宗族组织。但是,由于山区经济水平低下,生计问题阻滞了山区宗族社会的发展。

第六章　山地环境与山地文化的发展

历史学、社会学、人类学等学科的学者对文化的定义,各有不同界定。如19世纪末美国人类学家摩尔根、英国文化学家泰勒从社会进化论的角度,认为文化是人类适应环境的文化行为的产物,文化是一个复杂总体,既包括知识、信仰、艺术、道德、法律、风俗等方面,又包括人类在社会生活中形成的各种能力与习惯。马林诺夫斯基将文化视作由物质、人群、精神三部分组成的有机整体。19世纪末至20世纪中期,法国学者维克多·埃尔认为文化是行为、物质创造和制度的总和。美国文化人类学家莱斯特·阿尔文·怀特采用系统论的方法,将文化划分为技术系统、社会系统、思想意识系统三大系统。但一般来说,分为狭义的文化,即精神文化;广义的文化,包括物质、制度、精神三个层面的文化。物质文化是人类为了满足自身生存和发展需求,在改造自然界客体的过程中,形成的凝聚人类精神和情感的对象化自然客体,包括衣、食、住、行等方面的客观存在物。物质文化处于文化形态的最表层,是一种物质形态的文化。由于物质文化随着科技的进步而不断更新换代,因此具有易变性和易于传播的特点。制度文化是人类在物质生产过程中形成的社会关系的规范体系,包括政治制度、法律制度、经济制度、家庭制度、婚姻制度、礼仪制度、风俗习惯等。制度文化位于文化形态的中间层,介于物质文化与精神文化之间。由于制度文化在长期历史发展中形成,并长期延续,制约了人们的行为规范,具有一定的时代性、稳定性、强制性。因地域、民族、历史等自然条件和社会条件的不同,制度文化具有民族性、多样性。精神文化是人类在物质生产过程中形成的人类共有的意识形态和观念,包括思维方式、价值观念、道德规范、审美观念等。精神文化处于文化形态的核心层,是观念形态的文化。精神文化可以在一定程度上自成系统地独立发展,具有较强的稳定性、延续性。

人类的生产与生活均离不开一定的生态环境,人类文化的产生和发展,必然与一定空间的生态环境紧密联系。一个族群生存的自然环境与社会环境的改变,将导致其地域文化的变迁。在文化与环境的关系问题上,地理环境决定论长期统治。古希腊学者希波克拉底、柏拉图、亚里斯多德等认为地理环境影响民族特性和人类精神生活。西方文化地理学、人类学关注于研究文化区与自然区的关系、文化的起源地、文化扩散、文化区和文化景观等问题。早在 1822 年，德国地理学家卡尔·里特尔开始关注人类文化与环境之间的关系，地理学家弗里德里克·拉采尔吸收了孟德斯鸠、洪堡、里特尔等关于人与环境关系的学说，认为地理环境影响人类的分布和迁徙活动。在研究亚洲、非洲和美洲等各种文化类型后，拉采尔关注文化的空间传布，提出人类地理学概念。拉采尔的学生，美国地理学家埃伦丘吉尔·森普尔提出人类是地表的产物，地理环境对人类经济、社会、文化发展起决定性作用，森普尔成为地理环境决定论的代表人物。20 世纪初，美国文化地理学家 E.亨廷顿研究气候、地形等环境因素对文化的形成、发展及文明分布的影响，认为人类文化进步主要取决于气候。

19 世纪末，法国地理学家维达尔·白兰士提出自然环境提供了可能性范围，而人类会按照自己的需要和愿望利用这种可能性。法国人文地理学家白吕纳继承了白兰士的观点，关注人类在地表活动中如何利用和占有环境。法国人文地理学家德芒戎继承发展了白兰士的人文地理学理论，将环境视作由人类创造，并在其中生存、劳动的、改造过的环境。

20 世纪初，美国人类学家 F.博厄斯认为地理环境与经济是诸多影响文化发展的决定性因素之一，环境极大地影响人类的行为。博厄斯的学生，美国人类学家克罗伯从研究文化区与诸环境因素的关系角度，研究人类文化的生态环境适应性，把文化当作一个族群的生活方式，认为环境或然对人类文化产生影响。C.O.苏尔通过剖析文化景观形成变化与生态环境诸要素之间的关系，探讨人类文化对环境的影响。

20 世纪 50 年代，美国人类学家斯图尔德提出文化生态学概念，创立文化生态学派。文化生态学在文化与环境的关系上有两派观点，分为决定论和互动论。而决定论又细分为两种，一种认为文化决定环境，另一种认为环境决定文化。互动论强调文化与环境之间是一种对话关系。美国人类学家斯图尔德研究生态环境、人类的生物性基础与文化形态之间的互动关系，主张文化生态学应集中研究文化内核，即生存或生产策略，人类以其生产技术开发环境资源以谋社会生活的过程①。文化生态学从静态地研究文化、文化结构、文化生态的构成，到动态地研究文化的交流、传播与异化，以及文化多样性对文化发展历程的影响。法国社会学家布迪厄提出文化再生产理论，认为文化是动态的、不断发展变化的再生产过程。

在四大文明古国中，中国是一个具有丰富自然资源、多种生态环境、众多少数民族的国家，复杂的生态环境下形成了中华文化多样化发展的空间条件。在不同的气候区和自然地理区中，形成了东部农耕文化、西北部游牧文化、南方山地文化。山地文化作为最有效利用山地环境的文化类型，使山地社会对山地环境具有较强适应性。山地文化不仅要与山地生态环境协调，而且必须与其他文化类型交流才能实现可持续健康发展。鄂西南山区属于山地旱作耕猎文化区，刀耕火种，垦殖山田，间以狩猎，山间平地间种稻，形成独特的亚热带山地文化。

第一节　山地环境对山地文化的影响

中国各民族人民生活在不同的生态环境下，在适应和改造环境的历程中，形成人地和谐的关系，以地域性传统文化的方式呈现出来，创造出千姿百态、各具特色的民族文化。鄂西南山区的山地环境对山地文化区形成、发展传播产生一定影响。环境对文化的影响，在物质文化方面，主要表现为环境对服饰文化、饮食文化、建筑文化等生活方式，以及生计模式、资源利用方式等生产方式的影响。在精神文化层面，表现为环境对宗教信仰、传统习俗、文学意识等方面的影响。

一、山地环境对生产生活方式的影响

山地环境是鄂西南山区人民生存和发展的空间。山地土壤、水、大气、动植物、矿产等自然资源，为山地社会提供了生存与发展的物质资料。人类也能动地不断学习和利用先进的生产技术改造自然环境，改进生产方式，并创造出适宜山地人民生活的人工环境。山地社会在不断改进生产方

---

① ［美］史徒华著，张恭启译：《文化变迁的理论》卷首《导言》，台湾：远流出版事业股份有限公司 1989 年 2 月版，第 1 页。

式和生活方式的过程中,形成了山区特定的物质文化模式。

在斯图尔德看来,"烧田农业与狩猎采集原本是两套各具特色、不分上下的生产方式,在自然资源丰富之地,人类可以藉渔猎或采集而营定居生活"①。在动植物资源十分丰富、耕地资源比较有限的鄂西南山区,形成了以渔猎、采集与旱地畲田农业长期并存的生产方式。狩猎在山地土家族族群社会中具有重要地位,在土家族民间故事里,武陵山区的"毕兹卡"从来都是靠打猎捕鱼为生。苗人迁徙至武陵山区后,将玉米和水稻的种植技术传授给了毕兹卡②。从土家族祖先廪君的传说中可以发现,巴氏、樊氏、曋氏、相氏、郑氏五姓部落原来长期生活在武落钟离山,是山地穴居民族、以采集渔猎为生计方式,已使用剑、弓箭等狩猎工具。廪君蛮控制清江流域后,适应了清江河谷新的自然环境,并迅速壮大发展起来,建立起以夷城为中心的统治。从原始采集、渔猎的生产方式,到旱地农业生产方式的产生,标志着鄂西南山区开始进化到农业文明阶段。农业文明增强了土家族对山地环境的适应能力,鄂西南山地民族的食物来源趋向稳定。

法国著名生物学家让·沙林研究从猿到人的进化过程,认为,智人种散布全球各地,为适应不同地区的气候、植被、动物等环境因素,通过体质变化来适应环境的变化:"每一身体或生理特征,或者由于隔绝,或者由于气温,或者由于潮湿,或者由于干旱,而从北到南,从东到西,逐渐发生了变异。"③特定地域的自然环境和社会环境,形成了地域人群的个性化特征。虽然沙林认识到在人类进化并分化的进程中,"环境、植被、动物群、社会结构、饮食、文化于其中导致人群的个性化",但仍强调人类分化过程中环境的重大作用④。但是环境对文化的影响不能夸大,因为具有不同文化传统的人类即使面对同一环境,可以能动地选择不同的应对方式。

鄂西南山区的山地环境,形成了山地文化的地域特性。如在生活方式上,服饰文化在衣料、服饰图样、服饰形态等方面具有山地的地域性。鄂西

---

① [美]史徒华著,张恭启译:《文化变迁的理论》卷首《导言》,台湾:远流出版事业股份有限公司 1989 年 2 月版,第 11 页。

② 刘长贵、彭林绪编:《土家族民间故事》,重庆:重庆出版社 1986 年 10 月版,第 35 页。

③ [法]让·沙林著,管震湖译:《从猿到人:人的进化》,北京:商务印书馆 1996 年 9 月版,第81 页。

④ [法]让·沙林著,管震湖译:《从猿到人:人的进化》,北京:商务印书馆 1996 年 9 月版,第82 页。

南山区大多为高山、二高山，山地气候寒凉，不适宜棉花种植和桑蚕养殖，但可以种植苎麻，所以衣料，主要为从山外购买的棉布和本地生产的麻布。从改土归流到清末，是编织西兰卡普的鼎盛时期。山地野生动植物十分丰富，成为土家族织绣西兰卡普材料的来源。西兰卡普中有描绘山地花卉图案的，如浪枯梅、岩墙花、梨子花、藤藤花、梭罗花、绣球花等；有描绘山地飞禽走兽的图案，如实必（小动物）、马必（小马）、猴子、燕子、蛇皮等①。为了方便山地劳作，土家服饰崇尚简朴宽松。

山地环境影响粮食作物的种植与分布，从而决定了山区少数民族的饮食结构和饮食习惯，形成山民饮食文化的偏好。由于山区山多田少，山区稻米产量少，玉米产量高，低山地带以稻米为主食，二高山和高山地带以玉米为主食，杂以粟、红薯、洋芋等杂粮。由于鄂西南山区气候潮湿，玉米易腐坏，故山民多用包谷酿酒、喂猪。即使在生态条件不适合水稻种植的鄂西南山区，汉族客民也愿意耗费一定的时间、技术、人力、经济成本，去种植经济价值相对较高的水稻。

清代鄂西南山区的山民在饮食方式上有一些变化，体现出山区饮食文化对山地环境的适应。鄂西南山区的二高山和高山地带，旱地较多，改土归流后，随着玉米在鄂西南山区的广泛推广种植，玉米成为山民的主食。但玉米口感坚实，多食胃、口均不适。山民发明了调和玉米和大米制作主食的方法：将稻米煮得半熟后，再掺入玉米粉，用木甑蒸熟，称之"蓑衣饭"②。至今恩施州山区各县仍流行此种主食，俗称为"包谷饭"。

在山地环境下，古人类只能选择天然洞穴作为躲避猛兽侵袭的安全居所。从已知中国境内早期人类遗址考古发现来分析，最早的人类住所是天然岩洞。在旧石器时代，北京、湖北、江西、江苏、浙江等地均发现原始人居住的岩洞遗址。鄂西南山区岩溶地质环境，形成了众多的天然洞穴地貌，旧石器时代的建始人遗址、长阳人遗址等，均证明早期山地古人类采取穴居方式。被奉为土家先祖的廪君部落在进入清江流域以前，居住在武落钟离山的赤穴和黑穴。

---

① 《恩施州志》编纂委员会编：《恩施州志》卷22《文化》，武汉：湖北人民出版社1998年12月版，第916页。

② 《宣恩县志》编纂委员会编纂：《宣恩县志》，武汉：武汉工业大学出版社1995年12月版，第71页。

　　中国地域广阔,地理环境千差万别,有山地、丘陵、盆地、平原、沙漠等各种地形地貌,人类从聚落选址到建筑方式、规划布局,均必须适应本地山形水势,从而具有生态适应性。人类居住建筑形态受到环境的制约,《孟子·滕文公下》记载了中国古代巢居和穴居两种居住方式,均是生态适应性的产物:"当尧之时,水逆行,泛滥于中国,蛇龙居之,民无所定,下者为巢,上者为营窟。"①巢居可能是古人为适应在地势低洼而多虫蛇的地区而采取的居住方式,而在地势高亢的地区则采取穴居的居住方式②。进入人类文明时代以后,鄂西南山区古老的山地民族"巴人",在山坡建筑干栏式木结构建筑,称为"阁栏头"。故《全唐诗》中有自注:"巴人多在山坡架木为居,自号阁栏头也。"③

　　明清以降,鄂西南山区土家族的吊脚楼建筑,可能来源于古代巴人"阁栏头"。这是山地居民最早适应山地环境的人工建筑形态。这种木结构吊脚楼,属于干栏式或半干栏式造型。为了充分适应山地复杂的地形、地貌环境,木干栏建筑演变为临水吊、跨峡过涧吊、平地起吊、半截吊、半边吊、双手推车两翼吊、钥匙头、三合水、四合院等多种多样的吊脚楼样式。土家族吊脚楼依山形地势,修筑转角间、厢房、走廊,充分利用建筑空间,实现其经济价值。如转角间可用于打灶、安放碓磨,作食堂,走廊可用于晒粮、晒衣物、乘凉。土家族习惯聚族而居,常多户聚居成村寨,依山傍水自然错落,无固定的村落布局,体现出土家族对山地环境的充分适应和利用④。

　　山地自然环境下,山高坡陡,道路狭窄,传统陆地运输主要靠背运方式。山民负贩习惯使用背篓或背架,套两肩上,可用丁字木棍将篓底撑持,歇息时不需释肩⑤。茹棻在《背笼》诗中,描述了山民背货常用背笼的大致形态,"背笼圆如甕,本为采樵资"⑥。

---

　　① [清]焦循撰:《孟子正义》卷13《滕文公下》,北京:中华书局1987年10月版,第447页。

　　② 潘谷西主编:《中国建筑史》,北京:中国建筑工业出版社2009年8月版,第17页。

　　③ [唐]元稹撰:《酬乐天得微之诗知通州事因成四首》,[清]季振宜:《全唐诗季振宜写本》卷333,《故宫珍本丛刊》第626册《清代诗文总集》,海口:海南出版社2000年10月版,第295页。

　　④ 周传发:《鄂西土家族传统民居研究》,《安徽农业科学》2007年第25期,第7821—7822页。《宣恩县志》编纂委员会编纂:《宣恩县志》,武汉:武汉工业大学出版社1995年12月版,第71页。

　　⑤ [清]李焕春原本,郑敦祐再续:光绪《长乐县志》卷12《风俗志》,《中国地方志集成·湖北府县志辑》第54辑,南京:江苏古籍出版社2001年9月版,第265—267页。

　　⑥ [清]王协梦修,罗德昆纂:道光《施南府志》卷27《艺文志》,道光十七年(1837年)扬州张有耀斋刻本,第42页。

　　鄂西南山区独特的山地环境,为山地人民提供了基本的物质生存条件,影响着山地人民在衣食住行等方面的生产方式及生活方式上能动地进行适应性选择。山民的物质生活形态、生存模式体现了山民在山地环境下如何利用自然资源创造出具有山地特色的物质文化。

二、山地环境对精神文化的影响

(一)山地环境下的土民信仰

　　马凌诺夫斯基认为任何形式的宗教信仰都是适应个人及社区的需要,自然崇拜和对于动植物的祭祀,都是"确认人与其周围环境之间有一种亲密的亲属关系的"[①]。鄂西南山区的土著民间信仰反映了本地先民在山地生存环境下,人与自然冲突时对自然的畏惧或祈盼。由于山区交通闭塞,经济落后,教育水平低,人在与自然的斗争中失利时,转而祈求神灵的庇佑。鄂西南山区的少数民族各具有民族地域特色的原始宗教信仰,如原始图腾崇拜、自然神崇拜、英雄崇拜、祖先神崇拜、巫术与禁忌等均包含有山地环境适应的内容。

　　鄂西南山区曾是华南虎重要的栖息地,各土司境内生物链顶端的动物主要有虎、熊、豹等猛兽,虎为山中百兽之王。长期生活在鄂西南山区的土民,历来崇拜虎,而发生白化现象的白虎在自然界极其罕见,自然受到山民的神化崇拜。《后汉书·南蛮西南夷列传》记载,廪君死后,"魂魄世为白虎。巴氏以虎饮人血,遂以人祠焉"。秦汉以前,巴人祭祀廪君,因为白虎被巴人视作廪君的化身,故巴人崇祀白虎。巴人祭祀白虎时,采取了较原始血腥的人祭仪式[②]。据光绪《长乐县志》记载,长乐县高尖子下向王庙中供奉廪君神像,"施南、归、巴、长阳等处尸祝之,世俗相沿,但呼为向王天子,而不审所由来"[③]。虎患使山民对虎形成了畏惧心理,以至于认为石虎有灵,可化虎伤人。恩施县贡生姚复旦在《石虎记》中,记录了宣恩猫儿岩

---

　　①　[英]马凌诺斯基著,费孝通译:《文化论》,北京:华夏出版社2001年12月版,第84页。

　　②　[宋]范晔撰,[唐]李贤等注:《后汉书》卷86《列传第一六·南蛮西南夷列传》,北京:中华书局1982年8月版,第2840—2841页。

　　③　[清]李焕春原本,郑敦祐再续:光绪《长乐县志》卷5《寺观志》,《中国地方志集成·湖北府县志辑》第54辑,南京:江苏古籍出版社2001年9月版,第177页。

山民因惧石虎显灵害人,竟大费周章地"约里中人请石工持斧凿凿其目,断其足,劈其头,洞其腹",演出了一场杀石虎的荒诞剧①。

　　鄂西南山区的施南府,是清代湖北全境山地最多的府,"楚为泽国,而施地多山。盖居楚之上游,接壤黔蜀,故山独多于诸郡焉"②。古代汉族先民就有将山岳神化的山神崇拜。《礼记·祭法》中有"山林、川谷、丘陵能出云,为风雨,见怪物,皆曰神"③。宋政和年间,施州城东的连珠山山神被敕封嘉惠侯,并建永福庙。施州城西南十里有磨嵯神庙,供奉磨嵯山神。相传山神显灵,助官军击退洛浦蛮,施州民崇祀④。

　　岩溶地质条件下,鄂西南山区生成腾龙洞、黄金洞等众多天然洞穴。古代土民的长期穴居生活,形成山区土民的洞穴崇拜。如恩施县城南一百里朝阳洞,"洞外沙洲恒有神人足迹,土民逢旱祷雨,多应验"⑤。恩施县城南十五里九龙山下有九龙洞,"洞中有灵,祷雨即应"⑥。恩施城东十余里有大龙洞,"内有澄潭,每日子午泛潮,声闻数里。岁旱,祷雨多应"。恩施城东百余里有双龙洞,"洞水潮七日则主旱,潮三日则主雨"⑦。长乐县县城北门外有大龙洞,湾潭有龙洞,为乡民祈雨之所。每逢旱灾之,乡民进城请地方官祈雨,县丞前往湾潭龙洞,县官前往大龙洞⑧。长乐县南四十五里遥山顶有穴,土名天坑,土人认为遇旱灾时,击穴则雨⑨。乾隆四十年(1775年),钟姓土女率众击穴求雨,修建庙宇。嘉庆元年(1796年),庙毁

　　① [清]张金澜修,蔡景星等纂:同治《宣恩县志》卷20《艺文志·石虎记》,《中国地方志集成·湖北府县志辑》第57辑,南京:江苏古籍出版社2001年9月版,第277页。

　　② [清]王协梦修,罗德昆纂:道光《施南府志》卷3《疆域志·山川》,道光十七年(1837年)扬州张有耀斋刻本,第1页。

　　③ [清]孙希旦撰,沈啸寰、王星贤点校:《礼记集解》卷45《祭法第二十三》,北京:中华书局1989年2月版,第1192页。

　　④ [明]薛刚纂修,吴廷举续修:嘉靖《湖广图经志书》卷20《施州·祠庙》,北京:书目文献出版社1991年10月版,第1611页。

　　⑤ [清]王协梦修,罗德昆纂:道光《施南府志》卷3《疆域志·山川》,道光十七年(1837年)扬州张有耀斋刻本,第7页。

　　⑥ [清]王协梦修,罗德昆纂:道光《施南府志》卷3《疆域志·山川》,道光十七年(1837年)扬州张有耀斋刻本,第19页。

　　⑦ [清]松林等修,何远鉴等纂:同治《增修施南府志》卷3《地舆志·山川》,《中国地方志集成·湖北府县志辑》第55辑,南京:江苏古籍出版社2001年9月版,第75页。

　　⑧ [清]李焕春原本,郑敦祐再续:光绪《长乐县志》卷1《分野志·附气候》,《中国地方志集成·湖北府县志辑》第54辑,南京:江苏古籍出版社2001年9月版,第124页。

　　⑨ [清]李焕春原本,郑敦祐再续:光绪《长乐县志》卷3《山川志》,《中国地方志集成·湖北府县志辑》第54辑,南京:江苏古籍出版社2001年9月版,第152页。

于白莲教起义战火①。长乐县石板保有雨洞,遇旱则上洞出水,下洞断流,遇雨则下洞出水,上洞断流。本地农民亦以雨洞占验旱潦②。洞穴崇拜使土民对洞穴文化景观保持敬畏心理,客观上减轻了人类活动对自然生态环境的破坏,对保护山地脆弱的生态系统有积极作用。

对鄂西南山区政治经济发展做出过贡献的英雄,因利济一方,得到土民的神化崇拜。因其在地方社会的影响的扩大,甚至可能上升进入国家官方祭祀系统。宋、明以来,巴人的竹王信仰和巴蔓子信仰等地位上升,被纳入到施州卫官方祀典体系。如在施州城内建有祭祀西南夷夜郎国王的竹王祠,在施州卫指挥童昶创建的乡贤祠中,也供奉着巴国将军巴蔓子③。高罗司建立了田太翁祠,祭祀最早在苗疆推广灌溉农业技术和林业开发的高罗洞长田太翁④。忠路司、金峒司曾建有三抚庙,主要祭祀南宋播州安抚使杨璨父子⑤。同治年间,来凤县大河坝、旧司场分别建有三抚宫。所祭祀的三抚神相传为覃、向、田三姓土司,生前曾施惠政于民,土民为了报答,在乡社中设庙祭拜,"颇著灵异,水旱祷之辄应"⑥。

山区少数民族的民间信仰,虽然在改土归流以后,在大一统文化改造政策环境下受到一定压制,但仍具有顽强的生命力。

明嘉靖时,巴东县后四里为"苗人"聚居区,土民曾建有土主庙。康熙十二年(1673 年)重修土主庙,可能在这一时期,巴东土主庙被汉族士人改造成祭祀汉王的祠庙。同治《巴东县志》对此提出质疑,认为巴东后里土民

---

① 〔清〕李焕春原本,郑敦祜再续:光绪《长乐县志》卷3《山川志》,《中国地方志集成・湖北府县志辑》第54辑,南京:江苏古籍出版社2001年9月版,第152页。

② 〔清〕李焕春原本,郑敦祜再续:光绪《长乐县志》卷3《山川志》,《中国地方志集成・湖北府县志辑》第54辑,南京:江苏古籍出版社2001年9月版,第159页。

③ 〔明〕薛刚纂修,吴廷举续修:嘉靖《湖广图经志书》卷20《施州・祠庙》,北京:书目文献出版社1991年10月版,第1611页。

④ 〔明〕薛刚纂修,吴廷举续修:嘉靖《湖广图经志书》卷20《施州・祠庙》,北京:书目文献出版社1991年10月版,第1611页。〔清〕顾彩著:《容美纪游》,武汉:湖北人民出版社1999年9月版,第302页。

⑤ 〔明〕薛刚纂修,吴廷举续修:嘉靖《湖广图经志书》卷20《施州・祠庙》,北京:书目文献出版社1991年10月版,第1611页。〔清〕顾彩著:《容美纪游》,武汉:湖北人民出版社1999年9月版,第302页。

⑥ 〔清〕李勖修,何远鉴等纂:同治《来凤县志》卷9《建置志・坛庙》,《中国地方志集成・湖北府县志辑》第57辑,南京:江苏古籍出版社2001年9月版,第336页。

在明以前,很少有知书者,不可能祭祀汉王①。在恩施县城内成山上也有土主庙、巴公祠②,都属于土民信仰的见证。

容美土司祭祀的家神为大二三神。土家族信仰的大二三神分别是红脸的真珠大神、黑脸的连珠二神、白脸的显珠三神。但鹤峰土民仅刻木为三神牌位,并无偶像。改土归流后,原作为容美土司的家神信仰泛化成为土民大众的共同的信仰。据《鹤峰州志》记载,同治年间,大二三神信仰仍在土民中十分盛行。求医问寿的人,往来不绝。土民认为大二三神能保佑本地人康物阜,祛除百病,因此全族按户计期,轮流迎奉。每逢会期,土民一定要准备酒澧羊猪祭祀喜神,祭时土民还要在锣鼓伴奏下,用歌舞娱神。祭司降神时,以吃碗、足踏铁尺、入油鼎来彰显神通③。

山地怕旱,每遇旱灾,土民亦上山求雨。《长乐县志》载,每于旱年,长乐县土人会上长乐县青岩冲天生桥上的求雨台求雨,无不应验④。

(二)山地环境对文化传播的影响

根据文化人类学理论,影响区之间的文化传播的基本因素,一是距离,二是地形地貌等地理环境因素。

鄂西南山区与华夏文明核心的空间距离遥远。鄂西南山区是土家族的主要聚居区之一,同时也是土家族文化的核心区。《大清会典》记载了施南府城距离湖北省会武昌及京师的里程:"施南府在省治西南一千九百八十里,至京师三千七百八十六里。"⑤《光绪湖北舆地记》亦记载了施南府的四至八到:"东至宜昌府鹤峰州界一百七十里,西至四川石砫厅界四百十八里,南至四川酉阳州界四百十五里,北至四川巫山县界二百四十里,东南至湖南龙山县界二百六十五里,西南至四川黔江县界三百十五里,东北至巫

　　① [清]廖恩树修,萧佩声纂:同治《巴东县志》卷3《建置志·坛庙》,《中国地方志集成·湖北府县志辑》第56辑,南京:江苏古籍出版社2001年9月版,第175页。

　　② [清]松林等修,何远鉴等纂:同治《增修施南府志》卷3《地舆志·山川》,《中国地方志集成·湖北府县志辑》第55辑,南京:江苏古籍出版社2001年9月版,第71页。

　　③ [清]徐澍楷修,雷春沼纂:同治《续修鹤峰州志》卷14《杂述》,《中国地方志集成·湖北府县志辑》第45辑,南京:江苏古籍出版社2001年9月版,第512页。

　　④ [清]李焕春原本,郑敦祜再续:光绪《长乐县志》卷3《山川志》,《中国地方志集成·湖北府县志辑》第54辑,南京:江苏古籍出版社2001年9月版,第143页。

　　⑤ 《大清会典图》卷193《舆地五十五·施南府图》,光绪二十五年(1899年)内府排印本,第1页。

山县界三百四十里,西北至四川万县界三百八里。"①诸府州县志中,经常称鄂西南山区为"山陬僻壤"。

　　俗语言"心远地自偏",《尚书·禹贡》以王畿为华夏文明核心,按五百里距离为等差向外围划分五服:甸服、侯服、绥服、要服、荒服。夷夏之防的文化隔阂,亦增加了汉、土两个文化区的心理距离。鄂西南山区在明人王士性看来,地当海内腹心,却为少数民族所占据,"施州、保靖、永顺正当海内山川土宇之中,反为樊瓠种类盘踞"②。顾祖禹在《读史方舆纪要》中指出:"而施州山川环结,土田蕃衍,隋唐以来,皆为郡县,今等之于要荒矣。"隋唐设置郡县时,鄂西南山区被视作腹里,而废郡县改设卫所时,则视作"要服""荒服"边远地区。

　　鄂西南山区山深林密,山地交通困难,有力地阻滞了中原汉文化在鄂西南山区的传播与影响。嘉庆《恩施县志》引用《黔中记》称"施州山冈砂石,不通驿路","地处万山中"③的恩施县"在万山之中,舟车之所不至"。同治《恩施县志》:"五峰环其东,客星峙其西,天楼面其南,石乳拥其北。"④建始县四山环合,"建邑地处丛山,不惟舟车不至,亦人力难通"⑤。

　　各文化特征在空间上都有一定的分布区,文化区的边界不像行政区的边界那样清晰。文化区的边界是一种文化过渡带,呈现边际递减状态。山地环境下的高山、深谷、森林等自然障碍及民族、政治制度等社会障碍往往会将文化边界缩窄,甚至形成截然分断。明代庞一德在《施州卫掌故初编序》中提到:"施州冠带肇自隋代,即先世犹然左衽。"⑥邹维琏谪戍施州卫时,称施州卫"虽邻夷而汉官威仪,士绅文学,子弟彬如也",但离城数里外,

　　①　湖北舆图局编:《光绪湖北舆地记》卷17《施南府舆地记一》,光绪二十年(1894年)湖北舆图局刻本,第6页。

　　②　[明]王士性著,吕景琳点校:《广志绎》卷4《江南诸省》,北京:中华书局2006年7月版,第288页。

　　③　[清]张家栅修,朱寅赞纂:嘉庆《恩施县志》卷4《风俗十八》,《故宫珍本丛刊》第143册,海口:海南出版社2001年4月版,第230页。

　　④　[清]多寿修,罗凌汉纂:同治《恩施县志》卷1《地理志·形势》,《中国地方志集成·湖北府县志辑》第56辑,南京:江苏古籍出版社2001年9月版,第382页。

　　⑤　[清]袁景晖纂修:道光《建始县志》卷3《风俗志》,《中国方志丛书·华中地方》第326号,台湾:成文出版社1975年版,第252页。

　　⑥　[清]王协梦修,罗德昆纂:道光《施南府志》卷首《施州卫掌故初编序》(庞一德),道光十七年(1837年)扬州张有耀斋刻本,第1页。

"民则处于不华不夷之间，以先王垂世大教，莫如冠裳而民。且有不冠之首，他可知若然者，岂以种杂盘瓠，难游文明之治乎?"由此可见，明末华夏文化在鄂西南山区的影响范围相当有限①。宋明以来，朝廷一直试图通过郡县制在鄂西南地区推行"以夏变夷"政策，但鄂西南山地环境，对文化的传播和交流，形成了一定的阻碍作用。王如珪指出施南府"在丛山邃谷中，四方人文罕至"②，《建始县志》亦称："邑自昔少文士骚人，又万山亘，为贤士大夫车辙马迹所不到。故文艺尠焉。"③巴东后四里"其先世本土人，弃而归汉。土主者，司土之神，盖其先世所祀。汉王者，司汉之神，盖归汉以来所祀"④。

鄂西南山区相对封闭的地理环境，以及历代封建王朝实施民族压迫和民族隔离政策造成相对封闭的社会环境，使鄂西南山区少数民族与中原汉族的文化交流十分有限，因此在吸收汉族先进文化方面受到阻碍，文化进程缓慢，民族文化中残留了较多原始文化因子，保留了较多原始风貌。

任何民族及其文化，都不是一成不变的，它们随着社会变动与环境变迁，动态地发展变化。在一定的生计模式下，形成维护人地和谐的风水信仰或和物宜禁忌，实质上是朴素的生态观。

第二节　山地环境与跨文化传播

文化传播是指一种文化特质或文化综合体从传播者传递扩散到受传者的过程，传播促成文化的兼容互渗、同质同构。文化扩散指文化在不同文化区人群之间的传播，强调文化特征在空间上的传递。迁移扩散，是指作为文化载体的人将文化从一地带到另一地带的过程，属于跳跃性的扩散模式。在改土归流以前，鄂西南山区移民的规模较小，只产生文化特质的

　　① 〔清〕王协梦修，罗德昆纂：道光《施南府志》卷首《重修卫志原序》(邹维琏)，道光十七年(1837 年)扬州张有耀斋刻本，第 3 页。

　　② 〔清〕王协梦修，罗德昆纂：道光《施南府志》卷首《施南府志序》(王如珪)，道光十七年(1837 年)扬州张有耀斋刻本，第 6 页。

　　③ 佚名编纂：民国《建始县志》卷下《艺文志》，民国十九年(1930 年)北平国立图书馆抄本，第 11 页。

　　④ 〔清〕廖恩树修，萧佩声纂：同治《巴东县志》卷 3《建置志·坛庙》，《中国地方志集成·湖北府县志辑》第 56 辑，南京：江苏古籍出版社 2001 年 9 月版，第 175 页。

扩散，如佛教文化、道教文化、儒学文化在山区的扩散。改土归流后，大批客民迁入山区，造成文化综合体或文化体系的扩散。近代西方宗教文化与工业文化，以殖民文化的形式强行注入鄂西南山区，引发了激烈的文明冲突。

一、山地环境下的儒学文化传播

主流文化认同，在国家统一和民族融合进程中起着关键作用。故唐代文学家韩愈云："孔子之作《春秋》也，诸侯用夷礼则夷之，进于中国，则中国之。"[①]中国传统的民族认同观念中，文化认同比血缘认同更重要。利用国家行政强制力量，对边缘非主流社会进行大一统的文化改造，使其向主流社会趋同。主流文化教育可以通过改变个人的知识、行为和态度，逐渐影响一个族群的文化认同。因此，学校教育被中原封建统治者视作"化俗成民之道"。

（一）改土以前的儒学文化传播

传播儒学文化，是历代中原封建统治者"教化蛮夷"、推行大一统华夏文明教化的重要工具。明代施州卫官庞一德认为，施州的华夏文明开化开始于隋代，"施州冠带，肇自隋代，即先世犹然左衽"[②]。根据崇祯年间恩施城出土的元祐年间兴学碑记记载，至迟宋代设有施州学。施州虽僻处苗疆，学校未广，然士子未绝。如宋元祐三年（1088 年）施州都亭里人詹邈考中博学宏词科第一，向九锡考取进士。宝祐年间，李闻中进士[③]。明初，施州卫设立官学，成为区域儒学文化传播的中心之一。儒学文化在鄂西南山区的传播，采取了等级扩散的传播方式，即按照社会等级，自上而下从土司上层贵族开始。

早在洪武二十八年（1396 年）夏六月，明太祖朱元璋就"诏诸土司皆立

---

①　［唐］韩愈著，马其昶校注：《韩昌黎文集校注》卷 11《原道》，上海：上海古籍出版社 1986 年 12 月版，第 17 页。

②　［清］王协梦修，罗德昆纂：道光《施南府志》卷首《施州卫掌故初编序（庞一德）》，道光十七年（1837 年）扬州张有耀斋刻本，第 1 页。

③　［清］王协梦修，罗德昆纂：道光《施南府志》卷 23《选举》，道光十七年（1837 年）扬州张有耀斋刻本，第 1—2 页。

儒学"①。鄂西南山区各土司地区亦当奉命设立儒学,本地地方志中相关
记载可以印证。如散毛司在改土以前,已设立儒学,土司境内汉人可以名
列庠序,出仕任官。因此,明万历年间,散毛司曾培养出岁贡张文焕,崇祯
时曾输送岁贡张齐廉,清康熙时培养出恩贡生杨光宣、唐先生等。散毛司
人广文曾赴安陆任官②。改土以前,卯峒土司在卯峒司署、新寨、江口覃家
营、截盗河等地设置成才、蒙童学舍共六座③。

从明朝中后期开始,儒学文化对鄂西南地区土司社会的影响逐渐加
大,且接受儒家礼教的培训,成为土司上层贵族子弟袭职的必备条件之一。
弘治五年(1492 年),明孝宗诏令凡承袭土官,必须先在所辖军卫习礼三个
月,方准回司理事④。这项政策体现出明朝廷试图从礼制上推行"以夏变
夷"的儒学文化传播。《来凤县志》也记载,弘治十四年(1501 年),明孝宗
诏令土官应袭子弟,均必须入学接受教化,不入学者不准承袭⑤。《明孝宗
实录》则记载,弘治十六年(1503 年),明孝宗诏令:"以后土官应袭子弟,悉
令入学,渐染风化,用革□顽,如不入学者,不准承袭。"⑥在这项政策的影
响下,鄂西南山区各土司子弟赴邻近府州县求学。嘉靖四十三年(1564
年),巡按官徐南金等奏请在施州卫设立龙潭安抚司学⑦。明万历年间,五
峰安抚司张应龙子侄十余人考入长阳县学⑧。光绪《长乐县志・凡例》亦
称,除明代五峰司张之儒昆季十余人入长阳县学外,渔洋关则有商邦迁入

---

　　① ［清］张廷玉等撰:《明史》卷 3《本纪第三》,北京:中华书局 1974 年 4 月版,第 52 页。

　　② ［清］李勋修,何远鉴等纂:同治《来凤县志》卷 32《杂缀志・掇拾》,《中国地方志集成・湖
北府县志辑》第 57 辑,南京:江苏古籍出版社 2001 年 9 月版,第 561 页。

　　③ 张兴文、牟廉玖注释:《卯峒土司志校注》卷 6《艺文志》,北京:民族出版社 2001 年 4 月版,
第 33－34 页。

　　④ ［清］张梓修,张光杰纂:同治《咸丰县志》卷 19《艺文志》,《中国地方志集成・湖北府县志
辑》第 57 辑,南京:江苏古籍出版社 2001 年 9 月版,第 127 页。

　　⑤ ［清］李勋修,何远鉴等纂:同治《来凤县志》卷 32《杂缀志・掇拾》,《中国地方志集成・湖
北府县志辑》第 57 辑,南京:江苏古籍出版社 2001 年 9 月版,第 561 页。

　　⑥ 《明孝宗实录》卷 200,弘治十六年六月乙巳条,上海:上海书店出版社 1982 年 10 月版,第
3708 页。

　　⑦ 《明世宗实录》卷 533,嘉靖四十三年四月壬午条,上海:上海书店出版社 1982 年 10 月版,
第 8672 页。

　　⑧ ［清］李焕春原本,郑敦祜再续:光绪《长乐县志》卷 4《沿革志》,《中国地方志集成・湖北府
县志辑》第 54 辑,南京:江苏古籍出版社 2001 年 9 月版,第 169－170 页。

长阳县学①。《鹤峰州志》称："土司世崇武功，至田世爵以后，颇事诗书。"②
容美土司田世爵之六子田九龄曾补长阳庠，著有《紫芝亭诗集》，故碑称：
"明诗人田公九龄。"③田霈霖 20 岁时曾补澧州博士弟子，寻改长阳学。其
弟田既霖十四岁时长阳县学博士弟子，田甘霖 20 岁补博士弟子④。康熙十
八年（1679 年）严守升在《田氏一家言叙》中评价："乃田氏世集异书产词
人，与天下诸名家倡和。"⑤土司田九龄、田宗文、田圭、田玄、田既霖、田甘
霖、田商霖、田舜年等通晓诗文。虽然土家族上层贵族通过教育接受华夏
文明，但是普通民众如《鹤峰州志》所言，改土归流以前，"土民皆不受学"⑥。

　　清朝入鼎中原后，沿习明制，在西南土司中传播儒学文化教育。顺治
十六年（1659 年），贵州巡抚赵廷臣疏称："今后土官应袭年十三以上者，令
入学习礼，儒学起送承袭，其族属子弟愿入学者，听补廪科贡，与汉民一体
仕进，使明礼义为利，则儒教日兴，而悍俗渐变矣。"⑦清初，针对土司的儒
学文化教育政策比明代更开放，不仅允许土司的族属子弟进入官学，还允
许他们参加科举考试。康熙四十三年（1704 年），礼部议准湖广学政潘宗
洛奏疏："湖广各府州县熟苗中有通文义者，准与汉民一体应试。"⑧康熙四
十四年（1705 年），兵部议准湖广总督喻成龙所奏："湖广南北各土司子弟
中，有读书能文者，可以注入民籍，一同考试。"⑨容美土司田舜年流寓江陵
时，曾考取江陵府学生员⑩。康熙年间，沙溪宣抚司黄天奇曾送其子黄楚

---

　　①　[清]李焕春原本，郑敦祐再续：光绪《长乐县志》卷首《凡例》，《中国地方志集成·湖北府
县志辑》第 54 辑，南京：江苏古籍出版社 2001 年 9 月版，第 110 页。

　　②　[清]吉钟颖修，洪先涛纂：道光《鹤峰州志》卷 14《杂述志》，《中国地方志集成·湖北府县
志辑》第 45 辑，南京：江苏古籍出版社 2001 年 9 月版，第 467 页。

　　③　王晓宁编著：《恩施自治州碑刻大观》第 1 编《姓氏源流·田九龄墓碑》，北京：新华出版社
2004 年 10 月版，第 35 页。

　　④　[清]吉钟颖修，洪先涛纂：道光《鹤峰州志》卷 1《沿革志》，《中国地方志集成·湖北府县志
辑》第 45 辑，南京：江苏古籍出版社 2001 年 9 月版，第 355 页。

　　⑤　陈湘锋、赵平略评注：《〈田氏一家言〉诗评注》，北京：中央民族大学出版社 1990 年 10 月
版，第 430－431 页。

　　⑥　[清]吉钟颖修，洪先涛纂：道光《鹤峰州志》卷 14《杂述志》，《中国地方志集成·湖北府县
志辑》第 45 辑，南京：江苏古籍出版社 2001 年 9 月版，第 467－468 页。

　　⑦　《清世祖实录》卷 126，顺治十六年五月壬午条，北京：中华书局 1986 年 11 月版，第 978 页。

　　⑧　《清圣祖实录》卷 218，康熙四十三年十一月己卯条，北京：中华书局 1986 年 11 月版，第
206 页。

　　⑨　《清圣祖实录》卷 222，康熙四十四年九月壬午条，北京：中华书局 1986 年 11 月版，第 236 页。

　　⑩　[清]顾彩著：《容美纪游》，武汉：湖北人民出版社 1999 年 9 月版，第 268 页。

昌进入卫学充附生,黄楚昌入学后,苦心学习儒学①。黄楚昌袭职后,在沙溪司中设立官学。工作之余,黄楚昌与数名士人讲习儒学②。因此,鄂西南山区土司上层贵族的主流文化认同与儒学文化素养,超过湘黔苗疆各地土司。

(二)改土以后的儒学文化传播

改土归流以后,土司制度被废除,由府州县官学、书院、义学、私塾等构成的地方儒学教育体系,逐渐建立并不断完善,为儒学文化的传播扫清了政治上、制度上的障碍。改土后国家主导的交通建设,为山区儒学文化的传播提供了更便利的条件。清廷试图利用国家力量,在鄂西南山区从上至下地全面推行儒学文化教育,把华夏主流文化渗透到土家族人民的行为规范和价值观念层次,以强化土民对主流文化的认同,从而加速少数民族文化的大一统改造。改土归流以后,悬挂苗刀的土民开始向化,"兼有就学娴风骚"③。

改土归流之际,在颁布禁示强制土民遵从儒教伦理纲常的同时,地方官十分重视文化教育在移风易俗方面的重要作用。如嘉庆十五年(1810年),谭光祥莅任施南府知府时,外有四川啯匪猖獗,内有郡民素健兴讼。地方政务焦头烂额之际,谭光祥却以兴办南郡书院为急务,此举曾令施南府同知徐润第置疑不已。谭光祥解释兴办儒学是治本之策:施南府土流杂处,强者以力占,土豪滋生;智者诈虞,讼棍聚集。施南府社会问题的根本,在于民心向利而失义,而"学术为民风之本",书院可教民向义,故书院为吏治之先务④。

恩施、建始、巴东三县在明代就设立学宫。雍正六年(1728),清政府废施州卫设恩施县,卫学亦改为县学。乾隆元年(1736),知府田三乐倡建施

---

① [清]松林等修,何远鉴等纂:同治《增修施南府志》卷24《行谊》,《中国地方志集成·湖北府县志辑》第55辑,南京:江苏古籍出版社2001年9月版,第347页。

② [清]赵尔巽等撰:《清史稿》卷512《列传第二九九·土司一·湖广》,北京:中华书局1976年7月版,第14211—14212页。

③ [清]王协梦修,罗德昆纂:道光《施南府志》卷27《艺文志》,道光十七年(1837年)扬州张有耀斋刻本,第30页。

④ [清]王协梦修,罗德昆纂:道光《施南府志》卷29《艺文志》,道光十七年(1837年)扬州张有耀斋刻本,第9页。

南府学宫。乾隆九年(1744 年)以前,施南府恩施、建始两县官学仅设训导一员,湖北学政吴嗣爵为了推动苗疆教育发展,奏请从会试中拣选"明通"举人,以教谕衔管训导事,仍照教谕衔升转①。府县官学的师资主要来自"举人大挑""五贡铨选",相对有保障。

山区各州县官学的资金,主要来自国家财政与地方财政。恩施县作为施南府首县,其办学经费除了财政拨款外,历任府县地方官努力从地方经费中多方筹措教育经费。道光十五年(1835 年),恩施县县令陈琴泉用修塔余资充作宾兴经费,后因管理失宜,辗转挪借,所剩无几。至许光曙任恩施县令时,县绅多次呈请许光曙筹措宾兴经费。许光曙将咸丰年间施南府筹集的剿匪经费余款千串余钱置产生息,拨息钱五分之三作麟溪书院膏火钱,五分之二拨作宾兴经费,并兴建宾兴馆②。光绪五年(1879 年),知府王庭桢发现恩施县北乡太阳河文、武圣二庙公款仅作一乡宾兴,委派官绅劝谕该乡董事生员余文光等,将庙内公款酌提包谷租 22 石、钱 240 串,捐作恩施全县宾兴经费③。

改土之初,僻处山区的新设利川、宣恩、来凤、咸丰、鹤峰、长乐各州县土民就学者少,学风未振,学宫建设较晚。乾隆五年(1740 年),宣恩县、来凤县、咸丰县、利川县始创建学宫。为了增强新设县学宫师资力量,清廷将宜昌府训导拨改施南府学,东湖县训导拨改来凤县学,巴东县训导拨改咸丰县学,归州训导拨改利川县学,恩施训导拨改宣恩县学④。

乾隆三年(1738 年),长乐县学宫初建,但生员未设。应长乐县童生禀请,至乾隆三十三年(1768 年)始设定生童八名。乾隆三十年,改土各州县始设学官,各县儒学教育才正式启动。乾隆三十九年(1774 年),议准长乐县、鹤峰州各设廪、增生员四名⑤。

由于施南府新设各县尚未设官学,府属各县科举生员只能暂附恩施县

---

①　《清高宗实录》卷 210,乾隆九年二月甲子条,北京:中华书局 1986 年 11 月版,第 707 页。

②　〔清〕松林等修,何远鉴等纂:同治《增修施南府志》卷 29《艺文志·复设宾兴碑记》,《中国地方志集成·湖北府县志辑》第 55 辑,南京:江苏古籍出版社 2001 年 9 月版,第 547－548 页。

③　〔清〕王庭桢等修,雷春沼等纂:光绪《施南府志续编》卷 4《续学校志·书院》,《中国地方志集成·湖北府县志辑》第 55 辑,南京:江苏古籍出版社 2001 年 9 月版,第 659 页。

④　〔清〕王协梦修,罗德昆纂:道光《施南府志》卷 7《建置志》,道光十七年(1837 年)扬州张有耀斋刻本,第 15 页。

⑤　〔清〕李焕春原本,郑敦祜再续:光绪《长乐县志》卷 10《学校志》,《中国地方志集成·湖北府县志辑》第 54 辑,南京:江苏古籍出版社 2001 年 9 月版,第 236 页。

考试,恩施县仍是施南府重要的儒学教育中心。乾隆四年(1739年),施南知府田三乐奏请将宣恩、来凤、咸丰、利川四县土童另编新字号,附恩施县考棚一起考试。如文理可观,在恩施正额外,四县共取一三名,暂隶恩施县儒学管辖。湖北学政题准宣、来、咸、利四县生童每年科试,照贵州、古州增设苗额之例,酌量取进一二名①。随着改土各州县教育事业的发展,清廷不得不相应增加各州县的学额。乾隆三十六年(1771年),宣恩、来凤、咸丰三县应试生童增至三百余名,利川县应试生童增至五百余名,经湖广总督富明安奏准,宣恩、来凤、咸丰三县各取进童生三名,利川县取进童生四名。为了平衡府内各县学额,恩施县减至十二名,建始县减至七名②。乾隆三十九年(1774年),湖北巡抚陈辉祖鉴于利川县在施南府改土四县中人文最盛,奏准利川县增加八名廪增额数③。乾隆二十八年(1763年),鹤峰州刘世贤等向知州李林、吴世贤呈请设定学额。乾隆三十一年(1766年),湖北学政胡绍南檄令州属学童随棚考试,照小学额数,岁科附学生八名。乾隆四十年(1775年)设武生二名。乾隆四十六年(1781年),学政吴省钦奏请在鹤峰州额设廪、增生各四名,岁贡生一名④。施南府僻处鄂西南山区,地瘠民贫,"士疏于学",学额较少。乾隆四十八年(1783年),李经芳任施南知府时,经过积极争取,施南府才开始增设选贡学额⑤。

　　改土之初,鄂西南山区新设各州县儒学教育未振,故首重启蒙教育。乾隆初年,改土各县暂未设学宫,但各州县地方官仍积极创建义学和书院,发展私学教育。义学侧重儒学启蒙教育,而书院侧重培育儒学人才。由于改土各县教育相对落后,乾隆初年多以设立义学为主,书院数量较少。随着各县人文渐盛,部分义学改建为书院。义学本属私学,一般由私人捐款举办,但由于改土新设各县农业经济基础差,清王朝为了广文教,加强思想

---

　　① [清]松林等修,何远鉴等纂:同治《增修施南府志》卷21《官师志·政绩》,《中国地方志集成·湖北府县志辑》第55辑,南京:江苏古籍出版社2001年9月版,第292页。

　　② 《清高宗实录》卷899,乾隆三十六年十二月丙戌条,北京:中华书局1986年11月版,第1115—1116页。

　　③ 《清高宗实录》卷963,乾隆三十九年七月庚辰条,北京:中华书局1986年11月版,第1074—1075页。

　　④ [清]聂光銮等修,王柏心等纂:同治《宜昌府志》卷6《学校志·学额》,《中国地方志集成·湖北府县志辑》第49—50辑,南京:江苏古籍出版社2001年9月版,第228页。

　　⑤ 吕调元等修,张仲炘等纂:民国《湖北通志》卷122《职官志十六·宦绩传》,宣统三年(1911年)修,民国十年(1921年)商务印书馆影印本,第2969页。

文化的大一统,要求府州县地方官积极推动地方义学。

乾隆初年,改土各县的义学、书院大多由地方官捐廉创建,教育经费主要来自官府拨款或地方官捐廉,义学塾师的人选亦由地方官抉择。因此,改土各县设官学以前,义学及书院成为山区教育事业主导力量。

乾隆元年(1736年),来凤县知县于执中捐廉创办卯峒义学和大旺义学,并购置45亩学田,每年所收租课,作为义学经费来源①。乾隆十年(1745年),来凤县丞蒋灏将卯峒义学移至县丞署右侧关庙坪,呈请上宪每年拨膏火银16两②。

乾隆五年(1740年),利川县建设了忠路义学和建南义学各一所。城中义学由知县李恂捐廉设立。县丞缪庭潍劝县民翁懋等捐资设忠路乐利场义学一所。忠路长潭坝设立一所义学,忠路黄土池设立一所义学③。

乾隆五年(1740年),宣恩县城中、乾坝各设义学一所。后在忠峒设立一所义学,东乡设立一所义学,由巡检史敏捐廉建立④。

乾隆五年(1740年),咸丰县在金峒建立一所义学⑤。

乾隆六年(1741年),鹤峰知州毛峻德捐廉俸,在礼陶乡三里建设义学。知州毛峻德选聘明经赵国玑为义学塾师,每年秋季亲自前往义学观风,面试诸学童,鼓励学生⑥。

改土设县数十年后,随着鄂西南山区经济开发的深入,山区各县社会经济发展,绅士阶层逐渐成为山区教育事业的支撑力量。义学的发展带来经费日绌的问题,山区各县地方官逐渐向绅士倡捐,置买学田,来解决经费问题。

---

①　[清]松林等修,何远鉴等纂:同治《增修施南府志》卷21《官师志·政绩》,《中国地方志集成·湖北府县志辑》第55辑,南京:江苏古籍出版社2001年9月版,第294页。民国《湖北通志》卷59《学校志五·书院》根据采访册,认为来凤县城内义学为乾隆初年知县范汝轼倡办。

②　[清]松林等修,何远鉴等纂:同治《增修施南府志》卷21《艺文志·移建卯峒义学碑记》,《中国地方志集成·湖北府县志辑》第55辑,南京:江苏古籍出版社2001年9月版,第565-566页。

③　吕调元等修,张仲炘等纂:民国《湖北通志》卷59《学校志五·义学》,宣统三年(1911年)修,民国十年(1921年)商务印书馆影印本,第1587页。

④　吕调元等修,张仲炘等纂:民国《湖北通志》卷59《学校志五·义学》,宣统三年(1911年)修,民国十年(1921年)商务印书馆影印本,第1587页。

⑤　吕调元等修,张仲炘等纂:民国《湖北通志》卷59《学校志五·义学》,宣统三年(1911年)修,民国十年(1921年)商务印书馆影印本,第1587页。

⑥　王晓宁编著:《恩施自治州碑刻大观》第7编《学校教育·义学碑记》,北京:新华出版社2004年10月版,第248-249页。

乾隆十八年(1753年)至乾隆二十三年(1758年)间,建始县令邱岱在建始县城西北隅,捐俸创建义学学舍,并将余款交商生息,作为义学膏火钱。后因部禁义学业经费发商生息,继任县令余本在乾隆二十八年(1763年),将义学经费加上捐廉银两,购置二斗水田,每年以课谷作为义学膏火钱。因义学经费仍不足用,廪生文元琦、生员毛元章及弟毛元玮父毛文常等捐160两银,购置八斗水田及一处地基,用租课充抵义学经费。县令余本又拨给李七垭官地,劝张、陈、姚等捐资修建义学学舍①。

乾隆五十三年(1788年),利川县南坪巡检王霖邀集南坪镇绅士建立文昌会,并带捐俸劝捐,积资兴学。乾隆五十七年(1792年),设立学舍,延师办学。嘉庆二年(1797年)八月,四川白莲教起义军攻打利川县,书院毁于战火。嘉庆三年(1798年),王霖垫俸金亲自督工,重建奎星楼及书院馆舍,至嘉庆五年(1800年)竣工。又筹集捐款置购学田,以充书院经费。聘请拔贡吴尚贵任书院馆师②。咸丰七年(1857年),利川县谋道乡玉贞、清源、衡山等人创立文昌会,乐从者50余家,捐谷21石8斗,捐钱14串。至同治十二、三年(1873、1874年)间,衡山等议建书院,合堡捐建船山义馆③。

由于晚清山区商品经济发展,学田租发绅生息与义学经费发商生息成为筹集义学经费的新渠道。同治四年(1865年),利川县令何蕙馨将团防剩余经费拨给忠路、建南两义学各四百串文,购置学田,交绅首收租生息,作义学添置经费④。另据《施南府志》记载,同治四年(1865年),利川县令何蕙馨发钱四百串文交首士生息。何蕙馨另拨给二百串文交绅生息,作为兴办中汛团宝市义学经费⑤。光绪初年,建始县令卢梦麟在县城西擂鼓台,建立一所义学,徐茂顺存一百串钱,每年取利息钱十五串,作义学经费,

①　[清]松林等修,何远鉴等纂:同治《增修施南府志》卷29《艺文志·义学捐置田舍碑记》,《中国地方志集成·湖北府县志辑》第55辑,南京:江苏古籍出版社2001年9月版,第583—584页。

②　王晓宁编著:《恩施自治州碑刻大观》第7编《学校教育·如膏书院碑》,北京:新华出版社2004年10月版,第253页。

③　王晓宁编著:《恩施自治州碑刻大观》第7编《学校教育·龙水文庙》,北京:新华出版社2004年10月版,第257页。

④　[清]黄世崇纂修:光绪《利川县志》卷13《艺文志》,《中国地方志集成·湖北府县志辑》第58辑,南京:江苏古籍出版社2001年9月版,第101页。

⑤　[清]王庭桢等修,雷春沼等纂:光绪《施南府志续编》卷4《续学校志·书院》,《中国地方志集成·湖北府县志辑》第55辑,南京:江苏古籍出版社2001年9月版,第662页。

并购北乡黄土坎水田,征收租谷四石五斗,用于延师及束修经费[①]。

外来移民进入鄂西南山区后,也十分重视兴建义学,使本地移民后代能得到良好教育。乾隆元年(1736年)改土归流之际,江西赣州府属12个县大批移民迁居利川县城乡各地,人口繁衍。至乾隆二十二年(1757年),江西省赣州籍移民组建同乡会,募集资金,建立义塾,延请塾师,并以义田租课作塾师薪金[②]。

至同治、光绪年间,鄂西南山区大部分人口主要分布在低山、二高山的村落,因此,族学、朋学、家学、义学等各类私学主要集中在这些低山、二高山的村落中。一些从外地迁来的儒生,在鄂西南山区开馆授徒,从事童蒙教育。如乾隆三十二年(1767年),祝道宣从公安县迁至建始县,以塾师为业,向学者不下数百家[③]。施南府各县出现了周远梅、冉复初、范启瑞、何远鉴、姚复旦、蒋世恺、杨勉之等一批廪贡生员出身的私塾名师[④]。

书院为生员研修举业和学术研究的高等教育机构,清初满族统治者为了打击汉族士大夫民族主义,抑制书院发展。雍正年间,清廷只允许官府控制的书院为科举教育服务。书院的师资主要从地方举人贡生中选聘,必须以地方绅士群体的发展为基础。乾隆改土之初至光绪初年,施南府建立了20多所书院。但是山区教育水平低,利川县双江书院、如膏书院、咸丰县培英书院、施凤山书院等名不符实,实际上属于义学[⑤]。恩施县曾有崇化书院、成山书院两所义学,后因战乱而久废。咸丰十一年(1861年),恩施县令许光曙鉴于宣恩、来凤、利川、建始诸县都建立了县属学宫,许光曙倡议恩施县也建立县属学宫。许光曙捐廉邀集全县士庶捐助,捐款加上军需余项共计八千串余钱,在恩施县城西择地建造,花费6个月时间建成,取

---

①　[清]王庭桢等修,雷春沼等纂:光绪《施南府志续编》卷4《续学校志·书院》,《中国地方志集成·湖北府县志辑》第55辑,南京:江苏古籍出版社2001年9月版,第662页。

②　王晓宁编著:《恩施自治州碑刻大观》第7编《学校教育·江西会馆义塾碑》,北京:新华出版社2004年10月版,第252页。

③　[清]祝肇文撰:《山居记》,祝氏宗族修谱委员会编:《湖北恩施三岔祝氏宗族族谱》,2006年8月版,第22—23页。

④　《恩施州志》编纂委员会编:《恩施州志》卷21《教育》,武汉:湖北人民出版社1998年12月版,第861页。

⑤　《恩施州志》编纂委员会编:《恩施州志》卷21《教育》,武汉:湖北人民出版社1998年12月版,第861页。

名麟溪书院^①。

乾隆三年（1738年），长乐县知县张曾谷倡建长乐书院，至乾隆三十年（1765年），设山长、训导、课读。乾隆三十一年（1766年），输送七名文童.乾隆三十六年（1771年），长乐县丞潘含章改右司把总署为湾潭书院^②。乾隆二十一年（1756年），来凤县知县林翼池重修岐阳书院，改名朝阳书院，并颁布了《观风示》，创建学校，兴办教育，劝谕来凤士子读书仕进^③。乾隆五十年（1785年），卯峒巡检沈怀枫将卯峒义学改建在巡检署前民壮坪，建立了五间讲堂，改名为桂林书院^④。

经过数十年绅士阶层的发育与发展，道光年间，鄂西南山区各县绅士成为书院建设的重要辅助力量，在书院建设、管理上发挥了推动作用。咸丰县蔚文书院经费向由历任县令捐廉，经费屡有不足。道光二十一年（1841年），刘元勋、张慎斋、王静山、冯占元募集资金，购买土地作书院课田，另将有产权纠纷难断的土地充公拨作书院课田，总计数千串钱^⑤。同治十年（1871年），咸丰知县余思训将费启珍、杨方盈逆产变卖钱拨为书院经费，交绅士经管。光绪年间，拟追清款项，以杜绝绅士侵吞书院经费^⑥。

道光二十一年（1841年），建始县风贡生李如桂，选拔陈知新，廪生范启端，监生黄志森、刘恒坦、何晓山、何光国、何尊楷等向县令袁景晖呈请劝捐，重建五阳书院，并以书院兼作考棚。历时一年修竣^⑦。

同治五年（1866年），利川知县邓师韩在县城南门外集资创修三间讲

①　［清］松林等修，何远鉴等纂：同治《增修施南府志》卷29《艺文志·创修麟溪书院碑记》，《中国地方志集成·湖北府县志辑》第55辑，南京：江苏古籍出版社2001年9月版，第547页。《恩施州志》编纂委员会编：《恩施州志》卷21《教育》，武汉：湖北人民出版社1998年12月版，第861页。

②　五峰土家族自治县地方志编纂委员会编纂：《五峰县志》卷首《大事记》，北京：中国城市出版社1994年9月版，第7页。

③　［清］林翼池修，蒲又洪纂：乾隆《来凤县志》卷10《艺文志·观风示》，《故宫珍本丛刊》第143册，海口：海南出版社2001年4月版，第439－440页。

④　［清］松林等修，何远鉴等纂：同治《增修施南府志》卷29《艺文志·移建卯峒义学碑记》，《中国地方志集成·湖北府县志辑》第55辑，南京：江苏古籍出版社2001年9月版，第565页。

⑤　［清］松林等修，何远鉴等纂：同治《增修施南府志》卷29《艺文志·蔚文书院开课序》，《中国地方志集成·湖北府县志辑》第55辑，南京：江苏古籍出版社2001年9月版，第575页。

⑥　［清］王庭桢等修，雷春沼等纂：光绪《施南府志续编》卷4《续学校志·书院》，《中国地方志集成·湖北府县志辑》第55辑，南京：江苏古籍出版社2001年9月版，第660页。

⑦　［清］松林等修，何远鉴等纂：同治《增修施南府志》卷29《艺文志·重建五阳书院序》，《中国地方志集成·湖北府县志辑》第55辑，南京：江苏古籍出版社2001年9月版，第586页。

堂,二十四间斋舍,历时 10 个月竣工。邓师韩从公项拨款作乡、会两试宾兴经费,在天马山南建魁星阁,在报元岩顶建石塔。有学田收租秣。同治八年(1869 年),大学士李鸿章为书院题写"正谊明道"匾额①。同治六年(1867 年),邓师韩又捐廉在利川县城南,创建钟灵书院,三间讲堂,二十四间斋舍②。

来凤县利正里上寨场原有回龙寺,因僧人不守清规,产业浪费,庙宇渐颓废。同治七年(1868 年),查昌楳、周静轩、向堂廉、向学瑞诸首士提议改寺为书院,民众应允后遂改建为书院。光绪七年(1881 年),来凤县令唐殿华路经上寨场,命名为登龙书院。为奖劝办学,捐廉 30 串文,并颁给印簿委托首士劝捐书院经费③。

乾隆改土之初,土籍能文者少,客、土分配学额,土籍学额竞争较少。当时澧州诸生部锡侯被知州李林延请,任九峰书院山长,为鹤峰州办学出力较多。知州李林为酬答部锡侯之功,曾欲将部锡侯编入土籍,后部氏以土籍存档④。由于山区文化教育事业相对落后,国家分配给山区各县的学额较少,清初湖广副学政蒋永修在《重修儒学碑记》中称,长阳县"学额视他邑稍隘,又多为寄籍者窃去"⑤。乾隆三十七年(1772 年)以前,来凤县土著生童占 80—90%,而客籍仅占 10—20%。乾隆三十七年(1772 年)以后,土、客生童学额各占 50%。至同治年间,客籍生童已上升至 80—90%⑥。土著与客民对主流文化认同的不同,导致二者在文化教育竞争力上存在差异。

鄂西南山区崇山峻岭的地理环境,造成水陆交通十分困难,严重阻碍了山区教育的发展。乾嘉时期,鄂西南山区各县部分士子苦于路途险远、

① [清]王庭桢等修,雷春沼等纂:光绪《施南府志续编》卷 4《续学校志·书院》,《中国地方志集成·湖北府县志辑》第 55 辑,南京:江苏古籍出版社 2001 年 9 月版,第 660—661 页。

② [清]黄世崇纂修:光绪《利川县志》卷 13《艺文志》,《中国地方志集成·湖北府县志辑》第 58 辑,南京:江苏古籍出版社 2001 年 9 月版,第 101 页。

③ [清]王庭桢等修,雷春沼等纂:光绪《施南府志续编》卷 4《续学校志·书院》,《中国地方志集成·湖北府县志辑》第 55 辑,南京:江苏古籍出版社 2001 年 9 月版,第 659 页。

④ [清]吉钟颖修,洪先涛纂:道光《鹤峰州志》卷 12《人物志》,《中国地方志集成·湖北府县志辑》第 45 辑,南京:江苏古籍出版社 2001 年 9 月版,第 421 页。

⑤ [清]朱庭棻纂修:道光《长阳县志》卷 6《艺文志》,道光二年(1822 年)刻本长阳县衙藏板,第 32 页。

⑥ [清]李勖修,何远鉴等纂:同治《来凤县志》卷 28《风俗志·总论》,《中国地方志集成·湖北府县志辑》第 57 辑,南京:江苏古籍出版社 2001 年 9 月版,第 461 页。

路费太巨,主动放弃科举仕进之途。由于巴东县距离宜昌府城六百余里,"每当童子试,率苦资斧,不肯赴。为令者再三谕勉之,乃往及试,又为冒籍所夺,以故读书者益鲜,但能搦笔记姓名辄辍业焉。人文废坠,已可想见"①。施南府诸县中,鹤峰州是最典型的山地县,"邑居万山,其以著作名家者恒少",人文相对落后②。

鄂西南山区地理环境的闭塞,经济的长期落后,严重影响了本地区文化教育的健康发展,表现为本地区科举不振。如长乐县"自设学后,科第寥寥,盖以地本苦寒,士一衿青后,半谋身家,不能尽力于举业耳。然人才不择地而生,文风丕振,行见科甲鼎盛矣"③。道光年间,建始县县令在为文童黄中理和文生黄光邕捐资请奖的详册中,均指出:"卑县地处山僻,向无义学,往往聪明之士有志上进,因家道贫寒,坐甘失业,实堪悯恤。"④陈文焜在《宾兴序》中记载了山地环境对宣恩县儒学教育的影响:"楚北设府十,而施郡最远,施南属县六,而宣邑最贫。以故改土归流百余年,士无举于乡者,岂无绩学之士欤?抑无种德之人欤?良由跋涉艰难,资斧无出。"⑤因此,只有先解决了经济发展和交通建设问题,鄂西南山区教育事业才能真正得到发展。

二、山地环境下宗教文化的传播

在改土归流以前,佛教和道教文化很早就传入了鄂西南土司地区。佛教、道教在鄂西南山区的传播采取了迁移扩散的方式,僧侣、道士等作为弘法传道的载体将宗教文化从一地传播到另一地,属于跳跃性的扩散模式。

改土归流以前,就有一些僧人、道士笃定虔诚,为弘扬佛法、道法而不辞辛劳,深入鄂西南山区建庙修行。东晋咸康年间(另一说法是五代前蜀

①　[清]廖恩树修,萧佩声纂:同治《巴东县志》卷10《风土志·职业》,《中国地方志集成·湖北府县志辑》第56辑,南京:江苏古籍出版社2001年9月版,第270—271页。

②　[清]陈鸿渐纂,长庚、厉祥官修:光绪《续修鹤峰州志》卷12《艺文志》,《中国地方志集成·湖北府县志辑》第56辑,南京:江苏古籍出版社2001年9月版,第541页。

③　[清]李焕春原本,郑敦祜再续:光绪《长乐县志》卷12《风俗志·士习》,《中国地方志集成·湖北府县志辑》第54辑,南京:江苏古籍出版社2001年9月版,第263页。

④　[清]袁景晖纂修:道光《建始县志》卷1《建置志·社学》,《中国方志丛书·华中地方》第326号,台湾:成文出版社1975年版,第135页。

⑤　[清]张金澜修,蔡景星等纂:同治《宣恩县志》卷20《艺文志·宾兴序》,《中国地方志集成·湖北府县志辑》第57辑,南京:江苏古籍出版社2001年9月版,第269页。

咸康年间),佛教就已渗入鄂西南山区的汉地苗疆。在施南府来凤县沙坨
关酉水河边曾建有仙佛寺①。宣恩朱开来曾赋《仙佛寺》诗:"峭壁悬岩构
佛堂,由来创建费猜详。烟江浪涌兜罗外,云树阴森宝刹旁。僧喜吟诗唐
贾岛,人争敲磬晋咸康(镌有'咸康元年'四字)。万缘到此都消却,未必灵
山更异常。"②另据道光《施南府志》载,来凤县西一里的回龙山上有佛庵遗
址,相传为唐朝时建立③。同治《施南府志》载,施州卫南郊外文昌祠创建
于后晋天福三年(938 年)④。

　　宋元时期,鄂西南山区也曾建置寺观,但保存下来的较少。明代建立
的寺观较多,集中在施州卫城,有寺庵 25 座,道观 1 座。施州卫属各土司
地区也曾建有 16 座庵寺,1 座道观。从寺院数量远超过道观的情况判断,
佛教对鄂西南地区的影响似乎远超过道教。施州卫城寺观分布状况详见
下表:

表 6—1　明嘉靖年间施州卫、大田所境内寺观分布一览表

寺观名称	修建时间	地　点	注
圆通寺	洪武初建,宣德间重修,正德十一年(1516 年),指挥孙廉等重建	施州城回龙山下	——
开元寺	宋建,后废,景泰中重建,嘉靖年间废	施州城南门外	据道光《施南府志》卷 9《典礼志》载,开元寺唐时建,宋淳熙四年(1177 年)重修
白云寺	元代建	施州城北巾子山上	——
观音寺	不详	不详	存有六座

---

①　王晓宁编著:《恩施自治州碑刻大观》第 2 编《宗教信仰·仙佛寺石刻》,北京:新华出版社
2004 年 10 月版,第 112 页。

②　[清]王庭桢等修,雷春沼等纂:光绪《施南府志续编》卷 10 上《诗文征·附》,《中国地方志
集成·湖北府县志辑》第 55 辑,南京:江苏古籍出版社 2001 年 9 月版,第 697 页。

③　[清]王协梦修,罗德昆纂:道光《施南府志》卷 3《疆域志》,道光十七年(1837 年)扬州张有
耀斋刻本,第 18 页。

④　[清]松林等修,何远鉴等纂:同治《增修施南府志》卷 27《释氏》,《中国地方志集成·湖北
府县志辑》第 55 辑,南京:江苏古籍出版社 2001 年 9 月版,第 433 页。

续表

寺观名称	修建时间	地　　点	注
兴福寺	不详	不详	存有二座
龙泉寺	不详	施州城□渡水屯	——
回龙寺	不详	施州城坪上屯	——
妙音寺	不详	施州城坪上屯	——
伽蓝寺	不详	施州城中坝屯	——
圆觉寺	不详	施州城□阳屯铁施州城□山	——
文殊寺	不详	施州城马下屯抱峰	——
广善寺	不详	施州城马下屯庙堂山	——
宝珠寺	不详	施州城马道屯	——
高峰寺	不详	不详	——
中峰寺	不详	不详	——
天皇寺	不详	施州城□□土场屯	——
福庆寺	不详	施州城下坝屯光禄山	——
白云庵	不详	施州城石□屯	——
玄妙观	元建,洪武初重修,弘治十七年(1504年)重建	施州城象耳山上	——
光国寺	洪武年间建,后废,弘治年间,千户耿正重建	大田所城西门外半里	——

资料来源:[明]薛刚纂修,吴廷举续修:嘉靖《湖广图经志书》卷20《施州·寺观》,北京:书目文献出版社1991年10月版,第1611页。

　　此外,据道光《施南府志》记载,恩施城北24里望城坡上,曾建有紫云观①。

　　不仅施州卫汉族地区有寺观,宋朝以降,在鄂西南土司属地也出现了一些寺观,明嘉靖年间施州卫属土司地区寺观分布详见下表:

――――――――

　　① [清]王协梦修,罗德昆纂:道光《施南府志》卷3《疆域志》,道光十七年(1837年)扬州张有耀斋刻本,第6页。

表 6-2　明嘉靖年间鄂西南各土司地区寺观分布一览表

寺观名称	修建时间	地点	注
延禧寺	不详	施南司治东	——
南禅寺	不详	施南司小关山	——
松坪寺	不详	都会里（巴东兴龙寺）	——
观音寺	不详	施南司	——
兴福寺	不详	施南司三花溪	——
竹林寺	不详	东乡司东十五里	——
东关寺	不详	东乡司东门山	——
万寿寺	不详	忠路司前	——
龙山寺	不详	东乡司金子山上	——
金山寺	不详	金峒司治东	——
虎溪寺	不详	金峒司□虎谷	——
高美寺	不详	金峒司	——
玉清观	不详	金峒司	——
凤仪庵	不详	金峒司凤凰山	——
石佛堂	宋代	忠建司西二十里	宋人凿崖建寺
东山寺	不详	忠建司西二十里	田本忠建
朝阳寺	不详	高罗司西二里	——

资料来源：[明]薛刚纂修，吴廷举续修：嘉靖《湖广图经志书》卷 20《施州·寺观》，北京：书目文献出版社 1991 年 10 月版，第 1611 页。

　　从表 6-2 可知，明嘉靖年间，施州诸土司地区佛寺远多于道观，佛教在土司地区的影响力远甚于道教。此外，据《来凤县志》载，明代散毛司曾在来凤县贞肃里建有兴隆寺[①]。据《来凤县志·艺文志》记载，散毛司内军民客土齐聚在兴隆寺内祷雨祈赐，信众共同捐金选匠，铸有一口铜钟[②]。表明土司地区信众不分土客军民，社会阶层广泛。

----

　　① [清]李勔修，何远鉴等纂：同治《来凤县志》卷 9《建置志》，《中国地方志集成·湖北府县志辑》第 57 辑，南京：江苏古籍出版社 2001 年 9 月版，第 337 页。
　　② [清]李勔修，何远鉴等纂：同治《来凤县志》卷 30《艺文志·散毛司兴隆庵钟铭》，《中国地方志集成·湖北府县志辑》第 57 辑，南京：江苏古籍出版社 2001 年 9 月版，第 526 页。

　　康熙年间,在容美土司已建有城隍庙、真武庙、法华寺[①]。据《鹤峰州志》载,容美土司时,曾在州城西门外建有报恩寺,在州城南六里建有百斯庵,在水寨建有四官庙,在天台山建有杉树观、在紫云山建有紫云宫,在白鹿坡建有宝善宫,在北佳坪建有玉田寺[②]。顾彩游历容美时,在容美司中,万全洞内有大士阁,老僧住持其中[③]。容美司中紫山与小昆仑山相对峙,高四十仞,山上建有真武殿。紫山左辅为畚山,产铁矿,建有文殊寺,是智靖和尚的下院,也可以寓客[④]。容美司芙蓉山行署西有法华寺,琳宇宏丽,山僧智靖为住持僧,浙江湖州人,临济宗派,亦善谈禅。平山紫山寺,也是智靖修禅静室。容美司境内佛寺道观并峙,佛教势力大张。

　　鄂西南山区佛、道两教传播,大多来源于邻省四川、湖南。明时就有玉峰和尚至施州卫炼丹修行。玉峰和尚最初在小茶园建寺,后进入石通洞炼丹。《施南府志》留下关于玉峰和尚炼石为银的传奇故事:"有樵者母病笃,无丧具,仓卒过洞前。师知其故,曰尔需几何,三两足矣。师命在旦夕取一石来,樵者取石不大。师曰:尔心诚。置炉中炼之,成银三两,樵者遂以办丧。有诡辞往恳者,师亦曰取石来,其人取石甚大,哂之。置炉中炼不成银,师曰尔心不诚,胡为啰嗦。遂云不知所往。"[⑤]明朝时,湖南某僧路过利川都亭山时遇虎,循虎踪迹来到金字山,向本地冉、谭、向三姓土民募地,倡修金字山寺[⑥]。

　　明清鼎革时期,一些邻省僧人为躲避战乱,迁往万山丛阻的鄂西南山区建庙修行。崇祯初,四川峨嵋名僧铁笔和尚得知张献忠将攻打四川,于是打包来利川,在乾溪山石峰寺开乞放戒,陈守先率子陈世凯前往拜访,铁笔和尚曾写偈语:"鹤立松梢月,鱼行水底天,风光都占灵,不费半文钱。"预测陈世凯将来必贵,传为当地佳话。崇祯初,西蜀僧人锡极挂锡利川忠路

　　①　[清]顾彩著:《容美纪游》,武汉:湖北人民出版社1999年9月版,第301、350页。
　　②　[清]吉钟颖修,洪先涛纂:道光《鹤峰州志》卷8《祠祀志》,《中国地方志集成·湖北府县志辑》第45辑,南京:江苏古籍出版社2001年9月版,第393－395页。
　　③　[清]顾彩著:《容美纪游》,武汉:湖北人民出版社1999年9月版,第328页。
　　④　[清]顾彩著:《容美纪游》,武汉:湖北人民出版社1999年9月版,第335页。
　　⑤　[清]松林等修,何远鉴等纂:同治《增修施南府志》卷27《释氏》,《中国地方志集成·湖北府县志辑》第55辑,南京:江苏古籍出版社2001年9月版,第433页。
　　⑥　[清]王庭桢等修,雷春沼等纂:光绪《施南府志续编》卷2《续建置志·坛庙》,《中国地方志集成·湖北府县志辑》第55辑,南京:江苏古籍出版社2001年9月版,第637页。

七保。锡极和尚向当地乡民声称,四川不久将变成战场,而忠路为乐土,并请求土民捐峰前片地建庙。顺治五年(1648年)时,锡极和尚向乡民辞行称,四川已平定,贫僧邱墓在蜀,理宜归省。明末时,耳毒禅师挂锡利川古峰寺,开乞说法,每多奇验。陈世凯年幼时曾从谒问法,耳毒和尚赠偈语:"海底红尘玉兔走,山头白浪碧鱼游。"明末农民起义爆发后,下落不明。明末清初,梁山双桂堂开堂祖师破山和尚为躲避战乱,曾流寓利川忠路镇国寺。寺属忠路宣慰司覃氏所建,破山和尚因此与土司覃世藩交善。覃世藩经常听破山宣讲无生妙谛。康熙初,破山因思念家乡四川,向覃世藩辞行。时值藩卧病不起,破山和尚在纸窗上以指穿四窟而去,表示仍返回四川①。恩施县西南十里的磨嵯山上曾建有磨嵯神庙。

施州卫武僧寂明,在明末曾参与镇压张献忠起义军的战争。崇祯七年(1634年),朝廷檄令施南、东乡两土司随施州卫军镇压明末农民起义军,由施州卫指挥邓宗震、唐德尧及寂明分别率领,在巴东平阳坝遇张献忠入川大军。明军战败后,寂明也战死②。祥禧和尚是寂明的弟子,原为施州卫城南门外文昌祠住持。康熙三十七年(1698年),施州卫庠生张延龄、陈桢、陈树文等重建祠宇,故老多逝,无人知晓寺院田界。幸有祥禧和尚存人世,年已七十岁,远住大田所,听说文昌祠重建告竣,寄信将田地祠基界址详告施州卫绅耆。诸绅士将书信呈报施州卫署,官府新颁寺田印契,文昌祠取得官业。祥禧和尚的书信在《施南府志》中完整保存下来,从中可以看到文昌祠的历史沿革、建筑格局及明末农民战争对山区宗教势力的冲击:"启者文昌祠,自唐时天福三年(938年)创建,兴废更改,历代难纪。明成化六年(1470年)八月重建正殿,厅堂共八间,而山门在祠右,挨街西向,至永历元年(1647年)有钦差何腾蛟督兵过此,建关帝庙,逼近祠山门以至路。改而本祠基址四界,常住水陆田地,坵号约据炳存,但年久朽坏不堪。因明末流寇猖獗,僧师寂明奉檄剿,死于难。僧时哭天无路,至大田所依师叔居住。今闻诸公建祠告成,僧即欲抱文约而来,奈师叔又已化云,乘便羽,将唐宋时滥老约二纸,并呈诸公查夺。倘有不清,明岁五六月间,僧亦

①　[清]松林等修,何远鉴等纂:同治《增修施南府志》卷27《释氏》,《中国地方志集成·湖北府县志辑》第55辑,南京:江苏古籍出版社2001年9月版,第434－435页。
②　[清]松林等修,何远鉴等纂:同治《增修施南府志》卷27《释氏》,《中国地方志集成·湖北府县志辑》第55辑,南京:江苏古籍出版社2001年9月版,第433页。

不辞跋涉之苦,与诸公再来手指脚踏也,不枉我师徒做一世和尚矣。"①

综上观之,在改土归流以前,佛教和道教作为华夏文明的一部分,很早便渗透至鄂西南山区。施州卫属各土司地区,已深受释、道宗教文化的影响。

三、山地环境下移民文化的传播

1842 年德国植物学家比查(Beechar)提出生物学的边缘效应理论,认为边缘地带生物群落结构比较复杂,具有生物多样性。鄂西南山区山地环境下动植物群落的多样性,使其成为人类早期文明的发祥地之一。鄂西南山区界邻四川、湖南、贵州等省,处于巴蜀文化、楚文化、湖湘文化等文化区的边缘,文化边缘地带具有文化多元性的特点。改土归流后,大批外来移民的涌入,将客民本土文化传入鄂西南地区。江西、湖南、四川、贵州、福建等地的地域文化因子以移民为载体,采取迁移扩散的方式,使鄂西南山区成为文化融合共生的舞台。

施南府客籍以江西、黄州、武昌、四川、贵州为多,语言、服饰、饮食习惯均按原籍保持传统②。四川、湖南、江西、福建等省及湖北各县移民不仅将本土民间信仰输入鄂西南山区,而且移民经济有了一定的积累后,积极营建神庙,形成了新的移民文化景观。

川王庙是来凤县四川移民的乡土神,随四川移民传播至来凤县。在来凤县元阜里旧屋基建有川王庙,"案川王庙,祀秦蜀郡太守李冰……国朝雍正五年(1727 年),从川抚宪德之请,封冰敷法兴济通祐王,封二郎承续广惠显英王"③。

吉简王相传为明英宗第七子,天顺元年(1457 年)封吉简王,成化十三年(1477 年)分封至湖南长沙。吉简王以爱士尚文而闻名,曾在岳麓书院刻《先圣图》《尚书》以授学者。明末清初,张献忠义军攻至云南,末代吉简王随惠王逃至广东,明亡后客死于缅甸④。吉简王宗族姻戚仍留长沙。清

① 〔清〕松林等修,何远鉴等纂:同治《增修施南府志》卷 27《释氏》,《中国地方志集成·湖北府县志辑》第 55 辑,南京:江苏古籍出版社 2001 年 9 月版,第 433—434 页。

② 吕调元等修,张仲炘等纂:民国《湖北通志》卷 21《舆地志二十一·风俗》,宣统三年(1911 年)修,民国十年(1921 年)商务印书馆影印本,第 762 页。

③ 〔清〕李勖修,何远鉴等纂:同治《来凤县志》卷 9《建置志·坛庙》,《中国地方志集成·湖北府县志辑》第 57 辑,南京:江苏古籍出版社 2001 年 9 月版,第 336 页。

④ 〔清〕张廷玉等撰:《明史》卷 119《列传第七·诸王四》,北京:中华书局 1974 年 4 月版,第 10934 页。

朝乾隆初,湖南长沙周氏、张氏、陈氏、黄氏、杨氏、黎氏、郑氏、王氏、祝氏、刘氏、邹氏流寓恩施,带来吉简王像,并家祭吉简王。至同治十三年(1874年),湖南移民醵金在恩施县城东建造吉简王祠①。

　　乾隆、嘉庆年间,湖南侗族移民亦迁徙至鄂西南山区。唐代羁縻靖州刺史杨再思有功于湖南侗民,湖南侗族建杨再思飞山庙以祭祀之。宋绍兴年间,朝廷封杨再思为威远侯,立庙祭祀②。明代,又加封为英惠公。随着湖南侗族移民进入鄂西南山区,亦将杨再思飞山神信仰也带来。侗民在来凤县客寨河建有飞山庙,主祀杨再思。原籍湖南沅州府芷江县侗族吴正邦等,在乾隆初年迁至恩施南乡市郭里老马坪,建立了飞山庙,供奉土主龙神杨再思,春秋祭祀。乾隆二十八年(1763年)春,作为飞山庙会首吴正邦率本地沅籍众姓,集资重修飞山庙,并刻碑记事。这表明吴正邦等侗族移民经过多年经营,在恩施县南乡市郭里老马坪已积累了一定经济实力,维护本族信仰文化③。

　　白帝天王信仰源自湖南苗族,改土归流后,由湖南苗民传入鄂西南山区。据《楚峒志略》记载:"苗所尊信之神曰白帝,即竹王也。每岁于小暑节前,以辰日起,巳日止,不衣赤,不作乐,禁屠沽,忌钓猎,献牲后方弛禁,否则疾疫瘴疠为灾,故其虔如此。"④来凤县的天王庙一在旧司场,一在县南三十里玛瑙河,地方志记载了教匪、发匪作乱时,白帝天王显灵退敌的事迹。《来凤县志》提及白帝天王进入官方祀典,开始于湖南省,相传嘉庆年间,某湖广总督请入祀典,部议从之。《广虞初新志》记载了白帝天王信仰的来源:白帝姓杨氏,湖南乾州鸦溪人,母感龙而孕,一产三男,各有勇力,武艺绝伦。遇苗人不靖,集村人数十讨之,时宋南渡后事也。朝廷召至杭,见其状貌英异,恐为边患,颁以鸩酒,令归共妻孥饮之,未至家苦热,开瓶取饮,三人皆中毒死,而灵不昧,屡著神异。官民立庙祀之,故称白帝天王第三郎最灵验⑤。《清实录》关于白帝天王请封一事记载甚详:"嘉庆二年(1797年)五月。湖

　　① 〔清〕王庭桢等修,雷春沼等纂:光绪《施南府志续编》卷2《续建置志·坛庙》,《中国地方志集成·湖北府县志辑》第55辑,南京:江苏古籍出版社2001年9月版,第633—634。
　　② 〔清〕李勋修,何远鉴等纂:同治《来凤县志》卷9《建置志·坛庙》,《中国地方志集成·湖北府县志辑》第57辑,南京:江苏古籍出版社2001年9月版,第336页。
　　③ 王晓宁编著:《恩施自治州碑刻大观》第1编《姓氏源流·飞山庙碑》,北京:新华出版社2004年10月版,第7页。
　　④ 〔清〕吴省兰纂:《楚峒志略》,上海:上海商务印书馆1939年12月版,第1页。
　　⑤ 〔清〕李勋修,何远鉴等纂:同治《来凤县志》卷9《建置志·坛庙》,《中国地方志集成·湖北府县志辑》第57辑,南京:江苏古籍出版社2001年9月版,第336页。

广总督毕沅奏称,苗疆白帝天王庙系后汉时杨姓兄弟三人,英勇过人,屡败苗众,当福康安攻克嗅脑汛时,已昭显应。嗣凤凰厅被贼时,城楼著火,即有神鸦飞鸣,火遂灭熄。实有捍御保障之功。臣等谨拟封号,均冠以宣威助顺四字,再名系以侯爵,长为靖远侯,次为镇远侯,又次为绥远侯,从之。"①王爱英认为白帝天王显灵助战的神迹,才使它能跻身国家祀典,国家与地方社会在文化资源上的互享和互动进一步加强②。边缘文化能服务于国家统治时,可以得到主流文化的认可,升格为正统文化的一部分。

原石门、松滋、长阳等县拨归长乐县土地,即长乐坪以外地区,其语言风俗仍保持本地原貌。正如潘炳勋咏长乐县风俗:"人情亦在五伦中,习尚由来略不同,婚礼隔霄宾济济,丧家三日葬匆匆,鬼迎新故初秋半,墓送香烟一岁终,岂但野人怀古意,更欣士类尚淳风。"③鹤峰州无论城乡居住的湖南客民多迷信端公,祀罗神,分黑罗罗和白罗罗。凡生病或祈平安,必延请端公,悬挂罗神像,祈求罗神。而罗神信仰,实源自四川④。

此外,江西商人为了祭祀许真君,在山区各地建立万寿宫。乾隆三十年(1765年)间,江西人在州城南门外公建万寿宫。在太平镇,亦有江西人公建的万寿宫⑤。山区各县的东岳庙,多为江西人的会馆,福建商人为了祭祀天后,在山区建造天后宫。禹王宫多为湖广同乡会馆,关庙多为山陕会馆,川主庙多为四川人会馆。

定光古佛是福建地区的民间信仰,乾隆三十二年(1767年),移居利川县的福建众首士捐资倡建定光古佛庙。乾隆三十六年(1771年),福建汀州人罗志君、阴常质等因恐定光古佛庙以后无供祀之资,遂用汀州同乡立会筹资,用生息银两买田置地,佛之供祀经费得以充足。嘉庆十四年(1809

---

① 《清仁宗实录》卷17,嘉庆二年五月丙寅条,北京:中华书局1986年11月版,第232-233页。
② 王爱英:《变迁之神:白帝天王信仰流变与湘西社会》,《中南民族大学学报(人文社会科学版)》2007年第5期,第71-74页。
③ [清]李焕春原本,郑敦祐再续:光绪《长乐县志》卷12《风俗志》,《中国地方志集成·湖北府县志辑》第54辑,南京:江苏古籍出版社2001年9月版,第261页。
④ 鹤峰土家族自治县档案编:民国《鹤峰县志》,民国三十二年(1943年)版,鹤峰土家族自治县档案馆1980年8月重印本,第166页。
⑤ 鹤峰土家族自治县档案馆:民国《鹤峰县志》卷8《祠祀志》,民国三十二年(1943年)版,鹤峰:鹤峰土家族自治县档案馆1980年8月重印本,第72页。

年)闽省首士潘金泰、陈新发与新会首阁府商议刻碑记事①。

改土归流后,邻省湖南、四川的艺术传入鄂西南山区。湖南客民在恩施县建立禹王宫,搭建戏台,人大戏从湖南传入恩施县,在施南府各县称为施南调、南戏、南剧。嘉庆二十年(1815 年),恩施县世袭绿营武官苏大荣邀请湘西艺人与本地艺人组建大合戏班。光绪年间,利川艺人袁金波、袁喜儿从成都邀请成都弹戏班子至恩施县,与本地人搭班演戏②。

改土归流以后,随着外来移民的大量涌入,移民文化输入鄂西南山区,使鄂西南山区文化呈现多样化。外来的手工业工匠等,亦将各种行业神信仰传入鄂西南山区,如木匠祭祀鲁班,造纸业祭祀蔡伦,小儿出痘祭祀痘母娘娘,请紫姑神称为请七姑娘③。

四、近代西方文明的传播

(一)洋教的传播与教案

明代耶稣会士进入中国之初,面对东西方文化差异,采取了求同的文化心态,试图在基督教文明与华夏文明之间寻求相似的伦理、价值观。利用文化外层,即物质文化层的钟表、玻璃棱镜、坤舆万国全图、西方科技等来吸引中国知识分子。以利玛窦为代表的耶稣会士为了适应东西方文化差异,在基督教文化传播的路径上,寻求中国社会上层统治集团和绅士阶层的支持。但是随着基督教在中国传播的早期成功,东西方文化核心层中价值观、信仰等方面的巨大差异充分显露,使中国统治集团、儒家绅士阶层与西方传教士越来越关注基督教文化与中国文化的差异。当利玛窦的继任者龙华民反对天主教中国化,禁止中国教徒祭孔、祭祖等华夏文化传统时,引发了中西礼仪之争,引起了中国统治阶层排斥传教士的行动。

在近代西方列强殖民侵略中国的同时,西方传教士凭藉侵华战争后不

---

① 王晓宁编著:《恩施自治州碑刻大观》第 2 编《宗教信仰·闽人建庙碑》,北京:新华出版社 2004 年 10 月版,第 115 页。

② 湖北省恩施市地方志编纂委员会编:《恩施市志》卷 22《文化》,武汉:武汉工业大学出版社 1996 年 11 月版,第 463 页。

③ [清]李焕春原本,郑敦祐再续:光绪《长乐县志》卷 12《风俗志》,《中国地方志集成·湖北府县志辑》第 54 辑,南京:江苏古籍出版社 2001 年 9 月版,第 261 页。

平等条约赋予的政治特权,深入中国内地传播基督教,近代西方先进资本主义物质文明形成的文化优越感,使西方传教士们试图用基督教文化对中国进行殖民文化渗透和文化征服。自 1860 年汉口开埠后,英国伦敦会传教士杨格非从 1861 年起,优先选择了九省通衢、水陆交通便利的汉口,作为其在华中地区传教的基地,随后向湖北内陆各县扩散。1862 年,大英循道会派遣了一名传教士到汉口,1864 年第二名循道会传教士到达汉口。此后十年里,没有其他教会到汉口。直到组建中国内地会,从此其他教会才陆续进入湖北省①。在湖北设立教区的教派主要有新教公理宗的伦敦布道会,新教路德宗(即信义宗)、安立甘宗(即圣公宗)的美国圣公会,卫斯理宗(即循道宗)的圣道公会②。从 1856 年 7 月 3 日湖广代理宗座代牧主教方来远神父致教廷传信部枢机的书简可知,太平天国战争迫使湖北省的外国传教士逃离原本富庶的江汉平原,避难至贫困的鄂西山区。部分传教士“被驱散到了老虎经常出没的巴东山”,并吸收了 500 名教徒③。法、比、荷等国传教士至宜昌建立天主教宜昌教区。同治三年(1864 年),天主教传入施南府利川县,在利川县石包建起施南府第一座天主教堂④。清后期,西方传教士在鄂西南山区的长期布道,形成了一批教民。施南府境内教堂分天主教、耶稣教两派。光绪年间,曾有挪威天主教教士在咸丰县西北一碗水附近传教,但入教者不多,至民国初年已绝迹⑤。宣统二年(1910 年),汉口中华圣公会湘鄂教区的传教士曾兰支前往恩施,创设了恩施中华圣公会⑥。另据《鄂西志稿》记载,鄂西南山区传播的基督教分新教、旧教两种。鄂西新教教派主要有福音派,路德会教堂设在施南府城东正街,福音堂在施南府城外东郊上窑湾,圣公会教堂位于施南府城北门正街。另有美以美会、长老会教派,主要为外来人口信奉,本地土著极少。旧教教派主

---

　　① ［英］罗夫·华德罗·汤普森著,赵欣、刘斌斌译,张献华审校:《杨格非:晚清五十年》,天津:天津人民出版社 2012 年 6 月版,第 118 页。

　　② 周燮藩著:《中国的基督教》,北京:中国国际广播出版社 2011 年 1 月版,第 96—97 页。

　　③ 中国第一历史档案馆、福建师范大学历史系合编,耿昇、杨佩纯译:《清末教案》(法文资料选译)第 4 册,北京:中华书局 2000 年 10 月版,第 51—54 页。

　　④ 赵璧回忆,斯翁整理:《传入利川的天主教》,湖北省恩施自治州政协文史资料委员会编:《鄂西文史资料》2001 年第 1 辑,2001 年 6 月内部版,第 160—165 页。

　　⑤ 徐大煜纂修:民国《咸丰县志》卷 3《礼教志·宗教》,民国三年(1914 年)劝学所刻本,第 37 页。

　　⑥ 湖北省恩施市地方志编纂委员会编:《恩施市志》卷首《大事记》,武汉:武汉工业大学出版社 1996 年 11 月版,第 2 页。

要为天主教,天主教教堂散布山区各县:巴东县天主堂位于巴东县署附近,恩施天主堂位于沙子地,利川县天主堂位于马耳岭,建始县天主堂位于麻扎坪,咸丰县天主堂在县城南门外①。

李刚己分析清末教案迭发的原因主要有两个:一是由于东西方文化的隔阂,使位于地方社会上层的绅士敌视基督教文化,指斥基督教为异类邪说;一是由于教民良莠不齐,教民利用洋人势力凌虐平民,处于地方社会下层的平民易与教民产生冲突②。而刘锦藻对中国教民更加鄙视:"中国循规蹈矩之人,断不信崇天主教。入教者,泰半下流,为所诱惑。今无查禁,免惩治,载入专条,有恃无恐,难免多事矣。"③光绪二十四年(1898年),清统治者认识到平民与教民之间的文化歧视,易引发教案:"现在各省皆有教堂,教士往来,亦所时有,地方官每多民教歧视,以致滋事。"④在光绪二十四年(1898年)八月上谕中,将教案产生的原因归咎于人民愚昧,谣言加剧了东西方文化隔阂,产生社会冲突:"在愚民无知,造言生事,轻起衅端。"⑤

中国长期处于东亚文明的核心,鸦片战争后,虽然中国逐渐陷入半殖民地深渊,但是仍保持文化的自尊心和自信心。面对东西方文化差异所引起的文化冲突,部分顽劣的中国教民依仗洋人势力欺负中国平民,常使东西方的文化隔阂与文化冲突酿成社会冲突。而鄂西南山区封闭的地理环境,使山地社会文化与西方文化隔阂更深。因此,光绪年间在施、宜两府的教案中,中国教民起了冲突催化剂的作用。

由于鄂西南山区地处三省交界,邻省四川的教案风潮,对鄂西南山区影响较大。湖北省境内的教案最早从施南府利川县开始,而利川传教之风是受四川夔州的影响。早在光绪十四年(1888年)间,利川县就积累了大量教案。光绪二十四年(1898年)九月,农民曾成章、余栋成、邰清波、石成璧等数百人打着四川"余蛮子"的旗号,捣毁利川县野茶坝、李子槽等处教堂、育婴堂,并烧毁教民房屋。湖广总督张之洞严令施南协副将杨通纯与

---

① 湖北通志馆编:《鄂西志稿》,民国二十九年(1940年)十月初版,恩施县地方志编委会1982年12月重印本,第55页。

② [清]李刚己辑:《教务纪略》卷首《叙》,上海:上海书店出版社1986年8月版,第1页。

③ [清]刘锦藻编纂:《清朝续文献通考》卷349《外交考十三·传教》,王云五主编:《万有文库》第二集,上海:商务印书馆1936年3月版,第10919页。

④ [清]李刚己辑:《教务纪略》卷首《谕旨》,上海:上海书店出版社1986年8月版,第11页。

⑤ 《清德宗实录》卷428,光绪二十四年八月壬寅条,北京:中华书局1987年6月版,第614页。

利川县知县蔡国桢率兵进行镇压,清廷向荷赔偿白银五万两[①]。

光绪二十五年(1899 年)二月,法国驻北京公使毕盛致外交部长德尔卡塞的外交文书中提及,鄂西教案涉及巴东、长阳、来凤、利川等县[②]。另据法领事德托美统计,施宜两府教案中,利川县李子塘、野茶坝、南坪、支罗、石家坝、海家坝、花台、建始县鸦雀水、巴东县塞口山小麦田、长阳县小峰垭、长宗、麻榨、长乐县元关、天元坪、扇子坪、担子山等地方天主堂近十座、教士教民房屋三百余栋。教案首犯 316 名,其中巴东县 103 名,长乐县 30 名,宜都县 18 名,长阳县 83 名,利川野茶坝 11 名,李子塘 12 名,南坪 10 名,石家坝 17 名,长堰塘 6 名,花台 3 名,支罗 11 名,开磁洞 12 名。由此可见,巴东、长阳、利川三县参与教案的所谓"匪首"最多[③]。光绪二十五年(1899 年)8 月,毕盛致外交部长德尔卡塞的外交文书中通报施南教案近况及善后事宜,清廷对鄂西传教区的赔款确定了汉口平银 44500 两,赔偿董若望神父家庭银 1 万两[④]。

光绪二十四年(1898 年)十月,宜昌府长乐县教民刘义敦受教民毕开榜唆使休妻,引起地方社会民教冲突。哥老会首领向虚廷聚集数千人发动反洋教斗争,杀死教民毕开榜,捣毁教堂。十二月,向虚廷率起义军辗转至巴东县,捣毁红砂堡教堂,殴毙比利时传教士董若望。随后,施南府全境出现仇教风潮,各地教堂均被焚毁。宜昌府调动数营兵勇分路缉捕,平息了教案[⑤]。

晚清施宜两府教案本以小事起衅,但教民在民教冲突中起了推波助澜的作用。如光绪三十年(1904 年)六月的沙子地教案中,恩施县沙子地福音教民向元新好奇围观法国天主堂主教德希圣,遭随行教民贾澄清喝拦掌嘴,引起争执。后经保甲户首向光锡调解,由向元新筹备八桌酒席,放鞭六

① 吕调元等修,张仲炘等纂:民国《湖北通志》卷 53《经政志十一·新政一》,宣统三年(1911年)修,民国十年(1921年)商务印书馆影印本,第 1254—1256 页。

② 中国第一历史档案馆、福建师范大学历史系合编,耿昇、杨佩纯译:《清末教案》(法文资料选译)第 4 册,北京:中华书局 2000 年 10 月版,第 28—30 页。

③ 〔清〕张之洞著,苑书义等主编:《张之洞全集》卷 136《公牍第五十一咨札第五十一·法领事照送单》,石家庄:河北人民出版社 1998 年 8 月版,第 3802—3806 页。

④ 中国第一历史档案馆、福建师范大学历史系合编,耿昇、杨佩纯译:《清末教案》(法文资料选译)第 4 册,北京:中华书局 2000 年 10 月版,第 32—33 页。

⑤ 吕调元等修,张仲炘等纂:民国《湖北通志》卷 53《经政志十一·新政一》,宣统三年(1911年)修,民国十年(1921年)商务印书馆影印本,第 1438 页。

万作为赔偿。但是贾澄清又借口放鞭不足数，强令向姓补足，并须沿途燃放，激起当地民众愤怒。农民向爕堂率仇教民众将德希圣等人杀死，并将教民房屋烧毁。张之洞电令施南府县文武官员严查此案，向爕堂等 10 人被施南府枭首示众，清廷赔偿银 14.5 万两，清廷被迫允许传教士在利川县李子塮、荆州府城、施南府城内择地另建教堂①。

教民得到享有殖民政治特权的西方传教士的庇护，在争夺地方政治经济资源的过程中，与乡民乃至传统社会中的绅士、宗族发生激烈斗争。得不到官府保护的地方社会，只有寻求民间秘密社会组织等社会边缘群体支持，从而引起民教冲突。施南府民、教两方相仇，地方官未能及时清理教案，或袒教抑民，使民愤难泄。教民明托教堂，土著暗结会匪，相互忿争，是清末地方社会民、教冲突激化升级的重要原因。张之洞认为，施南府诸县与宜昌府鹤峰州均属苗疆旧地，民风乔野，距省城一千九百八十余里，信息阻隔。施南知府权力不足，而营汛武官不通民事，导致教案迭生②。

鸦片战争后，鄂西南山区相对封闭的地理环境和交通闭塞，迟滞了西方宗教文化的渗透。晚清西方宗教在山区的传播，局限在交通相对便利的数个城镇。西方宗教传播渗透，对中国传统社会的传统习俗产生了冲击，引起了山区社会的剧烈反弹。东西方文化隔阂，演化成民、教社会群体之间的社会对抗，鄂西南山区教案迭起。在中学为体、西学为用的指导思想下，清廷可以动用国家机器平息教案，但无力消除东西文化的隔阂与冲突。

(二)近代西方文明的传播

鸦片战争以后，随着国门洞开，西方资本主义文化逐渐涌入。汉口开埠后，湖北省受到西方文化的影响更大。正如冯天瑜指出：在近代，"不论是主动还是被动，情愿还是不情愿，也不论经受了多少屈辱、忧伤和困惑，中华文化毕竟从全然封闭的僵壳中部分地解脱出来，面对着广阔的世界呼吸吞吐，

---

① 吕调元等修，张仲炘等纂：民国《湖北通志》卷 53《经政志十一·新政一》，宣统三年(1911年)修，民国十年(1921年)商务印书馆影印本，第 1439－1440 页。

② ［清］张之洞著，苑书义等主编：《张之洞全集》卷 64《奏议第六十四·请设施鹤道缺并升鹤峰州为直隶厅折(光绪三十年九月十六日)》，石家庄：河北人民出版社 1998 年 8 月版，第 1647 页。

接纳西方资本主义文化的新鲜养料,调节、完善自己的再生机制"①。在西学东渐的形势下,鄂西南山区教育在清后期开始了近代化转型。同时,一部分学生率先走出国门,留学海外,学成后将新知识、新文化带回来。

至清末新政,鄂西南山区各县才兴办新式学堂。光绪二十八年(1902年),巴东县信陵书院改为高等小学堂,鹤峰州鹤鸣、凤翔书院改为时育、和声学堂②。光绪二十九年(1903年)十二月,长乐书院改为高等小学堂,光绪三十三年(1907年),设初等小学堂,实行"癸卯学制"。光绪三十四年(1908年),长乐县设立教育会。宣统元年(1909年),长乐县创办简易中师学堂,兴办近代师范教育③。光绪二十八年(1902年),来凤县改朝阳书院为高等小学堂,光绪三十二年(1906年),设立四所初等学堂。宣统二年(1910年),来凤县设立高等小学堂一所,初等小学堂 25 所④。根据宣统二年统计,施南府属 6 县及宜昌府属鹤峰州、巴东县共设各类学堂 273 所,在校学生7900 多人⑤。

清末洋务运动中,鄂西南山区兴办了一批近代实业学堂。光绪三十三年(1907 年),王维藩赞助开办了中等农业学堂,成为恩施县职业教育之始⑥。光绪三十三年八月,施南府开办劝工所,设印染、油漆等专业,培养近代工业人才⑦。宣统二年(1910 年),长乐县创办初级农业学堂,附设于长乐县高等小学堂,培训近代农业、林业、兽医、蚕业生产技术⑧。

清后期,鄂西南山区各县涌现出一批留学生,形成本地早期的新知识

　　① 冯天瑜、何晓明、周积明著:《中华文化史》,上海:上海人民出版社 1990 年 8 月版,第 994 页。
　　② 《恩施州志》编纂委员会编:《恩施州志》卷 21《教育》,武汉:湖北人民出版社 1998 年 12 月版,第 861 页。
　　③ 五峰土家族自治县地方志编纂委员会编纂:《五峰县志》卷首《大事记》,北京:中国城市出版社 1994 年 9 月版,第 9 页。
　　④ 湖北省来凤县县志编纂委员会编纂:《来凤县志》第 27 章《教育》,武汉:湖北人民出版社1990 年 10 月版,第 368—369 页。
　　⑤ 《恩施州志》编纂委员会编:《恩施州志》卷 21《教育》,武汉:湖北人民出版社 1998 年 12 月版,第 862 页。
　　⑥ 湖北省恩施市地方志编纂委员会编纂:《恩施市志》卷首《大事记》,武汉:武汉工业大学出版社 1996 年 11 月版,第 2 页。
　　⑦ 《恩施州志》编纂委员会编:《恩施州志》卷 21《教育》,武汉:湖北人民出版社 1998 年 12 月版,第 861 页。
　　⑧ 五峰土家族自治县地方志编纂委员会编纂:《五峰县志》卷首《大事记》,北京:中国城市出版社 1994 年 9 月版,第 9 页。

分子群体。

表 6—3　晚清鄂西南山区各县留学生分布表

时间 地点	光绪 二十四年	光绪 二十六年	光绪 二十七年	光绪 二十八年	光绪 二十九年	光绪 三十年	时间 不详
恩施县	王璟芳 敖敖邦 沈尚廉	饶凤璜 饶凤璪 饶凤琯 尹瑗一	王琨芳 王明芳 王莲	王芸芳 艾秉云 祝乾遴	沈尚朴 康朝镇 尹扶一	——	张荣楣 胡祖瀛 向子美 向明斋
咸丰县	——	——	——	——	秦国铺	——	王承猷
来凤县	——	——	——	田筱岩	——	——	——
利川县	——	——	——	——	——	范腾霄 杨耀卿	李孟祥 徐世勋 冉广居
鹤峰县	——	——	——	杨揆一 杨齐凤	李云衢	——	——
建始县	——	——	——	吴经明 何佩瑢 朱和中	姚家振	冯振骥	黄德馨 吴经铨 何孔嘉 何言康 黄禹泉 黄荃久 谭道隆 刘南阶 谭俊川 刘汝璘 魏武英 魏武香
巴东县	——	——	——	——	——	——	沈维鲁
长阳县	——	——	——	——	古文光 张耀芬 黄行藻	——	——

资料来源:《恩施州志》编纂委员会编:《恩施州志》,武汉:湖北人民出版社 1998 年 12 月版,第 863 页;长阳土家族自治县地方志编纂委员会编:《长阳县志》卷 20《教育》,北京:中国城市出版社 1992 年 6 月版,第 536 页。

　　从表 6—3 可知,鄂西南山区各县中,教育相对发达的汉地县恩施县输送了 20 名留学生,占 41%,建始县有 17 名,占 35%。而其余改土各州县文化相对落后,输出的留学生较少,山区留学生的空间分布极不平衡。

　　光绪三十一年（1905 年），清廷学务处奏准各国留学毕业生考试及第奖给进士、举人。光绪三十三年（1907 年）二月十日，吏部奏准出国留学毕业生经钦派大臣会同学部考试，最优等奖给进士，优等、中等均奖给举人。光绪三十三年（1907 年），清廷学部会同吏部奏准京师大学堂师范班及预科毕业生均奖给举人，湖北优级师范理化专修科、湖北高等农业学堂毕业生均奖给举人。在宣统元年（1909 年）己酉第四次考试中，建始人吴经铨奖给法政举人。宣统二年（1910 年）庚戌第五次考试中，留学日本的长阳人黄行藻奖给商科举人，建始人黄德馨奖给法政举人①。宣统二年（1910年），宣恩人段吉常从京师大学堂毕业，奏奖举人。宣统二年（1910 年），长阳人田凤藻、李华阶、鹤峰人李桐生从湖北高等农业学堂毕业，均奖举人②。清廷陆军部奏准留学东西洋各国肄习陆军毕业生回国考试，奖给举人出身。施南人吴经明、沈尚朴、建始人何佩璿第四期考试毕业，依例奖给举人。建始人姚家振留学德国骑科举人协军校，学期未载明③。

　　咸丰县留学法国、比利时，学习陆军及机械科的秦国镛，在宣统三年（1911 年），将一架"高德隆"教练机运回中国，曾在北京南苑机场举行首次试演飞行，成为中国航空事业的开拓者④。

　　由于"宜施两府所属州县地处边陲，距省遥远，一切吏治民情会匪教案各事件，文报批答，往还淹滞，每致后时"⑤，因此，湖广总督张之洞试图在鄂西南山区推广近代邮政、电报等邮电通讯事业建设，以通政情。洋务运动期间，光绪九年（1883 年），南洋大臣左宗棠奏设长江各省电报，采取官督商办的形式。从光绪十二年（1886 年）开始，电报业务逐渐推广至湖北各州县。光绪二十三年（1897 年），湖广总督张之洞饬令宜昌、施南地方官

---

　　① 吕调元等修，张仲炘等纂：民国《湖北通志》卷 132《人物志十·选举表十》，宣统三年（1911年）修，民国十年（1921 年）商务印书馆影印本，第 3270—3271 页。

　　② 吕调元等修，张仲炘等纂：民国《湖北通志》卷 132《人物志十·选举表十》，宣统三年（1911年）修，民国十年（1921 年）商务印书馆影印本，第 3271—3272 页。

　　③ 吕调元等修，张仲炘等纂：民国《湖北通志》卷 132《人物志十·选举表十》，宣统三年（1911年）修，民国十年（1921 年）商务印书馆影印本，第 3272—3274 页。

　　④ 湖北省咸丰县政协学习宣传文史资料委员会编：《咸丰的中国第一》，香港：中国文化出版社 2003 年 11 月版，第 17—19 页。

　　⑤ ［清］张之洞著，苑书义等主编：《张之洞全集》卷 137《公牍第五十二·札委黄邦俊安设由施南至利川电线（光绪二十五年四月初三日）》，石家庄：河北人民出版社 1998 年 8 月版，第 3811—3812 页。

筹备架设巴东至施南府的电报线路。至光绪二十五年(1899 年),宜昌至施南府来凤县、巴东县野三关、大枝坪、宜都县、长阳县资丘等处电报线均接通。由于利川县教案事急,张之洞限令黄邦俊一月之内,"赶紧安设"施南府城至利川一百八十里电报线。施南府安设电线杆所用木料,均就近在当地购用①。

光绪二十二年(1897 年),两江总督张之洞奏准沿江各省设立邮政局。各州县设立二、三等邮局及邮寄代办所②。光绪三十三年(1907 年),清邮传部收回商股,归商传部直辖③。光绪二十四年(1898 年),在巴东县开办邮政代办所,揭开了鄂西南山区邮政发展的序幕。光绪二十八年(1902年),大清邮政在恩施县吉心场、罗针田、何家村、熊家岩、白杨坪、崔家坝、鸦鹊水、屯堡等地设立邮政代办所,办理邮务。由于山区各县僻处鄂西南,各县的邮政代办处均由四川省万县副邮界管辖。如在光绪三十二年(1907年),恩施县邮政代办所由万县副邮界管辖,至 1909 年改由宜昌副总局管辖④。清光绪三十二年(1906 年)三月,来凤县设立邮政代办所,隶属万县副邮界。宣统二年(1910 年)十月,来凤县邮政代办所升为二等邮局,至1913 年才划归湖北邮区管辖⑤。光绪三十二年(1906 年),长乐县县城、渔洋关设立邮政代办所。光绪三十三年(1907 年),从宜昌经宜都至长乐县渔洋关、长乐县城的两条邮路开通⑥。近代邮政系统建立及发展,使山区各县与山外城市的信息联系越来越紧密。

光绪十四年(1888 年),恩施县设立劝工所,尝试办近代工业。距离恩施县较近的通商口岸是重庆,因此,恩施县从四川省重庆府请来技术工人

① ［清］张之洞著,苑书义等主编:《张之洞全集》卷 137《公牍第五十二·札委黄邦俊安设由施南至利川电线(光绪二十五年四月初三日)》,石家庄:河北人民出版社 1998 年 8 月版,第 3811—3812 页。

② 吕调元等修,张仲炘等纂:民国《湖北通志》卷 54《经政志十二·新政二》,宣统三年(1911年)修,民国十年(1921 年)商务印书馆影印本,第 1469 页。

③ 吕调元等修,张仲炘等纂:民国《湖北通志》卷 54《经政志十二·新政二》,宣统三年(1911年)修,民国十年(1921 年)商务印书馆影印本,第 1469 页。

④ 湖北省恩施市地方志编纂委员会编:《恩施市志》卷 15《邮电》,武汉:武汉工业大学出版社1996 年 11 月版,第 324 页。

⑤ 何宗宪主编:《来凤县民国实录》第八章《建设》第四节《邮电》,来凤县档案馆内部刊 1999年 10 月版,第 120 页。

⑥ 五峰土家族自治县地方志编纂委员会编纂:《五峰县志》卷首《大事记》,中国城市出版社1994 年 9 月版,第 9 页。

传授木、漆、五金等生产技术①。光绪二十六年（1900年），湖广总督张之洞
为了推广近代林业，在全省设立了六所林业试验场，其中一所设在施南
府②。光绪三十四年（1908年），长乐县设立劝学所③。

　　清后期，因地理环境阻隔，鄂西南山区社会仍较闭塞。在洋务运动和清
末新政的影响下，近代化因子缓慢植入鄂西南山区。山区社会近代化进程虽
远落后于汉口、宜昌、沙市等通商口岸城镇，但毕竟开始向近代社会缓慢演进。

第三节　山地文化变迁中的涵化

　　人类学家关注文化变迁过程中的涵化问题。所谓文化的涵化，通常指
不同文化群体之间在长期接触过程中，缓慢地相互交流、渗透，使一方或双
方文化模式发生根本性变迁。历史上，华夏文化与鄂西南山区少数民族长
期接触、交流、渗透，处于强势地位的华夏文化始终试图"以夏变夷"，从制
度、技术、文化艺术、思想、习俗等方面改造少数民族文化。而山区少数民
族文化，以其较强的山地环境生态适应性优势，可以丰富华夏文化的内涵。
改土归流后的移民潮，冲破了汉土文化差异的地域界限。多元民族、多元
文化的山地环境下，不同文化密切接触与交流，改变土家族族群文化的特
质及文化丛，汉、土文化差异的向度随之改变。

　　华夏文明与土家文化长期涵化的结果，是双方文化的共同发展。在两
者的文化交流中，移民成为物质文化、生产技术、风俗习惯等传播的主要载
体，物质层面的文化的跨文化传播的阻力最小。与生产方式和生活方式紧
密相关的生产技术、风俗习惯，在跨文化传播中容易受到生态差异和社会
差异的影响。当强势文化动用国家力量试图强制同化弱势文化时，这种生
态差异和社会差异往往被忽略掉，但亦可能因生态适应和社会适应的削
弱，而停留在文化表层。作为文化内核的精神层面的文化，在跨文化传播
中最难改变。即使国家力量强制干预，也只能将其挤压至社会的边缘，无

---

　　①　湖北省恩施市地方志编纂委员会编纂：《恩施市志》卷首《大事记》，武汉：武汉工业大学出
版社1996年11月版，第1页。

　　②　吕调元等修，张仲炘等纂：民国《湖北通志》卷54《经政志十二·新政二》，宣统三年（1911
年）修，民国十年（1921年）商务印书馆影印本，第1458页。

　　③　五峰土家族自治县地方志编纂委员会编纂：《五峰县志》卷首《大事记》，北京：中国城市出
版社1994年9月版，第9页。

法从思想中清除。在人类学家看来,文化变迁一般指本土文化自身发展或因与异文化的接触交流,造成文化内容或文化结构的变化。文化内容变迁的结果是文化的涵化,而文化结构变迁的结果是文化的进化。

一、山区汉土宗教信仰的涵化

宗教信仰处于文化系统的核心层,信仰认同是族群身份识别的重要标志之一。因此,异质文化族群之间的信仰涵化,体现了处于文化从属地位的主体为了适应主流文化的支配,为满足自身生存需求或安全需求,而从优趋强。

改土归流以前,鄂西南土司地区的土民较早已接受了汉族民间信仰,除了前面提及的佛教和道教信仰外,还有城隍神信仰、关公信仰、张桓侯信仰、土地神信仰等。

西南诸土司中,忠路司、金峒司、容美司也建有城隍庙[1]。据《容美纪游》记载,容美司杜鹃坪建有土地庙,护送顾彩回程的覃千总曾在土地庙中打火做饭[2]。容美司中土人也有土地神信仰,顾彩曾询问容美司中土人不畏虎的原因,土人云,"每出必携纸钱压于所过土地祠炉台下,土神辄来护之,虽鼾眠草中无恙也"[3]。《来凤县志》认为,来凤一带七土司没有城隍庙[4]。明代利川县谋道乡龙船建有城隍庙,是后都人士为躲避兵灾而凭险修寨建庙,以保佑本地平靖。嘉庆二年(1797年)白莲教起义时,乡人百余人防堵于寨卡,本地城隍城显灵退敌。咸丰十年(1860年),太平天国起义军攻至来凤,城隍卜吉,利川县未受侵扰。两次城隍神显灵事迹使城隍庙为本地人民所崇信,同治二年(1863年),本地人民筹集资金重修城隍庙[5]。

据顾彩所闻,土人最敬关公,但容美司石林镇,以张桓侯常显圣,作专庙以祭祀。张桓侯像居中,以刘、关、诸葛、赵列侍配食,"庙有楼,极弘敞,八窗洞达,清流襟其前,高峰峙其后"[6]。据《来凤县志》载,蜀汉时期,张飞

---

① [明]薛刚纂修,吴廷举续修:嘉靖《湖广图经志书》卷20《施州·祠庙》,北京:书目文献出版社1991年10月版,第1611页。[清]顾彩著:《容美纪游》,武汉:湖北人民出版社1999年9月版,第301页。

② [清]顾彩著:《容美纪游》,武汉:湖北人民出版社1999年9月版,第368页。

③ [清]顾彩著:《容美纪游》,武汉:湖北人民出版社1999年9月版,第350页。

④ [清]李勖修,何远鉴等纂:同治《来凤县志》卷7《建置志·城池》,《中国地方志集成·湖北府县志辑》第57辑,南京:江苏古籍出版社2001年9月版,第324页。

⑤ 王晓宁编著:《恩施自治州碑刻大观》第2编《宗教信仰·重建城隍庙序》,北京:新华出版社2004年10月版,第102页。

⑥ [清]顾彩著:《容美纪游》,武汉:湖北人民出版社1999年9月版,第267页。

曾招抚诸"峒蛮",因此卯峒土司时,曾在来凤县仁育里建有张王庙,土司向来祀之甚谨①。

在容美司境内,康熙年间曾建有文庙、武庙、城隍庙等②。其中关帝信仰在容美司中影响很大。顾彩游容美时,曾见容美司城内平山顶建有关夫子庙,庙前峙对两石,凿石架梁,建有戏台③。容美司在百顺桥北面建有关公庙,顾彩回程中遇雨,曾借宿关公庙④。据《鹤峰州志》载,容美土司时,曾在鹤峰州城北门内建有斗姥阁,在州城南门外、太平镇、躲避峡等地建有关帝庙⑤。康熙四十二年(1703年)五月十三日,因关公诞辰,容美土司在细柳城庙楼演戏酬神,大会将吏宾客,容美土司身着朝服率文武土官设祭。司内乡民从百里外前来赴会,均赏赐酒。关公诞持续十五日才结束⑥。这说明容美司将关公诞作为官方节日,加以隆重庆祝。

据《来凤县志》载,散毛土司曾在来凤县贞肃里建关帝庙⑦。可见改土以前,散毛司也存在关帝崇拜。

原唐崖土司城内,唐崖土司曾建有张王庙,用于供奉张桓侯。改土归流后,司城废毁,然张王庙尚存。咸丰年间,石达开曾率太平天国起义军转战于咸丰县,咸丰县民至张王庙祈祷免兵祸,《咸丰县志》声称张王神威在咸丰十一年(1861年)和同治元年(1862年)两次显灵,使太平军退兵。光绪六年(1880年),咸丰县唐崖城内绅士同众首士公议,重修张王庙以酬神⑧。

鄂西南山区的土司在三国时,曾归附蜀汉政权,这种地缘政治传统,使施州诸土司地区保留着汉王崇拜、张桓侯崇拜。明初就曾建有汉王庙。清初改土归流时,忠孝安抚司田章夫人覃氏及儿子被清廷安插省城。乾隆十四年(1749年),覃氏携子回施南府利川县南三堡,时逢利川县令汤威倡捐

①　[清]李勋修,何远鉴等纂:同治《来凤县志》卷9《建置志》,《中国地方志集成·湖北府县志辑》第57辑,南京:江苏古籍出版社2001年9月版,第335页。

②　[清]顾彩著:《容美纪游》,武汉:湖北人民出版社1999年9月版,第301、350页。

③　[清]顾彩著:《容美纪游》,武汉:湖北人民出版社1999年9月版,第321页。

④　[清]顾彩著:《容美纪游》,武汉:湖北人民出版社1999年9月版,第365页。

⑤　[清]吉钟颖修,洪先涛纂:道光《鹤峰州志》卷8《祠祀志》,《中国地方志集成·湖北府县志辑》第45辑,南京:江苏古籍出版社2001年9月版,第393—397页。

⑥　[清]顾彩著:《容美纪游》,武汉:湖北人民出版社1999年9月版,第343页。

⑦　[清]李勋修,何远鉴等纂:同治《来凤县志》卷9《建置志》,《中国地方志集成·湖北府县志辑》第57辑,南京:江苏古籍出版社2001年9月版,第336页。

⑧　王晓宁编著:《恩施自治州碑刻大观》第6编《洞府寨卡及其它建筑·唐崖土司城石刻》,北京:新华出版社2004年10月版,第220—221页。

重建汉王庙,覃氏及其子向汉王庙捐献一块田产,以示崇信①。

改土归流后,乾隆嘉庆年间,侗族从西南湘黔一带迁入鄂西南山区。明初永乐间,吴、姚、谢、龙、杨等姓侗族分别从贵州等地迁至湖南芷江县。五姓共同建立村寨,联宗定派。由于杨氏在开荒中作出了主要贡献,所以例来由杨氏掌管联宗的祖神祭祀。为了避疫,保五谷,每年三月三日祭祀神龙皇帝(实应为神农轩辕),六月六日祭祀北帝天王。宗族每逢年节,制作米糟、酢鱼,祭祀祖神。如迁居湖北恩施盛家坝的吴氏宗族,改祭土官大王②。移民宗族为了融入本地主流社会,可能会接受土著的信仰。

利川县团保市石龙寺的乖舛命运,折射了信仰涵化变迁的复杂。石龙寺始建于明洪武初年,系酉阳土司弟冉如龙所建。雍正乾隆年间,冉氏集资复建,成为冉氏家庙。光绪五年(1879年),知府王庭桢途经团宝市时,绅耆拦舆呈控,称县廪生冉有恒擅自废石龙寺,夺寺僧田。王庭桢亲访石龙寺,发现寺门额题"义学",寺内玉皇阁额题"从龙书院",阁中神像前奉祀孔子等诸圣贤木主。王庭桢认为冉有恒改寺为义学,亵渎神圣,遂令将孔子及诸贤木主牌位移至别处书馆,拆毁义学牌匾。经施南府郡绅出面调解,择地另建义学,以奉祀孔子及诸贤,石龙寺及寺田仍归还原主。石龙寺在同治年间荒废,本地居民每遇旱灾,则至石龙寺求雨。团宝市绅覃大章、周道五、周龙章、萧肇基、刘宝三、周晖五、李纯五、李贤寿等以寺屋将倾颓,请求集资重修,以祭祀龙神。王庭桢捐廉倡捐,光绪八年(1882年)九月至十一月,石龙寺重建,由刘姓捐寺田③。光绪二十一年(1905年),冉姓族人发现石龙寺中冉姓所立旧碑被人为破坏,呈控县令。县令委派局绅黄文学、李均适、牟维怀、谭恒兴等接管石龙寺,并重刊寺碑记叙冉氏建寺功绩④。石龙寺从土著冉氏的家庙,涵化为团保市社区共同的信仰。乡绅冉有恒兴办义学的儒学文化改造,使石龙寺变为书院。覃大章等乡绅借助国家政治

---

① 王晓宁编著:《恩施自治州碑刻大观》第2编《宗教信仰·汉庙碑》,北京:新华出版社 2004 年 10 月版,第 114 页。

② 鄂西土家族苗族自治州民族事务委员会编:《鄂西少数民族史料辑录》,鄂西土家族苗族自治州民族事务委员会 1986 年 6 月内部版,第 99-104 页。

③ [清]王庭桢等修,雷春沼等纂:光绪《施南府志续编》卷 2《续建置志·坛庙》,《中国地方志集成·湖北府县志辑》第 55 辑,南京:江苏古籍出版社 2001 年 9 月版,第 637-638 页。

④ 王晓宁编著:《恩施自治州碑刻大观》第2编《宗教信仰·石龙寺碑》,北京:新华出版社 2004 年 10 月版,第 99-100 页。

力量干预,恢复石龙寺求雨的社会功能。

在异质文化接触后产生的信仰涵化过程中,不同族群文化的支配—从属地位是一种相对关系。在全国范围层面,华夏文化处于支配地位,土家文化处于从属地位。但在鄂西南山区层面,土家文化在土司地区处于支配地位,汉文化只能支配施州城内外有限空间范围。在土家文化区,土家文化处于支配地位,而汉族及侗族等其他少数民族文化处于从属地位。

二、山区土、汉民间习俗的涵化

习俗或习惯,处于文化系统的基本层,是特定文化区内群体共同遵守的行为模式或行为规范。异质文化不同主体在长期接触交流的过程中,习俗形态产生单向或双向变化。改土归流后,大批汉族移民大规模入山垦殖,土家族社会与汉文化的接触日益频繁,土家族社会习俗受到汉文化的冲击而产生了调适性的变迁。

汉、土文化的接触与交流,促进了汉土文化的融合。刘锦藻在《清朝续文献通考》中指出:"鹤峰昔为苗疆,容美土司人民敦庞朴陋,与汉人杂居,久而同化。"①《施南府志》亦描绘了改土后流民涌入,使土民旧俗丕变:"各邑风俗皆缘土司旧地,习尚朴陋。自改土以来,流人麇至,民勤耕稼,士习诗书,旧俗渐易。"②巴东县后四里土著原为"土蛮之余",地近苗疆,虽历经明清两代华风濡染,至同治年间,仍"宴饮交际多杂彝俗"③。

改土归流后,鄂西南山区改土各县受汉文化的影响程度不同,土民传统习俗的保存状况亦不相同。商盘在诗中曾描绘:"椎髻雕题态若何,利宣余习未消磨。"④史铭桂在《将渡清江望施郡城郭》诗中,描述了汉文化对土家族的影响,"改土百年来,椎结易冠盖"⑤。

---

① [清]刘锦藻编纂:《清朝续文献通考》卷317《舆地考十三·湖北省》,王云五主编:《万有文库》第二集,上海:商务印书馆1936年3月版,第10588页。

② [清]王协梦修,罗德昆纂:道光《施南府志》卷10《典礼志》,道光十七年(1837年)扬州张有耀斋刻本,第3—4页。

③ [清]廖恩树修,萧佩声纂:同治《巴东县志》卷10《风土》,《中国地方志集成·湖北府县志辑》第56辑,南京:江苏古籍出版社2001年9月版,第274页。

④ [清]王协梦修,罗德昆纂:道光《施南府志》卷27《艺文志》,道光十七年(1837年)扬州张有耀斋刻本,第32页。

⑤ [清]王协梦修,罗德昆纂:道光《施南府志》卷27《艺文志》,道光十七年(1837年)扬州张有耀斋刻本,第53页。

明清时期，鄂西南山区的军事移民，籍隶屯籍，"皆明末国初调拨各省官军之家，而河南、江南为多，言语服食各从本贯"。鄂西南山区所谓"陪十兄弟""陪十姊妹"的婚俗，亦属于屯籍风俗："亲迎男家请男子十人陪郎，谓之十弟兄，女家请女子十人陪女，谓之十姊妹。"①"陪十兄弟"为未婚者，又称为"贺郎"②。客籍以江西、黄州、武昌、四川、贵州为多，语言、服饰、饮食习惯均按原籍保持传统③。

改土归流后，历经地方官的长期教化，土家文化与汉文化在交流和碰撞中形成了汉土风俗的融合并存。如长乐县客户婚礼按文公家礼仪式，但屯籍老户采用"陪十弟兄""陪十姊妹"的婚俗。长乐县土著婚期大多选择在二月十五日花朝节，或十二月二十四日，绅士及客户婚期多选黄道吉日。丧礼多用道家仪式，很少用佛教礼仪。绅士家庭及知书庶人家庭采用朱文公家礼做丧事，山乡土民仍保留土家跳丧旧俗④。

长乐县的风俗受周边长阳县和湖南石门县风俗的影响很大，如演戏多唱杨花柳戏，其音节出于四川梁山县，又称梁山调⑤。明中叶以来，五峰、水浕、石梁等处因土司盘踞，戎俗浸染。改土归流以后，逐渐汉化⑥。

改土归流以前，鄂西南山区并无童养媳风俗。光绪年间，因受汉族客民影响，长乐县出现童养媳风俗，无论家庭贫富，多买童养媳以供服役。在地广人稀的山地环境下，买童养媳成为传统社会中的山民解决家庭劳动力不足的途径之一。其次，买童养媳，亦成为山民解决贫困山区适婚男女比例失调问题的措施⑦。

---

① ［清］王协梦修，罗德昆纂：道光《施南府志》卷10《典礼志》，道光十七年（1837年）扬州张有耀斋刻本，第2页。

② ［清］松林等修，何远鉴等纂：同治《增修施南府志》卷24《风俗志》，《中国地方志集成·湖北府县志辑》第55辑，南京：江苏古籍出版社2001年9月版，第194页。

③ 吕调元等修，张仲炘等纂：民国《湖北通志》卷21《舆地志二十一·风俗》，宣统三年（1911年）修，民国十年（1921年）商务印书馆影印本，第762页。

④ ［清］李焕春原本，郑敦祜再续：光绪《长乐县志》卷12《风俗志》，《中国地方志集成·湖北府县志辑》第54辑，南京：江苏古籍出版社2001年9月版，第261页。

⑤ ［清］李焕春原本，郑敦祜再续：光绪《长乐县志》卷12《风俗志》，《中国地方志集成·湖北府县志辑》第54辑，南京：江苏古籍出版社2001年9月版，第262页。

⑥ ［清］李焕春原本，郑敦祜再续：光绪《长乐县志》卷12《风俗志》，《中国地方志集成·湖北府县志辑》第54辑，南京：江苏古籍出版社2001年9月版，第259—262页。

⑦ ［清］李焕春原本，郑敦祜再续：光绪《长乐县志》卷12《风俗志》，《中国地方志集成·湖北府县志辑》第54辑，南京：江苏古籍出版社2001年9月版，第260页。

　　改土归流后,国家正统文化与土著文化在长期的交流和碰撞中,逐渐融合并存。一方面中原文化在鄂西南山区占据了正统地位,另一方面山地土著文化在夹缝中顽强地生存下来。地方官用儒家礼教和宗法观念来教化土民,强制土民从民间信仰到风俗习惯进行改变,导致鄂西南山区土著文化传统逐渐边缘化。

　　鄂西南山区所谓"陪十兄弟""陪十姊妹"的婚俗,亦属于屯籍风俗:"亲迎男家请男子十人陪郎,谓之十弟兄,女家请女子十人陪女,谓之十姊妹。"①改土以后,土民亦采借了汉族屯籍"陪十兄弟""陪十姊妹"的婚俗。

　　在节日习俗方面,汉族的玩龙灯习俗传入鄂西南山区后,被土家族吸收改造。鄂西南来凤县旧司乡两个土家山寨板杉界、大岩板村,保留着的玩"地龙灯"习俗,就来源于汉族龙灯习俗②。由于山地少平旷之区,因此,"地龙灯"适应山地环境,在龙灯的材质、形象构造、表演方式等方面呈现出山地文化的特色。其特色正如来凤县民间俗语所描述的,"地龙灯,地龙灯,不用篾不用棍,巴地梭着走,活像其龙行"。

　　"赶毛狗"习俗本来是汉族地区在农业文明时代的一种生产习俗,通过正月十五在田间燃炬放鞭,以求逐时疫、驱野兽、禳灾避祸。湖北各地许多县均有"赶毛狗"习俗。如同治《兴山县志》记载:正月十五"各乡燃炬田间,人声彻远近,谓之赶毛狗"③。《长阳县志》卷一《风俗》也记载:正月十五"持爆竹山中燃放有声,曰赶毛狗。毛狗即狐也,俗谓狐之为妖,率于十五拜月,新年十五尤甚,故驱之"④。在传入鄂西南山区的长阳、巴东、建始等县后,"赶毛狗"习俗在形式上发生了适应山地环境的演变,即在夜晚要举行燃烧毛狗棚仪式。所谓毛狗棚,是一种山地农户看守庄稼时,用树枝搭建的人字形简易窝棚。鄂西南山区烧毛狗棚的仪式,体现了传统文化习俗为适应山地环境而发生的变异。

----

　　① 〔清〕王协梦修,罗德昆纂:道光《施南府志》卷10《典礼志》,道光十七年(1837年)扬州张有耀斋刻本,第2页。

　　② 冉红芳:《当代鄂西南乡村社会"地龙灯"的文化变迁》,《民族大家庭》2007年第5期,第40—42页。

　　③ 〔清〕继勋纂修:同治《兴山县志》卷1《风俗》,同治四年(1865年)刻本,第53页。

　　④ 〔清〕陈惟模修,谭大勋纂:同治《长阳县志》卷1《地理志·风俗》,《中国地方志集成·湖北府县志辑》第54辑,南京:江苏古籍出版社2001年9月版,第468页。

鄂西南山区文化的涵化以异质文化族群的长期杂处接触为前提,从外层物质文化的涵化,过渡到中间层制度文化的涵化,最后上升到核心层精神文化的涵化。鄂西南山区不同族群间产生文化涵化时,那些具有明显生态适应性优势和使用价值的文化特质,较易受到异质文化族群的青睐,被借用、吸收、转化,并内化成为文化本体的一部分。

三、山地语言文化的涵化

语言中的词汇,可以映射出一定族群的生存环境。地理环境对一定文化区内族群的心理和生理的影响,使区域方言在语音、语调及语法上形成地域文化特征。山地环境会对语言的传播产生阻碍,行政区域的划分对语言的传播扩散会产生影响,移民运动、国家政策及经济水平等社会因素对语言的传播也会产生影响。汉语在鄂西南山区的传播,采取了空间等级扩散与社会等级扩散的方式。一方面,随着汉语方言区的扩大,土家语的空间等级萎缩。另一方面,汉语文化在山区的扩散进程中,不断与土家语等融合。

（一）土家姓名文化的涵化

土家族虽然没有自己的文字,但是有自己的语言。通过研究土家族姓氏的起源与发展变迁,可以窥见土家族语言文化涵化的重要线索。由于土家族没有本族文字记载的历史,而汉族历史典籍对鄂西南山区少数民族历史的记载又比较有限,目前史学界对土家族的起源流变仍存有诸多争议。因此,理清历代鄂西南山区少数民族姓氏传承的清晰脉络,同样是土家文化研究面临的难题之一。

据《后汉书·南蛮西南夷列传》记载,土家族祖先廪君率巴郡、南郡蛮从武落钟离山迁往清江流域的夷城时,有巴、樊、暉、相、郑五姓种落[①]。《三国志·魏志·武帝纪》记载,在建安二十年(215 年)九月,巴七姓夷王朴胡、賨侯杜濩各率种落投附魏国[②]。可见,三国时,巴夷已发展为七姓种

---

① ［宋］范晔撰、［唐］李贤等注:《后汉书》卷 86《列传第一六·南蛮西南夷列传》,北京:中华书局 1982 年 8 月版,第 2840—2841 页。

② ［晋］陈寿撰、［宋］裴松之注:《三国志》卷 1《魏书一·武帝纪第一》,北京:中华书局 1959 年 12 月版,第 46 页。

落。前文已分析"板楯蛮"与"賨人"实为同一族群。板楯蛮实为巴中夷人，分为罗、朴、督、鄂、度、夕七姓。

自南北朝至清代，历史文献中记载的鄂西南山区人名词汇中，既有汉语语素，也有土家语的语素。详见下表：

表6—4　历史时期鄂西南山区诸土司姓名列表

姓名	民族	资料来源	姓名	民族	资料来源
张雎	建平蛮	《宋书·夷蛮传》卷97	向光侯	建平蛮	《宋书·夷蛮传》卷97
向宗头	巴建蛮	《南齐书·南蛮列传》卷58	向宏 向瑾	建平夷	《南齐书·南蛮列传》卷58
覃彦绾	施州蛮	《宋史·蛮夷列传》卷493	向贵誓用	施州蛮	《元史·石抹按只列传》卷154
谭顺	散毛峒	《元史·李忽兰吉传》卷162	田墨施什用	容米峒 容美司	《元史·武宗本纪》卷23
覃全		《元史·顺帝本纪》卷41	田先什用		《元史·泰定帝本纪》卷30
大望什用		《新元史·云南湖广四川等处蛮夷列传》卷248	田秀 田元 白俚俾 田九霄		《明史·湖广土司列传》卷310
覃斌 覃野旺（子）起刺什用		《明世宗实录》卷10	田宝光 答谷什用		《明太祖实录》卷72
覃野旺 覃勋麟 覃烜		《清史稿·湖广土司列传》卷512	田行臬 田思政 田乾亨 田既霖 田甘霖 田舜年 田明如		《清史稿·湖广土司列传》卷512
覃显琮		《明武宗实录》卷28	——		——

续表

姓名	民族	资料来源	姓名	民族	资料来源
勾答什王	师壁峒	《元史·世祖本纪》卷17	覃大胜	施南宣抚	《明史·湖广土司列传》卷310
田驴什用		《新元史·惠宗本纪》卷25	覃选覃彦昇		《明英宗实录》卷36
覃大旺	喇惹峒	《明史·湖广土司列传》卷310	向麦答踵	摇把峝	《明史·湖广土司列传》卷310
黄俊黄中	支罗峒	《明史·湖广土司列传》卷310	田贤	木册长官司	《明史·湖广土司列传》卷310
			田谷佐		《明太宗实录》卷266
			田经田应鼎		《清史稿·湖广土司列传》卷512
向墨构耸	盘顺峒	《明宣宗实录》卷87	覃大宁	忠路安抚司	《明史·湖广土司列传》卷310
向大旺		《明宣宗实录》卷47	覃英覃亮		《明英宗实录》卷87
向麦答踵	摇坝峒	《明宪宗实录》卷31	覃承国覃世藩		《清圣祖实录》卷159
向墨古送		《明宣宗实录》卷43	覃建侯覃梓楚		《清世宗实录》卷106
			覃英覃承国		《清史稿·湖广土司列传》卷512
覃壁	金峒安抚司	《明史·湖广土司列传》卷310	田正	大旺司	《明世宗实录》卷10
达谷什用		《明太祖实录》卷70			
覃添贵		《明太宗实录》卷266	田驴蹄田永封田正元		《清史稿·湖广土司列传》卷512
覃耳毛覃世英覃邦舜		《清史稿·湖广土司列传》卷512			

续表

姓名	民族	资料来源	姓名	民族	资料来源
墨池什用 驴吾什用	忠建宣抚司	《明太祖实录》卷71	（弟）覃大旺 覃大兴	施南宣慰司	《明太祖实录》卷70
田思进 田忠敬		《明太祖实录》卷146	覃大胜 （兄）墨答什用		《明太祖实录》卷187
田大望		《明太宗实录》卷266			
田本忠		《明世宗实录》卷10	覃禹鼎		《清史稿·湖广土司列传》卷512
田世勋		《清圣祖实录》卷198			
田恩俊 田兴爵		《清史稿·湖广土司列传》卷512			
田大民	高罗安抚司峒长	《明太宗实录》卷266	田大智	忠峒安抚司	《明太宗实录》卷266
田墨踵		《明宪宗实录》卷279	田墨得送		《明英宗实录》卷320
田飞龙		《清史稿·湖广土司列传》卷512	田玺玉 田楚珍 田光祖		《清史稿·湖广土司列传》卷512
田经 田国鼎 田昭		《清圣祖实录》卷280、《清世宗实录》卷110	——		——
墨谷什用	忠孝安抚司	《明太祖实录》卷70	结剌什用	东乡五路军民府 东乡五路安抚司	《明太祖实录》卷70
			覃信子玉		《明英宗实录》卷36
田墨施 田京 田璋		《清史稿·湖广土司列传》卷512	覃起喇 覃寿椿		《清史稿·湖广土司列传》卷512

姓名	民族	资料来源	姓名	民族	资料来源
田应虎	龙潭安抚司	《明太宗实录》卷266	驴谷什用	隆奉宣抚司	《明太祖实录》卷70
田贵龙		《清史稿·湖广土司列传》卷512			
向恶送	上爱茶峒	《明宣宗实录》卷43	谭成威	下爱茶峒	《明宣宗实录》卷43
田铭	东流蛮夷官司	《明宣宗实录》卷43	田兴	腊壁峒蛮夷官司	《明宣宗实录》卷43
秦万山	西泮蛮夷官司	《明宣宗实录》卷43	覃万良	椒山玛瑙长官司	《明太宗实录》卷266
向国泰	漫水宣抚司	《清史稿·湖广土司列传》卷512	覃万金	唐崖长官司	《明世宗实录》卷106
			黄晟黄敏		《明宣宗实录》卷45
			覃宗禹覃梓桂		《清史稿·湖广土司列传》卷512
黄天奇黄楚昌	沙溪安抚司	《清史稿·湖广土司列传》卷512	向舜	卯峒长安司	《清史稿·湖广土司列传》卷512

资料来源：［梁］沈约撰：《宋书》，北京：中华书局1974年10月版；［唐］李百药撰：《北齐书》，北京：中华书局1972年11月版；［明］宋濂等撰：《元史》，北京：中华书局1976年4月版；［清］张廷玉等撰：《明史》，北京：中华书局1974年4月版；［清］赵尔巽等撰：《清史稿》，北京：中华书局1976年7月版；《明实录》，上海：上海书店出版社1982年10月影印本；《清实录》，北京：中华书局1986年11月影印本。

从表6—4分析，元明两代，有部分土司采取了汉姓土名。元代，施州蛮土司向贵誓用、容米峒有田墨施什用、田先什用，师壁峒有勾答什王、田驴什用。明代容美司有白里俾、答谷什用，摇把峒有向麦答踵、向墨古送，盘顺峒有向墨杓耸，金峒安抚司有达谷什用、覃耳毛，大旺司有田驴蹄，施南宣慰司有墨答什用,高罗安抚司有田墨踵,忠峒安抚司有田墨得送,忠孝安抚司有墨谷什用,东乡五路军民府有结剌什用、覃信子玉,隆奉宣抚司有驴谷什用,上爱茶峒有向恶送。根据叶德书研究,乾隆《永顺府志·杂记》载有土人称长官为冲、送、踵、从,因此名字里带有耸、松、赏、踵、宗、冲、宠、什用、世用、誓用,表示土家的官长、首领,而俾在土家语里是小的意思,名字里带有俾,表示排行小的①。土家语中"墨"指"天","墨达山在县境,土人谓天为墨,言山高接天也"②。

(二)地名文化中的文化涵化

地名具有社会性、历史性、指位性、地域性、衍生性等性质和职能。语言生态学研究环境与词汇的关系、环境对语言的保护作用、环境在语言传播中的作用、地名中的文化扩散与边界问题。

在鄂西南山区,很多地方的地名混合了土家语和汉语。只有理解了地名中的土家语含义,才能知晓地名的本义。在土家语中,"车"指小河。来凤县旧司乡官塘东3.7公里西北车,土家语意为"茅草溪",来凤县百福司东山坪北1.5公里的西东车,土家语意为"草洞河"。来凤县革勒车乡西北5.4公里的上菢坪,"菢"在土家语中意为茶盘。来凤县绿水镇上寨东南3.5公里的上搬车,"搬车坳"土家语中意为麻雀坳。恩施县有墨达山,土家语称天为"墨"③。

鄂西南山区林木资源十分丰富,许多地名以树木来命名,客观地反映了山地植被分布状况。与枫树有关的地名有枫香坪、枫香坝、枫香坳、枫香堡。与楠木有关的地名有楠木园、楠木坨、楠木坪、楠木垭等。与银杏树有关的地名有白果坨、白果树、白果园、白果坪、白果湾、白果溪等。与桐树有关的地名有桐子园、桐子堡、桐子磅、桐木湾等。与青冈树有关的地名有青冈岭、青冈桥、青冈堡等。与泡桐有关的地名有泡木坪、泡桐湾、泡桐坪等。与杉木有关的地名有杉木塘、杉木岭、杉木湾、杉木桥、杉木溪等。与檀木

---

① 叶德书:《古代土家人名训释》,《湖北民族学院学报(哲学社会科学版)》2007年第3期,第16—21页。

② [清]王协梦修,罗德昆纂:道光《施南府志》卷3《疆域志·山川》,道光十七年(1837年)扬州张有耀斋刻本,第15页。

③ [清]王协梦修,罗德昆纂:道光《施南府志》卷3《疆域志·山川》,道光十七年(1837年)扬州张有耀斋刻本,第15页。

有关的地名有檀木湾。与白腊树有关的地名有白蜡园、白蜡湾、蜡山等。

地名景观亦可揭示当地的人文历史变迁。施州问月亭,是唐代诗仙李白游历遗址,因此成为施州重要的文化景观。天启七年(1627年)间,施州重建问月亭,从邹维琏的《重建问月亭记》可知,施州卫属某土司亦赞襄汉族文化景观的建设①。营盘岭,"在九溪保与白溢交界。嘉庆二年(1797年)征白莲教,扎过营盘,故名"②。七家营,"在湾潭保之大小九门山后,一在白溢寨,居民七家,以上三处土司时设营处,竹柘、树皮二营,今设有塘铺"③。改土之初,清廷曾考虑在来凤县城东一块面积只有0.2平方公里的地方选址建立县城,但只能筑半个城,故俗称半边城。据《宣恩县志》记载,宣恩县土家村寨"最先是同姓同宗住在一寨,以姓氏作为寨名,如向家村、覃家坪、谭家院子等。后来有了亲友傍亲杂居,就以地名为寨名了"④。从土家村寨寨名的历史变化可以看出宣恩县土家族人口聚落从血缘聚落到地缘聚落的历程。

(三)山地方言区的变迁

改土归流以前,山地环境下的山水地理阻隔,以及汉、土族群的政治对立、文化差异,使鄂西南山区的方言区界线与汉土疆界基本一致。改土归流以后,族群界限被打破,汉族及侗族、苗族等其他少数民族从川、湘、黔、鄂各地迁入鄂西南山区,使鄂西南山区方言区格局发生显著变迁。鄂西南山区方言受土家语、苗语及周边川、湘、黔方言区影响,成为西南官话方言区。但是山区各县在外部边界,易受到其他方言区的影响,从而使山区方言更丰富、更复杂。如巴东、建始、利川、咸丰、来凤邻近四川省的地方,接近四川方言。来凤、鹤峰、宣恩邻近湖南的地方,接近湖南方言。巴东、长

① [清]王协梦修,罗德昆纂:道光《施南府志》卷28《艺文志》,道光十七年(1837年)扬州张有耀斋刻本,第9—10页。

② [清]李焕春原本,郑敦祐再续:光绪《长乐县志》卷3《山川志》,《中国地方志集成·湖北府县志辑》第54辑,南京:江苏古籍出版社2001年9月版,第146页。

③ [清]李焕春原本,郑敦祐再续:光绪《长乐县志》卷3《山川志》,《中国地方志集成·湖北府县志辑》第54辑,南京:江苏古籍出版社2001年9月版,第147页。

④ 《宣恩县志》编纂委员会编纂:《宣恩县志》,武汉:武汉工业大学出版社1995年12月版,第70页。

阳、五峰等地方邻近湖北其他府县,受地邻县方言的影响①。

巴东县呈南北狭长形,东西流向的长江、清江将巴东县截成三部分,长江三峡天堑,对方言的传播起着阻隔作用,因此,巴东方言有前后里之别。巴东县在峡江一带,从先秦至唐宋时期,仍流行巴言楚语。巴东县后四里"在前代多为蛮音","总谓之草语"。而后四里土家语方言区又以清江为界,分为清江南、清江北两个方言区。在清江上游的桃符口,又是另外一个土家语方言区。"蛮音"与汉语扞格不通,"虽本县世籍遭其觌面相诟,若无闻焉"②。在南宋时期,鄂西南山区部分地区就已出现"巴汉语混杂"的现象,土汉交往中,处于文化强势地位的汉语逐步取代土家语③。

元明两代,峡江一带流行西南官话。张伟然研究认为巴东一带方言文化深受长江上游西南官话的影响,属于成渝片方言区④。清代,战乱、经济开发等因素造成山区人口流动,冲击了传统方言区相对稳定的状况。

明清鼎革之际的战争,迫使土家族人口流亡异地,使部分地区土家语方言区萎缩。如巴东县后四里原本为土家语方言区,"自西山诸寇之乱,县民尽赴枝宜寄住十余年始归,蛮音遂变,与前里无大差别矣"⑤。

鄂西南山区地处鄂川湘三省交界,改土归流后,邻近省、府、县人民大量入山垦殖,散居山内各处。各地客民将本土方言输入鄂西南山区,形成了语音复杂、词汇繁杂的空间分布特征。故《五峰县志》用民谚生动地描绘了鄂西南山区方言区分布的复杂现象:"翻过一座山,声调就变弯。跨过一田垅,语言大不同。"⑥

大批中原客民溯长江至三峡地区,导致巴东县后四里方言歪变。同治年间,后四里乡民部分族戚称谓受燕赵中州北方官话的影响:"若祖父母、

① 《恩施州志》编纂委员会编:《恩施州志》卷27《民俗宗教方言》,武汉:湖北人民出版社1998年12月版,第1086页。

② [清]廖恩树修,萧佩声纂:同治《巴东县志》卷10《风土志·方言》,《中国地方志集成·湖北府县志辑》第56辑,南京:江苏古籍出版社2001年9月版,第274页。

③ 《宣恩县志》编纂委员会编纂:《宣恩县志》,武汉:武汉工业大学出版社1995年12月版,第70页。

④ 张伟然著:《湖北历史文化地理研究》,湖北教育出版社2000年1月版,第15页。

⑤ [清]廖恩树修,萧佩声纂:同治《巴东县志》卷10《风土志·方言》,《中国地方志集成·湖北府县志辑》第56辑,南京:江苏古籍出版社2001年9月版,第274—275页。

⑥ 五峰土家族自治县地方志编纂委员会编纂:《五峰县志》卷28《方言》,北京:中国城市出版社1994年9月版,第595页。

伯叔父母、姑姊兄嫂及外亲之舅母、姨姊妹夫妻舅等,大约与燕赵中州人不甚相远。"而巴东县后四里乡民中,另一部分族戚称谓似乎受到江汉间方言的影响:"祖谓之老爹,母谓之妈,平声,姑夫姨夫谓之姑爹、姑爹,及外祖外祖母谓之家公家母,或谓之家家,以上家读如噶,平声,似江汉间语。"①表明巴东后四里由于南北客民杂居间处,出现了方言涵化现象。

长乐县本为五峰土司境,改土前属于土家语言区。雍正十三年(1735年)改土后,清廷拨长阳、石门、松滋、枝江、宜都五县等地入新设长乐县②。长乐县地界鹤峰、长阳、宜都、石门等县之间。由于乾隆改土设县时,从石门县分拨了一部分土地人民归长乐县管辖,因此长乐县邻近石门县地方受到湖南石门方言的影响很深。而长乐县西部从长阳分拨了人口土地,故受长阳方言的影响很深。东部从宜都、松滋分拨了一部分人口土地,故受宜都、松滋方言的影响较大,西南部从鹤峰州分拨了一部分人口土地,故受鹤峰方言的影响较多。因此,《五峰县志》总结五峰县本地方言的特点:"实际上是松滋、宜都、长阳、石门及原容美土司方言的杂合。"③行政区划调整所导致的人口异动,对改土新设县的县域方言区的空间分布产生影响。而方言区的涵化现象,具有一定的方位指向。

鄂西南山区方言的涵化,以移民为载体,基本分为两种模式:一是异质文化族群的迁移,形成嵌入式移民方言孤岛;一是在文化区边界,族群间的接触交流,导致方言文化渗透式的传播。

文化的涵化与变迁是漫长而复杂的过程,在不同历史时期文化涵化与变迁的程度、方向存在差异性。在某一特定文化的作用下,随着时间的变化和文化的进化,文化景观产生变迁。随着外来文化的介入,传统文化景观累积式更新,或外来的新文化附加在原有景观残余之上,使文化景观产生演化。

---

① 〔清〕廖恩树修,萧佩声纂:同治《巴东县志》卷10《风土志·方言》,《中国地方志集成·湖北府县志辑》第56辑,南京:江苏古籍出版社2001年9月版,第275页。

② 〔清〕李焕春原本,郑敦祐再续:光绪《长乐县志》卷4《沿革志》,《中国地方志集成·湖北府县志辑》第54辑,南京:江苏古籍出版社2001年9月版,第166页。

③ 五峰土家族自治县地方志编纂委员会编纂:《五峰县志》卷28《方言》,北京:中国城市出版社1994年9月版,第595页。

小　结

　　人类开发利用自然环境的方式和途径,形成文化景观,经过长期的历史延续呈现出区域特色的文化继承性。人类文化在改变生态环境的过程中起着重要作用。文化是人类社会对区域环境改造、利用的人为环境。山地文化作为最有效利用山地环境的文化类型,使山地社会对山地环境具有较强的适应性。

　　鄂西南山区内部文化景观的差异及其形成过程,文化景观形成的因素。文化生态学通常将文化景观划分为两种,一种是可视的文化景观,包括物质文化要素的区域个性烙印,如聚落和土地利用格局等。另一种为可悟的文化景观,是一种从具体的客观物体中抽象出来的、通过地理环境和空间差异来呈现区域个性的文化氛围,如语言、宗教、社会观念、风土人情等。从山地日常生活用具到山地社会礼仪、山地社会制度背景有关的山民精神,解释山民生活方式具有山地关联性。

　　文化生态学的互动论认为,文化与环境之间是对话关系。而这种对话应是平等的对话,不是谁决定谁、谁征服谁的问题。环境在文化形成和发展中的作用不能夸大,而且环境因素也不是文化发展的唯一决定性因素。环境对文化的影响,首先直接体现在对外在器物层面文化的影响,然后间接地,渐次对内在制度层面文化、心态文化产生影响。另一方面,作为特定文化载体的人类,具有能动性,会主动适应环境,并通过开发利用新科学技术,不断提高生产力水平,改善生存环境,使之满足人类的需求。但是,人类适应和改造环境的能动性亦不能夸大。如果忽视山地气候、水、土壤等客观的资源条件,强制推广稻作农业,结果将影响山地生态环境,破坏山区经济发展的可持续性。在生态正义论看来,人类只是地球生态系统的一部分,维护地球生物圈的结构和功能,是人类所应承担的生态义务。

第七章 结 语

　　以上各章已探讨了在不同历史时期鄂西南山区的社会变动、经济发展、文化嬗变,以及在变动过程中族群的生存、小民的生计与生态环境之间的互动关系。鄂西南山区作为中国腹地独具土家族民族特色的山地自然区,通过全面考察它的政治、经济、社会、文化发展的历程,一方面揭示了山地环境对山区人类活动的客观影响,另一方面探讨了人类各种活动如军事战争、政治制度变化、文化演变对环境的适应与改造作用。在清代鄂西南山区,人口、社会变革、生产技术既是社会发展过程中影响最大的因素,也是山区环境演变中至关重要的因素。全面深入研究这些因素在山区历史发展中的功能,可以为今天探索鄂西南山区可持续发展的路径,研究处理人地关系的科学方法提供一点历史的借鉴。

　　综观清代鄂西南山区社会经济发展和环境演变的历程,可以得出以下结论:

　　在改土归流以前,历代封建王朝夷夏之别的民族歧视、民族隔离政策,造成了土司地方政权长期封闭自固的割据状态。"蛮人不出境,汉人不入峒"的隔离政策,极大地阻碍了山内外人口的正常流动,鄂西南山区长期处于地广人稀、劳动力不足、经济落后的局面。人口数量十分稀少,自然资源极大丰富,地理环境相对闭塞,生产技术和资源利用水平低下,使山区人民生活水平始终贫困。人地关系中的主要矛盾,是人口数量和人口素质偏低,资源利用技术水平低,导致资源利用效率低下和粗放型的经济模式,造成自然资源的浪费。森林的再生周期、土壤形成的周期、人口增长模式,能动地影响着山地人类历史发展的可能性及其发展界限。土司曾试图通过越境掠夺邻县人口,推广先进灌溉农业技术,来促进本地区的社会经济和文化发展,但人口与技术的不足,使土司社会缺乏充足的经济实力和社会实力去改变山区社会经济的落后面貌。山地经济开发水平较低,客观上使鄂西南山区维持了良好的原始生态环境。

　　明清鼎革时期,明末农民战争、三藩之乱、谭宏之叛一系列战争,使鄂西南山区人口数量急剧减少,人口大量向山外流动,土司社会实力严重削弱。明末农民战争不仅瓦解了明朝在鄂西南山区的统治、严重打击了土司地方割据政权,更重要的是,这场战争从外部打破了鄂西南山区土、汉悬隔的政治格局。明末农民战争引发了鄂西南山区大规模的人口流动,一方面南明政权残余官僚士绅流徙容美等司,一方面鄂西南土、汉人民大量避难荆宜等地区。战争导致鄂西南山区人口锐减,形成大量荒野,野生动物大量繁殖,人地关系中,人口不足的矛盾更加突出。康熙四年(1665年),清廷恢复了对鄂西南山区的控制,山区各县地方官和土司虽然积极实施招徕流民、恢复生产等措施,但土、汉之间藩篱尚存,阻碍了人口的流移。所以,直至雍正十二年(1734年),鄂西南山区各地仍未能恢复到战前经济水平。人口不足,仍成为制约鄂西南山区经济开发的瓶颈之一。

改土归流以后,鄂西南山区土、汉之间的藩篱被彻底清除。改土各县优惠的移民垦殖政策、低廉的土地价格、较轻的赋税负担,吸引了大批外地客民进山垦殖。乾嘉时期,山区出现了大规模人口流移的现象。一方面,大量外来人口解决了山区劳动力不足的问题;另一方面,外来客民带来汉族先进生产技术和经营模式,外来人口成为推动鄂西南山区经济开发的主导力量。

道光时期,外地客民对山区无节制的经济开发达到临界点。一方面,高山尽垦,山地经济开发带来山区经济的显著发展,山区粮食供应问题得到有效缓解。但另一方面,山林尽伐,鄂西南山区生态环境恶化问题逐渐显现,部分地方旱地农业垦殖的经济效益持续下降。究其根本原因,山区并非所有的自然条件都适宜发展旱地农业垦殖。外地流民不顾土壤条件的粗放耕作模式,可能导致土地肥力不断下降,水土流失加剧,生产条件和生活状况日益恶化。最终结果,可能是垦熟的土地被迫抛荒,流民或转徙异地重新垦殖,或转而从事其他生产。清后期,鄂西南山区的林业、经济作物种植、养殖业、矿业等商品化生产蓬勃兴起。汉口开埠后,鄂西南山区的林特产品和矿产与区域中心市场汉口的联系逐渐加强。但是,由于地理环境的闭塞,山地交通困难未得到根本消解,使鄂西南山区经济近代化进程相对迟缓。

鄂西南山区山深林箐,动植物矿产等资源十分丰富,但土壤、水资源等利用技术要求较高。人类对资源的保护与利用不是一种平等关系。对自然资源的保护与利用方式,与山地族群的生存有密切关系。山地族群基于自身生存需求,对自然资源进行选择性保护和利用,从而能动地构建了山地人工环境。在构建人工再生环境的过程中,不得不再破坏原生自然环境。如山地族群为了获得相对较稳定的食物来源,为了适应山地环境下缺水源、土地整理难度大等自然条件,开发了山地旱作农业生产方式——畲田农业,畲田农业是一种低投入、低产出、高资源浪费的粗放经营模式。以破坏山地原生植被为代价,发展粗放型人工种植农业。在林特产品的种植和经营方面,虽然鄂西南山区盛产香楠、茶叶、五加皮等林特产品,但鄂西南山区人民长期缺乏加工技术,只能靠对外出售原料,无法获取商品的附加值。改土归流以前,闭塞的地理环境和人为的土、汉藩篱,阻碍了中原先进生产技术在鄂西南山区的传播。由于山地农业、狩猎、采集任何一个经济部门的生产,都不足以独立支撑山区人民的生存需求,所以在低生产技术条件下,不得不采取复合经济模式。

改土归流以前,在鄂西南山区尤其是土司地区,农田水设施和水利工具的匮乏长期制约山地农业的发展,而且农业的发展长期受制于水资源利用技术不足,正如张建民在《明清长江流域山区资源开发与环境演变——以秦岭—大巴山区为中心》一书中所言:"水资源开发是山区开发和发展的主要条件,而且与山区土地资源开发的环境后果直接相关。"另外,改土归流以前,鄂西南山区未引进栽培原产美洲的山地高产旱作物玉米、马铃薯、红薯及经济作物烟草,山区农业不能保障山区人口充足的粮食供应。山民只能依靠畲田农业、采集、渔猎、林特产品种植和经营等多种生产方式,维持基本生存。山区复合型经济结构是在山地脆弱的生态环境压迫下,人类不得已采取的一种生产方式。其中山地农业、狩猎、采集等各种生产方式均处于低技术水平,一方面对自然环境破坏有限,但另一方面土地的人口承载力较低,环境的宜居指数较低。

改土归流以后,在大一统的政治格局下,阻碍技术交流的社会屏障被清除。在"先养后教"的政治理念指导下,鄂西南改土各县地方官在山区积极推广中原先进的水利灌溉技术和精耕细作的农业技术,并对本地土壤条件和水资源进行了实地调查,提出了土壤改造和水资源利用的政策。乾隆初年,鄂西南山区地方官为了增加财赋收入而努力招垦,曾试图尽可能地改旱田为水田,开辟山地旱田,发展旱作农业和经济作物种植和经营。外地客民将玉米、甘薯、洋芋等高产山地农作物种植技术引入鄂西南山区。随着玉米、甘薯、洋芋等农作物在山区的不断推广种植,鄂西南山区的经济总量大幅度增长。改土归流以后,随着农业生产技术和水资源利用技术的提高,鄂西南山地农业已达到了独立承载山区不断增长的人口的生产水平。但是山区部分地方出现土地资源被过度开发和利用,再加上移民的粗放式经营模式,导致土地资源萎缩、生态环境恶化。山地农业的扩张还造成山区经济结构趋于单一化,采集、渔猎、林特产品的种植和经营等生产部门受到山地农业生产的挤压而出现萎缩现象。随着客民山地垦殖事业的发展,山区社会也逐渐出现了客民社会地位逐步上升、土民逐渐被边缘化的趋势,随之,土民的传统文化也逐渐边缘化。

道光年间,鄂西南山区的山地农业开发到了生态环境承载临界点,精耕、施肥等农业技术已无法改变土地资源萎缩的趋势。新的农业生产技术能推动区域经济的发展,但山地农业的扩张最终受到区域生态环境的制约。技术进步不能推动生产无节制的扩张,必须考虑自然资源的有限容量和环境的有限承载能力。突破了资源与环境的承载临界点,只能导致生产力水平的下降。在生态环境的压力下,鄂西南山区部分农民被迫转而从事山区养殖业、林特产品种植和经营以及商业。汉口开埠后,长江中游地区的近代化进程加快,鄂西南山区与区域中心市场的联系更加紧密,进一步带动了多种经济模式的发展,矿业、养殖业、林特产品种植和经营均得到较大发展。但是山区经济发展始终受到地理环境的制约。近代西方先进的生产技术无法及时引进鄂西南山区,导致鄂西南山区在湖北近代进程中,始终处于边缘地位,鄂西南山区的政治、经济、文化的近代化步伐相对迟缓。

在影响生态环境演变的诸多因素中,经济开发与生态环境演变之间的互动关系比较直接,学术界对此类问题的研究亦相对深入。但正如张建民所言,“影响历史环境演变的因素相当复杂,即使是制度方面,仍有较多的问题需要进一步探讨”①。因此本书希望在研究人类经济行为与环境演变的互动关系的同时,试图探讨人类社会变动、文化演变与环境演变之间的

---

① 张建民著:《明清长江流域山区资源开发与环境演变——以秦岭—大巴山区为中心》,武汉:武汉大学出版社 2007 年 11 月版,第 599 页。

复杂关系,如鄂西南山区在改土归流以前的"蛮不出境,汉不入峒"的政策、改土归流以后招徕流民垦殖政策、清后期的洋务新政均对山区生态环境产生了影响。明清鼎革之际的明末农民战争、嘉庆年间的白莲教起义、太平天国运动等对区域人口与环境之间的关系产生或直接或间接的影响。区域文化的发展和演变受特定地理环境的制约,山地环境下形成的区域特定的山地文化适应模式,如风俗习惯、生态环境意识以及文化心理模式、文化行为习惯模式的方式,影响着山地人民选择生存方式和社会经济发展模式。

　　自明清以降,鄂西南山区社会的经济、文化发展水平,始终落后于相邻的江汉平原和四川盆地,至今仍被视为老、少、边、穷地区。虽然历代湖北的地方官员长期致力于发展山区经济、文化,改变山区人民艰难的生存状态,均壮志未酬。只有深刻认识鄂西南山区独特的资源与环境的有利条件和不利条件,以及在长期的历史进程中,社会、经济、文化方面所积淀的积极因素和消极因素,才能因地制宜、趋利避害地推动鄂西南山区实现可持续发展的目标,科学平衡社会经济发展与环境保护之间的关系。

参考文献

（一）历史档案

陈旭麓、顾廷龙、汪熙主编，徐元基、季平子、武曦编《湖北开采煤铁总局·荆门矿务总局》（盛宣怀档案资料选辑之二），上海人民出版社1981年3月版。

故宫博物院明清档案部汇编《清末筹备立宪档案史料》，中华书局1979年7月版。

民国中央研究院历史语言研究所编《明清史料》，商务印书馆1938年11月。

台湾"故宫博物院"编《宫中档乾隆朝奏折》，"故宫博物院"印行，1982年5月版。

台湾"故宫博物院"编《宫中档雍正朝奏折》，"故宫博物院"印行，1977年11月—1980年4月陆续出版。

吴剑杰主编《湖北谘议局文献资料汇编》，武汉大学出版社1991年9月版。

允禄、鄂尔泰等编《雍正朱批谕旨》，雍正十年（1732年）至乾隆三年（1738年）武英殿刻本。

中国第一历史档案馆编《雍正朝汉文谕旨汇编》，广西师范大学出版社1999年3月版。

中国第一历史档案馆藏军机处档、宫中档、内阁全宗。

中国科学院地理科学与资源研究所、中国第一历史档案馆编《清代奏折汇编——农业·环境》，商务印书馆2005年8月版。

中国人民大学历史系、中国第一历史档案馆合编《清代农民战争史资料选编》1—6册，中国人民大学出版社1983年4月—1991年6月版。

（二）政书、正史

《明实录》，上海书店出版社1982年10月影印本。

《清实录》，中华书局1985年6月影印本。

《续文献通考》,浙江古籍出版社 1988 年 11 月版。

班固撰,颜师古注《汉书》,中华书局 1962 年 6 月版。

陈寿撰,裴松之注《三国志》,中华书局 1959 年 12 月版。

范晔撰,李贤等注《后汉书》,中华书局 1982 年 8 月版。

房玄龄等撰《晋书》,中华书局 1974 年 11 月版。

贺长龄编《皇朝经世文编》,中华书局 1992 年 4 月影印本。

嵇璜等奉敕纂《钦定续文献通考》,王云五主编:《万有文库》第二集,上海商
务印书馆 1936 年 3 月版。

昆冈等修,李鸿章等纂《钦定大清会典事例》,新文丰出版股份有限公司
1976 年 10 月版。

李百药撰《北齐书》,中华书局 1972 年 11 月版。

刘锦藻编纂《清朝续文献通考》,王云五主编:《万有文库》第二集,上海商务
印书馆 1936 年 3 月版。

刘昫等撰《旧唐书》,中华书局 1975 年 5 月版。

马端临撰《文献通考》,中华书局 1986 年 9 月版。

申时行等纂修万历《大明会典》,《续修四库全书》史部政书类第 789 册,上
海古籍出版社 2013 年 5 月版。

沈约撰《宋书》,中华书局 1974 年 10 月版。

宋濂等撰《元史》,中华书局 1976 年 4 月版。

台湾"中央研究院"历史语言研究所编《明实录》,台湾"中央研究院"历史语
言研究所 1962 年影印本。

脱脱等撰《宋史》,中华书局 1985 年 6 月版。

王溥撰《唐会要》,中华书局 1955 年 6 月版。

袁济安签《湖北省第七区年鉴》,民国二十七年(1938 年)七月版。

张廷玉等撰《明史》,中华书局 1974 年 4 月版。

赵尔巽等撰《清史稿》,中华书局 1976 年 10 月版。

（三）地方志

《恩施州志》编纂委员会编《恩施州志》,湖北人民出版社 1998 年 12 月版。

《宣恩县志》编纂委员会编《宣恩县志》,武汉工业大学出版社 1995 年 12
月版。

陈惟模修、谭大勋纂同治《长阳县志》,《中国地方志集成·湖北府县志辑》
　　第 54 辑,江苏古籍出版社 2001 年 9 月版。

多寿修,罗凌汉纂同治《恩施县志》,《中国地方志集成·湖北府县志辑》第
　　56 辑,江苏古籍出版社 2001 年 9 月版。

傅一中主编《清道光版〈建始县志〉校注》,2000 年 10 月鄂恩图内字 109 号。

何蕙馨修,吴江纂同治《利川县志》,清同治四年(1865 年)刻本。

鹤峰土家族自治县档案馆编《鹤峰县志》,鹤峰土家族自治县档案馆民国三
　　十二年(1943 年)版,1980 年 8 月重印本。

洪良品纂《湖北通志志余》,光绪年间稿本。

湖北省来凤县县志编纂委员会编纂《来凤县志》,湖北人民出版社 1990 年
　　10 月版。

湖北通志馆编《鄂西志稿》,民国二十九年(1940 年)十月,恩施县地方志编
　　委会 1982 年 12 月重印本。

黄世崇纂修光绪《利川县志》,《中国地方志集成·湖北府县志辑》第 58 辑,
　　江苏古籍出版社 2001 年 9 月版。

吉钟颖修,洪先涛纂道光《鹤峰州志》,《中国地方志集成·湖北府县志辑》
　　第 45 辑,江苏古籍出版社 2001 年 9 月版。

李拔纂修乾隆《长阳县志》,《故宫珍本丛刊》第 143 册,海南出版社 2001 年
　　4 月版。

李焕春原本,郑敦祜再续光绪《长乐县志》,《中国地方志集成·湖北府县志
　　辑》第 54 辑,江苏古籍出版社 2001 年 9 月版。

李勷修,何远鉴等纂同治《来凤县志》,《中国地方志集成·湖北府县志辑》
　　第 57 辑,江苏古籍出版社 2001 年 9 月版。

廖恩树修,萧佩声纂同治《巴东县志》,《中国地方志集成·湖北府县志辑》
　　第 56 辑,江苏古籍出版社 2001 年 9 月版。

林翼池修,蒲又洪纂乾隆《来凤县志》,《故宫珍本丛刊》第 143 册,海南出版
　　社 2001 年 4 月版。

刘大谟等修,王元正等纂,周复俊等重编嘉靖《四川总志》,《北京图书馆古
　　籍珍本丛刊》(史部·地理类)第 42 辑,书目文献出版社 1988 年 2 月版。

卢元勋纂,周来贺修同治《桑植县志》,《中国地方志集成·湖南府县志辑》
　　第 70 辑,江苏古籍出版社 2002 年 7 月版。

吕调元等修，张仲炘等纂民国《湖北通志》，清宣统三年（1911 年）修，民国十年（1921 年）刻本。

迈柱修，夏力恕纂雍正《湖广通志》，清雍正十一年（1733 年）刻本。

毛峻德纂修乾隆《鹤峰州志》，《故宫珍本丛刊》第 135 册，海南出版社 2001年 4 月版。

民国《建始县志》，民国十九年（1930 年）北平国立图书馆抄本。

穆彰阿等纂嘉庆《重修一统志》，中华书局 1986 年 5 月版。

聂光銮等修，王柏心等纂：同治《宜昌府志》，《中国地方志集成·湖北府县志辑》第 49—50 辑，江苏古籍出版社 2001 年 9 月版。

松林等修，何远鉴等纂同治增修《施南府志》，《中国地方志集成·湖北府县志辑》第 55 辑，江苏古籍出版社 2001 年 9 月版。

王庭桢等修，雷春沼等纂光绪《施南府志续编》，《中国地方志集成·湖北府县志辑》第 55 辑，江苏古籍出版社 2001 年 9 月版。

王协梦修，罗德昆纂道光《施南府志》，道光十七年（1837 年）扬州张有耀斋刻本。

吴熊光、吴烜修，陈诗、张承宠纂嘉庆《湖北通志》，嘉庆九年（1804 年）刻本。

五峰土家族自治县地方志编纂委员会编纂：《五峰县志》，中国城市出版社1994 年 9 月版。

熊启咏纂修同治《建始县志》，《中国地方志集成·湖北府县志辑》第 56 辑，江苏古籍出版社 2001 年 9 月版。

徐大煜编民国《咸丰县志》，民国三年（1914 年）刻印本。

徐树楷修，雷春沼纂同治续修《鹤峰州志》，《中国地方志集成·湖北府县志辑》第 45 辑，江苏古籍出版社 2001 年 9 月版。

徐学谟纂修万历《湖广总志》，《四库全书存目丛书》编纂委员会编：《四库全书存目丛书》史部第 195 辑，齐鲁书社 1996 年 8 月版。

薛纲纂修，吴廷举续修嘉靖《湖广图经志书》，《日本藏罕见中国地方志选刊》本，书目文献出版社 1991 年 10 月版。

杨培之纂修嘉靖《巴东县志》，《天一阁续修方志丛刊》第 62 辑，上海书店出版社 1990 年 12 月版。

佚名纂修嘉庆《建始县志》，《故宫珍本丛刊》第 143 册，海南出版社 2001 年

4月版。

虞怀忠等修、郭棐等纂万历《四川总志》,《四库全书存目丛书》编纂委员会
　　编:《四库全书存目丛书》史部,齐鲁书社1996年8月版。

袁景晖纂修道光《建始县志》,《中国方志丛书·华中地方》第326号,成文
　　出版社1975年版。

张家榀修,朱寅赞纂嘉庆《恩施县志》,《故宫珍本丛刊》第143册,海南出版
　　社2001年4月版。

张金澜修,蔡景星等纂同治《宣恩县志》,《中国地方志集成·湖北府县志
　　辑》第57辑,江苏古籍出版社2001年9月版。

张时纂修嘉靖《归州志》,《天一阁续修方志》第62辑,上海书店出版社1990
　　年12月版。

张梓修,张光杰纂同治《咸丰县志》,《中国地方志集成·湖北府县志辑》第
　　57辑,江苏古籍出版社2001年9月版。

　　　　(四)文集、笔记等

《湖北文征》出版工作委员会编《湖北文征》,湖北人民出版社2000年10
　　月版。

陈诗编纂,皮明庥、李怀军标点,张德英、皮明庥校勘《湖北旧闻录》,武汉出
　　版社1989年10月版。

陈湘锋、赵平略评注《〈田氏一家言〉诗评注》,中央民族大学出版社1990年
　　10月版。

陈子龙等选辑《明经世文编》,中华书局1962年6月影印本。

樊绰撰《蛮书》,《景印文渊阁四库全书》史部载记第464册,台湾商务印书
　　馆1986年7月版。

顾彩著《容美纪游》,湖北人民出版社1999年9月版。

顾炎武撰《天下郡国利病书》,光绪二十七年(1901年)二林斋藏板图书集
　　成铅印本。

湖北舆图局编《光绪湖北舆地记》,光绪二十年(1894年)湖北舆图局刻本。

黎翔凤撰,梁运华整理《管子校注》,中华书局2004年6月版。

陆次云撰《峒豀纤志》,缪文远等编《西南民族文献》第4卷,兰州大学出版
　　社2003年8月版。

罗汝楠著纂,方新校绘《中国近世舆地图说》,宣统元年(1909 年)二月广东教忠学堂印行。

毛奇龄撰《蛮司合志》,《四库全书存目丛书》史部第 227 册,齐鲁书社 1996年 8 月版。

王士性著,吕景琳点校《广志绎》,中华书局 1981 年 12 月版。

王毓瑚校《王祯农书》,农业出版社 1981 年 11 月版。

魏源撰《圣武记》,中华书局 1984 年 2 月版。

吴省兰纂《楚峒志略》,上海商务印书馆 1939 年 12 月版。

熊宾撰《三邑治略》,清光绪二十九年(1903 年)刻本。

徐霞客撰《徐霞客游记》,中华书局 2009 年 1 月版。

严如熤撰《三省山内风土杂识》,王云五主编《丛书集成初编》本,商务印书馆民国二十五年(1936 年)版。

严如熤撰《三省边防备览》,道光二年(1822 年)刻本。

詹应甲撰《赐绮堂集》,《续修四库全书》集部别集类卷 1484,上海古籍出版社 2002 年 5 月版。

张之洞撰,苑书义等主编《张之洞全集》,河北人民出版社 1998 年 8 月版。

赵翼撰《檐曝杂记》,中华书局 1982 年 5 月版。

(五)家谱、碑刻、墓志、地契

《李预叔侄出卖田地契》,乾隆四十八年(1783 年)十二月十八日,咸丰县冉动员藏。

《立出永卖荒山陆地契》,乾隆二十四年(1759 年)六月二十六日,咸丰县冉动员藏。

《向氏族谱》编纂小组修恩施滚龙坝土家族《向氏族谱》,2002 年 10 月版。

湖北省恩施自治州刘氏族谱编委会编《刘氏族谱》卷 3 之一,《咸丰狗二石、利川毛坝宗支》,1999 年 9 月铅印本。

湖北省建始县三里坝吕氏编委会编龙洞坪《吕氏族谱》,2003 年 2 月铅印本。

建始东乡河南堂《邱氏族谱》,2001 年 6 月铅印本,建始县档案馆藏。

建始彭城堂《刘氏族谱》,2002 年 2 月铅印本,建始县档案馆藏。

来凤老寨《向氏宗谱》,1991 年 8 月抄本,来凤县档案馆藏。

来凤义历竹园《罗氏族谱》，同治十一年（1872 年）合敬堂刻本，来凤县档案
　　馆藏。

利川市谋道乡《邱氏家谱》，恩施州邱朝生藏 1999 年 9 月手抄本。

利川市雁门堂《田氏族谱》，利川市档案馆藏光绪年间抄本。

民国《容阳田氏族谱》，民国五峰渔洋关朱东新石印，湖北民族学院图书
　　馆藏。

民国建始《吴氏建族系支谱》，民国年间铅印本，建始县档案馆藏。

民国咸丰《冉氏家谱》，民国三年（1914 年）手抄本，咸丰县档案馆藏。

善化总祠发巴东雁门紫荆堂《田氏联宗整理家族纲要》，民国油印本，巴东
　　县档案馆藏。

四川万县沙包《覃氏族谱》，民国铅印本，巴东县档案馆藏。

谭仲标编新修《谭氏家谱》，1996 年铅印本。

咸丰县曲江《秦氏家谱》，民国铅印本，咸丰县档案馆藏。

咸丰县新修《冉氏家谱》，2006 年 3 月铅印本，咸丰县冉动员藏。

新修《姜氏族谱》，1999 年孟冬版。

新修咸丰《冉氏家谱》，2006 年 3 月版。

徐大煜纂修民国《咸丰徐氏宗谱》，民国十年（1921 年）六月石印，武昌察院
　　坡黄粹文代印。

严伯玉编注《建始墓联墓志集成》（湖北省楹联学会内部资料），2001 年
　　8 月。

祝氏宗族修谱委员会编《湖北恩施三岔祝氏宗族族谱》，2006 年 8 月版。

（六）史料汇编

成安、李捷撰《湖北恩施建始等县煤铁硫磁土等矿产报告》，1939 年铅印本。

鄂西土家族苗族自治州民族事务委员会编《鄂西少数民族史料辑录》1986
　　年 6 月版。

鹤峰县民族事务委员会编《容美土司资料续编》，1993 年 10 月版。

湖北省恩施自治州政协文史资料委员会编《鄂西文史资料》2001 年第 1
　　辑，2001 年 6 月内部版。

湖北省政协等编《武昌起义档案资料选编》，湖北人民出版社 1981 年 8
　　月版。

彭雨新编《清代土地开垦史资料汇编》,武汉大学出版社 1992 年 12 月版。

王晓宁编著《恩施自治州碑刻大观》,新华出版社 2004 年 10 月版。

咸丰县政协文史资料委员会编《咸丰文史资料》第 5 辑,咸丰县政协文史资料委员会 1996 年 1 月版。

曾兆祥编《湖北近代经济贸易史料选辑》,湖北省志贸易志编辑室 1984 年 1 月内部版。

中共鹤峰县委统战部编《容美土司史料汇编》,1984 年内部版。

中国第一历史档案馆、福建师范大学历史系合编,耿昇、杨佩纯译《清末教案》,中华书局 2000 年 10 月版。

中国第一历史档案馆、中国社会科学院历史研究所合编《清代土地占有关系与佃农抗租斗争》,中华书局 1988 年 9 月版。

中国社科院历史研究所清史室、中国社会科学院历史研究所资料室编《清中期五省白莲教起义资料》,江苏人民出版社 1981 年 1 月版。

（七）论著

《湖北农业地理》编写组编《湖北农业地理》,湖北人民出版社 1980 年 3 月版。

《土家族文学艺术史》编委会编《土家族文学艺术史》(修订稿),土家族文学艺术编委会 1959 年 7 月版。

艾训儒著《湖北清江流域土家族生态学研究》,中国农业科学技术出版社 2006 年 8 月版。

陈钧、张元俊、方辉亚主编《湖北农业开发史》,中国文史出版社 1992 年 12 月版。

陈全家、王善才、张典维著《清江流域古动物遗存研究》,科学出版社 2004 年 5 月版。

陈廷亮、彭南均著《土家族婚俗与婚礼歌》,民族出版社 2005 年 8 月版。

邓红蕾著《道教与土家族文化》,民族出版社 2000 年 9 月版。

邓辉著《土家族区域经济发展史》,中央民族大学出版社 2002 年 1 月版。

邓佑玲著《民族文化传承的危机与挑战:土家语濒危现象研究》,民族出版社 2006 年 5 月版。

董珞著《巴风土韵:土家文化源流解析》,武汉大学出版社 1999 年 8 月版。

段超著《土家族文化史》,民族出版社 2000 年 9 月版。

冯天瑜、何晓明、周积明著《中华文化史》,上海人民出版社 1990 年 8 月版。

冯贤亮著《明清江南地区的环境变动与社会控制》,上海人民出版社 2002
　　年 8 月版。

龚胜生著《清代两湖农业地理》,华中师范大学出版社 1996 年 7 月版。

胡挠、刘东海著《鄂西土司社会概略》,四川民族出版社 1993 年 7 月版。

湖北省地方志编纂委员会编《湖北省志·地理》,湖北人民出版社 1997 年 3
　　月版。

焦循撰《孟子正义》,中华书局 1987 年 10 月版。

李幹、周祖征、李倩著《土家族经济史》,陕西人民教育出版社 1996 年 12
　　月版。

凌纯声、芮逸夫著《湘西苗族调查报告》,民族出版社 2003 年 12 月版。

牟发松著《唐代长江中游的经济与社会》,武汉大学出版社 1989 年 1 月版。

潘谷西主编《中国建筑史》,中国建筑工业出版社 2009 年 8 月版。

彭英明编《土家族文化通志新编》,民族出版社 2001 年 11 月版。

全国农业区划委员会《中国自然区划概要》编写组编《中国自然区划概要》,
　　科学出版社 1984 年 5 月版。

冉春桃、蓝寿荣著《土家族习惯法研究》,民族出版社 2003 年 8 月版。

任放著《明清长江中游市镇经济研究》,武汉大学出版社 2003 年 11 月版。

陕西师范大学西北历史环境与经济社会发展研究中心、陕西师范大学中国
　　历史地理研究所编《西部开发与生态环境的可持续发展》,三秦出版社
　　2006 年 8 月版。

宋仕平著《土家族古代社会制度文化研究》,民族出版社 2007 年 6 月版。

唐文雅、叶学齐、杨宝亮著《湖北自然地理》,湖北人民出版社 1980 年 7
　　月版。

田发刚编著《鄂西土家族传统情歌》,中央民族大学出版社 1999 年 10
　　月版。

田华咏著《土家族医学史》,中医古籍出版社 2005 年 1 月版。

田敏著《土家族土司兴亡史》,民族出版社 2000 年 9 月版。

王承尧、罗午著《土家族土司简史》,中央民族学院出版社 1991 年 7 月版。

王利华主编《中国历史上的环境与社会》,生活·读书·新知三联书店

2007 年 12 月版。

王明珂著《华夏边缘：历史记忆与族群认同》，社会科学文献出版社 2006 年
　4 月版。

王幼平著《更新世环境与中国南方旧石器文化发展》，北京大学出版社
　1997 年 5 月版。

王玉德、张全明等著《中华五千年生态文化》，华中师大出版社 1999 年 12
　月版。

吴量恺著《清代湖北农业经济研究》，华中理工大学出版社 1995 年 1 月版。

吴永章、田敏著《鄂西民族地区发展史》，民族出版社 2007 年 5 月版。

吴永章主编《湖北民族史》，华中理工大学出版社 1990 年 3 月版。

吴永章著《民族研究文集》，民族出版社 2002 年 5 月版。

吴永章著《中国南方民族文化源流史》，广西教育出版社 1991 年 12 月版。

吴永章著《中国土司制度渊源与发展史》，四川民族出版社 1988 年 5 月版。

吴永章著《中南民族关系史》，民族出版社 1992 年 6 月版。

武汉大学中文系、中央民族学院分院中文系编《土家族歌谣选》，湖北人民
　出版社 1959 年 9 月版。

向柏松著《土家族民间信仰与文化》，民族出版社 2001 年 10 月版。

许怀林等著《鄱阳湖流域生态环境的历史考察》，江西科学技术出版社
　2003 年 7 月版。

杨昌鑫编著《土家族风俗志》，中央民族学院出版社 1989 年 5 月版。

杨国安著《明清两湖地区基层组织与乡村社会研究》，武汉大学出版社
　2004 年 10 月版。

杨庭硕、罗康隆、潘盛之著《民族、文化与生境》，贵州人民出版社 1992 年 9
　月版。

杨伟兵著《云贵高原的土地利用与生态变迁（1659—1912）》，上海人民出版
　社 2008 年 8 月版。

尹玲玲著《明清两湖平原的环境变迁与社会应对》，上海人民出版社 2008
　年 8 月版。

张国雄著《明清时期的两湖移民》，陕西人民教育出版社 1995 年 7 月版。

张建民著《明清长江流域山区资源开发与环境演变——以秦岭—大巴山区
　为中心》，武汉大学出版社 2007 年 11 月版。

张雄著《中国中南民族关系史》,广西人民出版社 1992 年 6 月版。

张仲礼著,李荣昌译《中国绅士——关于其在 19 世纪中国社会中作用的研究》,上海社会科学院出版社 1991 年 5 月版。

章开沅、张正明、罗福惠主编,张建民著《湖北通史·明清卷》,华中师范大学出版社 1999 年 6 月版。

赵冈著《中国历史上生态环境之变迁》,中国环境科学出版社 1996 年 12 月版。

中国科学院《中国自然地理》编辑委员会编《中国自然地理》(历史自然地理),科学出版社 1982 年 1 月版。

周荣著《明清社会保障制度与两湖基层社会》,武汉大学出版社 2006 年 10 月版。

周育民著《晚清财政与社会变迁》,上海人民出版社 2000 年 12 月版。

[德]恩格斯著,中共中央马克思恩格斯列宁斯大林著作编译局编:《家庭、私有制和国家的起源》,人民出版社 1999 年 8 月版。

[法]让·白吕纳著,李旭旦、任美锷译《人地学原理》,钟山书局 1935 年 8 月版。

[法]让·沙林著,管震湖译《从猿到人:人的进化》,商务印书馆 1996 年 9 月版。

[美]施坚雅主编《中华帝国晚期的城市》,中华书局 2000 年 11 月版。

[美]史徒华著,张恭启译《文化变迁的理论》,远流出版事业股份有限公司 1989 年 2 月版。

[英]马凌诺斯基著,费孝通译《文化论》,华夏出版社 2001 年 12 月版。

(八)论文

曹树基《明清时期的流民和赣南山区的开发》,《中国农史》1985 年第 4 期,第 19—40 页。

陈桥驿《历史上浙江省的山地垦殖与山林破坏》,《中国社会科学》1983 年第 4 期,第 207—217 页。

陈业新《秦汉时期巴楚地区生态与民俗》,《江汉论坛》2000 年第 11 期,第 55—58 页。

陈业新《战国秦汉时期长江中游地区气候状况研究》,《中国历史地理论丛》

2007 年第 1 辑,第 5—16 页。

程捷、郑绍华、高振纪、张兆群、冯晓波、王晓宁《鄂西地区早期人类和巨猿生存环境研究》,《地质学报》2006 年第 4 期,第 473—480 页。

邓辉《鄂西南土家族地区古代经济发展与货币情况研究》,《湖北民族学院学报(哲学社会科学版)》1996 年第 1 期,第 36—39 页。

邓辉《土家族区域土司时代社会性质初论》,《湖北民族学院学报(哲学社会科学版)》2004 年第 3 期,第 36—41 页。

邓先瑞《季风形成与长江流域的季风文化》,《长江流域资源与环境》2004 年第 5 期,第 419—422 页。

邓相云、鲜文新《容美土司社会形态刍议》,《中南民族学院学报(哲学社会科学版)》1988 年第 5 期,第 17—26 页。

段超《改土归流后汉文化在土家族地区的传播及其影响》,《中南民族大学学报(人文社会科学版)》2004 年第 6 期,第 43—47 页。

段超《清代改土归流后土家族地区的农业经济开发》,《中国农史》1998 年第 3 期,第 56—63 页。

范植清《明代施州卫的设立与汉族、土家族的融合》,《华中师范大学学报(哲学社会科学版)》1991 年第 5 期,第 87—92 页。

范植清《施州卫建置屯戍考》,《中南民族学院学报(哲学社会科学版)》1991 年第 5 期,第 90—94 页。

范植清《试析明代施州卫所世袭建制及其制约机制之演变》,《中南民族学院学报(哲学社会科学版)》1990 年第 3 期,第 19—24 页。

葛全胜、郭熙凤、郑景云、郝志新《1736 年以来长江中下游的梅雨变化》,《科学通报》2007 年第 23 期,第 2792—2797 页。

龚胜生《明清之际湘鄂赣地区的耕地结构及其梯度分布研究》,《中国农史》1994 年第 2 期,第 19—31 页。

黄志繁《清代赣南的生态与生计——兼析山区商品生产发展之限制》,《中国农史》2003 年第 3 期,第 96—105 页。

蒋玲、龚胜生《近代长江流域血吸虫病的流行变迁及规律》,《中华医史杂志》1998 年第 2 期,第 90—93 页。

蒋玲、石云、龚胜生《长江流域近代鼠疫分布及流行特征的研究》,《地方病通报》1997 年第 3 期,第 39—41 页。

蓝勇《长江三峡人地关系的历史思考》,《光明日报》2003 年 2 月 18 日 B3 版。

蓝勇《历史时期三峡地区经济开发与生态变迁》,《中国历史地理论丛》1992 年第 1 辑,第 153－169 页。

雷翔、陈正慧《民间视角:清代土家族社会的演变——景阳河社区个案研究》,何星亮、欧光明主编:《中国民族学会第七届全国学术研讨会论文集》,2004 年 6 月版,第 214－229 页。

李长安《桐柏—大别山掀斜隆升对长江中游环境的影响》,《地球科学》1998 年第 6 期,第 562－566 页。

梁中效《历史时期秦巴山区自然环境的变迁》,《中国历史地理论丛》2002 年第 3 辑,第 39－47 页。

鲁西奇《人地关系理论与历史地理研究》,《史学理论研究》2001 年第 2 期,第 36－46 页。

钮仲勋《明清时期郧阳山区的农业开发》,《武汉师范学院学报(哲学社会科学版)》1981 年第 4 期,第 79－85 页。

潘光旦《湘西北的"土家"与古代的巴人》,中央民族学院研究部编:《中国民族问题研究集刊》第 4 辑,1955 年 11 月版,第 415－598 页。

潘洪钢《清代中南少数民族地区赋税政策概说》,《中南民族学院学报(哲学社会科学版)》1990 年第 2 期,第 61－65 页。

钱骏《山地土家族体质特征及动态分析》,《湖北体育科技》2014 年第 11 期,第 976－981 页。

上官鸿南《试论历史地理学研究中的人地关系问题》,《中国历史地理论丛》1992 年第 3 辑,第 15－24 页。

孙秋云、崔榕《鄂西土家地区宗族组织的历史变迁》,《中南民族学院学报(人文社会科学版)》2001 年第 2 期,第 54－57 页。

王向红《清代秦岭、大巴山区的农业开发与生态变迁》,《海南师范学院学报(社会科学版)》2003 年第 5 期,第 111－114 页。

王业键、黄莹珏《清代中国气候变迁、自然灾害与粮价的初步考察》,《中国经济史研究》1999 年第 1 期,第 3－18 页。

吴永章《论清代鄂西的改土归流》,《中央民族学院学报》1987 年第 5 期,第 10－12 页。

吴永章《明代鄂西土司制度》,《江汉论坛》1986 年第 1 期,第 73—78 页。

吴永章《元代对鄂西民族地区的治理》,《中南民族学院学报(社会科学版)》
　　1987 年第 1 期,第 30—35 页。

武仙竹《长江流域环境变化与人类活动的相互影响》,《东南文化》2000 年
　　第 1 期,第 26—32 页。

杨昌沅、范植清《略述明代军屯制度在鄂西山地的实施》,《史学月刊》1989
　　年第 6 期,第 46—50 页。

杨华、屈定富《长江三峡南岸入蜀古道考证》,《三峡大学学报(人文社会科
　　学版)》2006 年第 4 期,第 5—11 页。

姚伟钧《长江流域的地理环境与饮食文化》,《中国文化研究》2002 年第 1
　　期,第 131—140 页。

叶德书《古代土家人名训释》,《湖北民族学院学报(哲学社会科学版)》2007
　　年第 3 期,第 16—21 页。

尹宏兵《从三峡地区与东部平原的对比看考古学文化中的环境因素》,《江
　　汉考古》2005 年第 2 期,第 61—65 页。

张家炎《清代湖北的杂粮作物》,《古今农业》1996 年第 1 期,第 51—61 页。

张建民、鲁西奇《"了解之同情"与人地关系研究》,《史学理论研究》2002 年
　　第 4 期,第 15—27 页。

张建民《明清秦巴山区生态环境变迁论略》,李根蟠主编:《中国经济史上的
　　天人关系论集》,中国农业出版社 2002 年 12 月版。

张建民《明清山区资源开发特点述论——以秦岭—大巴山区为例》,《武汉
　　大学学报(哲学社会科学版)》1999 年第 6 期,第 120—124 页。

张建民《清代秦巴山区的经济林特产开发与经济发展》,《武汉大学学报(人
　　文科学版)》2002 年第 2 期,第 172—179 页。

张建民《清代湘鄂西山区的经济开发及其影响》,《中国社会经济史研究》
　　1987 年第 4 期,第 19—28 页。

张力仁《清代陕南秦巴山地的人类行为及其与环境的关系》,《地理研究》
　　2008 年第 1 期,第 181—192 页。

张玉玲、吴宜进《明清时期长江流域气象气候变迁》,《科技信息(学术版)》
　　2006 年第 4 期,第 1—2 页。

周云庵《秦岭森林的历史变迁及其反思》,《中国历史地理论丛》1993 年第 1

辑,第 55—68 页。

朱文旭《土家族为"僰人"说》,《中南民族大学学报(人文社会科学版)》2005
　　年第 4 期,第 78—82 页。

邹逸麟《历史时期长江下游地区人地关系的几个问题》,季羡林、陈昕编选:
　　《长江文化论集》,湖北教育出版社 2005 年 11 月版。

邹逸麟《明清流民与川陕鄂豫交界地区的环境问题》,《复旦学报(社会科学
　　版)》1998 年第 4 期,第 62—69 页。

[俄]T.N.阿列克谢耶娃《人类在起源过程中对地理环境的生物适应性》,
　　《西北人口》1984 年第 2 期,第 56—60 页。

[荷]爱德华.B.费梅尔《清代大巴山区山地开发研究》,《中国历史地理论
　　丛》1991 年第 2 辑,第 133—145 页。

（九）学位论文

冯敏《秀山土家族家庭研究》,中央民族大学人类学专业 2006 年博士毕业
　　论文,导师:宋蜀华、祁庆富。

罗仙佳《鄂西土家族传统民居建筑美学特征研究》,武汉大学建筑设计及其
　　理论专业 2005 年硕士毕业论文,导师:王炎松。

马国君《对清朝"改土归流"的再认识——以雍正朝开辟黔东南苗疆为例》,
　　贵州师范大学中国历史文献学专业 2005 年硕士毕业论文,导师:张
　　新民。

欧阳玉《从鄂西山村彭家寨现状的调查兼议山村传统聚落文化的传承与发
　　展》,武汉大学建筑设计及理论专业 2005 年硕士毕业论文,导师:杨
　　力行。

宋仕平《土家族传统制度文化研究》,兰州大学法学民族学专业 2006 年博
　　士毕业论文,导师:杨建新。

唐仲春《明清至近代土家族宗法制度初探》,广西师范大学中国近现代史专
　　业 2000 年硕士毕业论文,导师:钱宗范、梁颖。

吴雪梅《清代民族边缘地区的乡村社会秩序——以鄂西南景阳河社区为个
　　案》,华中师范大学中国古代史专业 2006 年博士毕业论文,导师:吴琦。

余霞《鄂西土家族哭嫁歌的角色转换功能》,华中师范大学民俗学专业
　　2003 年硕士毕业论文,导师:陈建宪。